田仲一成著

中国鎮魂演劇研究

東京大学出版会

Soul-Appeasing Drama in China

Issei TANAKA

University of Tokyo Press, 2016
ISBN 978-4-13-086049-9

福建莆田目連戲　花園発呪（鬼卒圍繞，劉氏魂魄離身）（シンガポール，1984 年）

福建莆田目連戲　目連超薦（シンガポール，1984 年）

徽州祁門栗木目連戲　啞背瘋（祁門県，1988 年）

徽州祁門栗木目連戲　六殿見母（祁門県，1988 年）

徽州歙県韶坑目連戯　挑経挑母（韶坑村，1989 年，陳長文氏撮影）

徽州歙県韶坑目連戯　邋遢相公（韶坑村，1989 年，陳長文氏撮影）

浙江新昌前良目連戲　女吊（新昌県城，1990 年）

湖南辰河腔目連戲　劉氏回煞（懐化市，1989 年，懐化市芸術館撮影）

湖南祁陽目連戲　過奈何橋（長沙市，2006 年）

湖南祁陽目連戲　堆羅漢（長沙市，2006 年）

四川高腔目連戲　花園発呪，葵花爆裂（綿陽市，1993 年）

四川高腔目連戲　鑊湯地獄（綿陽市，1993 年）

序

中国の演劇は、亡霊の鎮魂を目的とする祭祀儀礼から発生した。古くは、戦国期の楚辞の国殤や漢代古詩の戦場南のように、戦死者の亡魂を恐れてこれを鎮撫する儀礼があり、この儀礼を母体として宋代には項羽を祀る英雄鎮魂劇が発生し、元代には、張飛、関羽、岳飛の亡魂をまつる鎮魂劇が成立している。宋代以降、戦争が減り、政治経済の中心が江南に移るにつれて、戦死者、英霊を鎮める祭祀が減り、むしろ災害で死んだ横死者、夭折者など、いわゆる孤魂に対する恐怖が増大し、これを鎮撫する孤魂祭祀が重視されるようになる。これらの孤魂は、祀ってくれる子孫がなく、餓えと寒さに苦しみながら、空中をさまよい、時には村の作物を襲って飢饉、水害、旱魃などを引き起こすと信じられた。このため、この孤魂を鎮める神通力を持つ目連尊者が尊崇されるようになり、目連が地獄に落ちた母を救う物語を演じる「目連戯」が盛んになる。本書は、このように宋代以降、農村の鎮魂演劇の主流となった目連戯の発生、展開、伝播について検討したものである。

中国人学者による従来の演劇史研究においては、演劇は、演劇成立以前にすでに存在していた歌舞、所作、科白、物語などが宮廷や都市の娯楽場で結合されて成立した文学様式と定義され、研究の対象は、文人の手になる高級な芸術としての戯曲作品とその作家に集中し、演劇の背景となっている宗教や祭祀を無視してきた。したがって、中国でもっとも早く、北宋末、『東京夢華録』に、その演目を記録された「目連戯」についても、その演劇史上の重要性にもかかわらず、ほとんど研究が行われてこなかった。演劇を社会との関連で考察する視点が全く欠けていたからである。その上、一九四九年以降は、宗教や祭祀は、迷信と見なされて禁圧され、道士や僧侶も村落で祭祀活動を行うことはできず、これに伴う目連戯も上演することはできなかった。それが一九八〇年代に入り、改革開放の方針のもとで宗教迷信として禁じられてきた農村祭祀が復活し、農村の重要祭祀である目連戯も徐々に復活してきた。研究についても、一九八七年に、湖南で第一回目連戯検討会が開かれ、その後、一九八八年に安徽、一九八九年に湖南、一九九三年に福建、一九九四年に四川というふうに五回に及ぶ会議が連続して開かれ、その都度、会議開催地の目連戯が上演された。この間、地方に残る多数の目連戯テキストも、内部発行という限定付きながら、徐々に公刊されてきた。例えば、一九八八年には、安徽省芸術研究所、一九八九年には、湖南省戯曲研究所、一九九〇年には、四川省川劇研究所、一九九一年には、福建省芸術研究所がいずれも「目連戯論文集」を刊行している。特に一九八九年には、ユネスコの資金提供により、湖南省懐化市において、七日七夜に及ぶ辰河腔目連戯が上演された。この年には、カリフォルニア（California）大学のデヴィッド・ジョンソン（David Johnson）教授主編、*Ritual Opera Operatic Ritual* と題する目連戯論文集が出ている。その後、一九九二年には、台湾の財団による資金で、大陸各地に残る目連戯資料の収集出版が企画され、『民俗曲芸』誌七七―七八号に「目連戯特集」が組まれている。このように一九八〇年代後半から九〇年代初期にかけて、目連戯研究は高潮期を迎えたが、九〇年代後半からは、農村の急速な近代化により、上演が途絶え、研究も停滞して、会議も行われなくなった。しかも、この高潮期に各地で編集された文献や撮影された写真、録画などは、各機関に分散所蔵されたままで、ほとんどが公開されないまま、現在に至っている。研究者の世代交代も進み、現在では、高潮期を経験した各機関所属の研究者は、すべて退任し、資料の所在も不明になっていることが少なくない。その上、これらの目連戯は、各県文化局単位で研究されているため、全体を見渡して、目連戯の歴史的展開や伝播の過程を全国的な視野で検討し、中国演劇史の中に位置づける研究は、いまだ現われていない。このような状況をみれば、筆者が当時、入手できた資料や、撮影した写真は、不十分なものではあるが、それを一つの視野から体系的に整理して公開することが学界のためにも必要である、と思われる。それもできるだけ早く、研究書の形で公刊することが資料保存のためにも、今後の研究の基礎を提供するためにも有効である、と考えた。

別に、筆者自身の中国祭祀演劇に関する研究過程という面で見ても、目連戯についてまとまった見解を公表することは、最初に上梓した『中国祭祀演劇研究』（東京大学出版会、一九八一年）で提起した祭祀演劇の視点に立つ中国演劇史の体系的叙述という課題に一応の決着をつける意味でも必須の課題であった。目連戯は、当初、僧侶道士によって演じられ、のちに俳優が演じるようになった典型的な祭祀演劇であり、儺戯と並んで中国の祭祀演劇の原初形態としての地位を占めている。このうち、儺戯については、『中国巫系演劇研究』（同、一九九三年）の一書において、資料紹介とともにまとまって自説を述べたが、目連戯については、『中国の宗族と演劇』（同、一九八五年）、『中国郷村祭祀研究』（同、一九八九年）、『中国演劇史』（同、一九九八年）、『中国地方戯曲研究』（汲古書院、二〇〇六年）などに、それぞれ主として福建の事例の一部を述べただけで、三十五種に及ぶ江南の地方テキスト全体を俯瞰する体系的な論述は行っていない。資料の掌握が十分でない点に制約されて、論述を先延ばしにし、暗中模索を続けてきたからである。

ただ、この長い模索の期間を通して、中国南方における目連戯がどの地域で最も早く原型を形成し、どの地域にむかって伝播したか、という問題に関する筆者の考え方は、かって二五年前に『中国郷村祭祀研究』第一篇下、表三五「十一種目連戯齣目対照表」において、一つの仮説として提起した見解と、現在に至るまで、大筋において変わっていない。すなわち福建目連戯を最古の原本とし、江西・安徽の弋陽腔系諸本をこれに次ぐ古本と考え、この古本を修正して鄭之珍本が成立したとする見解である。本書は、この見解をこの二五年間に得られた資料を動員して補強し、より体系的に論述したものである。

筆者が最初に目連戯を見たのは、一九八三年旧暦七月中旬、シンガポール、Madras Road、興安天后宮（莆田同郷会）

における中元節の場面であった。以来、三〇年の間、目連戯の参観のたびに各地の多くの方々のお世話になった。特に上海社会科学院民間文学研究所姜彬教授（故人）、華東師範大学陳勤建教授、上海大学中文系彭飛教授、浙江省芸術研究所陸千秋教授、新昌県調腔劇団潘肇明教授、安徽省芸術研究所陳長文教授、江西省芸術研究所毛礼鎂教授（故人）、湖南省懐化市芸術館李懐蓀教授、福建省芸術研究所葉明生教授、京都金光寺住職新堀俊尚師等の方々から、あるいは目連戯参観の機会を与えられ、あるいは目連戯関係重要資料（写真、劇本など）の提供を受けた。巻末の「英文目次」は三〇年来親交を重ねてきたアリゾナ大学のジョン・ティモシィ・ウィクステッド John Timothy Wixted 教授の周到な翻訳によるものである。古い写真の画像処理及び索引については、東洋文庫のシステム・エンジニア村瀬一志氏の技術協力を得た。

また、出版に関しては、東京大学出版会編集部の山本徹氏に細部にわたるまで終始お世話になった。併せ記して感謝の意を表する。

なお、本書は、平成二七年度の日本学術振興会による科学研究費補助金（研究成果公開促進費・学術図書）の助成によって公刊できた。もし、この助成がなければ、このような浩瀚な書籍を刊行することは、不可能であったであろう。ここに日本学術振興会の支援に対し、深甚の謝意を表する次第である。

二〇一五年一二月

公益財団法人東洋文庫

田仲一成

目次

序章　中国演劇史における鎮魂演劇の地位

序節　鎮魂祭祀と演劇発生の構造

演劇のみならず、詩歌、叙事詩、抒情詩、小説など、あらゆる文学形式は、原始宗教祭祀の中から生まれてきたと考えられる。

人類は自然災害に直面すると、神霊の保佑に依存して、常に神霊に対して祭祀を献上してきた。その神霊は一貫して人智を超えた神秘に覆われており、人類はこれに対して恐怖心を抱いてきた。恐怖が存在する以上、いかなる部分も文芸あるいは文学に脱皮することは不可能である。しかし、人類が経験を積み重ね、自然に対する知識を向上させ、自然現象の規則性を把握するにつれて、神霊に依存する程度は低下し、神霊に対する恐怖心もまた後退する。このような啓蒙の段階に到達するにつれて、祭祀の一部は、徐々に退化して文芸に転化し始める。一般的に言えば、原始祭祀の中、神霊を礼賛する男女の踏歌がまず最初に神霊賛美の長編叙事詩に進化し、次いでこの長編叙事詩の中から、個人の感情が出現し、短編の抒情詩が成立する。その後、この個人の自覚的思考の中から、小説が出現する。ただ、祭祀の核心部分、つまり巫覡が神霊を迎接する部分は、一貫して神秘に覆われており、容易には文芸に脱皮できないままに推移してゆく。しかし幾千年にわたる人類の不断の進歩により、この核心部分も最後には神秘的宗教羈絆から脱却して文芸、つまり演劇に進化する方向に向かってゆく。各民族の文学史の中で、詩歌、小説が成立したあとに、演劇が最後に成立するのは、演劇の母体である神霊と巫覡の儀式に対する恐怖心が詩歌の母体である舞踏や小説の母体である宴会歌に対するよりも強かったからである。世界の民族を見渡すと、ほとんどが歌や踊りはもっているが、いまだに演劇をもっていない民族が少なくない。演劇を生むだけの合理的自然認識に到達していないからである。以下ではまず、次の二つの問題を検討してみる。

一、原始集団の中で、演劇という文学形式は、どのようにして生まれたのか？

二、演劇という文学形式は、どのようにしてその独特の悲劇的な物語を獲得したのか？

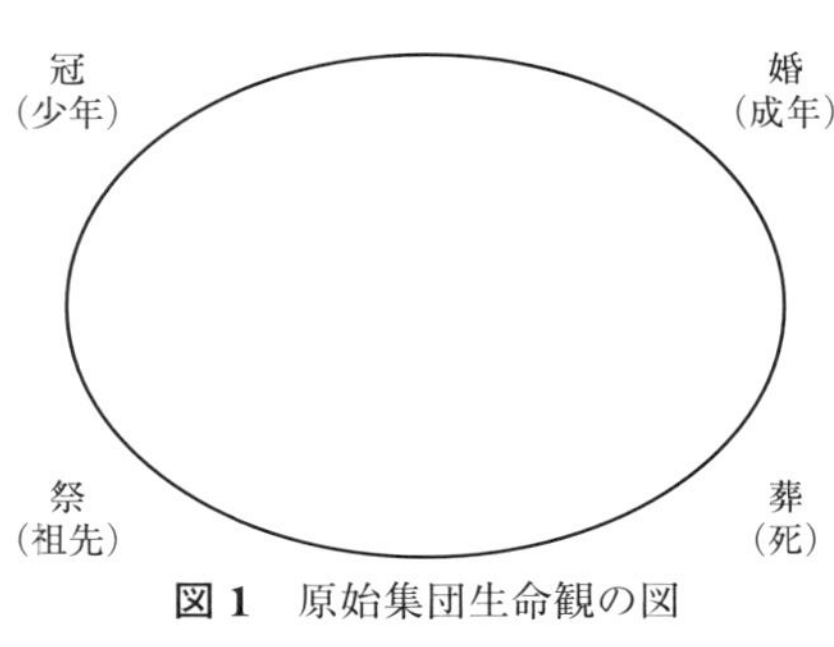

図１　原始集団生命観の図

一　原始集団の生命観、及びその祭祀の機能

まず、原始集団の祭祀について、その循環性を図によって示すと、図１のようになる。

この図は、原始集団の世界観あるいは生命観を描いたものである。人は、生まれると、いわゆる〝冠婚葬祭〟の順に従って、人生の歩みを進める。つまり、少年は成長して成人となり、冠礼を受ける。これと同時に、結婚して婚礼を受ける。中年以後は、次第に老衰し、最後は世を去って葬礼を受ける。その後は、子孫から祖先として尊崇され、祭礼を受ける。ここでは、個人の生命は、「集団の生命力の分割された化身」（西郷信綱『鎮魂論』一九五七年）であり、最後に生命が尽きて死んでも、別に悲しむべきことではなく、集団の母胎に回帰するに過ぎない。個人の生命は一時、消滅しても、集団の生命は、これによって消滅するわけではなく、時がたてば、いつかは個人としての再生も期待できる。このように人は、死と復活の方式により、再三再四復活する。そこには集団の生命の不滅と永遠持続が信じられている。これが、原始人類の世界観であり、生命観であった。

この集団は、農耕に依拠し、春—夏—秋—冬の循環に依存して生活している。かれらは長期にわたる経験の中から、ぼんやりとではあるが、自然の循環を感じているものの、まだ自然の規律性を認識するまでには至っていない。ある時は、冬がひどく永く続き、春がなかなかやってこなかったので、農耕を開始できず、春は永遠にやってこないのではないか、と疑った。やがてかれらは、この災難を避けるために、神霊の加護によって、冬を追い出し、春を招きよせる必要があると認めるようになった。かくして、かれらは神霊に特別に大きな祭祀を捧げるようになる。かれらは元来、誠心誠意、神霊を信仰しており、神を恐れていたのであるが、目前の危機に直面して、集団の全力をあげて、神霊に対して規模の極めて大きい祭祀を捧げる決意をする。その祭祀は、図2のような構造をもっていた。

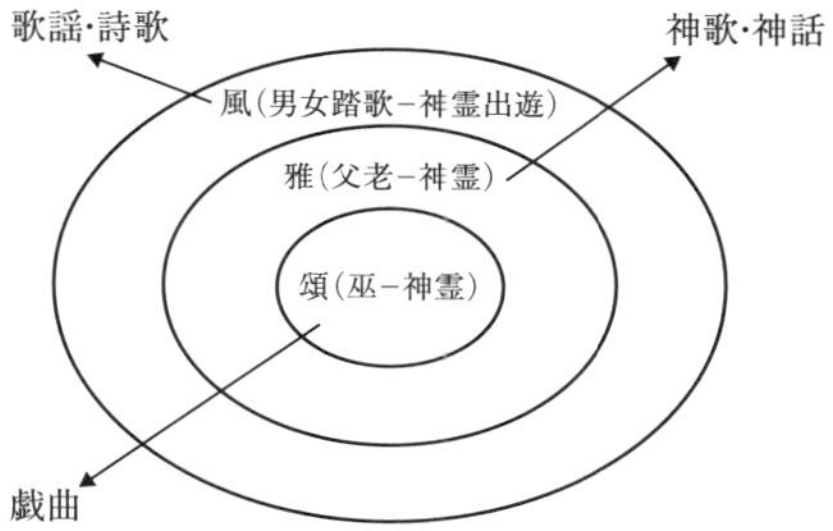

歌謡・詩歌
神歌・神話
風（男女踏歌－祖霊出遊）
雅（父老－祖霊）
頌（巫－神霊）
戯曲

図2　原始祭式と文学の発生

(1)第一層・集団は巫覡の神通力を通して神霊の降臨を懇請する。巫覡は、神社の密室の中で神を迎える。ここでは、ただ巫覡だけが神霊と対話する。巫覡は、神霊に向かって祝詞を奉じ、神霊は、巫覡に嘏詞を下賜し、神意を伝達する。巫覡はこれによって、いかにして危機を避けるかを知り得る。別の人は、知ることができない。この対話は神秘の儀式であり、恐怖さえ混じえた緊張を伴っていて、別人にはその内容を窺い見ることはできない。その内容はこの対舞儀式が終わってから、巫覡の口から父老に伝えられる。

(2)第二層・巫覡と神霊の間の対話、対歌が終了したあと、父老は巫覡からの報告を受け、神霊がかれらの誠意を接受したことを知り得て、やや安心し、神霊（巫覡が神に扮する、つまり神尸）を迎えて、共に宴会を開き、神人共に楽しむ。神霊に食物あるいは供品を献上する。

(3)第三層：神霊の降臨のおかげで、長期間、持続した冬はついに退去する。春がやっと到来し、農耕が開始できるようになる。村人は、広場に集まり、舞踏し、歌を唱い、神徳を賛美する。若い男女は、この機会に結婚し、上述の［婚礼］の循環に入る。

この一連の儀式は、もし人々のこれに対する信仰が退化したとき、それぞれが文芸に転化する。次のとおりである。

(1)第三層：ここは、恐怖の程度が最も小さいため、祭式が最初に文芸化する。詩経の「風」など、歌謡文学がこの場面で成立した。

(2)第二層：ここは、恐怖の程度が比較的小さいため、第三層に次いで祭式の文芸化が進行し、詩経の「大雅」、「小雅」などの宴会歌曲が成立した。これは、のちに楽府詩を生む。

(3)第一層：ここは、恐怖の程度が最も大きく、容易には文芸化しない。ただし、極めて長い時間を経ることで、前二層の後を受けて、最後にはやはり文芸化の道を歩み、神霊を接待する迎神歌舞が生まれる。詩経の「頌」がこれに当たる。これは、後に演劇に転化するが、詩経の時代には、まだ神秘の要素を残していたため、完全な演劇には脱皮しきれずに、演劇性を帯びた歌舞の段階にとどまる。しかし、後世には、ここから慶祝劇、角抵戯（儺戯）などが生まれる。

祭祀の文芸化が最も困難なのは、第一層の鬼神圏である。人々はこの第一層の鬼神圏に対して長い間、強い恐怖を抱いてきた。この迷信を脱却するには、二つの条件が必要であった。一つは、巫覡のほかに、この鬼神圏に参加する俗人の人数が増加することである。このことは、鬼神圏に開放の空気をもたらし、人々の恐怖を減少させる方向に作用する。一つは、農業生産力が向上し、人々が自然の規律性を掌握し、一部の人々が鬼神圏を客観的態度で観察できるようになることである。このような条件の下にある客観的な観察者は、きっと鬼神を恐れず、鬼神圏の行為を演技とみなし、自らを観客の立場におくことができるようになる。かくして、演技者と観客が分解し、舞台と演劇が成立することになる。ただ、この二つの条件は、歴史記録から見る限り、南宋まで時代が下ってきて、はじめてその萌芽を認めることができるようになる。たとえば、南宋の初、江蘇西山の人、陳旉の『農書』上、「祈報篇」に次のように記している。

古之君子、使之必報之。迎猫為其食田鼠也。迎虎為其食田豕也。迎而祭祀之也。物無夭阨於疵癘、民無札瘥災害者、莫不由神降其福以相之而然也。今之従事於農事者、類不能然。借或有一焉、則勉強苟且而已。烏能循用先王之典故哉。其春秋二時之社祀、僅能挙之、至于祈報之礼、蓋蔑如也。

古の君子は、これを使えば、必ずこれに報ゆ。猫を迎うるは、其の田鼠を食すればなり。虎を迎うるは、其の田豕を食すればなり。迎えてこれを祭祀るなり。物に夭にして疵癘に阨せらるるなく、民に札いられて災害に瘥せらるるなきは、神のその福を降して以てこれを相けて然らしめざるはなし。今の農事に従事する者は、類ね然る能わず。借りに或いは一たびあるも、勉強に苟且にするなるのみ。いずくんぞよく先王の典故に循用せんや。その春秋二時の社祀は、僅かにこれを挙ぐるも、祈報の礼に至りては、蓋し蔑如たるのみ。

ここには、当時の農民が鬼神の羈絆から脱却しつつあったことが反映されている。しかも演技者と観衆の分離も、やはり南宋の文献において確認することができる。たとえば、南宋、福建漳州の人、陳淳は、嘉定一二（一二一九）年の「上傅寺丞論淫戯」と題する一文（『北渓先生大全集』巻四七）において、次のように述べている。

此邦陋俗、常秋収之后、優人互凑諸郷保、作淫戯。筑棚於居民叢萃之地、四通八達之郊、以広会観者。至市廛近地、四門之外、亦争為之、不顧忌。今秋自七八月以来、郷下諸村、正当其時、此風在滋熾。其名若曰戯楽、其実所関利害甚大。

この邦の陋俗として、常に秋収の後、優人互いに諸の郷保に凑りて、淫戯をなす。棚を居民叢萃の地、四通八達の郊に築き、もって会して観る者を広くす。市廛の近地、四門の外、また争いてこれを為して、顧忌せず。今秋、七、八月より以来、郷下の諸村、正しくその時に当たり、この風、滋すます熾なるにあり。その名を戯楽といえるも、その利害に関するところ、甚だ大なり。

これによって、上述の二つの条件は、南宋においてすでに充足されていたことがわかる。北宋には、山西の寺廟に戯台が作られていたことは、北宋の碑文によって証明されている。かくして、上述の第一層も、北宋に入るころには、演劇に進化する方向に動き出していたといえよう。

しかし、この原始祭祀の核心部分（巫と神の対舞対唱）は、本来、首尾を兼ね備えた物語を欠いていた。そこには、ただ巫覡と神霊の間に交わされる祝詞と嘏詞を軸とする簡単な歌舞動作があるだけであった。たとえ、それが演劇に進化したとしても、せいぜい二種類の素朴な演技を生み出せるにとどまっていた。一つは、演技者が神霊に対して捧げる慶祝劇であり、一つは、神霊が陰兵を動員して悪鬼と戦う角抵戯（儺戯）である。この二種は、演劇の萌芽と呼ぶことはできるが、しかし物語が欠けており、真正の演劇と言うことはできない。物語を主とする真正の演劇が生まれるためには、さらに原始集団が第二の段階、孤魂が発生する段階まで待たなければならなかったのである。

二　孤魂の発生

ギリシャでは、第二層に長編叙事詩があり、第一層の鬼神圏が演劇に進化するにあたって、新興の文学形式である演劇に物語を提供した。ただ、中国には、長編の英雄叙事詩はなく、演劇に物語を提供しようがない。英雄神話がないため、初期の演劇である元雑劇には古代神話の物語がない。日本も同様で、日本には長編の英雄神話はあるが、初期の演劇である能には、古代英雄の物語は、皆無ではないが、あまり登場しない。中日両国の初期演劇における物語は、おおむね別のルートから来ている。それは孤魂の物語である。以下、この問題を検討してみる。

さきに原始集団の永遠循環の生命観について述べた。個人の生命は、集団の生命の分割された化身であり、個人の生命が消滅しても、その生命は、集団の生命に回帰するだけで、その後は、子孫として生まれ変わり、このように永遠に死と復活を繰り返す、というものであった。しかし、この種の楽観的な生命観は、一定の時代を経過するにつれて、徐々に崩壊してゆく。たとえば、戦争が発生し、若い人が多数、戦場で戦死する、飢饉が発生し、大量の餓死者が出る、など、さきの生命観の図式から言うと、〝冠婚葬祭〟のルートを完走できない人が多数、現れるに至る。つまり、〝冠婚葬祭〟というこの集団によって保障されたルートは、中途で切断され、永遠に集団に回帰できない人が出る。それでは、かれらは、どこへ行くのか？　戦死者や餓死者の霊魂は、行き場所を失って、空中を浮遊していると考えられている。この種の空中に浮遊する亡魂は、この故に遊魂と呼ばれる。かれらは、結婚せずに、あるいは結婚後間もなく死去したので、大多数は子孫がなく、次世代以下の祭祀を享けることができない。このように完全に孤立している故に、孤魂とも呼ばれる。この変化を図示すると、図3のとおりである。

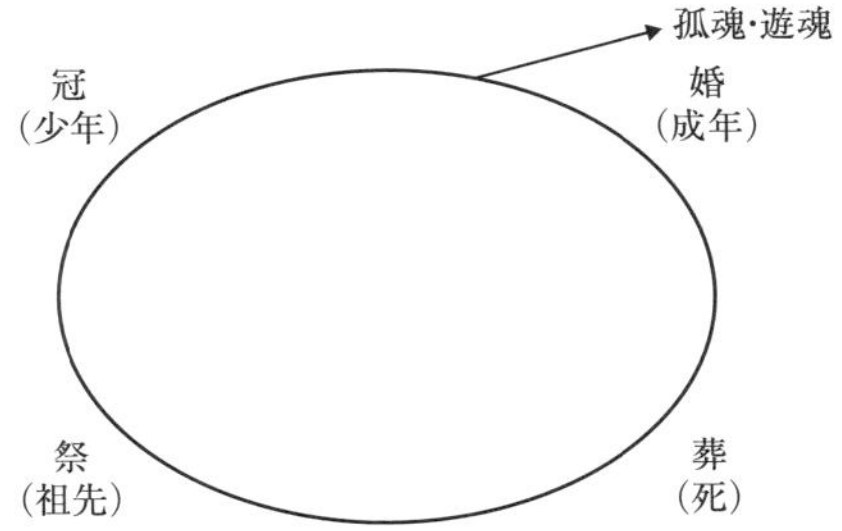

図3　原始集団生命観の変化図

この図は、孤魂が集団から離れてゆく状況を示している。しかし、かれらは、完全には集団から離れていない。集団に対して恨みを抱き、集団に向かって衣食を要求し、時には田畑の作物を襲い、時には蝗の大群となって稲を食い尽くし、あるいは干害、水害などの大災害をひきおこす、と信じられた。これに対して、集団は、自らの安全のために、神霊にたよって孤魂を慰撫しなければならなくなる。かくして、孤魂を救済し、集団の安全を維持するための大規模な祭祀が生まれた。この祭祀は〝斎醮〟と呼ばれた。この斎醮祭祀において、道士と孤魂の間の儀式（対話、対唱、対舞）も、当初は、原始の迎神儀式と同様に神秘のベールに覆われており、一般の村人が窺い見ることは許されず、父老もただ傍らから祭壇に供物を献上するだけの役割しかもたなかった。僧侶道士による儀式が終了した後、村民は、野外に集められた孤魂たちに大量の食物、衣服、金銭などを与えて、かれらの飢えと凍えを癒やし、一定の期間、かれらの不満をなだめて、村の平安を保とうとしたのである。この一連の儀礼を図示すると、次のごとくである（図4）。

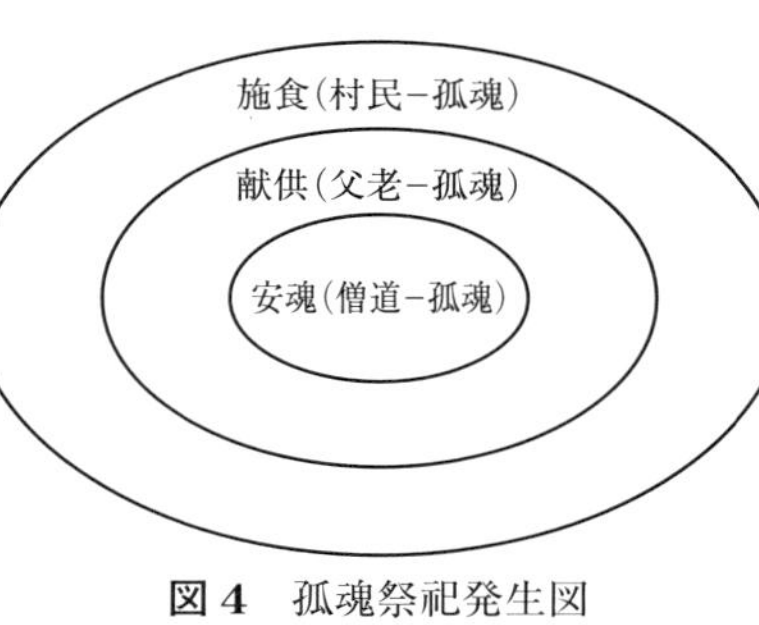

図4　孤魂祭祀発生図

かつて原始生命の循環の中で神霊と巫覡の間に交わされた祝詞と嘏詞の対舞は、ただ、慶祝舞踊か鬼追いの所作などの短編物語を提供しただけで、首尾兼ね備えた長編物語を提供することはできなかった。これに対して、この場面で慰安される孤魂は、冠婚葬祭の循環路をたどる没個性的な生命とは異なり、当初から、それぞれが異なった不遇の死の物語とそれに対応する個性をもっていた。特に戦場で戦って戦死した勇士や不遇の自殺を遂げた烈女の霊魂は、おおむね強烈な個性をもっていた。かくして、孤魂を慰撫する儀式は、かれらの物語と個性を通して、英雄悲劇や家庭悲劇等の長編悲劇を生み出す母胎となった。以下では、この過程を検討する。

第一節　宋代孤魂の形象と救済

一　孤魂安撫の水陸道場

歴代朝廷は、戦死者、つまり陣亡戦士に対して特別な祭祀を設けて祀ることが多かった。たとえば、次のとおりである。

○大暦九年夏、其陣亡将士、仰本路随時優卹。（『全唐文』代宗四）

大暦九（七七四）年の夏、其の陣に亡ぜる将士には、本路に仰せて随時に優恤せしむ。

○真宗咸平五年三月癸亥、遣使祭霊州陣亡将士。（『続資治通鑑長編』巻五一）
真宗の咸平五（一〇〇二）年三月、癸亥、使を遣わして、霊州にて陣亡せる将士を祭らしむ。

○煕寧七年五月、遣煕河路走馬承受長孫良臣往煕州。為踏白城陣亡将士作浮屠道場七昼夜、命河州収瘞暴骸。（『続資治通鑑長編』巻二五〇）
煕寧七（一〇七四）年五月、煕河路走馬承受長孫良臣を遣わして、煕州に往き、踏白城にて陣亡せる将士のために、浮図道場を作すこと七昼夜。河州に命じて暴骸を収瘞せしむ。

○靖康元年三月、令在京寺観為建斎醮道場、追薦陣亡将士与被害人民。（『三朝北盟会編』巻四三）
靖康元（一一二六）年三月、在京の寺観をして為に斎醮道場を建て、陣亡の将士と被害の人民とを追薦せしむ。

そして、孤魂の猖獗によってもたらされる集団の危機に対処するために、僧侶や道士は、新しい祭祀を創造した。これが僧侶による水陸道場、道士による黄籙斎である。この種の祭祀は、おおむね五代北宋期に形成された。まず、仏教の水陸道場について見てみよう。たとえば、『続資治通鑑長編』巻二七三、神宗煕寧九（一〇七六）年三月の段には、次のような記事がある。

詔…邕、欽、廉州死事文武官見存骨肉、令広西経略、転運、提点、刑獄司速訪求、具所在人数以聞。三州陣亡骸骨、令経略官葬祭之、仍于桂林仏寺設水陸道場、供僧千人。交賊蹂践之地、及避賊失業者、与免今年二税。

詔すらく…邑、欽、廉州にて、事に死せる文武の官の見存せる骨肉（遺族）は、広西の経略、転運、提点、刑獄の司に令して、所在の人数を具して以て聞せしむ。三州にて陣亡せる骸骨は、経略官に令してこれを葬祭せしめ、仍りて桂林の仏寺において、水陸道場を設け、僧千人を供えしむ。交賊の蹂践せる地、及び賊を避けて業を失える者は、今年の二税を免ずるを与う。

同一の記録は、『続資治通鑑長編』巻二九二、神宗元豊六（一〇八三）年九月の段にも見える。次のとおりである。

詔…（広西）邕州昨自交賊残殺人民、至今戻気未息、水火疫癘相継、近又土象動揺、尤可駭異、宜下転運司差官、同本州長吏、集鄰部修潔僧、建水陸道場、為死者薦福。

詔すらく…広西の邕州にては、昨自、交賊、人民を残殺す。今に至るも戻気、息まず、水火疫癘相継ぐ。近ごろまた、土象動揺す（地震）。尤も駭異すべし。宜しく転運司に下して官を差し、本州の長吏と同じく隣部の修潔の僧を集め、水陸道場を建て、死者のために福を薦めよ。

これは、広西と交趾の境界で発生した戦争で戦死した戦士の亡魂を慰安するために行うものであった。これに続いて、『続資治通鑑長編』巻三八九、哲宗元佑元（一〇八六）年一〇月にも次のような記載がある。

三省言…熙、河、蘭会路五州軍、歳支官銭二千五百緡、建水陸道場、追薦漢藩亡将兵、而逐州僧道不及二三十人、請裁減。詔歳支五百緡。

三省、言う…熙、河、蘭の会路の五州の軍にて、歳ごとに官銭二五〇〇緡を支して水陸道場を建て、漢藩に亡ぜる将兵を追薦す。而して逐州の僧道は、二、三十人に及ばず。裁減せんことを請う、と。詔して歳に支すること五〇〇緡ならしむ。

これは、甘粛省の国境で発生した戦争で戦死した戦士の亡魂を慰安するために行ったものである。この三条があげている水陸道場の例は、いずれも戦死した将兵を慰安するために挙行されたものであった。ただ、この種の水陸道場については、当時の官僚から見ると、高真（天界の最高神）を冒瀆し規範を踏み外すところがあるとみられていたらしい。たとえば、『正統道蔵』洞神部、譜籙類、混元聖記巻九には、次のような記事が見える。

神宗皇帝元豊五年詔…釈氏水陸道場設三清上帝等位、与幽冥鬼神位為列、褻瀆高真、仰所在官司厳加禁止。

神宗皇帝元豊五年（一〇八二）、詔すらく…釈氏の水陸道場は、三清上帝などの位（位牌）を設け、幽冥鬼神の位（位牌）と列をなし、高真を褻瀆す。所在の官司に仰せて厳しく禁止を加えよ。

これによって、この種の水陸道場が当時、新たに出現した祭祀であって、民間で生まれたものであったことがわかる。戦死した戦士の霊魂を慰安するほかに、蝗災を攘うために行った例もある。たとえば、南宋の人、楼鑰の『攻媿集』巻四八、「内中禳蝗文」に次のようにある。

〈内中禳蝗文〉接原集此首前有成粛皇后中元節水陸道場斎文。今删。伏以、旱魃云初、遂致飛□之作孽、雨師既応、不図遺種之滋繁。遠近閩楚之疆、近集郊関之内。遇災是惧、惟帝焉依、願勅百霊尽尽□螟螣之害、俯令万国咸保稲粱之豊。

（内中の禳蝗文）原集のこの首の前に接して成粛皇后の中元節の水陸道場斎文ありしも、今削除せり。伏して以うに、旱魃ここに初まり、遂に飛虫の孽をなすを致し、雨師既に応じ、遺種の滋（ま）すます繁きを図らず。遠く閩楚の疆を侵し、近く郊関の内に集まる。災に遇うをこれ惧れ、惟だ帝にのみ焉（ここ）に依る。願わくは、百霊に勅して尽く螟螣の害を除かしめ、俯して万国に令して咸な稲粱の豊を保たしめんことを。

この場合、水陸道場は、中元節に挙行されている。中元は、孤魂を慰安する時節であり、蝗害は、孤魂が引き起こす災害と認められていたことがわかる。この種の蝗害を駆逐することを目的として行う水陸道場については、浙江の道士寧全真（?—一一八二）が伝授し、南宋末元初の温州道士林霊真（一二三九—一三〇二）が編んだ、『霊宝領教救済度金書』巻二五六—二五九、科儀立成品（禳蝗道場用）に詳細に記載されている。今、その要点を述べた巻二五八、「晩朝行道儀」をあげる。次のとおりである。

臣聞…国以農為重、天時全耕斂之常、民以食為先、地利戒飢荒之変。惟戻杰充盈於郊野、故妖蝗生育於田疇。百千成群、障白日而日光黯黯、万頃作隊、掩青天而天色冥冥。経過悉損於禾苗、至止尽童於林木。畎夫焦悴、野老憂愁。自東作之勤労、期西成之収刈。経営半載、備殫耕耘耒耨之功、収拾一時、絶無秉稔稚穧之在。将成凶歳、曷望豊歳。

臣聞く…国は農を以て重しとなす、と。天の時は、耕斂の常を全うし、民は食を以て先となし、地の利は、飢荒の変を戒む。惟だ戻沴は郊野に充盈し、故に妖蝗は田疇に生育す。百千群を成し、白日を障りて日光は黯黯たり、万頃隊を作し、青天を掩いて天色冥冥たり。経過すれば、悉く禾苗を損い、至り止まれば、尽く林木を童す。畎夫は焦悴し、野老は憂愁す。東作の勤労より、西成の収刈を期す。経営すること半載、備（あまね）く耕耘耒耨の功を殫すも、収拾すること一時にして、絶えて秉稔稚穧の在るなし。将って凶歳と成り、曷んぞ豊歳を望まんや。

道士は同書巻二五七、午朝行道儀の最後の一段で、神霊に向かって、誓の言を述べる。次のとおりである。

十二願、蝗飛蠢動、已生未生、咸蒙安全、普得生成、皆見元気、受陽之形、草木果林、経冬不零、一切済度、靡不鮮栄。（存神焼香）

臣学道得道、求仙得仙、斎主受福、幽顕霑恩。

十二に願わくは、蝗飛の蠢動して、すでに生まれたると、いまだ生まれざると、咸な生成を得て、皆元気を見し、陽の形を受け、草木果林、冬を経て零れず、一切の済度、鮮栄ならざるなからんことを！（存心焼香）

臣道を学びて道を得、仙を求めて仙を得たり、斎主福を受け、幽顕恩に霑わんことを。

ここでは、蝗は陰気の形と見なされていて、このため道士はかれらが陽気を受けて禾苗を害さないように祈っている。また天界に向かって「幽顕恩に霑わんこと」を求めている。ここで幽とは、孤魂を指している。孤魂は空中を浮遊している故に、かれらが蝗に化身し禾苗に害を与えると連想しているのである。空中を浮遊する孤魂のイメージは、宋代に入って定着したといえよう。

南宋時代には、孤魂を慰安する黄籙斎や九幽醮などが各地で流行した。たとえば、『夷堅志』支戊巻六、「婺州両会首」の条には、次の記事が見える。

婺州郷俗、毎以三月三日、真武生辰、闔廓共建黄籙醮、禳災請福。

婺州の郷俗、毎に三月三日、真武（大帝）の生辰なるを以て、闔廓共に黄籙醮を建て、災を禳い福を請う。

また『夷堅志』丙志巻九、「呉江九幽醮」にも次のように言う。

呉松江石塘、西連太湖、舟楫去来、多風涛之虞、或致覆溺、乾道三年、趙伯虚為呉江宰、念幽冥間滞魂無所訴、集道士、設九幽醮於県治、以抜度之。

呉の松江の石塘は、西に太湖に連なり、舟楫去来す。風涛の虞多く、或いは覆りて溺るるを致す。乾道三年（一一六七）、趙伯虚、呉江の宰となり、幽冥の間なる滞魂の訴うる所なきを念い、道士を集めて県治に九幽醮を設け、以てこれを抜度す。

孤魂が出現して郷村に脅威を与える危機に直面して、僧侶道士は孤魂に対する新しい祭祀儀礼として「水陸道場」や「黄籙斎」を創造したが、一般的に言って、仏教は個人の信徒の信仰を受けるだけで、郷村の祭祀に顔を出すことは稀であったから、水陸道場はもっぱら仏寺で行われた。それと反対に道士は、郷村の祭祀を専門としていたから、郷村への影響は道士の方が大きかった。このため、孤魂の社会に対する影響を観察しようとすると、仏典よりも道教の「黄籙斎」の方が参考になることが多い。道士が村民に提示したものが二つある。一つは孤魂のイメージであり、一つは孤魂救済の方法である。以下では北宋末期の闕名作者の撰に成る『黄籙九幽醮無碍夜斎次第儀』（『道蔵』第二九一冊、以下、『黄籙九幽醮』と略称）によって、検討してみる。

二　黄籙斎

（一）孤魂の形象

『黄籙九幽醮』は、孤魂一二類を列挙する。類別ごとに、それぞれの運命について物語を付している。次のとおりである。

1［陣亡英雄］

或英雄佐国、忠赤事君、逢危不顧于一身、致命乃酬于万乘。殁于沙磧、死在戦場、骨未瘞蔵、魂方沉滞。（或いは英雄たりて国を佐け、忠赤もて君に事う。危に逢えば、一身を顧みず、命を致して乃ち万乘に酬ゆ。沙磧に殁し、戦場に死す。骨はいまだに瘞蔵されず、魂は方に沉滞す。）

2［横夭文臣］

或効官万里、馳命四方、染疫癘以卒終、遇傷害而横夭。関源為阻、閭里攸賒、春秋夏冬、絶于祭祀。（或いは官を万里に効し、命を四方に馳す。疫癘に染まりて卒終し、傷害に遇いて横夭す。関源に阻まれ、閭里より賒てらる。春秋夏冬、祭祀を絶つ。）

3［遭難客商］

或投名上国、商賈東西、跋履山川、泛渉江海、遇毒虫而害命、遭狂浪以摧舟。（或いは名を上国に投じ、東西に商賈す。山川に跋履し、江海に泛渉す。毒虫に遇いて命を害せられ、狂浪に遭いて舟を摧かる。）

4［孤独僧侶］

或幼入空門、長依釈教、孤隠于林泉之里、棲遅于岩谷之中。志慕修行、自甘寂寞。（或いは幼にして空門に入り、長く釈教に依る。孤り林泉の里に隠れ、棲みて岩谷の中に遅おる。志は修行を慕い、自ら寂寞に甘んず。）

5［化縁僧道］

或為游客、或掌化縁、荏苒傾亡、因循仙化。（或いは遊客となり、或いは化縁を掌る。荏苒として傾亡し、因循して仙化す。）

6［隠遁道士］

或情嫌凡俗、心楽仙郷、全清閑養素之名、居碧嶂出塵之界、未遂長生之理、難逃短景之期。（或いは情として凡俗を嫌い、心に仙郷を楽しむ。清閑養素の名を全うし、碧嶂出塵の界に居る。いまだ長生の理を遂げず、短景の期を逃れ難し。）

7［離郷工芸］

或有工妙丹青、芸高薬術、因茲游歴、客死他郷。（或いは工は丹青に妙なるあり、芸は薬術に高し。因りて茲に遊歴し、他郷に客死す。）

8［貧困冤鬼］

或効力往還、傭身駆役、或有冤而暗害、或無告以自残、無依無倚。（或いは力を往還に効し、身を雇われて役に駆せらる。或いは冤ありて暗に害せらる。或いは無告にして自ら残し、依るなく倚るなし。）

9［劫盗叛徒］

或作狂徒劫盗、逆党叛臣、負国難以自甘、堕陰冥而敢恨。（或いは狂徒劫盗、逆党叛臣と作(な)る。国難〔法？〕に負きて自ら甘んじ、陰冥に墜つるも、敢えて恨まんや。）

10［不孝受罰］

或有欺瞞神理、或不孝父嬢、受天譴以滅殂、犯罪責而致損。（或いは神理を欺瞞するあり、或いは父嬢に孝ならず。天譴を受け以て滅殂し、罪責を犯して致損す。）

11［自尽窮鬼］

困貧而寒餓、或避法以逃蔵。計窮而自尽山林、事急而投身河井。（貧に困みて寒え餓え、或いは法を避けて以って逃げ蔵れ、計は窮りて自ら山林に尽き、事に急ぎて身を河井に投ず。）

12［遭難死亡］

或被虎狼啖食、或以水火漂焚、是女是男、或少或老。雖莫知於名姓、冀相率以倶来。（或いは虎狼に啖食せられ、或いは水火を以って漂焚せらる。女たり男たり、或いは少、或いは老。名姓を知るなしと雖も、冀わくは、相率いて以って倶に来たれ。）

ここでは、英雄が最も重視されていて、第一にあげられている。これは、さきに述べた水陸道場以来の主役であり、孤魂祭祀は、ここから始まったといえる。その他、文臣、客商、僧侶、道士、工芸等、1から7までは、すべて故郷を離れて客死した遊魂であり、空中を浮遊している。8から12までは、地元で死亡した各种の亡魂で、悪人も含まれているが、基本的には哀れむべき寃鬼たちである。かれらは、あるいは空中に浮遊し、あるいは地獄に呻吟している。仏教は、死者は六道を輪廻すると説く。六道とは、地獄道、餓鬼道、畜生道、鬼神道、人道、天道である。善行を積んだおかげで、直接、天道にゆける人も稀にはあるが、ほとんどの人は、人道→地獄道→餓鬼道→畜生道→鬼神道とめぐって、地獄道や餓鬼道、畜生道などを経過しなくてはならない、とされている。最も恐ろしいのは、地獄道であり、僧侶道士は、人々に地獄の恐怖を伝えるとともに、そこからの救済の儀礼を葬礼の中で行うようになる。

（二）救済孤魂の方法

人々が地獄を恐れる心理に対して、『黄籙九幽醮』は、孤魂を地獄から救済する方法を提示している。それは道士によって地獄の門を打ち破り、中に幽閉されている孤魂を救出して、天界に生まれ変わらせるというものであって、〝地獄破り〟と呼ばれている。

道士がまず祭壇を鋪設する。北に坐して南に向かい、三清壇を設け、その東西に孤魂を救済する救苦天尊の座位を設ける。前に香案を置き、その東西に地獄を掌る五獄、三官大帝、及び高級道士の玄中大法師、三天大法師などの座位を設ける、その下手に草で作った城郭の模型を設け、中に六道の牌位を置く。さらに南寄りに下手に向かって、地輪灯を設け、其の東西両側を二十四獄官の座位とする。さらに下手には九幽地獄を置き、両側に孤魂用の沐浴室（男女二所）を設ける（図6）。ここには、六道壇の重要部分を拡大した図を示す（図5）。

図5には、茭の城の中の、六道の牌位の配置が示されている。図6には、二十四獄官の配置、九幽地獄、四十九輪灯、男女沐浴室などが示されている。

『黄籙九幽醮』の記載によると、破地獄の法事は次のように進行する。

(1)先、法事師召無主孤魂滞魄。（まず、法事、無主の孤魂、滞魂を召す。）

(2)次、法事師引孤魂往浴室、沿路令道士一人以浄水灑穢。念諸天内音大梵隠語、至浴室。（次いで、法事、孤魂を接引して浴室に往かしむ。路に沿い、道士一人をして浄水を以て穢れに洒がしむ。諸天内の音の大なる梵隠語を念じ、浴室に至らしむ。）

(3)次、念法水咒。（次いで、法水の呪を念ず。）

(4)次、往女浴室攪水、念法水咒。（次いで、女浴室に往き、水を攪ず。法水の呪を念ず。）

(5)次、下浴室簾、道衆吟散花。法事、俟浴畢、法師启白祝詞。（次いで、浴室の簾を下し、道衆は、散花を吟ず。法事、浴の畢れるをまちて、法師、祝詞を啓白す。）

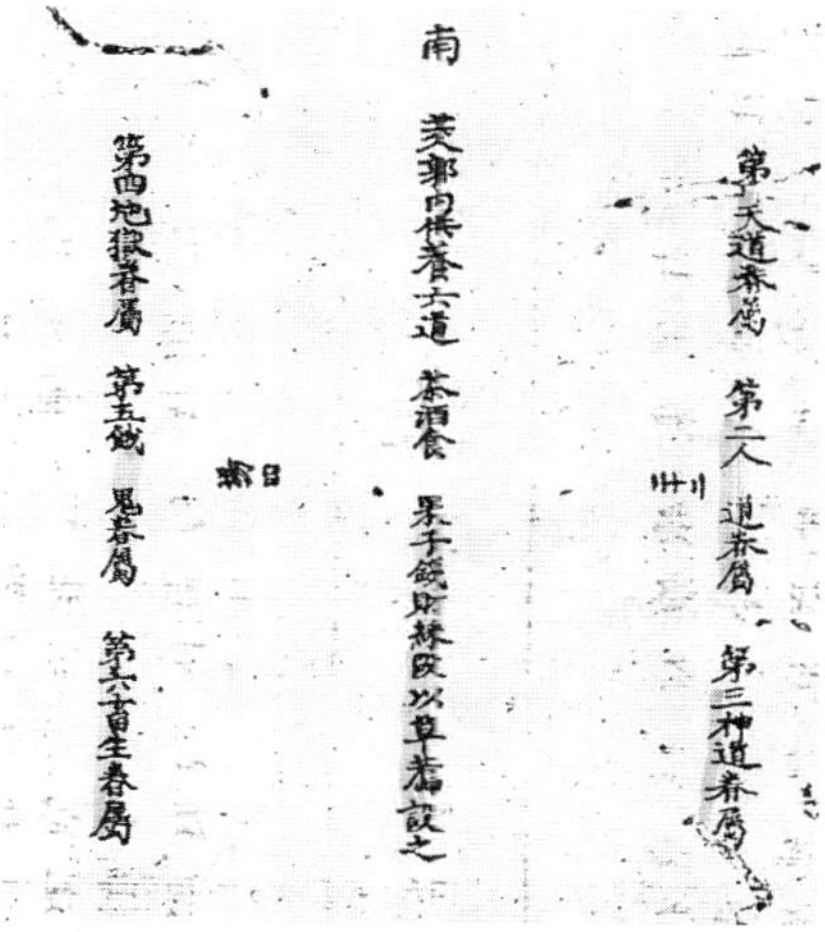

図5　『黄籙九幽醮無碍夜斎次第儀』の六道壇図

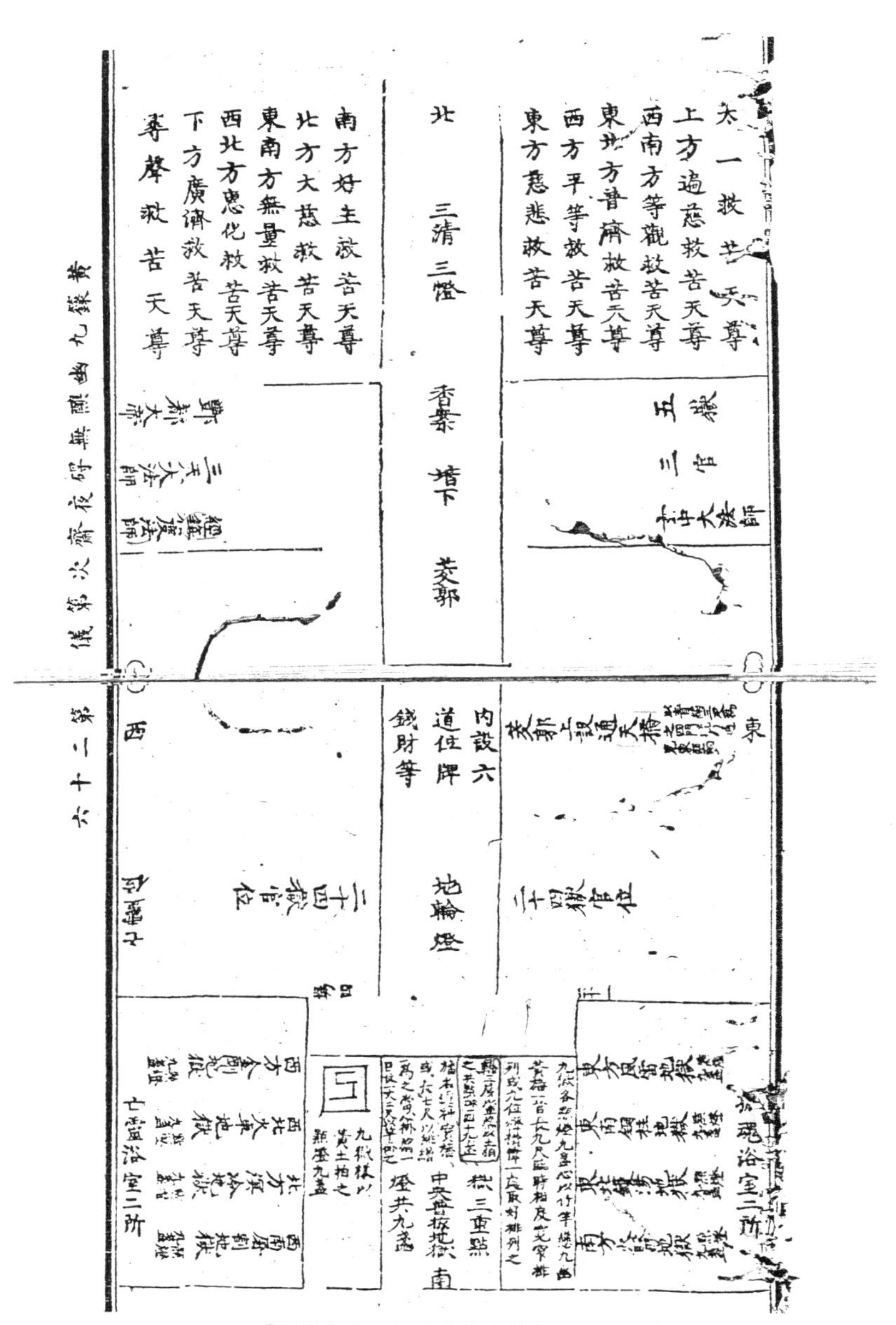

図 6 『黄籙九幽醮無碍夜齋次第儀』の場地全図

再啓黄壌沉霊、冥台逝众、今者已周蘭浴、咸遂清虚、各捨悪心、共相和睦、宜序分而就列、俾躬粛以登筵、歆饗芳肴、無執迷見、悉期超度、尽出幽牢、世世生生、永同楽土。（再び啓す…黄壌の沉霊、冥台の逝众、今、すでに蘭浴を周ねくし、咸な遂に清虚たり、各々悪心を捨て、共に相和睦せよ。宜しく分に序して列に就き、躬ずから粛して以て筵に登るべし、芳肴を歆饗し、迷見に執するなかれ。悉く超度を期し、尽く幽牢を出でよ。世世生生、永く楽土を同じくせよ。）

(6)次、法事引孤魂於無碍延座。（次いで、法事、孤魂を無碍の筵座に接引す。）

(7)次、法師与道衆巡遶葼郭、吟光明頌。（次いで、法師、道衆と葼郭を巡遶し、光明頌を吟ず。）

(8)次、往地獄官位、破二十四地獄。逐位破了、旋除幡子、掲位牌。（次いで、地獄の官位に往き、二十四地獄を破る。逐位、破り了り、旋いで幡子を除き、位牌を掲ぐ。）

(9)次、入葼郭南門、穿入、起。尋声救苦天尊四声、衆和。（次いで、葼郭の南門を入り、穿入して起つ。尋声救苦天尊、と四声、衆、和す。）

……

これを見ると、道士たちは、大多数の孤魂が地獄に幽閉されており、地獄の門を破って中に幽閉されている孤魂を救い出す必要があると考えていたことがわかる。この発想が北宋の『黄籙九幽醮』を成立せしめたということができる。

第二節　元代孤魂の形象

孤魂の形象は、『黄籙九幽醮』以後、さらに発展し、その種類が増加してゆく。たとえば、南宋末元初の江東道士、金允中の『上清霊宝大法』「施食普度品」（『道蔵』第九七一冊）は、孤魂を二種に分ける。一つは、個性や物語性をもつ主役級の孤魂、一つは個性がなく物語性を欠いたわき役の孤魂である。前者の主役孤魂は、全部で二五種あり、『黄籙九幽醮』の二倍に増えている。それぞれ類別を掲げた上、簡単な経歴と評価を記す。次のとおりである。

1［歴代帝王］

以今焚香、先伸恭請…歴代帝王、前朝君主。或揖遜而有天下、或開拓以立図、……然而数伝之後、累葉之余、未免泰極而否生、運奇而変起。……昔日鑾輿帰杳漠、如今殿宇已坵虚。……（以今（いま）、先ず伸べて恭みて請う……歴代の帝王、前朝の君主、或いは揖遜して天下を有ち、或いは開拓して以て図を立つ……然るに数伝の後、累葉の余、未だ泰極まりて否生ずるを免れず、運は奇にして変起こる……昔日の鑾輿は杳漠に帰し、如今の殿宇はすでに坵虚たり……。）

2［后妃嬪御］

以今焚香、奉請…昔朝禁壼、往古掖庭。尊而后妃、下而嬪御、……徳分厚薄、寵有盛衰、雖金屋玉楼、翻成寂寞、長門邃宇、徒困悲涼。至如青塚之殯難帰、馬嵬之変罔測。……（以今、香を焚き、奉請す…昔朝の禁壼、往古の掖庭。尊なれば后妃、下なれば嬪御、……徳は厚薄を分かち、寵に盛衰あり、金屋玉楼と雖も、翻りて寂寞と成る、長門の邃宇、徒らに悲涼に困しむ。青塚の殯は帰り難く、馬嵬の変は測るなきがごときに至る。……）

3［廟堂文臣］

以今焚香、奉請…累朝宰輔、歴代廟堂。負棟樑之材、展経綸之手。……其間富貴之莫永、栄禄之易終、……甚而傾家失族、或至服薬罹辜。幽恨無窮、驚魂何托。……（以今、香を焚き、奉請す…累朝の宰輔、歴代の廟堂、棟梁の材を負い、経綸の手を展ぶ。……其の間、富貴は永きことなく、栄禄は終わり易し。……甚だしきは家を傾け族を失い、或いは薬を服し辜に罹るに至る。幽恨は窮まりなく、驚魂は何れに托さん。……）

4［千古英雄］

以今焚香、奉請…千古英雄、歴代将帥、登壇授鉞、拝命策勲。或三箭而定天山、或七擒而伏南虜。……或尽節而

没於王事、或退老而終於天年。或守正而罹害於一時、或深入而喪軀於万里。……（以今、香を焚き、奉請す…千古の英雄、歴代の将帥、壇に登りて鉞を授けられ、命を拝して策もて勲あり、或いは三箭もて天山を定め、或いは七たび擒えて南虜を伏す。……或いは節を尽くして王事に没し、或いは退き老いて天年を終わる。或いは正を守りて害に一時に罹り、或いは深く入りて軀を万里に喪う。……）

5

［陣亡戦士］

以今焚香、摂召…戎門卒衆、軍陣兵行。歴代以来、六合之内、興廃不知其幾、戦門莫計其時。或寇盗猖獗於城中、或夷虜腥膻於邦内。不得已而征討、終未免於残傷。身命損於弓鎗、血肉塗於草野。或囲城而敗績、或遇伏而喪功。或失援而懸軍、或軽敵而餌毒。勝者未能全壁、敗者必将陥師。……（以今、香を焚き、奉請す…戎門の卒衆、軍陣の兵行、歴代以来、六合の内、興廃は其れ幾たびかを知らず、戦闘は其の時を計るなし。或いは寇盗城中に猖獗し、或いは夷虜邦内に腥膻あらしむ。已むを得ずして征討し、終に残傷を免れず。身命は弓鎗に損ぜられ、血肉は草野に塗らる。或いは城を囲みて敗績し、或いは伏に遇いて功を喪う。或いは援を失いて軍を懸け、或いは敵を軽んじて毒に餌らる。勝者も未だ全壁成る能わず、敗者は必ずまた師に陥る。……）

6

［文場秀士］

以今焚香、摂召…文場秀士、学海儒生。……（以今、香を焚き、摂召す…文場の秀士、学海の儒生、……）

7

［羽属黄冠］

以今焚香、召請…真祠羽属、琳館黄冠。……（以今、香を焚き、摂召す…真祠の羽属、琳館の黄冠。……）

8

［山林逸士］

以今焚香、摂召…山林逸士、岩谷幽人。……（以今、香を焚き、摂召す…山林の逸士、岩谷の幽人。……）

9

［大徳高僧］

以今焚香、摂召…叢林大徳、列刹高僧。……(以今、香を焚き、摂召す…叢林の大徳、列刹の高僧。……)

10 [女冠尼僧]

以今焚香、摂召…宮観女冠、寺院尼衆。……(以今、香を焚き、摂召す…宮観の女冠、寺院の尼衆。……)

11 [富豪貴家]

以今焚香、摂召…累代富豪之士、積年貴盛之家。……(以今、香を焚き、摂召す…累代富豪の士、積年貴盛の家。……)

12 [九流雑芸]

以今焚香、摂召…九流之士、雑芸之倫。……(以今、香を焚き、摂召す…九流の士、雑芸の倫。……)

13 [雲水達友]

以今焚香、摂召…雲水高人、江湖達友。……(以今、香を焚き、摂召す…雲水の高人、江湖の達友。……)

14 [游子閑徒]

以今焚香、摂召…街衢游子、市井閑徒。……(以今、香を焚き、摂召す…街衢の游子、市井の閑徒。……)

15 [漁人釣叟]

以今焚香、摂召…江上漁人、渓頭釣叟。……(以今、香を焚き、摂召す…江上の漁人、渓頭の釣叟。……)

16 [耕稼農桑]

以今焚香、摂召…耕稼之民、農桑之衆。……(以今、香を焚き、摂召す…耕稼の民、農桑の衆。……)

17 [経商販鬻]

以今焚香、摂召…川陸経商、江湖販鬻。……(以今、香を焚き、摂召す…川陸の経商、江湖の販鬻。……)

18 [伶人俳客]

以今焚香、摂召…伶人楽部、俳客倡流。……(以今、香を焚き、摂召す…伶人と楽部、俳客と倡流。……)

19［路岐雑能］
以今焚香、摂召…路岐市芸、南北雑能。……（以今、香を焚き、摂召す…路岐と市芸、南北の雑能。……）
20［有司胥吏］
以今焚香、摂召…古今有司、系公胥吏。……（以今、香を焚き、摂召す…古今の有司、公に系わる胥吏。……）
21［割烹宰屠］
以今焚香、摂召…割烹之衆、宰屠之行。……（以今、香を焚き、摂召す…割烹の衆、宰屠の行。……）
22［絶葷吃菜］
以今焚香、摂召…絶葷之衆、吃菜之徒。……（以今、香を焚き、摂召す…絶葷の衆、菜を喫するの徒。……）
23［産死孕亡］
以今焚香、摂召…産死婦人、孕亡人子。……（以今、香を焚き、摂召す…産死の婦人、孕亡の人子。……）
24［寇禳劫掠］
以今焚香、摂召…寇禳之輩、劫掠之徒。……（以今、香を焚き、摂召す…寇攘の輩、劫掠の徒。……）
25［犯刑法死］
以今焚香、摂召…犯刑徒衆、法死傷魂。……（以今、香を焚き、摂召す…犯刑の徒衆、法死の傷魂。……）

「施食普度品」は、物語性のある二五種の孤魂をこのように列挙したあと、その後ろに、何らの物語ももたない没個性的な無名の孤魂群一六種を列挙している。次のとおりである。

摂召三途之衆、万類之魂。有識有情、無依無倚、具述不尽、声説難詳。無極無窮、無数無限、無遠無近、無姓無名。（三途の衆、万類の魂を摂召す。識有り情有り、依るなく倚るなく、具に述べ尽くせず、声にて説くも詳らかにし難し。極なく窮まるなく、数うるなく限りなし、遠きこともなく近きこともなし。姓もなく名もなし。）

1［病死］
或以寿終、或以悪死。或因痨□、或被瘟□。（或いは寿を以って終わり、或いは悪を以て死す。或いは痨に因りて斃れ、或いは瘟に被(かか)りて亡ず。）

2［自殺］
或墜馬而覆車、或溺江而赴水、或自刑自害、或自縊自残。（或いは馬より墜ち車に覆さる、或いは江に溺れ水に赴く、或いは自ら刑し自ら害す、或いは自ら縊れ自ら残す。）

3［遭難］
或落澗墜崖、或委溝陥井、或中蛊〔蠱〕而損、或服毒而傷。（或いは澗に落ち崖より墜つ、或いは溝に委(お)ち井に陥つ、蠱に中(あた)りて損われ、或いは毒を服して傷つく。）

4［客死］
或死於家郷、或終於道路、或已老而逝、或尚少而亡。（或いは家郷に死し、或いは道路に終わる、已に老いて逝き、或いは尚少(わか)きに亡ず。）

5［猛獣、落雷、斗争］
或虎噬蛇傷、或雷嗔電打撃、或受刀刃、或被弓鎗。（或いは虎に噬(か)まれ蛇に傷つく、或いは雷に嗔せられ電に打たる、或いは刀刃を受け、或いは弓鎗を被る。）

6［技芸、官吏］
或万類人民、或百工技芸、或官或吏、或賢或愚。（或いは万類の人民、或いは百工の技芸、或いは官、或いは吏、或いは賢、或いは愚。）

7［富帰、貧賤、孤寡］

或富或貴之流、或貧或賤之輩、或孤或寡、或女或男。（或いは富、或いは貴なる流、或いは貧、或いは賤なる輩、或いは孤、或いは寡、或いは女、或いは男。）

8［奴婢、孤寒］
或無資基、或有家産、或為奴婢、或陥孤寒。（或いは資基なく、或いは家産あり、或いは奴婢となり、或いは孤寒に陥る。）

9［残疾、病人］
或患聾盲、或因喑啞、或腰身中疾、或手足不全。（或いは聾盲を患い、或いは喑啞に因る、或いは腰身疾に中（あた）る、或いは手足全からず。）

10［離郷、遊蕩］
或少也奔馳、或壮而游蕩、或久絶嗣息、或尚存子孫。（或いは少くして奔馳し、或いは壮にして遊蕩す、或いは久しく嗣息を絶ち、或いは尚子孫を存す。）

11［尸骸］
或尸柩已焚、或墳墓猶在、或浮游郊野、或執滞丘墟。（或いは尸柩已に焚かれ、或いは墳墓猶在り、或いは郊野に浮遊し、或いは丘墟に執滞す。）

12［墜獄］
或系陰獄地司、或在岳宮水府、或拘城隍社令、或沉蒿里黄泉。（或いは陰獄地司に系り、或いは岳宮水府に在り、或いは城隍社令に拘（とら）われ、或いは蒿里黄泉に沈む。）

13［冤鬼］
或抱冤讎、或懐忿怒、或已経証結、或未尽報償。（或いは冤讎を抱き、或いは憤怒を懐く、或いはすでに証結し、或いは未だ尽くは報償せられず。）

14［役使］
或役電駆雷、或担沙負石、或縈閉幽夜、或漣及溟波。（或いは電に役せられ雷に駆せらる、或いは沙を担ぎ石を負う、或いは縈がれて幽夜に閉じられ、或いは漣は溟波に及ぶ。）
15［滞魂］
或未得遷升、或不経済度、或往劫沉滞、或近世淪亡。（或いは未だ遷昇するを得ず、或いは済度を経ず、或いは劫に往きて沈滞し、或いは近世に淪亡す。）
16［鬼魅］
或土石精霊、或山林鬼怪、或螭魅而処潜隠之地、或魍魎而在恍惚之中。（或いは土石の精霊たり、或いは山林の鬼怪たり、或いは魑魅たりて潜隠の地に処り、或いは魍魎たりて恍惚の中に在り。）

このように列挙したあと、道士は次のように述べる。

一切幽霊、無辺鬼爽、想皆祇赴、尽已来臨。……毋啓忿争、毋生喧雑、静其念慮、整其神儀、値此良因、可為善遇。（一切の幽霊、無辺の鬼爽、想うに皆ただ赴き、尽く已に来臨せるならん。……忿争を啓くなかれ、喧雑を生ずるなかれ。静かにそれを念慮し、その神儀を整え、この良因に値いて、善遇と為すべし。）

この孤魂の排列を見ると、まず注意を引くのは、宋代の『黄籙九幽醮』において第一位を占めていた英雄が第四位に後退していることである。これに対して、前面に出てきているのは、帝王后妃、廟堂文人などである。これは新しい孤魂の体系が現れているといえる。

世界が安定してきて、英雄に対する恐怖が薄れ、体制秩序の維持に関心が向き始めたことによって起こった変化であろう。祭祀の主役たる孤魂の範囲は大幅に拡大し、上は帝王から下は犯罪者に至っているほか、祭祀の脇役たる無名の孤魂も細大漏らさず列挙されている。そして主役たる孤魂は、『黄籙九幽醮』に比べて、個性化し、物語性が増している。

たとえば、［后妃嬪御］のうち、青塚とは、王昭君を指しており、馬嵬とは、楊貴妃を指している。［千古英雄］のうち、「三箭定天山」とは薛仁貴を指しており、「七擒伏南虜」とは、諸葛亮を指している。［陣亡戦士］のうち、「失援懸軍」は、李陵を指していると思われる。このように、孤魂と道士の対話は、演劇性を帯び始めている。祭祀は戯曲に向かって歩みだしているのである。北宋の孤魂祭祀、あるいは目連雑劇は、演劇に孤魂祭祀の容器を提供した。元代孤魂祭祀は、容器に盛るべき故事を提供したといえる。元の雑劇は、このように進化し高度化した孤魂祭祀の故事の上に成立したように思われる。

第三節　明代孤魂の形象

元末明初の孤魂の形象は、当時の寺廟の水陸道場の絵画の中により具体的に見ることができる。たとえば、山西右玉県宝寧寺所蔵の水陸画は(1)、そこに描かれた孤魂の種類が先に述べた『上清霊宝大法』「普度施食品」が列挙している内容によく似ている。その題目を『黄籙九幽醮』、『上清霊宝大法』のものと比較対照して表示すると、次のとおりである（表1）。

これによって、『宝寧寺水陸画』が基本的に『上清霊宝大法』を継承していることがわかる。ただし、注目に値する点が二つある。次のとおりである。

(1)〝千古英雄〟の名義が継承されていない。兵卒の戦死者と一括して〝往古為国亡軀一切将士衆〟に吸収されている。英雄は、本来、孤魂の主役であるのに、ここではその名が消えているのは重大である。別に〝軍陣残傷〟の一項が加えられているが、孤魂祭祀の重点が褪色し変質している感を免れない。

表1　孤魂祭祀比較表

	『黄籙九幽醮』	『上清霊宝大法』	『宝寧寺水陸画』
1		歴代帝王	往古帝王、一切太子王子等衆
2		后妃嬪御	往古后妃宮嬪采女等衆
3	英雄	千古英雄	
4	文臣	廟堂文臣	往古文武官僚宰輔衆
5		陣亡戦士	往古為国亡軀一切将士衆 火焚屋宇、軍陣傷残等衆
6		文場秀士	往古儒流賢士丹青選文衆 往古孝子順孫等衆 往古三貞九烈賢婦烈女孤魂等衆
7	道士	羽属道士	往古道士升霞焼丹未明衆
8		山林逸士	
9	僧侶	大徳高僧	往古比丘等衆
10		女冠尼僧	往古比丘尼、女冠、伏婆塞等衆
11		富豪貴家	
12		九流雑芸	往古九流、百家諸士、芸術衆
13		云水達友	
14		游子閑徒	
15		漁夫釣叟	
16		耕稼農桑	
17	客商	経商販鬻	

18	19	20	21	22	23	24	25	1	2	3		4	5	6	7	8	9	10	11	12	13
						劫盗叛徒	犯罪		自殺	遭難				工芸人							冤鬼
伶人俳客	路岐雑能	有司胥吏	割烹宰屠	絶葷吃菜	産死孕亡	寇攘劫掠	犯刑法死	病死	自殺	遭難		客死	猛獣、落雷、斗争	技芸、官吏	富貴、貧賤、孤寡	奴婢、孤寒	残疾、病人	離郷、遊蕩	尸骸	墜獄	冤鬼
	一切巫師神女、散楽伶官、族横亡魂諸鬼衆				堕胎産亡、厳寒大暑孤魂衆	兵戈盗賊孤魂衆	赴刑都市、幽死狴牢鬼魂衆		飢荒殍餓、病疾纏綿、自刑自縊衆	依草付木、樹摺圧摧、針灸病患衆	誤死針医、横遭毒薬厳寒等衆	身阻道路、客死他郷、水漂蕩滅衆	仇冤報恨、獣咬虫傷孤魂衆			往古雇典奴婢、棄離妻子孤魂衆					枉濫無辜、銜冤抱屈、一切孤魂衆

14	役使	
15	滞魂	
16	鬼魅	

(2)〝孝子順孫〟と〝三貞九烈、賢婦烈女〟が増補されている。これらは、『黄籙九幽醮』、『上清霊宝大法』には、いずれもなかったものである。ここでは、これが重視されていると見られる。

この二つの特色は、明代宗族社会の傾向を反映しているとみるべきであろう。つまり、英雄の貢献を強調するよりは、貞婦節婦の犠牲を強調している、ということである。元雑劇の女人は、行動的で活発であるのに反して、明代戯曲の中では、女性は生気を失い、貞婦烈女に変質してしまっている。明代に入って、英雄に替わって烈婦が孤魂の主役の座に躍り出ていることになる。

以下、水陸画の内容を示す。まず、六道輪廻と地獄十王の図。

(1)六道四生一切有情精魂衆（図7左）…畜生道を示す。

(2)地獄十王図（図7右）…第一殿から第五殿に至る五人の地獄王を示す、すべて法官の権威を描く。

(3)起教大師、面燃鬼王衆（図8左）…孤魂を救済する面燃鬼王。

(4)大腹臭毛、針咽巨口、飢火熾鬼魂衆（図8右）…放浪餓鬼。

(5)主病鬼王、五瘟使者衆（図9左）…瘟疫を発散する鬼王、空中に鬼王を描く。

(6)孤魂（図9右）…観音大士が化身した鬼王、食物を奪い合う孤魂たちを抑える。

(7)飢荒殍餓、病疾纏綿、自刑自縊衆（図10左）…餓鬼、病鬼、自殺鬼。

(8)枉濫無辜、銜冤抱屈、一切孤魂衆（図10右）…賊に殺される冤鬼。

図 7　六道（左），十王（右）

図 8　面燃鬼王（左），放浪餓鬼（右）

図 9　五瘟使者（左），大士王（観音化身）及求食孤魂（右）

図 10　自縊自殺孤魂（左），遭賊孤魂（右）

(9)依草附木、樹折崖摧、針灸病患衆（図11左）…空中を漂遊し、草に依り木に附すのは、孤魂である。
(10)赴刑都市、幽死狴牢鬼魂衆（図11右）…刑死鬼。
(11)近辺孤独、地獄屋倒牆崩等衆（図12左）…空中の鬼卒は孤魂に刑を加えている。
(12)八寒八熱、諸地獄孤魂衆（図12右）…鬼卒が孤魂を火中に投げ込んでいる。
(13)火焚屋宇、軍陣傷残等衆（図13左）…下は火災で焼ける家屋、上は傷ついた兵卒が歩む。
(14)兵戈盗賊孤魂衆（図13右）…賊兵が略奪、財物を奪取し、主人をなぐり殺し、女性を連れ去る。
(15)墮落産亡、厳寒大暑孤魂衆（図14左）…下に子供を産む婦人、空中には堕胎する妊婦。
(16)誤死針医、横遭毒薬厳寒等衆（図14右）…良民を脅す強盗、誤って病人を死なせる鍼灸医。
(17)身阻道路、客死他郷、水漂蕩滅衆（図15左）…上は旅の途中で病死する人、下は出水に流されて漂流する人。
(18)一切巫師神女、散楽伶官、族横亡魂諸鬼衆（図15右）…下は諸国を漂遊する巫師（紅布纏頭）と神女、猿の面をかぶった従者を連れる。上は武将に扮した役者、女性が厄払いのための替身の人形を持つ。
(19)往古為国亡軀、一切将士衆（図16左）…戦死した将士。下に四人、一人は仮面を持つ。上に空中を漂遊する五人。
(20)往古比丘尼、女冠、優婆塞、優婆夷諸士衆（図16右）…下に尼僧、上に空中をさまよう優婆塞及び優婆姨。
(21)往古道士升霞、焼丹未明衆（図17左）…下に高級道士、上に空中をさまよう下級道士。
(22)往古儒流賢士、丹青撰文衆（図17右）…下に儒生の秀才、上に空中をさまよう書生。
(23)往古孝子順孫等衆（図18左）…下に老親を介抱する孝子媳婦等、上は祖父を助ける孫。
(24)往古三貞九烈、賢婦烈女孤魂衆（図18右）…下は烈女九人、上に空中を歩む貞婦三人。
(25)往古九流百家、諸士芸術衆（図19左）…下に角力、侏儒、舞獅、打鼓等、上には空中をさまよう算命（うらない）、負販（行商）等。

図 11　樹折崖摧孤魂（左），赴刑都市孤魂（右）

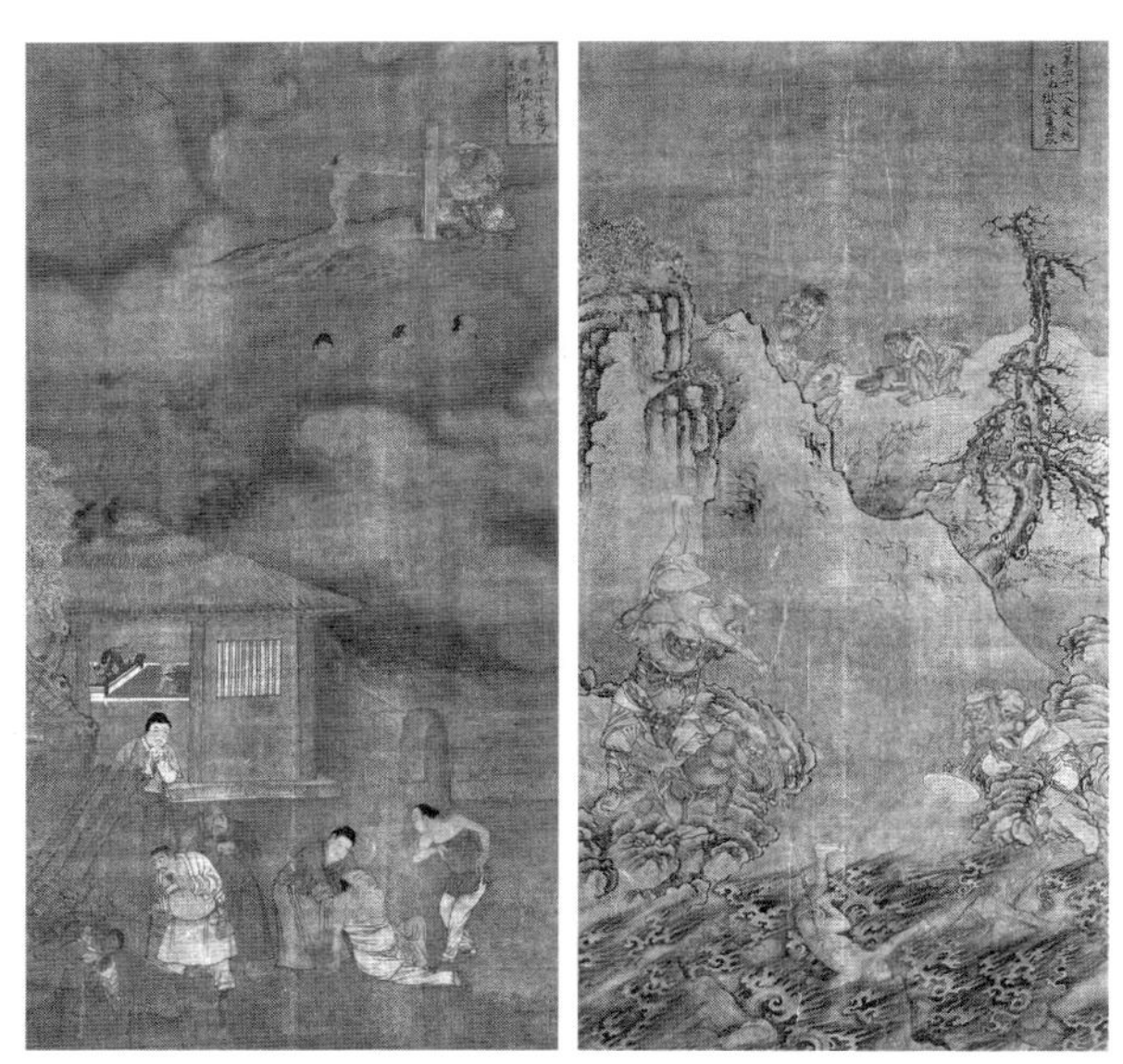

図 12　近辺孤独孤魂（左），諸地獄孤魂（右）

図 13　火焚屋宇，軍陣傷残（左），兵戈盗賊諸孤魂（右）

図 14　堕胎産亡孤魂（左），横遭毒薬孤魂（右）

図 15　水漂蕩滅孤魂（左），路歧散楽孤魂（右）

図 16　陣亡将士孤魂（左），比丘尼女冠孤魂（右）

図 17　道士孤魂（左），儒流孤魂（右）

図 18　孝子順孫孤魂（左），三貞九烈孤魂（右）

図 19　九流芸術孤魂（左），傭典奴婢孤魂（右）

㉖往古雇典婢奴、棄離妻子孤魂衆（図19右）…下は債務を払えない男女を拘引する金持ち、上には肉親を連れ去られて泣き悲しむ家族。

ここには、⑺以下、㉖まで、計二〇類に及ぶ各種各様の孤魂の形象が描かれている。特に注意したいのは、大多数の絵画において、地上に描かれている人物のほかに、空中にも人物が描かれている点である。

空中の人物は、空中を浮遊していることを意味している。幽霊が地上を歩けずに空中を浮遊するという発想は、文献にも見える。たとえば、徽州休寧県茗洲村呉氏一族の族譜『茗洲呉氏家記』正徳一三（一五一八）年の記事に次のように見える。

朝廷勅封護国通天達地感応張一侯王、夫人呉氏、子六甲将軍、女花詰小娣、称殺賊有功、神游天下。黟〔県〕、祁〔門県〕、歙〔県〕倶設壇迎迓。我里亦於門前河灘設壇。（朝廷、護国通天達地感応張一侯王、夫人呉氏、子の六甲将軍、女花詰小娣を勅封す。賊を殺すに功ありきと称す。神は天下に遊ぶ。黟〔県〕、祁〔門県〕、歙〔県〕倶に壇を設けて迎迓す。我が里も亦た門前の河灘に壇を設く。）

ここに言う「賊を殺すに功ある張一侯王、及びその夫人、子女」というのは、唐将、張巡を指している（この故事を戯曲化した明代伝奇『双忠記』は、夫人の姓を呉とする）。安禄山軍が南下して睢陽を攻め、張巡は固守したが、援兵至らず、城は陥ち、将兵、家族全員、これに死した。唐の天宝中のことで、すでに七五〇年を経過している、ただ当時でもその孤魂は天下を漂遊している、と信じられていた。水陸画図16（左）の⒆陣亡将士の絵では、人物を空中にも描写しているのは、この発想に符合している。⒇から㉖もまた同様である。空中を漂游する孤魂は、それぞれが各自の運命によって与えられた悲惨な故事をもつ。かれらに対する祭祀が演劇に転化する時、自然に各种の悲劇性故事が生まれることになった。元代雑劇は悲劇を題材とする作品が多いが、その原因はそれが孤魂祭祀に起源をもつことの結果である。元雑劇は、一人の主役のみが歌唱するきまりになっているが、その理由もまた前身が孤魂であった縁由によ る。

なお、この二〇類孤魂は、人形として造形され、形象化されている場合がある。たとえば、シンガポール福州幫においては、中元の普度を行う際に、普度壇の中に帝王后妃以下、竹と紙で作った二十数個の孤魂群像を排列する。一九八三年中元節に、Lorong 108 巷の順天宮（陳水夫人廟）で行われた福州道士の儀式では、次のように孤魂紙像を配置している（図20、写真１・２）。

ここに見える孤魂群像は、一四類であるが、その内容は、さきに挙げた『黄籙九幽醮』『上清霊宝大法』『宝寧寺水陸画』等、北方の孤魂形象を継承していることは明らかである。福州は、北方文化が南方に入ってくる入口であった。このため北方で発達した孤魂形象がここで接受されたものであろう。このように宋元時代に発生した孤魂祭祀は、南北各地に受け継がれ、祭祀演劇を生みだしたのである。

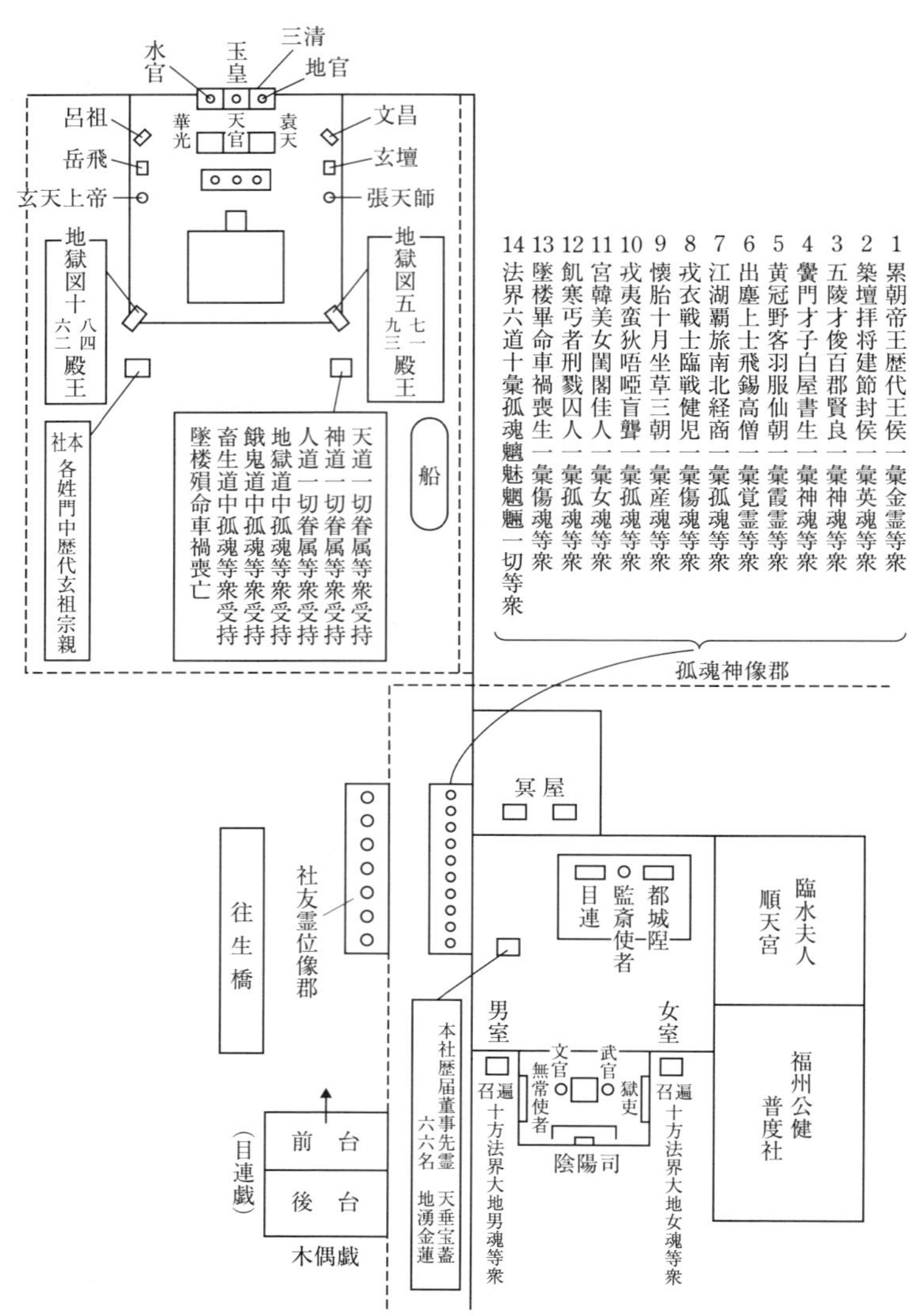

図20　シンガポール Lorong108 巷順天宮（陳水夫人廟）普度場地

写真 1　順天宮福州中元普度の社友霊魂群像と孤魂群像（1983 年）

写真 2　順天宮福州中元普度の孤魂群像（1983 年）

第四節　水陸法会と元代演劇の発生地域

ここまで、孤魂祭祀が演劇に脱皮するまでの過程について検討した。ここで注意したいのは、孤魂祭祀を描写する水陸画が山西地区の寺廟に集中していること、及び寺廟の戯台もまた山西地区に集中しているという事実である。まず元明両代の水陸画の分布状況を、戴暁雲『仏教水陸画研究』（中国社会科学出版社、二〇〇九年）所掲図により示してみよう[2]（表2、図21）。

上述の宝寧寺は太原附近の右玉県にあり、附近に公主寺があり、やはり壁画の水陸画がある。この壁画は、宝寧寺の水陸画と異なり、同じ種類に属する孤魂を一枚一枚、描き分けるのではなく、すべての孤魂を一枚の大画面に一挙に排列して描写している[3]（図22）。ただし、同類の孤魂群は、一つにまとめて描かれている（図23）。

この資料から見る限り、水陸画が山西地区に集中していることは、紛れもない明白な事実である。

これに関連して別に山西地区は、宋代の戯台が集中していることも有名である。また有名な元散楽図壁画も山西洪洞県広勝寺明応殿にある。さらに録鬼簿に載せる元雑劇作者の出身地を見ても、山西出身者が非常に多いことが知られている。筆者もかつて明清の地方志の記述によって、明清時代の華北地区（河北、山東、河南、山西、陝西）における寺廟戯台の分布と歴史を調べたことがあるが、その調査においても、山西が飛びぬけて多いという結果が出ている。今、上記各省の戯台分布表を示す（表3〜7）。

このほか、地方志の風俗の条にも、その地の演劇慣行を記す記事が少なくない。また風俗の条でなくとも、祠廟の条にも、その祭祀についての記事があり、その中に演劇のことを記すことがある。今これらの記事をまとめて表に示す（表8）。

表2　水陸法会図分布表

省	県	寺名	名称	構図方式	内容	年代	公元
河北	蔚県	心仏寺	水陸殿	平行式	北水陸祈請的神祇	正徳二	一五〇七
		重泰寺	同右	平行式	同右	清代	
	石家庄	毗盧寺	同右	平行式	同右	明末清初	一六三〇
山西	稷山県	青龍寺	腰殿水陸壁画	拱衛式	同右	至元二六	一二八九
	繁峙県	公主寺	水陸殿	拱衛式	同右	弘治一六	一五〇三
	霊石県	資寿寺	同右	平行式	同右	成化一八	一四八二
	渾源県	永安寺	同右	同右	同右	清代	
	陽高県	云林寺	同右	同右	同右	明代	
	太谷県	円智寺	同右	同右	同右	万暦三〇	一六〇三
		浄信寺	同右	同右	同右	崇禎三	一六三一
	洪洞県	広勝寺	同右	同右	同右	万暦一九	一五九一
	右玉県	宝寧寺	水陸巻軸画	同右	同右	正徳年間	一五〇六―二一
甘粛	武威県	西来寺	水陸巻軸画	同右	同右	万暦三二	一六〇四

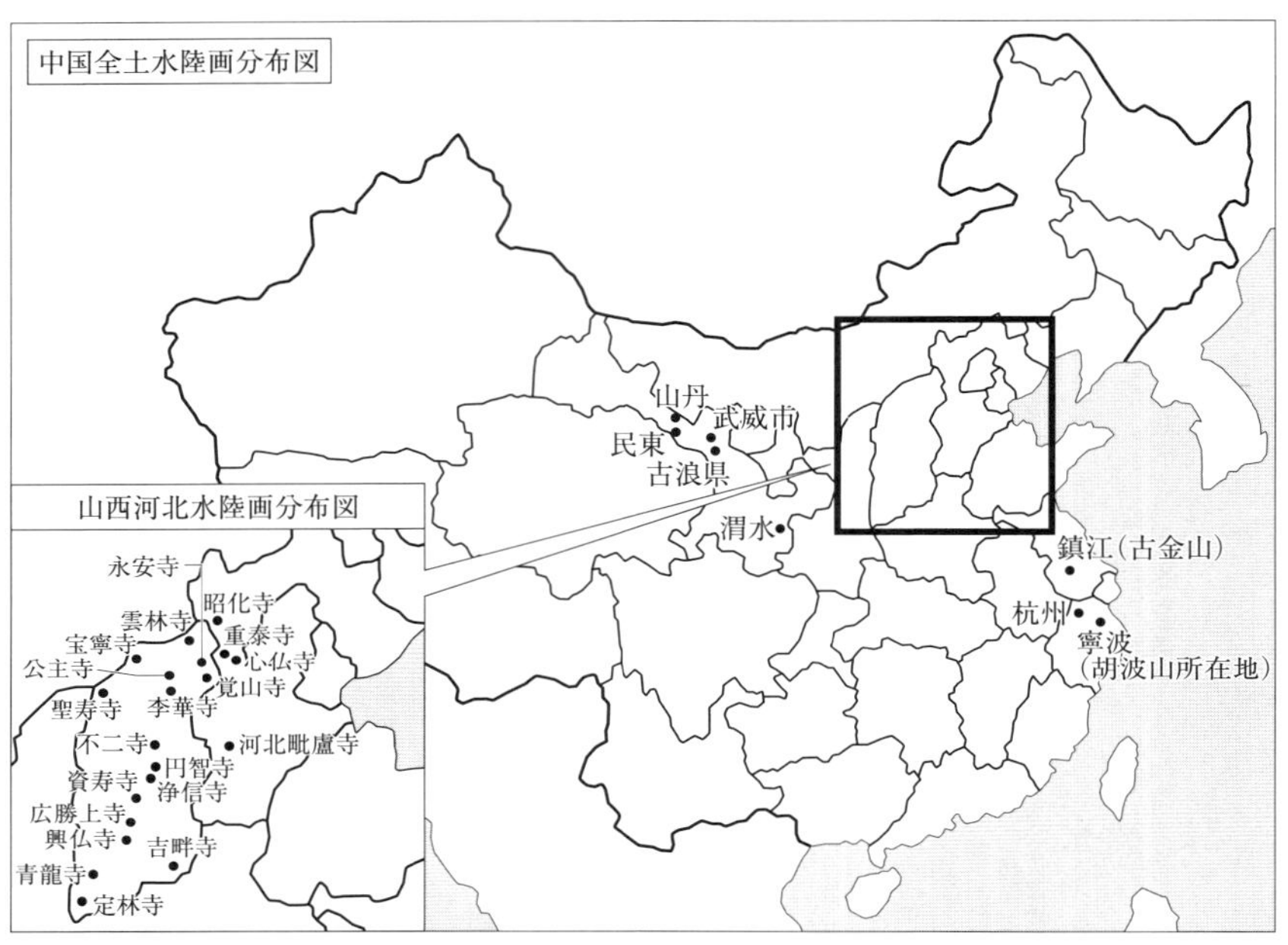

図 21　全国及び山西省水陸画分布図

図 22　公主寺水陸図 1（原載：戴曉雲『仏教水陸画研究』133 頁）

図 23　公主寺水陸図 2（原載：同上 101 頁）

表3 河北戯台分布表

県	廟名	所在地	戯台	建設年	公元	建設者	出典記事	出典文献
武安県	関帝廟	北関外	創建楽楼	万暦二五	一五九七	知県張書	建置志関帝君廟	康熙『武安県志』巻八
南和県	城隍廟	県治東南	修建戯楼	万暦二八	一六〇〇	善人蘇応夏	建置志城隍廟	康熙『南和県志』巻二
成安県	城隍廟	県治西南	創建楽楼	万暦四五	一六一七	知県李三畏	建置志城隍廟	康熙『成安県志』巻五
魏県	城隍廟	県治北西	大門改為祭賽献戯楼	万暦間	一六一九	挙人陳所志	建置志城隍廟	康熙『魏県志』巻一
平山県	関帝廟	県治西	創建戯楼	崇禎一二	一六三九	知県楊其光	建置志関聖廟	咸豊『平山県志』巻二
	城隍廟	県治西	建戯楼	崇禎間	一六四三	知県楊其光	建置志城隍廟	咸豊『平山県志』巻二
武安県	城隍廟	県治西	創建楽楼	順治八	一六五一	郷耆陳儀鳳	李淮楽楼碑記	康熙『武安県志』巻八、一八
魏県	大士庵	（原欠記載）	建演戯報賽楼	順治八	一六五一		修建大士庵碑記	康熙『魏県志』巻四
元氏県	火神廟	県治西南	創建戯楼	順治一七	一六六〇	邑人張思忠	建置志火神廟	光緒『元氏県志』巻二
邱県	城隍廟	県治西南	創建戯楼	康熙四	一六六五	知県張班	建置志城隍廟	乾隆『邱県志』巻二
柏郷県	城隍廟	西街	創建賽神鼓吹楼	康熙一三	一六七四	魏裔魯	魏裔魯廟記	乾隆『柏郷志』巻二
永平府	八蜡廟	（原欠記載）	戯楼	康熙一六	一六七七	常文魁	常文魁碑記	康熙『永平府志』巻二三
	龍王廟	南山之麓	重修戯楼	康熙一七	一六七八	常文魁	常文魁碑記	康熙『永平府志』巻二三
武安県	八蜡廟	（原欠記載）	創建楽楼	康熙四七	一七〇八	挙人李化中	李化中碑記	康熙『武安県志』巻八
完県	薬王廟	下叔村	修戯楼	康熙五五	一七一六	楊姓	建置志薬王廟	雍正『完県志』巻二
楽亭県	三皇廟	闔鎮東南隅	復建戯楼	康熙二〇	一六八一		建置志三皇廟	光緒『永平府志』巻三八
懐柔県	城隍廟	南門内	戯台	康熙六〇	一七二一		建置志城隍廟	康熙『懐柔県志』巻二
	関帝廟	大東門内	有戯楼	康熙六〇	一七二一		建置志関帝廟	康熙『懐柔県志』巻二
	祇園寺	南門外	有戯楼	康熙六〇	一七二一		建置志・寺前戯楼一座、毎歳中元盂蘭会、四方聚会、演戯三日。	康熙『懐柔県新志』巻二
肥郷県	城隍廟	県西街	有楽台	雍正一〇	一七三二		建置志城隍廟	雍正『肥郷県志』巻一
	関帝廟	県西街	有楽台	雍正一〇	一七三二	知県王氏	建置志関帝君廟	雍正『肥郷県志』巻一

表4　山東戯台分布表

県	廟名	所在地	戯台記事	建造年	公元	建造者	出典記事	出典文献
曹県	城隍廟	県治東南	重修戯楼	順治七	一六五〇	崔向善	建置志	康熙『曹県志』巻六
商河県	城隍廟	県治西	創建戯台	康熙六	一六六七	邑人王永照	建置志	道光『商河県志』巻二
城武県	城隍廟	県署西	重修戯楼	康熙三〇	一六九一	知県姚師礬	建置志	康熙『城武県志』巻一〇
冠県	城隍廟		重建戯台	康熙三八	一六九九	知県虞際昌	知県虞際昌重建城隍廟戯台序	康熙『冠県志』巻六
鉅野県	城隍廟	県治西北隅	有戯楼	康熙四七	一七〇八		建置志	康熙『鉅野県志』巻六
青州府	城隍廟	城内	歌舞台	康熙五三	一七一四		建置志	康熙『青州府志』巻二二
掖県	関帝廟	北城	創建戯楼	雍正一二	一七三四	知府厳有禧	建置志	乾隆『掖県志』巻一
文登県	城隍廟	県治東南	歌舞台	雍正一三	一七三五		知県王雄幹重修城隍廟碑記	民国『文登県志』巻四上

表5　河南戯台分布表

府県	廟名	所在地	戯台記事	建造時期	公元	建造者	出典記事	出典方志
盧氏県	城隍廟		起楽楼	成化二	一四六六	士夫王孟平	明知県蔡彝、重修城隍廟碑記	乾隆『盧氏県志』巻一四
新郷県	城隍廟	県治前	路起楽楼	嘉靖一一	一五三二	諌議李胤寅	明梁問孟、重修城隍廟記略	康熙『新郷県続志』巻九
閿郷県	東岳廟		建歌舞楼台	嘉靖二六	一五四七	許讃	明許讃、重修関帝廟記	光緒『閿郷県志』巻一二上
獲嘉県	城隍廟	広陽門内	楽楼	嘉靖三二	一五五三	邑人王永禄	明王永禄、重修城隍廟記	乾隆『獲嘉県志』巻四
霊宝県	関帝廟	門内東関	重修楽楼	嘉靖三四	一五五五	耆民李漢等三十四人	明賀賛、重修関帝廟記	康熙『霊宝県志』巻四
新鄭県	東岳廟		楽神台	正徳四	一五五九	邑人万貫	明高尚賢、重修新鄭県東岳廟記	乾隆『新鄭県志』巻二六

郏県	城隍廟		始建悦神楼	嘉靖年間	一五七六		建置記	康熙『汝州全志』巻四
葉県	城隍廟		首事楽楼	万暦一五	一五八七	鎮民胡景松	明高文登、重修城隍廟楽楼記	同治『葉県志』巻九
宝豊県	城隍廟	県治内	創建楽楼	明末	一六四〇		建置志	康熙『汝州全志』巻二
郏県	城隍廟		有楽楼	順治三	一六四六	劉済	明劉済修建楽楼記	順治『葉県志』巻八
鄢陵県	城隍廟	県治東	創建楽楼	順治六	一六四九	知県孫丕承	知県孫丕承重修記	同治『鄢陵文献志』巻一四
泛水県	三義廟	虎牢関、南門北	拡楽楼	順治一四	一六五七	生員王璧	建置志	乾隆『泛水県志』巻四
南楽県	関帝廟	典吏宅東北	創建戯楼	康熙一一	一六七二	知県方元啓	建置志	康熙『南楽県志』巻二
固始県	城隍廟	西門西	建戯台	康熙三六	一六九七	知県楊汲楫	建置志	乾隆『固始県志』巻八
桐柏県	城隍廟	県治東	有戯楼	康熙三一	一六九二	邑令高士鐸	邑令高士鐸修城隍廟記	乾隆『桐柏県志』巻八
登封県	城隍廟	県治西	有演劇楼	康熙三三	一六九四	知県張聖詰	建置志	康熙『登封県志』巻四
考城県	城隍廟	県治西南街北	有戯楼	康熙三八	一六九九		建置志	康熙『考城県志』巻一
	関帝廟	西堤向南	創建戯楼	康熙三八	一六九九	義民胡強	建置志	康熙『考城県志』巻一
長垣県	関帝廟	東関	重修戯楼	康熙四三	一七〇四	山西富商	建置志	嘉慶『長垣県志』巻六
中牟県	関帝廟	東関	創建楽楼	康熙四八	一七〇九	知県李其昂	建置志	乾隆『中牟県志』巻二
鄭県	城隍廟	州治東	重建楽楼	康熙五三	一七一四	知州張鉱	建置志	乾隆『鄭県志』巻三

表6A　山西戯台分布表A

県	廟名	所在地	戯台記事	建造年	公元	建造者	出典記事	出典文献
屯留県	城隍廟	県治西	建楽楼	成化一四	一四七八	知県王紳	建置志城隍廟云、王紳移建	雍正『屯留県志』巻一
襄陵県	城隍廟	県治西南	建楽楼	成化二二	一四八六	知県張良弼	邢霖新修城隍廟記	雍正『襄陵県志』巻二四
徐沟県	城隍廟	県治西	創建楽楼	成化間	一四八七	知県楊翔	建置志城隍廟	光緒『徐沟県志』巻一
沁州	城隍廟		創建戯閣	正徳一	一五〇六		劉光蔚重修城隍廟碑記	康熙『沁州志』巻八
楡次県	城隍廟		起楼（作楽）	正徳間	一五二一	左桂原等	明金中夫城隍廟碑	光緒『楡次県志』巻一三
孝義県	城隍廟		拡大楽楼	嘉靖四	一五二五	張冕	張冕増修城隍廟記	乾隆『孝義県志』芸文参考巻一
霍州	城隍廟	澄清坊東	創建報賽楼	嘉靖七	一五二八	知州李承嗣	建置志城隍廟	康熙『霍州志』巻二
洪洞県	関帝廟	垣徳坊街	露台	嘉靖一〇	一五三一		同知于璞重修関帝廟記	民国『洪洞県志』巻一五
永済県	龍王廟		創建楽楼	嘉靖一三	一五三四	王府朱成鍪	朱成鍪創楽楼饗殿記	光緒『永経県志』巻一九
定襄県	城隍廟	県北	新建楽楼	嘉靖三二	一五五三	邑紳	喬光大重修城隍廟記	雍正『定襄県志』巻八
太原府	城隍廟		阿閣（春秋祈報、雑奏伎楽）	万暦二	一五七四		明布政司、王道行重修城隍廟記	康熙『陽曲県志』巻一四中
武郷県	霊王廟	東関外	増建舞亭	万暦九	一五八一		魏之幹明霊王（薬王）廟記	乾隆『武郷県志』巻五
応州	関帝廟	西門	移建楽楼	万暦一三	一五八五	知州徐氏	左光図重修関帝廟記	乾隆『応州続志』巻九
汾陽県	狄武襄公廟		建楽楼	万暦一七	一五八九	明侍郎三絹	三絹重修廟記	光緒『汾陽県志』巻一二
高平県	城隍廟	県治西	建楽楼	万暦一八	一五九〇		楊応中重修城隍廟記	雍正『沢州府志』巻四五
懐仁県	城隍廟	県治北	有楽楼	万暦二八	一六〇〇		建置志城隍廟	万暦『懐仁県志』巻一一
和順県	関帝廟		重修楽楼	万暦四一	一六一三		杜甫才重修関帝廟記	乾隆『和順県志』巻八
万泉県	関帝廟	県治北関	改建楽楼	万暦四四	一六一六	知県姚氏	董汲漢関帝廟記	乾隆『万泉県志』巻八
楡社県	城隍廟	県治西	重修楽楼	崇禎一三	一六四〇		明李化龍重修城隍廟碑記	光緒『楡社県志』巻九

太原県	城隍廟		添楽楼	順治二	一六四五		邑紳石敬重修城隍廟碑記	雍正『太原県志』巻一三
洪洞県	関帝廟	垣徳坊街	創建戯楼	順治二	一六四五	邑紳劉令誉	建置志関帝廟	民国『洪洞県志』巻八
寿陽県	関帝廟	南門内	創建楽楼	順治三	一六四六		邑人趙聯斎廟記	乾隆『寿陽県志』巻八

表6B　山西戯台分布表B

垣曲県	関帝廟	進賢坊	重修楽楼	順治五	一六四八	知県李栄宗	建置志関帝廟	乾隆『垣曲県志』巻三
祁県	城隍廟	県治東	装飾楽台	順治九	一六五二		周継芳重修城隍廟碑記	光緒『祁県志』巻一二
壺関県	関帝廟		増修歌台	順治一一	一六五四	知県宋輔	宋輔重修関帝廟記	康熙『壺関県志』巻一二
汾陽県	黒龍廟	在城南門外	創建楽楼	順治一二	一六五五	任運亨等	建置志城隍廟	康熙『汾陽県志』巻二
石楼県	城隍廟	崇文坊東	重修戯楼	順治一二	一六五五		鄭王都重修城隍廟碑記	雍正『石楼県志』巻八
高平県	城隍廟	県治西	重建舞楼	順治一五	一六五八	知県范縄祖	建置志城隍廟	乾隆『高平県志』巻七
沁州	東岳廟	州治南	重修戯楼	順治一五	一六五八		建置志東岳行宮	康熙『沁州志』巻三
栄河県	城隍廟	崇教坊	創建舞楼	康熙四	一六六五	知県陳観聖	建置志城隍廟	光緒『栄河県志』巻二
沁州	延慶寺	康公里	創建戯楼	康熙九	一六七〇		建置志延慶寺	康熙『沁州志』巻三
	馬王廟	州治東北隅	創建戯楼	康熙一一	一六七二	知州王宗魯	建置志馬王廟	康熙『沁州志』巻三
沁県	兪公生祠	州治街西	有戯楼	康熙一三	一六七四		建置志城隍廟	康熙『沁県志』巻三
洪洞県	城隍廟	佑衣街路北	創建戯楼	康熙一六	一六七七		建置志城隍廟	民国『洪洞県志』巻八
平順県	城隍廟		創建楽台	康熙一九	一六八〇		王升輦修城隍廟碑記	康熙『平順県志』巻九
石楼県	火神廟		創建楽楼	康熙一九	一六八〇	都司僉書彭良相	許龍見重修火神廟碑記	雍正『石楼県志』巻七
夏県	金龍四大王廟	城外西北隅	建楽楼	康熙二〇	一六八一	邑紳張潤民	建置志城隍廟	光緒『夏県志』巻三
武郷県	牛王馬王廟	駅署	創建戯楼	康熙二〇	一六八一	駅丞崔泰	建置志駅署	乾隆『武郷県志』巻二

黎城県	城隍廟		重修楽楼	康熙二一	一六八二		建置志城隍廟	康熙『黎城県志』巻二
汾陽県	文昌廟		創建楽楼	康熙三九	一七〇〇	郡守王氏	建置志文昌廟	康熙『汾陽県志』巻二
翼城県	三王廟		建楽楼	康熙四六	一七〇七	劉汧	劉汧重修三王廟記	乾隆『翼城県志』巻二八
石楼県	城隍廟		重修戯亭	康熙四六	一七〇七		許継昌新建城隍廟捲棚碑記	雍正『石楼県志』巻八
陵川県	関帝廟		増建楽台	康熙四六	一七〇七	知県平郭鼎	平郭鼎重修武曲関帝廟碑記	光緒『陵川県志』巻三七
隰州	関帝廟	晋廟東	新建台楼（歌頌）	康熙四八	一七〇九		胡文煥新建関廟記	康熙『隰州志』巻二四
臨県	城隍廟	県治西	創建戯楼	康熙五六	一七一七	知県陽飛熊	建置志城隍廟	康熙『臨県志』巻三
大谷県	文昌廟	儒学東	創建演劇楼	康熙五七	一七一八	知県孔興誥	建置志文昌廟	乾隆『大谷県志』巻二
汾陽県	関聖廟	南門	有楽楼	康熙六〇	一七二一		建置志関聖廟	康熙『汾陽県志』巻二
沁源県	結義閣	東関外	創建戯台	康熙六〇	一七二一	庠生郭汲為	建置志結義閣	民国『沁源県志』巻六
沁源県	文昌楼	東関南隅	創建戯台	康熙六一	一七二二	知県高溥	建置志文昌廟	民国『沁源県志』巻六
広霊県	文昌宮	学宮右偏	創建戯楼	雍正四	一七二六	教諭葉澄	建置志文昌廟	乾隆『広霊県志』巻二
石楼県	関帝殿	地門	重修戯台	雍正七	一七二九		袁学重修関帝殿碑記	雍正『石楼県志』巻八
石楼県	文昌宮		創建戯楼	雍正九	一七三一	袁学謨	袁続謨歴年修建碑記	雍正『石楼県志』巻八
朔州	城隍廟		楽楼	雍正一二	一七三四		建置志城隍廟	雍正『朔州志』巻首
朔州	関聖廟	城内	有楽楼	雍正一二	一七三四		関聖廟図	雍正『朔州志』巻首

表7 陝西戯台分布表

省	県	廟	所在地	戯台記事	建造年	公元	建造者	出典記事	出典文献
陝西	岐山県	城隍廟	県署西北	増建戯楼	万暦一	一五七三	知県馬彦卿	建置志城隍廟	光緒『岐山県志』巻三
	定辺県	城隍廟	県城北街	重修楽楼	万暦六	一五七八	兵備副使姚継可	建置志城隍廟	嘉慶『定辺県志』巻三
	扶風県	城隍廟	東街北	創建戯台	崇禎六	一六三三	知県王国訓	建置志城隍廟	嘉慶『扶風県志』巻六
	華州	城隍廟	州治東	創建楽楼	康熙二五	一六八六	郡人屈偉庚	翰林武維寧重修城隍廟碑記	光緒『華州三続志』巻一二
	定辺県	関帝廟	南門外	創建戯楼	万暦四二	一六一四	副将姚徳明	同知多福重修関帝廟碑記	嘉慶『定辺県志』巻一四
	安定県	関帝廟	東関外	重修楽楼	康熙五六	一七一七	県尉陳正銓	王鴻薦重修関帝廟碑記	道光『安定県志』巻八
	澄城県	武廟	県署	新建楽楼	雍正一二	一七三四		張作粛重修武廟碑記	咸豊『澄城県志』巻二七
	定辺県	東岳廟		創建戯楼	雍正一二	一七三四		訓導賈爾錞重修東岳廟碑記	嘉慶『定辺県志』巻一四

表8 明清華北地方志所見演劇風俗記録表

省別	廟	県	資料	記事
河北	城隍廟	薊州	康熙二四年『薊州志』巻一「風俗」	八月十八日、城隍廟誕辰、演戯慶賀。
		三河県	乾隆二五年『三河県志』巻七「風俗」	五月十一日、本県城隍聖誕、演劇賽会三日、奉神像出巡、導以鼓楽旗旛、繞城進廟。
		邱県	乾隆四七年『邱県志』巻一「風俗」	三月二十三日、祀城隍廟大会、演劇、婦人有詣香者。
	関帝廟	昇平州	康熙一二年『昇平州志』巻一「風俗」	仲夏十三日、作醮事戯劇、以事関壮繆。
		永平府	康熙五二年『永平府志』巻五「風俗」	五月十三日、俗為関帝誕。百戯角抵、集倡優楽之。
		順義県	康熙五八年『順義県志』巻二「風俗」	五月十三日、演戯、関帝廟賽会。
		楽亭県	乾隆二〇年『楽亭県志』巻五「風俗」	五月十三日、俗謂関帝誕辰、演戯。
		邱県	乾隆四七年『邱県志』巻一「風俗」	五月十三日、祀関帝廟、演戯。

	文昌廟	薊州	康熙二四年『薊州志』巻一「風俗」	二月初三日、文昌誕辰、演戯慶賀。
		順義県	康熙五八年『順義県志』巻二「風俗」	二月初三日、文昌誕辰、演戯慶賀。
		永清県	乾隆四四年『永清県志』礼書第三「俗礼」	二月初三日、文昌誕辰、演戯慶賀。
	東嶽廟	交河県	康熙一二年『交河県志』巻一「風俗」	三月二十八日、往東嶽廟進香、謂之賽廟、扮戯宴会、三日乃罷。
		香河県	康熙一七年『香河県志』巻二「風俗」	三月二十八日、男婦往東嶽廟進香、謂之賽廟、演戯数日、乃止。
		順義県	康熙五八年『順義県志』巻二「風俗」	三月二十八日、東嶽誕辰、演戯賽廟。
		武清県	乾隆七年『武清県志』巻四「風俗」	三月二十八日、男女群往東嶽廟焼香、演戯賽会。
	泰山廟	三河県	乾隆二五年『三河県志』巻七「風俗」	四月十八日、泰山行宮廟会、陳諸戯、放煙火、三日乃止。
		邱県	乾隆四七年『邱県志』巻一「風俗」	四月十八日、祀碧霞元君祠、演劇、婦女亦有詣香者。
	薬王廟	三河県	乾隆二五年『三河県志』巻七「風俗」	四月二十八日、薬王聖誕、廟会演戯、陳百貨貿易。
		寧河県	乾隆四四年『寧河県志』巻一五「風俗」	四月二十八日、薬王誕、演戯三日、城及郷、祈報者填集於道。
	八蜡廟	永清県	乾隆四四年『永清県志』礼書第三「俗礼」	六月六日、県西関廂演戯、祭賽八蜡神廟。
	仏寺	邱県	乾隆四七年『邱県志』巻一「風俗」	四月八日、仏誕、演戯。
	庵観寺院	深州志	康熙三六年『深州志』巻三「風俗」	俗尚浮屠、庵観寺院星列棊布、歳時設会、造紙駕、多張劇戯。
	馬神廟	順義県	康熙五八年『順義県志』巻二「風俗」	六月二十三日、演戯賽馬神廟。
山東	城隍廟	博山県	乾隆一八年『博山県志』巻四「風俗」	三月二十五日、俗謂城隍廟誕辰、集廟酬醮三日、或陳優戯。四月、自十八始、至二十日止。
	龍王廟城隍廟	城武県	康熙四一年『城武県志』巻九「詳請堤河工竣勒石」	恐陰雨苦民、虔禱城隍之神、捐資演戯三本以酬神佑。
	泰山廟	臨清県	康熙一三年『臨清県志』巻二「風俗」	四月十八日、俗伝為娘娘誕辰、州人舁木像、以雑劇導其前。
		恵民県	光緒一二年『恵民県志』巻一〇	泰山行宮、在府治東、碧霞元君行宮也。邑人於三月初八日、演劇作会。
	観音廟	館陶県	乾隆一年『館陶県志』巻二「風俗」	二月十八日、大士聖誕、設醮、或梨園演雑劇。

省	廟	地域	出典	記事
	城陽景王	莒州	乾隆七年『莒州志』巻一三「廟祠」	城陽景王、県甚尊之、忠義洪毅、其歆煙祀礼、亦宜之、至於駕乗享殺、倡優男女雑錯、是何謂也。
河南	城隍廟	陽武県	乾隆一〇年『陽武県志』巻九「風俗」	四月八日、本県城隍誕辰、衿士商民献戯設供。
	関帝廟	陽武県	乾隆一〇年『陽武県志』巻九「風俗」	五月十三日、官具太牢牲帛、致祭関聖大帝、士民有献戯設供者。
	東嶽廟	陽武県	乾隆一〇年『陽武県志』巻九「風俗」	三月二十八日、是日乃東嶽誕辰、及期、有結社醮祝者、有献戯祈報者、有醵金演戯者。
	盧医廟	盧氏県	乾隆一二年『盧氏県志』巻一四莫士帥「創建盧医廟戯楼記」	盧医神廟、建廟煙祀以来、里人往往献戯、則是戯也。
山西	城隍廟	広霊県	乾隆一九年『広霊県志』巻四「風俗」	四月初十日、闔邑士民献戯設供、祭享城隍、凡三日。
		和順県	乾隆三三年『和順県志』巻七「風俗」	八月十二日、設供演劇、祀城隍尊神。
		左雲県	嘉慶八年『左雲県志』巻一「風俗」	五月二十八日、俗伝為城隍誕辰、郷人随会者、置牲醴菓品、演戯建醮。
	関帝廟	朔平府	雍正一一年『朔平府志』巻三「風俗」	五月十三日、関聖廟、演戯祭賽、各処皆同。
		広霊県	乾隆一九年『広霊県志』巻四「風俗」	五月十三日、献戯設供、祭享関帝、凡三日。
		和順県	乾隆三三年『和順県志』巻七「風俗」	五月十三日、祀関聖大帝、設供演戯。
		雲中府	順治九年『雲中郡志』巻二「風俗」	四月初八、鋪戸各行、于関聖廟。唱戯数日、供設花盤、紙工極其精潔。
	文昌廟	広霊県	乾隆一九年『広霊県志』巻四「風俗」	二月初三日、文昌聖誕、諸生献戯享祭、則衣冠士林之会也。
		崞県	乾隆二一年『崞県』巻四「風俗」	二月初三日、文昌帝君聖誕、各処献戯。
	泰山廟	和順県	乾隆三三年『和順県志』巻七「風俗」	四月十八日、祀泰山聖母、演劇恭祝。
		和順県	乾隆三三年『和順県志』巻七「風俗」	三月旬五日、祀子孫聖母、設供演戯。
		浮山県	乾隆一〇年『浮山県志』巻二七「風俗」	三月二十日、聖母廟演劇醮祈、保嬰孩。
	馬神廟	和順県	乾隆三三年『和順県志』巻七「風俗」	四月初十日、祀馬王演戯。

	龍神	和順県	乾隆三三年『和順県志』巻七「風俗」	六月三日、於雲龍山、祀大龍神演戲。
		左雲県	嘉慶八年『左雲県志』巻一「風俗」	六月初六日、南門外、龍神廟演戲。
		孝義県	乾隆三五年『孝義県』「龍王廟」	正月迎春、装演台閣諸戲。
陝西	城隍廟	韓城県	光緒一三年『韓城県志』巻一〇…万暦三二年、知県蘇進「重修城隍廟碑記」	仮塗飾以邀福、与夫牟金銭自潤而祀之鬼神、其間恣遊冶而俳優者、神其恫之。(万暦三二年)
		平利県	乾隆二一年『平利県』巻三「風俗」	二月十五日、相伝城隍誕辰、設祭演戲。
	周公廟	岐山県	光緒一一年『岐山県志』巻八「王瑋、謁周公廟記」	洪武辛亥春、至岐山県、明日謁周公廟、正殿前有戲台、為巫覡優伶之所集、而殿中列以俗神野鬼之像、尤極淫怪。

以下、この表によって、華北の寺廟舞台及び演劇記事の分布図を示す[4](図24)。

この分布図においては、下記の符号を用いて、戲台位置、戲劇風俗記録、の年代を区別して記した。

(1)明代記録…戲台記録は●にて、戲劇風俗は■にて、その他演劇に関連する記録は、▲にて表示した。

(2)清代初期記録…戲台記録は⊙にて、演劇風俗は⊡にて、その他演劇に関連する記録は、◬にて表示した。

(3)清代中期記録…戲台記録は○にて、演劇風俗は□にて、その他演劇に関連する記録は、△にて表示した。

これを見ると、すべての記録において、山西に集中していることがわかる。その原因は、この地区が異民族と境を接し、常に軍事的緊張があって、商人による兵糧輸送が盛んに行われたことにある。盛んな市場交易に支えられて寺廟の演劇が繁栄したのであろう。

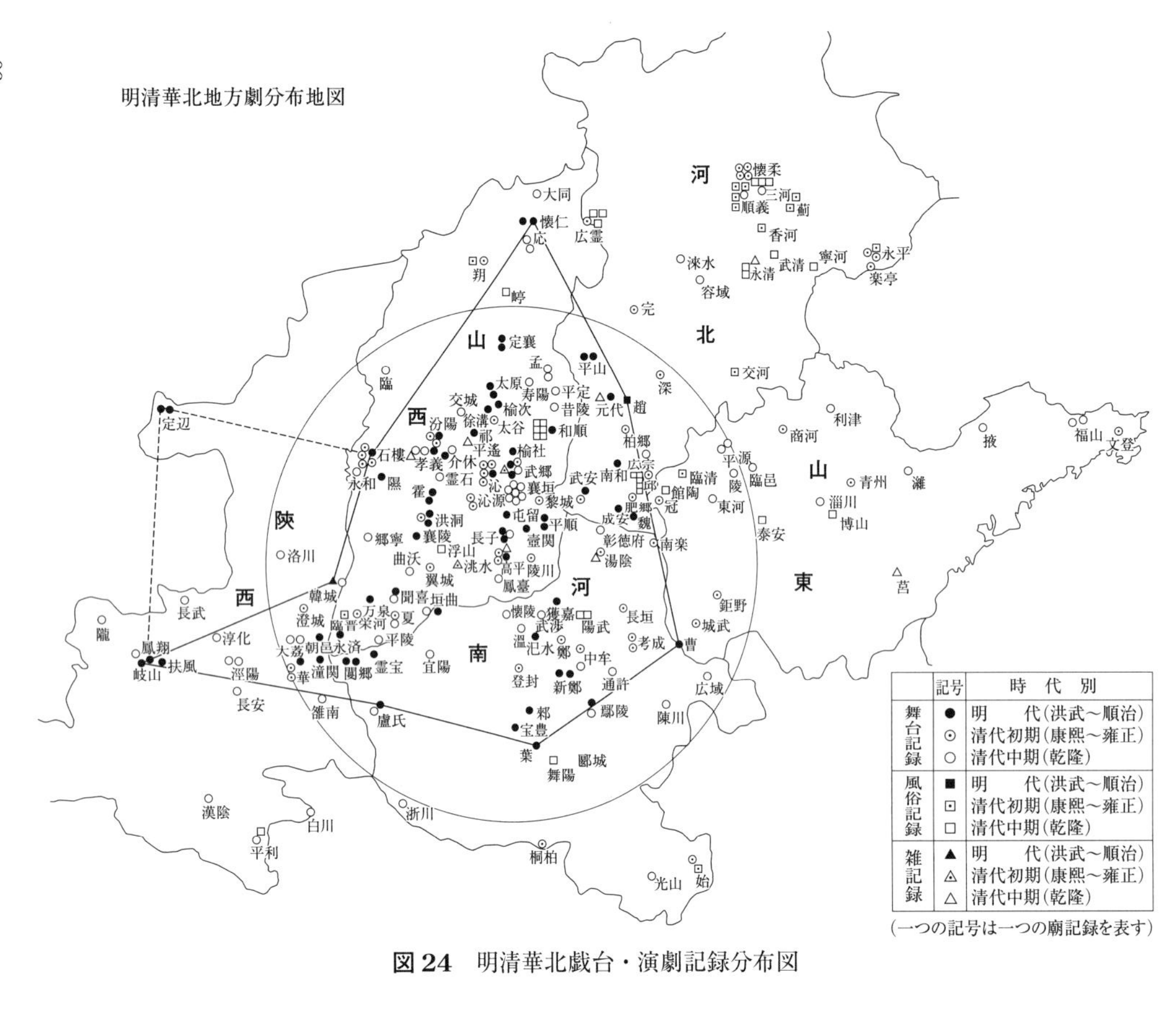

図24　明清華北戯台・演劇記録分布図

第五節　郷村鎮魂演劇としての英雄劇の衰落

これまで見てきたように、社会の安全弁としての鎮魂祭祀は、唐代以来、戦死した英雄の怨みを鎮めることを目的としてきた。北宋の水陸道場も、英雄の鎮魂を主たる目的としていた。このころ起こった民間道教の鎮魂儀礼である『黄籙九幽醮』も、孤魂の排列において、英雄を真っ先にあげている。しかるに、南宋末元初の『上清霊宝大法』になると、二〇種類に及ぶ孤魂の排列において、英雄の地位は第四位に後退しており、さらに明代初期の山西太原付近の宝寧寺の水陸道場絵図においては、さらに大きく後退して、むしろ夫の死に殉じた烈婦の地位が上昇する。つまり、かつて最も恐れられ、祭祀における最高の地位をもっていた英雄孤魂が、時代が下がるにつれて地位が下がり、明代に入ると、帝王后妃を頂点とする宗族的な秩序の下に組み込まれてしまったということになる。このように、英雄劇の地位は、江南において低下したが、辺境地区では、その勢力を維持していた。

さらに辺境の貴州省安順府の仮面跳神劇（地戯）になると、演目のすべては、英雄劇で占められる。ここは、明初に江南から送り込まれた屯田兵の村であり、それ以前に、江南の安徽省一帯に流伝していた儺戯（仮面舞踏）が移住先の貴州に持ち込まれ独自の展開をとげたものである。以下、高倫『安順地戯簡史』（貴州人民出版社、一九八五年）によって、上演内容の梗概を記す。次のとおりである。

○『封神演義』

紂王が女媧宮に進香する発端から姜子牙が金台で将を拝するところまでの『前封神』と、子牙が台に登り将を選んで殷商を伐つところから紂王が摘星楼を焼いて自殺する結末までの『後封神』に分ける。登場人物がすべて神であるという前提に立ち、上演において、皇帝を朝拝しない。また他村へ出かけて上演する場合も、訪問、辞去の挨拶はしない。神話の世界を演じるのであり、俗人の儀礼規範の制約を受けないという発想による。

○『東周列国志』

東周末列国闘争の演目。いわゆる戦国の故事。

○『楚漢相争』

項羽と劉邦の抗争を演じる。

○『三国』

桃園結義から、劉備の漢中王即位までの『前三国』と、その後の晋の統一までの『後三国』に分ける。二一巻編成のものが多い。

○『四馬投唐』

馬三保、殷開山、劉洪基、段子賢が李淵の自立を助ける『前四馬』と、徐茂公、魏徴、程咬金、秦叔宝が李世民の天下制覇を助ける『後四馬』に分けて演じる。『後四馬』の唱本は、伍雲召が南陽関で反隋の旗幟を立てる話から始めて、賈家楼で衆兄弟が結義するところで終わる。

○『反山東』

英雄が山東で起義するところから始めて、唐王李世民が雄信を斬り、唐朝を建てるところまで演じる。戦闘場面の起伏に富み、村人の人気を博している。

○『羅通平北』

北番王の赤壁宝康王は、唐の天下を奪取しようとして、宣戦布告状を唐帝李世民に送る。李世民は、秦瓊を総帥に任じ、程咬金を先鋒とし、尉遅恭を親衛として、親征するが、北番の地で敵に囲まれて苦戦する。長安の皇太子は、腕比べにより二路の元帥を選んで派遣し、李世民の救出に当たらせる。羅通は、腕比べで秦懐玉に勝ち、掃北の将帥となり、北番を破って帝を救出する。併せて羅家を陥れた蘇定芳に復讐する。

○『薛仁貴東征』
山西絳州府龍門県の薛仁貴は、生業に従わず、武芸に熱中するあまり、破産して破窯に住む。のち親の反対に抗して破窯に身を寄せてきた柳員外の娘、金花と同棲する。仁貴は軍に投じ、張志貴の迫害を受けるが李世民の征東軍に加わり、高麗と戦う。度重なる戦功もことごとく張志貴に横取りされるが、のちに真相が明らかになり、仁貴の功績が認められて平遼王を授かる。張志貴は処刑され、仁貴は金花とともに皇恩を享受する。

○『薛丁山征西』
西番が唐の国境を侵し、薛仁貴は、征西軍の総帥として戦うが、蘇宝同の飛刀に負傷する。危急の時、緑林に身を投じていた子の薛丁山が山を下りて父を救う。丁山は西番を平定し、両遼王を拝命する。

○『薛剛反唐』
薛剛が正月一五日に暴れて太子を蹴り殺し、皇帝が悲嘆のあまり崩御するところから始めて、薛剛が西涼の兵を借りて西京を攻め、武則天が逃亡し、中宗が即位して唐の統治を回復し、薛剛も家の仇を討つところまでを演じる。村人の人気を博している。

○『黄巣造反』
黄巣が農民とともに起義する故事。

○『粉粧楼』
羅成の二人の子、羅燦、羅焜の故事。二人は、父の敵の住む満春園に殴り込む。これに激怒した姦賊、沈千は、羅家に危害を加える。のち兄弟は、岳父の家に難をさけ、曲折の後、二人とも平番軍を率いて国を救い、同時に一家の恨みを晴らす。女将の出番が多い。

○『郭子儀征西』
郭子儀征西の故事。
○『二下南唐』
宋太祖、趙匡胤、妓女の素梅を西宮皇后に立てようとして、軍師苗信、功臣鄭子明に反対されるが、聞き入れず、苗を庶民に落とし、鄭を斬る。のち後悔して諸臣に謝罪し、南唐を征討する。
○『初下河東』、『二下河東』、『三下河東』
河東の劉王、かつて太祖が河東を侵犯したことを恨み、三年も続けて貢物を献じなかった。劉王は、宋朝の使者、張旦を殺したうえで、戦を宣した。宋側は、楊六郎を将とし、焦賛、孟良、岳勝を配して征討したが、兵力拮抗して、持久戦となる。双方、増援を送って対峙し、宋側は、一度、二度、三度の進撃を経て、ようやく制圧する。
○『九転河東』
楊六郎の死後、河東の劉王は、仇を討とうとして、大挙、宋領を侵犯する。宋側は、六郎の子、楊宗保を将として防ぐ。宗保は、危うく一命を落としそうになるが、最後に勝利を得る。
○『楊家将』（一名『八虎闖幽州』）
潘楊両家の葛藤、楊家将の忠勇、忠烈を演じる。悲劇的結末が村人の気持ちにそぐわず、上演は少ない。
○『五虎平南』
南番王、儂志高が宋に叛き、狄青が将として南征する故事。狄青の勇猛、知略が村人の喝采を博する。
○『五虎平西』
狄青が西夏を征討する故事。

○『岳飛伝』

岳飛、軍に投じ、槍をもって小梁王に挑んで勝つところから、朱仙鎮で大いに金の兵を破るところまでを演じる。

岳飛が風波亭で秦檜に謀殺される場面は演じられない。

安順府村落では、これらの演目が村落ごとに一つまたは二つ、世襲の方式によって上演されてきた。職業劇団ではなく、農民が演じるので、一村に限って言えば、たくさんの演目を演じることはできない。ほとんどが一村一演目であり、複数の宗族が併存する場合に限って、二演目または三演目になる。以下、一五〇箇所に上る上演村落の位置と名称、族群名、故事、故事の時代を表示する（表9）。

表9　安順地戯村落分布表

区名	郷鎮名	村名	族群	故事	時代
華厳区	頭鋪鎮	頭鋪	漢族	五虎平西	北宋
		麒麟屯	漢族	薛丁山征西	唐
		新哨	漢族	反山東	唐
		関腳	漢族	三国演義	三国
		湾子窯	仡佬族	薛丁山征西	唐
		馬軍屯	漢族	薛丁山征西	唐
		林哨	漢族	三下河東	北宋
	林哨郷	下哨	漢族	反山東	書
		胡軍堡	漢族	反山東	唐
		老鴉石	漢族	説岳（精忠伝）	南宋
		大岩底	漢族	三国演義	三国
	寧谷鎮	大寨	漢族	三下河東	北宋
		五官屯	漢族	薛丁山征西	唐
		下羊場	漢族	三下河東	北宋
		小呈堡	漢族	五虎平西	北宋
		木山堡	漢族	薛丁山征西	唐
				反山東	唐
				三下河東	北宋
	蔡官郷	蔡官屯	漢族	薛丁山征西	唐
		下苑	漢族	薛丁山征西	唐
		山戛	漢族	三下河東	北宋
二鋪区	大西橋鎮	大西橋	漢族	四馬投唐	唐
		狗場屯	漢族	薛丁山征西	唐
				三国演義	三国
		鮑家屯	漢族	薛仁貴征東	唐
		三鋪	漢族	五虎平南	北宋
		小屯	漢族	四馬投唐	唐
		西隴	漢族	三国演義	三国
		王家院	漢族	羅通掃北	唐
		安荘屯	漢族	五虎平南	北宋

	馬場郷	九渓	漢族	四馬投唐	唐
				封神演義	殷
				五虎平南	北宋
		中所	漢族	説岳（精忠伝）	南宋
		吉昌	漢族	薛仁貴征東	唐
				薛丁山征西	唐
	七眼鏡鎮	左蔣	漢族	三国演義	三国
		湯官屯	漢族	説岳（精忠伝）	南宋
		河辺壩	漢族	三国演義	三国
		時家屯	漢族	羅通掃北	唐
		興隆	漢族	薛剛反唐	唐
	雲豊郷	雷家屯	漢族	四馬投唐	唐
		呉家屯	漢族	反山東	唐
		花園	漢族	三国演義	三国
旧州区	旧州鎮	羊堡	漢族	反山東	唐
		新坡	漢族	薛仁貴征東	唐
	劉官屯郷	劉官屯	漢族	薛丁山征西	唐
		大黒土	漢族	二下南唐	唐
		金歯	漢族	隋唐演義	隋
		興紅	漢族	五虎平西	北宋
		小黒土	漢族	三国演義	三国
		鮓隴	漢族	粉妝楼	唐
		高旁	漢族	説岳（精忠伝）	南宋
		革隮	漢族	説岳（精忠伝）	南宋
		周官屯	漢族	五虎平西	北宋
				楊家将	北宋
		水橋	漢族	説岳（精忠伝）	南宋

	詹家屯郷	詹家屯	漢族	三国演義	三国
				説岳（精忠伝）	南宋
		龍潭	漢族	反山東	唐
		扎坡	漢族	四馬投唐	唐
		羅官	布依族	三下河東	北宋
		蘇呂堡	漢族	三国演義	三国
				反山東	唐
	黄臘郷	黒土寨	漢族	四馬投唐	唐
		王官	漢族	岳雷掃北	南宋
		新寨	布依族	三国演義	三国
		黄臘	布依族	三国演義	三国
		羅隴	布依族	四馬投唐	唐
		黒秧	布依族	四馬投唐	唐
		隴寨	布依族	三国演義	三国
		銅鼓山	漢族	四馬投唐	唐
		孔隴	布依族	三国演義	三国
	龍青郷	馬橋	漢族	楊家将	北宋
		猛壩	布依族	楊家将	北宋
		白岩	布依族	四馬投唐	唐
		場壩	漢族	四馬投唐	唐
	隴灰郷	隴灰	漢族	三国演義	三国
		朶戛	漢族	反山東	唐
		甘塘堡	漢族	三国演義	三国
		旧猛貢	漢族	反山東	唐
		新猛貢	漢族	反山東	唐

双堡区				
双堡郷	場壩	漢族	三国演義	三国
	張官堡	漢族	後三国	三国
			薛仁貴征東	唐
	左官堡	漢族	二下南唐	唐
	姨媽寨	漢族	説岳（精忠伝）	南宋
	大花恰	漢族	三国演義	三国
	許官堡	漢族	二下南唐	唐
	毛栗哨	漢族	反山東	唐
	三京	漢族	反山東	唐
	水庫村	漢族	四馬投唐	唐
	大双堡	漢族	羅通掃北	唐
新寨郷	高官堡	漢族	英烈伝	明
	魔芋寨	漢族	反山東	唐
	新寨	漢族	薛剛反唐	唐
	小王寨	漢族	薛丁山征西	唐
	老玉山	漢族	五虎平西	北宋
	金官堡	漢族	粉妝楼	唐
	呂官堡	漢族	四馬投唐	唐
			薛丁山征西	唐
			楊家将	北宋
	夏官堡	漢族	西漢演義	前漢
	小屯	漢族	五虎平南	北宋
	半山	漢族	沈応龍征西	明
江平郷	小高堡	漢族	三国演義	三国
	小毛旗堡	漢族	楊家将	北宋
	大毛旗堡	漢族	反山東	唐
	佐佬寨	漢族	三国演義	三国
	上百流	漢族	薛丁山征西	唐

梅旗郷	梅旗	漢族	西漢演義	前漢
	小新梅	漢族	薛丁山征西	唐
	三旗	漢族	反山東	唐
	海馬湾	漢族	羅通掃北	唐
	王鴿	布依族	楊家将	北宋
塘山郷	塘山	布依族	薛仁貴征東	唐
	応当	漢族	反山東	唐
	下窩	漢族	薛剛反唐	唐
	猛杜	漢族	薛丁山征西	唐
猛邦郷	紅山	漢族	反山東	唐
	毛栗坡	漢族	三国演義	三国
楊武郷	楊壩	漢族	薛丁山征西	唐
東屯郷	西屯	漢族	薛丁山征西	唐
			二下南唐	唐
			封神演義（大破鉄陽）	殷
	東屯	漢族	粉妝楼	唐
			四馬投唐	唐
	彎後	漢族	四馬投唐	唐
	胡壩坡	漢族	三国演義	三国
	橋頭小寨	漢族	三国演義	三国
	河湾	漢族	五虎平南	北宋
	陳家堡	漢族	薛丁山征西	唐
	本寨	漢族	薛剛反唐	唐
	双子	漢族	反山東	唐
	総貢	漢族	四馬投唐	唐
	新寨	漢族	楊家将	北宋

鶏場区	鶏場郷	場壩	漢族	反山東	唐
	甘堡郷	大王官	漢族	封神演義（大破鉄陽）	殷
		小王官	漢族	沈応龍征西	明
		後寨	漢族	薛丁山征西	唐
		磨石堡	漢族	反山東	唐
		紅旗堡	漢族	楚漢相争	秦
		永井	漢族	薛丁山征西	唐
		朱官堡	漢族	三国演義	三国
新場区	新場郷	場壩	漢族	三国演義	三国
	馬頭郷	馬頭	漢族	四馬投唐	唐
		石頭寨	布依族	反山東	唐
		小革	布依族	薛丁山征西	唐
		桃子坳	漢族	三下河東	北宋
蔡官区	蔡官鎮	馬関	漢族	三下河東	北宋
	塘官郷	塘官屯	漢族	反山東	唐
		董官屯	漢族	三国演義	三国
	轎子山鎮	郭官屯	漢族	三国演義	三国
		張官屯	漢族	薛丁山征西	唐

また、この表により、主要な上演地点を記した図を示す（図25）。

これをみると、独自の地戯を伝承する村は、安順府全域に及んでいる。表の順序で言うと、林哨郷、寧谷鎮、蔡官郷、大西橋鎮、馬場郷、七眼鏡鎮、旧州鎮、龍青郷、双堡郷、楊武郷、鶏場郷、など、安順の東部、及び南部の豊饒な平野に集中している。漢族が最初に入殖した地域を中心に周辺に拡大したことを窺わせる。本来、江南から移住してきた漢族の祭祀演劇であるが、仡佬族、布依族などにもわずかながら伝播している。また、これを演目別に表示すると、次表のようになる（表10）。

ここには、神話時代の英霊を語る『封神演義』から、南宋の英雄、岳飛を語る『精忠伝』まで、英霊の活躍を偲ぶ演目がすべてそろっていると言える。中でも唐伝が最も多く、三国演義、北宋伝がこれに次ぐ。安順では、ここにあげた英雄劇以外には、家庭劇や公案劇などは一切演じない。もっぱら、英雄劇に終始している。ここには、逆に南宋以前の英霊を扱った英雄劇としては、すべての演目が網羅されている。また、演目が南宋で切れて

図25　安順府地戯村落分布図

いて、元明のものがほとんどないということは、これらの英霊劇が南宋までに成立し、演目が固定したことを意味する。元の雑劇よりも前であり、元雑劇は、これを踏襲したに過ぎない。また安順の地戯が跳神と呼ばれるように仮面をつけて降臨する神々の憑依動作に起源をもつ、呪術の一種であることもその古さを想定せしめる。また、テキストは、七言句を連ねた板腔体の詩賛形式であり、これも後世の曲牌体の楽曲系よりも古いスタイルである。北宋の目連戯が詩賛体か楽曲体かは不明であるが、英霊劇が楽曲系の元雑劇より古いことは確実である。また『封神演義』と『精忠伝』が英霊鎮魂儀礼として重視され、後世の連台本目連戯に配合されて演じられたことについては、後述に譲る（第九章（下））。

ちなみに、安順詹家屯村において一九九〇年農暦七月一五日に見聞したことであるが、村民は、中元に祖霊を祀るに当たり、三国演義の英雄を描いた祖先牌位を外に持ち出してかかげ、その前に紙銭を積み上げて焚焼して冥福を祈る。この場合、祖先牌位に描かれた三国の英雄、関羽などは、この村が日頃、祭祀の都度、演じる地戯の

表10　安順地戯演目分布表

時代	故事	区名	郷鎮名	村名	族群
殷	封神演義	二鋪区	馬場郷	九渓	漢族
	封神演義（大破鉄陽）	双堡区	東屯郷	西屯	漢族
		鶏場区	甘堡郷	大王官	漢族
秦	楚漢相争	鶏場区	甘堡郷	紅旗堡	漢族
前漢	西漢演義	双堡区	新寨郷	夏官堡	漢族
			梅旗郷	梅旗	漢族
三国	三国演義	華厳区	頭鋪鎮	関脚	漢族
			林哨郷	大岩底	漢族
		二鋪区	大西橋鎮	狗場屯	漢族
				西隴	漢族
			七眼鏡鎮	左蔣	漢族
				河辺壩	漢族
			雲豊郷	花園	漢族
		旧州区	劉官屯郷	小黒土	漢族
			詹家屯郷	詹家屯	漢族
				蘇呂堡	漢族
			黄臘郷	新寨	布依族
				黄臘	布依族
				隴寨	布依族
				孔隴	布依族
			隴灰郷	隴灰	漢族
				甘塘堡	漢族
		双堡区	双堡郷	場壩	漢族
	後三国	双堡区	双堡郷	張官堡	漢族
	三国演義	双堡区	双堡郷	大花恰	漢族
			江平郷	小高堡	漢族
				仡佬寨	漢族
			猛邦郷	毛栗坡	漢族
			東屯郷	胡壩坡	漢族
				橋頭小寨	漢族
		鶏場区	甘堡郷	朱官堡	漢族
		新場区	新場郷	場壩	漢族
		蔡官区	塘官郷	董官屯	漢族
			轎子山鎮	郭官屯	漢族
隋	隋唐演義	旧州区	劉官屯郷	金歯	漢族
唐	薛丁山征西	華厳区	頭鋪鎮	麒麟屯	漢族
	四馬投唐	二鋪区	大西橋鎮	大西橋	漢族
				小屯	漢族
			馬場郷	九渓	漢族
			雲豊郷	雷家屯	漢族
		旧州区	詹家屯郷	扎坡	漢族
			黄臘郷	黒土寨	漢族
				羅隴	布依族
				黒秧	布依族
				銅鼓山	漢族
			龍青郷	白岩	布依族
				場壩	漢族
		双堡区	双堡郷	水庫村	漢族
			新寨郷	呂官堡	漢族
			東屯郷	東屯	漢族
				彎後	漢族
				総貢	漢族
		新場区	馬頭郷	馬頭	漢族

劇目	区	郷・鎮	村	民族
二下南唐	旧州区	劉官屯郷	大黒土	漢族
	双堡区	双堡郷	左官堡	漢族
			許官堡	漢族
		東屯郷	西屯	漢族
反山東	華厳区	頭鋪鎮	新哨	漢族
		林哨郷	下哨	漢族
			胡軍堡	漢族
		寧谷鎮	木山堡	漢族
	二鋪区	雲豊郷	呉家屯	漢族
	旧州区	旧州鎮	羊堡	漢族
		詹家屯郷	龍潭	漢族
			蘇呂堡	漢族
		隴灰郷	朶戛	漢族
			旧猛貢	漢族
			新猛貢	漢族
	双堡区	双堡郷	毛栗哨	漢族
			三京	漢族
		新寨郷	魔芋寨	漢族
		江平郷	大毛旗堡	漢族
		梅旗郷	三旗	漢族
		塘山郷	応当	漢族
		猛邦郷	紅山	漢族
		東屯郷	双子	漢族
	鶏場区	鶏場郷	場壩	漢族
		甘堡郷	磨石堡	漢族
	新場区	馬頭郷	石頭寨	布依族
	蔡官区	塘官郷	塘官屯	漢族

劇目	区	郷・鎮	村	民族
粉妝楼	旧州区	劉官屯郷	鮓隴	漢族
	双堡区	新寨郷	金官堡	漢族
	双堡区	東屯郷	東屯	漢族
羅通掃北	二鋪区	大西橋鎮	王家院	漢族
		七眼鏡鎮	時家屯	漢族
	双堡区	双堡郷	大双堡	漢族
		梅旗郷	海馬湾	漢族
薛剛反唐	二鋪区	七眼鏡鎮	興隆	漢族
	双堡区	新寨郷	新寨	漢族
		塘山郷	下窩	漢族
		東屯郷	本寨	漢族
薛仁貴征東	二鋪区	大西橋鎮	鮑家屯	漢族
		馬場郷	吉昌	漢族
	旧州区	旧州鎮	新坡	漢族
	双堡区	双堡郷	張官堡	漢族
		塘山郷	塘山	布依族
薛丁山征西	華厳区	頭鋪鎮	湾子窯	仡佬族
			馬軍屯	漢族
		寧谷鎮	五官屯	漢族
			木山堡	漢族
		蔡官郷	蔡官屯	漢族
			下苑	漢族
	二鋪区	大西橋鎮	狗場屯	漢族
		馬場郷	吉昌	漢族
	旧州区	劉官屯郷	劉官屯	漢族
	双堡区	新寨郷	小王寨	漢族
			呂官堡	漢族
		江平郷	上百流	漢族

時代	演目	区	郷・鎮	村	民族
			梅旗郷	小新梅	漢族
			塘山郷	猛杜	漢族
			楊武郷	楊壩	漢族
			東屯郷	西屯	漢族
			東屯郷	陳家堡	漢族
		鶏場区	甘堡郷	後寨	漢族
		鶏場区	甘堡郷	永井	漢族
		新場区	馬頭郷	小革	布依族
		蔡官区	輴子山鎮	張官屯	漢族
北宋	五虎平西	華厳区	頭鋪鎮	頭鋪	漢族
北宋	五虎平西	華厳区	寧谷鎮	小呈堡	漢族
北宋	五虎平西	旧州区	劉官屯郷	興紅	漢族
北宋	五虎平西	旧州区	劉官屯郷	周官屯	漢族
北宋	五虎平西	双堡区	新寨郷	老玉山	漢族
北宋	五虎平南	二鋪区	大西橋鎮	三鋪	漢族
北宋	五虎平南	二鋪区	大西橋鎮	安荘屯	漢族
北宋	五虎平南	二鋪区	馬場郷	九渓	漢族
北宋	五虎平南	双堡区	新寨郷	小屯	漢族
北宋	五虎平南	双堡区	東屯郷	河湾	漢族
北宋	三下河東	華厳区	頭鋪鎮	林哨	漢族
北宋	三下河東	華厳区	寧谷鎮	大寨	漢族
北宋	三下河東	華厳区	寧谷鎮	下羊場	漢族
北宋	三下河東	華厳区	寧谷鎮	木山堡	漢族
北宋	三下河東	華厳区	蔡官郷	山戛	漢族
北宋	三下河東	旧州区	詹家屯郷	羅官	布依族
北宋	三下河東	新場区	馬頭郷	桃子坳	漢族
北宋	三下河東	蔡官区	蔡官鎮	馬関	漢族

時代	演目	区	郷・鎮	村	民族
	楊家将	旧州区	劉官屯郷	周官屯	漢族
	楊家将	旧州区	龍青郷	馬橋	漢族
	楊家将	旧州区	龍青郷	猛壩	布依族
	楊家将	双堡区	新寨郷	呂官堡	漢族
	楊家将	双堡区	江平郷	小毛旗堡	漢族
	楊家将	双堡区	梅旗郷	王鴿	布依族
	楊家将	双堡区	東屯郷	新寨	漢族
南宋	説岳（精忠伝）	華厳区	林哨郷	老鴉石	漢族
南宋	説岳（精忠伝）	二鋪区	馬場郷	中所	漢族
南宋	説岳（精忠伝）	二鋪区	七眼鏡鎮	湯官屯	漢族
南宋	説岳（精忠伝）	旧州区	劉官屯郷	高旁	漢族
南宋	説岳（精忠伝）	旧州区	劉官屯郷	革墮	漢族
南宋	説岳（精忠伝）	旧州区	劉官屯郷	水橋	漢族
南宋	説岳（精忠伝）	旧州区	詹家屯郷	詹家屯	漢族
南宋	説岳（精忠伝）	双堡区	双堡郷	姨媽寨	漢族
南宋	岳雷掃北（精忠伝）	旧州区	黄臘郷	王官	漢族
明	英烈伝	双堡区	新寨郷	高官堡	漢族
明	沈応龍征西	双堡区	新寨郷	半山	漢族
明	沈応龍征西	鶏場区	甘堡郷	小王官	漢族

人物である。これによってみるに，村人は，地戯で演じる三国英雄に戦死した祖先を投影していることになる[5]（写真3）。

安順の村人にとって，地戯は，単なる娯楽的な演劇ではなく，祖霊，英霊の鎮魂儀礼としての意味をもっている，と言えよう。

現在，江南に流伝している儺舞・儺戯の起源を見てみると，安徽貴池の劉文龍，孟姜女，章文選などは，南戯からの影響を受けて変形してしまっているが，江西に流伝している儺舞の演目は，安順地戯と同じく英霊鎮魂劇に由来する。江西の萍郷県の元宵逐疫に活躍する儺神の哪吒太子，楊戩，趙公明などは，『封神演義』から来ている。婺源県長径村の儺戯に出る秦の丞相李斯，将軍蒙恬の故事は，『東周列国志』（『全相秦並六国平話』）から出ている。南豊県石郵村の関羽は，『三国演義』，楊戩は，『封神演義』，万載県沙江橋の花関索，鮑三娘は，『三国演義』とその外伝『花関索伝』から出ている。大宗族の支配する安徽は別として，江西，湖南，貴州，四川など縁辺地域においては，宋代，金代以来，村落祭祀と結びついた英霊劇が強固な根を張っていたと見るべきであろう。

写真3　祖先位牌の前に紙銭を焚焼
（1990年，詹家屯）

また，山西中部，潞城県南賈村曹氏に伝わった明末の山西楽戸の資料，『迎神賽社礼節伝簿』をみると，その演目の大部分は，やはり英雄劇で占められている。次のとおりである。

○春秋故事…列国志
走樊城、鞭打平王
○西漢故事…西漢演義
張良売剣、追韓信、鴻門会、覇王封官、水淹童郡、十面埋伏、大会垓、斬韓信、周亜夫細柳営、叢台設宴
○三国故事…三国演義
長板坡、戦呂布、張飛闖轅門、張飛祭馬、関公破蚩尤、関公斬妖、過五関斬妖、関公擋曹、独行千里、単刀赴会、関公出許昌、関公斬華雄、関公斬関平、三請諸葛、先主拝師、火焼新野、古城聚義、二気周瑜、三気周瑜、趙雲救主、諸葛祭風、赤壁鏖兵、八陣図智伏、火焼葫蘆谷、五虎下西川、張飛大鬧水南寨、孔明詭計斬魏延、姜維九伐中原、諸葛亮七擒孟獲、六出岐山
○隋唐故事…隋唐演義
尉遅洗馬、敬徳戦八将、尉遅賞軍、四馬投唐、羅成顕魂、趕楊霖
○五代故事…残唐五代史演義
朱温火焼上元駅、田令孜売国弄権、擒彦章、王彦章看兵書、李存孝復掛午時牌、李存孝壓観楼奪帯、十八騎誤入長安、李存孝暗巡河北、存孝顕魂、李存孝病挟高思継
○宋代…飛龍伝、楊家将演義、説岳
陳橋兵変、拷打高童、雪夜訪賢、五虎犯太原、楊六郎告御状、下河東、三下河東、両狼山、潘楊征北、射七郎、六郎搬兵征北、六郎報仇、六郎大破天門陣、七郎八郎虎展幽州、楊宗保救主、楊宗保取僧兵代巻、私下三関、九龍谷八王被困、李逵下山、岳飛征南
合計八四種の多きを数える。ほかに、神話道教仏教類一九種、愛情類一七種があるが、合計一二〇種のうち、英雄

劇は、七割を占める。圧倒的な比重である。内容も周代に始まり、南宋の岳飛伝で終わっている。この点でも安順地戯と同じ系統に入る。

さらに視点を変えて、文体の面でみると、安順地戯をはじめ、これらの辺境地区に盛行した英雄劇は、七言句を連ねたいわゆる詩賛系説唱体であったが、楽曲系の曲牌体戯曲としても、明の宮廷に伝わった脈望館抄本元雑劇などにおいては、英雄劇が多い。次のとおりである。

○春秋故事…列国志

臨潼闘宝（伍子胥）、伐晋興斉（田穰苴）

○戦国故事…列国志

呉起敵秦（呉起）、楽毅図斉（楽毅）、智勇定斉（鍾離春）、澠池会（藺相如）

○西漢故事…西漢演義

暗度陳倉（韓信）、圯橋進履（張良）

○東漢故事…両漢演義

聚獣牌（光武帝）、大戦邳彤（銚期）、定時捉将（寇恂）、捉彭寵（銚期）、雲台門（二十八将）

○三国故事…三国演義

桃園結義、単刀劈四寇（関羽）、杏林荘（張飛）、単戦呂布（張飛）、三戦呂布、単刀会（関羽）、黄鶴楼（劉備）、三出小沛（張飛）、石榴園（張飛）、龐掠四郡（龐統）、陳倉路（曹操）、五馬破曹（関羽）、千里独行（関羽）、博望焼屯（諸葛亮）、襄陽会（劉備）

○唐代故事…隋唐演義

老君堂（程咬金）、智降秦叔宝（魏徴）、四馬投唐（魏徴）、鞭打単雄信（尉遅恭）、飛刀対箭（薛仁貴）、陰山破虜（李

靖）

○五代故事…残唐五代史演義

紫泥宣（李嗣源）、午時牌（李克用）、哭存孝（李存孝）、雁門関（李存孝）、五侯宴（李嗣源）

○宋代故事…飛龍伝、楊家将伝、説岳

打董達（趙匡胤）、打韓通（趙匡胤）、曹彬下江南（曹彬）、開詔救忠（楊六郎）、活拿蕭天佑（焦光賛）、衣襖車（狄青）、破天陣（楊六郎）、岳飛精忠（岳飛）

ここに列記した英雄劇は、四八種を数える。ほかに神仙劇二〇種、慶祝劇一九種、仏教劇三種を含めて、合計は一四三種となるが、そのうち英雄劇は、三分の一を占める。民間の七割には及ばないが、首位を占め、しかも二位以下を大きく引き離している。内容も周から始まって、岳飛で終わっており、詩賛体戯曲の演目と連続していると言える。

一方、外敵にさらされることの少なかった南方中国の村落においても、縁辺地区ほど深刻ではないにしても、やはり英霊鎮魂は、必要であった。たとえば、他の村との間で、水利や山林の利用権をめぐって、利害が対立する傾向があり、隣接する村落あるいは村落連合の間には、しばしば武力抗争が発生した。そのたびに、両方の村落に多数の戦死者が出る。村人は、若くして死んだ戦死者を「英雄」として祀る。結婚して子孫を作れば、子孫が祖先として祀ってくれるから、死後も飢えたり凍えたりすることはない。しかし、子孫も作らずに死ねば、その魂は祀るものがなく、空中をさまようことになる。村のために死んだものがこのような悲惨な運命に陥ることは、村人として、忍びないことであり、その祟りで飢饉水害旱害などに襲われる危険も感じる。そのために、雨露をしのぐ建物を建てて、そこにかれらを英雄として祀り、定期的に食物を捧げるのである。その位牌を祀る祠は、一般に「英雄祠」、あるいは「義祠」と呼ばれる。香港の農村地帯には、この英雄祠が多い。

たとえば、香港新界東北部に位置する坪輋天后廟には、義祠（英雄祠）が配置され（図26）、一三名の英雄の姓名が記

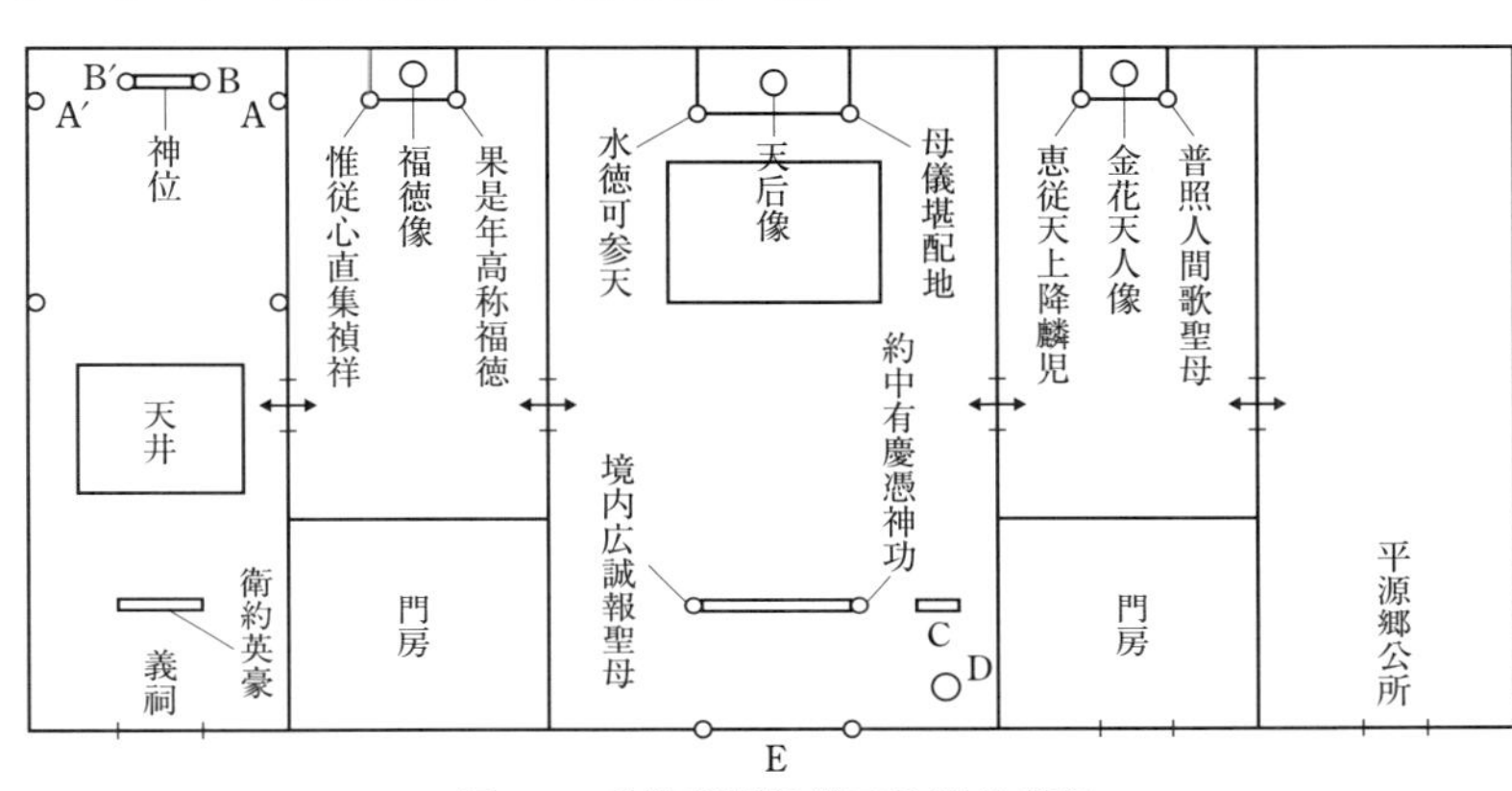

図26　香港新界坪輋天后廟英雄祠

A 義重如山自古英雄伝百世，B 威武才能垂万古，A′ 祠承忺緒従今俎豆馨千秋，B′ 英雄志節播千秋，C（磬）雍正五年，D（鐘）乾隆廿一年，E（額）天后古廟.

される（図27）。二〇世紀初頭、イギリス軍の新界接収に抵抗して戦死した英霊である。

また、やや形は異なるが、新界東南部の沙田河岸にある大囲では、囲壁で囲んだ村の中央通路突き当たりに「神庁」を設けて、土地神を奉祀するが、その傍らにこの村の開基祖（開拓者）の神位を祀る。この開基祖神位版の末尾に、英雄三名の名が記されている（図28）。

このように、村の英雄祠あるいは義祠に祀られた英雄は、毎日、香火の手向けを受け、あるいは毎月の決まった日に供物を奉げられるほか、村祭りに際しては、特に「建醮道場」といわれる手厚い法事儀礼によって弔われる。たとえば、さきに述べた屏山鄧氏と戦った八郷では、当時の戦死者の神位を、観音廟の一部に設けられた「精忠祠」に祀るが、五年に一度蓮花地で行われる「太平清醮」という大規模祭礼に当たって、その神位を、他の神々の神像や神位とともに、祭場の仮神殿に迎えて、丁重に祀る（写真4）。ここでは、法事の主たる対象は、この「精忠祠」の英雄である。

また、大宗族の屏山鄧氏が上村八郷の村落連合と戦った時に戦死した英雄を祀った達徳公所も、現在は、廃墟になっているが、昔は、やはり盛大な祭祀が挙行されていた（写真5）。

添良鄧公　容昭陳公
成周鄧公　楊在陳公
栄周鄧公　乗亮陳公
斉大鄒公　兆徳李公
抜英姚公　積寿李公
振英姚公　英祖李公
護国総鎮韓衆友例授英雄履考之神位
官福万公　定邦周公
水犇万公　兆有蔡公
日富万公　正保葉公
戊福万公　煥朝羅公
水発侯公　阿牛劉公
朝学侯公

図 27　同上神位

ここには、一六六名にも及ぶ神位が祀られている。次のとおりである。(6)

民国二十二年歳次戊寅仲秋重修紀誌

長莆郷烈義士…大庸鄧公之神位

下崋郷烈義士…就養楊公・彭先楊公・龍徳張公之神位

鞍崗郷烈義士…細妹簡公之神位

口村郷烈義士…百喜黎公・金泰曾公・金保曾公・旭仔李公之神位

元崗郷烈義士…金徳李公・遇春李公・祖大鄧公・英徳梁公之神位

台山郷烈義士…貴保鄧公・阿六鄧公・珠七鄧公・阿長駱公・阿郡曾公之神位

鰲□郷烈義士…発美黄公・成功黄公・美興黄公・成興黄公・阿積黄公之神位

山下郷烈義士…伯公張公・金興張公・富昌張公・京賢張公・親貴張公之神位

横洲郷烈義士…太福楊公以下楊姓一八名・婆夫林公以下林姓五名・乾升曾公以下曾姓二名・九如関公以下関姓二名・林保蔡公以下蔡姓四名・伯益鄧公・煥南黄公・四興梁公・阿光陳公以下陳姓二名之神位

屛山郷烈義士…畳承鄧公以下鄧姓三五名・帝佑陳公以下陳姓五名・国太陶公以下陶姓二名・華升林公以下林姓六名・升福蘇公以下蘇姓三名・以下蔡姓一名・莫姓一名・楊姓四名・洪姓三名・薛姓一名・黄姓二名・鄭姓一名・馮姓一名・荘姓一名之神位

沙江郷烈義士…有興陶公・添興黄公以下黄姓六名・阿興梁公以下梁姓二名・容発莫公以下莫姓三名・成貴范公・添寿何公以下何姓二名・大寿胡姓以下胡姓二名之神位

管乙郷烈義士…啓広陳公以下陳姓四名・怡業程公之神位
懐徳郷烈義士…玉保鄧公以下鄧姓二名・虞陶房公之神位
錦田郷烈義士…天保唐公之神位
（以下女性）
屛山郷烈義士…鄧門梁氏・鄭門黄氏・蘇門黄氏・周門林氏・洪門鄧氏之神位
横洲郷烈義士…曾門鄭氏・興嬌林姑・連喜蔡姑・群妹黄姑之神位

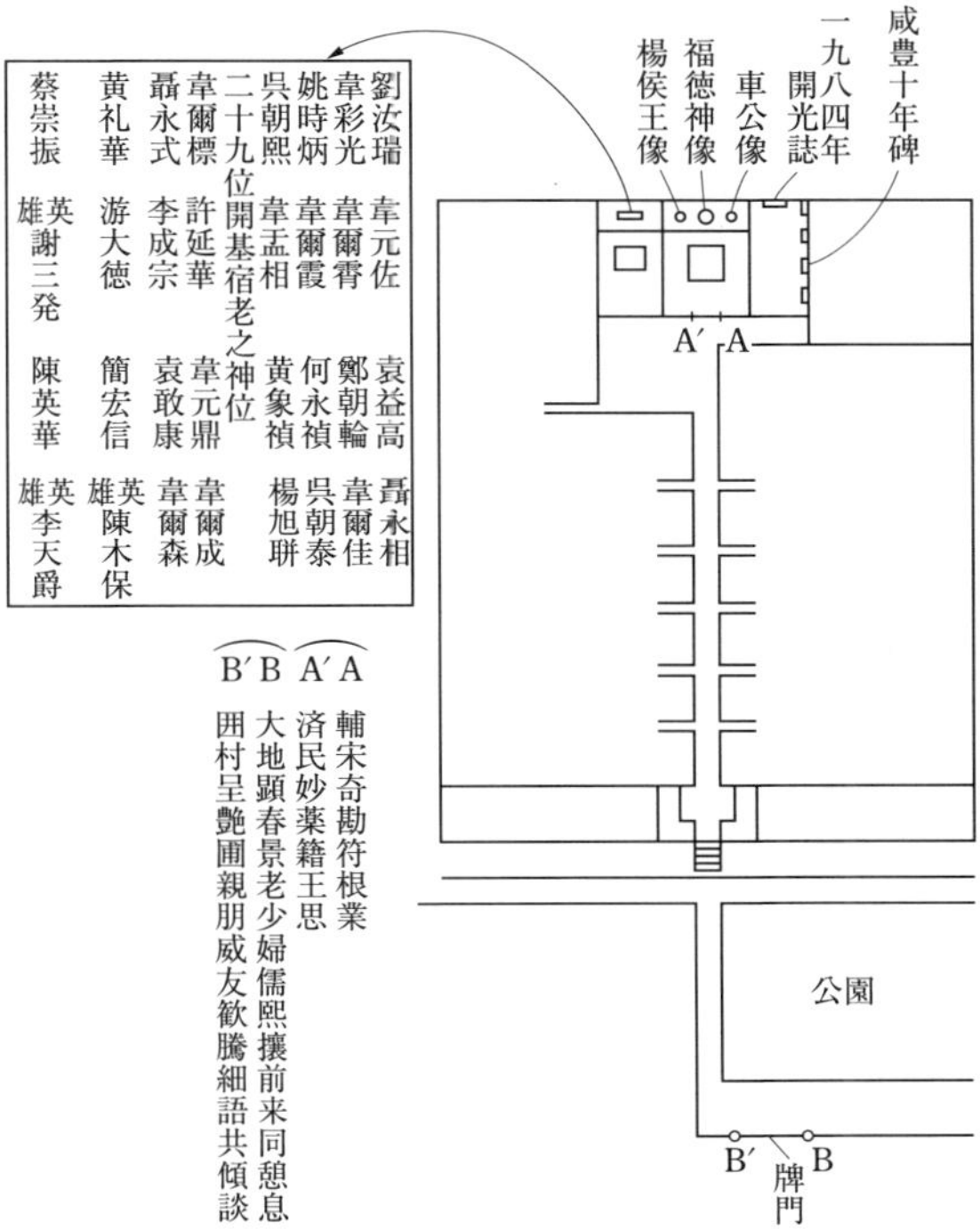

図28　香港沙田大囲神庁開基祖神位の英雄

沙江郷烈義士…黄門蔡氏之神位
鰲□郷烈義士…黄門陳氏之神位
（補）
西路家郷烈義士…阿瑞黄公・夾亮莫公・猪尽許公之神位

さきに述べた、大樹下天后廟では、今は、太平清醮は行われていないが、昔は、三年に一度、英雄を慰霊するための「建醮」が行われていたことが、碑文からわかる。また、新界元朗地区の大族、厦村鄧氏の「太平清醮」でも、祭祀開始に先立ち、戦死した英雄を祀る「祭英雄」という行事が行われる。祠堂の隅に当たる地上に祭祀の場を

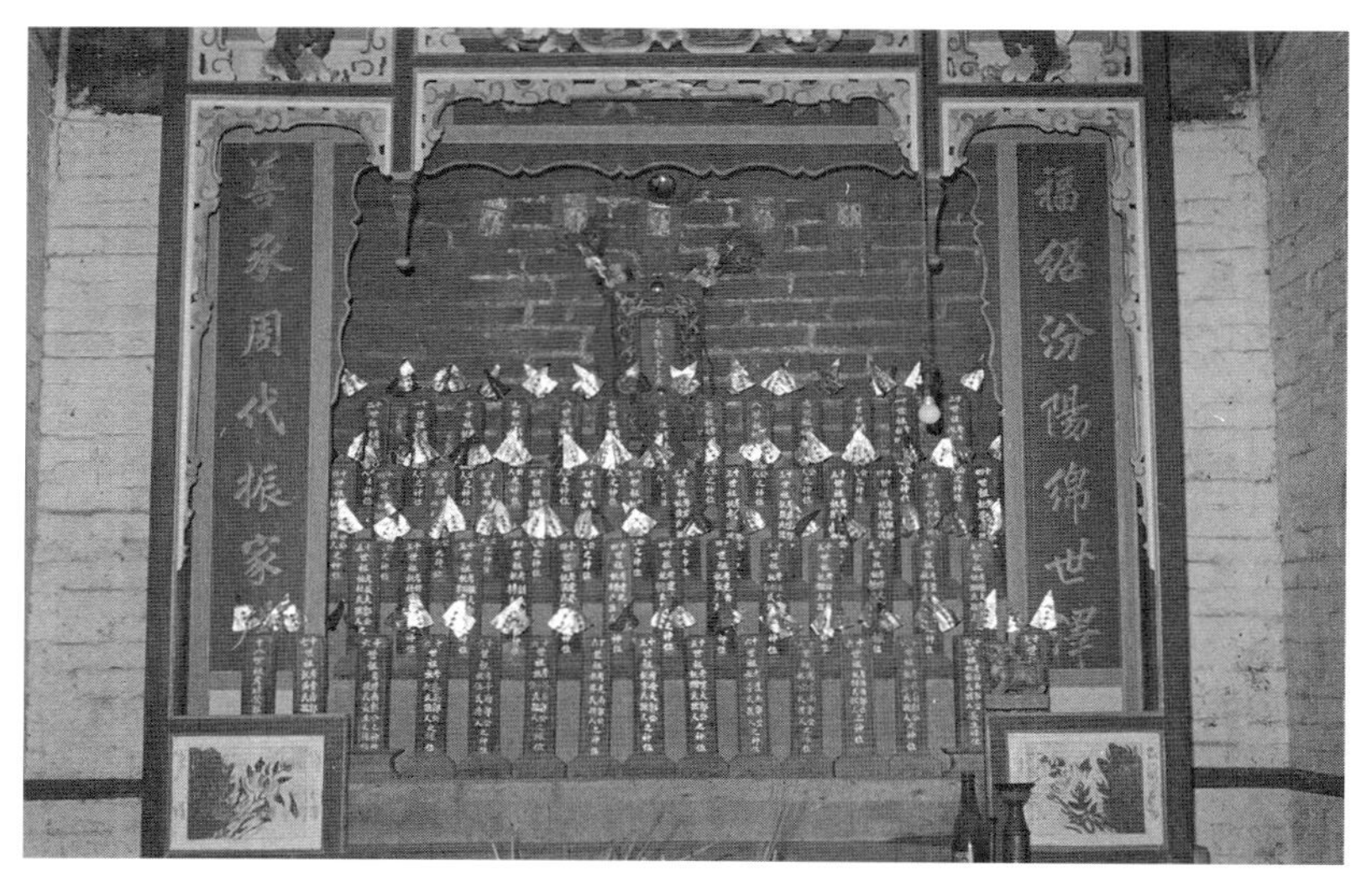

写真 4　香港八郷太平清醮における英雄位牌（精忠祠神位）（1986 年，蓮花地）

写真 5　香港新界屏山永寧村の達徳公所廃墟（2010 年）

設け、道士が経を読み、紙銭を焚化するだけの簡単な儀礼であるが、「太平清醮」の最初に行われるのは、郷民の意識の上では、これが太平清醮祭祀にとって不可欠の前提になっていることを示す。また、このほか、香港島では、街の中元節などで、横死者の孤魂を祀る場合にも戦死者の位牌を最上段中央に祀る。ここでも英雄は、常に、村人や住民から最大の敬意を受けていることがわかる。それだけ、その祟りを恐れられているともいえる。このように英雄鎮魂祭祀は地方の村落レベルでは、消滅したわけではないが、上述したように僧侶道士の孤魂祭祀の中では、その地位が次第に後退していったことは否定できない。そして、そのあとを埋めるように登場してきたのが目連戯である。以下、目連戯について、展望を示す。

結　節　中国鎮魂演劇の変容―目連戯の勃興

目連戯は、北宋孟元老の『東京夢華録』巻八に「七月十五日、中元節、构肆楽人、自過七夕、便般『目連救母』雑劇、直至十五日止。観者増倍。（七月一五日、中元節に构肆の楽人、七夕［七月七日］より、便ち『目連救母』雑劇を般し、直ちに一五日に至りて止む、観る者、倍増す。）」と記録されており、これが中国演劇史において、最も早い演劇上演の具体的な記録となっている。しかし、英霊鎮魂のための水陸道場の記録は、これよりも早く北宋には出現しているし、戦死者を祀る国家祭祀は、唐代にすでに出現している。目連故事が最初に出現した敦煌変文までさかのぼっても、英霊祭祀の方が古いし、さらにその歴史は楚辞の国殤までさかのぼれる。漢代の楽府『戦城南』も英霊祭祀とみる説がある。(7) いずれも目連祭祀より先行している。事実、『東京夢華録』のこの記事のすぐ後ろに続けて、「禁中亦出車馬、詣道者院、謁墳。本院官給祠部十道、設大会、焚銭山、祭軍陣亡歿、設孤魂之道場（禁中も亦た車馬を出し、道者院に詣りて墳に謁す。本院より祠部に給すること十道、大会を設けしめ、銭山を焚き、軍陣の亡歿を祭り、孤魂の道場を設く）」とあり、目連戯に並行して、野外では、戦没英雄に対する孤魂祭祀が行われていたことがわかる。このようにみると、孤魂祭祀としては最初に英霊鎮魂祭祀があり、その衰退を受けて目連祭祀が登場したという関係にある。孟元老の記録する北宋汴京の目連雑劇は、貴重な記録であるが、その後、目連戯は、北方中国では流行せず[7]、中国南方の長江流域以南で流行している。その理由は、この劇が、南方中国の宗族社会によく適合していたからであろうと思われる。英霊鎮魂祭祀は、英霊のみに焦点を当てるが、宗族社会では、宗族秩序の保護から外れて、宗族に敵意をもつ孤魂が英霊以外に多数存在する。目連戯がカバーしている孤魂の範囲は非常に広い。ここに宗族社会に適合した鎮魂祭祀として目連戯が勢力を伸ばした理由がある。さきに述べたように、山西地区は、水陸道場を背景に元の雑劇が生まれたところであるが、初期の水陸道場は、英霊鎮魂を主体としていて、ここから西蜀夢のような英霊鎮魂劇が生まれた。ここには、目連戯の影は見えない。しかし、明初の山西の水陸画では、英霊の地位は後退し始めている。ここに見える帝王后妃を筆頭とし、文人官僚を英霊より上位に置く宝寧寺水陸画の体系は、南方宗族体制を反映している。ここにすでに、以後、明清両代を通して、南方宗族社会を中心に目連戯が台頭してくる条件が準備されている、といえる。現在、北方には目連戯テキストは、ほとんど残っておらず、あっても断片的な地獄めぐりの場に限られているのに対し、南方各地には膨大な量の長編目連戯テキストが残っている。現在までに発掘された目連戯の地方テキストは、浙江、福建などの東南沿海地区、江西、安徽などの長江中流域、さらに湖南、四川など長江上流域にわたって、約二〇種の多きに及んでいる。いずれも宗族組織が強い地域であり、目連戯が宗族社会と結びついて発展してきた証拠である。

北宋汴京の上演に用いられた劇本は伝わらず、その後四〇〇年の空白のあと、明代中期に至って、安徽省徽州の祁門県の文人、鄭之珍が先行テキストを改編した『目連救母勧善記戯文』が公刊されたが、徽州は、目連戯が盛行した地域であった。鄭之珍は、このテキストを創作したのではなく、郷里の徽州地域一帯に盛行していた目連演劇の各地のテキストを集めて、これを文人好みの文雅な形に編纂しなおしたに過ぎない。北方で成立した北宋目連戯が北方ではテキストを残さず、南方、特に宗族組織の強い徽州地域で、最初のテキストを獲得したということは、偶然ではない。目連戯は、南方宗族社会でこそ、その鎮魂祭祀に奉仕するという社会的機能を発揮できたのである。

この目連救母の物語の中で、劉氏の亡魂は六道を輪廻し、地獄に落ちる。目連は、地獄を打ち破り、母に遇う。この時、南方地域の目連演出では、地獄に閉じ込められていた大勢の孤魂が地獄から逃げ出して自由の身になる。これは、『黄籙九幽醮』の示す破地獄儀式に極めて類似している。目連尊者は、母親劉氏を救出するだけでなく、地獄に幽閉されているすべての孤魂、観客の親族まで救出する。観客はこれを見て泣いている。これは、演劇ではなくて、祭祀である。あるいは、演劇であるとともに祭祀であり、祭祀であるとともに演劇であるともいえる。この意味で目連救母雑劇は、黄籙斎の中の道士と孤魂の対話が孤魂を主人公とする演劇に進化する過渡的段階にあるように思われる。また目連と母親劉氏との対話は、さきにあげた図の第一層、道士と孤魂の対峙儀式に似ている。

目連戯の救済対象は、英雄鎮魂祭祀に比べて広い。ひろくあらゆる孤魂を救済することを目的としている目連雑劇は、それ以前の鎮魂儀礼と演劇が流れ込んだ貯水池のようなものである。古い鎮魂儀礼や演劇は、いったん、この目連戯という貯水池に流れ込んだ後、ここで練磨され、浄化されて、次の時代の鎮魂劇として多様な分流を作って流れ下り、演劇史を形成する。つまり、この貯水池の中で、多様な鎮魂劇が練り上げられたのである。もし、目連戯の主役である劉氏を別の孤魂に入れ替えれば、別の劇目が成立する。たとえば、劉氏が董氏、耿氏などに入れ代われば、化釵や上吊などの悲劇になるであろう。

この目連戯は、僧侶道士の地獄破りをモデルに構成された。孤魂祭祀から演劇が生まれたという意味で、『東京夢華録』の目連雑劇についてふれたが、これが中国演劇史上、最初の演目だった、というのも偶然ではない。さきに述べたように、鎮魂祭祀の対象の主役は、陣亡の英雄の孤魂であり、演劇が孤魂祭祀から生まれたとすれば、最初に成立した演劇は、必ずや英雄劇であったはずである。おそらく、項羽を主人公とする項羽院本が最初の英雄劇であったと思われる。現在、北方地域に流行している梆子腔劇の大多数は英雄を主人公とする武劇である。その歴史は宋元の英雄鎮魂祭祀に源を発しているに違いない。ただ、その後、中国社会の中心は江南に移り、ここでは、鎮魂祭祀として英雄鎮魂祭祀よりも宗族社会の犠牲者を鎮魂する目連祭祀の方が必要とされ、また郷村社会に歓迎されたのである。目連戯は、明清両代を通して、江南各地の祭祀演劇の主流を形成していた、と言える。

日本の初期の演劇である能は、一般に、一番目に神が降臨する「脇能」、二番目に武将の幽霊が出る「修羅もの」、三番目に女性の幽霊がでる「まげもの」、四番目に気の狂った女性の出る「狂いもの」、五番目に鬼が出る「鬼能」という区分があり、だいたいこの順序で成立したと考えられてきた。つまり、神の降臨を祝福する脇能を別とすれば、物語を演じる劇としては、武将の幽霊が主人公として登場する「修羅もの」が最も早く成立したことになる。ギリシャでも、アイスキュロスやソフォクレスなど、ホメロスの叙事詩に歌われる武将を主人公にした英雄悲劇が最初に出てくる。

それでは、中国ではどうなっているのか、というのが、本書の主題である。筆者は、中国においても、英雄を祀る祭祀から、英雄をたたえる叙事詩が発生し、これから、英雄を主人公とする悲劇が発生したと考えている。従来の中国や日本の学界では、このような筋道で中国戯曲の発生過程を追究するのに成功した研究は存在しなかった。というのは、中国は、神話や英雄叙事詩のない国といわれ、叙事詩から劇が成立するプロセスがよくわからないからである。一現実政治を重んじる儒教は、空想や迷信を退けたため、英雄神話や叙事詩を消滅させたといわれている。しかし、一四世紀に成立した中国最初の劇文学には、少数ではあるが、英雄の悲劇をテーマにしたものがあり、それは、当時の民間に流伝していた英雄叙事詩を背景にもっているのではないか、と思われる。

鎮魂演劇は、自然災害の脅威にさらされる郷村社会にとって、必要不可欠なものである。各郷村は、災害の発生するたびに、神の庇護を求め、災害の静まった後は、神々に「願ほどき」の祭祀を献じた。時には災害が起きていなくても、三年、五年、一〇年などの間隔を置いて建醮祭祀を挙行した。目連戯は、この建醮祭祀の不可欠な一部として、道教儀礼と組み合わさって演じられた。江南各地の農村に多くの目連戯テキストが残っているのは、そのためである。辺境に移民する農民は、移住先でも目連戯を演じた。中国人の居るところ、必ず目連戯が見られる。逆に、少数民族は、目連戯を受け入れていない。目連戯の背景となっている漢族特有の宗族組織、祖先祭祀の観念が少数民族に欠けているからである。この意味で、目連戯の有無が漢族農村のメルクマールになる。目連戯テキストの分布地域は漢族の生活圏と合致する。以下では、このような社会組織との関連を重視しながら、目連戯の各テキストを分析する。

（1）山西博物館編『宝寧寺明代水陸画』、北京、文物出版社、一九八八年。
（2）戴暁雲『仏教水陸画研究』、中国社会科学出版社、二〇〇九年、一二七―一二九頁。
（3）戴暁雲『仏教水陸画研究』、一三三頁。
（4）田仲一成「明清・華北地方劇研究」、札幌、『北海道大学文学部紀要』一六―一、一九六八年、二四四―二四五頁。
（5）田仲一成『中国巫系演劇研究』、東京大学出版会、一九九三年、四〇二―四〇五頁。
（6）科大威、陸鴻基同編『香港碑銘録彙編』（香港市政局、一九八六年）第三冊八七〇―八七三頁。
（7）戸倉英美「漢鐃歌『戦城南』に関する一考察」『松浦友久博士追悼記念中国文学論集』（研文出版、二〇〇六年）所収。
（8）北方中国においても、孤魂祭祀は、広く存在した。たとえば、今堀誠二博士が一九四四年に調査された内蒙古帰綏では、山西出身の移民が平安社という祭祀組織を作っていたことが報告されている。この平安社は、火災や災害を防止する目的で、廟を中心に作られた組織で、平安とは、災害のもととなる瘟疫や孤魂を神の加護により排除して平安を回復する意味であり、南方中国の太平清醮の太平と同じである。その組織は、同郷結合を越えて、地域住民を貧富の別なく広く包摂していたと言う。今堀博士は、後掲の附表の例を挙げている。

ここでは、目連戯を演じたという明証はないが、廟の碑文には、祭祀に伴って演劇が行われたことを記している。たとえば、

1平安社Bの場合、次のとおりである。

附表 帰綏街坊会祭祀組織

	社名	地点	廟	賽社時期	設立年代
1	平安社A		瘟神廟		
	平安社B	大南街大西街合立	瘟神廟	三月中	道光
2	大南街闔街	大南街	火神廟		道光
	太平社	大南街	火神廟	二月七―九	道光
3	平安義社	大西街	火神廟		道光
4	平安社	大西小北両街	小東街関帝廟	三月十―十二	光緒
5	本街社本街	小東街	小東街関帝廟	八月中	道光
	平安社小東街	小東街	小東街関帝廟		道光
	平安社	小東街	小東街関帝廟		道光
6	小召前闔街	小召前街	瘟神廟	正月中	道光
7	通順社			正月七―九	光緒
	三元社	通順街本街	西茶坊	正月八	咸豊
8	純陽平安社	上棚街、小召夾道、官園、馬蓮灘、東順城街、大東街	呂祖廟	九月中	光緒
9	平安社	道署前街		八月中	光緒
10	平安社	同知巡検署前街		八月中	光緒
11	平安社	東順城街		正月十四―十六	光緒
12	平安社	東得勝街		正月中	光緒

本郡大南大西両街合立平安社碑記窃謂…神恩無疆、因人愈彰、人心有覚、謹祀莫爽。此聖人称其盛徳、所謂如在其上、如在其左右者、信有然矣。如本郡南茶坊旧有瘟神廟者、不知創自何年、敬仰殿宇巍煥、聖像赫然、誠一郡之福地。不亦四境之保障乎。第歴年雖久、報享切寂寥殊欠、敬礼神明、祈福保安之道者矣。此亦蚩蚩者氓、習焉、不察之故耳。乙酉秋季、瘟

疫流行、延及丙戌冬間更甚。以致一郡皆不扶之気、四野尽憔悴之色。愚等不禁、猛然覚悟、惶然悚懼、於是糾合大西（大）南両街同人、赴廟虔禱、惟求災消難退、願立三期唱会。遂為成規。……。

大清道光七年歳次丁亥、賓〔暑〕月〔脱〕下澣。

［今堀誠二『中国封建社会の機構』、日本学術振興会、一九五五年、七四一―七四二頁］。

第一章　目連戯原本の探求―閩本

序　節　展望―分析の視角

北宋末の都、汴京の風俗を記した孟元老の『東京夢華録』には、当時、七月中元節には、都の盛り場の芝居小屋で、七日七夜にわたって、目連雑劇が上演された、と記録されている。目連救母の物語は、北宋末にすでに戯曲演劇化されていたことになる。ただ、当時上演に使用されたテキストは、伝存しない。しからば、現存する多数の目連戯の地方テキストのうち、どの地方のテキストが最も早く成立したのか、換言すれば、どの地方のテキストを、目連戯の原本と見なすべきであろうか。原本の条件としては、次のようなものを考えることができよう。

(1)中元儀礼との結びつきが深いこと。
(2)仏典や宝巻など、先行の資料との関係が深いこと。
(3)内容的にあまり強い宗族的、道徳的、観念的な傾斜がないこと。
(4)文辞として、あまり強い文飾がなく、素朴な表現形態を保っていること。
(5)楽曲系でなく、詩賛体によって演じられること。

このような条件を備えているテキストを、現存する多数の目連戯地方テキストの中から探し出さなければならない

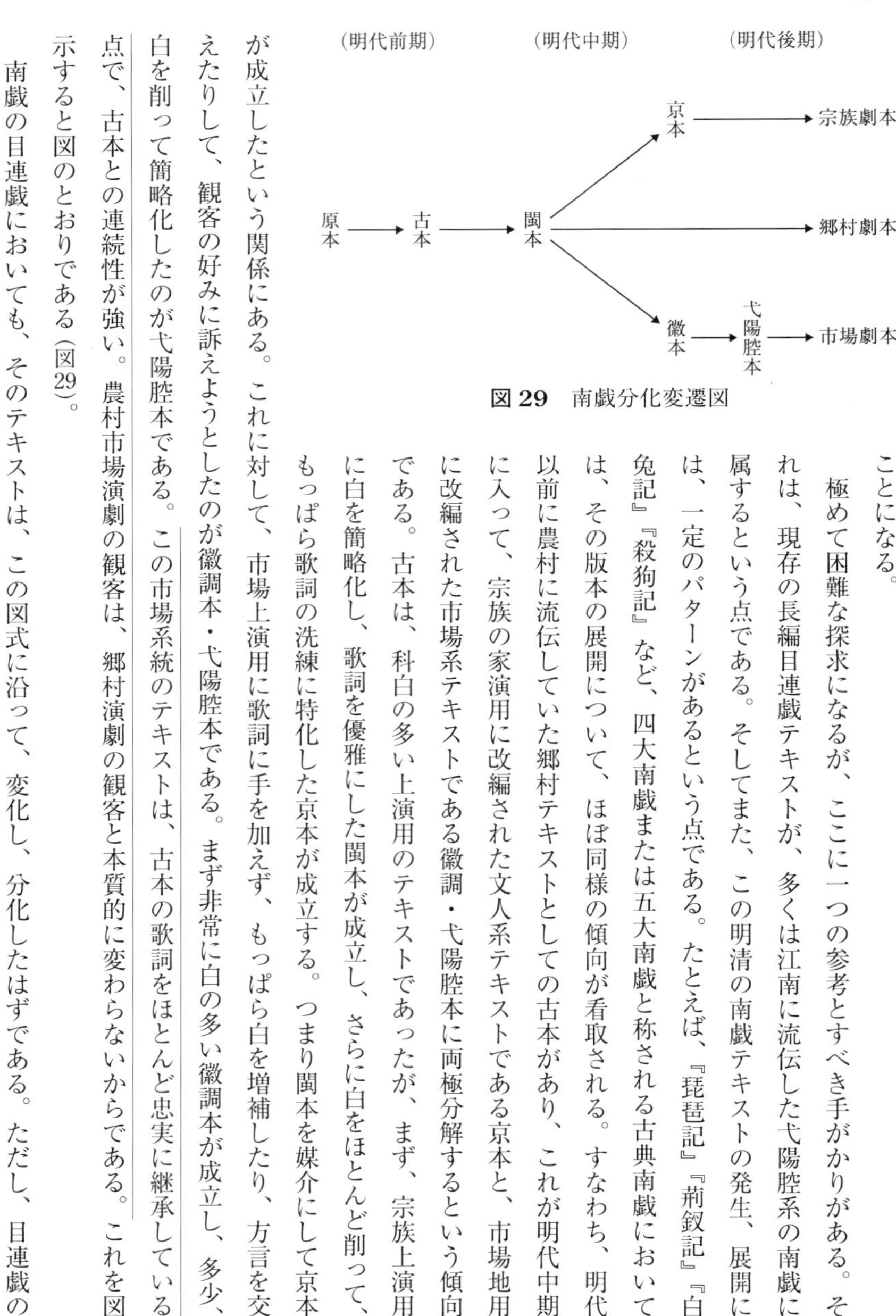

図 29　南戯分化変遷図

ことになる。

極めて困難な探求になるが、ここに一つの参考とすべき手がかりがある。それは、現存の長編目連戯テキストが、多くは江南に流伝した弋陽腔系の南戯に属するという点である。そしてまた、この明清の南戯テキストの発生、展開には、一定のパターンがあるという点である。たとえば、『琵琶記』『荊釵記』『白兎記』『殺狗記』など、四大南戯または五大南戯と称される古典南戯においては、その版本の展開について、ほぼ同様の傾向が看取される。すなわち、明代以前に農村に流伝していた郷村テキストとしての古本があり、これが明代中期に入って、宗族の家演用に改編された文人系テキストである京本と、市場地用に改編された市場系テキストである徽調・弋陽腔本に両極分解するという傾向である。古本は、科白の多い上演用のテキストであったが、まず、宗族上演用に白を簡略化し、歌詞を優雅にした閩本が成立し、さらに白をほとんど削って、もっぱら歌詞の洗練に特化した京本が成立する。つまり閩本を媒介にして京本が成立したという関係にある。これに対して、市場上演用に歌詞に手を加えず、もっぱら白を増補したり、方言を交えたりして、観客の好みに訴えようとしたのが徽調本・弋陽腔本である。まず非常に白の多い徽調本が成立し、多少、白を削って簡略化したのが弋陽腔本である。この市場系統のテキストは、古本の歌詞をほとんど忠実に継承している点で、古本との連続性が強い。農村市場演劇の観客は、郷村演劇の観客と本質的に変わらないからである。これを図示すると図のとおりである（図29）。

南戯の目連戯においても、そのテキストは、この図式に沿って、変化し、分化したはずである。ただし、目連戯の場合、四大南戯の場合に存在した明代中期以前の古本や閩本が存在せず、わずかに京本にあたるとみられる鄭之珍本が存在するだけで、他はすべて鄭之珍本以後に抄写された清代中期以後の抄本である。このため、図式に従って、テキストの成立の順序に沿って、古本、閩本、京本の字句を比べて、その前後関係を確定するという操作は、遂行困難である。しかし、字句レベルでの比較はできないにしても、その内容を比較して、あるテキストが古本に該当するか、閩本に該当するか、はたまた京本に該当するかを判定することは不可能ではない。たとえば、現存の目連戯地方テキストを内容によって、次のように分類することが可能であるように思われる。

※　郷村系基層テキスト（原本）

目連戯は、目連が地獄から母を救い出すことをテーマにする戯曲であるが、目連が母を探すために地獄の門を錫杖で打ち破るたびに地獄に閉じ込められていた亡者が地獄から逃げ出すという筋で物語が進行する。このため、近年親族を亡くした居民は、目連の法力によって地獄から親族を救い出してほしいという願望があり、主催者の方もそれに対応して、上演の場に戦死者、横死者の孤魂を祀る位牌（主薦）に加えて居民親族の祖先を祀る位牌（附薦）を祀り、僧侶道士を招いて法事を行う。舞台では目連戯、祭壇では法事が並行して行われる仕組みになっている。この点を考えると、劇本の中に劇中人物の法事や、横死者の孤魂を祀る場面が多いほど原本の性格が強いと判定する。また、仏教道教的な民間信仰の雰囲気が強く、宗族的、儒教的な色彩が少なく、特に文人風の潤色が少ないほど、原本テキストに近いと判定する。さらにこれを、テキストの環境との関係で考えると、社会背景として、地域的に宗族支配の強いところでは、原本は、儒教的変形を受けやすく、仏教的道教的原形のままでは存続しにくい。逆に有力な宗族が存在せず、小民が平等な関係で集合した小民村落においては、仏教的道教的民間信仰は保たれやすく、原本の原形を保ちやすい。今これらを総合して判断すると、大宗族村落が多い長江中流域の地域よりも、小民村落が多い福建地区の次のテキストを原本に近いと判定する。

#001　シンガポール莆田目連戯三巻：莆仙同郷会業余劇団蔵本（別に傀儡戯二巻本）
#002　傅天斗（前目連）四巻・莆田目連戯三巻：福建省芸術研究所蔵本
#003　梨園戯目連全伝七巻：泉州伝統戯劇叢書、中国戯劇出版社、一九九一年

ⅠA　**郷村系古層テキスト**（**古本Ⅰ**）

江西を中心に祭祀性、土俗性の強いテキストがある。これを、郷村の古層テキストと位置づける。

#101　『青陽時調詞林一枝』（黄文華輯、万暦元年葉志元刊本）「尼姑下山」
#102　『滾調玉谷新簧』（八景居士、万暦三八年劉次泉刊本）「思凡」
#103　江西弋陽腔目連救母七巻：江西弋陽腔連台目連救母、江西省贛劇団排印、一九八二年
#104　安徽青陽腔目連戯文大会本七巻：台北施合鄭民俗文化基金会排印、一九九九年

ⅠB　**郷村系古層テキスト**（**古本Ⅱ**）

徽州にも多少改変されているが、江西古本と同じ系統に属するテキストが存在する。

#111　徽州祁門県箬坑郷馬山村目連戯本四巻：齣目、茆耕茹編『安徽目連戯資料集』（台北施合鄭民俗文化基金会）、三三六頁
#112　徽州祁門県箬坑郷栗木村目連戯本四巻：齣目、茆耕茹同前書、三三四頁
#113　徽州歙県長陔郷韶坑村目連戯本四巻：齣目、茆耕茹同前書、三三六頁
#114　徽州歙県高腔目連三巻：齣目、同治七年（一八六八）抄本、安徽徽劇団蔵、茆耕茹同前書、三三九頁
#115　徽州歙県長標高腔本三巻：齣目、茆耕茹同前書、三三七頁

ⅡA　**郷村系新層テキスト**（**準古本Ⅰ**）

池州には、七巻本を三巻に圧縮したテキストが存在する。古本の修正本として、準古本の位置を与えて置く。

#201　池州青陽腔目連戯文大会本三巻：王兆乾校訂、台北施合鄭民俗文化基金会排印、一九九九年

＃202　皖南高腔目連戯三巻：周貽白旧蔵、朱建明校訂、台北施合鄭民俗文化基金会排印、一九九八年
＃203　池州徽劇団高腔本：齣目、茆耕茹編『安徽目連戯資料集』（台北施合鄭民俗文化基金会）三四九頁
＃204　南陵県目連戯本三巻：齣目、茆耕茹同前書、三四三頁
＃205　銅陵県万福堂目連戯本三巻：齣目、茆耕茹同前書、三四四頁
＃206　東至県高腔一宵夜演出本：齣目、茆耕茹同前書、三五一頁
＃207　旌徳県口述目連戯本：齣目、茆耕茹同前書三五一頁、三四八頁
＃208　旌徳県義順托高腔目連戯本：齣目、茆耕茹同前書、三四九頁

ⅡB　**郷村系新層テキスト**（**準古本Ⅱ・Ⅲ**）

江蘇、浙江にも、池州に類似する目連戯テキストがある。

＃211　江蘇陽腔目連戯三巻：江蘇省高淳県文化科記録、江蘇省劇目工作委員会刊行、一九五七年
＃212　江蘇超輪本目連戯三巻：僧超輪抄録、黄文虎校訂、台北施合鄭民俗文化基金会排印、一九九四年
＃213　浙江調腔目連戯五巻：咸豊庚申抄本、台北施合鄭民俗文化基金会排印、一九九八年
＃214　浙江新昌県胡卜目連救母記四巻：徐宏図、張愛萍校訂。台北施合鄭民俗文化基金会排印、一九九七年
＃215　浙江紹興旧抄救母記三巻：徐宏図校訂、台北施合鄭民俗文化基金会排印、一九九八年

ⅢA　**宗族系テキスト**（**京本Ⅰ**）

宗族好みの雅本テキストとして成立した鄭之珍本を京本として位置づける。

＃301　新編目連救母勧善記戯文三巻：鄭之珍編、万暦一一年序刊本、古本戯曲叢刊初集所収
＃302　新編出像音註勧善目連救母行孝戯文八巻：金陵富春堂刊本

ⅢB　**宗族系テキスト**（**京本Ⅱ**）

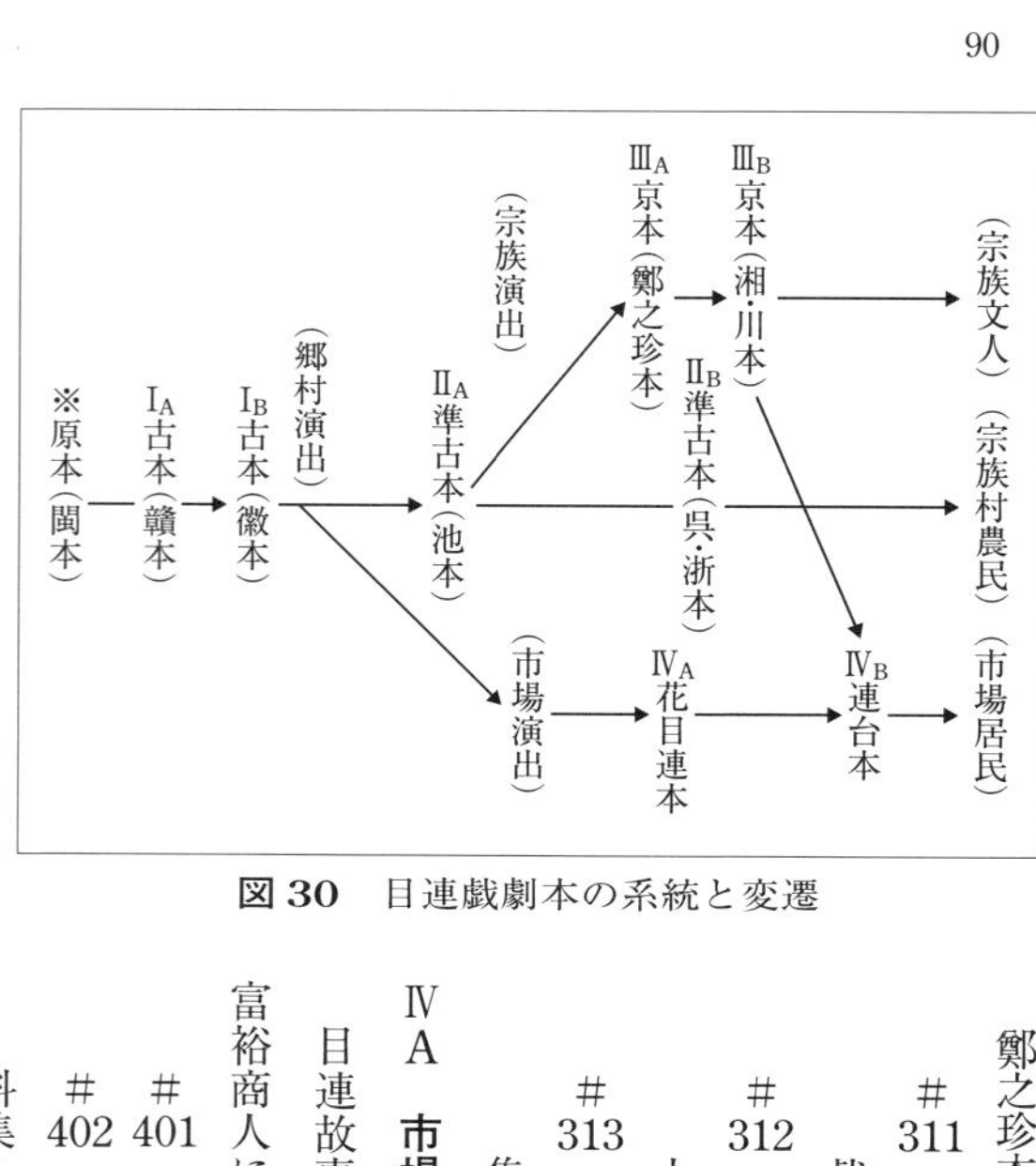

図30　目連戯劇本の系統と変遷

鄭之珍本は、僻遠地の湖南、四川に伝播し、京本系テキストを定着させた。

#311　湖南高腔祁劇目連伝三巻：湖南戯曲伝統劇本第五七集、湖南省戯曲研究所印、一九八五年

#312　湖南辰河腔目連戯演出本二冊：湖南省懐化地区芸術館油印、一九八九年

#313　四川高腔目連伝、重慶市川劇研究所編『四川目連戯資料論文集』一九九〇年

ⅣA　**市場系テキスト（花目連本）**

目連故事とは、無関係の冤魂故事を「花目連」として含むテキスト。富裕商人に支えられた市場用のテキストと認められる。

#401　湖南辰河腔本花目連：湖南省懐化地区芸術館油印、一九八九年

#402　四川高腔花目連散齣：賊打鬼、王婆罵鶏、『川劇目連戯綿陽資料集』・綿陽文化局編印、一九九三年、巴蜀

#403　四川高腔花目連散齣：戯閻羅『目連戯与巴蜀文化（四川戯劇増刊）』一九九三年

ⅣB　**市場系テキスト（連台本）**

目連故事と類似した別の冤魂故事を付加した長編テキスト。これも富裕商人による肥大した市場テキストと認められる。

#411　湖南高腔祁劇目連外伝：湖南戯曲伝統劇本第五六集、湖南省芸術研究所、一九八五年

#412　湖南長沙湘劇高腔岳飛伝一四本：齣目、茆耕茹『目連資料編目概略』台北施合鄭民俗文化基金会排印、一九九三年、三二一四頁

＃413　湖南辰河腔連台目連戯四八本・齣目、李懐蓀「古老戯曲的活化石」台北施合鄭民俗文化基金会『民俗曲芸』七八期（一九九二年）、七三頁
＃414　四川口高腔連台目連戯四九本・齣目、王躍「川劇的四十八本目連戯」、重慶市川劇研究所編『四川目連戯資料論文集』（一九九〇年）一八頁

以上の諸本の関係を図によって示す（図30）。以下、この仮説図に沿って、順次各系統の諸本の内容を検討する。

第一節　原本目連戯の起点Ⅰ―宋代仏典『仏説目連救母経』

現在、目連戯には、多くの地方脚本があり、どの地区のものが最も古いか、判断することは、容易ではない。ただ、現在の目連戯に類似した内容の南宋時代の仏典が日本に存在する。南宋初期、紹興元（一一三一）年に浙江省寧波で刊行された『仏説目連救母経』（以下、『目連救母経』と略称）の復刻本である。この経典に登場する人物名は、後世の目連戯の主要な人物名に一致する。またこの仏典に述べられている目連による地獄破りの構造が、北宋末南宋初期に浙江省南部で成立したと思われる亡魂救済のための道教科儀書『黄籙九幽醮無碍夜斎次第儀』に似ている。さらに、元明間に福建地区に流伝していたと思われる『目連救母出離地獄昇天宝巻』と題する宝巻（仏教布教のための説唱本）の本文が『目連救母経』の本文によく一致する。前者が後者を継承していることは明白である。しかも閩北（福州、莆田、仙遊）の目連戯は、地獄の構成や登場人物の面で、これらの黄籙斎系科儀書、目連救母経、目連救母宝巻などと類似している。これらの点を総合すると、浙江省から福建省北部にかけての東南沿海地区で、黄籙斎系道教科儀書→目連救母経→目連救母宝巻→閩北目連戯という一連の変遷進化の過程が進行したものと推定できる。以下、本章では、この仮説的展望に沿って、関連するテキストの特徴とその継承関係を追求することにしたい。

京都の六条通り河原町にある金光寺に元代の『目連救母経』の日本での復刻本が蔵せられている。内容は、目連が地獄に降りて母親を救出に行く物語で、巻子本の下部は、経典の本文が刻され、上部は、本文に見合う絵図が配置されている。絵図は、稚拙であり、通俗化した経典と言ってよい。巻末に木記があり、それには、原本が元の大徳八（一三〇四）年より前の辛亥年十月廿二日乙酉に江省鄞県（寧波）城外で出版された、と記されている。この辛亥年は、十月廿二日乙酉の干支から見て、南宋の紹興元（一一三一）年と推定される（一七九頁〔補記3〕参照）。その内容は、後世の目連宝巻や目連戯に類似しているところがある。たとえば、目連の俗名を羅卜とし、父親の名を輔〔傅〕相とし、母親の名を青提夫人、劉氏第四とする。また家僕の名を益利とする。これらは、すべて後世の目連戯に一致する。また婢女の名を金支とするが、これは後世の目連戯における金奴に該当するものであろう。これによってこの経典が目連戯の形成史の上で重要な位置を占めることを確認できる。まず、この経典が記述する物語を紹介する。(1)

王舎城の富裕資産家傅相には、妻の劉青提（輩行第四）、子の羅卜、下僕の益利、奴婢の金支などの家族がいた。傅相が亡くなったあと、子の羅卜は父の遺産三〇〇〇貫を三等分し、三分の一を母劉氏の持ち分、三分の一を亡父の法事用、残り三分の一を自分の客商活動の資本とした。羅卜は益利を連れて外地に商売に出た。しかし、劉氏は、仏への尊崇を求めた夫の遺嘱を守らず、忌明けの前に早々と潔齋を止めて肉食を開始する。羅卜は行商から帰る時、益利を先に帰らせて帰還を知らせる。郊外に出迎えに来た隣人の口から、母の破戒を知った羅卜は、驚きのあまり地上に倒れ伏す。劉氏は、天に誓いを立て、破戒の事実を否認するが、急に病にかかり死んでしまう。羅卜が母のために墳墓を築くと、百鳥が土を運ぶのを助けてくれる。埋葬がすむと、羅卜は庵室にこもる。三年の服喪期間が過ぎると、羅卜は出家し、世尊（釈迦）の引導を受けて剃髪し、目連と改名する。宝鉢羅庵にこもって座禅を組み、神通力を獲得した目連が三十三天を観望すると、父の傅相が天堂にいることがわかったが、母の所在がわからない。世尊に母の在処を尋ねると、地獄にいるという。目連は地獄に降り、母を尋ねてまわる。阿鼻地獄で母を探し当てたが、救出することはできない。天を駆けて世尊のもとに至り、袈裟、盂鉢、錫杖を授かり、阿鼻地獄の門を打ち破って母に会い、お椀に入れた飯を差しだして一時の飢えを癒やす。しかし母は暗闇地獄に送られ、世尊の読経のおかげで、餓鬼に変身する。世尊は目連に点灯、放生の儀式を挙行させ、劉氏は狗に変身する。世尊はさらに目連に命じて盂蘭盆会を挙行させると、母はついに狗から人身に還り、天堂に昇ることができて団円となる。その進行は次の通り（表11、図31―55）。

表11　『仏説目連救母経』故事秩序

図	段	故事内容	備考
第一図	第一段	傅相の家宅	院子に馬豬を蓄う。
	第二段	羅卜、元旦に祝壽す。	傅相、壽詞を家堂に受く。
第二図	第三段	劉氏、破戒す。	僕をして狗を捉えしむ。
	第四段	羅卜、出国す。	羅卜、騎馬にて離郷す。
	第五段	劉氏、僧尼を虐待す。	僧人を趕いて走らしむ。
	第六段	劉氏、開葷す。	牲畜を割殺す。
	第七段	亡父のために寺廟にて法事を設く。	
第三図	第八段	益利、家に回りて回報す。	
	第九段	比隣、羅卜を出迎う。	
第四図	第一〇段	羅卜、家に回り到る。	
	第一一段	劉氏、羅卜を迎接す。	
第五図	第一二段	羅卜、情を知りて、地に倒る。	郷隣、羅卜に劉氏の破戒を告ぐ。
	第一三段	劉氏、病に臥す。	劉氏、誓を立てて七日にて死す。
第六図	第一四段	羅卜、母のために墳を築く。	
	第一五段	羅卜、喪に服す。鹿、出現す。	庵中、喪に服す。
	第一六段	服、満ち、羅卜、剃髪す。	世尊、阿難を派遣し、摩頂せしむ。
第七図	第一七段	羅卜、世尊により改名す。	改名して目連と為す。

第八図	第一八段	目連、母の所在を知るを得ず。	目連、三十三天を観る。
	第一九段	目連、世尊より母の地獄に在るを聞く。	
第九図	第二〇段	剉碓地獄	第一地獄
	第二一段	剣樹地獄	第二地獄
第一〇図	第二二段	石磕地獄	第三地獄
第一一図	第二三段	餓鬼地獄	第四地獄
	第二四段	奈何地獄	第五地獄
第一二図	第二五段	鑊湯地獄	第六地獄
	第二六段	火盆地獄（一）	第七地獄
第一三図	第二七段	火盆地獄（二）、目連問母。	
第一四図	第二八段	獄卒、目連に頂礼す。	獄卒、目連を尊重す。
	第二九段	獄卒、簿を査す。	
第一五図	第三〇段	阿鼻地獄（一）、門を敲くも入るを得ず。	
	第三一段	世尊、袈裟、盂鉢、錫杖を賜う。	
第一六図	第三二段	阿鼻地獄（二）、目連、獄門を打破す。	
第一七図	第三三段	阿鼻地獄（三）、劉氏受苦（一）	
第一八図	第三四段	阿鼻地獄（四）、劉氏受苦（二）	
第一九図	第三五段	阿鼻地獄（五）、目連、母に見ゆ。	
第二〇図	第三六段	阿鼻地獄（六）、獄主、母を提いて入獄せしむ。	
第二一図	第三七段	阿鼻地獄（七）、世尊、地獄を破る。	
第二二図	第三八段	黒闇地獄、目連、母に見え、飯を施す。	第九地獄
第二三図	第三九段	劉氏、餓鬼となる、四十九燈を点じ、生を放つ。	
第二四図	第四〇段	劉氏、変身して狗となる。目連、狗に見ゆ。	
第二五図	第四一段	盂蘭盆会、劉氏升天。	
	第四二段	巻末木記	元大徳八年刊刻

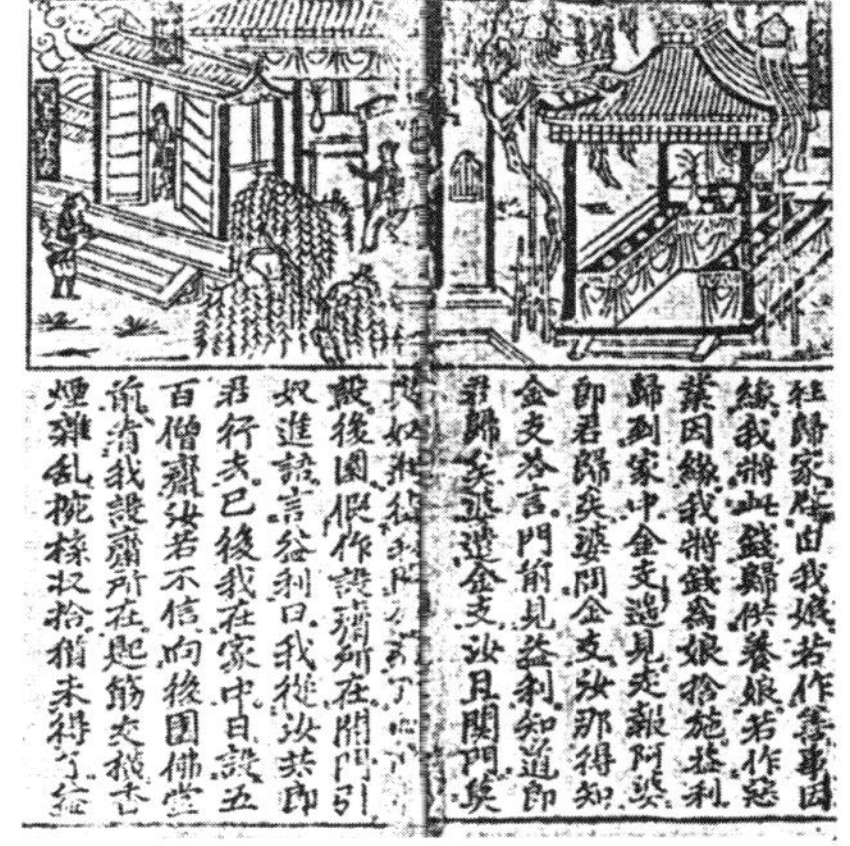

図 33　『仏説目連救母経』第三図

題字：花園仮作設斎処（院亭右），金奴引／接奴処（門口上辺），羅卜遣奴報告（門左）

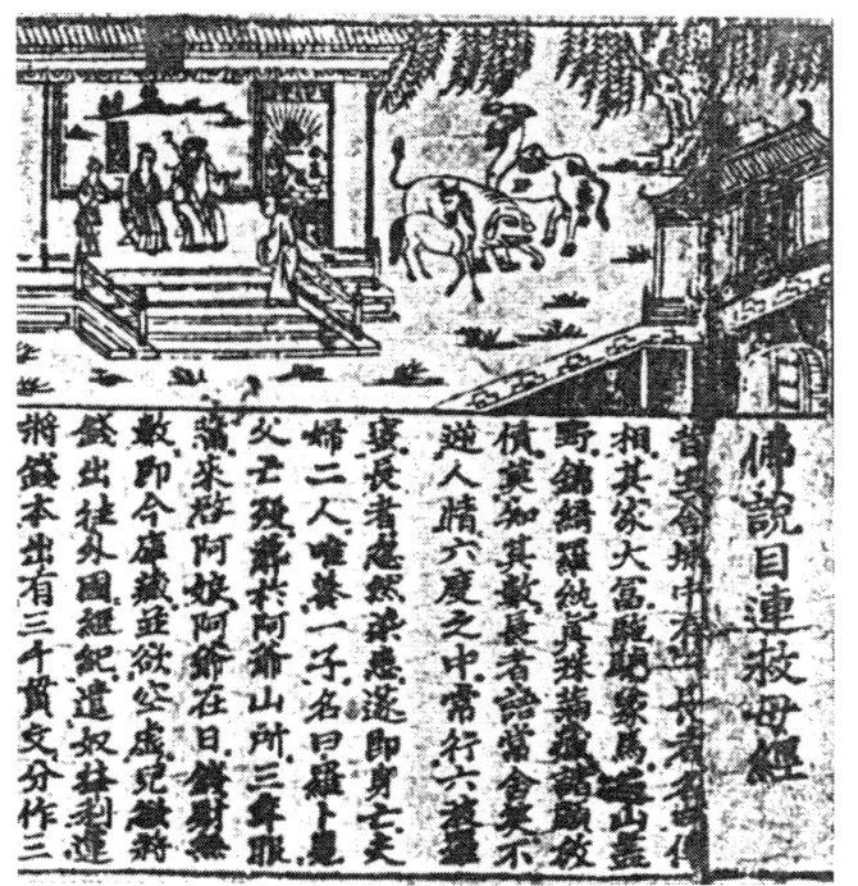

図 31　『仏説目連救母経』第一図

題字（従左向右，下同）：王舎城（城門），宝蔵堂（房子右辺），禱祝／長寿（房子上辺），青提夫人（房子左辺）

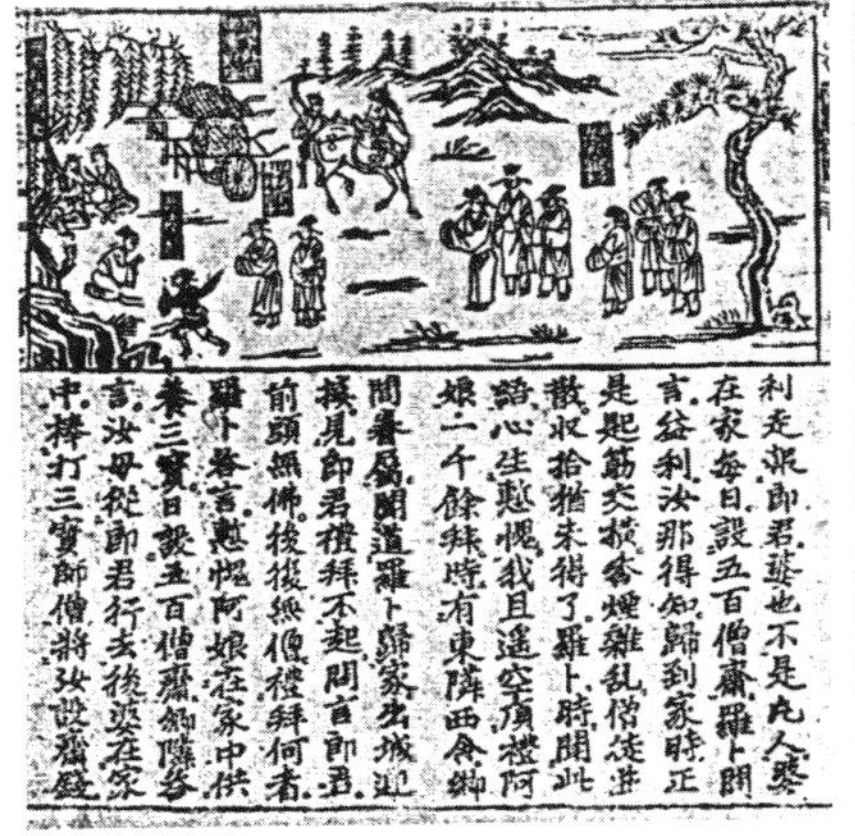

図 34　『仏説目連救母経』第四図

題字：東鄰西舎／迎接羅卜（樹下），羅卜外国／回帰財宝（山陵左辺），鄰舎問言／礼拝何者（車馬下辺），羅卜願拝（鄰舎前面），帰後 初下坐歇処（図左端）

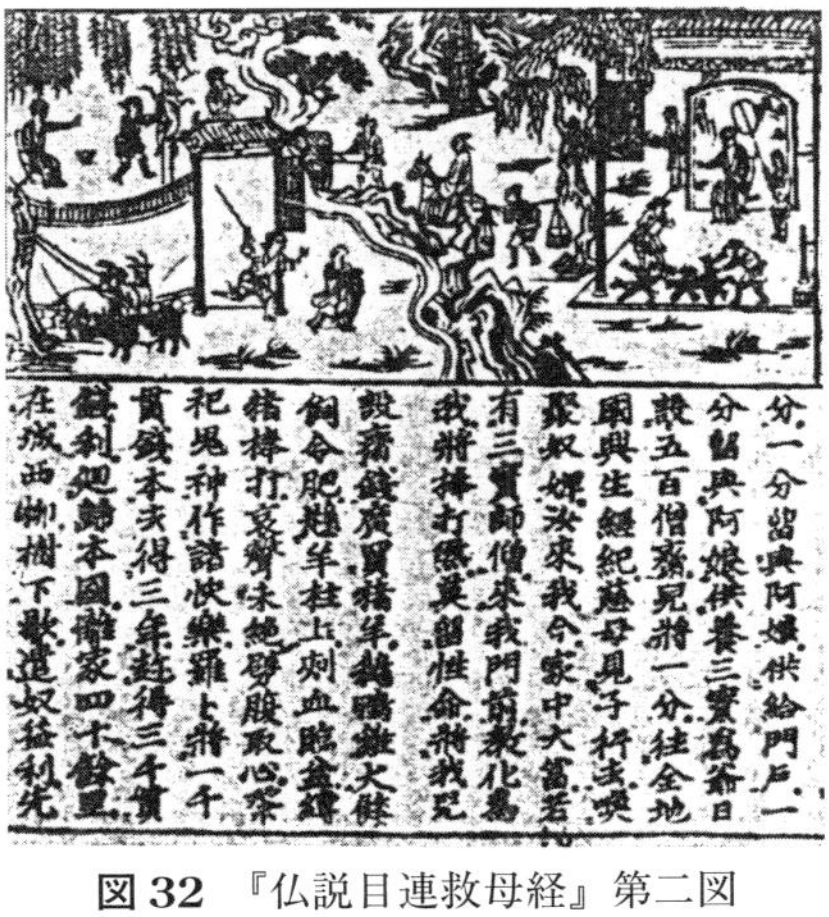

図 32　『仏説目連救母経』第二図

題字：青提夫人与／羅卜分開処（房子左辺），羅卜出往外国処（中央石頭前辺），棒打和尚（門口）

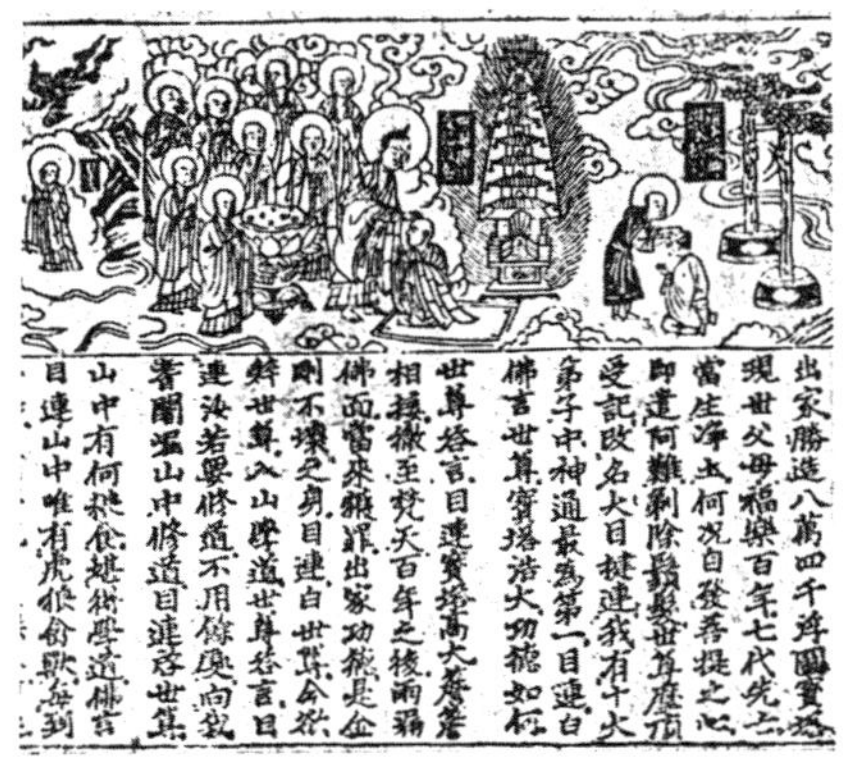

図 37　『仏説目連救母経』第七図

題字：羅卜投仏／出家披剃（図右），世尊摩頂／受訖改名（図中央），目連（図左）

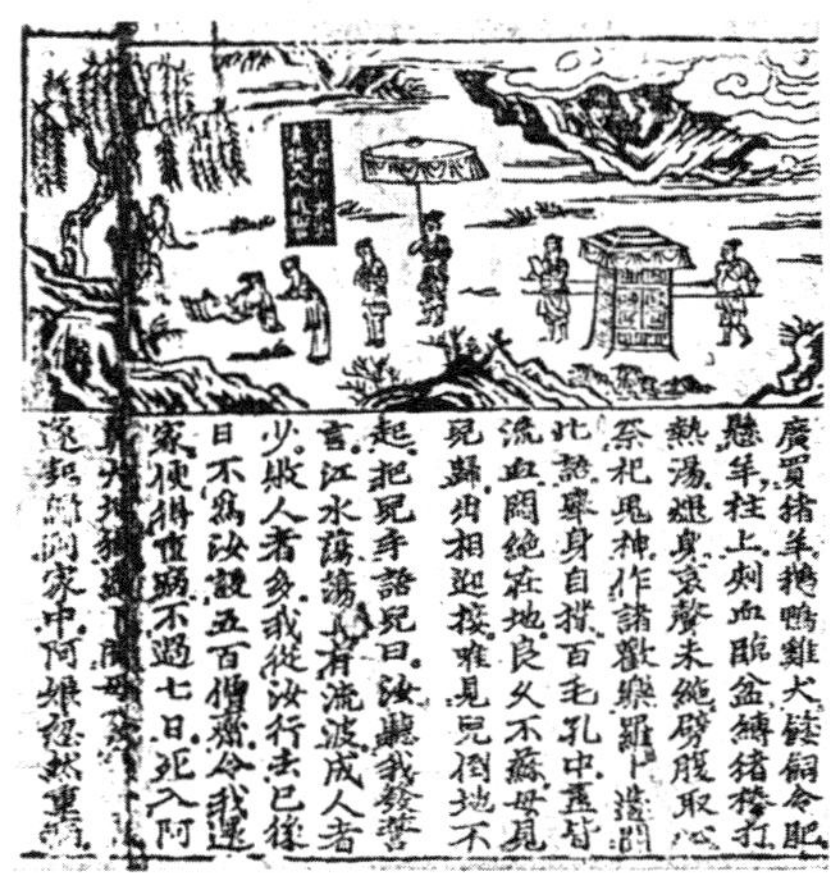

図 35　『仏説目連救母経』第五図

題字：羅卜悶倒於地／青提夫人発誓（傘前）

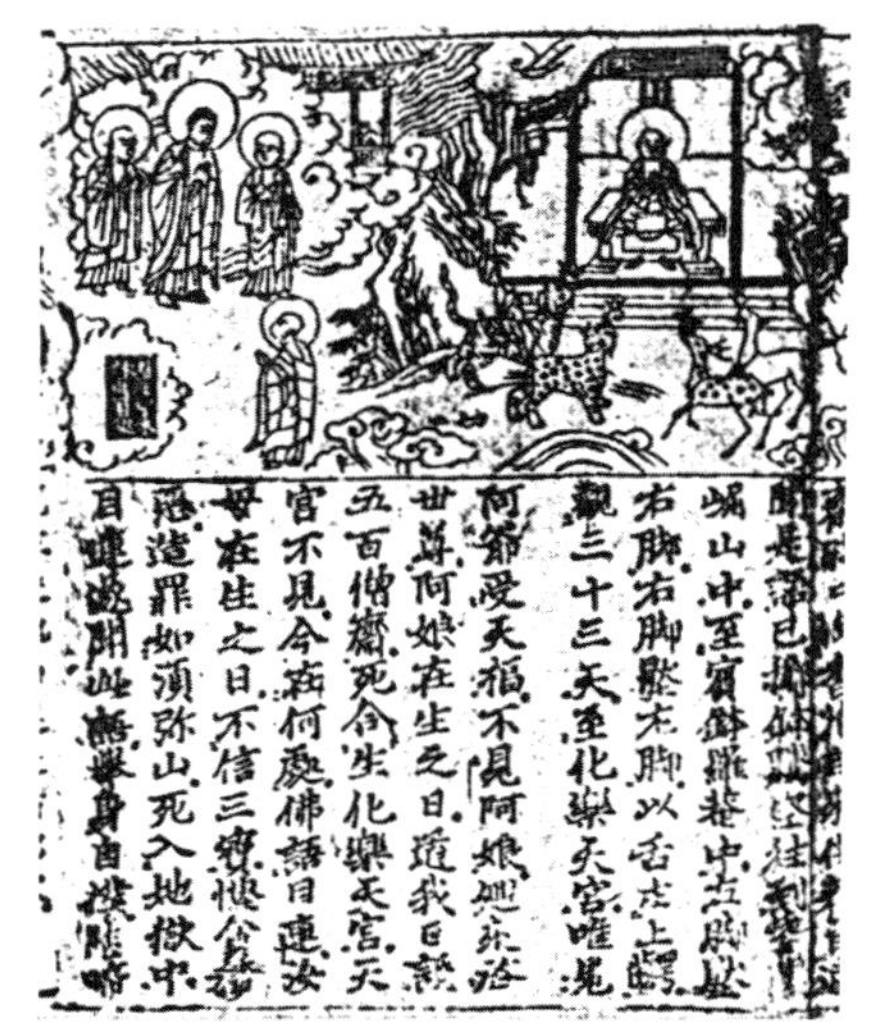

図 38　『仏説目連救母経』第八図

題字：賓鉢羅庵（庵房上面），目連回来／啓世尊処（図左端）

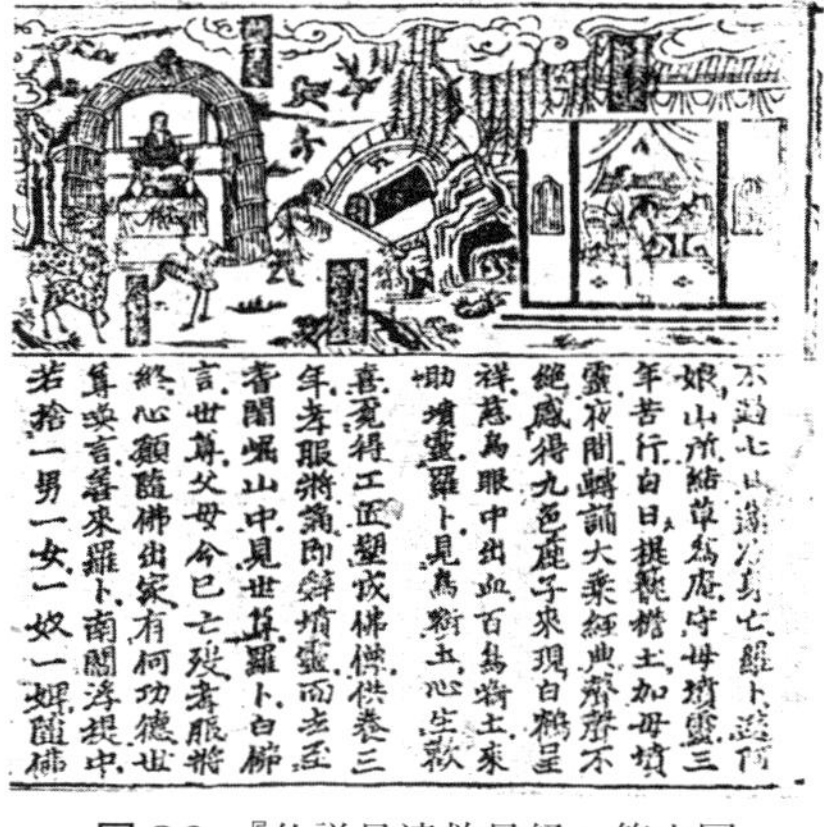

図 36　『仏説目連救母経』第六図

題字：青提夫人還／家得重病処（房子上面），勅封（柩頭），羅卜持斎堆／土加母墳霊，結草為庵（草庵右上），鹿鶴吉祥（草庵前面）

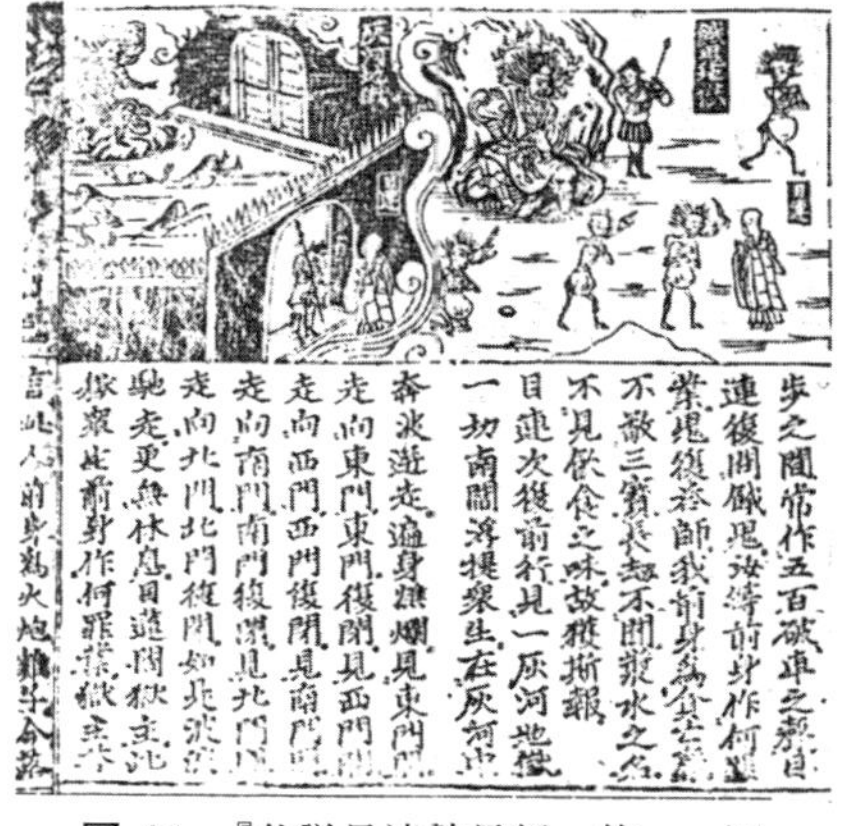

図 41　『仏説目連救母経』第一一図

題字：目連（図右），餓鬼地獄（目連上面），奈河地獄（図中央），目連（獄門）

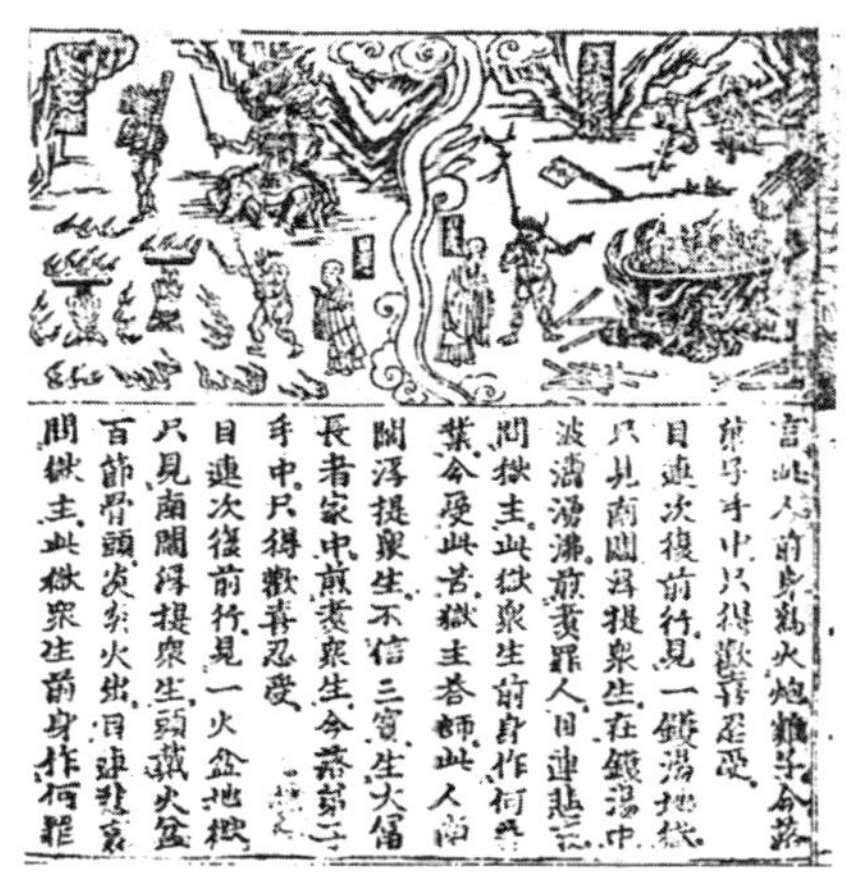

図 42　『仏説目連救母経』第一二図

題字：鑊湯地獄（図右），目連（図中央），同，火盆地獄（図左）

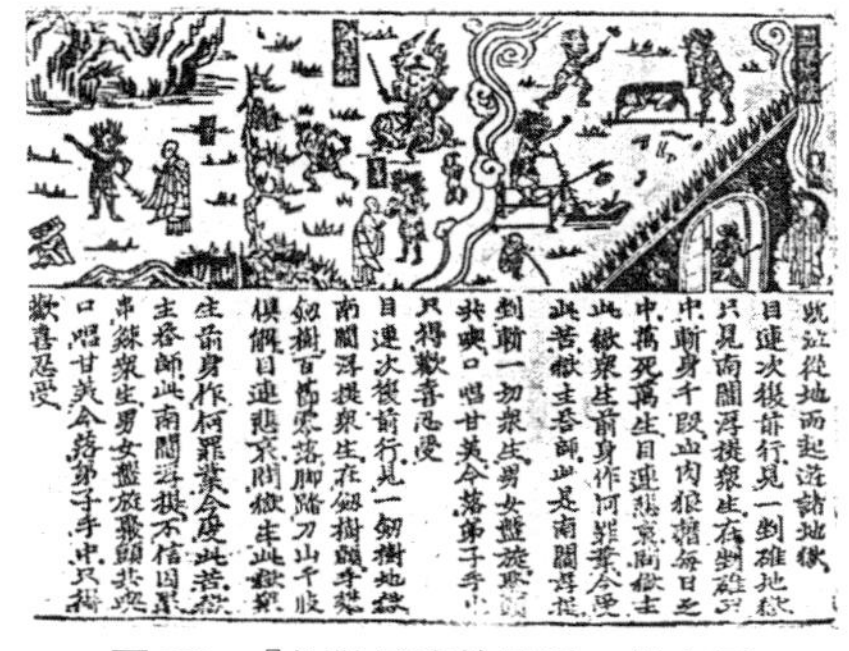

図 39　『仏説目連救母経』第九図

題字：剉碓地獄（図右），剣樹地獄（獄主後面），目連（獄主下面），目連（剣樹後面）

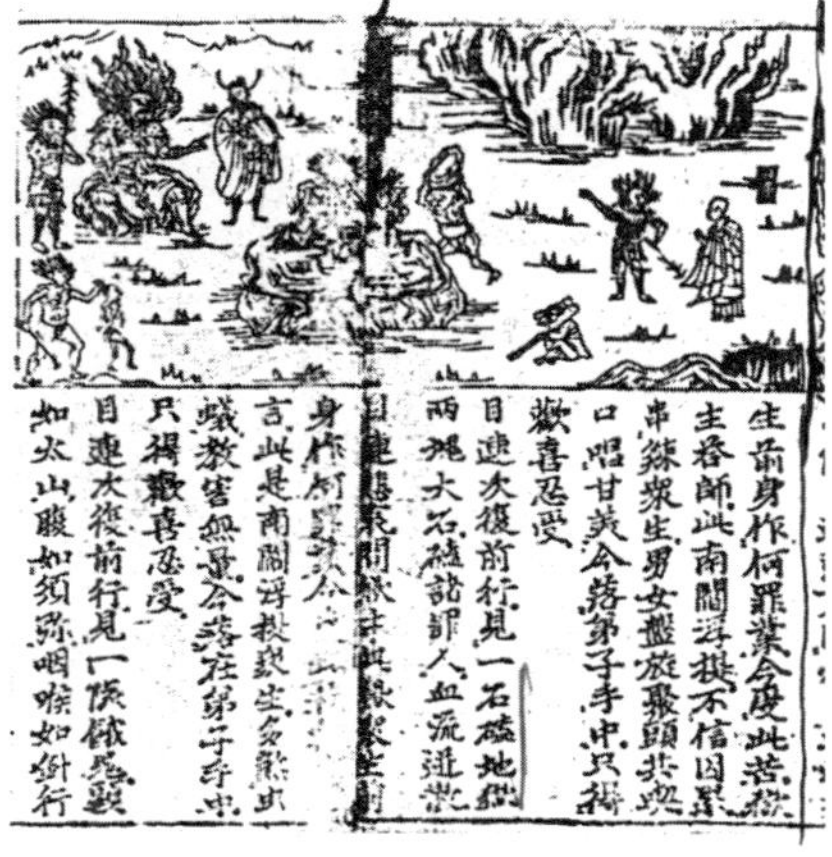

図 40　『仏説目連救母経』第一〇図

題字：目連（図右），肉爛血流状（図中央）

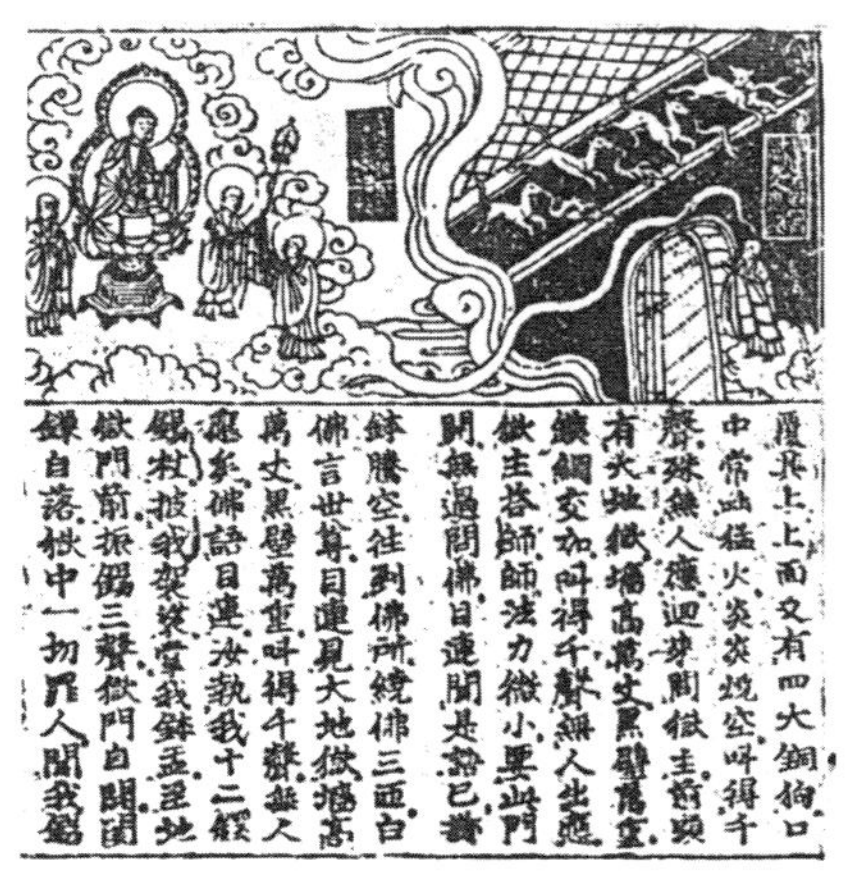

覆其上上面又有四大銅狗口
中常出猛火炎炎燒空叫得千
聲殊無人應迴身聞獄主騎頭
有大地獄墻高萬丈黑壁萬重
鐵網交加叫得千聲無人出應
獄主答師師法力微小要此門
開無過問佛目連聞是語已辭
鉢騰空往到佛所繞佛三匝白
佛言世尊目連見大地獄墻高
萬丈黑壁萬重叫得千聲無人
應示佛語目連汝執我十二鐶
錫杖披我袈裟掌我鉢盂至地
獄門前振錫三聲獄門自開關
鎖自落獄中一切罪人聞我錫

図 45 『仏説目連救母経』第一五図

題字：目連在獄門前／叫問無人応処（図右），目連到仏所賜／袈裟盆鉢錫杖（図中央）

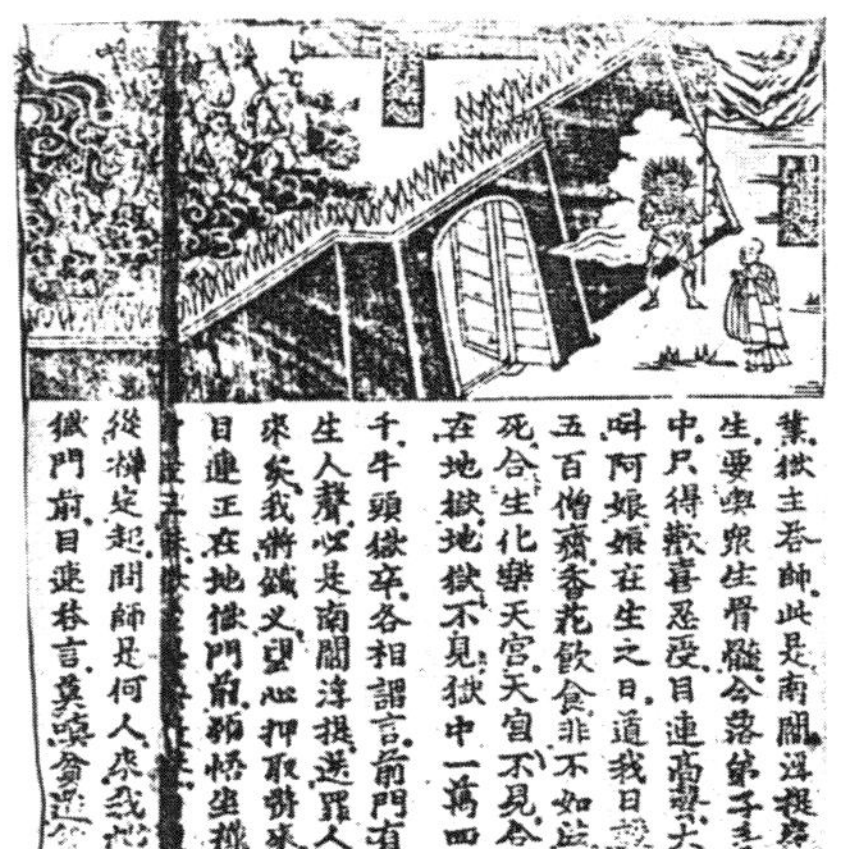

業獄主答師此是南閻浮提眾
生要與眾生骨髓合器弟子亦
中尺得歡喜忍受目連高聲大
叫阿娘娘在生之日道我日設
五百僧齋香花飲食非不如法
死合生化樂天宮天宮不見合
在地獄地獄不見獄中一萬四
千牛頭獄卒各相謂言前門有
生人聲必是南閻浮提送罪人
來矣我將鐵叉望心押取前來
目連正在地獄門前驚悟坐禪
從禪定起問師是何人來我地
獄門前目連答言莫嗔貧道

図 43 『仏説目連救母経』第一三図

題字：目連覚禅定／与獄吏問答処（図右），□□卒□押送／衆罪人至処（図中上）

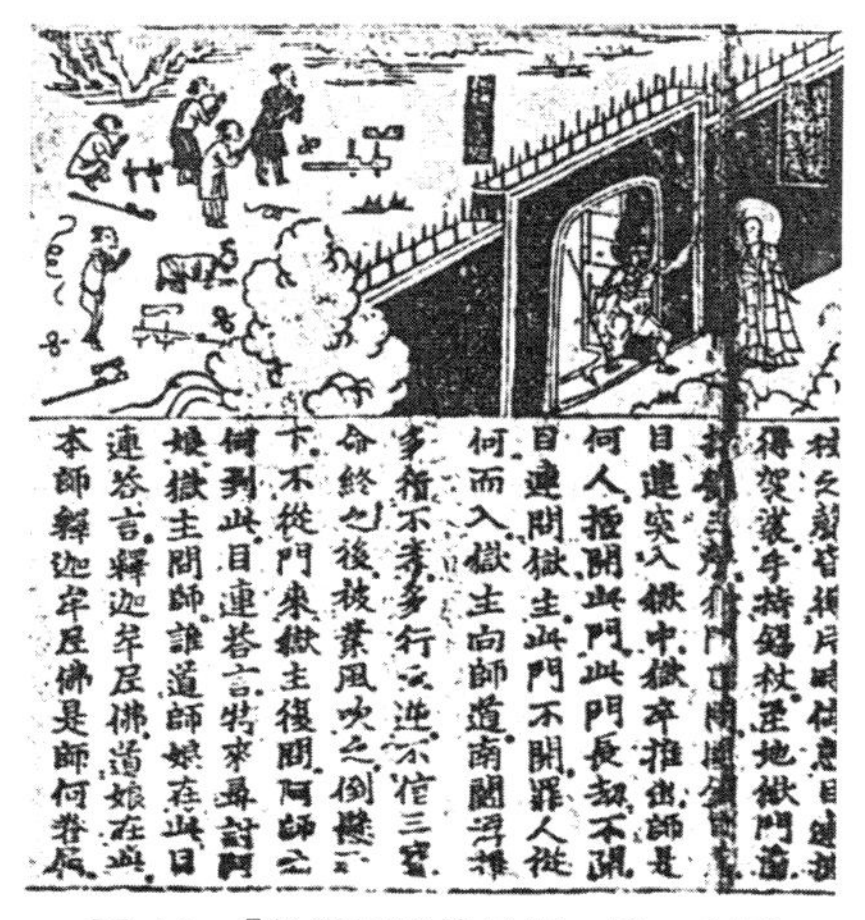

得袈裟手持錫杖至地獄門前
目連突入獄中獄卒推出師是
何人推開此門此門長劫不開
目連問獄主此門不開罪人從
何而入獄主向師道南閻浮提
多者不孝多行五逆不信三寶
命終之後被業風吹之倒懸至
下不從門來獄主復問阿師之
何到此目連答言特來尋討阿
娘獄主問師誰道師娘在此日
連答言釋迦牟尼佛道娘在此
本師釋迦牟尼佛是師何眷屬

図 46 『仏説目連救母経』第一六図

題字：目連将錫杖／振破地獄処（城門），枷鎖自落処（城門内）

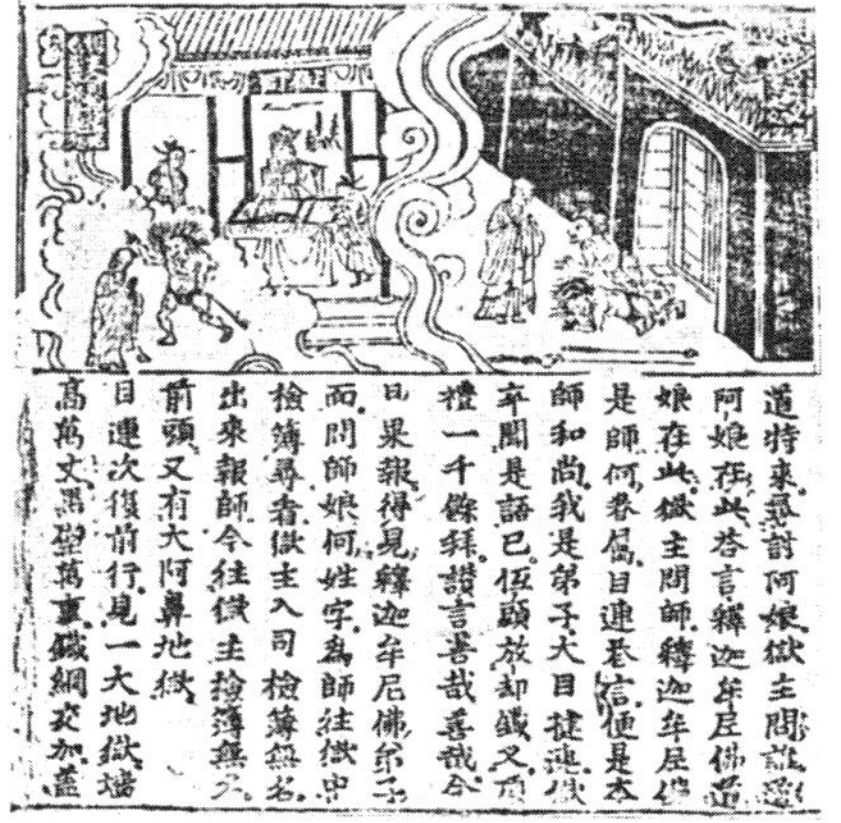

道特來尋討阿娘獄主問說
阿娘在此答言釋迦牟尼佛道
娘在此獄主問師釋迦牟尼佛
是師何眷屬目連答言便是本
師和尚我是弟子大目揵連獄
卒聞是語已低頭放却鐵叉頂
禮一千餘拜讚言善哉善哉合
日果報得見釋迦牟尼佛弟子
而問師娘何姓字為師往獄中
撿簿尋看獄主入司撿簿無名
出來報師令往獄主撿簿無名
前頭又有大阿鼻地獄
目連次復前行見一大地獄墻
高萬丈黑壁萬重鐵網交加蓋

図 44 『仏説目連救母経』第一四図

題字：獄司（房間上面），獄主入司検簿無／名出来報目連処（図左）

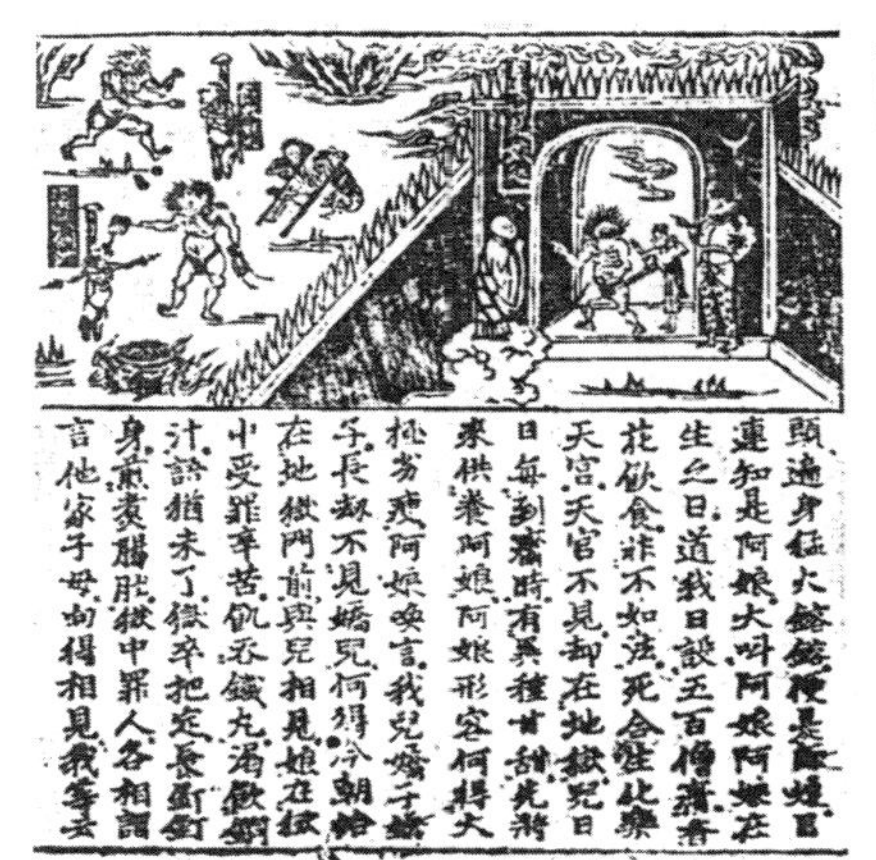

図 49　『仏説目連救母経』第一九図

題字：目連得見娘処（獄門），飢呑鉄丸（門内），渇飲銅汁（門内）

図 50　『仏説目連救母経』第二〇図

題字：目連見娘挻／獄中将頭臂住処（獄門），□□□□／□□□仏（図左下）

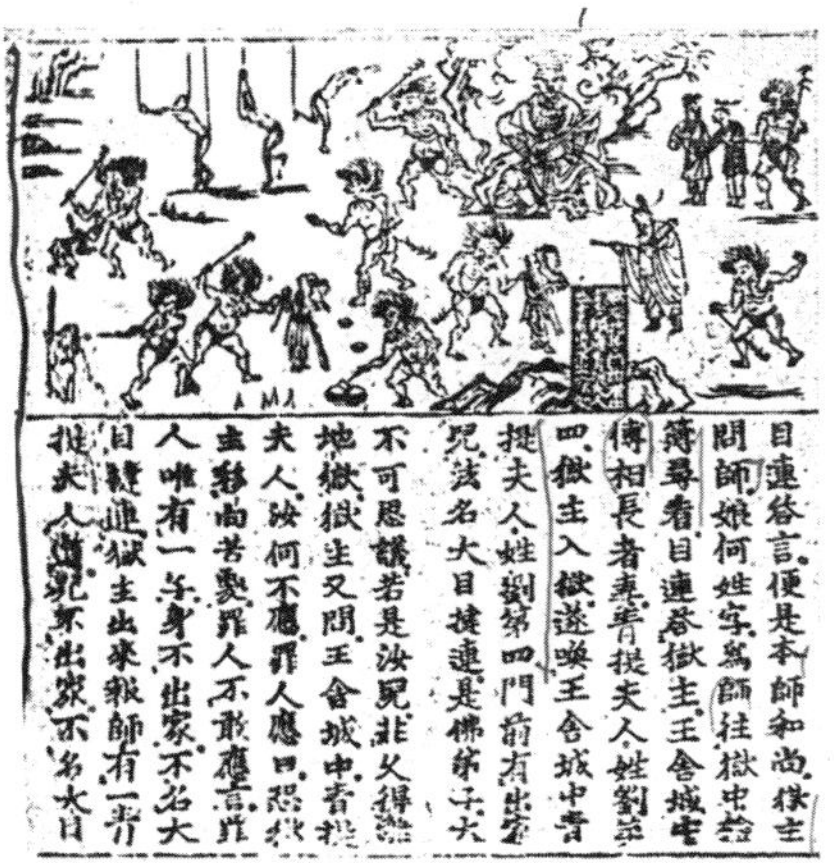

図 47　『仏説目連救母経』第一七図

題字：獄卒報告門前有出／家児相尋青提夫人／答言有児不出家処（図下）

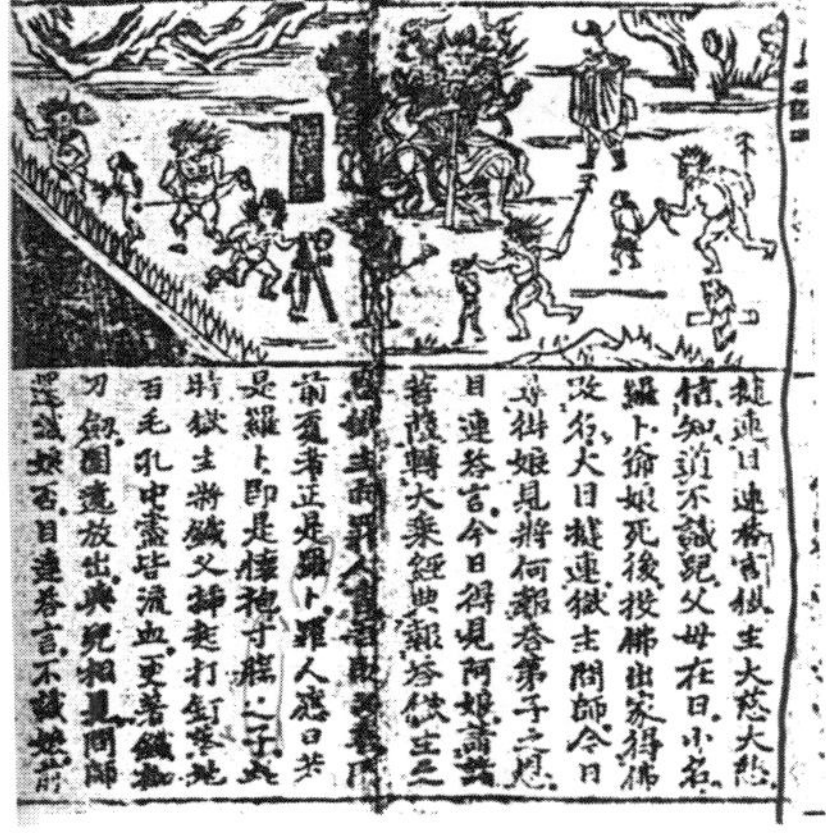

図 48　『仏説目連救母経』第一八図

題字：青提夫人答曰／羅卜卻是我児（図中央）

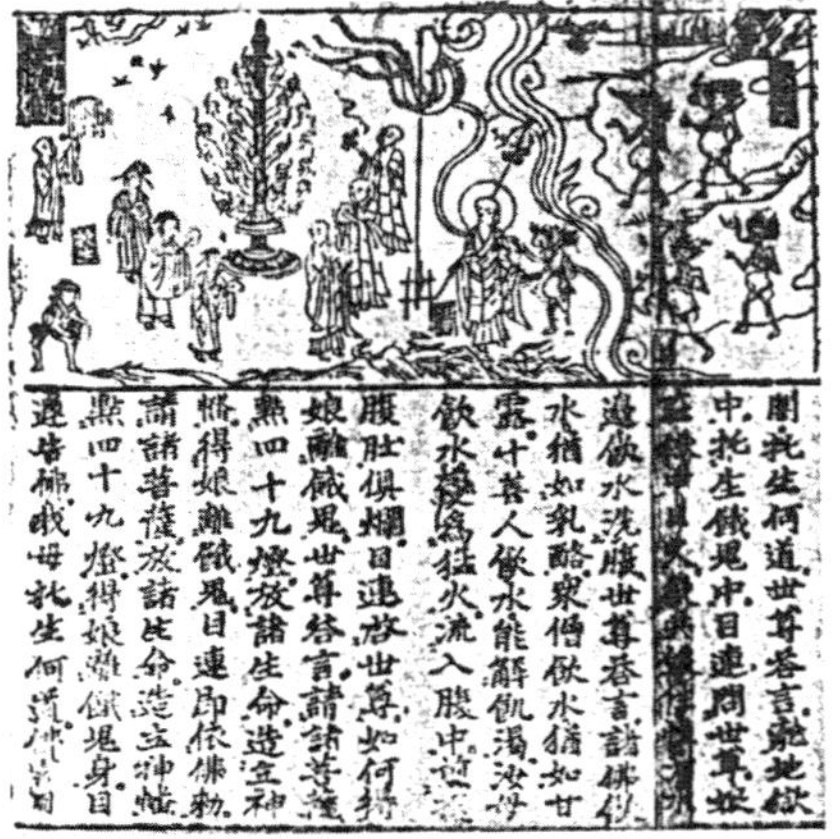

図 53　『仏説目連救母経』第二三図

題字：餓鬼衆（図左），点四十九灯／得離地獄内餓鬼（図右），放生（図左下）

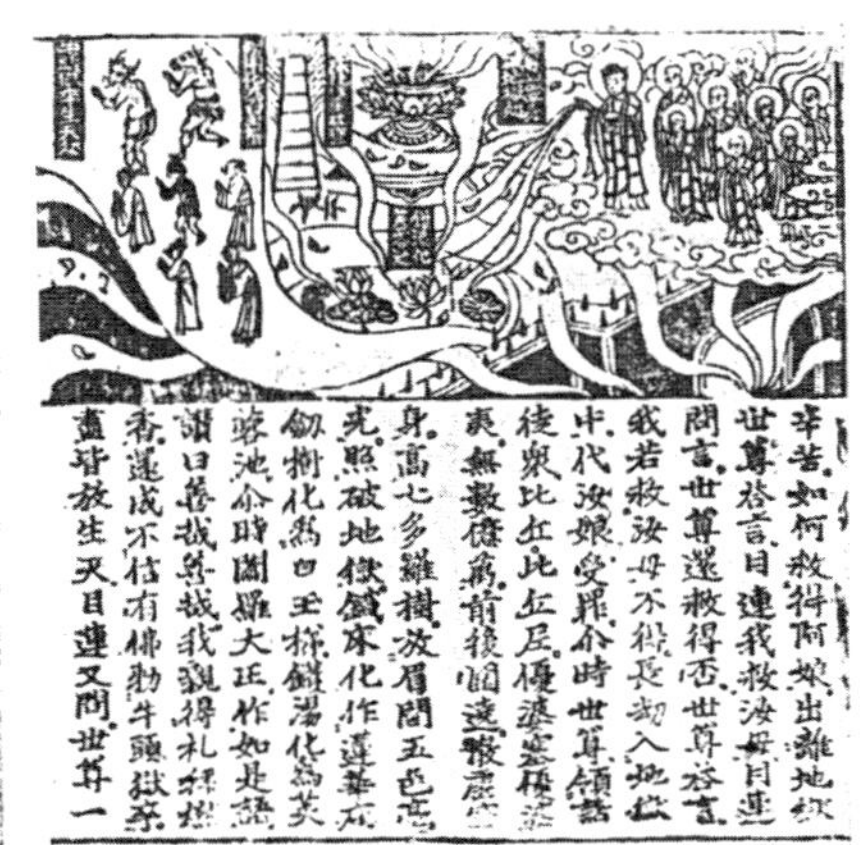

図 51　『仏説目連救母経』第二一図

題字：世尊放毫光／点破地獄処（図中上），鑊湯化／作芙蓉処（台下），鉄床化作蓮花座（台左），剣樹化作白玉櫛（台又左），牛頭獄卒生天処（図左端）

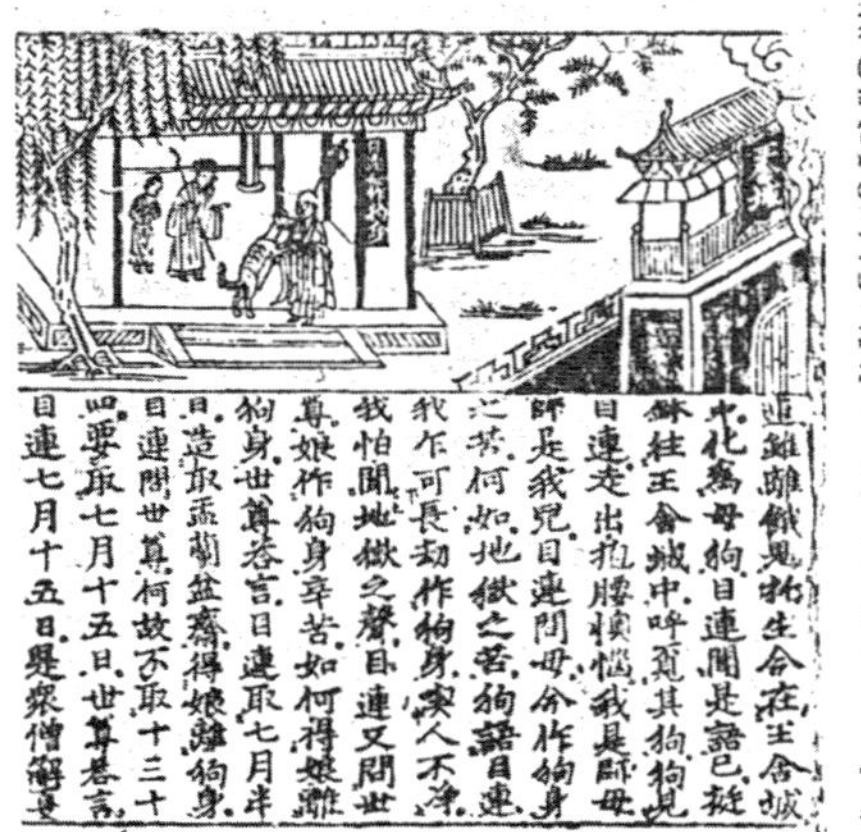

図 54　『仏説目連救母経』第二四図

題字：目連母作狗身（図中央）

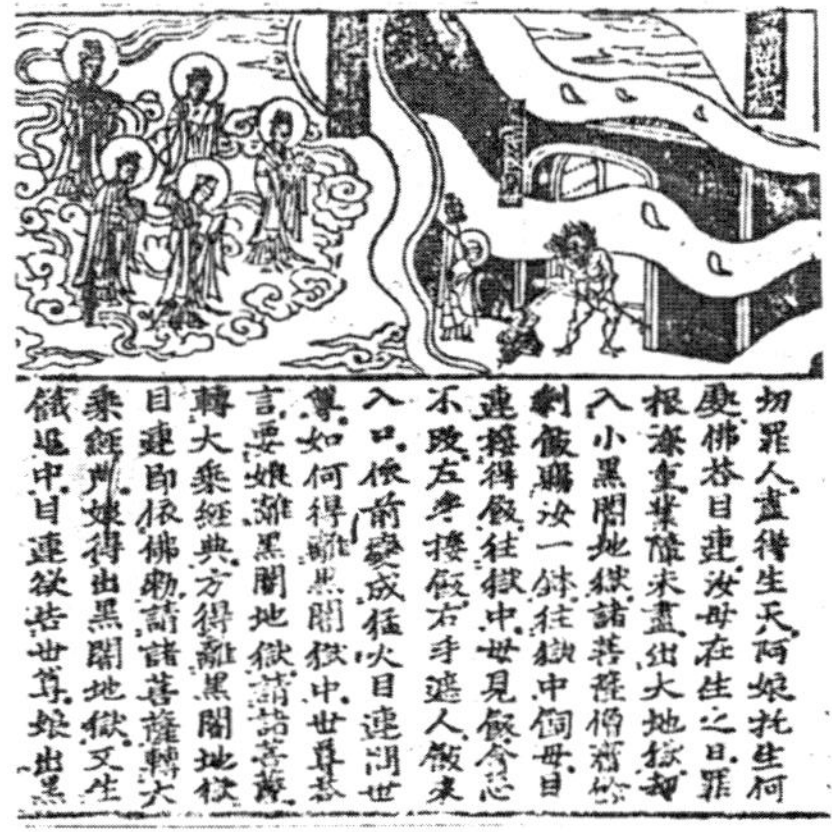

図 52　『仏説目連救母経』第二二図

題字：黒闇地獄（図右），目連按飯飼母（獄門），請諸菩一者等／其母得離黒闇（図中上）

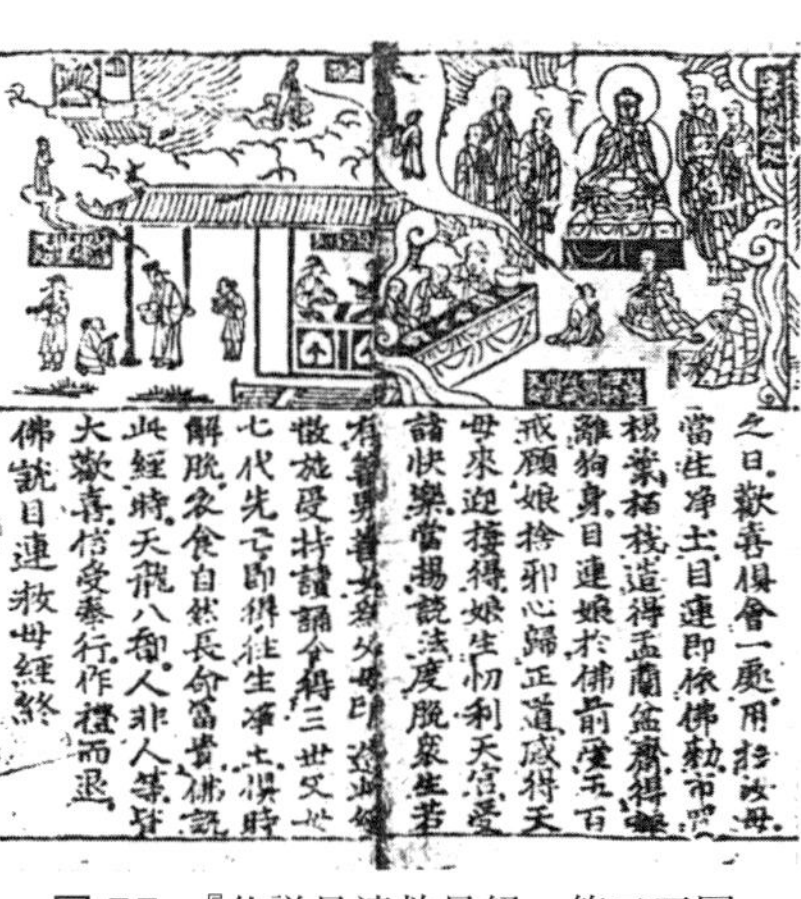

図 55　『仏説目連救母経』第二五図

題字：造盂蘭会処（図左），目連／母於／仏前／受戒／得生／天処（世尊前），天母来迎（図中上），造経処（房子内），施経／功徳／得生／天処（図右）

以下、この物語の表現形式、儀礼構造、及び文学的潤色について分析する。

一　表現形式

この『目連救母経』は、図の各所に「——処」という題字が多数みられる点から僧侶（俗講僧）の俗講、講経の場で、絵解きの台本として使われたものとみられる。例えば、次のとおりである。

第二図…青提夫人与羅卜分開処（房子左辺）〔青提夫人、羅卜と分開せる処〕

第三図…花園仮作設斎処（院亭右辺）〔花園にて仮に斎を設けるを作す処〕

金支引派遣処（大門左辺）〔金支、派遣を引く処〕

第四図…帰後初下坐歇処（図左端）〔帰りて後、初めて下坐しやす歇む処〕

第六図…青提夫人還家得重病処（房子上面）〔青提夫人、家に還りて重病を得る処〕

第八図…目連回来啓世尊処（図左端）〔目連、回（かえ）り来りて世尊に啓する処〕

第一三図…目連覚禅定与獄吏問答処（図右）〔目連、禅定より覚めて獄吏と問答する処〕

□□卒□押送衆罪人至処（図中上）〔衆の獄卒、並びに衆の罪人を押送する処〕

第一四図…獄主入司検簿無名、出来報目連処（図左）〔獄主、司に入りて簿を検するも名なく、出で来りて目連に報ずる処〕

第一五図…目連在獄門前叫問、無人応処（図中央）〔目連、獄門前にありて叫び問うも、人の応ずるなき処〕
第一六図…目連将錫杖振破地獄処（城門）〔目連、錫杖を将ちて地獄を振るい破る処〕
第一七図…獄卒報告、門前有出家児、相尋青提夫人、答言、有児不出家処（図下）〔獄卒、門前に出家の児あり、青提夫人を相尋ねり、と報告するに、答えて、児あるも出家せずと言う処〕
第一九図…目連得見娘処（獄門）〔目連、娘に見るを得る処〕
第二〇図…目連見娘、拠獄中将頭臂住処（獄門）〔目連、娘を見て、獄中に拠り、頭臂を将ちて住む処〕
第二一図…世尊放毫光、点破地獄処（図中上）〔世尊、毫光を放ち、地獄を点破する処〕
　鑊湯化作芙蓉処（台下）〔鑊湯、化して芙蓉となり作る処〕
　牛頭獄卒生天処（図左端）〔牛頭獄卒、天に生まれる処〕
第二五図…造盂蘭会処（図左辺）〔盂蘭会を造る処〕
　目連母、於仏前受戒、得生天処（世尊前）〔目連の母、仏前において戒を受け、天に生まれるを得る処〕
　造経処（図中上）〔経を造る処〕
　施経功徳、得生天処（図右）〔経を施す功徳にて、天に生まれるを得る処〕

この「――処」という表現形式は、俗講僧が絵解きをする際に、大画面の一部を指して、説明する場面を示している。元代の『大唐三蔵取経詩話』にもこの表現が多くみられることはよく知られているが、実際の画面でこの形式の表現がみられるのは、おそらくこの『目連救母経』が唯一の資料ではないか、と思われる。つまり、この経典は、読むというよりは、語るための台本であり、一種の説話、説唱のテキストといえよう(2)。

二　儀式構造Ⅰ――六道輪廻

『目連救母経』の儀礼構造は、基本的に六道と九幽から成る。まず、六道についてみると、次のようになる。

(1)人道…傅家の家堂における劉氏の生活。人道にあたる。
(2)神鬼道…劉氏、犠牲の畜類を多く殺して鬼神を祀った、これは神鬼道にあたる。
(3)地獄道…劉氏、地獄に降って、罰を受ける。地獄道にあたる。
(4)餓鬼道…地獄の劉氏、世尊に救われて餓鬼に変身する。餓鬼道にあたる。
(5)畜生道…劉氏、餓鬼から狗に変身する。畜生道にあたる。
(6)人道…劉氏、目連の盂蘭盆経により、人身に戻る。人道にあたる。
(7)天道…劉氏、世尊により天堂に昇る。天道にあたる。

この六道輪廻の発想は、仏教に由来するが、道教はこれを吸収し、さらに体系化した。たとえば、五代北宋の時期に孤魂を超度する儀礼として編纂された黄籙斎系科儀書もまたこの六道の発想に立っていて、その構造は、六道と九幽から成っている。北宋末南宋初の成立と推定される無名氏編『黄籙九幽醮無碍夜斎次第儀』(以下、『黄籙九幽醮』と称する)は、この類に属する。その儀礼構造は、『目連救母経』と共通するところが多い。

まず、さきに掲載した図6「黄籙九幽醮場地全図」の中心に六道位牌の語が見えるが、その詳細は、図5「黄籙九幽醮的六道壇図」に示されている。

この儀式は、死後それぞれ六道に配置されている六種の親族の亡魂のために挙行されている。このため、道士は、主壇の前に六道壇を設立し、その中に六種の位牌を設置する。東側に三個の位牌が、最上位に天上道、次に人間道、最下位に神鬼道の順に配置される。これに対応して、一たび、地獄に堕ちた人は、東側のルートにそって、人間道から神鬼道に降り、ここから西側のルートに転じて、上から地獄道→餓鬼道→畜生道に至り、ここで東に転じて人間道

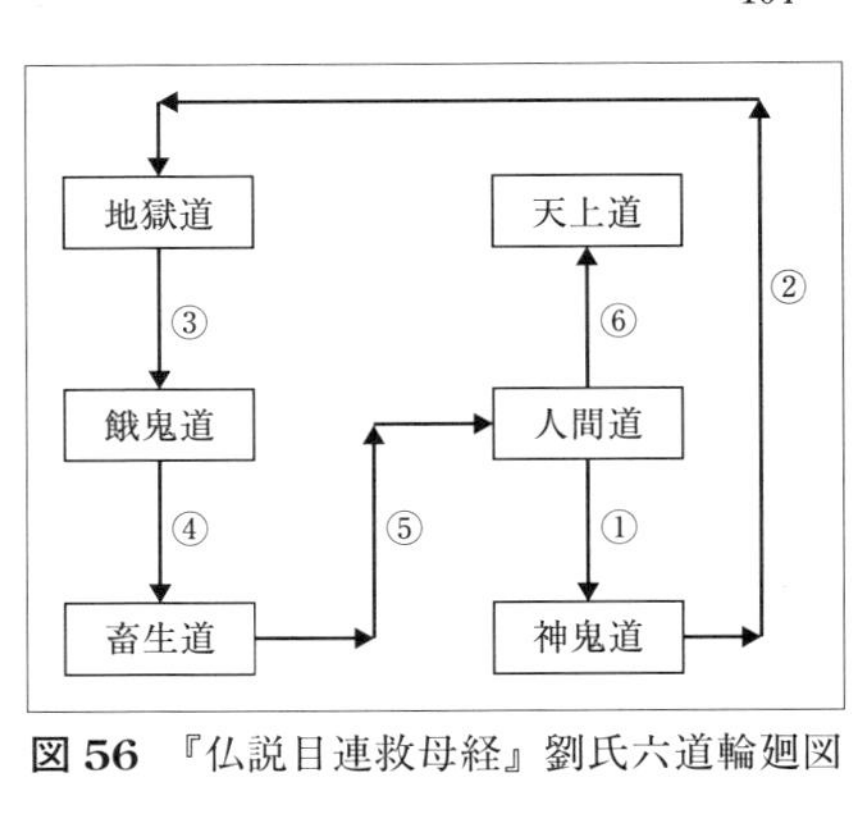

図 56　『仏説目連救母経』劉氏六道輪廻図

に戻り、運が良ければ、ここから再度、神鬼道経由の輪廻のルートに入ることなく、この輪廻を脱して天上道に達する。さきに掲げた『目連救母経』の劉氏は、このルートにそって、人間道↓神鬼道↓地獄道↓餓鬼道↓畜生道↓人間道↓天上道とめぐったことになる。これを図示すると図のとおりである（図56）。

このように、『黄籙九幽醮』の構造は、『目連救母経』と整合していることになる。後述するが、福州道士の中元建醮（孤魂超度）の儀礼は、『黄籙九幽醮』に拠っている。この点から、『黄籙九幽醮』の流行地域は、福建北部に近いと推定される。『目連救母経』が浙江省北部であるから、『黄籙九幽醮』の流行地域は、その福建寄り、つまり浙江省南部と推定したい。浙南地区は、唐代以来、多くの道士を輩出した地域であることもこの推定を助ける。

三　儀礼構造Ⅱ——九幽地獄

この『目連救母経』の筋の中で、最も重要な部分は、地獄めぐりの部分であるが、地獄の数が後世の十王地獄と異なり、九個である点に特色がある。この点では、『黄籙九幽醮』も同じく九個の地獄で構成されており、両者の間に親近関係があることがわかる。名称の点でも類似している。次のごとくである。

一、剉碓地獄（第九図）「目連前行、見一剉碓地獄」。（目連前行し、一剉碓地獄を見る。）

二、剣樹地獄（第九図）「目連前行、見一剣樹地獄」。（目連前行し、一剣樹地獄を見る。）

三、石磕地獄（第一〇図）「目連前行、見一石磕地獄」。（目連前行し、一石磕地獄を見る。）

四、餓鬼地獄（第一一図）「目連前行、見一隊餓鬼」、（目連前行し、一隊の餓鬼を見る。［地獄の語はないが、図中に餓鬼地獄と表示す。］）

五、灰〔奈〕何地獄（第一一図）「目連前行、見一灰河地獄」、（目連は前行し、一灰河地獄を見る。）ただし、灰河地獄は、奈何地獄の誤と見られる。

六、鑊湯地獄（第一二図）「目連前行、見一鑊湯地獄」。（目連前行し、一鑊湯地獄を見る。）

七、火盆地獄（第一二図）「目連前行、見一火盆地獄」。（目連前行し、一火盆地獄を見る。）

八、阿鼻地獄（第一五図）「獄主出来報師、前頭又有大阿鼻地獄」。（獄主出で来りて師に報ず、前頭に又、大阿鼻地獄あり、と）

九、黒闇地獄（第二三図）「仏答目連、（汝母）出大地獄、入小黒闇地獄」。（仏は目連に答う、（汝の母は）大地獄を出て、小黒闇地獄に入れり、と。）

この九個の地獄のうち、第四の餓鬼地獄、第九の黒闇地獄の二つは、ほかの地獄文献には見られないものであるが、『黄籙九幽醮』には、類似の記述がある。次のとおりである。

法師啓曰、幽陰地獄之内、羅□北府之中、一切亡魂沈淪受苦、或攀剣樹、或践刀山、碓搗磑磨、鑊湯炉炭、肢体零壊、膏血交流、万死千生、不捨昼夜。

（法師、啓して曰く、幽陰地獄の内、羅□北府の中、一切の亡魂、沈淪して苦を受け、或は剣樹に攀じ、或は刀山を践み、碓にて搗かれ磑にて磨せらる、鑊湯爐炭、肢体零壊し、膏血交々流れ、万死千生、昼夜を捨かず。）

ここには、剣樹地獄、刀山地獄、石碓地獄、磑磨地獄、鑊湯地獄、炉炭地獄など、合計六種の地獄が記録されており、『目連救母経』に類似している。さらに「未央偈」にも次のように記されている。

九幽黒闇那堪往、到者雷同是罪人、冥冥難得見光明、太上慈尊来救度、餓鬼窮魂皆解脱、冤家債主総歓心、刀山剣樹悉摧鋒、炉炭鑊湯倶滅焔。

（九幽の黒闇、那（いずく）んぞ往くに堪えんや、到れる者、雷同せるは是れ罪人、冥冥として光明を見るを得ること難し、

表12 黄籙九幽醮・『仏説目連救母経』地獄比較表

	『黄籙九幽醮科儀』	目連救母経	備考
一	石碓地獄、	銼碓地獄	
二	剣樹地獄、刀山地獄	剣樹地獄	
三	磑磨地獄	石磕地獄	
四	餓鬼地獄	餓鬼地獄	
五		奈何地獄	対応せず
六	鑊湯地獄	鑊湯地獄	
七	炉炭地獄	火盆地獄	
八	飢食曲泉炭、渇飲冶火精	阿鼻地獄	対応は厳密を欠く
九	黒闇地獄	黒闇地獄	

太上の慈尊来りて救度す、餓鬼窮魂皆な解脱す、寃家の債主、總べて歓心、刀山剣樹悉く鋒を摧かれ、爐炭鑊湯倶に焔を滅す。）

ここには、黒闇地獄、餓鬼地獄など、二種の地獄に関する表現も見える。『目連救母経』との類似性は、明らかであろう。

このほかにも地獄に関連する表現が「九幽苦神頌」に見られる。次のとおりである。

生落苦神界、転輪五道停、九幽長夜閉、累劫無光明、刀山多剣樹、毒刃互崢嶸、不見群鳥集、但聞苦魂声、迴風揺長夜、哀響流寒庭、上有□山魂、時刻無停寧、飢食曲泉炭、渇飲冶火精、流曳三塗苦、豈識形与容、念汝不知命、苦哉傷人情。

（生きて苦神の界に落ち、転輪して五道に停まる、九幽の長夜に閉され、累劫に無光明なし、刀山に剣樹多く、毒刃は互に崢嶸たり、群鳥の集るを見ず、但だ苦魂の声を聞く、迴風は長夜を揺らし、哀響は寒庭に流る、上に山魂あり、時刻に停寧なし、飢えては曲泉の炭を食し、渇しては冶火の精を飲む、曳を三塗の苦に流し、豈に形と容を識らんや、念うに汝、命を知らざるか、苦しきかな人情を傷む。）

ここには地獄に関する別の情報が含まれている。それは傍線を施した箇所に見える飢食曲泉炭、渇飲冶火精の語である。これに類似する表現が『目連救母経』の阿鼻地獄の条に見える。次のとおりである。

娘在獄中、受罪辛苦、飢呑鉄丸、渇飲銅汁。（娘(はは)は獄中にあり、罪を受けて辛苦す、飢えては鉄丸を呑み、渇しては銅汁を飲む。）

これによって、『黄籙九幽醮』が言及している字句が阿鼻地獄を指している可能性を想定することができよう。以上の比較によって、この『黄籙九幽醮』と『目連救母経』の表現する地獄を対照表によって示すと、表のごとくである(表12)。

『黄籙九幽醮』には、作者名も年号もないが、その内容から、北宋末南宋初に成立したと考えられている。遅くとも南宋初の『目連救母経』より早く成立しているはずである。したがって、両者の類似性は、後出の『目連救母経』が先行の『黄籙九幽醮』の地獄描写を摂取した結果と考えるべきであろう。特に「奈何地獄」を増補したことが注目される。ここで罪人は閻魔により善人か悪人かを判定される。これにより物語は、一層演劇化され、体系化されたといえる。

四　儀礼構造Ⅲ―水陸道場儀式

目連救母の物語では、最後に目連が世尊の指示に従い、七日七夜の間、盂蘭盆経を念誦することで、母が狗の身から人に戻り、昇天することになっているが、『目連救母経』では、三人の僧侶が盂蘭盆経を読む傍ら、二人の僧侶が四九灯の塔を回し、一人の僧侶が籠の鳥を空中に放ち、一人の僧が盆の中の魚を川の中に放っている。またその傍らには、高い竿が立てられ、竿の先には長い幡が風に翻っている。これは孤魂を招くためである。これらを全体としてみると、劉氏一人を救済するための盂蘭盆会ではなく、多数の孤魂の救済を目的とした水陸道場、黄籙斎、後世の太平清醮、祈安醮の形である。特に点灯と放生が大きく描かれていて、法事の力点がこの二つにあったことがわかる。この点灯と放生については、唐代の敦煌変文『目連縁起』にすでに見えている。次のとおりである。

如来教勅、鋪設道場、日夜六時礼懺、懸幡点灯、行道放生、転念大乗。

(如来教敕し、道場を鋪設し、日夜六時に礼懺す、幡を懸け燈を点じ、道を行ない生を放ち、大乗を転念す。)

ただし、この四九個の灯から成る巨大な灯塔は、『黄籙九幽醮』から来ている可能性がある。前掲第二図（図32）、九幽地獄を描写した部分に「地輪灯」に関する説明がある。次のとおりである。

（地）輪三層、以車輪、以土拍之、共点燃四十九盞。（［地］輪は三層なり、車を以て輪し、土を以てこれを拍す、共に点燃すること四十九盞なり。）

留用光（一一三四―一二〇六）伝授、蔣叔輿（一一五六―一二一七）編次『無上黄籙大斎立成儀』(3)巻三九「回耀輪灯図」（『道蔵』第二八六冊）には、次のようにさらに詳細な説明がある。

用梓木作輪、如車軸之象、上一層、灯一十二埦。中一層、灯一十六埦。下一層、灯二十一埦。共四十九埦。中央五累苦門、及立牌、書写諸地獄名。自依回耀灯儀、仍造四十九首小幡、黄白之色相間。上書諸天尊琅函睿号於幡首。朱書破□都符、侍灯法師宣懺、灯儀法師持策杖、随懺儀、罪魂、乗陽光、応時解脱、諸苦断除。五累煩悩、径離塵労之葉根。（梓木を用いて輪を作る、車軸の象の如し、上に一層、燈は一十二埦。中に一層、燈は一十六埦。下に一層、燈は二十一埦。共に四十九埦なり。中央に五たび苦門を累ね、及び立牌を立て、諸地獄の名を書写す。自ら依りて耀燈の儀を回らす、仍りて四十九首の小幡を造る、黄白の色、相い間じる。上に諸天尊の琅函睿号を幡首に書す。朱もて破□都符を書く、侍燈法師は懺を宣し、燈儀法師は策杖を持つ、懺儀に随いて、罪魂は陽光に乗じ、時に応じて解脱し、諸苦は断除せらる。五累の煩悩、径ちに塵労の葉根より離る。）

『目連救母経』の図に見える四十九灯は、その形態から見ると、黄籙斎の輪灯に似ており、劉氏を救済するというより、四十九地獄に沈淪して苦しんでいる孤魂全体の救済を目的としているように見える。

それでは、これと同時に、放生を挙行しているのはなぜか。これについては、無名氏『金籙放生儀』の次の説明が参考になる。

奈流俗之乖仁、徇世縁而非義。陸張水捕、合置羅以掩群、射宿驚棲、設網罟而併命、憫彼微物、罹此何辜。以今

欽奉綸旨、崇建宝斎、宣揚玉範、慶成釐事、克荷玄恩、再秉宸衷。用贖生命、縦之林野、俾自在以逍遥、放之源泉、獲安間而游泳。……永脱鱗介羽毛之苦、獲生安楽清静之邦。恩不虚捐、当効珠環之報、徳宜漸積、須堅金石之忱。稽首皈依無極之道。（奈せん、流俗は仁に乖く、徇に世縁にして義にあらず。陸に張り水に捕う、合して羅を置き以て群を掩い、宿を射て棲を驚かす、網罟を設けて命を併す、彼の微物を憫む、此れに罹ること何の辜ありや。以今欽みて綸旨を奉じ、宝齋を崇建す。玉範を宣揚し、慶びて釐事を成す、克く玄恩を荷い、再び宸衷を秉る。用って生命を贖せん、これを林野に縦ち、自在にして以て逍遥せしむ、これを源泉に放ち、安間として遊泳するを獲しむ。（中略）永く鱗介羽毛の苦を脱し、安楽清静の邦に生きるを獲しむ。恩は虚くは捐てず、当に珠環の報を效すべく、徳は宜しく漸く積むべく、須らく金石の忱を堅くすべし。稽首して無極の道に帰依せん。）

これによって、放生の目的が鳥魚の類に恩を施し、無極の道に帰依させて、人間の平安を保つことにあることがわかる。ここでは、鳥や魚は地獄に沈淪している罪人と同じく冤鬼と同一視されている。ここには一種の陰陽平衡の発想がみられる。

つまり点灯によって冤魂を救出し、放生によって鳥魚を救出し、幽明両界において沈淪を安撫することにより、平安を保とうとする。『目連救母経』は、黄籙斎と同様、母を救済するという目連一人の孝行を宣揚するだけでなく、地獄に沈淪するあらゆる孤魂を救済する仏教の功徳を強調している。この点において、その目的は、五代北宋以来、盛んになってきた道教の超度科儀に近い。特にその構造は、黄籙斎系統の道教超度儀式に依拠して成立した可能性が高い。目連戯は、北宋以来、郷村において、常に孤魂救済のための超度儀式にともなって上演されるようになった。

その意味で、宋代に入って、目連戯の社会的機能が唐代より広がっているということもできる。

五　文学的潤色

『目連救母経』の絵図は、後世の目連戯演出に比べて極めて写実的である。筋そのものが後世の目連戯とは異なる場面を含むが、一般に残酷な場面、恐怖の場面を忌憚なく描く。以下、特徴的な表現をあげてみる。

(1)羅卜築墳

『目連救母経』（以下、救母経）第六図の描写、劉氏の死後、羅卜は喪に服する。忌明けの後、羅卜は、母の墳墓を築く。すると百鳥が口に泥をくわえて飛来し、作業を助けてくれる。これは目連戯には存在しない話である。これは富裕な家族である傅家にとって、不自然な筋立てである。まず、傅相が亡くなった時、夫婦の墓はすでに作られてあるはず。さらに目連が単独で墓を作るというのも不自然である。これはもっぱら羅卜の孝行を浮き上がらせるために設定されたエピソードに過ぎない。『琵琶記』ではヒロインの趙五娘が夫の両親を埋葬するために墓を作るが、貧窮のために助けてくれる人がおらず、自らスカートに土を入れて運んでいると、これを憐れんだ神が陰兵を派遣して手伝い、一夜にして完成したという奇跡を演じる。救母経はこれを真似たのであろうが、富裕な羅卜に相応しくない。ただ、半円形の囲みの中に棺を置き、その前に腰をかがめて土を運ぶ羅卜の姿には落胆の風情があり、その周りを飛び交う鳥の姿もわかりやすい。庶民がイメージする孝行の姿に類型性があって、画家はその点を考慮して、この場面を描いたと思われる。

(2)劉氏開葷の場面

救母経は、劉氏が戒律を破って肉食を開始するに当たり、多数の鶏をとらえ、羊を木に縛りつけて腹を割くなど残酷な描写をしている。後世の目連戯では、婢女の金奴に「牲畜を買いに行かせる」と述べるだけで、屠殺する場面を描かない。救母経の絵図は、写実性が強いと言える。

(3)獄主の形相

救母経では、九個の地獄の主はみな、甲冑を着け、恐ろしい鬼面の形相で、罪人に臨んでいる。左に文官の書記、右に武官の鬼を従えている場合もある。後世の目連戯で地獄十王は、皆な文官の姿であるのに比べて、威嚇的でリアリティに富む。

(4) 阿鼻地獄の恐怖性

救母経は、阿鼻地獄の恐ろしさの描写に力を注いでいる。ここでは経の本文が長いので、上図下文の対応関係を維持するため、勢い、画面の辺幅が長くなって、第一六図から第一八図に及び、通常の約三倍になっている。その分だけ、絵図が詳細になっている。獄卒が罪人を吊り下げて鉄叉で乱打する、罪人は裸で刑を受ける、獄卒が鉄叉を振り上げながら、一団の罪人（多くは女性）を刑場の河原に連行する、など、恐怖をあおる描写が続く。獄卒は背が高く、恐ろしい鬼面をしており、罪人は身をこごめ、ふらつきながら歩む。これらが細密に書き込まれ、その残酷さは正視するに耐えないほどである。経典の本文は素朴であるが、絵図との組み合わせによって十分に阿鼻地獄の陰惨さを描き出している。

(5) 劉氏の変身した狗の姿

第四図、劉氏は狗に変身させられ、富裕な家の門口に立つ目連に飛びついている。その立ち姿は目連の肩口を超えており、極めて大きな狗として描かれている。後世の目連戯に登場する狗は、猟犬とされるが、あまり大きくはない。元来が人身なのであるから、目連の肩を超える身長がある方が自然である。莆田広化寺宋塔の雕刻に見える狗（写真6）も坐っているが、かなり肥った大ぶりな狗という趣があり、後ろ脚で立てば、目連の肩口には届くかもしれない。この点、救母経の狗は、かなりリアリティをもって描かれているといえる。

ちなみに福州人の普度で用いられた目連掛図（写真7）では、目連は狗の背に乗る姿で描かれており、この地区では、大きい狗としてイメージされていたらしい。

写真 6　広化寺宋代舎利塔下層の雕刻，目連と母狗

写真 7　シンガポール福州普度目連図

(6) 描写の悲劇性

救母経の登場人物の心理描写は、一本調子でなく、曲折に富んでおり、演劇的な要素を含んでいる。無味乾燥な経典ではなく、文学性を備えている。

(i) 獄卒の感情描写

救母経第一四図に、火盆地獄の獄卒が目連を釈迦牟尼仏の弟子と知って、鉄叉を投げ捨て、地に伏して目連に礼拝するさまを描く。獄主もまた目連に釈迦のところに戻ってもう一度母親の在処を聞いてくるように勧める。全編、地獄の恐怖を描く中で、このように目連に対する尊敬と同情が示されていることは、読者、聴衆にひとしきり安堵を与え、緊張と恐怖の連続に一息つかせる。ここには、曲折によって変化を与えながらクライマックスにもっていく演劇的潤色がみられる。

(ii) 目連母子の悲劇性

救母経第一九図、第二〇図において、目連は、母親に会ったものの、救うことができず、劉氏は首枷をはめられたまま、再び獄門の中に入ってゆく。このとき目連は左足を門内に入りかけながら、右足は門外に止め、切歯扼腕して母を見送る。悲痛はここに極まり、聴衆の胸を打つ。この表現は、後世の目連戯にはないものであるが、この経典の傑出した場面といえる。このように、救母経は、全体に素朴ながら、表現はリアリティに富み、十分に人を感動させる文学性を備えている。後世の目連戯に影響を与え得るだけの優れた仏教文学作品と評価できる。

(7)民間故事の付加

ここでは、劉氏は、盂蘭盆経の功徳のおかげで昇天するが、天界では、天の川らしい川のほとりに建物の屋根が描かれ、その奥に祭壇が見える。川を背にして女性が立ち、昇天してきた劉氏を迎える。題字には「天母来迎」と書いてあるから、女性は「天母」ということになる。ただ、天母とは何か、その正体は、わからないが、民間故事を踏まえていると推定される。経典の性格からいって、ここは、仏や菩薩が出る方が自然であるが、仏教からはみだした民間性があるということであろう。後世の目連故事に頻出する観音菩薩ではないことに説話故事としての古さを感ぜしめる。なお、この「天母」は、後述の『目連宝巻』にも継承されている（後掲表14、279～280行）。

以上、『目連救母経』の特色について、分析した。(4) 以下では、この俗講用絵解き台本が後世、どのように継承されていき、目連戯の形成に至ったかについて、論述する。

第二節　原本目連戯の起点Ⅱ─『目連救母出離地獄昇天宝巻』

俗講僧の絵解き台本としての『目連救母経』は、説唱テキストとして同じ系統に属する宝巻に継承された。以下このことについて、述べる。

かつて上海芸術研究所の朱建明教授は、鄭振鐸『中国俗文学史』所引の『目連救母出離地獄昇天宝巻』(以下『目連宝巻』と略称)が『目連救母経』を継承して成立したもので、その筋立てだけでなく文字表現においても全く『目連救母経』と異なる所はないと指摘した[5]。これは極めて重要な指摘であって、基本的に肯定できる。ただ、この二つの作品の間には、筋立てと文字表現の上に若干の差異があり、それぞれの特色を示す。したがって、朱建明教授の卓見にも若干、補足すべき箇所がある。以下、この点を検討する。

一　筋の継承

『目連宝巻』が『目連救母経』の筋を継承していることは、明白である。たとえば、目連が火盆地獄に到達して母親の在処を尋ねたところ、獄主は名簿を検査して名前を発見できず、その旨を目連に告げる、目連はやむなく火盆地獄を離れて、先へ進み、阿鼻地獄に達するが、獄門が見当たらず、どうしても中に入ることができない。目連は火盆地獄に戻り、獄主の助けを求める。獄主は目連に向かい、神通力が不足しているために入れないのだから、世尊のところへ行って入る方法を聞いてきた方がよい、と忠告する。これを聞いた目連は、空を飛んで世尊のところに戻り、袈裟、盂鉢、錫杖を授かり、阿鼻地獄を打ち破って中に入ることができた。まず、火盆地獄の啓発をうけて世尊のもとに飛びかえり、袈裟、錫杖を授かってから、阿鼻地獄に打ち入る、このような曲折した筋は、前後の目連故事を見渡しても、救母経のほかには見当たらない。それゆえ、『目連宝巻』は全面的に『目連救母経』の筋を継承しているものと断定できる。おそらく『目連宝巻』の作者は、『目連救母経』によって、物語の筋立てを書いたものであろう。そのうち、特に注目に値するのは、地獄の構造が十王地獄ではなくて九幽地獄になっている点である。鄭振鐸が引く『目連宝巻』の文には、目連が遍歴した地獄についての記述が阿鼻地獄以外には欠落しているが、ただ一句、次の句が見える。

（世尊）恩霑九有、獄破千層。（恩は九幽を霑し、獄は千層を破る。）

ここに見える「九有」は、「九幽」の誤りであり、目連が遍歴した地獄が十王地獄ではなくて九幽地獄であることがわかる。つまり『目連宝巻』は『目連救母経』の地獄構造を継承しているのである。

二　文字の継承

(1)火盆地獄と阿鼻地獄の部分

この部分については、鄭振鐸の引用する『目連宝巻』が『目連救母経』に対応していて、相互に異同を識別することができる。両者の文字を対照表によって示す（表13）。

この表によって、以下の点を知ることができる。

(i)『目連救母経』が『目連宝巻』によって継承されている比率

この表では、『目連救母経』が合計八二行あるが、そのうち五九行（七〇％）が『目連宝巻』によって継承され、二四行（三〇％）が継承されていない。したがって、その継承は全面的ではない。全面継承とする朱建明教授の説は修正を要する。

(ii)『目連宝巻』が増補した文字の行数

この表の二〇九行のうち、上述の五九行を除くほか、一五〇行は、『目連宝巻』が独自に増補したものである。つまり、『目連宝巻』は、『目連救母経』の文字を継承したものの、原文に潤色を加えた文章が原文の四倍にも達し、はるかに原文の行数を超えている。この点に鑑みて、『目連宝巻』は単に『目連救母経』の字句を継承しただけの模倣作ではなく、その『目連救母経』を大大的に増補発展させた独立の文学作品であると言える。

(iii)『目連宝巻』増補部分の文学性

表13　『目連救母経』・『目連宝巻』文字比較対照表Ⅰ

行	『目連救母経』	『目連宝巻』
		尊者不見母、
	目連従禅定起、	**牢辺身坐禅、**
		獄主前来問、
5		到此有何縁。
		夜叉報知、獄主（曰）
		牢前無有罪人？（夜叉曰）
		有一聖僧、在牢門前坐禅、
		獄主聴説、出牢来看見。
10		有一真僧、方袍円頂、
		入定観空、頓悟坐禅。
		獄主向前、連叫数声、
		驚醒尊者、
		獄主問曰
15	**問師是何人、来我地獄門前。**	**吾師到此為何。**
	目連答言、……尋討阿娘。	尊者答曰、特来尋我母親。
	獄主問、誰道阿娘在此。	獄主言曰、誰説師母在？
	答言、釈迦牟尼仏道、娘在此。	尊者曰、釈迦文仏説、我母在此。
	獄主問師、釈迦牟尼仏是師何眷属？	獄主又問曰、釈迦牟尼仏是師何人？
20	目連答言、便是本師和尚、我是弟子、大目犍連。	尊者曰、是我本師。
	獄卒……頂礼一千余拝、讃言、善哉善哉、今日果報、得見釈迦牟尼仏	獄主聴説、低頭、礼拝、今日弟子有縁、得遇世尊上足弟子。
	弟子面。	
		便問我師何名字、我去牢中検簿尋。
		尊者与説鬼王聴、吾師如来弟子身。
		道号目犍連尊者、惟我神通第一人。
25		特到此間来尋母、獄主聴説尽皆驚。
		連拝告師得知道、吾師老母是何名。

30　35　40　45　50　55

問、師娘何姓字。
（有脱文?）
為師往獄中、検簿尋看。獄主入司検簿無名。
出来報師。
今往獄主（曰）検簿無名。前頭又有大阿鼻地獄。
目連次復前行、見一大地獄。
牆高万丈、黒壁万重。
鉄網交加、蓋覆其上。
上面又有四大銅狗、口中常吐猛火、炎炎焼空。
叫得千声、無人応。
迴来問獄主。

尊者告訴曰、獄主須聴、母青提劉四身。
獄主聴罷、便入牢尋。従頭査勘。無有其名。
獄主出獄、回告目連尊。
獄主出牢門、告与我師聴、
牢内無師母、前有鉄囲城。
獄主問、師母何名姓、
尊者曰、青提劉四夫人。
獄主問罷、入牢検簿、無有此名。
即時出獄親尊者得知。
牢中査勘、無有師母。
尊者曰、此獄無有、卻在何処。
（獄主言曰）前面還有阿鼻地獄、鉄囲山中、衆生若到、永劫不得翻身。
只怕吾師嬢在此、還去獄中看虚真。
鬼王啓告目連尊、吾師今且聴分明。
為師検簿無名字、前有阿鼻地獄門。
尊者聴罷心煩悩、何年子母得相逢。
辞別獄主尋娘去、無人作伴自行程。
獄主啓告、師且須聴、牢中無母親。
尊者聴説、煩悩傷情、思想老母、何日相逢。
人間養子、皆是一場空。
為救親娘母、独去簿中尋、
目連辞獄主、前至鉄囲城。
尊者辞別獄主、直至阿鼻域辺。
見鉄牆高万丈、黒壁数千層。
半空中焔焔火起、四下裡黒霧騰騰。
城上銅蛇口噴猛火、山頭鉄鉤常吐黒煙。
尊者看了多時、又無門而入、
高声大叫数百声、無人答応。
目連回還問前獄主。
痛苦悲傷帰旧路、回転牢前問鬼王。

60 65 70 75 80 85

前頭有大地獄、牆高万丈、黒壁万重。鉄網交加、
叫得千声、無人応。
獄主答師、
師法力微小、要此門開、無過問仏。
目連聞是語已、擲鉢騰空、往到仏所。

尊者想母好凄惶、眼中流涙落千行。
阿鼻地獄無門路、高叫千声又転還。
此座鉄城高万丈、千重黒壁霧漫漫。
衆声到此無回路、若要翻身難上難。
遊遍地獄、苦痛難言、両眼涙如泉、
鉄囲城下、黒霧漫漫、無門而入、不免回還。
火盆獄内、再問別因縁。
尊者尋覓母、迴転火盆城。
悲哀告獄主、此牢不見門。
尊者到鉄囲城、無門而入。高叫数声、無人答応。
回至火盆城。哀告獄主、此乃為何不開。
獄主答曰、
此阿鼻地獄、衆生在世、不信三宝、造下無辺大罪。
死後、墜此獄内、業風吹起、倒懸而入、若要翻身、
難哉難哉、奈師法力微小、若開此獄、無過問仏。
尊者聴説、思想母親、心中煩悩、辞別獄主。
回至霊山、哀告如来。
《金字経》
般若波羅金字経、常把弥陀念幾声、
観世音、不踏地獄門、身清浄、菩提路上行。
幽冥遊遍不見娘、思想尊萱哭断腸、
涙両行、高声大叫娘、尋不見、霊山問法主。
尊者煩悩涙紛紛、不見生身老母親。
無処尋、教児苦痛心、難尋覓、霊山問世尊。
尊者駕雲、直至霊山、拝告如来。
尊者言曰、弟子往諸地獄中、尽皆遊遍。無有我母。
見一鉄城。牆高万丈、黒壁千層。鉄網交加、蓋覆在上。
高声大叫数声、無人答応。弟子無能見母。哀告世尊。
仏説、你母在世、造下無辺大罪、死墜阿鼻地獄中。
尊者聴説、心中煩悩、放声大哭。

115　110　105　100　95　90

仏語目連、
汝執我十二鐶錫杖、披我袈裟、掌我鉢盂、至地獄門前、
振錫三声、獄門自開、関鎖自落。獄中一切罪人、
聞我錫杖之声、皆得片時停息。

母墜長劫阿鼻獄、何年得出鉄囲城。
玉兔金鶏疾似梭、堪嘆光陰有幾何、
四大幻身非永久、莫把家縁苦恋磨。
忽然死墜阿鼻苦、甚劫何年出網羅。
苦要脱離三塗苦、虔心間早念弥陀。
光陰似箭、日月如梭、
人生有幾多、堆金積玉、
富貴如何、銭過北斗、

難買閻羅、不如修福、
向善念弥陀。
一生若作悪、身死墜阿鼻、
一生修善果、便得上天梯、
世尊言曰、
徒弟、你休煩悩、汝聴吾言、此獄有門、長劫不開、
汝今披我袈裟、執我鉢盂錫杖、前去地獄門前、
振錫三声、獄門自開、関鎖脱落、一切受苦衆生、
聴我錫杖之声、皆得片時停息。
尊者聴説、心中大喜。
饒你雪山高万丈、太陽一照永無踪。
世尊説与目連聴、汝今不必苦傷心。
賜汝袈裟並錫杖、幽冥界内顕神通。
目連聞説心歓喜、拝謝慈悲仏世尊。
救度我母生天界、弟子永世不忘恩。
投仏救母、有大功能、振錫杖、便飛騰、
恩霑九有〔幽〕、獄破千層。
業風停止、剣樹摧崩、
阿鼻息苦、普放浄光明。
手持金錫杖、身着錦袈裟、
冤親同接引、高登九品華。

目連披得袈裟、手持錫杖、
120 **至地獄門前。**

振錫三声。
獄門自開、関鎖自落。

125 **目連突入獄中、獄卒推出。**
師是何人、擅開獄門、
此門長劫不開、
目連問獄主、
此門不開、罪人従何而入。
130 獄主向師道、
南閻浮提、多行不孝、多行三逆、不信三宝、
命終之後、被業風吹之、倒懸頭下、不従門来。
獄主復問、
阿師因何到此。
135 目連答言。
特来尋討阿娘。
獄主問師、
誰道師娘在此。
目連答言、
140 釈迦摩尼仏道、娘在此。
(獄主問)本師釈迦摩尼仏是師何眷属?
目連答言、
便是本師和尚、
獄主問。
145 **娘何姓字。為師往獄中、検簿尋看。**
目連答獄主、

尊者聞仏所説、心中大喜。
身披如来袈裟、手持世尊鉢盂錫杖、
拝辞世尊、駕祥雲、
直至地獄門前。
目連尊者、広運神通。
便将錫杖、連振三声。
只見阿鼻地獄開門両扇、関鎖自落、
獄中鬼神、尽皆失驚。
尊者便入、被獄主推出。
問曰、你是何人。擅開獄門、有何縁故。

尊者告曰、我是釈迦仏上首弟子、特来救母。

獄主問曰、
師母是何名字、弟子去牢中検簿査勘。

150　155　160　165　170　175

王舍城中傅相長者妻、青提夫人、姓劉、第四。

獄主入獄、遂喚王舍城中青提夫人姓劉第四。
門前有出家兒、法名大目犍連、是仏弟子、
大不可思議、若是汝兒、非久得離地獄。
獄主又問王舍城中青提夫人、汝何不応。
罪人応曰、恐獄主移向苦処。罪人不敢応言。
罪人唯有一子、身不出家、不名大目犍連。

我母青提劉第四、王舍城中輔(傅)相妻。
金環錫杖振三声、振開阿鼻地獄門。
一声響亮驚天地、猶如霹靂震乾坤。
尊者便入牢中去、獄主将身推出門。
吾是釈迦仏弟子、特来救母出幽冥。
手持錫杖、連振三声、鉄囲関両下分、
尊者便入、推出牢門、獄中神鬼無不心驚、
是何賢聖、衝開地獄門。
尊者蒙法力、広用大神通、
地獄門粉砕、牢中神鬼驚。
尊者告獄主曰、我母青提劉四夫人。
獄主聴罷、便入牢中。叫青提夫人、
連叫数声。半晌才応。
獄主問曰。我叫数声、因何才応。
夫人答曰、恐怕獄主更移苦処、因此不敢答応。
獄主曰、你有一子、随仏出家、名号目連、特来尋你。
夫人告曰、罪人一子、身不出家、名不目連。
獄主聞得青提説。
出牢回与目連知。
説与青提劉四聴、汝有一子出家僧、
見在大獄牢門外、直至阿鼻尋母親。
青提夫人回獄主、罪人一子不修行、
出牢回報師知道、有一青提話不同。
獄主聴罷、便出牢門、告師聴縁因、
有一劉四青提夫人、言有一子、名不為僧、
目連聞説、正是我娘親。
父母皆存日、羅卜号乳名、
双親亡歿後、道号目連尊。

180　185　190　195　200　205

獄主出来報師。
有一青提夫人道、児不出家、不名大目犍連。
（脱文）目連答言、
獄主大慈大悲。信知道不識児。父母在日、小名羅卜。
爺娘死後、投仏出家、得仏改名大目犍連。
獄主問師、今日尋得娘見、将何報答弟子之恩。
目連答言、今日得見阿娘、請諸菩薩、転大乗経典、
報答獄主之恩。
獄主向罪人言、
吾助汝喜。門前覓者、正是羅卜。
罪人応曰、
若是羅卜、即是懐抱寸腸之子、
此時獄主将鉄叉挿起、打釘落地、
百毛孔中、尽皆流血。

更著鉄枷、
刀剣囲繞、放出与児相見。
問師、還識娘否？
目連答言、不識娘。

獄主見青提説罷、即時出獄、就与師聴。
有一青提夫人、他説有一子、不曾出家、名不目連。
獄主説罷、目連又告獄主、
慈悲、父母在日、小名羅卜、
父母亡後、随後出家、改名目連。

獄主聴説、便転回牢、説与夫人。

你在日之日、小名羅卜、你亡之後、改名目連。
夫人聴説、眼中流涙、告獄主曰、
若是羅卜、是我嬌生之子。
獄主聴説、令夜叉挑起椢床、打釘在地、
夫人一陣昏迷、百毛孔中、尽皆流血。
汝児若不帰三宝、怎能暫且出牢門。
青提両眼涙汪汪、阿鼻地獄苦難当、
渇飲鎔銅焼肝胆、飢食熱鉄盪心腸。
千生万死従頭受、何由無罪片閑。
早知陰司身受苦、持斎念仏結良縁。
青提夫人、苦痛傷情、両眼涙紛紛、通身猛火、遍体烟生。
鉄枷鉄鎖、不離其身、生前造業、死後入沉淪。
青提受重罪、皆因作業多。
若要離諸苦、行善念弥陀。
獄主令夜叉、将青提夫人、項帯沉枷、身纏鉄鎖。
刀剣囲繞、遂出牢前、獄主言曰、
不是你児仏門弟子、怎得出獄門前、与児相見。
獄主告目連師曰、你認得你娘麼？
目連答曰、一向不見我母、面容眼中不識。
獄主手指前面、

前頭遍身猛火鎔鎔、便是師娘。
目連知是阿娘、
大叫、阿娘阿娘、

遍身猛火、口内生煙、枷鎖纏身。便是師母。
目連見了、忽然倒地、
多時甦醒、扯住親娘、放声大哭。

増補した文章は、大多数が七言句の詩である。それにより、風景、心態、感情等を描写している。

例1
22　便問我師何名字、我去牢中検簿尋。便ち問う、我が師何の名字なりや、我牢中に去きて簿を検して尋ねん。
尊者与説鬼王聴、吾師如来弟子身。尊者は鬼王に説き聴かしむ、吾師は如来の弟子の身、
道号目犍連尊者、惟我神通第一人。道号目犍連尊者、惟だ我、神通第一人。

25　特到此間来尋母、獄主聴説尽皆驚。特に此の間に到り母を尋ぬ、獄主、説くを聴きて尽く皆驚く。

例2
56　痛苦悲傷帰旧路、回転牢前問鬼王。痛苦悲傷旧路に帰り、回りて牢前に転じて鬼王に問う。
尊者想母好凄惶、眼中流涙落千行。尊者母を想いて好（まこと）に凄惶、眼中涙を流し、落つること千行。
阿鼻地獄無門路、高叫千声又転還。阿鼻地獄に門路なし、高く叫ぶこと千声、また転じて還る。
此座鉄城高万丈、千重黒壁霧漫漫。この座の鉄城高さ万丈、千重の黒壁、霧漫漫。

60　衆声到此無回路、若要翻身難上難。衆声此に到りて回路なし、若し翻身を要むるも難き上に難し。

例3
112　恩霑九有〔幽〕、獄破千層。恩は九幽を霑し、獄は千層を破る。
業風停止、剣樹摧崩。業風停止し、剣樹は摧け崩る。

阿鼻息苦、普放浄光明。阿鼻は息苦しく、普く浄光の明を放つ。

115 手持金錫杖、身着錦袈裟、手に金の錫杖を持ち、身に錦の袈裟を着す、

116 寃親同接引、高登九品華。寃親を同じく接引し、高く九品の華に登る。

(2) 建醮儀式（盂蘭盆経念誦）

第二一〇行から第二六九行に至る五〇行の『目連宝巻』の文章については、鄭振鐸は引用していないので、比較分析を加えることはできず、検討を放棄せざるを得ない。ここでは、二七〇行以下、宝巻の最後の一段、僧侶が建醮を行い、盂蘭盆経を念誦して衆生を普度する部分を比較してみる（表14）。

ここには、宝巻において付加された文章が八二行もあり、これによって、『目連宝巻』の独特の表現と特色を知ることができる。以下、列挙する。

表14 『目連救母経』・『目連宝巻』文字比較対照表Ⅱ

行	『目連救母経』	『目連宝巻』
270	目連問世尊、何故不取十三、十四、要取七月十五日、	
271	世尊答言目連、七月十五日、是衆僧解夏之日、歓喜倶会一処。	七月十五日、
272	用将汝母当生浄土。目連即依仏敕、市買楊葉柏枝、	
273	**造得盂蘭盆斎、得娘離狗身。目連娘於仏前、受五百戒、**	**啓建盂蘭、釈迦仏現瑞光、世尊説法、普度衆生、**
274	**願娘捨邪心帰正道。感得天母来迎、接得娘生忉利天宮、**	**青提劉四、頓悟本心、永帰正道、便得上天宮。**
275		目連行大孝、救母上天宮、
276		諸仏来接引、永得証金身。
277		世尊説法、度脱青提、目連孝道、感動天地。
278		只見香風飄飄、瑞気紛紛、天楽振耳、金童玉女、
279		各執幢幡、天母下来迎接。青提超出苦海、升忉利天、
280		受諸快楽。目連見母乗空去了。心中大喜。
281		向空礼拝、八部天龍。

310　305　300　295　290　285

当場説法、度脱衆生、若有善男善女、為父母印造此経、
散施受持読誦、令三世父母、七代先亡、即得往生浄土。
倶時解脱、衣食自然、長命富貴、仏説此経時、天龍八部、
人非人等、皆大歓喜、信受奉旨、作礼而退。

母告目連、多虧吾子、随仏出家、専心孝道、
今日我得生天、若非吾子出家、長劫永墜阿鼻、
受諸苦悩。
普勧後人、都要学目連尊者、孝順父母、尋問明師、
念仏持斎、生死永息、堅心修道、報答父母、養育深恩。
若人書写一本、留伝後世、持誦過去、
九祖照依目連、一子出家、九祖尽生天。
衆生欲報母深恩、仿効目連救母親。

果然一個目犍連、陰司救母得生天、
母受忉利天宮福、千年万載把名伝、
念仏原是古道場、無辺妙義巻中蔵、
善人尋着出身路、十八地獄化清涼。
南贍部州、人恋風流、不肯早回頭、
口吃血肉、惹罪無休、閻王出帖、悪鬼来勾、
怎生迴避、悔不向前修。
提起無生語、思想早還郷、
会的波羅蜜、不怕悪閻王
説一部目連宝巻、諸人讃揚、提起青提、個個心酸、
諸大地獄、受苦艱難、帰依三宝、念仏焼香。
知音方便、孝順爺娘、斎僧布施、忙裡偸間、
聞経聴法、嬰児皃哴、経年動歳、不肯回光、
遇着明師、接引四方、如来授記、親見法主、
一句弥陀、原是古道場。
目連尊者顕神通、化身東土救母親。
分明一個古弥陀、親到東去化娑婆、
仮身喚作羅卜子、霊山去見古弥陀。
如来立号目犍連、陰司救母坐金蓮。
仗仏神通来加護、一点霊光不本源。

我今看罷、真個心酸、只要恋家縁、不肯回光。
惹下災愆、墜在地獄、密語真言、
一声仏号、端坐紫金蓮。
陰間悪地獄、鉄人也難当、　315
聞説地獄苦、拝仏早焼香。
目連尊者、原是古仏、因為東土衆生不善、
借仮修真、真空而果実不空、真空裡面聚真空。
要知自家西来意、刹那点鉄自成金。
清浄円明一点光、無始已来離家郷、　320
有縁遇着西来意、一声仏号還本郷。
一動一静不為真、無形無像体真空。
這句弥陀有誰知、曹渓一線上天梯。
遇師通秀西来意、超生離死証菩提。
一念純熟帰家去、極楽国裡坐蓮池。　325
三世如来同赴会、来赴盂蘭見弥陀。
道場円満、持誦真経、大衆早回心、都行孝道、
侍奉素双親、自然識破、返本還真、
但看念仏、定生極楽中。
聴尽目連巻、個個都発心、　330
回光要返照、便得出沈淪。
伏願経声琅琅、上徹穹蒼、
梵語玲玲、下通幽府。
一願刀山落刃、二願剣樹鋒摧、
三願炉炭収焔、四願江河浪息。　335
針喉餓鬼、永絶飢虚、
麟角羽毛、莫相食啖。
悪星変怪、掃出天門、
異獣霊魎、潜蔵地穴。
囚徒禁系、願降天恩。　340
疾病纏身、早逢良薬。

盲者聾者、願見願聞、
跛者啞者、能行能語、
懐孕婦人、子母団円。
345 征客遠行、早還家国。
貧窮下賤、悪業衆生、
誤殺故傷、一切冤業。
並皆消釈。
金剛威力、洗滌身心。
350 般若威光、照臨宝座。
挙足下足、皆是仏地。
更願七祖先亡、離苦生天。
地獄罪苦、悉皆解脱。
以此不尽功徳。
355 上報四恩、下資三有。
法界有情、斉登彼岸。
川老頌云、如飢得食、渇得漿、
病得痊、熱得涼。
貧人得宝、嬰児見娘。
360 飄舟到岸、孤客還郷。
旱逢甘沢、国有忠良、
四方拱手、八表来降、
頭頭総是、物物全彰、
古今凡聖、地獄天堂、
365 東南西北、不用思量。
刹塵沙界、諸群品、
尽入盂蘭大道場。
三塗永息常時苦、六趣休墜涙没因。
恒沙含識悟真如、一切有情登彼岸。
370 乃至虚空世界尽、衆生及業煩悩尽。
如是四海広無辺、願今回問亦如是。

375

《金字経》
目連救母有功能、騰空便駕五色雲、
五色雲、十王尽皆驚、斉接引、合掌当胸見聖僧。
自然善人好修行、識破塵労不為真、
不為真、霊山有世尊、能権巧、参破貪嗔妄想心。

目連救母経では、簡単に次のように述べるにとどまる。

（世尊答言目連）七月十五日、是衆僧解夏之日、歓喜聚会一処。用将汝母当生浄土。目連即依仏勅、市買楊葉柏枝、造得盂蘭盆齋、得娘離狗身、目連娘於仏前、受五百戒、願娘捨邪心帰正道。感得天母来迎。

世尊答えて目連に言う…七月十五日は、是れ衆僧、解夏の日なり、歓喜して一処に聚会す。用って汝の母をまさに浄土に生まれしむべし。目連、即ち仏勅に依り、楊葉と柏枝を市買し、盂蘭盆齋を造り得て、娘（はは）をして狗の身より離れしむるを得しめんとす。目連の娘をして仏前において五百戒を受けしめ、娘をして邪心を捨て正道に帰せしめ、天母を感じ得しめて来迎あらんことを願う。

これに対して宝巻は長文で、次の点に特色を示している。

(i)『目連宝巻』の流行した地域

上に引用した『目連宝巻』の奏文のうち、第二九六行に〝南贍部州〟という言葉がある。仏教の世界観では、世界を四つの方角に分け、東北方を〝東勝神州〟、東南方を〝南贍部州〟、西南方を〝西牛貨州〟、西北方を〝北倶盧州〟と名付ける。この〝南贍部州〟という言葉は、主に中国の長江以南、特に東南方の閩粤地区を指すことが多い。閩北の福州、莆田の僧侶道士もまた、この〝南贍部州〟という語で自己の居住地域を示すのが習慣となっていた。たとえば、シンガポール小坡、Kitchener Road と Verdun Road の境にある福州人の廟宇、鳳嶺北壇は、三相公（張巡、許遠、雷万春）を祀り、農暦八月初九日には毎年、神誕祭祀を挙行し、その時は、道士が孤魂に対して幽榜を発する、そこには次のように見える。

照得一泗天下、南贍部州、謹拠中国福建省福州府福清県南門外、化北里鳳嶺村、施斎賑幽。……（照すらく、一泗の天下、南贍部州なり、謹みて拠るに中国福建省福州府福清県南門外、化北里鳳嶺村、斎を施し幽を賑す。）

仏教の僧侶においても同様の事例が見受けられる。たとえば、シンガポールの西辺 Tanjong Pagar Road に福州人によって組織された慈善団体〈福邑善社〉があり、毎年、農暦七月二五日に普渡を挙行している、その榜文は、次のように述べる。(6)

今拠一泗天下、南贍部州、新加坡共和国福邑善社同人、奉仏修斎、済幽植福、公建普度。……（今拠るに一泗の天下、南贍部州、新加坡共和国福邑善社同人、仏を奉じ斎を修す。幽を済し福を植ち、公に普度を建つ。）

これにより、福州人がこの表現を好んで用いることがわかる。日本の長崎に僑居する福州帮も、中元の普度において、榜文に南贍部州の語を用いている。これに対して、閩粤地区のその他のエスニックグループ、たとえば、閩南の漳州・泉州幫、粤東の潮汕幫、粤中の広府幫、粤西の海南幫等の場合、世界を四州に分ける発想は、仏教の常識として当然、どこでも普及しているが、直接、自分の居住地を南贍部州と呼ぶ例は少ない。閩北人はこの語を愛用している傾向が認められる。これらの点を総合して、『目連宝巻』の流行地区は、おそらく福州であり、その作者も福州人である可能性が強いと推定する。

(ii) この奏文の典拠

第三四〇行より第三四九行に至る奏文は、囚徒、病人、跛者、盲者、聾者、孕婦、悪業等孤魂を列挙する。それらは、留用光『無上黄籙大斎立成儀』「約束孤魂榜」の並べる孤魂に近似する。次のとおりである。

孤独鰥寡、枉死横亡、造逆刑誅、不孝雷震、手攣足跛、目盲耳聾、産褥血屍、襁褓夭折、冤家債主、負命欠財、一切無依無主、孤魂滞魄、聴経聴法、排列就位、餐食。（孤独鰥寡、枉死横亡、造逆刑誅、不孝に雷に震われ、手

攣足跛、目盲耳聾、産褥血屍、襁褓夭折、冤家債主、命に負き財を欠す、一切の依るなき主なきの孤魂滞魄、経を聴き法を聴き、排列して位に就き餐食せよ。)

ここに列挙された孤魂群に対し、道士たちは、黄籙斎系の儀式を通して地獄から救済しようとする。『目連宝巻』が列挙する横死の亡魂は、傍線部分のものに類似している。

(iii) 地獄観念の多様性

この宝巻の地獄に対する観念は、かなり多様である。第一一二行では「恩沾九有(幽)」と言い、『目連救母経』の九幽観念を継承しているように見える一方、第二九五行では「十八地獄化清涼」と言い、第三七二行では、「十王尽皆驚」と言う。このように系統性を欠いた多様性は宝巻の通俗性、民衆性を反映しているが、九幽を強く意識している点に古い『目連救母経』からの系譜的なつながりを認めることができる。

(iv) 儀式的目的の地獄から現世への転換

『目連宝巻』は、『目連救母経』の文本を継承しているが、その目的には大きな相違がある。第三四〇行以下の文章はすべて現世の平安を予祝する言葉で満ちており、その重点が冥界から陽界に転じていることがわかる。冥界の孤魂を慰めるだけでなく、現世の平安を祈っている。第三三七行に「麟角羽毛、莫相食啖」とあるのは、〝放生〟儀式を意味しており、世人に愛惜生命を愛惜することを勧告している。つまり、その目的は冥陽両利を追求する点にあり、この点において、水陸道場、太平請醮、祈安醮等と全く同じと言える。シンガポール福州人の福邑善社公建普度の榜文は、結尾において、次のように述べている。

在会衆等、家居衍慶、人物康寧、在堂父母、増寿於当年、逝世宗親、托生於浄土。(在会の衆等、家居に慶衍(おお)く、人物は康寧に、在堂の父母、寿を当年に増し、逝世の宗親、生を浄土に托せん。)

このように現世の人の幸福安寧を強調している。上述のシンガポール福州人の廟宇北壇三相公祭祀の場合、さらに現世利益を強調する文字が目立つ、次のとおりである。

内超本門玄祖宗親、外度十方水陸男女孤魂等衆、共赴斎筵、聴説法、逍遙楽土、伏祈有情魂子、恩賜家門清吉、人口平安、男増百福、女納千祥。（内に本門の玄祖宗親を超し、外に十方の水陸男女孤魂等の衆を度す、共に斎筵に赴き説法を聴き、楽土に逍遥せん、伏して祈る。恩もて家門清吉、人口平安、男は百福を増し、女は千祥を納れん。）

『目連宝巻』の次の語も、現世の安穏を求めているといえよう。

早逢甘沢、国有忠良、四方拱手、八表来降。（早に甘沢に逢い、国に忠良あり、四方拱手し、八表来降せん。）

『目連宝巻』の成立期は不明であるが、おそらく明代初期以降と推定される。『目連救母経』に比べて、現世利益追求の傾向が強いのは、この時期の宗教の世俗化を反映しているといえよう。

第三節　『黄籙九幽醮』と閩北普度儀式との関係

さきに論述したとおり、『黄籙九幽醮』と『目連救母経』の間に類似性があり、『目連救母経』と『目連宝巻』の間に継承関係が存在する、つまり『黄籙九幽醮』―『目連救母経』―『目連宝巻』と連なる三つの文本の間に連続関係があることになる。ここで注目に値するのは、閩北地区の普度科儀書と同地の目連戯文本がこの三種文本と少なからず共通するところがあり、したがって、両者の間にも継承関係があるという点である。以下、まず、『黄籙九幽醮』と閩北正一派道士の普度科儀の継承関係について、検討してみよう[7]。

シンガポール小坡Jorong一〇八巷に福州人の廟宇順天宮があり、毎年中元節には図20に示した普度儀式を挙行している、その場地の配置は、極めて『黄籙九幽醮』に類似している。まず、その場地の平面図を示す（図57）。

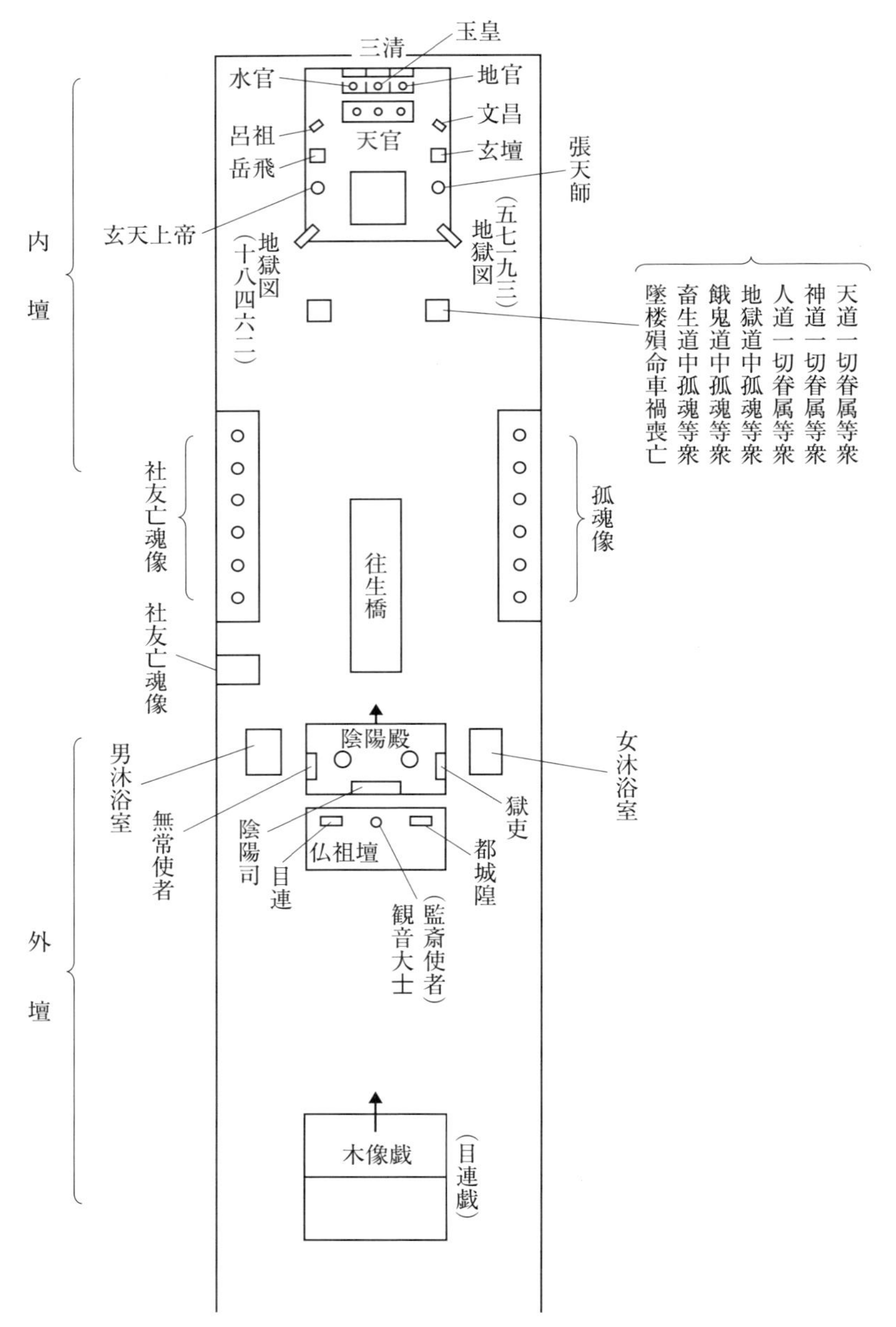

図 57　シンガポール順天宮福州公建普度場地図修改図

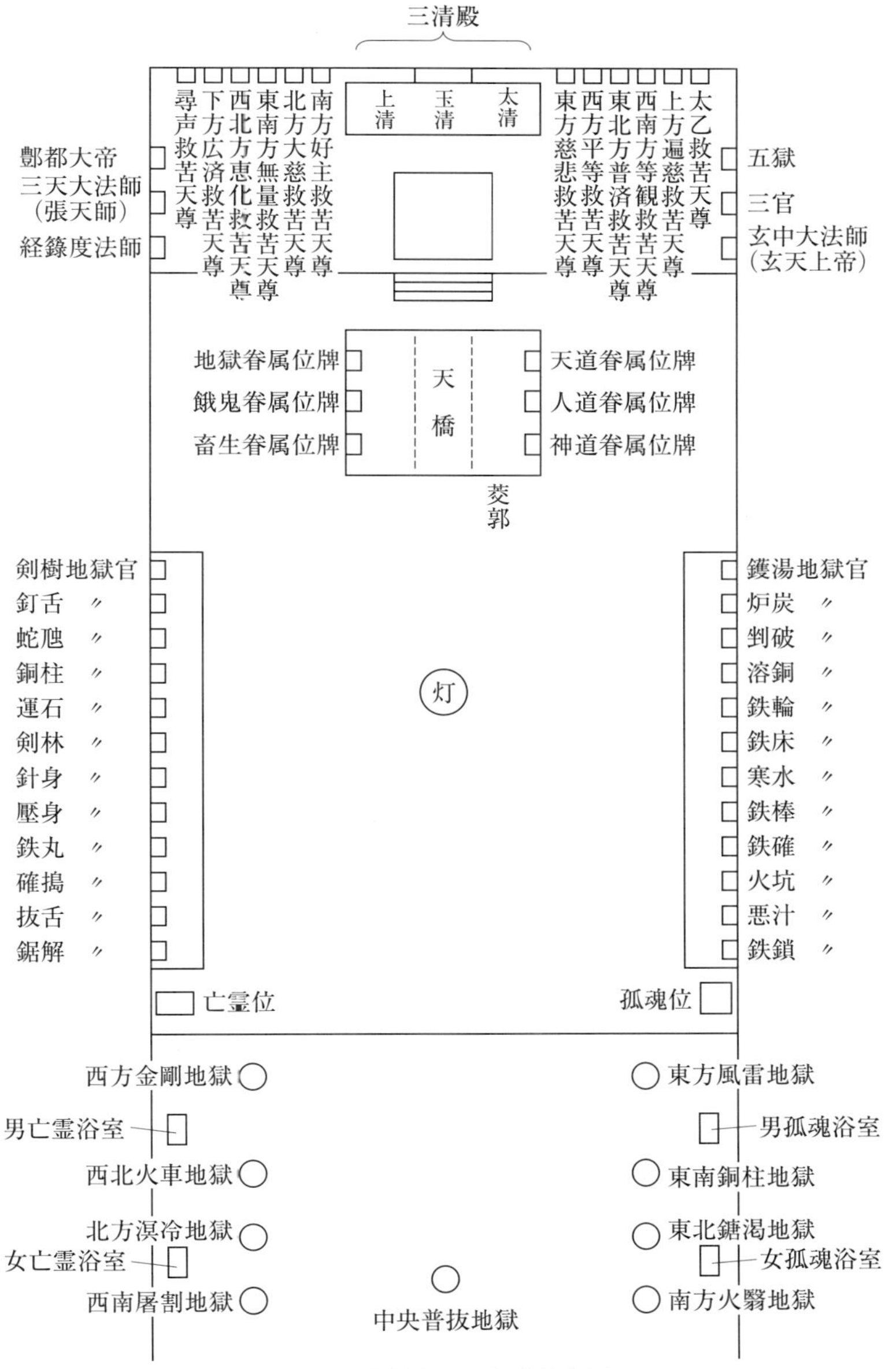

図 58　黄籙九幽醮場地綜合図

この場地は公道の片側に設営されるが、公道の制限を受けるため、本来の場地構造を十分には展開できないでいる。そこで、この現実の場地設営を本来の科儀の要求する図面に合うように書き換えてみると、次の図のようになる（図58）。

この図面は、前掲の図6『黄籙九幽醮』場地全図に極めて類似している。これにより福州道士の使用する科儀書が『黄籙九幽醮』系統に属することがわかる。実は、平面図だけでなく福州道士の科儀書の文章そのものもまた『黄籙九幽醮』と共通するところが多い。以下のとおりである（表15）。

表15 『黄籙九幽醮』・『福州科儀』文字対照表

行	『黄籙九幽醮』	『福州科儀』	備考
	「光明頌」	「上座科」	
1	太上大道君	太上大道君	
2	位処無為郷	位処無何郷	
3	宝光真童子	宝光真童子	
4	下理九幽房	下済九幽魂	
5	悲嗟苦魂役	悲嘆苦魂没	没当作役
6	抜度痛哀傷	抜度痛哀傷	
7	二十四門戸	二十四門戸	指二十四獄官而言
8	威令聞宝香	威令聞宝香	
9	灯明照長夜	明灯照長夜	
10	願消累劫殃	願消黒簿映	映当作殃（韻字）
	「未央頌」	「施食科」	
1	九幽黒闇那堪往	九幽黒闇那堪往	
2	到者雷同是罪魂	墜者雷同是罪魂	

3	冥冥難得見光明	冥冥難得睹光明	
4	太上慈尊来救度	太上慈尊来救度	
5	大慈大悲尋声救苦来無上尊		
6	餓鬼窮魂皆解脱	滞魄窮魂皆解脱	
7	冤家債主総歓心	冤魂債主総歓心	
8	刀山剣樹悉摧鋒	刀山剣樹悉摧鋒	
9	炉炭鑊湯倶滅焰	炉炭鑊湯消徳焰	徳当作得
10	大慈大悲尋声救苦来無上尊		
11	構置冤憎生地獄	結垢冤憎生地獄	垢当作構
12	迴心歓喜是天堂	迴生歓喜是天堂	
13	至尊威力不思議	至尊威力不思議	
14	願仮慈光宣教戒	願仮慈光宣告戒	
15	大慈大悲尋声救苦来無上尊	皈命大慈尋声救苦来無上尊	
	「九幽苦神頌」	「上座科」	
1	生落苦神界	生落苦形界	
2	転輪五道停	転輪恋道中	
3	九幽長夜閉	九幽長夜閉	
4	累劫無光明	累劫無光明	
	（中略）		
5	迴風揺長夜	悲風飄長夜	
6	哀響流寒庭	安亭流寒庭	
7	上有履山魂	尚有履三魂	
8	時刻無停寧	時刻不暫停	

この対照表により、両者の継承関係は明らかであろう。閩北の福州正一派道士は、きっと『黄籙九幽醮』の文本を写して普度儀式に使っているに違いない。裏返して言えば、『黄籙九幽醮』は閩北地区に流行していたという推定も成り立つ。『目連救母経』は、浙北鄞県で出版され、また前述したように、『黄籙九幽醮』は浙北と閩北の間、つまり浙南にまず流行し、そののち、閩北に伝播し、閩北道士の科儀に影響を及ぼしたものと考えられるのである。浙江東部の『目連救母経』が福建の道教科儀や宝巻に伝播したことは疑いない。ここまでの長い議論を経て、その伝播が、さらにこの地域の閩北目連戯に及んだことを論ずる段階にようやく到達したことになるが、目連戯については、複数の視点からの考察が必要となるため、ここで節を改めることにする。

第四節　閩北目連戯

前述した『目連救母経』、『目連宝巻』などは、浙江から福建に至る東南沿海地区を流伝範囲とする。この地区、特に福州、莆田、仙遊など、閩北地区の目連戯は、これらの講経文学、説唱文学の影響を受けて成立したものと考えられる。そのテキストは、長江中流域の江西、安徽などの目連戯に多く見られる儒教風の勧善懲悪の言説が少なく、仏教道教の因果応報の世界に終始している。たとえば、この物語の本題である儒教の服喪に背いたため地獄で狗に変えられる劉氏の話と並んで、借金を踏み倒し、小民を不当に搾取したため地獄で驢馬に変えられる劉賈の話が、大きな比重を占めて演じられる。劉賈は鬼を全く怖がらない。非常に庶民的で現実的な人物として演じられる。総じて、閩北目連戯は、仏教道教の世界に終始しており、儒教風の説教があまりない。一貫して仏教道教を軸に庶民的でリアルな世界が演じられている。この理由から、筆者は、この閩北目連戯を目連戯原本そのままではないにしても(多少、徽州本の影響がある)、原本に近いテキストと判定する。文辞は曲牌を用いる楽曲体であるが、実際の上演では、板腔体、詩替体で演じられる点もこの推定を助ける。以下、さらに詳しく、このテキストを分析してみたい。

ここで閩北というのは、興化府（莆田、仙遊）、福州府を指す。シンガポールの場合、福州人は自己の目連戯班をもっていないため、同じエスニックグループに属する隣県の莆田の目連班を招聘して上演している。故郷においても、莆田の目連班は、福州をもその活動範囲に含んでいたものと思われる。本書では、この福州、興化を閩北と総称しておく。さて、筆者が見聞した閩北目連戯の上演は、次のとおりである。

(1)シンガポール木身目連戯（上集、下集二巻本）

毎年中元節にシンガポール莆仙同郷会直属の提線木偶戯〈新和平班〉が興安天后宮において、まる一日かけて上演したもの。一九八二年、一九八三年、一九八四年、二〇〇四年の四回参観した。テキストの抄本を入手。このほか、時には、福州人の邀請に答えて、福州人の五鳳閣でも木偶目連戯を上演することがあった。

(2)シンガポール肉身目連戯（三巻本）

シンガポールに僑居する莆田、仙遊県人の同郷会が蔵する抄本テキストである。ここでは、毎年の中元節にMadras Roadの興安天后宮で興安公建普度が挙行され、その際に、同郷会所属の和平班により、提線木偶戯の目連戯が朝から夕刻までまる一日かけて、演じられる。また福州人の中元節に出演することもある。また、一〇年に一度、干支が甲の年に、Upper Thomson Road 10mile StoneのJalan Tamburにある九鯉洞において、逢甲普度が挙行され、その際には、同郷会所属の莆仙業余劇団が俳優による目連戯を三日間にわたり上演する。一九四四年以来、一〇年ごとに演じてきたが、同郷会の業余劇団だけで演じたのは一九八四年までであり、一九九四年には、主演俳優を大陸から招き、二〇〇四年には、劇団そのものを大陸から招くようになり、シンガポール現地人による上演は途絶えてしまった。したがってそのテキストも上演内容も、一九八四年、一九九四年、二〇〇四年と変化してきている。表（表16―18）には、この三回の上演の状況を対照させて表示した。

(3)福建省莆田第一団『傅天斗』(四巻)、仙遊県鯉声劇団『目連救母』(三巻)

一九九三年、莆田県において上演されたもの。一部の抄本を入手。これは、福建省芸術研究所所蔵の抄本テキストである。これは、目連の地獄めぐりを主題とする『目連本伝』三本と、目連の前の世代の話を語っている目連前伝ともいうべき『傅天斗』四本とセットになって合計七本の目連戯テキストを構成している。『傅天斗』四本は目連の父、傅相、祖父の傅崇、曾祖父の傅天斗など父祖三代の物語となっているが、その意義は後述することとして、ここでは『目連本伝』のみをとりあげる。一九九三年にこのテキストによる仙遊県鯉声劇団の上演を見聞した。

以下では、『目連救母経』と、前掲(1)二巻本(シンガポール木偶戯本、一九八三年)、(2)三巻本(シンガポール俳優本、一九八四年、一九九四年、二〇〇四年)、(3)仙遊三巻本(大陸俳優本、一九九三年)の莆田目連戯齣目とを比較対照して表示する。対照表は、五種の各本の演出場面が対応するように作成した。これを見ると、この種の場面構成、場面配列は、基本的に共通していることがわかる。福州の芸術研究所本は、場面の数が少ないが、排列順序は他の四種と一致している。シンガポールの一〇年一度の三日上演では、一九八四年の同郷会業余劇団の演出が最も詳しく充実しているが、一九九四年、二〇〇四年の大陸の劇団の演出も、場面の数に省略が目立つが、排列は、共通している。また毎年上演される木偶目連戯は、わずか一日の上演のため、場面は大幅に省略されているが、排列の順は、俳優出演の三日上演と同じである。これらは、相互に多少の相違があっても、基本的に一つの系統を構成していることは、明らかであろう。

一 第一日―第一本の大部分(IA)

(1)齣目対照表(表16)

(2)梗概

今、これら五種のテキストのうち、最も構成の簡明な福建省芸術研究所蔵本により、各齣目の梗概を記す。また一

表16　莆田目連戯形成過程表（1）（SPはシンガポールの略称）

行	1					5					10					15					20					25	
元代仏説目連救母経								第一図　第一段　傅相家堂	第二段　元旦祝寿																		
SP莆田木身目連戯#001						本伝一本	上午		1元旦祝寿										2斎僧斎道	3傅相救貧	4劉氏施尼	5劉氏救貧				6劉賈頼債	7公堂争弁
SP莆田目連戯#001（一九八四）						本伝三本	（第一日午前）		1元旦祝寿	2玉皇示威			3龍女受責	4傅相嘆世	5毒龍覆舟	6曹府議婚	7曹公喜捨	8十方布施	9斎僧斎道		10劉氏施尼				11劉賈拒施	12劉賈頼債	13公堂争弁
SP招聘莆田目連戯#001（一九九四）						本伝三本	（第一日午前）		1元旦祝寿	2世尊指点		3曹公訓女					4曹公喜捨	5十方布施	6斎僧斎道		7劉氏施尼			8劉賈訓子	9劉賈拒施	10劉賈頼債	11公堂争弁
SP招聘莆田目連戯#001（二〇〇四）						本伝三本	（第一日午前）		1世尊点化	2羅漢過海	3達磨点化	4曹公訓女		5傅相嘆世				6十方布施	7斎僧斎道		8劉氏施尼			9劉賈訓子	10劉賈拒施	11劉賈頼債	12公堂争弁
福建省莆田県目連戯#002（一九九三）	前伝四本	第一日傅天斗	第二日傅崇李倫	第三日傅象劉氏	第四日羅卜出生	三本	（第一日）	（第一本）	1傅相慶寿	2世尊降旨	3老僧点化							4掛榜布施			5四真問道		6傅相散歩	7劉賈訓子			8劉賈鳴鐘

30　40　45　50

第二図　第三段　**劉氏破戒**
第四段　羅卜出外

8 城隍曲判　9 劉賈苛求　10 三官上奏　11 接引傅相　12 傅相謝世　13 城隍掛号　**14 勧姐開葷**　15 遣子経商　16 騙取施金　17 雷打拐騙

14 城隍曲判　15 劉賈苛求　16 橋頭布施　17 三官上奏　18 傅相謝世　19 閻王発牌　20 傅府悼亡　21 吊問傅府　22 傅相升天　23 城隍掛号　24 修斎薦父　（第一日午後）　**24 勧姐開葷**　25 遣子経商　26 雷電懲悪　27 曹女慨嘆

12 城隍曲判　13 劉賈苛求　14 会縁橋　15 三官上奏　16 閻王発牌　17 傅相謝世　18 傅相升天　（第一日午後）　**19 勧姐開葷**　20 下人吊問　21 遣子経商　22 騙取施金　23 雷打拐騙

13 城隍曲判　14 劉賈苛求　15 会縁橋頭　16 三官上奏　17 傅相謝世　18 閻王発牌　（第一日午後）　**19 勧姐開葷**　20 下人吊問　21 遣子経商　22 騙取施金　23 雷打拐騙

9 討銀車店　10 三官奏帝　11 遣鶴引接　12 花園祈禱　13 城隍掛号　14 斉哭父喪　15 郷衆行吊　**16 勧姐開葷**　17 遣子経商　18 二棍伙議　19 社令挿旗

九九三年に仙遊県鯉声劇団がこのテキストを演じた際に、挿入加演した齣目を*印を附して示す（以下、同じ）。

IA—1傅相慶寿　元旦に羅卜が父母にあいさつし、長寿を祝う。

2世尊降旨　世尊、降下し、地蔵王と十八尊者を派遣して傅相の善心を試そうとする。十八尊者は、十類孤魂に化身して傅相に布施を請う。

3老僧点化　地蔵王、老僧に変身し、傅相に会い、九幽地獄に苦しむ孤魂の様子を観望させる。

4掛榜布施　傅相、十条の布施を書いた榜をかかげ、貧民に喜捨し、壊れた寺、橋を修理する。

5四真問道　劉氏、尼姑に仏教の功徳を問い、寡婦に喜捨する。

6傅相散歩　傅相、雀、蛙を売りに来た男たちから、これを買い取り、森や川に逃がす（放生）。

7劉賈訓子　劉賈は息子の龍保に「毛一筋たりとも、天下の為に使ってはならぬ」と教える。車屋の王十万が劉賈に貸した金を返すように求めるが、劉賈は逆に返済したのに王が証文を返さない、と言い張り、裁判となる。

8劉賈鳴鐘　劉賈と王十万は双方譲らず、知県は判断ができず、五帝（閻魔大王）の廟に行って、鐘を鳴らして決着をつけるように命ずる。劉賈は、王十万が下役と共に香燭を買いに行っている間に、五帝に耳打ちし、気脈を通じる。五帝は、鐘を鳴らすに際して、何度か躊躇したのち、王十万に鐘を一回、鳴らさせて、証文を返還するよう命じた。

9討銀車店　清河橋の小売商人李仰献は、劉賈に借金を返したのに、劉賈はさらに元利の返還を要求し、李を殴りつける。李は黙って耐えるほかなかった。

10三官奏帝　三官大帝は玉皇に傅相の善行を上奏する。

11遣鶴引接　玉皇は、金童玉女に傅相を迎えに行かせる。

12花園祈禱　傅相、花園にて眩暈、昇天する。劉氏、羅卜に崇仏善行を遺言、母子、天に遵守を誓う。

13城隍掛号　城隍は傅相に天界に至る行程の関文（パスポート）を与える。

14斉哭傅喪　金奴は開葷を主張、銀奴は斎戒を主張。

15郷衆行吊　郷人が傅相の弔問に行く。

16勧姐開葷　劉賈、姉の劉氏に開葷を勧める。
17遣子経商　劉氏、戒律遵守を説く羅卜を嫌い、行商に出す。
＊銀奴上吊　劉氏の開葷を諫めた銀奴、幽閉されて、絶望し、自ら梁に懸る。
18二棍伙議　二人の詐欺師が羅卜から布施の名目で大金を奪う。
19社令挿旗　社令が悪人に目印の旗を立てて、雷神がこれを打って殺す。

○テキストの特色

(1)二〇行、四真問道…劉氏の輩行

『目連救母経』及び『目連宝巻』はいずれも劉氏の輩行を第四とし、劉四真と呼んでいる。莆田目連戯も、劉氏を劉四真の名で登場させる。看到她的輩行為第四。目下目連戯の通行本である鄭之珍本、及びその他の数ある地方劇テキストの中で本、劉氏の輩行を四とするものは極めて稀である。今、これを表示してみると、次のとおりである(表17)。

ここに見るように、劉四真の呼称は、福建地区に集中している。閩北に始まり、閩南に流伝し、訛って世真とするが、閩北が発祥地と見られる。湖南や四川にも劉四娘の呼称が見えるが、福建からの伝播であろう。この名は、莆田目連戯が成立したのち、弋陽腔(高腔)が長江流域に伝播するルートに沿って、湖南、四川に伝わったと考えられる。

(2)一八―二一行にわたり傅相、劉氏夫妻が僧侶、道士、尼僧、女道士、及び、孝婦などに布施を与え、善行を積む場面を演じるが、江西安徽の劇本では、ここに夫が足萎えの妻を背負って物乞いをする「啞背瘋」(「贈一枝梅」とも呼ぶ)がある。これは、宗族の保護から外れたものの悲惨を印象付けるものであるが、この閩北目連戯には存在しない。これは江西安徽本と閩北本を区分する大きなメルクマールと言える。

(3)また、このテキストでは、二三—二八行にわたり、劉氏の弟で高利貸の劉賈が行うあくどい商売ぶりを描く（写真8）。まず王十万という金持ちから借りた金の返済を逼られると、すでに返したと言い張り、県の裁判にもち込む（写真9）。県知事が判断しかねて城隍王に移送すると、ここで、冥吏に賄賂を送って勝訴を勝ち取る。さらに小商人の李仰献に貸した金を高利で厳しく取り立てる。高利貸しの苛斂誅求を非常にリアルに演出しており、精彩に富

表17　劉氏輩行称呼分岐表

地域	劇本	姓	名	輩行	備考
北京	影巻忠孝節義目連戯	劉氏			民俗曲芸叢書劇本
江蘇	江蘇高淳両頭紅目連戯	劉氏			民俗曲芸叢書劇本
	江蘇高淳陽腔目連戯	劉氏			江蘇省劇目工作委員会劇本
	江蘇高淳陽腔超倫本目連戯	劉氏			民俗曲芸叢書劇本
浙江	浙江新昌調腔目連戯	劉氏			民俗曲芸叢書劇本
安徽	皖南高強目連戯	劉氏			民俗曲芸叢書劇本
	祁門鄭之珍目連戯	劉氏			
江西	江西贛劇目連戯	劉氏	清提		江西贛劇団劇本
福建	莆仙目連救母	劉氏	四真	第四	民俗曲芸叢書劇本
	新加坡莆田目連戯	劉氏	四真	第四	新加坡莆田同郷会劇本
	泉腔目連戯	劉氏	世真		民俗曲芸叢書劇本
	傀儡戯目連全伝	劉氏	世真		泉州地方戯曲研究社
湖南	湖南辰河腔目連戯	劉氏			懐化文化館劇本
	湖南祁劇目連戯	劉氏			湖南芸術研究所劇本
四川	川劇目連戯	劉氏	四娘	第四	杜建華『巴蜀目連戯劇文化概論』「劉氏四娘哭嫁」

む。これも江西安徽本にはない。

(4)また、四二行の［郷衆行吊］、四八行の［下人弔問］などは、傅相が亡くなったあと、生前に布施を受けた郷村の貧民たちが訪問に来て、仏門を皮肉る場面を演じる(写真10)。これも江西安徽テキストにはない場面で、闽北本が庶民の目から描写していることがわかる。

二　第二日—第一本の残り（IB）と第二本の大部分（IIA）

(1)齣目対照表(表18)

(2)梗概

IB—20安人開葷　劉氏、開葷に踏み切る。

21僧道勧解　僧侶道士が劉氏を諫めるが、劉氏はこれを追い出す。

22銀奴吊死［上吊］　劉氏の婢女銀奴は開軍を諫めるが、却って疏まれて折檻され、投繯する。

23監斎点化　金奴が狗の肉で作った饅頭を僧侶道士に与えようとする。監斎使者が現れ、僧侶道士に企みを知らせ、破戒を免れる。劉賈は、会縁橋を破壊し、斎房を焼き払う。

＊土地遣鬼　土地神は、高脚鬼を派遣して劉賈を脅し、蹴倒す。劉賈は隙を見て反撃して逃げる。

IIA—1閻羅発牌　閻羅王は、劉氏、劉賈の逮捕状を発する。

2三聖化財　三聖、羅卜に財物を贈与する。

3点化金剛　観音、金剛山の強人を点化して、仏教に帰依させる。

＊五殿遣牌　五殿王閻羅、五方の悪煞を派遣して劉氏、劉賈など、悪人たちを捕えに行かせる。

＊高脚鬼成親　高脚鬼が暇を持て余し、乗馬、車押し、結婚式などの所作を演じて遊ぶ。

写真 8　劉賈，出る（鯉声劇団，1991 年）

写真 9　劉賈は，王一万と賃金をめぐって争い，知事の裁判を受ける（鯉声劇団，1991 年）
奥に知県（中央），武班（左），文班（右），前に劉賈（左），王十万（右）

写真 10　郷人，傅相の弔問に訪れる．仙遊鯉声劇団 1991

＊啞吧放五路　一人の啞吧（おし）、村の入り口に酒肉、紙銭を供え、孤魂野鬼を祀る。そこへ通りかかった高脚鬼が供え物の位置を変えて鬼の姿が見えない啞吧を愚弄する。

4 連歩回家　羅卜は、観音から母の破戒を知らされ、三歩一拝の礼によって仏の許しを請いながら、家に帰る。

5 回家見母　羅卜の帰宅に先立ち、劉氏は鳥獣の骨を花園に埋めさせる。

6 観看斎房　羅卜と益利は、会縁橋や斎房が壊されているのを見る。

7 修整斎房　石匠、土匠、木匠が斎房を修理する。

8 整掛長旛　鴇母に追われた妓女を羅卜が救う。

9 十二使科　閻王配下の鬼使たちが無言劇を演じる。

10 三神奏旨　司命、灶公、土地の三神が玉帝に劉氏の悪行を上奏する。

11 高脚鬼成親（前出）

12 啞巴放五路（前出）

13 遊到花園　劉氏、開葷の事実はないことを天に誓う。しかし、鳥獣の骨が地中から露出する。

表18 莆田目連戯形成過程表（2）

行	元代仏説目連救母経	SP莆田同郷会木身目連戯一本	SP莆田同郷会目連戯三本（一九八四）（第二日午前）	SP招聘莆田目連戯三本（一九九四）（第二日午前）	SP招聘莆田目連戯三本（二〇〇四）（第二日午前）	福建省莆田県目連戯七本（一九九三）（第二日）
	第五段　毒打僧尼					
	第六段　**劉氏開葷**	**1劉氏開葷**	**1劉氏開葷**	**1劉氏開葷**	**1劉氏開葷**	**20安人開葷**
						21僧道勧解
					2李公勧善	
60		2駆逐僧道		2劉氏逐僧	3劉氏逐僧	
			2李公勧善	3李公勧善		
			3狗肉毒計			
			4銀奴諫言	4銀奴諫言	4銀奴諫言	
			5銀奴自吊	5銀奴吊死	5銀奴吊死	22銀奴吊死
65						23監斎点化
				6肉饅毒計	6肉饅毒計	
			6肉饅斎僧	7狗肉斎僧	7狗肉斎僧	
	駆逐僧人		7逐僧毀寺	8逐僧毀寺	8逐僧毀寺	
		3土地遣鬼				24土地遣鬼
70		4鬼嚇劉賈	8鬼脅劉賈		9鬼脅劉賈	
		5観音顕聖				
		6点化強人				
	第七段　羅卜薦父					
						（第二本）
75						1閻羅発牌
						2三聖化才
	第三図　第八段　令利先回	7観音勧善	9観音入寨		10観音入寨	3点化金剛
			10観音点化		11観音点化	
	第九段　比隣迎卜			1羅卜回家	12羅卜回家	4連歩回家
80	第四図　第一〇段　満載財物					5回家見母

85 90 95 100 105 110

第五図 第一一段 乗轎迎卜 第一二段 知情倒地 第一二段 羅卜知情 第一三段 劉氏病死 第六図 第一四段 羅卜築墳 第一五段 庵中服喪

8 羅卜回家 9 劉氏埋骨 10 三官堂 11 修会縁橋 9 閻王接旨 10 花園咒詛 11 劉氏勾引 12 羅卜服孝 13 勾引金奴

11 羅卜回家 12 修復斎堂 13 三曹奏事 14 匠人争席 15 救済妓女 16 閻王接旨 17 龍保戯父 18 花園咒誓 19 観音顕聖 20 劉氏蘇生 21 勾引金奴

（第二日午後） 2 三官奏事 3 益利探情 4 修復橋堂 5 花園埋骨 6 修復斎堂 7 閻王接旨 8 花園咒誓 9 劉氏謝世 10 勾引劉氏 11 勾引金奴

13 母子再会 （第二日午後） 1 叱責益利 2 司命接旨 3 益利探情 4 重修寺橋 5 勧娼従良 6 閻羅接旨 7 花園咒誓 8 劉氏謝世 9 勾引劉氏 10 勾引金奴

6 観看斎房 7 修整斎房 8 整掛長旛 9 十二使科 10 三神奏旨 11 高脚鬼成親 12 啞巴放五路 13 遊到花園 14 咒詛帰陰

115	120	125
14勾引劉賈	15劉氏回煞	16羅卜描容
22勾引劉賈	23允許回煞	24回煞進家　25灶媽斥責　24劉氏分別　25挑経挑母
12勾引劉賈（第三日午前）　1劉賈掙扎　2龍保哭父　3閻王公堂　4劉賈受審	5劉氏行路　6羅卜描容　7允許回煞	8回煞進家　9灶媽叱責　10劉氏分別　11挑経挑母　12羅卜辞婚
11勾引劉賈　12龍保哭父	13冥路起解　（第三日午前）　1允許回煞	2羅卜描容　3回煞進家　4灶媽叱責　5劉氏分別　6挑経挑母
15劉賈索命　16劉賈棄世　17五殿遣牌　18城隍起解	19劉氏回煞	

14咒詛帰陰　五方の悪煞が劉氏を囲んで打つ。劉氏は、失神する。

15劉賈索命　劉賈は劉氏が死んだのは羅卜の陰謀といい立て、羅卜の資産の半分を要求し、両袖に大金を入れて持ち去ろうとする。しかし、ここで劉賈は、鬼に打たれて逃げ出す。

16劉賈棄世　劉賈は鬼に打たれて苦しみ、息子の龍保に救いを求めるが、そのまま急死する。

17五殿遣牌　五殿閻王は劉氏、劉買、金奴の逮捕状を発する。

18城隍起解　城隍は、劉氏、劉賈、金奴の三人を地獄に送るように命ずる。

19劉氏回煞　劉氏は回煞の日に許されて一旦帰宅するが、門神に阻まれ、煙突から入室、眠る羅卜に別れを告げて去る。羅卜は、母の姿を絵に描き、祭壇に祀る。観音が善才童子を遣わし、羅卜の孝心を試し、西天への旅を許可する。

(3) このテキストの特色

(i) 六四行にある「銀奴自吊」は、閩北本に特有のものである。傅家には『目連救母経』以来、すべての目連戯テキストを通して、劉氏の婢女として金奴という名の人物が登場し、悪役を演じるが、このテキストでは、金奴と対にする形で、同じ劉氏の婢女として銀奴という名の婢女を登場させ、善人役を演じさせる。金銀、善悪を対照させる演出で、自然な発想であり、ここにも原本らしさが垣間見える。しかもこの銀奴は、主人の劉氏に開葷をやめるように諫言して却って劉氏の怒りを買い、折檻を受けた挙句、幽閉中に投繯して自殺を遂げる。多くの目連戯において、吊死鬼の話をとりあげる演出がみられる。その多くは、夫の留守中に詐欺師に騙されて金釵を寄進し、帰宅した夫に不貞を疑われて弁明に窮し、投繯するという筋であり、一般に「捨釵」と通称されている。これは、傅家とは無関係の挿話にすぎないが、この銀奴の話は、傅家内部の話で、極めて自然な筋の進行に従っているといえる。おそらくこれが原作であり、「捨釵」は、後人の付加に属するものであろう。閩北本の銀奴吊死の演出は、独特のもので、死を覚悟した銀奴の身体から、魂が抜けだして、黒い顔をした魂の化身（魂身という）と生身の銀奴が同じ動作をする（写真11―13）。これもほかの地域の目連戯テキストにはないものである。素朴な演出で、わかりやすく、原本の面影を感じる。

(ii) 次に、七〇行、「鬼脅劉賈」の段をみる。ここでは、劉賈が地獄から脅しに派遣された鬼使（無常鬼）と応対する。劉賈は、神仏を信ぜず、鬼を恐れずに、ふざけるが、鬼の背丈が急に伸びたのに驚いて倒れる（写真14・15）。しかし、劉賈は、一貫して「不怕鬼」の態度を貫く。このような人物形象は、儒教的な勧善思想の強い江西安徽

写真 11　銀奴，懸梁．替身が傍らにつく（シンガポール莆田目連戯，1984 年）

の目連戯には登場しない。文人士大夫の影響の少ない原本の特徴を示すものと考える。莆田目連戯において目立つ人物は、劉氏の弟、高利貸しの劉賈である。人に金を貸して高利をむさぼるほか、借りた金を返さず、勝手放題の振る舞いで押し通す。地獄に落とされ、最後は、驢馬に変身させられる。この人物形象はどこから来たのか？『目連救母経』や『目連宝巻』には、このような人物にかかわる記載は見いだせないが、関連する『黄籙九幽醮』や『福州科儀』の中に、劉賈を髣髴させる人物の記述がある。次のとおりである。

冤家債主総歓心（『黄籙九幽醮』）（冤家の債主、総べて歓心たり）

冤魂債主総歓欣（『福州科儀』）（冤家の債主、総べて歓欣す）

「冤家債主」も仏のおかげで、地獄から解放され喜んでいるという表現であるが、この「冤家債主」の語が何を指すか、問題となる。この語は、往々にして、他人から不当に財を奪われ恨みを残して死んだ人物が加害者の子供に生まれ変わりその財産を食いつぶして復讐する、い

写真 12　銀奴懸梁Ⅰ．替身（黒面）が傍らに立つ（仙遊鯉声劇団，1991 年）
銀奴（左），替身（右）

写真 13　銀奴懸梁Ⅱ．替身（黒面）が傍らに立つ（仙遊鯉声劇団，1991 年）
替身（左），銀奴（右）

写真 14　劉賈と無常鬼 I（シンガポール莆田目連戯，1984 年）
劉賈（左），無常鬼（右）

写真 15　劉賈と無常鬼 II（シンガポール莆田目連戯，1984 年）
劉賈（左），無常鬼（右）

写真 16　劉氏回煞。劉氏と灶媽（シンガポール莆田目連戯，1983 年）
劉氏（左），灶媽（右）

写真 17　劉氏回煞。劉氏と灶媽（シンガポール莆田目連戯，1984 年）
劉氏（左），灶媽（右）

写真 18　劉氏回煞。劉氏と灶媽（シンガポール莆田目連戯，2004 年）
劉氏（左），灶媽（右）

わゆる討債鬼を指すことが多いが、ここの「冤家債主」には、討債鬼に連なる文脈が見当たらず、したがって討債鬼ではなく、単に過酷な取り立てをして、人の冤みを買い、死後、地獄に落とされた人物と解すべきであろう。

　このような意味での「冤家債主」ならば、先に引いた『無上黄籙大斎立成儀』「約束孤魂榜」の中に、「冤煞債主、負命欠財」という語があった（一二九頁）。

　莆田目連戯の作者は、黄籙斎のこのような記事を参考にして劉賈というあくどい方法で財をむさぼる人物を作り出したのではないか、と想像する。『目連宝巻』の中に、「貧窮下賤、悪業衆生、誤殺故傷、一切冤業、並皆消釈（貧窮下賤、悪業の衆生、誤殺故傷、一切の冤業、並びに皆な消釈せん。）」という表現がある。悪人劉賈が作られた背景には、莆田に流行した黄籙斎系統の普度科儀と宝巻の影響があったものと想像する。

(iii) 一二五行、「灶媽叱責」…二人の鬼使に拘引されて地獄に向かう劉氏は、死後七日の回煞に日に一時帰宅を許されるが、門神に止められて家の中に入れない。そこで煙突から入ろうとすると、灶媽に止められ、開葷の最中に殺した犠牲の料理で竈がけがされたことを叱責されるが、結局、許されて中に入る（写真16―18）。江西安徽のテキストでは、門神に阻止された劉氏が鬼使に泣きつくと、鬼使が鬼風を起こし、家の隙間から風と一緒に家の中に入れてやるという筋になっている。灶媽は登場しない。筋としては、灶媽が許可する方が自然であり、原本に近いと思われる。

三　第三日―第二本の残り（IIB）と第三本（III）

(1)齣目対照表（表19）

(2)梗概

＊離郷背井　羅卜、益利と別れて、母の遺骨を西天に運ぶ旅に出る。

＊＊羅卜の婚約者、曹賽英、羅卜からの婚約解消の申し入れに悲しむ。

IIB―20安人過埂　劉氏は孤凄埂を越える。

21過破銭山　劉氏は、鬼に連行されて、破銭山を越える。

22過滑油山　劉氏は、鬼に連行されて、滑油山を越える。

23上望郷台　劉氏は望郷台に到着。故郷を望むが、雲霧が降りてきて、視界を遮る。次いで、橋頭将軍の審査を受ける。忠臣、節婦、善士は金橋を渡る。そこへ劉氏と銀奴が出る。金橋を渡る許可を受けた銀奴は、劉氏の依頼を受けて、劉氏が銀橋を渡れるように交渉するが、将軍は許さず、地獄に通じる奈何橋を渡るように指示する。

III―1観音遣猿　観音、羅卜の西天への旅を護衛させるため、白猿を遣わす。

2試度羅卜　観音、龍女を派遣し、羅卜を誘惑させるが、羅卜は切り抜ける。

表19　莆田目連戯形成過程表（3）

行	元代仏説目連救母経	SP莆田木身目連戯#001	SP莆田目連戯#001（一九八四）	SP招聘莆田目連戯#001（一九九四）	SP招聘莆田目連戯#001（二〇〇四）	福建省莆田県目連戯#002（一九九三）
			（第三日午前）			（第三日）
130			1曹女剪髪			
			2曹公見女			
			3主婢相逢			20安人過埂
			4劉賈戯鬼			
			5過破銭山		7過破銭山	21過破銭山
135			6過滑油山			22過滑油山
			7過望郷台		8過望郷台	23上望郷台
				（第三日午後）		
			8過奈何橋	1過奈何橋	9過奈何橋	
				2龍女試節		
140						（第三本）
			9白猿開路	3白猿開路	10白猿開路	1観音遣猿
			10龍女試節		11龍女試節	2試度羅卜
					12拷打劉賈	
					13過孤凄□	3過孤凄埂
145					14押送地獄	
		17挑経挑母				
		18松林試節				
						4過寒氷池
						5過爛沙河
150		18白猿搶擔				
			11梅嶺自跳	4梅嶺自跳	15梅嶺自跳	
	第一六段　羅卜出家	19羅卜出家	12目連出家		16目連出家	
			（第三日午後）		（第三日午後）	
	第七図　第一七段　名号目連	20世尊賜杖	13世尊賜杖	5世尊賜杖	1世尊賜杖	6西天参仏

155	第八図 第一八段 羅卜観天					7羅卜見父
	第一九段 冥界尋母					
	第九図 第二〇段 鉎碓地獄					
	第二一段 剣樹地獄		14一殿尋母		2一殿尋母	8一殿審解
						刀山発落
160		21打血湖	15三殿尋母	6三殿尋母	3三殿尋母	9三殿告訴
			(盧士元出遊)	(盧士元出遊)	(盧士元出遊)	
		(目連超薦)	(目連超薦)	(目連超薦)	(目連超薦)	
	第一〇図 第二二段 石磕地獄					
	第一一図 第二三段 餓鬼地獄					
165	第二四段 奈何地獄					
	第一二図 第二五段 鑊湯地獄					
	第二六段 火盆地獄					
	第一三図 第二七段 火盆地獄(二)	22三堂会審	16三堂会審	7三堂会審	4三堂会審	10五殿会審
	第一四図 第二八段 獄卒接卜					
170	第二九段 獄主査簿					
	第一五図 第三〇段 不能破獄					
	第三一段 受灯賜杖					11賜飯指点
	第一六図 第三二段 打破阿鼻	23阿鼻地獄				12阿鼻地獄
175	第一七図 第三三段 阿鼻受苦					
	第一八図 第三四段 阿鼻受罰					
	第一九図 第三五段 目連見母	24六殿見母	17六殿見母	8六殿見母	5六殿見母	
	第二〇図 第三六段 母子分別					
	世尊破獄		18世尊賜灯	9世尊賜灯		13受法賜灯
180	第二一図 第三七段			10八殿受審	6八殿受審	
	第二二図 第三八段 黒暗地獄					
	第二三図 第三九段 変為餓鬼					
	第二四図 第四〇段 変為狗身	25十殿転生	19劉氏変狗			14十殿輪転
			20観音指点			

185	190
	第二五図　第四一段　盂蘭升天
	26盂蘭勝会 27合家団円
21目連見狗 22尼庵再会	23目連回家 24劉賈変驢 25盂蘭盆会 26合家団円 **観音掃台**
	11盂蘭盆会 12合家団円 **観音掃台**
	7龍保玩弄 8盂蘭盆会 9全家団円 **観音掃台**
15変驢出世 16公子打囲 17入庵尋母 18益利拝墓	19盂蘭勝会 20合家団円

3過孤凄埂　劉氏は、難所の孤凄埂を越えて、拘引される。
4過寒氷池　羅卜は、白猿の助けで、寒氷池を越える。
5過爛沙河　羅卜は、白猿の助けで、爛沙河を越える。
6西天参仏　梅嶺に至った時、白猿はいきなり母の遺骨を奪って姿を消す。羅卜は絶望して、崖から身を投じて死ぬ。凡体を脱して、世尊に会うと白猿が遺骨を持って待っていた。世尊から目連の法号を授かり出家する。
7羅卜見父　傅相が天界から下り、母が地獄にいるから、世尊の助けを借りて地獄に探しに行くように伝える。目連は、地獄に降りる。
8一殿審解　劉氏は、一殿秦広王の管轄する刀山地獄、剣樹地獄の刑を受ける。次いで二殿宋王に送られ、鉄床地獄の刑を受ける。目連は、一殿、二殿と母を探すが、いずれも審理が終わっていて、先に送られ、追いつかない。
9三殿告訴　劉氏は三殿の血湖地獄で、十月懐胎の苦しみを訴える。目連は、ここでも追いつかない。
10五殿会審　四殿では、五殿、六殿の会審を受ける。目連は追ってくるが、母の姿は見当たらず、先へ進む。

11賜飯指点　世尊は目連に烏飯を帯行するように指示する。
12阿鼻地獄　目連は、六殿阿鼻地獄で、ついに母に追いつき、母子再会し、烏飯を捧げて母の飢えを癒やすが、母はまた獄中に追い込まれる。
13受法賜灯　目連は、世尊の下に至り、法灯を授かり、黒闇の地獄を進む。
14十殿転輪　最後の十殿に至ると、王は劉氏を狗に転生させる。
＊観音指点　目連の夢に観音が現れ、母が鄭公子の猟犬になっていること、婚約者曹女の尼庵で会えることを告げる。
15変驢出世　劉賈は、驢馬に転生させられる。
16公子打囲　鄭公子が狩りに出たところを目連が訪ね、母の変身した狗を貰い受ける。
17入庵尋母　曹女の住む尼庵に狗が駆け込み、追ってきた目連と再会する。
18益利拝墓　目連は狗を連れて家に帰り、墓参りに来ていた益利と再会する。
19盂蘭勝会　僧侶多数、盂蘭盆経を読む。
20合家団円　劉氏は狗身を脱して人に戻り、目連、益利とともに昇天する。

(3)このテキストの特色

(i)二〇行…曹氏

現在、大多数の目連戯地方脚本においては、羅卜に曹賽英という婚約者がおり、羅卜が出家して婚約を解消したあと、継母に他家へ嫁ぐように迫られて拒絶し、剃髪して尼庵に入り、後に劉氏が変身させられた狗がその庵に入ってきた時、狗を追ってきた羅卜と再会する、というように団円に至る筋が展開される。極めて重要な舞台回しの役を演じていることになる。これは、羅卜に婚約者を配することは、子孫繁栄を目的とする宗族社会の発想であり、

写真 19　曹女剪髪（シンガポール莆田目連戯，1984 年）
曹賽英（中）

おそらく江南の宗族社会において挿入されたものと思われる。江南、つまり江西、安徽、浙江など、ほとんどの地方脚本に登場し、もちろん鄭之珍本にも含まれている。しかし、上記の莆田目連戯においては、曹氏はあまり重視されていない。芸術研究所蔵本では、わずかに「入庵見母」の場に、唐突に目連の婚約者として曹女の名前が出て登場する。しかし、最後に、一家が玉皇から法号を受ける時も、またそろって昇天するときも、曹女だけは、含まれていない。つまり福建の社会は、江南ほど、宗族の存在が大きくない。曹女が重視されない理由はここにある。シンガポール本では、一九八四年の上演では、第三日の午前に「曹女剪髪」、「曹公見女」の場を設けて簡単に演じた（写真19）が、大陸の劇団が主体となった一九九四年、二〇〇四年の上演では、曹女は、全く演じられていない。この点において、莆田目連戯は、江南諸本よりも早く成立した原本目連戯と言えるのではないか、と想像する。

（ii）一六二行…目連超薦

『目連救母経』第二一図は、世尊が眉間から五色毫光

写真 20　目連超薦。遺族が下で祈る（シンガポール莆田目連戯，1983 年）

を放ち、地獄を照らして打ち破り、一切の罪人を救出して、尽く天界に生まれ変わらせる。これは、劉氏を救出する行為ではなく、地獄に幽閉されている、劉氏以外のあらゆる罪人を救う行為である。莆田目連戯においても、目連が三殿に到達した後、やはり目連が呪語を念誦して地獄を打ち破り、獄内の罪人を救出して昇天させる演出を行う。

罪人の中に劉氏は含まれておらず、これによって、目連は、『目連救母経』の世尊と同じく、地獄の亡者を救い出す高僧となっている。この舞台演出は、『目連救母経』の世尊が眉間毫光を放って地獄を破壊し、中の罪人を尽く解放する場面を踏襲したものである。莆田目連戯の場合、この目連の地獄解放の場面のあと、信徒が近年亡くなった親族の衣服を舞台上の目連役者に渡し、目連役者は、舞台の目の前に坐る少年を、親族の亡魂に見立てて、釣竿で吊り上げ、地獄から救い出す「目連超薦」という儀式を行う（写真20—22）。このとき舞台の下に並んで順番を待つ同郷信徒は、数百人に及び、終了まで数時間を要し、その間、目連戯の進行は中断される。演劇の中に

写真 21　目連超薦。遺族が下で順番を待つ（シンガポール莆田目連戯，1984 年）

写真 22　目連超薦。目連が亡者の替身を救う（シンガポール莆田目連戯，2004 年）

写真 23　三堂会審（シンガポール莆田目連戯，1983 年）
左より牛頭，鬼卒，劉氏，四殿王，五殿王，六殿王

儀礼があり、儀礼の中に演劇があるこの形は、目連戯の原初形態を残しているもので、莆田目連戯の成立年代の早さを証明するものといえる。

(iii) 一六八行…三堂会審

このテキストの地獄世界は、十王地獄の発想によって構成されていて、『黄籙九幽醮』、『目連救母経』、『目連宝巻』、『福州科儀』等の九幽地獄とは異なっている。しかし、この莆田目連戯のテキストの十王地獄は、他のテキストと異なり、本来の十王経からかなりずれている。たとえば、十殿のうち、二殿、七殿の描写を欠く。四殿も独立の描写はない。劉氏が四殿に送られる段階になると、五殿王と六殿王が加わり、四殿、五殿、六殿の三堂会審となる（写真23―25）。その後、六殿（阿鼻地獄）に送られて、ここで母と会う。描写は欠いていても、劉氏は、二殿、七殿も経過しているはずであるから、三堂会審により、四殿だけは独立の審査は受けていないことになり、結果として、四殿を除く九回の裁判を受けたことになる。これは、『黄籙九幽醮』、『目連救母経』、『目連宝巻』、『福州科儀』等の九幽地獄の

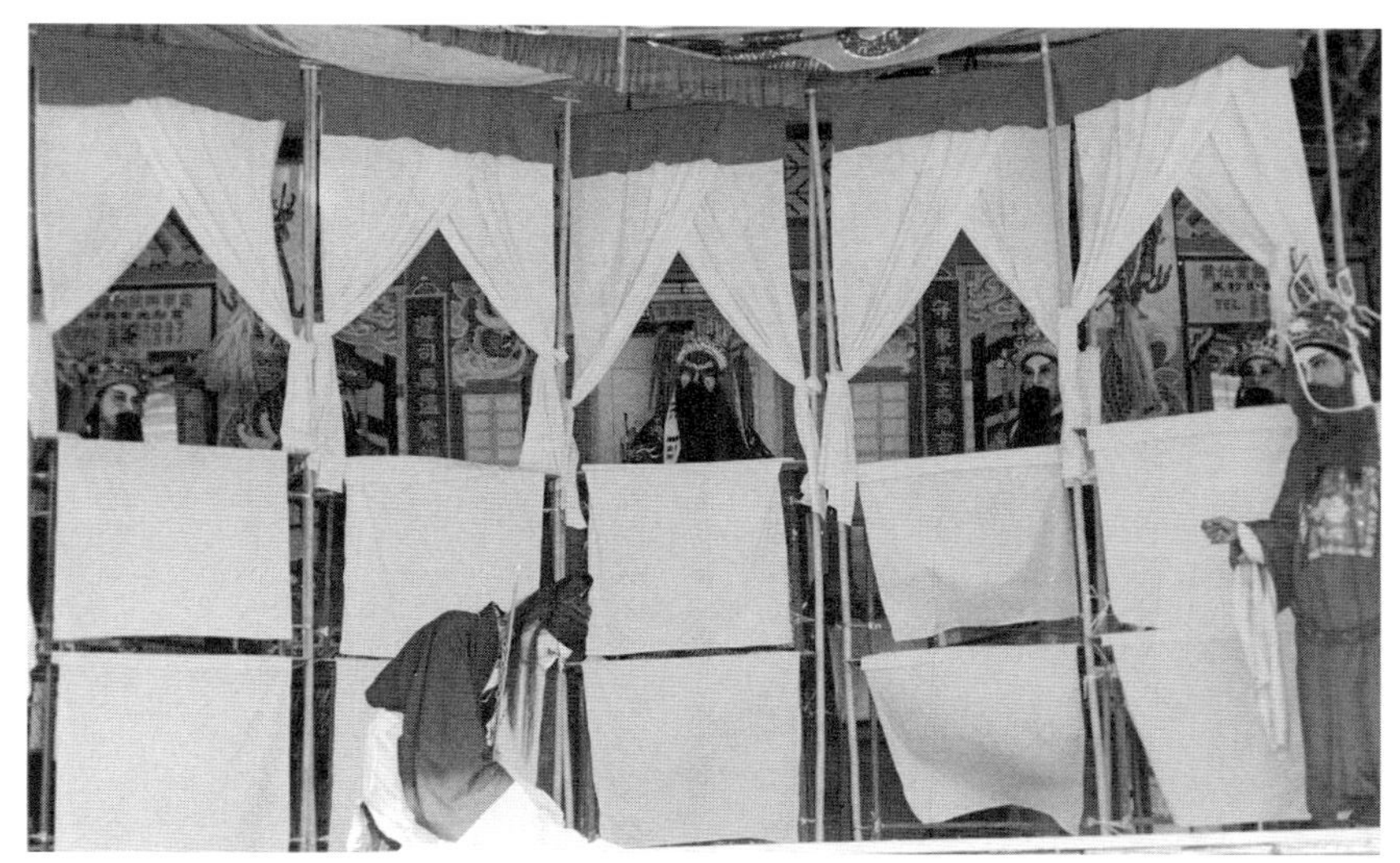

写真 24　三堂会審（シンガポール莆田目連戯，1984 年）
左から判官，劉氏，四殿王，五殿王，六殿王，書記

写真 25　三堂会審（シンガポール莆田目連戯，2004 年）
左から文班，四殿王，五殿王，劉氏，六殿王，判官

数に合う。莆田目連戯テキストの十殿地獄は、先行の九幽地獄の影響を受けて、九幽に変形している、といえる。ちなみに、他の地域の目連戯脚本には、三堂会審の趣向は見当たらない。

(iv) 一九四行…観音掃殿の挿入

シンガポール九鯉洞における一〇年一度の莆田目連戯の演出では、目連戯本体が目連以下三人の僧侶による盂蘭盆会の挙行、劉氏の狗身から人身への復帰によって大団円に到達終了したのち、最後に観音菩薩の前身、妙善公主の修行の一段が挿入して上演される。その劇本に描述される故事は、次のようなものである。

興林国の妙荘王の第三公主、妙善は、父王に放逐され、白雀寺に入って、仏道の修行に励む。殿内を清掃しているとき、白雀寺の護法神の珈藍は、昊天玉帝の玉旨を受け、妙善を保護するために地上に降り、判官と小鬼に妙善の仕事を助けさせる。狂風が吹いてきて、長命灯を引き消す。妙善が灯を点けに行くと、伸ばした手が灯に届く前に、小鬼が灯を点けてしまう、妙善は不思議に思う。鼓を撃ち、鐘を鳴らそうとすると、小鬼が鐘を鳴らし、判官が鼓を撃つ、妙善はさらに懼れる。しばらく沈吟したのち、天の助であることを悟り、さらに仏心を固める。

その最後の文章は、次のとおりである。

(妙善唱)色即是空、空即是色、修行悟道難免苦。欲蒙円光照、破刀山剣樹。龍華三会、何日相逢、朝聞道而夕死可以、是以無辺苦海、海海無辺、回頭是岸、拝我仏乞慈悲、護妙善見性更明、奴願度衆、同帰浄土極楽城。

(珈藍唱)慈悲娘愛苦厄在災、可笑荘王太不該、今日龍華得三会、皆大歓喜永無災。

(鬼判唱)黄金千万両、香花作蓮台、大衆利益、合班得財。

これが終わると、妙善は、一人舞台を降りて、箒で舞台の前の地上を掃く(写真26・27)。

これは、舞台周辺にさまよう孤魂を駆逐する意味がある、と解せられる。しかし、それは祭祀の上での機能であり、わざわざこの物語をここに導入する必要はないように見える。なぜ、莆田目連戯の作者は、この故事を挿入したので

写真 26　観音掃殿（シンガポール莆田目連戯，1984 年）
鬼判（左），妙善（中），珈藍（右）

写真 27　観音掃殿（シンガポール莆田目連戯，1984 年）
左から僧侶・妙善，侍者，珈藍，侍者，僧侶

あろうか。

おそらく、これは宝巻からの影響であろう。妙善の故事にも『香山宝巻』と題する宝巻がある、しかもそれは『目連宝巻』と無関係ではない。宝巻は女人の故事を題材とするものが多い。『目連宝巻』は、劉氏という女人の故事であり、『香山宝巻』は妙善という女人の故事である、女性の観衆はこの両者の類似性、連続性を意識しているに違いない。しかも故事の中で、妙善は白雀寺で父王に殺され、その霊魂も十八地獄を巡る。それゆえに、妙善は、上にあげた言葉の中で、〃欲蒙円光照、破刀山剣樹〃と言っているのである。これを見ると、莆田目連戯の劇本は、おそらく閩北に流行した『目連宝巻』『香山宝巻』等、女人を主とした宝巻文学の読者あるいは観衆を背景として、成立したものと思われる。

結節　地文学的考察

『黄籙九幽醮』『目連救母経』は、宗教文献に属し、『目連宝巻』『莆田目連戯』は、文学文献に属する。ただ宗教文献と文学文献は、不可分の関係にあって発展してきた。これらの文献は、主として浙東、浙南、閩北の三つの地域で生まれた。宋元時代は、宗教が世俗化した時代であり、上層人士の宗教世界は、民衆化した。道教文献は仏教文献に比べて体系的であり、『黄籙九幽醮』の体系的な内容は『目連救母経』に接受され、絵解きの台本として、さらに通俗的な内容に変化し、民衆に伝播した、その上図下文の形式は、これも絵解きを本領とする俗講の唐代変文と共通の背景をもつ。民衆は、これによって法を聴き、その道理を理解した。『目連宝巻』は、女人を主とした仏教信徒の民衆の上に、『目連救母経』の故事をさらに詳細な長編歌謡に成長させた。その後、閩北の道教普度はさらに発展し、これに伴って閩北に長編の莆田目連戯が生まれた。目連戯自身は、北宋にすでに成立していたが、それはおそらく仏典と同じように比較的簡単で曲折の乏しい故事であったと推定される。これに対して、『莆田目連戯』は、極めて豊富な内容になっている。このような地域的な宗教と文学の相互浸透は、東南沿海地区という独立の地域圏の中で、ゆっくりと進行した。William Skinner 教授は、地文学の観点から中国全土を八個の独立した地域に区分したが（図59）[8]、その中で〝東南沿海地区〟Southeast Coast を挙げている。つまり福建を中核とし、北は浙東、南は粤東に至る沿海地区である。

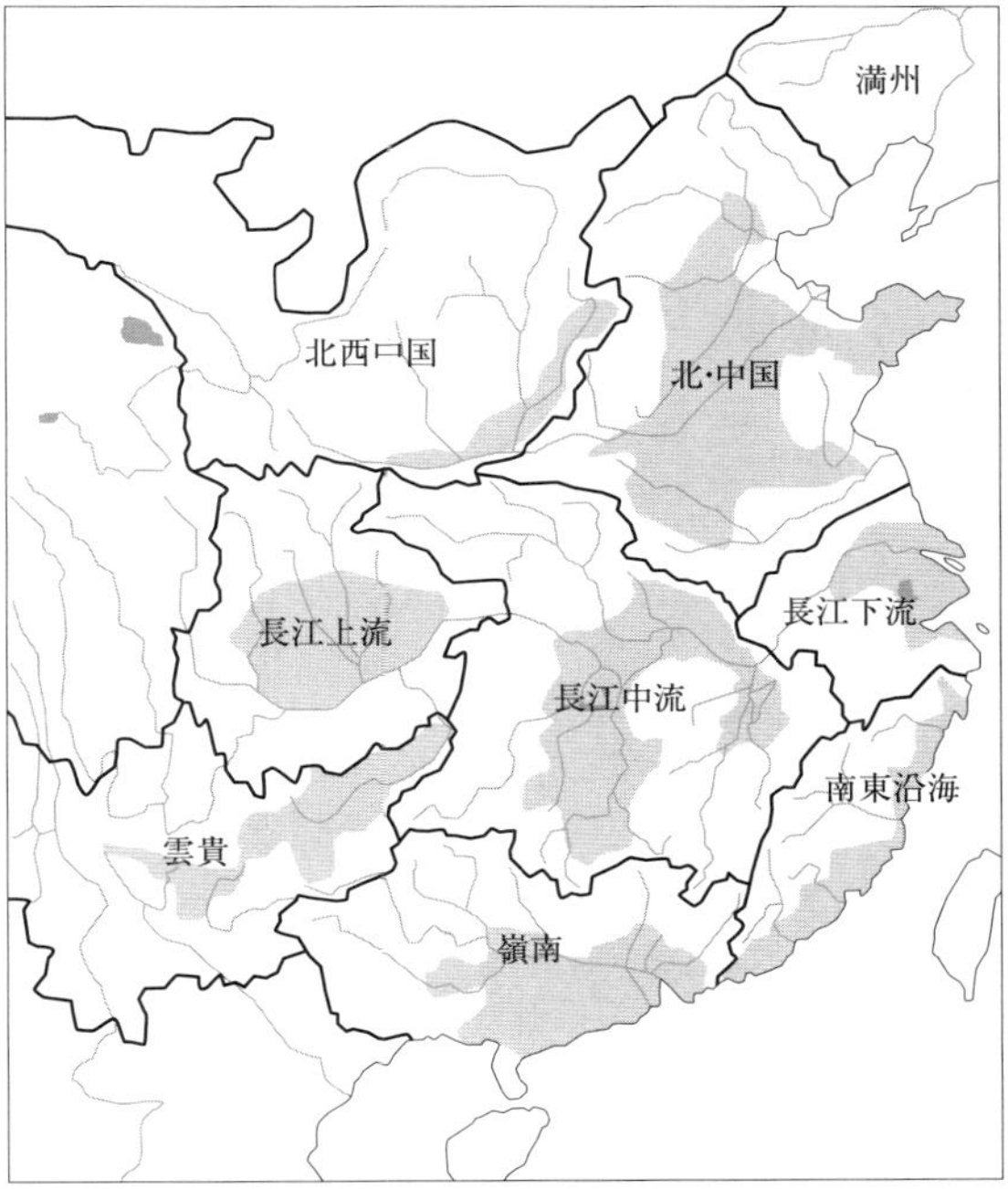

この地区においては、各地は、海上交通によって互いに交流していた。浙東の宗教文化は、容易に浙南、閩北、閩南、粤東等に伝播した。特に福建商人は、船によって物資を運び、沿海を往来して、買売を行った。たとえば、浙南山区の松陽県に福建の僑民が建設した天后廟がある。葉華庭「松陽的演劇」（『民衆教育』第四・五期、一九三七年）は、次のように述べている。

天后戯：在三月二十三天后娘娘的生日、於二十二日夜間要大演特演一夜、一直要演到二十三日将近天亮才畢。福建人遷居外地的、……特建起天后宮和她的偶像来、並建福建会館於宮内。天后戯：三月二十三に在りて天后娘々の生日たり、二十二日の夜間、大いに「特演」一夜を演ずるを要む、一直に

図59　中国八大地域図

二十三日、天亮に近からんとするまで演じ到りて、才めて畢る。福建人の外地に遷居せるもの、特に天后宮とその偶像を建起し、並びに福建会館を宮内に建つ。

これによって、海岸からかなり遠く離れた松陽県にも天后宮があり、福建商人の活動が浙江省内陸部にも及んでいたことがわかる。莆田目連戯は、このような環境の下で目連戯の最も早いテキスト、つまり原本として形成されたものと考える。

（1）本書に掲載した『仏説目連戯救母経』の図版は、『美術研究』二五五号（一九六七年第五冊）所収、宮次男「目連戯救母説話とその絵画」に掲載されている京都金光寺所蔵経典の図版、挿図1（一五六―一六九頁）、計一四図を二五図に分割して転載したものである。題字は、宮論文の図版では判読できず、小南一郎氏撮影の拡大写真、及び金光寺所蔵の原物について、判読した。写真を提供された小南氏、及び原物の調査を許可された金光寺住職、新堀俊尚師に感謝申し上げる。

（2）「――処」については、絵解きの用語という理解が定説になっているが、具体的にこの「処」という語を使って場面を説明している事例を含む絵画が従来、発見されていなかったため、この「処」の語義についての議論が現在も続いている。近くは、陳引馳「『大唐三蔵取経詩話』零劄」（香港浸会大学中国語言文学系『宋元文学与宗教国際学術研討会論文集』、二〇一二年）がこの問題を論じている。以下、その要点を摘録する。

(1)大唐三蔵取経詩話には、目録で一七節、本文で一五節の話が記録されており、本文の残る一五節のうち、第三節、第四節、第五節を除き、他の一二節には、みな「――処」の形式をもつ。たとえば、「行程遇猴行者処第二」のごときである。

(2)この「処」は、変文の中にもしばしば出現する。たとえば、『李陵変文』には、次の例が見える。○看李陵共単于火中戦処、○李陵共単于鬥戦第三陣処、○且看李陵共兵士別処、○単于高声呵責李陵降服処、○誅李陵老母妻子処。ほか一例。

(3)類似の例が『漢将王陵変』、『降魔変』、『大目乾連冥間救母変文』、『伍子胥変文』、『王昭君変文』、『張義潮変文』、『張淮深変文』などにも存在する。

(4)この「処」の用法は、図像の伝統に起源をもつ可能性が高い。たとえば、莫高窟七六号窟東壁右部窟頂の位置に、仏本行を描いた壁画があり、次の題榜が記される。○照連河浴澡処、○太子六年苦行処、○太子雪山落髪処、○教化昆季五人処。
(5)S2614『大目乾連冥間救母変文並図一巻並序』の題名に「並図」の二字が見える点にかんがみ、変文は、図を伴っていたと推定できる。この変文にある一七例の「某某処」のうち、「看」を含む例が二例ある。○看目連深山坐禅処、○且看与母飯処。李陵変文にも、この「看」をもつ例が二例あり、いずれも聴衆に図を見せて語る場面を示している。後世の説唱文芸に「看官」の語で聴衆に語りかけるものは、この変文の形式に由来している。

よく整理された議論であるが、本文であげた『目連救母経』の「――処」の事例は、この議論を具体的に絵図によって裏付けるものであろう。

(3)　原著者の留用光は南宋の人、「江西上饒郡に居り……江浙の間、黄籙大斎を建てる者、万もて計う」(『無上黄籙大斎立成儀』巻五七附録修書本末)。編者の蔣叔輿は、「世々永嘉に居り、曾祖は、処州に知たり」とあり、これによって浙南の人であることがわかる。したがって『無上黄籙大斎立成儀』も『目連救母経』と同様に、主に浙江地区で流行した、と見られる。

(4)　この元刻『仏説目連救母経』と同じ本文をもつテキストが韓国に存在する。『仏説大目連経』と題する。この資料の存在は、小南一郎教授のご教示によって知り得た。明代嘉靖一五(一五三六)年刊刻本で、一二〇〇年、時代が下がり、上図下文の形式ではなく、文と図を交替に配置する挿絵形式である。図は、稚拙な単線白描で、元本のような「――処」という題辞はない。巻首に「西天三蔵法師　法天　訳」と記すが、小南教授は、「法天は北宋初めの人、このテキストが北宋本であるとは、信じられず、この記載は、信用できない」と言われる。しかし、その可能性は皆無ではない(〔補記3〕参照)。それにしても、この韓国本の『仏説大目連経』の出現により、『仏説目連救母経』が、宋代だけの孤立した資料ではなく、明代中期の嘉靖期(鄭之珍本目連戯成立の直前)まで流伝していたことが判明したことになる。目連戯の形成にこの俗講経文が果たした役割が、かなり広範囲に及んだ可能性を想像できるようになった点で、発見の意義は、大きい。以下、小南一郎『「仏説大目連経」校勘訳註稿』(二〇一四年度松家裕子科研費補助金、課題名「浙江金華口承文芸研究」)より『仏説大目連経』の本文(小南氏の校勘を含む)、巻首書影、巻末書影、及び別に公益財団法人東洋文庫を通じて入手した高麗大学校所蔵本により挿図一八葉の図柄を記す。

○巻首…仏説大目連経〔金光寺本作目連救母経〕西天三蔵法師　法天　訳〔金光寺本無西字以下九字〕

〔第一段〕

昔王舎城中有一長者、名曰傅相、其家大富、駞驢象馬、遍山蓋野、錦綺羅紈、真珠満臧、諸頭放債、莫知其数、長者語常含笑〔金光寺本作舎笑〕、不逆人情、六度之中、常行六波羅蜜、長者忽然染患、遂即身亡、夫婦二人、唯養一子、名曰羅卜、見父亡没、葬送〔金光寺本作送於〕阿爺山所、三年服満、来啓阿嬢〔金光寺本、嬢字作娘字、下同〕、阿爺在日、銭財無数、即今庫臧並欲空虚、児欲将銭、出往外国経紀、遣奴益利、運銭物出、只有〔金光寺本作運将銭本出有〕三千貫文、分作三分、一分留与阿嬢、供給門戸、一分留与阿嬢、供養三宝、為爺日設五百僧斎、児将一分、往金地国〔金地国、出自維摩義記、南天竺金地国〕、興生経紀、

［第一図　目連辞母出行図］

羅卜が母の命により、外商の旅に出発する場面。商品を馬車に積み、堂内で母に出発の挨拶をしている。自分の乗る馬も控えている。

［第二段］

慈母見子行去、喚聚奴婢、汝来、今我〔金光寺本作我今〕家中大富、若有三宝師僧、来我門前教化、為我将棒打煞、莫留性命、将我児設斎銭、広買猪羊鵝鴨鶏犬、餧飼〔餧字、高麗大学本第三段作餒字〕令肥、懸羊柱上、刺血臨盆、縛猪棒打、哀声未絶、劈腹取心、祭祀鬼神、作諸歓楽〔金光寺本作快楽〕、

［第二図　阿嬢打僧殺生図］

劉氏開葷の場景。劉氏は左の堂内に坐す。庭で下人が猪羊を吊るして割いている。別の下人は、僧侶に棒で殴り掛かり、追い出そうとしている。劉氏の左下にしゃがんでいるのは、婢女の金支とみられる。

［第三段］

羅卜将一千貫銭本、去得三年、趁得三千貫銭利、廻帰本国、離家四十余里、在城西柳樹下歇、遣奴益利、先往帰家、啓白我嬢、若作善事因縁、我将此銭、帰供養嬢、若作悪業因縁、我将銭為嬢捨施、益利帰到家中、金支遥見、走報阿婆、郎君帰矣、婆問金支、汝那得知、金支答言、門前見益利、知道郎君帰矣、婆遣金支、汝且関門、莫与奴進、待我開庫蔵、取幢幡、張設後園、仮作設斎所在、開門引奴進、語言益利曰、我従汝共郎君行去已後、我在家中、日設五百僧斎、若汝不信、向後園仏堂前、看我設斎所在、匙筯交横、香煙雑乱、椀楪収拾、猶未得了、益利走報、郎君、婆也不是凡人、婆在家、毎日設五百僧斎、羅卜聞言、益利、汝那得知、帰到家中、正見〔金光寺本作家時、正是〕匙筯交横、香煙雑乱、僧徒並散、収拾未得了、羅卜時聞此語、心生慚愧、我且遥空頂礼阿嬢一千余拝、時有東隣西舎、郷閭眷属、聞道羅卜帰家、出城迎接、見郎君礼拝不起、問言郎君、前頭無仏、後復無僧、礼拝何者、羅卜答言、慚愧阿嬢、在家中供養三宝、日設五百僧斎、郷隣答言、汝母従郎君行去後、婆在家中、棒打三宝師僧、将汝設斎銭、広買猪羊鵝鴨鶏犬、餧飼〔金光寺本作餧飼〕令肥、懸羊柱上、刺血臨盆、縛猪

棒打、熱湯枇身、哀声未絶、劈腹取心、祭祀鬼神、作諸歓楽

［第三図　目連柳下打聴家況図］

母の開葷を聞いて、羅卜が急いで帰宅したところ。柳の樹の前に坐すのは、羅卜、馬が留めてある。

［第四段］

羅卜遂聞此語、挙身自撲、百毛孔中、尽皆流血、悶絶在地、良久不蘇、母見児帰、出相迎接、唯見児倒地不起、把児手、語児曰、汝聴我発誓言、江水蕩蕩、上有流波、成人者少、敗人者多、我従汝行去已後、日不為汝設五百僧斎、令我還家、便得重病、不過七日、死入阿鼻大地獄、羅卜聞母発願誓重〔重字疑為言字之誤〕、遂起、帰到家中、阿嬢忽然重病、不過七日、遂乃身亡、羅卜送阿嬢山所、結草為庵、守母墳霊、三年苦行、白日提籠担土〔金光寺本作檐土〕、加母墳霊、夜間転誦大乗経典、声声不絶、感得九色鹿子来現、白鶴呈祥、慈烏眼中出血、百鳥銜土、来助墳霊、羅卜見鳥銜土、心生歓喜、覓得工匠、塑成仏像、供養三年、孝服将満、即辞墳霊而去、

［第四図　目連墳前孝服図］

羅卜が、母劉氏の墓の傍らで、「もがりや」にこもり、母の喪に服している状況。墓の周囲には、孝子を嘉して、天が瑞鳥、瑞獣を派遣している。

［第五段］

至耆闍崛山中見世尊、羅卜白仏言、世尊、父母今已亡没、孝服将終、心願随仏出家、有何功徳、世尊喚言、善来羅卜、南閻浮提中、若捨一男一女、一奴一婢、随仏出家、勝造八万四千浮図宝塔、現世父母、福楽百年、七代先亡、当生浄土、何況自発菩提之心、即遣阿難、剃除鬚髪、世尊摩頂受記、改名大目揵連、我有十大弟子中、神通最為第一。

［第五図　釈迦受記目連図］

羅卜が釈迦如来に出家を願い出ているところ。如来の前に身を屈しているのが羅卜。庭先には剃髪する僧侶が見える。

［第六段］

目連白仏言、世尊、宝塔浩大、功徳如何、世尊答言、目連、宝塔高大、簷簷相接、徹至梵天、百年之後、雨漏仏面、当来獲罪、出家功徳、是金剛不壊之身、目連白世尊、今欲辞世尊、入山学道、世尊答言、目連、汝若要修道、不用余処、向我耆闍崛山中修道、目連啓世尊、山中有何糧食、堪得学道、仏言目連、山中唯有虎狼禽獣、毎到斎時、口銜香花、自来供養、目連聞是語已、擲鉢騰空、往到耆闍崛山中、至賓鉢羅庵中、左脚壓右脚、右脚壓左脚、以舌柱上顎〔顎字、金光寺本作齶字〕、観

三十二天〔金光寺本作三十三天〕、至化楽天宮、唯見阿爺受天福、不見阿嬢、廻来啓世尊、阿嬢在生之日、道我、日設五百僧斎、死合生化楽天宮、天宮不見、今在何処、仏語目連、汝母在生之日、不信三宝、慳貪積悪、造罪如須弥山、死入地獄中、目連遂聞此語、挙身自撲、悲啼号泣、従地而起、遊諸地獄、目連次復前行、見一剉碓地獄、只見南閻浮提衆生、在剉碓臼中、斬身千段、血肉狼籍、毎日之中、万死万生、目連悲哀、問獄主、此獄衆生、前身作何罪業、今受此苦、獄主答師、此是南閻浮提剉斬一切衆生、男女盤旋、聚頭共喫、口唱甘美、今落弟子手中、只得歓喜忍受、

［第六図　剉碓地獄図］

地獄で罰を受ける男女。上は、閻王に呼び出される亡魂。下は、十月懐胎を唄う劉氏。

［第七段］

目連次復前行、見一剣樹地獄、南閻浮提衆生、在剣樹頭、手攀剣樹、百節零落、脚踏刀山、千肢倶解、目連悲哀、問獄主、此獄衆生、前身作何罪業、今受此苦、獄主答師、此南閻浮提不信因果、串燎衆生、男女盤旋、聚頭共喫、口唱甘美、今落弟子手中、只得歓喜忍受、

［第七図　剣樹地獄図］

剣山地獄の状況。身体を立ったまま、二つに断ち割られるもの、剣山に追立てられ、手足を切断されるものなど。

［第八段］

目連次復前行、見一石磕地獄、両塊大石、磕諸罪人、血流迸散、目連悲哀、問獄主、此獄衆生、前身作何罪業、今受此苦、獄主答言、此是南閻浮提衆生、多煞虫蟻、殺害〔金光寺本作教害〕無量、今落弟子手中、只得歓喜忍受、

［第八図　石磕地獄図］

石碓地獄。罪人は、石碓ですりつぶされる。

［第九段］

目連次復前行、見一隊餓鬼、頭如大山〔金光寺本作太山〕、腹如須弥、咽喉如針、行歩之間、常作五百破車之声、目連復問餓鬼、汝等前身作何罪業、鬼復答師、我前身為破〔破字、金光寺本作貪字〕亡斎、不敬三宝、長劫不聞漿水之名、不見飲食之味、故獲斯報、

［第九図　餓鬼図］

地獄の亡者たち、羅卜に救いを求める。

[第一〇段]

目連次復前行、見一灰河地獄、一切南閻浮提衆生、在灰河中、奔波迸定、遍身燋襴〔襴字当作爛字〕、見東門開、走向東門、東門復閉、見西門開、走向西門、西門復閉、見南門開、走向南門、南門復閉、見北門開、走向北門、北門復閉、如是波波馳走、更無休息、目連問獄主、此獄衆生、前身作何罪業、獄主答師、此人前身為火炮鶏子、今落弟子手中、只得歓喜忍受、

[第一〇図　灰河地獄図]

目連、奈何地獄に至る。鉄蛇、銅犬が人を咬み、傷つける。

[第一一段]

目連次復前行、見一鑊湯地獄、只見南閻浮提衆生、在鑊湯中、波濤湧沸、煎煮罪人、目連悲哀、問獄主、此獄衆生、前身作何罪業、今受此苦、獄主答師、此人南閻浮提衆生、不信三宝、生大富長者家中、煎煮衆生、今落弟子手中、只得歓喜忍受、

[第一一図　鑊湯地獄図]

目連、鑊湯地獄に至る。釜ゆでの刑が行われている。

[第一二段]

目連次復前行、見一火盆地獄、只見南閻浮提衆生、頭戴火盆、百節骨頭、炎炎火出、目連悲哀、問獄主、此獄衆生、前身作何罪業、獄主答師、此是南閻浮提衆生、要喫衆生骨髄、今落弟子手中、只得歓喜忍受、

[第一二図　火盆地獄図]

目連、火盆地獄に至る。

[第一三段]

目連高声大叫阿嬢、嬢在生之日、道我、日設五百僧斎、香花飲食、非不如法、死合生化楽天宮、天宮不見、合在地獄、地獄不見、獄中一万四千牛頭獄卒、各相謂言、前門有生人声、必是南閻浮提送罪人来矣、我将鐵叉望心挿取〔金光寺本作押取〕将来、目連正在地獄門前、頓悟座禅、身登〔登字、金光寺本作発字〕三昧、獄主叫喚数声、目連従禅定起、問師是何人、来我地獄門前、目連答言、莫嗔貧道、貧道特来尋討阿嬢、獄主問、誰道阿嬢在此、答言、釈迦牟尼仏道、嬢在此、獄主問師、釈迦牟尼仏、是師何眷属、目連答言、便是本師和尚、我是弟子大目揵連、獄卒聞是語已、低頭放却鉄叉、頂礼一千余拝、讃言、善哉善哉、今日果報、得見釈迦牟尼仏弟子面、問師嬢何姓字、為師往獄中撿簿尋看、獄主入司撿簿、無名、出来報師、今往獄中〔金光寺本作獄主〕、撿簿無名、前頭又有大阿鼻地獄、目連次復前行、見一大地獄、牆高万丈、黒壁万重、鉄網交加、蓋覆

其上、上面又有四大銅狗、口中常吐猛炎、炎炎焼空、叫得千声、殊無人応、廻来問獄主、前頭有大地獄、牆高万丈、黒壁万重、鐵網交加、叫得千声、無人出応、獄主答師、師法力微小、要此門開、無過問仏。

〔第一三図　阿鼻地獄門前図〕

第六殿阿鼻地獄にて、母の所在を尋ねる。

〔第一四段〕

目連聞是語已、擲鉢騰空、往到仏所、繞仏三匝、白仏言、世尊、目連見大地獄、牆高万丈、黒壁万重、叫得千声、無人応矣、仏語目連、汝執我十二鐶錫杖、披我袈裟、掌我鉢盆、至地獄門前、振錫三声、獄門自開、関鑰自落、獄中一切罪人、聞我錫杖之声、皆得片時停息、

〔第一四図　目連獄主問答図〕

目連は、阿鼻地獄を破れず、如来の下に赴き、助けを求める。如来は、暗闇を照らす灯冠と地獄を歩くための芒鞋を賜う。

〔第一五段〕

目連披得袈裟、手持錫杖、至地獄門前、振錫三声、獄門自開、関鑰自落、目連突入獄中、獄卒推出、師是何人、擅開此門、此門長劫不開、目連問獄主、此門不開、罪人従何而入、獄主向師道、南閻浮提、多行不孝、多行五逆、不信三宝、命終之後、被業風吹之、倒懸而下、不従門来、獄主復問、阿師云何到此、目連答言、特来尋討阿嬢、獄主問師、誰道師嬢在此 目連答言、釈迦牟尼仏道嬢在此、問師〔金光寺本作本師〕、釈迦牟尼仏是師何眷属、目連答言、便是本師和尚、獄主問師嬢何姓字、為師往獄中、撿簿尋看、目連答獄主、王舎城中傅相長者妻、青提夫人、姓劉第四、獄主入獄、遂喚、王舎城中青提夫人、姓劉第四、門前有出家児、法名大目揵連、是仏弟子、大不可思議、若是汝児、非久得離地獄、獄主又問、王舎城中青提夫人、汝何不応、罪人応曰、恐獄主移向苦処、罪人不敢応言、罪人唯有一子、身不出家、不名大目揵連、獄主出来報師、有一青提夫人、道児不出家、不名大目揵連、目連答言、獄主、大慈大悲、信知道不識児、父母在日、小名羅卜、爺嬢死後、投仏出家、得仏改名大目揵連、獄主問師、今日尋得嬢見、将何報答弟子之恩、目連答言、今日得見阿嬢、請諸菩薩転大乗経典、報答獄主之恩、獄主向罪人言、吾助汝喜、門前覓者、正是羅卜、罪人応曰、若是羅卜、即是懐抱寸腸之子、此時獄主将鐵叉挿起、打釘落地、百毛孔中尽皆流血、更著鉄枷、刃剣囲遶、放出与児相見。

〔第一五図　目連母子相見図〕

目連は、第六殿に戻り、斑頭に母の在処を問う。

[第一六段]

問師還識嬢否、目連答言、不識嬢、前頭遍身猛火鎔鎔、便是師嬢、目連知是阿嬢、大叫阿嬢、阿嬢在生之日、道我日設五百僧斎、香花飲食、非不如法、死合生化楽天宮、天宮不見、却在地獄、児日日毎到斎時、有異種甘甜、先将来供養阿嬢、阿嬢形容、何得大極劣痩、阿嬢喚言、我児嬌子嬌児、長劫不見、嬌児何得今朝、恰在地獄門前、与児相見、嬢在獄中、受罪辛苦、飢呑鐵丸、渇飲銅汁、語猶未了、獄卒把定長釘釘身、煎煮腸肚、獄中罪人、各相謂言、他家子母、尚得相見、我等云何無有出期、獄主答師、不得与嬢久停説話、汝嬢受罪時到、師若不放阿嬢、我快鑢鐵叉、望心挿取将去、目連放却阿嬢、被獄主駈入獄中、喚言、我児嬌子嬌子、苦痛難忍、百方作計、救取阿嬢、目連左脚在門垠内、右脚在門垠外、聞叫苦痛之声、将頭臢柱、血肉狼籍、告獄主言、欲入獄中、代嬢受罪、獄主答言、師嬢業力広大、事不相干、欲要出地獄、無過告仏、目連聞是語已、擲鉢騰空、往詣仏所、遶仏三匝、白仏言、世尊、目連嬢在獄中、受罪辛苦、如何救得阿嬢、出離地獄、世尊答言、目連、我救汝母、目連問、言、世尊、還救得否、世尊答言、我若救汝母不得、長劫入地獄中、代汝嬢受罪、尓時世尊領諸徒衆、比丘・比丘尼、優婆塞・優婆夷、無数億万、前後囲遶、散虚空身、高七多羅樹、放眉間五色毫光、照破地獄、鐵床化作蓮花座、剣樹化作白玉梯、鑊湯化作芙蓉池、尓時閻羅大王作如是言讃、曰、善哉善哉、我親得礼拝燃香、還成不信有仏、勅牛頭獄卒、尽皆放生天、

[第一六図　仏放毫光図]

如来は、地獄の亡者を救済する。

[第一七段]

目連又問、世尊、一切罪人尽得生天、阿嬢托生何処、仏答目連、汝母在生之日、罪根深重、業障未尽、出大地獄、却入小黒闇地獄、諸菩薩僧、斎余剰飯、賜汝一鉢、往獄中飼母、

[第一七図　黒闇地獄中目連飼嬢図]

目連は、阿鼻地獄に空から飛びこみ、母に会い、飯食を捧げる。

[第一八段]

目連接得飯、往獄中、母見飯、貪心不改、左手撮飯、右手遮人、飯来入口、依前変成猛火、目連問世尊、如何得離黒闇獄中、世尊答言、要嬢離黒闇地獄、請諸菩薩、転大乗経典、方得離黒闇地獄、目連即依仏勅、請諸菩薩転大乗経典、嬢得出黒闇地獄、又生餓鬼中、目連欲告世尊、嬢出黒闇地獄、托生何道、世尊答言、離地獄中、托生餓鬼中、目連問世尊、嬢在獄中日久、

欲共嬢往恒河水辺、飲水洗腹、世尊答言、諸仏飲水、猶如乳酪、衆僧飲水、猶如甘露、十善人飲水、能解飢渇、汝母飲水、変為猛火、流入腹中、煎煮腸肚倶爛、目連啓世尊、如何得嬢離餓鬼、世尊答言、請諸菩薩、点四十九灯、放諸生命、造立神幡、得嬢離餓鬼、目連即依仏勅、請諸菩薩、放諸生命、造立神幡、点四十九灯、得嬢離餓鬼身〔金光寺本、餓鬼身三字下有目連告仏、我母六字〕、托生何道、仏言目連、雖離餓鬼、托生今在王舎城中、化為母狗、目連聞是語已、持鉢〔金光寺本作挺鉢〕往王舎城中、呼覓其狗、狗見目連、走出抱腰、懊悩、我是師母、師是我児、目連問母、母〔両母字、金光寺本闕其一〕今作狗身之苦、何如地獄之苦、狗語目連、我乍可長劫作狗身、喫人不浄、我怕聞地獄之声、目連又問世尊、嬢作狗身辛苦、如何得嬢離狗身、世尊答言目連、但〔金光寺本作闕但字〕取七月半日、造取盂蘭盆斎、得嬢離狗身、目連問世尊、何故不取十三十四、要取七月十五日、世尊答言目連、七月十五日、是衆僧解夏之日、歓喜倶会一処、用抜汝母、当生浄土、目連即依仏勅、市買楊葉栢枝、造得盂蘭盆斎、得嬢離狗身、

〔第一八図　盂蘭盆斎阿嬢昇天図〕

托鉢して回る目連に犬が飛びつく。目連は、母と悟り、家に連れ帰り、盂蘭盆会を開く。幟を建て、多くの孤魂を招いて、読経し、食を施す。その功徳のおかげで、劉氏は、狗身を脱し、天界に生まれ変わる。図の上半分には、犬の劉氏と昇天する劉氏が描かれ、下は、盂蘭盆会の情景が描かれている。

〔第一九段〕

対嬢〔対嬢、金光寺本作目連娘〕於仏前受五百戒、願嬢捨邪心、帰正道、感得天母来迎、接得嬢生忉利天宮、受諸快楽、当揚説法、度脱衆生、若有善男子、善女人、為父母書写此経〔金光寺本作印造此経散施〕、受持読誦、令得三世父母、七代先亡、即得往生浄土、倶時解脱、衣食自然、長命富貴、仏説此経時、天龍八部人非人等、皆大歓喜、信受奉行、作礼而去。仏説大目連経〔金光寺本作目連救母経終〕

○巻末…「嘉靖十五年十二月逍遥□□等、開校」。

以上の小南教授の校訂を見ると、高麗大学蔵本には、旧い要素も認められるように思われる。〔補記3〕参照。

（5）朱建明「元刊『仏説目連救母経』考論」、『民俗曲芸』第七七期、台北、施合鄭民俗文化基金会、一九九二年。

（6）田仲一成、同前書、三二四頁。

（7）田仲一成「関於『黄籙九幽醮無碍夜斎次第儀』的流伝地域」、『天台山暨浙江区域道教国際学術研討会論文集』、浙江古籍出版社、二〇〇八年。

（8）William Skinner, *The City in Late Imperial China*, Stanford University Press, 1977, p. 211, The Regional Approach.

〔補記1〕本章に掲載した京都金光寺蔵『仏説目連救母経』の全国版は、宮次男「目連救母説話とその絵画」（『美術研究』総二五五号（昭和四十二年度第五冊、東京文化財研究所、一九六七年）所掲の図版を加工して転載したものである。原所蔵者金光寺、及び図版製作者、東京文化財研究所、双方の許可を得て掲載した。

〔補記2〕金光寺蔵『仏説目連救母経』巻末の木記に刊刻年について次の記載がある。

大元国浙東道慶元路鄞県迎恩門外焦君廟界新塘保経居、亦奉三宝受持読誦経典弟子、程季六、名忠正、辛亥年十月廿二日乙酉呈/甲辰大徳八年五月□日廣州買到経典、勧世人行孝、幾領伝之、大日本国貞和二年歳次丙戌七月十五日重刊、小比丘法祖。

初刻の「大元」「辛亥年」については、大徳八年より前の元代には該当する干支の年がなく、直近のものは、蒙古が元を称する以前の南宋の淳祐一一（一二五一）年になる。この年は、北方の蒙古の憲宗元年にあたるが、鄞県は、まだ南宋の支配下にあった。元号と干支の間に矛盾があることになるが、宮次男論文は、この年を初刻としている。常丹琦「《仏説目連救母》探討」（安徽祁門県国際目連戯研討会、一九八八年）は、この矛盾を検討し、重刻者の法祖が、南宋の元号と地名が記されていた冒頭の部分を「大元国浙東道慶元路」に改竄したとして、結論として、一二五一年説をとる。日本での改竄は、考えにくく、重刻の段階ですでに改竄されていたと推量する。常氏は、さらに進んで、このテキストは、南宋の経典製造人が寺院に蔵していた「説経」（説話）の底本を誤って「経典」として刊行したものと、推定している。文中に「――処」など、説話人の口吻を伝える語が常用されている点から見て、常丹琦氏の説を妥当と考える。

〔補記3〕辛亥年十月廿二日乙酉日について、地理学者の東京都立大学・野上道男名誉教授から、エクセルでの計算による暦表から見た見解として、次のような重要なご指摘をいただいた。

乙酉（c21）が廿二日とすると、十月朔は甲子（c0）となる（甲子をc0とし、次の乙丑をc1、以下、c59まで行ってから、c0に戻る）。辛亥年は、大徳八（一三〇四）年以前において、一〇七一年、一一三一年、一一九一年、一二五一年の四つの可能性がある。これらの年について、十月朔日が甲子（c0）となる年を探すと、次のとおりである。

一〇七一年　c48　壬子
一一三一年　c0　甲子

一一九一年　c12　丙子
一二五一年　c53　丁巳

この計算は、唐代の麟徳暦（日本の儀鳳暦）で行った場合である。もちろん当時の暦法で行うべきであるが、元代や南宋代の暦法で正確に計算しても、麟徳暦による計算との誤差は、数日以内に過ぎない。つまり辛亥年は一一三一年ということになる。内田正男『日本暦日原典』（雄山閣、一九七五年）で辛亥年一〇月を確認したところでも、つぎのとおり、同じ結果が出る。

一二五一年一〇月　c53 朔　丁巳
一一九一年一〇月　c12 朔　丙子
一一三一年一〇月　c0 朔　甲子

したがって一一三一年一〇月朔甲子 c0 の廿二日は、c21 すなわち、乙酉となる。

野上教授のこの指摘を承けて、筆者も『三正綜覧』（内務省地理局編纂、一八八〇年）を検してみたところ、一一三一年（日本・天承元年、南宋・紹興元年、金・天会元年）十月の朔日は「甲子」とあり、野上暦、内田暦、内務省暦の三つの暦がすべて一致していることがわかった。宮次男論文が「辛亥年は、十月二十二日乙酉の干支から憲宗の元年（一二五一）と想定することができる」と言っているのは、何の暦に拠ったのか、不明であり、恐らく誤りと思われる。従って宮氏の一二五一年説に従う常丹琦氏の説〔補記2〕も成り立たない。三つの暦を通じて十月廿二日の干支が乙酉となる一一三一年は、南宋の紹興元年にあたり、宋朝南遷の直後になる。汴京の目連救母雑劇のことを記した『東京夢華録』の刊行時期（紹興一七年、一一四七）より十六年早い。高麗大学本が訳者に比定する北宋初期の法天の時代とも接近してくる。この経典が北宋の目連救母雑劇とほとんど同時期か、むしろそれより早い時期に成立したことになる。また明代の目連戯に登場する、傅相、劉四娘、羅卜、益利、金奴などの人物名も北宋末期―南宋初期までには成立していたことになる。『東京夢華録』に言う目連救母雑劇が七夕を過ぎて十五日まで、おそらく七日間、上演されたというのも、この時期すでにこれらの人物が登場する七日上演本（七巻本、たとえば、後述の江西弋陽腔本のごとき）が成立していた可能性を示唆する。南宋は、まだ院本や官本雑劇の時代であったことを考えれば、目連戯の先駆性は際立っている。今後の資料発掘と研究に俟ちたい。

第二章　江南目連戯テキストの系統分化──古本・準古本・京本

序　節　江南古典南戯テキスト分化の類型からみた目連戯分化の展望

福建の目連戯は、宋元の仏典を継承し、さらに宝巻の媒介を経て成立した最古層の原本である。ただ、元代までは、郷村社会は不安定で、鎮魂祭祀もせいぜい三日どまりの規模にとどまっていた。ところが明代に入り、郷村が安定すると、郷村の鎮魂祭祀も拡大し、法事の規則に従って、一七日（7日）、二七日（14日）、三七日（21日）、四七日（28日）、五七日（35日）、六七日（42日）、七七日（49日）などに向かって期間を伸ばそうとする動きが出てくる。と言っても、実際に、郷村レベルの経済力で実施できるのは、七日程度であったはずで、これに対応するテキストが七巻本である。現在、この規模の七巻本と、その系統のテキストは、江西、安徽に集中している。ここは、宗族組織が最も強固な地域であり、目連戯が最も受容されやすい場所であった。ただ、さきに莆田本、鄭之珍本で紹介したように、目連救母の故事は、せいぜい三日で十分に演じきれるはずである。そのため、儀礼的な部分を増補するか、関連する別の話を入れ込むか、郷村の民俗芸能を挿入するか、いろいろと時間を引き延ばす方法が考えられ、七日間の上演に耐えるテキストが成立したのである。これらの代表は江西の弋陽腔七巻本、青陽腔七巻本であり、安徽省徽州の祁門県、歙県などの諸本も、七巻本を節略して五巻本、四巻本にしたもので、内容的には、江西七巻本の系統に入る。これに対し、祁門県から出た鄭之珍本は、この地域では、全く上演されていない。おそらく、鄭本は、江西—徽州本が成立した後にできたもので、この地域では、受け入れられなかったのである。

前章で述べたように、祁門県清渓村の文人、鄭之珍が旧テキストに改編を加えて刊行した目連戯テキストは、鄭之珍本として、全国に伝わった。しかし、その名声の高さにもかかわらず、徽州の地元では、同じ系統の劇本をもつ劇団は見当たらず、したがってこのテキストによって目連戯が上演された形跡はない。これは不可解なことである。刊行されたテキストであるから、流伝の範囲は広いはずであり、まして地元で出版されたのであるから、地元の劇団が利用しやすいはずなのに、利用されていない。一九八八年一二月六日から一一日の間、安徽省祁門県文化局の高慶樵氏が栗木班の老師傅、王丁発（六二歳）に対して行ったインタビューにおいて、高氏の質問に対し、王氏は次のように答えている。(2)

高氏　あなた方の上演しているのは、いかなる本か？

王氏　我々の使い慣れているのは、師傅が伝えてくれたものだ。我々は、高石師（鄭之珍）の本を持ってはいるが、しかし、我々は、それによって上演することはしない。

従来、鄭本は、すべての地域の目連戯の元になった権威あるテキストと考えられてきた。しかし地元の祁門県、歙県ですら、この鄭本を受け入れず、従来からの江西弋陽腔系テキストを墨守してきた点を見ると、鄭本が明代中期に成立した新しいテキストで、鄭本成立以前からこの地域に流伝していた、江西弋陽腔系テキストの方が鄭本より古いテキストであると考えざるを得ない。ただし、この鄭本は、地元ではそのまま上演テキストとされたことはなかったが、版本として公刊されたため、この地域のテキストにおいても、文字表現の上では、影響を及ぼしている。さらにその名声が高まるにつれ、地元の徽州の古本テキストにも、多少の影響を及ぼすに至っている。このように屈折した関係にあるが、郷村演劇には、根底において、江西—安徽の弋陽腔系古本テキストがあり、鄭本がそれにかぶさった、という関係にある。

たとえば、弋陽腔本は、七本二〇〇齣に及ぶ長編であるのに対し、鄭之珍本は、その半分にも満たない三本一〇三齣の分量しかないため、上演場面として鄭本とは重ならない齣が多い。これだけでも弋陽腔本が鄭本を下敷きにしたという印象はほとんど受けない。また、弋陽腔本と鄭本と重なる場面においては、歌詞では、弋陽腔本は、鄭本のと一致する箇所が少なくないが、白では、弋陽腔本の方が、口語風で上演用の趣が深い。このため、弋陽腔本が鄭本に拠って成立したというよりは、鄭本が弋陽腔本を簡略化し、文語化して成立した、という印象が深い。

この点は、目連戯の展開や流伝を考える上で、最も重要な問題であるから、単なる印象というレベルでなく、論理的に追究する必要がある。しばらくこれについて議論を集中してみたい。

ここで検討のヒントとなるのは、さきに第一章で述べたことであるが、『琵琶記』『荊釵記』『白兎記』『拝月亭記』『殺狗記』など、四大南戯または五大南戯と称される古典南戯の版本の展開について、共通にみられる同一の傾向である。すなわち、これらの作品においては、明代以前に農村に流伝していた郷村テキストとして、科白の多い「古本」があり、これが明代中期に入って、まず、宗族上演用に白を簡略化し、歌詞を優雅にした「閩本」が成立し（古本を徐々に修正して、まず準古本、次いで修改古本、さらに最終的に「閩本」が成立するという過程をたどる）、さらにこれが明代後期に入って、この「閩本」に残っていた白をほとんど削って、もっぱら歌詞の洗練に特化した「京本」が成立する。つまり「閩本」を媒介にして「京本」が成立したという関係にある。これに対して、同じく「古本」をベースにしながら、市場での観客の嗜好に応える目的で、歌詞には手を加えず、もっぱら白を増補したり、方言を交えたりして、市場用テキストとしての「徽調本・弋陽腔本」が成立する。ここではまず非常に白の多い徽調本が成立し、次いで多少、白を削って簡略化した形の弋陽腔本が成立する。巨視的にみると、明代前期以前の郷村テキスト（古本）が、明代中期に閩本（宗族用に傾斜した郷村テキスト）を媒介にして、宗族テキスト（京本）と市場地テキスト（徽本・弋陽腔本）に両極分解したことになる。これを図示すると上図のとおりである（図60）。

目連戯の場合、現存のテキストは、ほとんどが清代中期以降の抄本であり、書物の成立年代という点では、鄭本以前の古本、閩本が存在しないように見える。しかし成書年代の前後を離れて、書物の本文系統に着目し、どの本が古本に該当し、どの本が閩本に該当するか、という目で見れば、問題は変わってくる。さしあたり、次のような仮説的視点が可能であろう。

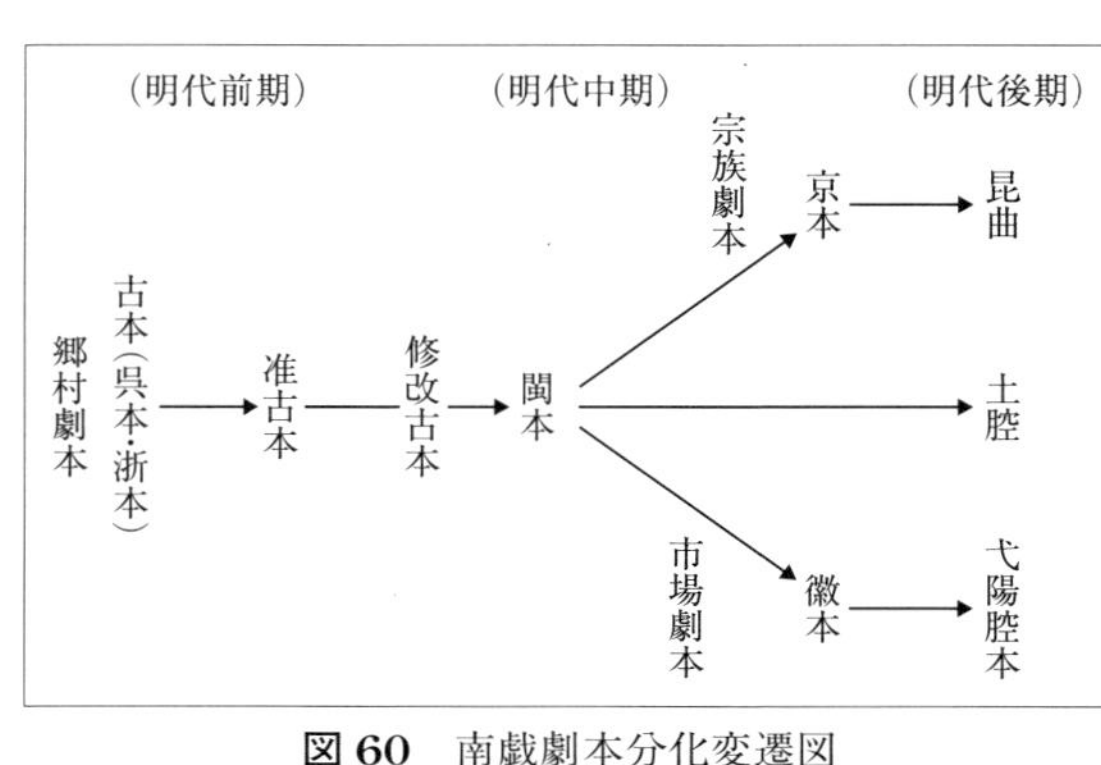

図 60　南戯劇本分化変遷図

(1)古本の比定

古典南戯の例で見れば、徽調本、弋陽腔本などの市場地演劇用のテキストは、古本と同じ歌詞を伝えているはずであり、白も古本に共通するものを多く含んでいるはずである。これらを仮に古本と位置づけてみた場合、どのような展望が開けてくるかを検討してみる。目連戯の断片を含む徽調散齣選本は、数種存在するが、鄭本と異なった本文をもち、かつ成書年次も鄭本より若干、古いテキストとして徽調散齣選集の一つ『新刊京板青陽時調詞林一枝』第四巻中層に収録される［尼姑下山］がある。この『詞林一枝』は、巻末の木記に「万暦新歳孟冬月葉志元綉梓」とあり、巻首上層には、「古臨玄明黄文華、瀛賓郗綉甫」、下層には「閩建書林葉志元綉梓」とあって、江西臨川の黄文華が編纂した江西地区の青陽腔戯曲の散齣を書肆の葉志元が、万暦元（一五七三）年に福建建安で刊行したことがわかる。鄭本は、万暦一〇（一五八二）年序刊本であるから、『詞林一枝』は、これより、一〇年早い刊行ということになる。わずか一〇年の差ではあるが、徽調本という性格からして、実質的には、数十年は遡る嘉靖以前の古本に位置づけることが可能であろう。これは、古本目連戯を考える上に有力な手がかりを提供する。また、この徽調『詞林一枝』本と共通の本文をもつテキストとして、池州青陽腔目連戯文大会本三巻と江西贛劇団所蔵弋陽腔本七巻がある。『詞林一枝』本との関係では、青陽腔本の方が弋陽腔本より合致する句が多いが、七巻本の方が七日上演の祭祀に合致するので、弋陽腔本を最も古いテキスト、青陽腔本をその後続本と見ておく。これらは従来いずれも鄭本より後の本で鄭本を踏襲するテキストと見られてきたものであるが、以下では、これらを鄭之珍本以前の古本系統のテキストとして、諸本の中心に位置づけることで、以後の諸本の変遷展開を見てゆくことにしたい。

(2) 閩本→京本の比定

現在、京本と見なし得るのは、唯一の明代刊本たる鄭之珍本である。このテキストは、始め、鄭之珍自らの手により、故郷、徽州祁門県清渓村から出版されたが、すぐに南京の金陵富春堂から続刊された。テキストとして最も権威のある京本の地位を獲得したと言える。従来、この本より前に刊行されたテキストがなかったため、この鄭本がすべての地方テキストの成立に先立ち、かつ後続のテキストに影響を与えた「祖本」と見なされてきたが、古典南戯の例に照らせば、京本は、急に成立するわけではなく、これに先行するテキストとして閩本に当たるものがあって、京本はこれを文人風に修正して最後に成立してくるものであるから、鄭本も、先行する古本や閩本に当たるものを修正して成立したと考えるのが自然である。この面では、鄭本と字句の点で類似しながら、より素朴な特徴を示す池州青陽腔目連戯文、及びこれに類似する周貽白旧蔵皖南本の二種が注目される。この二種の中で、より古いと見られる池州青陽腔本を閩本該当のテキストと考えて、検討する。

第一節　詞林一枝本・弋陽腔本・池州本・鄭之珍本の変遷関係

以上を踏まえて考えると、古本の『詞林一枝』［尼姑下山］を起点として、終点の京本たる鄭之珍本までに至る間には、中間的、過渡的な段階のテキストが介在することになる。

最も『詞林一枝』に近いのは、池州青陽腔本であり、江西弋陽腔本がこれに次ぐ。ただ上演の上では、七巻本から三巻本に、テキストの変遷は、詞林一枝本→弋陽腔本→池州青陽腔本→鄭之珍本の順に進んだものと考え、以下では、『詞林一枝』[尼姑下山]に対応する各テキストの文字の異同を対照表として提示する。次のごとくである。

表20 [尼姑下山]徽調本・弋陽腔本・池本・鄭本字句対照表

行	古本(詞林一枝本)#101	古本(弋陽腔本)#103	準古本(池州青陽腔本)#201	京本(鄭之珍本)#301
	[雁児落]			
	(旦)			
	想我幼年間、			
	時乖命薄、			
5	恨爹娘千差万錯、	他偏愛念仏、夢裡参神。	我爹媽好念弥陀、	○○媽○○波羅、
	生下奴来疾病多、	生下我小丫頭疾病多。	生下奴来疾病多、	○○○身○○○、
	把奴出家是指望、	因此上送我到庵門中。	愈念多羅。	○○哆哪
			将我捨入庵門、保佑我。	××○○、○○○、
		削髪為妮、終日裡	毎日裡、	○○○
10	与人家消災懺存、	与人家追薦亡魂。	念尽摩訶薩、	念着娑婆訶、
	毎日裡口不住	不住口、	終朝	○○
	念着弥陀、	念着弥陀。	念着薩訶摩。	○○×××○○○。
	手不住擎磬揺鈴、	不住手、擎磬揺鈴、		
	擂鼓敲鐃、	擂鼓也是敲鐃、		
15		平白地与人家做功課。		
	楞厳咒番語、語差訛			
	孔雀経、経字字差錯		孔雀経、経字字磋	
	金剛経、決不被、		金剛経、磨不被[背]	
	多心経。一巻一巻	程削経、都念過。		

20　25　30　35　40　45

都宣過。
惟有蔵経一十二巻。
最難学。睡裡都交過。

慢説道教門広呵、

到如今、蔵在深山、
隠在空門、
只落得空談空念空想、
空行空坐、
到晩来、独守着、
一間空房、
対着一盞孤灯、
孤影孤形、
孤衾孤枕睡眠臥、
那一個孤凄似我、
我又不是男子漢、
本是女嬌娥。
為甚的我身穿着、
一領通袖直裰、
我又不曾犯法違条、
為何腰間一条縄、
頸上一串素珠、
這般模様、
那般行蔵。

紅綉経、怎不学、
惟有恋経七巻、
学不得。
我師傅、眠裡夢裡、
一声叫過、念幾句南無仏、
裟婆呵、旦哆、波羅。

老師父絮絮叨叨、
毎日裡、逼咱們、
将許多経典多磨破。
慢説道、空門中広寒、
就是見了幾個素人家婦女、
同行同坐、同歓同悦、
他有許快活、

我又不是個男子漢、
奴本是女嬌娥。
為甚的、身穿了、
一件玄纁袈裟、
腰間系了一根麻條條、
頸上不離了一掛素珠。

〇〇〇〇〇〇〇
終〇〇、苦荊笞。逼咱們、
〇〇〇〇〇都〇〇。

50　55　60　65　70　75

幾能勾着錦穿羅、
每日裡飯一盂、素一鉢、
珍饈百味那曾嘗着。
我的手兒也会画蛾眉、
也会整雲鬟、
也会拈針指、
也会綉鴛鴦、
也会結同心、
也会挽郎君、
到教我十指頭、
尖尖対神合着、
我的頭也会生髪、
又没個瘡癬梅花、
到使我終日裡、
不梳不洗、
光光禿着、

見幾個行客遊僧、
俊俏乖覚。

每日裡飯一餐、素一鉢、
珍饈百味何曾嘗過。

念経時数珠兒手内搓。
哪知我涙珠兒在腮辺墜。
全不念我青春不再来、
白日裡莫閑過。

那日裡有幾個、
俊俏兒郎来戯耍。
仮言道参拝菩薩、
参拝菩薩、来瞧咱。
他那裡禁不住把眼来睃。
我這裡丟他不下把心兒掛。
奴不比路柳与牆花、
奈遇着売風流的業主冤家。
他裡眉来眼去、眼去眉来、
引動我、心猿意馬、

○○○○○○○○、
常道是你○○×○○○。
念経時、須則教珠兒手内搓、
哪曾知涙珠兒在胸前墜。
為只為○○○有○○、
○○○○○○○。
駕○是拝参○○、
○清醮。
○○○○○○○兒○、
俺○裡○×○○○○兒○、
我本不是○○与○○、
奈遇着○○○○○○○○。
憑着他×眼去眉来、××××
○○○、×××○○○○○、

80　85　90　95　100

到不如、離了山門。
撇了菩薩、学仙姫、
成歡成対碧桃前、
学神女為雲為雨在陽台下
効雲英、
携了瓊漿玉杵、往那藍橋。
蒙老師父教養意如何。

怎做得負義忘恩？
使他們燭滅香消。

忽又聴得山兒下、鼓楽声喧、
原来是娶親的人家、
你看新人乗轎在前、
新郎跨馬随後、
双双、同到家中、
拜了高堂、進了洞房、
吃了交杯。上了牙床
鴛鴦枕上、
那時節可不快、
快煞人了天
洞房中鴛鴦配合、
花燭下鸞鳳諧和。
閃得我魂飛難縛、
肉蘇難把。
引得我、哎呦呦。
心養、也難抓。

到不如、丟了庵○。
○×○○○、学○○、
○歡○○○○○、
○○○○○○○○○○○、
学○○、
○○○○○○、○○○○。
我○○○○○○○。
咳、去不得、去不得。
○忍見背○○○、
○○○○○○○、
説便是這等説、自入山門吃師父的、
穿師父的、教我念経、教我写字。
我忽○○○○○、○○○○、
×○○是人家娶親。
○○那○郎××○○、
○人××○○、
夫妻一対、○○○門、
今夜洞房裡、
○○裡○○○○、
○○○○○○○、
○○○○○○縛、
○○○○。
○×○××○○○。

105 110 115 120 125 130

不由人心兒意兒
茶兒飯兒常常想着。
昨晩做一個団円夢。
夢見可意哥哥、
我与他顚鸞倒鳳、
両情諧。
卻被鐘兒鬧。
鐃鈸喧叮鐺、
木魚兒一声、
把夢兒驚散、
醒来時、不見哥哥。
惟有我。

倒不如趁無人離了山窩。

往常見尼姑下山、

動不動打砕了鐃鈸、
埋了蔵経、扯破袈裟、
這都是辜恩負義之徒、
到今日不覚臨、
臨到奴家了天。
去則去、
説什麼打砕鐃鈸、
行則行、
説什麼埋了蔵経、
我走則走、
説什麼扯破袈裟。

昨晩得一個団円夢。
夢見我那得意的哥哥、
与我顚鸞倒鳳、
両情諧。
却被他鐘一敲来鼓一響。

把我的好夢兒驚破、
醒来時、不見我得意的哥哥、

幸得師父今不在家、砍柴的也己出去。
只得○○○、○○○窩。
往常見説尼姑下山、打破鐃鈸、埋了蔵経、扯了袈裟、這都是辜恩負義所為呵、而今

○○○、
○○○○破×○○、
○○○、
○○○○○○○、
×○○○、
○○○○○○了○○。

135　140　145　150　155

只見両扇門合着、
這一扇是奴家望情人。
把身子靠破。
那一扇又被月下僧敲破、
悶来時、遶迴廊、
散悶則個。
咱只見仏殿上幾尊羅漢。
塑得児有些俊覚、
有一個手托香腮、
想着我
有一個抱膝舒懐
等着我
一個冷眼訕着我、
長眉大仙愁着我、
我老来没結果、
降龍的、悩着我、
伏虎的、恨着我、
惟有布袋羅漢笑呵呵、
他笑我時光錯光陰過、
有誰人肯娶我年老婆、
我近他跟前去、
他又不擡頭、又不移脚、
又不理我。
那時節、無言無語、

這幾天、哪有心思在此看経念仏、
不免下山。
遶迴廊、
一走則個。
又只見両傍羅漢。
塑得児有些舎我、
一個抱膝頭、
心児裡想著我。
一個手托腮、
心児裡恨着我。
白鶴大仙悩着我、
惟有那布袋羅漢笑呵呵、
他笑我光陰似箭、
能有幾何。
長眉大仙愁着我、
他愁我、老来時終無結果。

又只見両扇門斉合着
那一扇是奴家候情人。
把身子靠破。
那一扇被月下僧敲破。
悶来時、遶迴廊、
散悶則個。
你看仏殿上幾尊羅漢。
真塑得有些精神。
有一個手托香腮。
想着我。
那一個抱膝虚懐。
等着我
惟有布袋羅漢笑呵呵、
他笑我青春過、光陰錯、
到老来、
有誰人肯娶我年老婆婆。

160　165　170　175　180　185

只落得痴呆打坐。
悶来時、把一双僧鞋頓破、
口叫一声媒婆、
念一声娑婆呵、
叫一声没奈何、
念一声多難多、
怎知我想思涙更多、
只見桌案上幾巻経、
一巻一巻是奴家畳破、
一巻観音経、是奴家哭、情人
涙珠兒滴破、
一巻金剛経、是奴家想情人。
把手掌拍破。、
一巻法華経、是奴家恨。
情人嗤嗤扯破。
仏面前、怎做得洞房花燭。
草蒲団、怎做得美容穏褥。
鐘鼓楼、做不得望夫台。
香積厨、怎做得玳筵東閣。

魆地裡自思量、
不由人心如火灼、

仏前灯、做不得洞前花燭。
香積厨做不得水上鴛鴦。
鐘鼓楼、做不得望夫台。
草蒲提、做不得新郎綉枕。
我本是二八女嬌娥、
我何曾犯法違条?
為什麼身穿紫羅、腰系黄条、
怎能夠着錦要羅?
不由人心如烈火、
睡眠時、独自臥、
醒来時、独自坐。
有誰人孤単似我。
哪裡有十万八千弥陀仏、
哪裡有枝枝葉葉没有陀仏、

念幾句旦哆娑婆呵、哥哥哥、
郤被他這相思病兒害殺我。
見卓案上有幾巻経典、
巻巻都被奴家瞧破、
観音経、是奴家想心人、
把珠涙滴破。
金剛経、是奴家恨人、
把手掌摩破。

仏殿上、怎做得洞房花燭、
鐘鼓楼、做不得望夫台、
積香厨、怎做得待宴東閣、

		哪裡有一河両岸流沙仏。	
	到不如拜別了観音、	恨不得把山林遠離卻。	
190		学不得羅沙女、出香閣、	
		学不得南海水源蓮台坐、	
	辞卻伽藍、		
	別卻土地、		
	脱卻僧鞋、		
195	奴把金蓮束縛、両接穿衣、		
	換了直裰。		
	我把袈裟砕砕剪。	恨不得把袈裟扯破。	
		棄了仏経、去了南無。	
		従今後、不念弥陀、	
200		不念南無、不念波羅。	
	春羅把浄水、		
	香煙変作陽台雲雨落。		
	哪怕仏法無辺、輪迴塵墜。		
	哪怕你在地府陰司対証、		
205	我俺出家人火焼眉毛、		
	只図眼前快活、		
	奉勧衆尼僧、		奉勧衆尼僧、
	早早知覚、学我下山去、	下山去、	早早知却、下山去
	尋個媒婆、配合個年少哥哥。	尋一個青春年少我的哥哥、	尋一個媒婆、
210	配合個年少哥哥。		配一個哥哥、
	顛鸞倒鳳両和諧。		顛鸞倒鳳両和諧、
	那時節、由人笑我、	任憑他、打我罵我、	那時節、有個来罵我、
	由人罵我。	恥我笑我。	有個来笑我、
	生男養女、接続我。	但願得生下小孩児、	生男養女、跟隨我。
215	就死在黄泉、		
	快活殺了我。	那時節快楽是我、快楽是我。	

230
要学我、難学我。 莫把光陰過、時光錯。 惹道不動心、 此事難瞞我、 只恐怕月下僧来没処躲。
要学我、難效我、 （白）我好恨、 早向空門、早向空門。

一　詞林一枝本［詞］と弋陽腔本［弋］の近親関係（詞林一枝本を［詞］、弋陽腔本を［弋］と略称）

［一〇―一五行］

10与人家消災懺存［詞］↓与人家追薦亡魂［弋］

11毎日裡口不住［詞］↓不住口［弋］

13手不住擎磐揺鈴［詞］↓不住手、擎磐揺鈴［弋］

14擂鼓敲鐃［詞］↓擂鼓也是敲鐃［弋］

［一九―二一行］

19多心経、一巻一巻、都宣過［詞］↓程削経、都念過［弋］

21惟有蔵経一十二巻、最難学［詞］↓惟有恋経七巻、学不得［弋］

［四一―四五行］

41本是女嬌娥［詞］↓我本是二八女嬌娥［弋178］

44我又不曾犯法違条［詞］↓我何曾犯法違条？［弋179］

45為何腰間一条縄［詞］↓為什麼身穿紫羅、腰系黄条［弋180］

［一三六―一四五行］

136悶来時、遶迴廊、散悶則個［詞］↓遶迴廊、一走則個［弋］

138咱只見仏殿上幾尊羅漢［詞］↓又只見両傍羅漢［弋］

139塑得児有些俊覚［詞］↓塑得児有些舍我［弋］

140有一個手托香腮、想着我［詞］↓一個手托腮、心児裡恨着我［弋142―143］

142有一個抱膝、舒懐等着我［詞］↓一個抱膝頭、心児裡想著我［弋140―142］

145長眉大仙愁着我［詞］↓白鶴大仙悩着我［弋］

［一四九―一五〇行］

149惟有布袋羅漢笑呵呵［詞］↓惟有那布袋羅漢笑呵呵［弋］

150他笑我時光錯光陰過［詞］↓他笑我光陰似箭、能幾有何［弋］

［一七四行］

174仏面前、怎做得洞房花燭［詞］↓仏前灯、做不得洞前花燭［弋］

［一七五行］

175草蒲団、怎做得美容穏褥［詞］↓草蒲提、做不得新郎綉枕［弋177］

［一七六行］

176鐘鼓楼、做不得望夫台［詞］↓鐘鼓楼、做不得望夫台［弋］

［一七七行］

177香積厨、怎做得玳筵東閣［詞］↓香積厨做不得水上鴛鴦［弋175］

［一八一行］

181魃地裡自思量、不由人心如火灼〔詞〕↓不由人心如烈火〔弋〕
〔一八九行〕
189到不如拝別了観音〔詞〕↓学不得南海水源蓮台坐〔弋191〕
〔一九七行〕
197我把袈裟碎碎剪〔詞〕↓恨不得把袈裟扯破〔弋〕
〔二〇九行〕
209尋個媒婆、配合個年少哥哥〔詞〕↓尋一個青春年少我的哥哥〔弋〕
〔二一二行〕
212那時節、由人笑我由人罵我〔詞〕↓任憑他、打我罵我〔弋〕
〔二一四行〕
214生男養女、接続我〔詞〕↓但願得生下小孩児〔弋〕
〔二一五行〕
215就死在黄泉、快活殺了我〔詞〕↓那時節、快楽是我、快楽是我〔弋〕

これを見ると、これだけ多数の字句において、両者の文字が一致しているが、全体に見ると、〔詞林一枝〕本の方が分量が多く内容も豊富であるのに対し、〔弋陽腔本〕は、その一部を摂取しているに過ぎない。明らかに〔弋陽腔本〕の方が〔詞林一枝〕本を継承しており、その逆はあり得ない。江南一帯で同時に流布していた可能性が高いが、徽調に属する〔詞林一枝〕本が先行し、〔弋陽腔本〕は、徽調の方言要素を弱める方向で修正し、それによって徽調より広い伝播地域を開拓したものであろう。このことは、四大南戯などに見られる徽調↓弋陽腔の変遷の一般的傾向とも合致している。

二　詞林一枝本［詞］と池州青陽腔本［池］との関係　（池州青陽腔本を［池］と略称）

池州青陽腔本は、弋陽腔本よりも詞林一枝に一致する句数が多い。次のとおりである。

［一七―一八行］

17孔雀経、経字字差錯［詞］↓孔雀経、経字字磋［池］

18金剛経、決不被［詞］↓金剛経、磨不被［池］

［四〇―四三行］

40我又不是男子漢［詞］↓我又不是個男子漢［池］

41本是女嬌娥［詞］↓奴本是女嬌娥［池］

42為甚的我身穿着［詞］↓為甚的、身穿了［池］

43一領通袖直裰［詞］↓一件玄繡袈裟［池］

［四五―四六行］

45為何腰間一条縄［詞］↓腰間系了一根麻條條［池］

46頸上一串素珠［詞］↓頸上不離了一掛素珠［池］

［五〇―五一行］

50毎日裡飯一盂、素一鉢［詞］↓毎日裡飯一餐、素一鉢［池］

51珍饈百味那曾嘗着［詞］↓珍饈百味何曾嘗過［池］

［一二一―一二四行］

121昨晩做一個団円夢［詞］↓昨晩得一個団円夢［池］

122夢見可意哥哥［詞］↓夢見我那得意的哥哥［池］

123 我与他顛鸞倒鳳［詞］→与我顛鸞倒鳳［池］
124 両情諧［詞］→両情諧［池］
［一二五―一二九行］
125 卻被鐘兒鬧［詞］→卻被他鐘一敲来鼓一響［池］
128 把夢兒驚散［詞］→把我的好夢兒驚破［池］
129 醒来時、不見哥哥［詞］→醒来時、不見我得意的哥哥［池］
［一三六―一四三行］
136 悶来時、遶迴廊［詞］→悶来時、遶迴廊［池］
137 散悶則個［詞］→散悶則個［池］
138 咱只見仏殿上幾尊羅漢［詞］→你看仏殿上幾尊羅漢［池］
139 塑得児有些俊覚［詞］→真塑得有些精神［池］
140 有一個手托香腮［詞］→有一個手托香腮［池］
141 想着我［詞］→想着我［池］
142 有一個抱膝舒懐［詞］→那一個抱膝虚懐［池］
143 等著我［詞］→等著我［池］
［一四九―一五〇行］
149 惟有布袋羅漢笑呵呵［詞］→惟有布袋羅漢笑呵呵［池］
150 他笑我時光錯、光陰過［詞］→他笑我青春過、光陰錯［池］
［一五四行］

154有誰人肯娶我年老婆［詞］↓有誰人肯娶我年老婆婆［池］

［一六四―一六五行］

164念一声多難多［詞］↓念幾句旦哆裟婆、哥哥哥［池］

165怎知我想思涙更多［詞］↓卻被他這相思病児害殺我［池］

［一六六―一七一行］

166只見桌案上幾巻経［詞］↓見桌案上有幾巻経典［池］

167一巻一巻是奴家畳破［詞］↓巻巻都被奴家瞧破［池］

168一巻観音経、是奴家哭情人［詞］↓一巻観音経、是奴家想心人［池］

169涙珠児滴破［詞］↓把珠涙滴破［池］

170一巻金剛経、是奴家想情人［詞］↓金剛経、是奴家恨人［池］

171把手掌拍破［詞］↓把手掌摩破［池］

［一七四―一七七行］

174仏面前、怎做得洞房花燭［詞］↓仏殿上、怎做得洞房花燭［池］

176鐘鼓楼、做不得望夫台［詞］↓鐘鼓楼、做不得望夫台［池］

177香積厨、怎做得玳筵東閣［詞］↓積香厨、怎做得待宴東閣［池］

［二〇七―二一四行］

207奉勧衆尼僧［詞］↓奉勧衆尼僧［池］

208早早知覚、学我下山去［詞］↓早早知却、下山去［池］

209尋個媒婆［詞］↓尋一個媒婆［池］

210配合個年少哥哥［詞］→配一個哥哥［池］
211顚鸞倒鳳両合諧［詞］→顚鸞倒鳳両合諧［池］
212那時節、由人笑我［詞］→那時節、有個来罵我［池］
213由人罵我［詞］→有個来笑我［池］
214生男養女、接続我［詞］→生男養女、跟随我［池］
［二一七―二一九行］
217要学我、難学我［詞］→要学我、難効我［池］
219莫把光陰過、時光錯［詞］→早向空門、早向空門［池］

三　池州青陽腔本［池］と鄭之珍本［鄭］の関係（鄭之珍本を［鄭］と略称）

両者は、各句がほとんどすべて一句一句対応し、その文字も一致する場合が多い（［池］を底本とし、［鄭］の文字がこれと一致する場合は、○で表示する、欠字は×で表示する）。文字が異なる場合は、概して［池］本の方が素朴であり、［鄭］本は、これに手を加えて、文辞を整頓している場合が多い。以下のとおりである。

［七行］
7愈念多羅［池］→愈念哆哪［鄭］
ここは、［池］では、多羅（仏典）を念うとするが、［鄭］は「愈念哆哪（いよいよ悩みつのり）」とする。

［二四―二五行］
24毎日裡、逼咱們［池］→終日裡、苦荊笞、逼咱們［鄭］
［鄭］は、文意のつながりを考えて、苦荊笞の三字を加えたもの。

［七〇行］
70仮言道参拝菩薩、参拝菩薩来瞧咱［池］→駕〇是参拝〇〇××××、〇清醮［鄭］
［池］は、「菩薩に参拝すると嘘を言って私を見に来る」とするが、［鄭］は、「菩薩に参詣し祭りを供える（清醮）のを口実（駕言）にして」とする。「駕言」という詩経以来の典故のある言葉を使い、「清醮」という特殊な宗教用語を使う。［池］の平易な表現を無理に晦渋な表現に改めている。文人趣味ということに尽きる。

［九一―九二行］
91你看新人乗轎在前、新郎跨馬随後［池］→〇〇那〇郎××〇〇、〇人××〇〇［鄭］
新婦を迎える行列で、［皖］は、駕籠に乗る新婦を先にし、馬に乗る新郎を後におくのに対し、［鄭］は、男女の順を逆にする。男尊女卑の封建道徳に拠ったもので、文人の改編であることが明らかである。

［九三―一〇〇行］
93双双、同到家中、拝了高堂、進了洞房、吃了交杯、上了牙床、鴛鴦枕上、那時節可不快、快煞人了天、洞房中鴛鴦配合、花燭下鸞鳳諧和［池］→夫妻一対、〇〇〇門、……今夜洞房裡、〇〇裡〇〇〇〇、〇〇〇〇〇〇〇〇［鄭］
ここでは、［池］の表現に重複が多く冗漫なのを［鄭］は要点をとって簡略化している。これも文人の修辞技巧である。

［一一一―一一二行］
111到今朝不覚臨、臨到奴家了天［池］→××××××、××××××
［池］と［鄭］は、一句ずつ対応していて継承関係が明らかであるが、ここだけ例外で、［鄭］には、対応する句がない。ここは、忘恩不義の徒を非難した上、自分にもその運命が巡ってきたと自覚する場面で重要な字句で

ある。［鄭］にこれがないのは、改編の誤りであろう。

以上の諸例を通じて、ほとんどすべての場合、［池］の古い素朴な、時には難解なテキストを［鄭］がわかりやすく書き直している。したがって［鄭］は［池］を補訂して成立した最新のテキストと見るべきである。おそらくこの逆は、あり得ないであろう。

以上、一、二、三の分析を通して、［詞林一枝］→［弋陽腔本］→［池州本］→［鄭本］という順にテキストが変遷したものと想定する。(3)

第二節　弋陽腔本と池本・鄭本の関係

上述したように［詞］［弋］［池］の三本が［鄭］より古いテキストとして互いに密接な関係があることがわかった。別に周貽白所蔵皖南高腔目連巻三巻（光緒三四年抄本）も本文系統では、池本グループに入る。そこで、池州青陽腔本を［池（青）］、池州周貽白本を［池（周）］と略記する。以下、［僧尼相調］の字句について弋陽腔本と池本（周）と鄭本の対照表を示す。

表21　［僧尼相調］弋陽本・池本・鄭本字句対照表

行	古本（弋陽腔本）＃103	準古本（池本（周））＃202	京本（鄭本）＃301
5	頓把我魂飄蕩、 （和尚）挽一下、（小尼白）挽不得。	見嬌娘、 頓使我神魂散、 自古道神仙多情睨、 （小旦白）哪有這個神仙？ （丑唱）	見嬌娘、 頓使我神魂喪、 （旦白）你也不是好人。 論神仙自古多情況、 （旦白）哪有這等神仙？ （小）

10　15　20　25　30

(和尚白) 怎一杆挽不得。
(小尼白) 台有菩薩。
(和尚白) 哎、尼姑、我的娘、
他二人坐在蓮台上
到如今把名揚、挽一下。
大的大菩薩、小的小菩薩
這菩薩、那菩薩
他也是爹娘生下。
哎、尼姑、我的娘、
尼姑和尚配合成双、
生下兒男
有的終身靠。
(白) 挽一下。
(小尼白) 挽不得。
(和尚白) 要耍蛮勁。(抱介)
我摸一下。是円的還是偏的。
(小尼白) 哎呦。摸不得。(唱)
到荒郊把我春心起。
不顧三官、不許名揚。

那襄王和神女、
暮暮朝朝、
雲雨陽台上、
(小旦白) 也没有個什麼好名声在那裡。
他到今名顯揚。
你何須苦自防?
(小旦白) 你為了此事、菩薩也不容你。
(丑白) 我且問你、這菩薩是天上吊下来的、地
下出出来的?
(唱)
上面坐的大菩薩、
両旁站的波羅羯帝小菩薩
大菩薩、小菩薩
想他都是爹娘養。
我和你双双
成就何妨
生下兒郎、
接代宗支望。

那襄王与神女相逢、
暮暮朝朝、
為雲為雨在陽台上、
(旦) 也不是甚麼様好名声。
(小)
他到今名顯揚。
你何須苦自防?
(旦) 只怕菩薩不容你。
(小)
那菩薩、
也都是爹娘養。

35 倒叫我春心動。
（白）師父、我把衣服你咬到、我不走。
（和尚白）拿得衣服来。
（小尼白）閑到眼睛。我倒後面爬山、你到前面
過水。
（和尚白）我不肯。哈哈哈。我咬到我自己的衣
服。是他説道、他到説道、他到後面爬山、叫
40 我前面過水、走走走。

45

50 〔過水課子〕
郎有心、姐有心、
哪怕山高水又深、
山高自有人行路、
水深自有擺渡人。
55 〔穿倒靴介〕

（白）吱！　阿弥陀仏、
（内喊）砍柴去。
（小旦白）砍柴的来了。
（丑白）就説是一対夫妻。
（小旦白）我両個光頭、豈不知、僧尼両個麼？
你且向廟前過水、講去超化。我往廟後過山、
就説：往母家去。等待夕陽西下後、一斉来此
会合便了。
（丑白）你不要謊我。那、我耽你過水去。
（小旦白）那不好、我許你、那還謊你。
（丑白）我不放心、那我一定背你過水去。你站
在這個石塊上、我還要脱脚。
（背介）
我的鞋放在哪裡。
（過河）（口白不書）
喂呀！　你就是個綿絮団子一様。阿弥陀仏。
（唱）
郎有心、姐有心、
哪怕山高水又深、
山高自有人行路、
水深自有擺渡人。
約定夕陽西下去、

（内云）砍柴、砍柴。
（旦白）砍柴的来了。
（丑白）有人来問、就説一対夫妻。
（小旦白）我和你両個光頭、誰不暁得是、和尚
師姑、你且從廟前過水、説去抄題。我從廟後
過山、説：往母家。待夕陽西下之時刻、到此
相会便了。
（小白）隔了遠水高山、怕又難了。
（旦唱）
男有心、女有心、
哪怕山高水又深、
（合唱）
約定夕陽西下処、

(小尼白)師父倒了。 (和尚白)我的娘、我暁得你倒了。 60 (小尼白)靴子倒了。 (和尚白)這也是装死、你怎的不爬山。 (小尼白)山高了爬不過去。你背我過去。 (和尚白)這個冷冰冰、我不背。 (小尼白)不背我就転去。 65 (和尚白)不要走、我背。	有心人会有心人。	有心人会有心人。

[一九—二六行]

19大的大菩薩、小的小菩薩、這菩薩、那菩薩、他也是爹娘生下。哎、尼姑、我的娘、尼姑和尚配合成双、生下児男、有的終身靠。[弋]↓大菩薩、小菩薩、想他都是爹娘養。我和你双双、成就何妨。生下児郎、接代宗支望。[池(周)]↓那菩薩、也都是爹娘養。[鄭]

ここでは、[弋]の字句がおおむね[池(周)]に継承されている。反面、[鄭]にはわずかに二句が断片的に継承されているに過ぎない。[池(周)]が[弋]と直接的な関係があることがわかる。

[五三—五四行]

53山高自有人行路、水深自有擺渡人。[弋]↓山高自有人行路、水深自有擺渡人。[池(周)]

この二句は、[池(周)]のみに継承されている。

[四四—六二行]

62(小尼白)山高了爬不過去。你背我過去。(和尚白)這個冷冰冰、我不背。(小尼白)不背我就転去。(和尚白)不要走、我背。[弋]↓44(丑白)我不放心、那我一定背你過水去。你站在這個石塊上、我還要脱脚。(背介)我的鞋放

在哪裡。（過河）（口白不書）喂呀！　你就是個綿絮団子一様。阿弥陀仏。［池（周）］

ここは、小尼と和尚が駆け落ちする場面。最初、尼が廟の後ろの山を越えて下山し、和尚は廟の前の河を越えて下山し、夕刻、日が落ちてから、落ち合う手筈を決めていたが、尼が山を越えきれず、和尚が尼を背負って河を渡る。この場面は、［弋］と［池（周）］のみに見られる。ここにも両者が直接のつながりをもつことが示されている。

第三節　弋陽腔本・池本・鄭本の白の継承関係

弋陽腔本と池本、さらには池本と鄭本の関係について、上例では、主として歌詞を中心に検討したが、ここでは、改めて白を含めて再検討する。［勧姐開葷］の場面の字句の対照表を示す。

表22　［勧姐開葷］弋陽腔本・池州本・鄭本字句対照表

行	古本（弋陽腔本）＃103	準古本（池本（周））＃202	京本（鄭之珍本）＃301
	（劉賈上）		
	（唱）［駐雲飛］		
	勘笑吾身、	勘嘆吾身、	勘嘆吾身、
	骨肉生来両個人。	骨肉生来咱両人。	骨肉生来只両人。
5			（白）劉賈有姐、嫁与傅相。
	貿易他郷去、	貿易他郷郡、	這幾日身往他郷郡、
		久欠殷勤問。	姐姐処久欠殷勤問。
	昨日転家門、	昨日裡転家門、	日昨転家庭、
	嗏！	問原因	
10		聴得我姐丈身傾。	聞知姐丈身傾。

15　20　25　30　35

(白) 我乃劉賈、在他郷貿易、昨日回来、聞知
姐夫亡過、因此急趕来。
(唱)
可憐他娘兒
一旦成孤零、
特地前来問信音。
(白) 収傘回去。
(手下白) 哎吓、傘吃人。
(劉賈白) 往上衝。
(手下白) 傘吃人不脱。
(劉賈白) 傘往上衝、人往下衝。回去。
(手下人下。)
(劉賈白) 金奴開門。
(金奴白) 門外高声語、未知是何人。原来舅爺
到此、請進。
(劉賈進介)
(金奴白) 叩見舅爺。
(劉賈白) 金奴、跪在此地、則甚。成長了、莫
非想老公、舅爺与你做個媒。
(金奴白) 休当恥笑。
(唱)
告舅爺、
聽事情、
細聽金奴説分明。

可憐他、娘兒
一旦成孤另、
竟往他家走一輪。
(浄坐) (小旦叩頭)
(小旦白) 舅老爺来得好、金奴有一事、相煩。
(浄白) 講来。
(小旦白) 容禀。
(唱)
只為安人、
終日持斎不自省。

可憐我姐姐娘兒
一旦成孤另、
竟往他家去一行。
(丑) 舅舅来了。
(浄) 老安人能否。
(丑) 托福。今日睡、尚未起、舅舅請坐、一事
相煩。
(劉賈白) 為甚的。想是你年紀長大、替你説個
方便、嫁与人去。
(丑) 非也。
(唱)
只為安人、
把素看経不自省。

40 45 50 55 60

吃斎熬成病。
毎日念仏経。
喳！
望舅爺勧安人。
及早開葷。
三杯玉酒、
両碟魂腥。
賽過神仙境、
何必存心念仏経。
(劉賈白) 站起、請主母。
(金奴白) 有請安人。
(劉氏白) 為了何事。
(金奴白) 舅爺到此。
(劉氏唱［駐雲飛］)
兄弟登門、
忍不住珠涙汪汪、
望下流。
若還留得你姐夫在日、
不在頭門相迎、
就在儀門相接。

員外吃斎熬成病。
小官人空把経談論。
煩舅爺勧安人。
早早開葷。
三杯美酒、
一朶鮮花、
正好遣興陶情、
行楽終天命
何用痴心去看経。
好享栄華過幾春。
聞弟登門、
止不住汪汪、
涙交流。
哎
留得你姐夫在日、
少不得倚門恭候。
出戸相迎。
那日花園焼香、
忽然紅光一道、
閃出金童玉女、
手執珠旛宝蓋、
迎接你姐夫、

老員外吃素熬成病。
空把経談論。
嗏！
煩舅舅勧安人、
早早開葷。
道是三杯酒、
美一朶花新、
正好遣興陶情、
行楽終天命
何用痴心去念仏。
(劉賈白) 自有分曉。
(夫上) (唱)
兄弟登門、
揾不住汪汪両涙零、
(劉氏白) 兄弟往常到此、姐夫必相迎迓。

	上段	中段	下段
65		白日升天、	
		哪裡是白日升天、	
		這都是天宮降下無情剣、	
		斬人間夫婦、	
		情了兄弟。	
70	今日不見影。	到今朝不見他踪跡	(夫唱)今日不見他踪影。
			(劉賈白)姐姐、且自寛解。
	添我心頭悶。喳！	怎解心頭悶。	(夫唱)怎解咱愁悶。
	(劉賈唱)		(浄白)姐姐、你聽。
	姐姐、莫悲傷、	勧姐莫悲痛、	我勧你莫悲疼、
75	休涙淋。	且寛心。	且安心。
	常言道、	常言道、	常言道、
	福寿有天、	聚散由天。	聚散由天。
	死生由命。	生死皆有命。	生死皆有命。
			(白)莫哭、莫哭、世事若還哭得転、我亦千愁
			涙万行。
80		一死須知不再生。	一死須知不再生。
	何必逞愁悶。		
	何用終日珠涙淋。		
	(白)姐姐、姐夫霊位在那裡。		
	(劉氏白)在後堂。		
85	(劉賈白)待我上香。		
	(劉氏白)金奴、带路。		
	(過場上香、転介、昏介。)		
	(劉氏白)兄弟、這卻為何。	(小旦上白)舅老爺、請茶。	
	(劉賈白)小弟、在家。用鶏子打湯、方可就好。	(浄白)舅老爺多次未曾到你家来、鶏蛋茶也看	
		不得一鍾。	
90	(劉氏白)呵、我家吃斎、那有鶏子打湯。	(小旦白)舅老爺、我家吃斎。	

（劉賈白）呵、你家吃斎、没有鶏子打湯。
我来了半天、不見外甥来見我。
（劉氏白）日前做了斎、蒙鄰舍相助、他到人家
謝孝去了。
（劉賈白）外甥到人家謝斎去了。姐姐、我見你
家、又吃斎、死後又做斎、終日就不離斎字。
95 我想：那和尚尼姑、出遊僧道、尽皆吃斎、吃得
骨痩如柴、一朝死在九泉、没有棺材、舎地埋。
（劉氏白）勸你休来急急修、吃斎把素是根由、
在生享尽千般味、死後誰添幾点油。
（劉賈白）姐姐、你道吃斎的好、聴我一言。
（唱［紅衲襖］）
100 万物霊、
論人似万物生。
105 馬牛羊、
本是人所食。

（浄白）你家吃斎、難道舅爺与你家吃斎不成？
拿去。（正旦白）金奴接鍾。（小旦白）知道。（浄
白）外男哪裡去了？
（正旦白）前日我家做斎、多蒙鄰廂人家前来幇
斎、今日謝斎去了。
（浄白）姐姐、莫怪我説、姐夫生前吃斎、死後
做斎、今日外男又謝斎去了。一家人不離了個
斎字、就把両個人斎、斎完了。
（正旦白）仏語云：勸我修行急急修、持斎把素
是根由、生前享尽千般味、死後誰添幾点油。
還是吃斎的好。
（浄白）你道、吃斎的好。我説幾個吃斎的、你
且聴了。那和尚尼姑都吃斎、終朝熬得骨如柴。
有朝倒在窮途裡、没有棺材散土埋。這就是吃
斎的下場。
（正旦白）還是吃斎的好。
（浄白）聴我道来。
論人為万物霊、
論人資万物生。
肥從口食言勘聴、
人没根基食是根。
牛与羊、
本是天生養我人。

（浄白）姐姐、我和你哭了這一会、外甥為何竟
不出来。
（夫白）我児為前日作斎、感蒙鄰里相助、今日
作謝去了。
（浄白）咳、姐姐、姐姐、命好不用乖、心好不
用斎。只有你家、生前吃斎、死後做斎、終日
離不得斎字。
（夫白）怎見不好。
（浄白）我見、那遊方的和尚師姑尽吃斎、巉岩
熬熬得骨如柴、一朝倒在中途裡、没有棺材、
散土埋。
（夫白）兄弟、差矣。勸你修時急急休、吃斎把
素是根由、生前享尽千般味、死後惟添幾点油。
吃斎方好。
（浄白）吃斎的好、吃肉的不好、但看古往今来、
那個好漢不吃肉。姐姐、且聴我道来。
（唱［紅衲襖］）
論人為万物霊、
論人資万物生。
肥從口入言勘聴、
人没根基食是根。
那牛与羊、
本是天生養我人。
（浄白）文王之政、使民五母鶏二母彘。

110　115　120　125　130

鶏鴨鵝、
本是人所呑。

鶏与彘、
都是聖人養老政。

魚与熊、皆因是欲所存。

膾与脯、必須醬和成。

曾元難与曾子並、
都以酒肉肥甘養老親。
論肥甘、可養身、
論斎戒、可養心。

斎戒可与神明並、

功成能得上帝歆。

養口腹、人所軽、

養心志、神所敬。

人無飢渇非心病、
何患吾身不及人、

(浄唱)
論斎戒、古与今同一名。
究根源、今与古両様心。

鶏与彘、
都是聖人養老故。
(白)孟子云：魚我所欲也、熊掌亦我所欲也。
魚与熊皆是欲所存。
(白)是以孔子魚餒而肉敗、不食。不得其醬、
不食。
魚与肉尚須用醬和成。
(白)是曾子養曾晳、每食必有酒肉、曾元養曾
子、每食亦必有酒肉。
雖曾元難与曾參並、
都在以酒肉肥甘養二親。
(夫)兄弟、論芻豢、可養身。
論斎戒、可養心。
古人云：斎戒以神明其徳。
斎戒可与神明並。
孟子云：雖有悪人、斎戒可以祀上帝。
斎戒能得上帝歆。
口腹之人、人賤之矣。
養口腹、人所軽、
従其小体、為小人。従其大体、為大人。
養心志、神所敬。
人能無以飢渇之害為心、害則不及人、不為憂
矣。
人無飢渇非心病、
何患吾生不及人、
(浄)喏、樽俎之言、皆是古人斎戒。豈今人可比。
(夫)原来有甚不同。(浄唱)
論齋戒、今与古同一名。
究根源、古与今両様心。

135 140 145 150 155

我勧你急早開葷。
也好肥甘養老身。
(白) 姐姐、你若開葷、小弟就常来常往、你若
不開葷、小弟一世也不到你家来。
(劉氏唱［紅衲襖］)
聴一言、
酔乍醒、
嘆当年、
睡正昏、
従今看破迷魂陣、
自此除開念仏心。
(白) 兄弟、你勧為姐開葷、便好。只是你姐夫
在世写下三張遺属、叫我娘兒依然吃斎把素。
背夫言不忍、
怕兒曹不依従。
縦然説与孩兒、

古人斎戒存誠信、
近世長斎諂、
見既定、心自寧。
福未至、禍已臨。
我今勧你飲酒開葷
也休做痴呆懵懂人
聴你言、
酔乍醒、
嘆当初、
睡正昏、
従今看破迷魂陣、
自此除開念仏心。
背夫言来心不忍。
怕爾曹也不遵。
待我従容説与孩兒聴。

古人斎戒惟存誠信、所以敬鬼神而遠之。
見既定、心自寧。
今人惟諂瀆鬼神、則行険以邀倖。
福未至、禍已臨。
姐夫終日吃斎、未満六旬而喪、酒池肉林、亦
将何用。姐姐。
勧你自今飲酒茹葷
也休做長斎懵懂人
(夫白) 兄弟言之有理
(唱)
聴伊言、
酔乍醒、
嘆当初、
睡未醒、
従今看破迷魂陣、
自此除開奉仏心。
但你姐夫遺属、分付依旧吃斎。
背夫言、心不忍。
怕爾曹也不遵。
一時之間、難以遽改。
待従容説与孩兒聴。
(浄) 切不可説、是我勧你開斎。
(夫白) 這事情豈不暁得。只道・兒、古云、口
腹、軀命所関、老者非肉不飽。

行			
	也及早開葷養老身。	把酒肉肥甘養老身。	你須以肥甘養老身。
	(白) 小弟倒有一計、多把本銀命外甥同一利出	(浄白) 姐姐、外男依従便罷。若不依従、何不	(浄) 姐姐、外甥見聴、留他在家一同享用。如
	外貿易、家中一事、任你所為。	遣他往外、家中任你所為。豈不是美？	不見聴、叫他離家做買売去。豈不得個自在。
160	此計甚好。		(夫) 自有分曉。
		(正旦) 只待児帰説事因、	只待児帰説事因、
		(浄白) 開斎飲酒更茹葷	開斎飲酒更茹葷
	逢人且説三分話、	(正旦白) 逢人慢説三分話、	逢人且説三分話、
	未可全抛一片心。	(浄白) 姐姐、未可全抛一片心。告回。	未可全抛一片心。
165		(正旦白) 有慢、兄弟。	
		(浄白) 好説。	
	(白) 金奴、送過舅爺。	(正旦白) 金奴、送送舅老爺。	
		(小旦白) 舅老爺、我不遠送。	
	(劉賈白) 金奴、你主母開葷之時、你就請舅爺	(浄白) 不要你送、回去好好服侍安人。	
	前来。		
170	(金奴白) 再送。	(小旦白) 知道。	
	(劉賈白) 你有了這様高大、也想老公。我与你		
	做個媒。		

弋陽腔本・池州本・鄭本の三種テキストの間における白の継承関係をみると、次の四通りの類型があるが、それぞれの中で重要なもののみをあげてみる。

(1)［弋］のみにあるもの…二一例

［一四三行］

143(白) 姐姐、你若開葷、小弟就常来常往、你若不開葷、小弟一世也不到你家来。

この白は、劉賈が姉の劉氏に対し、「開葷しなければ絶交する」と脅迫したもので、物語の展開の鍵を握るものである。劉氏はこの脅迫によって開葷を決意せざるを得なかったと思われる。［弋］が民衆的な生活感覚やりアリティを備えたテキストであることを証明する。

(2)［弋］［池（周）］で継承されているもの…一〇例

［八九―九一行］

89（劉賈白）小弟、在家。用鶏子打湯、方可就好。（劉氏白）呵、我家吃斎、那有鶏子打湯。（劉賈白）呵、你家吃斎、没有鶏子打湯。［弋］↓88（小旦上白）舅老爺、請茶。（浄白）舅老爺多次（未）曾到你家来、鶏蛋茶也看不得一鍾。（小旦白）我家吃斎。（浄白）你家吃斎、難道舅爺与你家吃斎不成？　拿去。（正旦白）金奴接鍾。（小旦白）知道［池（周）］

ここは、弔問に訪れた劉賈がお茶を出されたのに対して、卵入りのスープを要求した場面。劉氏や金奴が服喪の精進中で卵など出せないというと、自分にまで精進を要求するつもりか、とすごむ。［池（周）］の方が金奴を介在させて、委曲を尽くしている。［弋］とそれを継承した［池（周）］が共にリアリティに富む古い演出テキストであることを証明する。［鄭］は、このやり取りを含まない。

(3)［弋］［池（周）］［鄭］で継承されているもの…七例

［一五八行］

158（白）小弟倒有一計、多把本銀命外甥同一利出外貿易、家中一事、任你所為。［弋］↓（浄白）姐姐、外男依従便罷、若不依従、何不遣他往外、家中任你施為。豈不是美？［池（周）］↓（浄）姐姐、外甥見聴、留他在家一同享用。如不見聴、叫他離家做買売去。豈不得個自在。［鄭］

ここは、羅卜の開葷反対を恐れる劉氏を劉賈が説得する言葉。三種は同じ趣旨であるが、［弋］に「余計にお金を持たせて益利と一緒に外商に行かせる」とある提案が劉賈の商人らしい才覚が出ていて迫力がある。ここでも［弋］の白が生活感覚に根差したリアリティに富むことが印象付けられる。

（4）［鄭］のみにあるもの…二四例

第一〇六行…ここでは、鄭本は、［弋陽腔本］、［池本（周）］にはない、長い白の対話を挿入する。内容は、経典の引用で、生活者のリアリティから遊離した文人の言葉であり、これは鄭本が新たに付加したものと考えるほかない。傍線を附した部分が、［鄭］で付加された白である。

本是天生養我人。（浄白）文王之政、使民五母鶏二母彘。**那鶏与彘、都是聖人養老故。**孟子云…魚我所欲也、熊掌亦我所欲也。**魚与熊皆是欲所存。**是以孔子魚餒而肉敗、不食。不得其醬、不食。**魚与肉、須用醤和成。**是曾子養曾皙、毎食必有酒肉、**雖曾元養曾子、毎食亦必有酒肉。雖曾元難与曾参並、都在以酒肉肥甘養二親。**（夫）兄弟、**論芻豢、可養身、論斎戒、可養心、**古人云…斎戒以神明其徳、**斎戒可与神明並。**孟子云…雖有悪人、斎戒可以祀上帝。**斎戒能来上帝歆。**口腹之人、人賤之矣。**養口腹、人所軽、**従其小体、為小人。従其大体、為大人。**養心志、人所敬。**人能無以飢渇之害為心害、則不及人、不為憂矣。**人無飢渇為心病、何患吾生不及人。**（浄）喏、樽俎之言、皆是古人斎戒、豈今人可比。（夫）原来有甚不同。（浄）**論斎戒、今与古同一名、究根源、古与今両様心。古人斎戒存誠信、近世長斎諂鬼神。**古人斎戒惟存誠信、所以敬鬼神而遠之。**見既定、心自寧。**今人惟諂瀆鬼神、則行険以邀倖。**福未至、禍已臨。**姐夫終日吃斎、未満六旬而喪、酒池肉林、亦将何用。姐姐。

これを見ると、これらの傍線を施した白は、民衆が耳で聞いて理解できる言葉ではなく、読書人が文字を見てはじめて理解できる言葉である。これを大量に挿入した［鄭本］は、観客として一般の民衆を想定しておらず、むしろ、読者として知識人、読書人を想定した案頭戯曲である可能性が高い。またこれらの文語を連ねた白だけでなく、ここに見られる歌詞も、難解なもので、劉氏を説得する白としては、不自然である。当時の商家の女性がこのような文辞を理解できるわけはない。この歌詞は、［鄭本］が基づいたとみられる［池本（周）］にすでに存在している。したがって、［弋陽腔本］に比べて、［池本（周）］は、文人化されたテキストと言わなくてはならない。［鄭本］は、この文人化の極点に位置していると言うべきである。

第四節　江西弋陽腔本の成書時期

上来、弋陽腔本の本文が［池本］［鄭本］よりは、古いと想定して議論を進めてきた。しかし、現在の江西贛劇団所蔵弋陽腔本［目連救母］なるテキスト自体は、比較的新しいものである。特に歌詞がかなり省略されており、古形を失っている。したがって、このテキストは、徽本を継承した古い要素をもっているものの、その抄本としての成立は［池本］［鄭本］より遅れていると考えられる。以下、その証拠となる事例を挙げてみる。弋陽腔本第二本第三［老尼勧善］の歌詞を［池本（青）］・［鄭本］と対照して示す。

表23　［老尼勧善］弋陽腔本・池本（青）・鄭本字句対照表（鄭本の○は、池本と同字なることを示す）

行	古本（弋陽腔本）#103	準古本（池（青））#201	京本（鄭本）#301
1		［仏賺］	［仏賺］
	仏在霊山塔上修、	仏在霊山塔上頭、	○○○○○○○、
	世人都向外辺求、　南与無	世人都向外辺求、	○○○○○○○、
	人人有個霊山路、	人人有個霊山塔、	○○○○○○路、
5	好向霊山塔上修、	好向霊山塔上修。	○○○○○○○。
	南無阿弥陀仏。	南無阿弥陀仏、	○○○○○○
		勧你修時不肯修、	○○○○○○○、
		光陰虚度去難留、	○○○○○○○、
		一朝死在陰司裡、	有○去到○○○、
10		悔殺当初結業尤。	○○○○○○○。
		奉勧貧人正好修、	○○○○○○○、
		莫将富貴乱心頭、	○○○○○○○、

15　20　25　30　35　40

童男童女正好修、
春時下種在田丘、南無
若還不下春時種、
空守荒田豈有収。
有病之人正好修、
一生好似浪中舟、
修得浪静舟平穏、
不期抽来也自愁。
出家之人正好修、
爹娘逼得冷颼颼、
也須修到功成満、
超度爹娘楽悠悠。
夫妻修来正好修、
夫妻同修上瀛洲、
若還妻不従夫命、

一心修到功成後、
富貴栄華事事優。
富貴之人正好修、
金装仏像起高楼、
陰功成就天応眷、
福寿康寧得自由。
無男無女正好修、
看経念仏捨灯油、
命裡孤星推転了、
多男多女紹箕裘。
童男童女正好修、
春時下種在田丘、
若還不下春時種、
空守荒田网有収。
多男多女正好修、
前生積下善根由、
今生再把陰功積、
世世生生福自悠。
有病之人正好修、
一生好似浪中舟、
修得浪静舟平穏、
病不期瘳也自瘳。
出家之人正好修、
爹娘撇得冷颼颼、
也須修得陰功満、
超度爹娘楽土遊。

心〇〇道〇〇〇、
〇〇〇〇〇〇〇。
〇〇〇〇〇〇〇、
〇〇〇〇〇〇〇、
〇〇〇〇〇〇〇、
〇〇〇〇〇〇悠。
〇〇〇〇〇〇〇、
念仏看経〇〇〇、
〇内〇〇〇〇〇、
〇〇〇〇〇〇〇。
〇〇〇〇〇〇〇、
〇〇〇〇〇〇〇、
〇〇〇〇〇〇〇、
〇〇〇望〇〇〇。
〇〇〇〇〇〇〇、
〇〇〇〇〇〇〇、
〇〇〇〇〇〇続、
〇〇〇〇〇〇〇。
〇〇〇〇〇〇〇、
〇身危〇〇〇〇、
〇〇〇〇〇〇〇、
〇〇〇〇〇〇〇。
〇〇〇〇最要〇、
〇〇〇〇〇〇〇、
〇〇〇〇〇〇〇、
〇〇〇〇往〇〇〇。

45 50 55 60 65 70

夫無憂来妻有憂。
夫也修来妻也修、
夫妻同登上瀛洲、
若還妻不従夫命、
怕只怕夫又憂来妻又憂。
我道是阿弥陀仏、
吃斎把素是安楽館。

夫也修来妻也修、
夫妻同登上瀛洲、
若還妻不従夫命、
夫没憂時妻有憂。
[江頭金桂]
若論修行根本、
在吾身立個誠。
先前説道仏在霊山、
如今又説立誠。
雖知是仏在霊山、
即是此心誠敬。
休向外辺尋問。
×××、且自念仏看経。
又道：種瓜還得瓜。
種豆還得豆。
只誠心修道、
説什麼仏在霊山。
老安人、且自要念仏看経、
五蘊求清、
六根求浄
到那参透玄門、
自能脱俗離塵。
還要超凡入聖。
××××××。
××××。
豈不聞、天命之謂性、

○○○○○○○、
○○○○○○○、
○○○○○○○、
○○○○○○○。
[江頭金桂]
○○○○○○、
○○○○○○、
才道修行要往○○
○○○○○○、
○○×○○○○
○○○○○○。
○○○○○○、
老安人、○○要○○○○
×××：×××××
××××。
×××××××、
××××××。
×××、××××××、
○○○○。
○○○○。
○○○○○○。
○○○○○○、
××○○○○○
只怕凡胎庸骨
一時難到
○○○、○○○○○○。

	率性之謂道、	○○○○○○。
	論世人同天共性。	○○○、○○同○。
	都只在自加警省。	×○○○○○○。
	嘆世人、	×××、
75	来時不省去時迷、	×××××××、
	空向陽間走一遭、	×××××××、
	未生我来誰是我、	×××××××、
	生下我来我是誰？	×××××××？
	今朝方知才是我。	×××××××。
80	忽然之中又是誰？	×××××××？
	不如不来不回去、	×××××××。
	也無煩悩也無憂、	×××××××。
	了、老安人、聴原因、	×××、×××、
	出家人好一似鉄杵磨針、	×××○○○○○○。
85	心堅杵有成針日、	○○○○○○○、
	莫惜区区歳月深。	○○○○○○○。
	尼師説法有来歴、	×××××××。
	適才尼師説道、	××××××。
	他勧我、夫也修来妻也修、	×××、×××××××。
90	夫妻同登上瀛洲、	×××××××。
	若還妻不従夫命、	×××××××。
	夫没憂時妻有憂了	×××××××。
	我想、員外既修、	××、××××。
	老身焉有不修的道理？	×××××××××。
95	想妮師説法有来歴、	×尼姑○○○○○、
	使人聞之心自契、	○○○○○○○。
	善念勃然生、	○○○○○、
	修心自今起。	○○○○○、
	南無阿弥陀仏、	××○○○○。

100 105 110 115 120 125

（金奴唱）
尼姑好比纏魂鬼、
生得一双好油嘴、
全憑言語打通安人、
落進圏套裡。
（老尼）你這饒舌之婦、講些什麼？
（金奴）没有講什麼。
（老尼）我都聴見了。
（金奴唱）
呀、我道是阿弥陀仏、
吃斎把素来生做個全福縁。

（老尼）
勧人修来急急修、
莫将餐謁度金秋。
南無、今生做者来生受、
休到来生悔不修。
南無、阿弥陀仏、
（白）尼離母去修行好、

懺悔孽冤、
願同礼仏人、
尽生安楽国。
（尼唱）
十方三界仏第一
度人没窮際、
有能大皈依、
尽令成智慧。
（金奴唱）
笑尼師就是迷魂鬼、
全憑一張臭油嘴、
打動我老安人、
堕落圏套裏。
（劉氏）走！走！
（唱）
你這大膽丫頭、
適才尼師説道、
他勧我修来急急修、
莫将玩謁度春秋。
今生作者来生受、
莫到来生悔不修。
想妮師之言、

○○○罪。
○○念○○
○○○○○。

尼姑是個迷魂鬼、
生非著一張好油嘴、
打動老安人、
墜他圏套裡。
（夫）你道甚的。

130	135
（劉氏）終日存心念仏経。	
節節勘聴。我今誠心奉仏、合該輔佐相助才是道理、你乃甚等之人、為何背地裡自言自語？自言做怎的？丫頭、従今後、	

この表から三つのことがわかる。

第一は、この贛劇団所蔵弋陽腔本が歌詞を重視せずに任意に省略している点である。

［八—一一行］勧你修時不肯修、……

［一二—一五行］奉勧貧人正好修、……

［一六—一九行］富貴之人正好修、……

［二〇—二三行］無男無女正好修、……

ここは、老尼が劉氏に仏道修行を進める場面で、同じ内容の説教が八曲も続く。冗漫な叙述であり、観客を飽きさせるということから、半分に当たる前半の四曲を削除したものであろう。演出本としては、それなりに合理的処置と言えるが、その後の劉氏は破戒に対する伏線としての意味があり、読曲本としての性格をもつ［池本（青）］［鄭本］は、忠実に継承していることがわかる。このような点から見て、この江西贛劇団所蔵弋陽腔本は、弋陽腔本としては、原本に近い祖本ではなく、後人の手の入った新本とみなくてはならない。おそらく［池本］［鄭本］よりかなり遅れて抄写されたものと考えられる。

第二は、［弋本］と［池本（青）］は、古い白を残しているという点である。

［一〇九―一二〇行］

ここで、金奴は、精進潔斎を劉氏に説く老尼、あるいは老尼に説得されて精進を誓う劉氏に対して、独り言ではあるが、「精進など何の価値もない」という意味の皮肉な言葉を吐く。これを聞き咎められ、「何も言っていない」と言って言い逃れる。［池本（青）］は劉氏の金奴に対するこの叱責の言葉を引き次いで敷衍しており、古い演出本の痕跡を残している。［鄭］はこの対話の冒頭の数句を継承しているが、後に続く劉氏の叱責の語をすべて削ったため、この場面での二人の対立が理解しにくく、唐突に聞こえる。［鄭］の斧斤の跡が明らかである。

第三は、［池本（青）］と［鄭本］の関係が極めて密接であり、［鄭本］が［池本（青）］を校訂して成立したことがわかることである。特に最後の［江頭金桂］の段では、［鄭本］は［池本（青）］にある句を省略したり、逆に存在しない句を補充したりしている。次のとおりである。

［五九―六二行］［鄭］は省略

58又道…種瓜還得瓜。種豆還得豆。只要安人誠心供仏、説什麼仏在霊山。老安人、且自要念仏看経、

これは、俗諺を使った説教で、「〝霊山の仏〟というような遠い世界のことより、身近な応報を考えて修行にはげみなさい」という庶民向けの説き方であるが、高い教理を目指している［鄭本］は、これを低俗として削除したのであろう。

［七四―八三行］［鄭］は省略

74嘆世人、来時不省去時迷、空向陽間走一遭、未生我来誰是我、生下我来我是誰？　今日方知才是我。忽然之間又是誰？　不如不来不回去、也無煩悩也無憂、了、老安人、聴原因、

この文、人間の存在そのものを懐疑する虚無思想と言えるが、儒教的立場に立つ［鄭本］は、これを嫌って削除したのであろう。

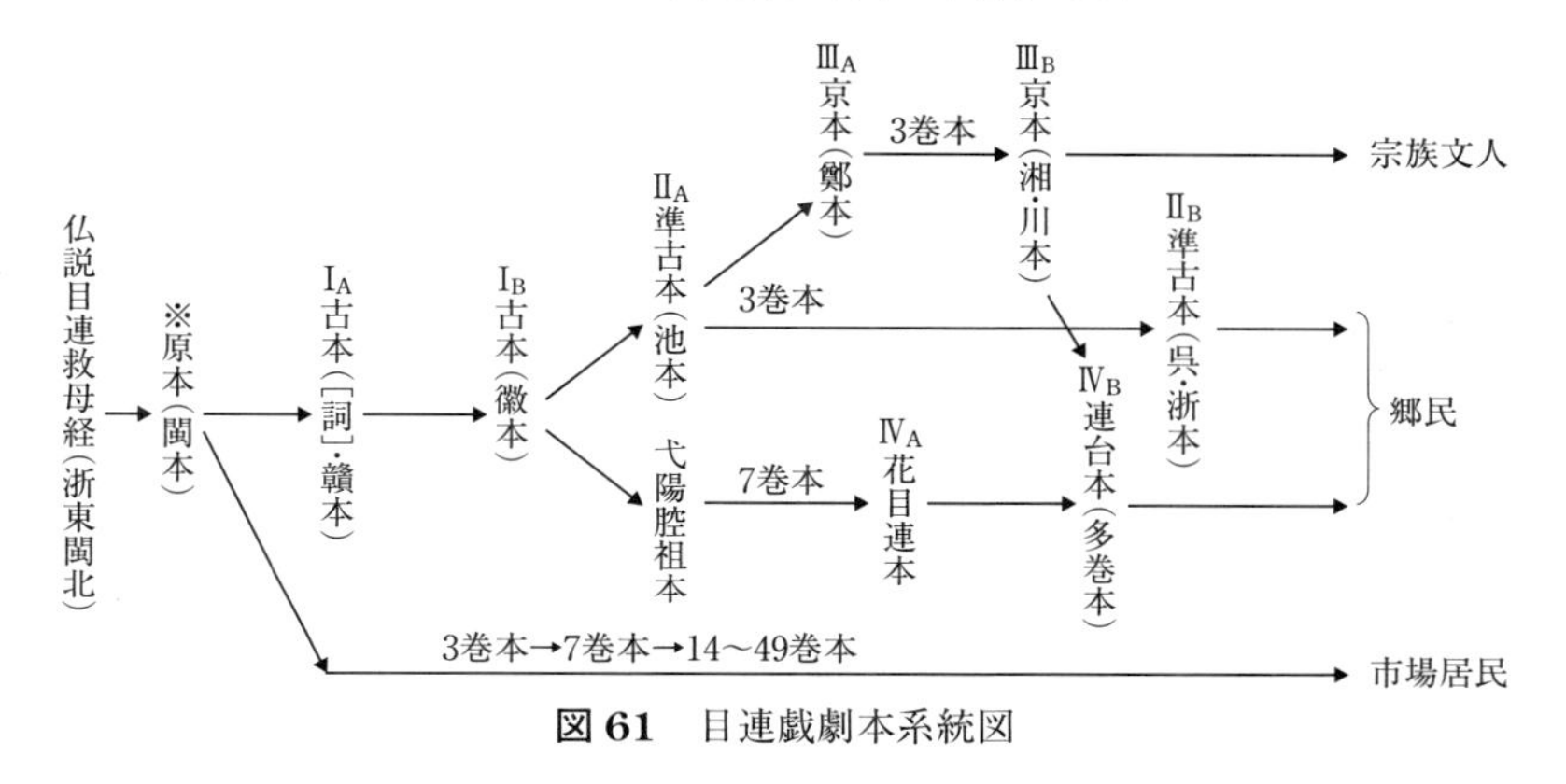

図 61　目連戯劇本系統図

［六八―六九行］［鄭］が追加

68只怕凡胎庸骨、一時難到。

ここは、その前の文で、「俗塵を解脱するには、仏道に達しなければならない」と言い、「人の性には天から与えられた自律性がある」と説得を加える。この二つの前提と帰結に飛躍があることを感じた［鄭］は、ここに「只怕凡胎庸骨、一時難到。」（凡胎庸骨では、すぐには到達できないが）という保留を付けた上、「それでも」と論理を逆転させ、自ら努力すべき、という方向の帰結につなげていることになる。［鄭本］の論理性がここに現れている。

［八九―九三行］［鄭］は省略

89適才尼師説道……

これは、［四三―四六行］の老尼の説教の反復であり、［鄭］は重複を嫌って、削除したのであろう。

これを見ると、現行の江西弋陽腔本には、古い要素と新しい要素が混在していると言える。成書の時期は、［池本（青）］［鄭本］よりも新しい可能性が高い。ただこのテキストが徽調以来の古本の要素を含んでいる点が貴重であり、古本の位置を与えておく。また［鄭本］は、もっぱら重複をけずり、冗長な表現を簡潔なものに改編するように努力しているが時に重要な言葉を削って、場面の意味を不明瞭にしている場合もあることがわかる。

結節　江南目連戯諸本の系統関係と前後関係

以上、諸本の系統、前後関係に関する本章の検討結果を図示してみる（図61）。次章では、これに基づいて、諸本の展開について検討する。

（1）鄭之珍については、従来、同治『祁門県志』に「鄭之珍、字、高石、居清渓」とあり、民国『祁門県志・芸文考』に「祁門清幽人」（清幽とは、祁門県清渓村）とあるなど、地方志にその名を留めるにとどまり、生卒年、事跡など詳しいことは不明であった。しかるに一九八六年、祁門文化局の倪国華氏によって、その墓碑、及び墓志銘が発見され、さらにその詳しい伝を載せる民国壬戌重修『清渓鄭氏族譜』も発見された。以下、倪国華「鄭之珍籍貫及生卒年考」（安徽省芸術研究所編『目連戯研究文集』、合肥、一九八八年）により、関係の記事を上げる。

○墓碑：滎陽郡／賜進士出身真定府推官族侄履詳拝題／明庠生高石鄭公諱之珍夫婦墓／万暦丙辰孟冬月吉日孝男為徳調元泣血立

○墓碑銘：岳父鄭公、諱之珍、字汝席、号高石。唐吾祁鄭司徒之後、伝仲至友公、遷居清渓、代有聞人、載諸志乘、予岳生而岐嶷、穎異超凡、孝友兼備、墳典歴覧、幼游泮水、志在翶翔、数奇不偶、屢蹶科場、抱道自娯、著作林間、当道寵之以衣冠、賢声洋溢于明光……。壬子孟冬吉旦、河南按察司知事進秩修職郎婿葉宗泰撰。

○民国壬戌年重修《清渓鄭氏族譜》：之珍、字汝席、号高石、生正徳戊寅（一五一八）九月廿四日、補邑庠生、博覧群書、善詩文、尤工詞調、郎中葉宗春称其文如怪雲、変態万状、高才不第、時論惜之、載入祁志文苑、編有《目連勧善記》、又為太平焦村編有《五福記》行于世。及編修家乘、井井有条。邑主祝、儒学胡、奨以〝盛世耆儒〟匾額、恩列儒官。享寿七旬有八。歿万暦乙未（一五九五）三月初四、像図絵前。配瀘渓汪以金女究真、生正徳辛巳（一五二一）正月初三、享寿八旬有七、万暦丁未（一六〇七）正月十二、合葬聖堂塢卯向鳳形、撰有墓図。公神主三鳳山、祖廟陪享。

（2）茆耕茹『安徽目連戯資料集』、台北、施合鄭民俗文化基金会、一九九七年、九八頁。
問：你們演唱的是什麼一本？
答：我們唱慣了這種抄本、師傅就是這様伝下来的。我們村有高石師（鄭之珍）的本子、可我們不照那個唱。
（3）『詞林一枝』と同じ黄文華が編纂した徽調散齣集に『八能奏錦』がある。巻末の木記には「皇明万暦新歳愛日堂蔡正河梓行」とあり、やはり万暦元年の刊行である（出版地は不明であるが、福建・建安の可能性が高い）。第二巻上層には、目連戯の［元旦祝寿］を採録している。（この書の目次には、下巻上層に［尼姑下山］も見えるが、本文は欠けている）。『琵琶記』の「元旦祝寿」の図を載せるが、奇妙なことに、その本文は、鄭本『勧善記』と同じものである。万暦元年には、鄭本は、まだ刊行されていない。鄭本は、この箇所を『八能奏錦』から継承したと考えるほかはない。ただ、両者の間には、ごくわずかであるが、異同があり、比較すると、鄭本が校訂を施した形跡が認められる。次の通りである（『八能奏錦』を［八］と略記する。鄭本が校訂した理由を推察して併記した）。
○端力奉双親［八］↓竭力奉双親［鄭］：誤字の訂正
○天経地緯［八］↓天経地義［鄭］：対語（経緯）を崩してまで、「義」を強調
○歳月更新、三百六十日、須知此日為先↓須知此日為元［鄭］：表現の厳格
○家無二主［八］↓家無二上［鄭］：敬意の強調
○年佳景、譲今朝為首［八］↓新年佳景［鄭］：脱字補足
○此觴表敬［八］↓一觴表敬［鄭］：謙遜の表現
○春日釈春水［八］↓釈春冰［鄭］：誤字の訂正
これを見ると、［鄭］が先行の［八］を文雅な方向に改訂したことがわかる。つまり、鄭本には、先行テキストがあり、鄭之珍は、『勧善記』を創作したのではなく、先行テキストを改訂したに過ぎないことになる。ちなみに、［八］では、この散齣を『昇天記』と記す。明代の寶巻にも目連の話を「目連救母出離地獄昇天宝巻」と称するものがある（前述第一章）。想像するに、江南には、鄭之珍以前に『昇天記』と題する先行の目連戯曲があって、鄭之珍は、この先行目連戯曲を修訂して『勧善記』を編纂したのではないか。とすれば、鄭本が安徽江南のテキストと類似の字句を持つ場合、鄭本が逸失した『昇天記』を継承しているケースが少なくないと考えなければならない。

第三章　郷村古層目連戯――古本Ⅰ――贛本

序　節　贛本目連戯の社会背景

江西地区に伝わる目連戯テキストを以下「贛本（かんぽん）」と略称する。毛礼鎂『江西儺及目連戯』（中国戯劇出版社、二〇〇四）によると、江西省の目連戯の流伝地域は、次図の範囲に及んでいる（図62）。この地図で、目連戯は、省の東北部に集中する贛東北目連戯（A地区）と省の中部から南部にかけて飛び地を作っている贛中南目連戯（B地区）の二種に分かれる。以下では、それぞれにつき、テキストと上演慣行を概説する。

一　**贛東北目連戯**

1　景徳鎮目連戯

(1)テキスト

この目連戯は、饒州府浮梁県に伝存する。本来、『梁武帝』一本（傅家三代家史）、『目連救母』三本、『西遊』一本、『岳飛』二本、合計七本、七日上演用の連台本であったが、現存の民国七年抄本は、『岳飛』二本が欠けており、五本のみ。浮梁県播渓郷汪国材所蔵。(1)

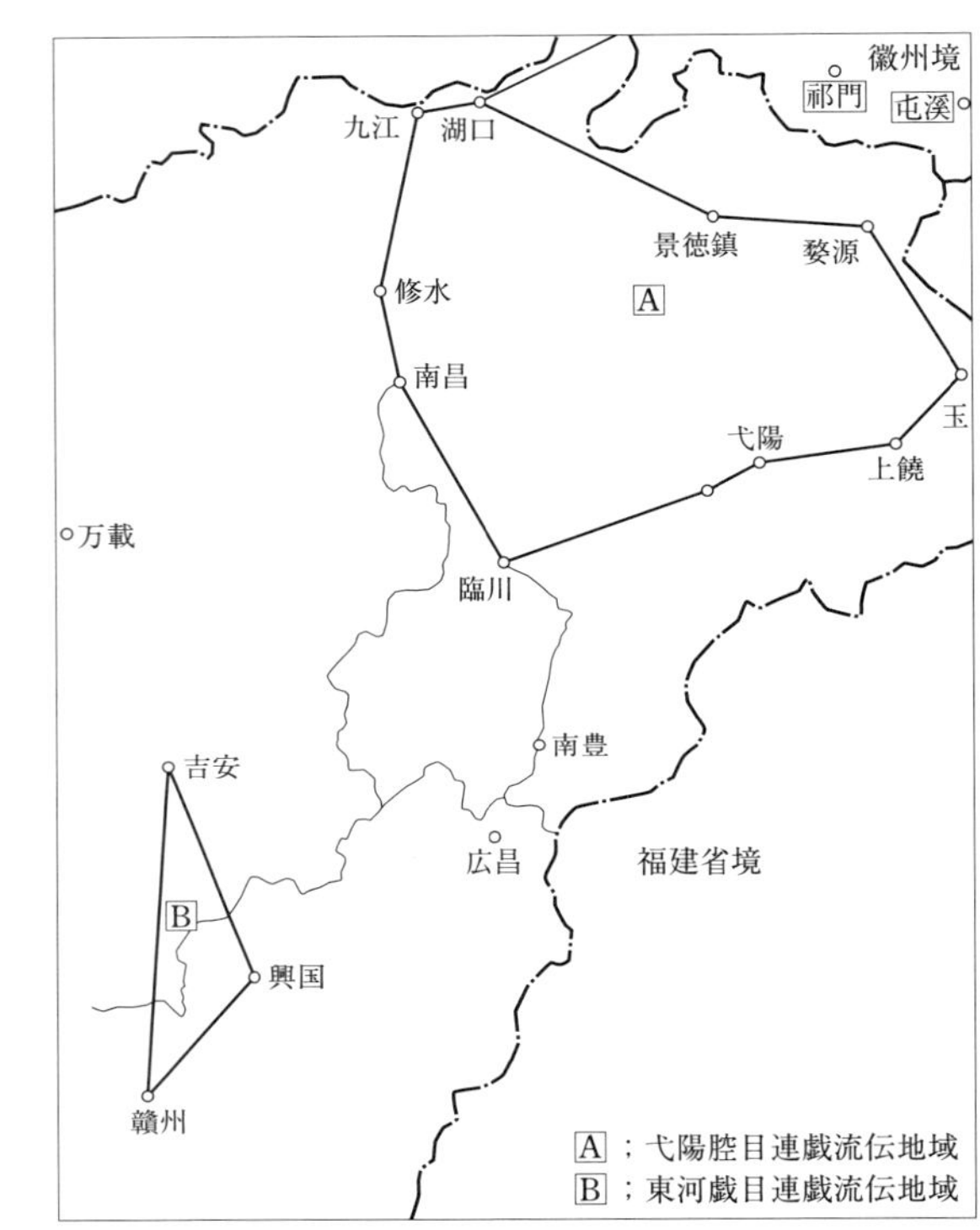

図 62　江西目連戯分布図

(2)上演慣行

昔の風俗では、佃戸や磁器職人は、長い間、貧困状態にあり、神仏の保護を求めていた。また、磁器を商う商人は、風雨を冒して江河湖海の中を舟で旅をし、数年に一回しか帰郷できなかったため、家族は、神霊の保護を求めていた。さらにこの地では、葬礼を重んじ、墓場の風水を重んじる風習もあった。これらの祈禱のための法事を行う場合には、必ず目連大戯を演じる必要があったのである。その上演期間は、村によって異なり、二年おき、三年おき、一〇年おきなどで、一般には、春祈秋報の時か、中元節である。安徽、江西では、目連戯とその他の劇、たとえば、江西の饒河戯、安徽の徽劇などが同じ舞台で上演された。また婺源県では、昼間は儺戯を演じ、夜は目連戯を演じた。(2) 景徳鎮や婺源県一帯は、元来、徽州に属しており、徽州は、儺戯が盛んな土地であった。鬼神が跳梁する目連戯は、儺戯を背景として成長した可能性が高い。

2　弋陽腔目連戯

(1)テキスト

広信府弋陽県に流伝する。潘陽県団林郷夏家村の目連班から班主の子孫、夏汝儀に伝わり、現在、その孫の夏霖の所蔵。江西省贛劇団が一九八二年に内部発行本として刊行した弋陽腔『目連救母』は、この夏霖所蔵本を底本としている。(3)

第一本は、『梁武帝』、第二本以下は、傅家三代、目連救母と続き、第七本まで続く。七日上演用の七巻本である。

⑵上演慣行

ここでは、「還願大戯」において、七日七夜の目連戯が演じられる。時期は、毎年一〇月が多く、地方紳士と廟主が主催する。昼間は花戯（饒河弾腔戯）を演じ、夜は目連戯（弋陽腔）を演じる。道士による徹夜の建醮法事に対応している。(4)

3　九江青陽腔目連戯

⑴テキスト

これは、江西弋陽腔が安徽青陽に伝わり、そこでその地の青陽腔の影響を受けて変容したあと、明末万暦期に贛北九江地区に逆流したものである。ここでは、昼間は、『三国伝』を演じ、夜は『目連伝』を演じる。いずれも七本で、七日の上演である。永修県では、昼間に『三国伝』でなく、『封神伝』を演じる。

現在、九江青陽腔目連戯本としては、都昌県王愛民所蔵の民国八年抄残欠本、民国二五年抄残欠本が残存する。(5)

⑵上演慣行

贛北地区の胡都昌県などでは、目連戯は、地規戯と呼ぶ。五年に一回、あるいは一〇年に一回、さらに二〇年に一回というところもある。七日にわたり、昼間は三国演義、夜は目連戯を演じる「双七冊」という上演形態が正式の形であるが、目連戯だけを抜粋で一晩で演じ切る「花目連」という簡略な形もある。(6)財力の乏しい村では、この形を取る。双七冊の上演は、次のごとくである(7)（表24）。

表24 江西湖口県青陽腔目連大戯演目表

日期	下午	晩上
第一日	三国戯［結桃園］	目連戯第一本［傅栄上寿］至［賀子団円］
第二日	三国戯［献連環］	目連戯第二本［慶賀新年］至［升天団円］
第三日	三国戯［青梅会］	目連戯第三本［対霊思親］至［帰家団円］
第四日	三国戯［古城会］	目連戯第四本［草堂上寿］至［帰家団円］
第五日	三国戯［三請賢］	目連戯第五本［劉氏回殺］至［十友見仏］
第六日	三国戯［収四郡］	目連戯第六本［曹府元宵］至［見仏団円］
第七日	伝奇［琵琶記］或［十義図］	目連戯第七本［目連打坐］至［大団円］

三国演義が演じられるのは、英雄鎮魂の意味があると思われる。

4　貴渓目連戯

(1)テキスト

この地の目連戯は、成立が非常に早く、永楽年間（一四〇三―二四）に貴渓県の目連班が玉山県樟村に派遣されたと、伝えられている。林伝金所蔵、民国抄本六巻が残る。(8)

(2)上演慣行

この本は、求子を目的としたものに大幅に改変されていて、劇では、主人公の名は、傅麒麟とし、麒麟送子の意を寓する。俗名を羅卜としているものの、全劇を通して、傅麒麟の名を使う。上演は中元でなく春節で、悪事を行えば逆子が生まれ、善行を積めば、孝子が生まれると説く。劇中、劉氏は、あまり悪くは書かれていない。弟の劉賈に唆されて、肉を食べるが、それ以上の悪事は働いていない。それゆえ、この劇を見た人が「閻魔は、人物が小さい、劉氏が犬の肉を数切れ食べたと聞いただけで、牛頭馬面を派遣し、生け捕りにして地獄に落とすとは」と皮肉ったという。麒麟はのちに釈迦の弟子になり、仏祖の宝物を得たことから、地獄十王はいずれもおそれたということも書いてある。(9)

神仏の威力を誇示し、貞節孝道を逼る威嚇的な目連戯が大姓宗族の側に立った目連戯であるとすれば、劉氏に同情し、嗣子を求めるこの目連戯は、貧民、下層民、小民の側に立った目連戯と言える。上演も弾力的で、七日にこだわらず、五日、六日ということもあり、時には一日一夜で済ますこともある、という。このような特色から見ると、この目連戯は、明代以前、宋元に遡る古いものではないか、と想像する。

二　贛中南目連戯（東河戯）

(1)テキスト

この目連戯は、七日上演用の七巻本である。贛州府贛県に東河戯玉合班の胡子清所蔵本が残る。[10]

(2)上演慣行

この本は、仏教的な色彩を排除して、道教の神々を主役に据えている点に特色があるという。仏教崇拝の梁武帝の故事を削除し、元始天尊と玄天上帝が物語の舞台回しを演じる。「最初は、貴渓県で流行していたのが、のちに南下して吉安から贛県に流入したという。貴渓県龍虎山は、天師道の祖地であり、目連戯も道教の影響を受けやすかったのであろう。吉安では、目連戯は、道士によって演じられることがあり、法事戯と呼ばれたという。[11]

また、『目連本伝』のほかに、『西遊』、『岳飛』、『封神』を含めて、上演期間が一二日に達したというから、各三巻、三日ずつ上演し、合計で一二日を要したということであろう。[12]康熙四三（一七〇四）年、興国県知県の張向璦が次の詩を残している。

催子帰禽聒樹、　　子を催して帰る禽　樹に聒しく、
救公飢粟登場。　　公を救わんとして　飢粟は場に登る。
小橋渓浅堪縛、　　小橋は　渓浅くして　縛するに堪えたり、
大戯村喧未央。　　大戯にて　村は喧しく　未だ央（おわ）らず。

雛鳥を連れて巣に帰る親子鳥の鳴き声で、樹木のあたりはけたたましい／飢饉に苦しむ人を救うための援助の穀物が村に集まってくる／穀物を運び入れる橋をかけるのに、川が浅くて、掛けやすいのが幸い／飢饉の災いを払

うための目連戯が村中に響きわたり、なかなか終わりそうもない。

この詩では、飢饉に襲われた村で、厄払いの目連戯が演じられている様子が歌われている。大戯というのは、太平清醮の際に行われる大規模な目連戯のことで、この詩の原注に「里人演劇、十日或十二日一本者為大戯（村びとの演劇で、一〇日あるいは一二日に及ぶものを大戯という）」とあり、連台本が演じられたことがわかる。

以上を通観すると、江西では、目連戯は、七日上演の大戯と一日上演の小戯があったが、大村で数年に一回上演される七日の目連戯では、『三国』『岳飛』『封神』などと組み合わせで演じられるのが通常であった。これらは、みな戦死した英雄を鎮撫する意味をもっている。目連戯は家庭劇であるが、それとの組み合わせで英雄悲劇が演じられている点に江西の特色がある。これは『東京夢華録』に見える北宋の目連戯が、英雄鎮魂の儀式と並行して上演されている状況と同じである。この点で、江西目連戯は、北宋以来の古い上演形態を伝えているものと考える。

以下では、この江西目連戯のテキストを分析する。上記、I—2、潘陽県夏家村、夏霖所蔵本によって排印した江西贛劇団弋陽腔本（江西省贛劇団内部発行、一九八二）を分析の対象とする。全七本、七節に分けて、概要、齣目構成、齣目内容を検討する。

第一節　第一本[13]—梁武帝伝

一　梗概

富豪の傅栄は、不義の財を搾取することが多かった。天帝は、金哥・銀哥の二人の梟煞星を傅相の妻劉氏に投胎させ、傅家の財産を食いつぶさせる。傅相は、父の死後、父が不正に使っていた秤を焼き捨て、財産を大勢の貧民に分かち与え、崇仏に励む。天帝はそれを見て、雷神に金哥・銀哥の二人を撃ち殺させる。跡継ぎを失った傅相は、落胆して、生きる望みを失い、禅門を閉じる。西方の仏士、志公、志保に諭され、はじめて二人が天界から派遣された梟煞星であったことを知り、再び崇仏に励む。ちょうどこのころ、梁の武帝、蕭衍は、帝位を捨てて仏門に入り、皇后の郗氏の諫めにも動じなかった。帝は、西天では、波羅堂の建設に銀一〇万両が不足していることを知り、九万両を寄付したが、傅相も一万両を寄付すると聞いて、傅相に銀を西天に運ぶように命ずる。無事に銀を送り終わったとき、仏祖は、傅相に蘿卜の花、一枝を贈る。帰宅すると、妻は一子を生んでいた。傅相は、この子を蘿卜と名付ける。

二　齣目対照表

①江西弋陽腔系本七本、②江西湖口県青陽腔本七本[14]、③徽州歙県長標村演出本五本[15]、④徽州歙県韶坑村演出本四本[16]、⑤徽州祁門県馬山村演出本[17]、⑥徽州祁門県栗木村演出本[18]、⑦撫州南陵県文化局蔵本四本[19]の七種のテキストについて、⑥を除く六種の齣目（場目）対照表を示す。以下のとおりである（表25）。

この対照表にみるように、古本系では、徽州の二本は、江西の二本とよく対応している。同系であることは明らかである。江西古本の方が齣目が詳細で、筋の運びが周到で省略がないのに対し、徽州古本は、江西本に比べて、齣目が少なく、省略が見られる点を考慮すると、江西古本がまず成立し、そのあと徽州古本が成立したと考えるのが妥当であろう。池本系の二本、〔池（青）〕、〔池（周）〕は、この梁武帝伝をカットしている。

○起猖

演員五人、山中の祭壇に祀られている五猖の位牌の前で、拝礼する。

○請台

目連戯開演に先立ち、舞台に戯神、老郎神を迎える儀式を行う。鶏の血を撒き、舞台に陽気を引き入れ、邪気の侵入を防ぐ。

○報場

表25 目連前伝対照表（前）…江西第一本

行	古本（弋陽本）#103	古本（青陽本）#104	古本（歙長標本）#115	古本（歙韶坑本）#113	古本（祁門馬山本）#111	準古本（南陵本）#204
(1)	第一本	第一本	第一本	第一本	第一本	第一本
		（大起五猖）				
		（東岳接猖）				
		（跑馬打台）		（遊台）		
5		（加官報台）		（報台）	（報台）	
	1慶祝華筵	1傳栄上寿	1傳栄上寿	1傳栄上寿	1上寿	
	2一利取債	2安童討債		2取債	2討賬	
	3吊打金山	3吊打金山		3吊打	3売女	
		4父女分別				
10		5属付家筵				
	4傳相諫親					
	5鄧通観相	6鄧通看相		4看相	4観相	
	6武帝排朝	7武帝設朝	2梁王排朝	5坐朝	5登殿	
	7火焚枰斗	8火焚斗枰		6焼票	6化財	
15	8司命奏帝	9梓童奏帝		7灶司上奏	7啓奏	
		10四友游春			8遊春	
			3金英抵債			
			4鄧通看相			
				8闘百草		
20			5志公下凡	9誌宝二公下凡		
				10勧君		
			6傳栄焼香			
			7傳栄帰天			
			8修斎薦父			
25					9出雷公	
	9雷打梟煞	11雷誅梟煞	9雷電収耗		10収二星	
		12志公下凡				

		13渡蝶渡蚓				
		14化生現身				
30		15埋児哭児				
		16化材化木				
	10古仏蓮台				11度厄	
	11二公度化	17武帝皈依			12招僧	
35	12武帝出家	18試演三世		11遺三世	13遺三世	
	13遺観三代			12割襟礼		
				13贈戸童		
			10老公諫君			
			11老公勧善			
40	14郗氏諫君	19郗氏諫君	12郗后勧葷	14一諫君	14前諫	
	15傳相接旨					
	16梓童贈驢					
	17傳相別家					
	18武帝打坐			15坐五更	15打坐	
45					16守監	
					17割襟	
					18借代	
	19郗氏用計					
	20火焚蕭皇寺					
50	21天官奏帝	20下旨接旨				
		21文昌献身				
		22贈驢起程				
		23犬饅斎僧	13肉饅斎僧			
		24武帝写字				
55		25郗氏復諫				
		26侯景設計				
					19差兵馬	

60	65	70	75	80	85
	22 閻羅接旨 23 捉拿郗氏	24 御院托夢 25 救度郗氏	26 火進台城 27 驢童脱化	28 台城昇天 29 新主登基	30 帰家団円 31 生子団円
27 起兵焚寺 28 城隍奏帝	29 五殿接旨 30 捉拿郗氏 31 五殿堪問 32 郗氏変蛇	33 皇宮托夢 34 梁王宝懺	35 観音送子 36 劉氏産子 37 中途失驢	38 囲困台城 39 簡文登殿	40 賀子団円
	14 閻羅出票 15 捉拿郗后 16 陰羅審問	17 郗后托夢 18 超度郗后		19 傅相蓋銀 20 歇店済貧 21 観音点化	22 傅相到家 23 聖母送子 31 生子団円
16 起兵 17 焼寺 18 城隍上奏 19 打筋斗	20 陰王 21 長短鬼 22 捉拿 23 陰審	24 托夢	25 解金 26 上台城	27 上本 28 升天	29 回家団円
20 起兵 21 逃走 22 上奏 24 捉魂	23 接旨 24 捉魂 24 捉郗氏 25 回旨	26 回煞 27 超度 28 引路	29 登台城	30 登仙 31 交旨	32 回家

城隍が、舞台を騒がす天、地、年、月、日、時、飛天などの煞神をつかまえ、舞台の平安を確保する。次いで、地保に対し、五里四方の地方の平安を保つように命ずる。

三　齣目概説

1［慶祝華筵］

傅栄の誕生日を子の傅相と妻の劉氏が祝福する。傅相夫婦に双子の兄弟、金哥、銀哥が生れる。

2［一利取債］

金山は、傅栄から銀五両を借り、元利一〇両を返したが、証文を取り戻すのを忘れていた。一利は四人の下僕を連れて金山の家に行き、貸金の返還を求める。金山は返したと言い張るが、一利は証文をたてに金山を連行する。

3［吊打金山］

傅栄は、金山を吊るし打ちにして貸金の返済を迫る。金山は窮して娘の金枝を借金のかたに引き渡す。傅栄は、金枝を金奴と改名させ、金山を門番とする（金奴の旧名、金枝は、『仏説目連救母経』の記述と合う）。

4［傅相諫親］

少年の傅相は、学堂に行き、同輩の学童から傅栄の悪行を聞く。帰宅して傅栄を諫めるが、傅栄は聴かず、不正な秤の仕組みを説き聞かせる。

5［鄧通観相］

宰相鄧通は、人相見の許竟から、口元に蛇のあざがあるので、晩年は貧窮の身になると言われ、官を辞して仏道の修行に出る。

6［武帝排朝］

蕭衍は、登基して梁を立て、武帝となる。宰相鄧通が登場、官を辞して出家したいと上奏する。武帝は、自らも許竟に命じて人相を見させる。許竟は鄧通と同じ相と答える。それを聞いた武帝も出家する。

7［火焚秤斗］

傅栄が死去したあと、傅相は、劉氏と図り、不正な秤と斗を焚き、貧民に広く布施を行う。

8［司命奏帝］

灶君が傅相の善行を天界に上奏する。玉帝は、かねて傅栄をこらすために傅家に投胎させ、その財産を食いつぶす役を与えていた金哥・銀哥の梟煞二星を天界に戻すよう命ずる。

9［雷打梟煞］

金哥と銀哥が遊んでいると、急に雷鳴稲妻が襲い、二人は雷に打たれて死ぬ。傅相夫妻は、悲しむ。

10［古仏蓮台］

釈迦牟尼が登場、武帝の前身が阿羅漢であり、罪を犯したので下凡させたが、期が満ちたので、志公、志保に命じて、天に帰還させると宣する。

11［二公度化］

志公、志保は、下界に降り、途中で花、蚯蚓、蝙蝠を救う。

12［武帝出家］

志公、志保は、武帝に会い、出家させる。西天の波羅堂が建設の資金に困っていて、一〇万両不足していると告げる。武帝は、傅相が一万両出すということを知り、九万両を出して、傅相に届けさせる。

13［遺観三代］

志公、志保は、傅相の家を訪れ、盆に水を張り、父傅栄、傅相、劉氏、金哥と銀哥の三代の人物の過去の姿と将来の姿を見せる。傅栄は落ちぶれて地獄で苦しむ姿、傅相は昇天して天界を逍遥する姿、金哥と銀哥は、鬼の姿で現れる。劉氏の姿は、まだ見せる段階ではない、という。傅相夫妻は、金哥と銀哥の正体を見て、愕然とし、悲しみから解放される。二公は、西天の波羅堂建設の資金が不足していることを伝え、一万両の喜捨を求める。傅相はこれに応じる。

14［郗氏諫君］

帝の皇后郗氏は、武帝の出家をやめるよう諫めるが、聴きいれられず、仏道を怨んで、狗の肉で僧侶を破戒に導こうと企む。

15［傅相接旨］

曹献忠が傅相の家を訪れ、武帝の寄付九万両と傅相の寄付一万両を合わせて一〇万両を西天の波羅堂に届けるようにという武帝からの聖旨を伝える。曹献忠は、傅相に義兄弟となるように求め、傅相も応じる。さらに現在妊娠中の夫人に将来、生まれてくる子が男女であれば、婚姻を結ぶ約束をする。

16［梓童贈驢］

梓童帝君が朝陽県知事に変身して、傅相の家の金を借りに往き、ついでに西天への旅に役立つ驢馬を贈る。

17［傅相別家］

傅相は、劉氏と別れて、西天に向けて旅立つ。

18［武帝打坐］

武帝が座禅を組むところを志公が遠望する。城隍、社令、門神、土地、鬼王が次々にやってきて、武帝に現世の無常と仏道への修行を説く[20]。武帝の死が近いことを予測させる不気味な演出である。

19［郗氏用計］

郗氏は肉饅頭を志公、志保に与えるが、二人は懐中に野菜の饅頭を用意してこれを食べ、肉饅頭を持ち帰る。郗氏は武帝に肉饅頭で二人を破戒させた、と告げる。帝は二人を呼び出し、破戒の有無を尋ねる。二人は、肉饅頭は食べていないというが、武帝は信じない。郗氏は、京城の景侯に対し、武城の兵馬司を動員し、武帝の建てた蕭皇寺を焼き討ちするように命ずる。(21)

20［火焚蕭皇寺］
兵馬司が蕭皇寺を焚く。志公は、青龍に乗り、志保は、白鶴に乗って去る。

21［天官奏帝］
天官が天曹に郗氏の悪事を上奏し、併せて地獄に落とし、蟒蛇に変身させ、火山雪山をはいずりまわさせて、酷熱、酷凍の苦しみを受けさせるように進言する。

22［閻王接旨］
閻王は、天官から聖旨を受けとり、下僚に命じて、郗氏を逮捕させる。

23［捉拿郗氏］
氏は、病にかかり、朦朧とするところへ、やってきた鬼に捕えられて地獄に連行される。ここで閻魔の裁きを受け、蟒蛇に姿を変えられ、炎天には、火山に、寒天には、雪山に送られる。

24［御院托夢］
氏は武帝の夢枕に立ち、蟒蛇の身からの救済を求める。武帝は、僧侶を集め、郗氏の亡魂を救うための法事を挙行する。

25［救度郗氏］
武帝は、志公、志保に命じ、郗氏を救うための法事を行わせる。この時、自ら作った「梁王懺」を二人に伝授する。二人は、この宝懺を読み、郗氏を救うとともに孤魂を救済する。

26［火進台城］
丞相侯景が武帝に対し、座禅に便利な台城を築いたので、行幸してほしいと請願する。武帝はこれに従い台城に入る。侯景は、これを包囲して武帝を幽閉する。
27［驢童脱化］
西天に向かう傅相を案内してきた驢童が、旅の苦労に耐えかねて、池に飛び込み自殺する。傅相は、絶望して自分も投身しようとする。志公が現れ、蘿卜の花一枝を授ける。
28［台城昇天］
武帝は、台城から出られず、餓死する。志公、志保が出てきて、天界に送る。
29［新主登基］
蕭莽が侯景を討伐し、帝位につく。傅相は西天から帰り、諫議大夫の封を受ける。
30［帰家団円］
31［生子団円］
傅相が帰宅すると、劉氏は子を産んでいた。これを羅卜と命名する。
これをみると、この『梁武帝伝』（以下梁伝と略称）は、目連本伝の予告編としての性格が強い。
(i)梁伝の武帝は、本伝の傅相とよく似ている。仏道に帰依し、仏道のために喜捨を惜しまない。
(ii)梁伝の傅相は、本伝の羅卜とよく似た行動をする。日ごろは、仏教を尊崇し、貧者に惜しみなく財物を喜捨する。西天の波羅堂の建設費用が不足していると聞いて、一万両の大金を寄付する。武帝の寄付金九万両と合わせて一〇万両の寄付金を西天に運ぶ。案内役には、梓童君が驢馬に乗って付き添う。この西天への旅は、羅卜が母の遺骨と経典をかつぎ、白猿を案内役に立てて西天に赴く［挑経挑母］とよく似ている。それに最後に、案内役の梓童君が驢馬と共に池に飛び込み行方不明となると、一〇万両の寄付金を失って絶望し、自らも池に身を投げようとする。これは白猿に遺骨と経典を運ぶ天秤を奪われて絶望し、梅嶺から身を投げて自殺する羅卜に似ている。

(iii)梁伝の郗氏は、本伝の劉氏に酷似した性格と行動を示す。武帝の出家を諫めて聴きいれられないと知ると、排仏に転じ、犬を殺してその肉で作った饅頭を僧侶に食べさせて破戒をさそう。これが天官に知られて、玉皇から閻王に聖旨がくだり、地獄に落とされ、輪転王のところで、大蛇に姿を替えられる。炎天の火焔山、寒天の雪山に苦しむ劉氏は、武帝の夢枕に立ち、救済を求める。武帝は志公、志保に自ら撰した［梁皇宝懺］を托し、法会を行って郗氏を救う。狗の肉饅頭で僧侶の破戒を企み、大蛇に替えられる経緯は、同じ行動の結果、狗に替えられる劉氏にそっくりである。劉氏の運命の伏線となっている。

(iv)梁伝の志公と志保は、傅相と武帝の庇護者として行動するが、本伝の観音に似ている。常に二人の迷いを覚ます役割を演じている。

この梁伝は、池本にはないが、徽州の歙県長標本、同韶坑本、祁門県馬山本、など、すべての徽州古本に含まれている。したがって、池本が成立する以前から、存在していたと考えなくてはならない。池本は、古本を簡略化する目的で、梁伝を削除したのであろう。

第二節　第二本―傅相昇天

一　梗概

傅相は、広く善徳を積み、多数の貧民に衣食を給し、その善行は、天下に知られるようになった。そこへ西方大仏が巡視に訪れ、十方の善悪を精査した上、今は、善功が満ちたため、玉帝に奏聞して、玉旨を受け、傅相を連れて白日に昇天させることにした、と打ち明けた。

二　齣目対照表

以下、高腔徽本（#114）と比較して、江西弋陽腔本の古本としての特色を検討する。

表26　目連本伝対照表（1）…江西第二本

行	郷村系（古本）		
	江西弋陽本#103	江西青陽本#104	高腔徽本#114
	前伝一本	前伝一本	
	第一本	第一本	
	傳栄不義	傳栄不義	
	傳相解銀		
	郗氏変蛇	郗氏変蛇	
	志公度武帝	武帝升天	
	本伝六本	本伝六本	
(86)	第二本	第二本	第一本
		（加官報台）	登台
		（羅漢掃殿）	
		（大仏講経）	
90		（霊官掃台）	
	1 慶賀新年	1 慶賀新年	新年
	2 遺観三等		三等
		2 橋頭掛幡	
95		3 三教斉会	三教
			斎僧
	3 老尼勧善	4 老尼勧修	斎尼
		5 友申上橋	十修
		6 試演三才	毛雪
100		7 紫林起兵	
			齋衆
	4 兄弟求済		
	5 孝婦売身		
	6 王一別妻		
	7 化子造反		
105	8 花子求済		
	9 強人下山		
	10 老尼報訊	8 尼姑報信	
	11 白馬顕聖	9 白馬馱金	遣馬馱金
	12 還金請罪	10 負荊請罪	還骨請罪
110		11 孝婦求済	
	13 遊観四景	12 遊観四景	
	14 見仏回話		
	15 天官奏帝		二何談空
		13 玉皇登殿	
115	16 小鬼開司		
	17 閻王接旨	14 五殿接旨	下旨
	18 花園上香		
	19 属子昇天		
	20 城隍掛号	15 城隍掛号	掛号
120			別世

125				130		
	16花園上香	焼香		1羅卜登台		賑孤
		嘆松写齋			18属後升天	昇天
21十王薦別	17僧道薦別	接経做齋			19遊観地府	地府
22昇天団円		13哭霊吊位			20十王作薦	回煞
第三本					21升天団円	

ここの部分の演出は、鄭之珍本よりははるかに詳細であり、演出の実態を反映しているものとみられる。そして、特に注目を引くのは、江西弋陽腔系本は、京本の鄭之珍本とは異なり、徽州現地の上演用テキストとの間に、密接な関係がある。たとえば、白馬駄金の話、観音と幽冥教主の対話、傅相の遺嘱の話、昇天の手続きなど、鄭之珍本にはなくて、弋陽腔本のみにある演出が、高腔徽本によく受け継がれていることがわかる。江西地区の弋陽腔、青陽腔、徽州地区の高腔は同じ腔調に属していることも両地区の目連戯の類似性の背景になっていると思われる。

○開場（仏祖坐台）

開場拝仏。目連、観音、大頭和尚、護法神、そろって釈迦如来に拝礼する。

○報台

開演に先立ち、二人の俳優が舞台の左右に立ち、演目の概要を前もって観客に知らせる。これを「報台」と称する。以下の詩句を吟称する。

羅卜新年慶賀　　羅卜、新年に慶賀す。
三清点化善人　　三清、善人を点化す。
金剛十子遊擄　　金剛の十子、遊擄す。
三官顕聖還金　　三官、顕聖して、金を還さしむ。

教主遊観四景　　教主、四景を遊観す。
見仏三聖並談　　仏に見いて、三聖、並びに談ず。
霊宵天官奏帝　　霊霄の天官、帝に奏す。
傅相属子升天　　傅相、子に属して升天す。
十王聚会薦別　　十王、聚会して薦別す。
白日升天団円　　白日に升天して団円す。

ここでは、鄭本にない筋が多い。「三清、善人を点化す」とは、三清道人二人が傅相を運命を悟らせる話。「三官、顕聖して、金を還さしむ」とは、傅相の家を襲った強人が三官大帝に諭されて奪った金を傅相に返す話。「教主、四景を遊観す」とは、幽冥教主（地蔵王）が観音の作った四季の景色を参観に来て、因果応報を説く話。「十王、聚会して薦別す」とは、地獄を遊覧して天界に赴く傅相を、冥界十王が見送る話。いずれも鄭本にはない話で、地獄から天界に至る世界の構造を説いている。目連戯の背景となっている宗教世界を観客に向かって説明し、神仏に帰依することを説いている。鄭本にはない神秘的な世界を描いているともいえる。

三　齣目概説

以下、各場面の概要を江西南昌弋陽腔本によって記す。なお青陽腔本のテキストでは、開演に先だち、仏教及び道教に関わる、次の儀式演目が入る。

①[加官]：天官が出て「国泰民安」などの吉祥語を示す。
②[報台]：副末二人、舞台の左右に立ち、劇の筋を歌唱により紹介する。
③[羅漢掃殿]：羅漢が舞台を浄める。開台の儀式。
④[大佛講経]：釈伽如来が弟子を連れて登場し説経を行う。

⑤［霊官掃台］：王霊官が舞台に侵入する邪鬼を駆逐する。

1［慶賀新年］

傅相が元旦を祝うため、一利に酒果の用意を命じ、妻劉氏を呼び出して、ともに祝う。水汲みの下人が羅卜の生長を祈る（このテキストでは、羅卜はまだ少年で登場しないが、他のテキストでは成人していて、主役として登場する）。

1A［斎僧斎道］

同系の長標本、栗木本、南陵本は、ここにこの場面が入る。僧侶と道士が喜捨を受けに傅相を訪問する。傅相は、引見し、布施を与える。

2［遣観三等］

三清道人二人、傅相を訪問、三官堂、観音堂、監斎堂を見学、傅相は二人を善楽堂でもてなす。傅相は、過日、志公と志保が傅栄以下三代の前世、来世の姿を暗示したことが気にかかる、というと、二人は盆に水を張らせ、この世に上等、中等、下等の三種の人がいるが、どれに生まれるかは、すべて前世の行いで決まると説く。

3［老尼勧善］

老尼が傅家を訪れる。金奴が取次ぎ、劉氏が引見する。老尼は、あらゆる種類の人々にとって、善行を積むことが必要、と説く。

4［兄弟求済］

資産家の出ながら落ちぶれて乞食になっている何有名、何有声の両兄弟、孝順歌を唄いながら、傅家の会縁橋にかかる長幡を目当てに布施を請いに来る。諧謔のやりとりのあと、傅相から銀五両、白米五斗の喜捨を受ける。これを元手に商売をする、と言いながら去る。

5［孝婦売身］

夫を失い、棺も買えない孝婦の李門陳氏、姑もなくなって困窮のあまり、傅家に布施を請いにくる。傅相は、一利に棺一つ、白布一対、白米二担を買いに行かせ、届けさせる。

6［王一別妻］

放蕩のため資産をうしなって乞食になっている王一、物乞いに出て、城隍廟で待つ盲人の妻のところへ帰ってくる。二人はふざけ合って、覇王別姫を演じる。そこへ老二が鶏を盗んで登場。西皮快板で三国の物語を歌う。王一の盲人の妻が割り込んで歌う。王一が落魄の身を悲しむうち、突然、盲人の妻が死ぬ。王一が周囲に葬式の資を乞うが、皆逃げて、老二だけが残って、王一を助ける。

7［化子造反］

乞食たちが西皮の正板、快板を歌う（どんな歌でもよい）。

8［花子求済］

三人の乞食が傅家を訪れる。蓮花落を歌う。傅相は、それぞれに銀一両、白米一斗を与える。

9［強人下山］

強人三人、山を下り、金銀財宝を奪い取りに行く。大王は、人を殺してはならぬ、と命ずる。

10［老尼報訊］

強人の襲来を知った老尼が傅家に知らせに来る。傅相は、一利に命じ、三官堂に金銀を並べさせ、一家全員、山林に待避する。

11［白馬顕聖］

強人は、三官堂の金銀を奪い、白馬を引き出して金銀を載せて行くが、二〇里までゆくと動かなくなる。大王が罵ると、白馬は、前世で草鞋を借りて履いた借りがあるので、二〇里まで送ってきたが、これで借りを返した、という。大王が白馬の正体を聞くと、前世で傅家から二〇両を借りて返せなかった張久思で、借りを返すために、傅家の馬に変身していると答える。大王は、今生で金銀を奪えば、来世でどのような身になるか、と思い、金銀を放棄し、白馬を返すことにする。

12［還金請罪］

大王は、金銀と白馬を傅家に還しに来て、白馬が前世の張久思であることを告げる。一利に帳簿を調べさせると、張の名がみつかる。傅相が債務を帳消しにすると、馬が死んだという知らせが入る。

13［遊観四景］

観音が造った春夏秋冬の四景を幽冥教主（地蔵王菩薩）が参観に来る。二人は、今生の行為の善悪によって、次に世での境遇がかわることを論じる。他人の禾苗を盗み食いしない牛は、来世では人の身に生まれ変わり、人を殺した強人は、地獄に送られる、と論ずる。

14［見仏回話］

大仏（釈迦牟尼仏）と観音が登場。釈迦は、さきに観音に十方の善悪を査察するように命じてあったが、復命がないので、報告を求める。釈迦は、傅相の前身が玉帝の台前の装香童子で、邪心を起こしたため、下凡して罪を受けていたが、陽寿が尽きたので天界に呼び戻す、と説く。

15［天官奏帝］

天官が天曹に対し、傅相の下界での功が満ちたので閻王に命じ、金童玉女と白鶴大仙を遣わして白日に昇天させる、と上奏する。

16［小鬼開司］（牛頭馬面が公堂を開く。）

17［閻王接旨］

閻王は、天官から玉帝の聖旨を受けとると、判官に傅相の陽寿を調べさせ、すでに尽きていると知ると、金童玉女、白鶴大仙を遣わして白日に昇天させる。

18［花園上香］

傅相は、一利と羅卜を伴い、花園で月に向かって香を焚き、平安を祈る。すると、幻覚の中に金童玉女、白鶴大仙が現れ、精神は恍惚となり、気を失う。

19［嘱子昇天］

傅相は、羅卜に昨夜、花園で月に香を上げて長寿を祈った時に、金童玉女、白鶴が見えたゆえ、本日の午に世を捨てることになる。別れの挨拶をしたいゆえ、僧道優尼を招いてほしい、という。急を聞いて集まってきた劉氏、羅卜、優尼、志公、志保に別れを告げ、筆をとって三通の遺言状を書く。第一は、家族が僧道に布施すること、第二は、劉氏が戒律を守ること、第三は、羅卜が釣り合った家から嫁を迎えること、を記す。終わって、衣を着替え、金童玉女に接引され、白鶴に乗って昇天する。

20［城隍掛号］

傅相は、城隍のもとに至り、冥界に姓名を登記して、地獄を巡り、天界に向かう。

21［十王薦別］

地獄の十王が天界に向かう傅相を見送りにくる。

22［昇天団円］

十王の神牌が登場、傅相の位牌が登場。十王は三たび、南無阿弥陀仏の念仏を唱える。

第三節　第三本―劉氏開葷

一　梗概

傅相の没後、妻劉氏は、弟劉賈の勧めを聞いて、精進潔斎の戒律をやめ、仏道を捨てる気になる。ただ、息子の羅卜に止められるのを恐れて、羅卜を行商に出す。羅卜が家を離れると、開葷に踏み切り、猪羊を買い、夫の造った会縁橋を壊し、僧房を焼き払う。観音は、これを見て、急いで羅卜を家に帰らせる。羅卜は、母の所業を聞き、三跪一拝の礼を行いながら帰宅し、母のために懺悔する。

二　齣目対照表

第一本に倣い、古本として江西弋陽腔系本二種と高腔徽本の出目を対照させて示す（表27）。

表27　目連本伝対照表（2）…江西第三本

行	郷村系（古本）江西弋陽腔本＃103	郷村系（古本）江西青陽腔本＃104	高腔徽本＃114
		第三本（加官報台）	
	1羅卜登台	1対霊思親	
	2修斎薦父	2請僧做斎	
135	3満門上香		
	4和尚拝懺		
	5本場普陀懺		
	6本場司命懺		
		3曹府吊孝	
140	7舅母上香	4舅母上香	
	8破獄度孤	5破獄超亡	
	9金奴掃地	6金奴掃地	
145	10勧姐開葷	7勧姐開葷	開葷
	11遣子経商	8遣子経商	
	12柳林発誓		
	13拐騙相邀	9拐騙相邀	拐騙
	14客路施金	10客路施金	施金
			犠牲
150		11趙甲打父	

		155								160					165	
		15社令挿旗	16雷打十悪	17羅卜投店	18買辦豬羊	19開葷吊戯					20監斎点化	21犬饅斎僧		22折毀橋梁		
12敕符走馬	13城隍接旨	14社令挿旗	15雷誅十悪	16羅卜投店		17遣買開葷		18班頭送戯	19僧道諫勧	20尼姑勧修	21監斎顕聖	22犬饅斎僧	23三教分途	24議折橋梁		
						開葷	十不親		僧道勧善	尼師勧善	破斎	毀斎			訓父	下旨

				170						175					180	
		23和合買貨		24小鬼開司	25観音化袍		26十友下山		27観音擋路	28十友結拝	29李公勧諫	30劉氏憶子	31一利回家		32跪拝長亭	33見母団円
25李公勧善		26和合嘆遣	27寒山拾得		28観音化暴	29僧俗逃難	30十友起兵	31羅卜辞店	32金崗遇			33劉氏憶子	34益利回家	35羅卜拝帰	36長亭接旨	37帰家団円
挿旗	打悪	跳和合	嘆金	典店	金剛山	遇強		辞東	化強		李公	望子				団円

これにより、諸本の間の系統関係は、明らかであろう。特に一四一行の「破獄度孤」は、弋陽腔本、青陽腔本の双方に継承されており、この系統のテキストが孤魂祭祀の儀礼と近い関係にあったことを想定せしめる。ここには、戯曲の中に儀礼があり、儀礼の中に戯曲があるという祭祀と戯曲の相互浸透の世界が展開されているといえる。後述の池本では、南陵本がこれを継承するが、周本は継承しない。南陵本の方が古本に近いと言える。

○報台

開演冒頭に副末が述べる梗概。

羅卜修斎薦父　羅卜、斎を修めて父に薦む。
劉賈勧姐開葷　劉賈、姐に開葷を勧む。
遣子柳林発誓　子を遣わすに柳林にて誓いを発す。
羅卜客路施金　羅卜、客路に金を施す。
監斎顕聖点化　監斎、聖を顕して点化す。
劉氏犬饅斎僧　劉氏、犬饅にて僧に斎す。
和合臨凡托貨　和合、凡に臨みて貨を托す。
劉氏憶子帰家　劉氏、子の家に帰るを憶う。
羅卜長亭跪拝　羅卜、長亭に跪拝す。
帰家見母団円　家に帰り母に見(あ)いて団円す。

この中で、「子を遣わすに柳林にて誓いを発す」とある句は、鄭本にはない筋で、弋陽腔本独自の筋である。また「和合、凡に臨みて貨を托す」とあるのは、和合神が下凡して羅卜に商品の交換をもちかけ、巨利を得させるという意味であると解せられるが、池本では寒山、拾得がこの役を演じる。和合神の方が古い形であり、池本は、文人的な改編を加えたものであろう。ちなみに鄭本も池本を継承する。

三　齣目概説

1［羅卜登台］
羅卜は、亡父が地獄に堕ちているのではないか、と恐れ、追薦法事を行うため、僧道を招く。

2［修斎薦父］
一利が高僧を訪れ、法事の日取りを決める。羅卜が後堂に和尚を迎える。和尚は、祭壇に焼香する。

3［満門上香］
羅卜、劉氏、一利、金奴の順に焼香したあと、婚姻関係にある曹家の執事がやってきて焼香する。
4［和尚拝懺］
和尚が登場し、釈迦如来と幽冥教主地蔵王菩薩を拝する。
5［本場普陀懺］
南海普陀山の場。和尚が観音菩薩を拝する。
6［本場司命懺］
和尚が普照王菩薩、観音菩薩、三官大帝、玄天上帝、地蔵王菩薩、地獄十王を拝する。
7［旧［舅］母上香］
余干の舅母が登場、子供の三毛働をつれて焼香する。
8［破獄度孤］
和尚登場。孝子羅卜のために、父、傅相の亡魂を済度する。錫杖をとり、東西南北の地獄の門を打ち破って、傅相の亡魂を探す。地獄の門を打ち破るたびに、中に閉じ込められていた孤魂が飛び出す。囚死の孤魂、吊死の孤魂、淹死の孤魂、餓死の孤魂、蛇傷虎咬の孤魂などが身の上の不幸を語りながら出てくる。和尚は、度人経を読み、鮮花を散らし、法水を天から降らせ、すべての孤魂を超度して、天界に昇天させる。(22)
9［金奴掃地］
金奴が三官堂の裏庭を掃除する。堂内の燭台にも油を注ぎ、かげっていた光明を復活させる。
10［勧姐開葷］
劉氏の弟、劉賈が弔問にやってくる。出迎えた金奴は、早く劉氏に開葷するよう、説得してほしいと頼む。劉賈は、姉に開葷を勧めるが、劉氏は息子の反対を恐れる。劉賈は、羅卜を行商に出すよう提案する。劉氏も従う。劉賈は接待役の金奴をみて、結婚相手を探してやる、などといってからかう。

11［遣子経商］

羅卜が堂にこもって坐禅している最中、劉氏が訪ねてきて開葷したいと言う。羅卜は郗皇后の轍を踏まぬように、と言って諌める。劉氏は、これまでの布施や法事に莫大な費用が掛かったので、外へ出て商売をしてくるようにと言う。羅卜は幼少から経ばかり読んでいて商売をしたことがないので無理と言う。劉氏は、一利を呼び、羅卜に同行して交易により利を得てくるように命じる。

12［柳林発誓］

羅卜は出発にあたり、劉氏の開葷を恐れて、再三、戻ってきて母に別れを告げる。劉氏は、その意を察し、柳林で「もし開葷するようなことがあれば、七穴から鮮血はほとばしり、地獄に落とされて苦を受けてもかまわぬ」と誓う。羅卜は、これを聞いて、やっと安心し、家を離れる。劉氏は、金奴を三官堂に返した後、夫が仏道に帰依していたにもかかわらず、白日に昇天したことに鑑み、斎戒には何の意味もないと、今後は念仏も唱えず、供え物も撤去する、と宣言する。

13［拐騙相邀］

詐欺師二人、羅卜が商売に出たのを知り、共同して金をだまし取ろうとたくらむ。

14［客路施金］

詐欺師二人は、托鉢僧に化けて、羅卜に橋を架けるための寄付と言って、喜捨を請う。羅卜は、一〇〇両を寄付することとし、とりあえず、半金の五〇両を渡す。

15［社令挿旗］

社令が登場。城隍の命により、十方の善悪を視察する使命を帯びて域内を巡察する。善人には青い旗、悪人には赤い旗を挿して歩く。雷神を呼び出し、赤旗が挿されているものを打ち斃すように命ずる。羅卜が登場、社令は青旗を挿す。詐欺師が登場、社令は赤旗を挿す。

16［雷打十悪］

詐欺師二人は、雷神に打たれて死ぬ。羅卜、一利が登場し、二人の遺骸に頭髪があるのを見て、僧侶ではなく、托鉢僧に変装した詐欺師だったことがわかる。

17［羅卜投店］

羅卜と一利は、旅店に泊まる。店主は、羅卜の名を知っていて、奥の間に通す。

18［買辦猪羊］

劉氏は、安童に一〇両の銀を渡し、猪羊を買いに行かせる。安童は、山西老板のところに行き、言い値を値切って猪肉を一斤七貫、羊肉を一斤一三貫で買って帰る。しかし、売り手の山西人の方が大儲けをしたと言って喜ぶ（安徽江西は、徽州商人の根拠地であるが、山西商人も活動していた）。

19［開葷吊戯］

劉氏は、大々的に開葷し、戯班を呼んで、芝居を演じさせようとする。ところが戯班が出払っていて、歌唱班しか呼べないと言う。それで歌唱班を呼んで歌わせる。班主は、劉氏に演目を拆んでくれるようにたのむ。劉氏は、「小将軍出猟」（白兎記）と、「跳加官」「四季発財」を択ぶ。豆腐売りの安吉子が「発財」と聞いてはしゃぐ。劉氏はさらに「唐天子下河」（不明）、「周氏拝月」（金印記）「巧女思嘆」などを択ぶ。謡い終わると、劉氏は、班主に銀一〇両を与える。安吉子も手間賃をせがむが、劉氏は与えず、追い出す。

20［監斎点化］

監斎使者が瘋僧に変身して、劉氏を訪れる。劉氏は金奴に命じ、肉湯を与えさせる。僧は、これを裏庭の花園にあけると、五葷の一つ、大蒜であることがわかる。劉氏は怒り、狗を水につけて殺し、肉饅頭にして僧に与えて、斎戒を破らせようとたくらむ。瘋僧は、雷神を呼び出し、劉氏の宴席を粉砕するように命じる。

21［犬饅斎僧］

四人の小僧出る。瘋僧は、「今日、劉氏が出す饅頭は狗肉の饅頭であるから、気を付けよ、前もって精進の饅頭を懐に入れて、出された肉饅頭を食べる時は、持って来た饅頭にすりかえて食べ、かれらが喝采したときに、肉饅頭を示せ。見せ終わったら、私の瓢の中に投げ入れよ」と教える。金奴が肉饅頭を僧たちに与えるが、すり替えて破戒を免れる。瘋僧は、劉氏が狗を惨殺した罪で、来世では、狗になる、と予言する。

22［拆毀橋梁］

劉氏の請託を受けた劉賈は、佃戸を集めて会縁橋を壊し、火をかけて焼く。

23［和合買貨］

和合神二人、羅卜の泊まる旅店を訪れ、羅卜から品物を高く買い付けると共に、劉氏の破戒を羅卜に知らせる。

24［小鬼開司］（牛頭馬面が公堂を開く。）

25［観音化袍］

観音が登場し、金剛山の一〇人の強人を仏道に帰依させるため、道袍（道士の常服）を着て漂泊の道人に変身し、鉄牌を手に持って、彼らを感化しよう、と述べる。

26［十友下山］

大王の張有道、李淳元以下一〇人の強人、山を下りて略奪に行く。観音は、山の中腹に鉄牌を放置して、様子を見る。大王は、鉄牌を見て、手ごわい相手が出てきたと警戒する。

27［観音擋路］

強人が道人を捕えようとするが、うまくゆかない。大王は、六韜に通じた人物と見て、山の軍師になってくれるように頼む。観音は、民間の財を奪わないこと、殺人を行わないこと、精進潔斎を守ることの三条件を呑めば、軍師を引き受ける、という。大王はとにかくさしあたり、ということで条件を受け入れる。観音は、大王に対し、そのうちに二人の人物が山の下を通るはずなので、連れてくるように命ずる。

28［十友結拜］

大王は、山下を通りかかった羅卜と一利を山に連れてくる。観音は、羅卜と十友に義兄弟の契りを結ばせた上、十友には、西天に赴き仏道の修行をするように、羅卜には、早く帰宅するように命ずる。羅卜と十友は、西天での再会を期して別れる。

29［李公勧諫］

傅相の友人、李厚徳は、劉氏の開葷を聞いて、劉氏を訪れ、諫めるが、劉氏は耳を貸さず、金奴に命じて追い出させる。

30［劉氏憶子］

劉氏は、羅卜が家を離れて三年になるのに、帰ってこないことに寂寞を感じ、行商に出したことを後悔する。安童に命じて占い師に占わせると、すぐに戻るという返事を得て、喜ぶ。

31［一利回家］

一利は、金剛山の強人に捕えられたが、観音に救われたこと、観音から家に何か不幸が起きたので、自分ひとり先に帰るように命じられたこと、羅卜は、口に鉄を加え、身体に鞍を背負い、三跪一拝で帰途につき、母のために懺悔の礼を取っていること、などを報告する。劉氏は、金奴に水と飯を携えて長亭に迎えに行かせる。

32［跪拜長亭］

長亭にたどりついた羅卜を李厚徳が迎える。李は羅卜に劉氏の破戒を伝える。羅卜は、昏倒する。劉氏が現れ、李厚徳が告げ口したため、羅卜が昏倒したのではないか、と疑う。羅卜は否定する。

33［見母団円］

一利が登場。羅卜が家の様子を尋ねる。一利は、三官堂は健在で、灯明も異常なく、斎戒は守られていると答える。羅卜は安心し、疑っていたことを後悔する。

第四節　第四本――十友赴西

一　梗概

羅卜は、亡父の崇仏を継承し、三官堂、会縁橋を修復し、毎日、貧窮者の救済に努める。西天に向かって旅立った十友は、途中、多くの難所に出会うが、観音の助けで乗り切り、西天の釈迦如来のもとに到達する。この間、世上には、仏道修行を放棄して駆け落ちする若い尼姑と和尚、詐欺師が変装した托鉢僧に騙されて簪を喜捨し、夫に不義を疑われて、縊死をはかる妻、父を殴って働かせる不幸な息子、飼っていた鶏を盗まれたといって隣人の女とけんかする老婆など、人間の欲望がもたらすさまざまな悲喜劇が本筋と無関係な挿演（花目連――後述第九章上）として演じられる。

二　齣目対照表

この本の頻繁な挿演状況を示すため以下、古本と池本、鄭本の齣目を対照させて表示する（表28）。

表28　目連本伝対照表（3）…江西本第四本

系統	本	行185–205 の段目
郷村古層系（古本）	江西弋陽腔本 #103	第四本 / 1 羅卜賞春 / 2 観音度化 / 3 八戒開路 / 4 羅王顕聖 / 5 十友行路 / 6 過寒冰池 / 7 過火焰山 / 8 三匠争坐
	江西青陽腔本 #104	第四本（加官報台）/ 1 草台上寿 / 3 三匠争坐
	高腔徽本 #114	第三本（敷演場目）/ 六旬 / 香山 / 下山 / 相調 / 焰山 / 三匠
	徽州歙県韶坑本 #113	1 上寿 / 2 遣三妖 / 2A 爛沙河 / 3 変身 / 4 朝香 / 5 打三匠 / 6 一枝梅
	徽州祁門県馬山本 #111	第二本上（開場）/ 1 上寿 / 2 渡厄 / 3 豬精起兵 / 4 沙精起兵 / 5 交戦 / 6 救難 / 7 錦羅王 / 8 登程 / 9 争席 / 10 背瘋
	徽州祁門県栗木本 #112	（報場）/ 1 上寿 / 2 掛長幡 / 3 観音遣三妖 / 4 十友行路 / 5 打三匠 / 6 一枝梅
郷村新層系（準古本）	安徽南陵陽腔本 #203	第二本（開場）/ 1 六旬 / 2 香山 / 3 焰山 / 4 朝山 / 5 売螺糸 / 6 下山 / 7 相調 / 8 三匠争席 / 9 砂燭
	池本（周）#202	第二本 / 1 登台開場 / 2 新年慶寿 / 3 香山慶祝 / 4 点化度厄 / 5 小尼思春 / 6 和尚下山 / 7 僧尼相会 / 8 三匠争席
宗族系（京本）	鄭之珍本 #301	1 開場 / 2 寿母勧善 / 3 十友行路 / 4 観音度厄 / 5 匠人争席 / 6 劉氏自嘆

210　215　220　225　230　235

9 啞夫駝妻　10 孝子売身　11 瞎子講評　11 瞎子講評　12 観音十変　13 王母慶寿　14 小鬼開司

4 孝子売身　5 背妻上轎　6 出売青螺　7 瞎子説評　8 継母冤児　9 水鬼訴冤　10 媽媽訓妓　11 趕妓上轎　12 丁香殺父　13 義犬報仇　14 思春相調　15 観音十変　16 香山大会　17 花子鬧壙

斎僧　鄭元和　訓妓　趕妓　勧妓　穆敬　砂鍋　売青螺　到山

---

7 顛倒顛　8 趕粉頭　9 孝子売身　10 舞獅象　11 皈依

11 顛倒顛　12 売螺蛳　13 男売身　14 趕姫　15 皈依

7 売螺獅　8 顛倒顛　9 抵棍　10 趕姫　11 孝子売身　12 大仏皈依

10 小斎僧　11 元和歌　12 訓妓　13 趕妓　13 趕妓　14 穆敬売身　15 十子到山

9 羅卜斎僧　10 瞎子求済　11 斎公放生　12 売身葬母　13 王嬙訓妓　14 趕妓帰空　15 十友見仏

7 齋僧済貧　8 十友見佛

行								
	15王媽罵鶏							
	16和尚化釵		化釵					
240	17帰家打妻							
	18普化下界							
	19吊神出現		披紅					
	20吊神自嘆							
	21金氏上吊						16施環	16陳氏施環
245	22普化顕聖							
	23普化趕吊		趕散				17出神	17出神趕散
	24小妮思凡			12思凡	16女思凡	13尼姑下山		
	25和尚下山			13思春	17男思凡	14和尚下山		
	26僧尼相調				18相会	15相会		
250	27見仏団円							

この表から次のことがわかる。

(1)弋陽腔本、青陽腔本は、最もよく高腔徽本に継承されている。

(2)徽州系三本（韶坑本、馬山本、栗木本）は、七陽系古本をかなり省略している（225―245行）

(3)池州系二本（南陵本、池州本）は、徽州系三本より、弋陽系古本をよく継承している。

(4)鄭本は、省略が著しく、徽州系三本とは、全く異なる。徽州系よりは池州系を省略して成立したと見られる。

○報台

副末が開演にあたって、次の詩句を吟ずる。

　羅卜勧母為善　　　羅卜、母に善を為すを勧む。

会縁賑済孤貧　　　会縁に孤貧を賑済す。

慈悲下凡点化　慈悲、下凡して点化す。
八戒開道沙河　八戒、道を沙河に開く。
沙僧皈依正果　沙僧、正果に皈依す。
金剛十子登程　金剛の十子、登程す。
慈悲顕聖十変　慈悲、顕聖して十変す。
王母慶寿蟠桃　王母、蟠桃に慶寿す。
普化臨凡下界　普化、下界に臨凡す。
十子見仏団円　十子、仏に見いて団円す。

ここは、釈迦の十友（十大弟子）の話を説く。目連が十大弟子の一人であることから目連が釈迦の弟子の中でどういう位置を占めるか、を説く必要があると考えたためであろう。

三　齣目概説

1［羅卜賞春］
羅卜、母の誕生日を祝い、宴を設ける。

2［観音度化］
観音は、雲橋道人、猪八戒、鉄扇公主を集め、十友の行路を助けるように命ずる。

3［八戒開路］
八戒は、十友に灘沙河を渡らせるため、沙和尚と戦うが、深追いして捕えられる。

4［羅王顕聖］
観音は、英雄景羅王に変身し、沙和尚と戦ってこれを捕え、八戒を救出する。沙和尚の頭に金箍を戴かせ、十友と同行するように命ずる。

5［十友行路］

十友は、西天に向かって道を急ぐ。

6［過寒氷池］

十友は、寒氷池に行く手を阻まれる。雲橋道人の懸けた橋を通って、乗り越える。

7［過火焔山］

十友は、火焔山にさしかかる。鉄扇公主の助けにより、焼死を免れて通過する。

8［三匠争坐］

会縁橋を修理するために集まった木匠、石匠、泥匠の三人の棟梁が、会縁橋が竣工して各自五銭の工賃をもらい、宴会を開く。ところがそれぞれが上席に坐ることを主張し、喧嘩になる。最後に羅卜が出て、なだめ、丸く収まる。三人は、礼銀を会縁橋の建設費に寄付し、橋に名を刻してもらう。

9［唖夫駝妻］

唖の夫が、瘋癲で足が悪く歩けない妻を背負って登場する。夫の弟が会縁橋に夫婦を案内し、羅卜と一利に引き合わせる。妻は、幼少から歌曲を習っているといい、「孝順歌」を歌う。羅卜は、銀五両、白米一担、白布一対を与える。夫妻は橋を降りて去ろうとすると、弟が夫婦に銀は自分の取り分だと言いがかりをつけ、兄を蹴る。兄は弟を蹴り返し、妻を背負って去る（俗に「唖背瘋」という）。

10［孝子売身］

父を亡くした貧窮の男が葬儀の費用に困り、下僕に身を売って葬式代を工面したい、といって会縁橋に現れる。羅卜は、銀二〇両、白米二担、白布一対を男の家に届けさせ、作った身売り文書を相手に返す。

11［瞎子講評］

瞎子（盲人）が瘌痢（聾啞）に手を引かれて会縁橋にやってきて、顚倒した曲文を歌う。「天上に閻王あり、下に玉皇あり」「李三娘、岳州に官たるを求め、劉智遠、磨坊にて咬臍郎を生む」「楚の覇王、千里の路を独行し、関漢の雲長、烏江に自刎す」など。羅卜は、銀五両、白米五斗、白布一対を与える。二人は分け前をめぐって争う。瘌痢（聾啞）が衣装を奪って逃げる。

12［観音十変］

観音が登場、誕生日にあたり、諸仏の来訪祝賀を受ける準備をする。神通力を発揮し、一〇種類の変身を見せる。猛虎、文官、武官、長身の人、短軀の人、漁夫、樵夫、農夫、書生、酒色財気など、次々に変身する。(23)

13［王母慶寿］

西王母が観音の誕生祝に香山を訪れる。

14［小鬼開司］（牛頭馬面が公堂を開く）

15［王媽罵鶏］

王媽が飼っている鶏を隣人の郗賽英がたびたび盗んで食べる。王媽は怒り、郗賽英を罵る。郗賽英は、身に覚えがなく、証拠もない、と言い張る。王媽は、郗賽英の家の門前まで来て罵る。郗賽英が抗議すると、王媽は、郗賽英を罵っているのではなく、鶏を罵っているのだという。見かねた郗老が仲裁に入ると、王媽は、四、五斤の鶏が見えなくなっているという。すると、郗賽英は、四、五斤もない、二斤四両ぐらいだ、という。これで郗賽英が盗んだことが露見する。郗老は、王媽がこれまで盗まれた鶏の代価を二〇〇銭と見積り、自分が王媽に弁償するという。王媽は、盗んだのは郗老ではないから受け取れないというが、郗老は長年の好みだから、と言ってなだめ、王媽も感謝する。郗賽英は、郗老を家に誘い、隠してあった鶏を一緒に食べようと言う。郗老も郗賽英について退場。

16［和尚化釵］

金氏は、三六歳になっても子に恵まれず、悩んでいる。そこへ二人の偽和尚が観音堂建設のため、と言って喜捨を請いに来る。金氏は、金釵を喜捨する。

17［帰家打妻］

夫の王小二が外商から帰郷し、休息しているところへ偽和尚が喜捨を請いに来る。王が一両を喜捨すると、さきほど前方の家の婦人から金釵の喜捨を受けたこと、一夜の情を受けたことなど、自慢する。王は怒り、和尚を打ち跪坐させる。大急ぎで家に帰り、妻に金釵のありかを問うと、妻は和尚に喜捨したと答える。王は不貞を責めて妻を打つ。隣人が出てきてとりなす。

18［普化下界］

普化天尊が登場、玉帝の命を受け、十方の善悪を巡察に出る、と言って、下凡する。

19［吊神出現］

台上の吊神が台下の吊神を引き上げて台に上がらせ、対面する。

20［吊神自嘆］

吊死した吊鬼が身の上を語る。生前、舅姑に従わず、遊びまわっていたため、夫から叱責され、腹いせに自縊をはかったところ、意外にも環がしまり、縊死に至った、という。身代わりの吊死者を探して生き返りたいと願っていたところ、金氏が吊死をする気配があるので、家に忍び込んで待つ。

21［金氏上吊］

金氏が登場。子供がいないばかりに憂き目に遭うと嘆き、縊死するほかなし、と嘆いて、梁に懸る。身代わりを待っていた吊神が金氏に飛びつくと、普化天尊が現れて、追い払う。金氏に向かい、こののち、子宝に恵まれると予言して去る。金氏は、意識を取り戻し、夫の王も予言を聞いて喜ぶ。

22［普化顕聖］

普化天尊が登場。淹死鬼に対し、善男信女に危害を加えてはならぬ、もし害をなさば、鋼鞭で三八〇〇里の外に叩き出す、と威嚇する。また毒死鬼、刀割鬼、に対し、善男信女に害を加えれば、鋼鞭で三八〇〇里の外に叩き出す、と威嚇。吊喪鬼に対して、舞台下の観衆に善を勧めよ、そうすれば、すぐに超度して天界に送る、と告げる。

23［普化趕吊］

吊喪鬼が登場。孝順歌を唱え、人々に「父母、夫の兄弟の嫁たちに公平に接せよ。夫に讒言して人を陥れてはならぬ。些細なことで、自縊を図ると、地獄で苦しむことになる」と勧める。歌い終わって、身代わりの替身を探しにゆく。普化天尊は、この吊喪鬼を追って舞台を降りる。吊喪鬼は、舞台を駆け降り、普化天尊はそのあとを追いかけてゆく。

24［小妮思凡］

若い尼僧の趙色空が登場、崇仏の父母の下に生まれ、多病のため、尼庵に送られ、剃髪して尼になったが、孤単の暮らしに耐えられず、「地獄に堕ちても構わぬ、青春の相手を得て、子を産みたい」と下山する。(24)

25［和尚下山］

一人の和尚が仏道を嫌って山を下りる。尼庵から逃げてきた尼姑に遇う。物陰に隠れて、様子を見る。

26［僧尼相調］

尼姑と和尚は、言葉を交わす。和尚が庵の名を尋ね、尼姑は仙桃庵と名乗る。和尚は、碧桃寺から来たという。

和尚は、尼姑の美貌に惹かれ、しきりに話をしたがるが、尼姑は誘いに乗らない。二人は別れて各自の道を行く。尼姑は、土地祠を見つけてそこで眠る。和尚が見つけて話しかけ、尼姑も心が動く。和尚は尼姑の衣を咬む。尼姑は山に登ろうとし、和尚は水を渡ろうとする。しかし、山が高くて尼姑は登りきれず、和尚に背負ってもらって水を渡る。二人は髪が伸びたら、夫婦になると誓う。土地の小鬼がこれを見ていて、怒り心頭より発する。(25)

27［見仏団円］
西天への旅を続けてきた十友は、ついに目指す釈迦牟尼仏のもとに到着する。釈迦如来は、蓮台にて修行し、羅トの到着を待って、正果を得るように激励する。

第五節　第五本——花園発誓

一　梗概

劉氏が神霊を冒瀆したため、玉帝は旨を分かち、劉氏を十八地獄に追い落とす。鬼卒は、命を奉じ、劉氏を逮捕し、地獄に連行する。間に蛮王、醜奴の挙兵叛乱、曹献忠の辺境への出陣征討、雷神の趙不義撃殺などの挿話を挟む。

二　齣目対照表

表29　目連本伝対照表（4）…江西第五本

行	郷村系（古本）		
	江西弋陽腔本#103	江西青陽腔本#104	高腔徽本#114
295	1曹府元宵		
	2醜奴興兵		
255	3皇門奏帝		
	4献忠接旨		
	5両下対陣		
	6不義打父		
	7雷打不義		

	260					265					270
8劉氏埋骨	9三司議奏	10司命奏帝	11三曹対案	12小鬼開司	13東岳発牌		14城隍掛号	15社令掛号	16門神掛号	17祖先掛号	
18遣童埋骨	19三曹議奏	20司命奏帝				21閻君接旨					22五鬼上路
窖骨	議事	悪奏				開殿		跳猖			行牌

						275						280
		17A蜘蛛結網	18一利掃殿		19花園発咒	20孤幽上路	21地方自嘆	22啞子夜寝		23請医救母	24大捉小捉	25掛号団円
23地方上台	24家神画字		35益利掃殿		36花園罰咒					37請医治病	38大捉劉氏	39点解団円
到門		三官堂			花園			相会	脱索	請医	嘱子	城隍殿

○報台

曹府元宵慶賀　　曹府は元宵に慶賀す。

蛮王醜奴発兵　　蛮王の醜奴、兵を発す。

献忠接旨掛帥　　献忠、旨を接して帥を掛く。

両下対陣交鋒　　両下は、対陣して、鋒を交す。

霊官三曹対案　　霊官と三曹、対案す。

東岳指旨発牌　　東岳は、旨に接して牌を発す。

城隍社令掛号　　城隍、社令は、掛号す。

一利掃殿受刑　　一利は、掃殿して刑を受く。

劉氏花園発咒　　劉氏は、花園にて咒を発す。

大捉小捉団円　　大捉あり小捉ありて団円す。

ここで、「曹府は元宵に慶賀す」とあるのは、羅卜の婚約者、曹賽英の家のことを説明する。「蛮王の醜奴、兵を発す」とあるのは、蕃王の国境侵犯を言い、「献忠、旨を接して帥を掛く」とは、侵入を防ぐために、父親の曹献忠、兄の曹天爵が出征することを指す。蕃王の名を醜奴とするのは、後述の梁武帝の敵の名と同じで、筋を借りている。献忠の不在の間に起きる賽英の悲劇の伏線を張っている。池本は、この背景を省略して述べない。物語の要点だけを述べている、と言える。「霊官と三曹、対案す」以下は、無常鬼を中心に劉氏逮捕の手続きを詳細周到に述べる。民間の上演を反映している。忠僕益利の名は、ここでは「一利」とする。これは素朴な同音仮借であり、民間テキストとしての特色が出ている。

三　齣目概説

1［曹府元宵］

曹献忠の家、息子の天爵が父母の長寿を祝う。元宵灯が「秦瓊国公三鞭換両鐧」を演じる。

2［醜奴興兵］

蛮王醜奴、梁朝に背いて兵を興す。

3［皇門奏帝］

皇帝、曹献忠を総帥、曹天爵に先鋒を命ず。

4［献忠接旨］

献忠は、聖旨を受ける。

5［両下対陣］

献忠、醜奴と対戦、これを破るが、天爵は戦死する。

6［不義打父］
趙不義、父の趙古董を虐待する。
7［雷打不義］
雷神が不義を打ち斃す。
8［劉氏埋骨］
劉氏は、帰宅した羅卜に開葷が露見して関係が悪くなるのを恐れて、家の中にあった犠牲の骨を、金奴と安童に命じて、裏庭の花園に埋めさせる。二人は地中深く穴を掘り、土をかぶせたあと、葵の花を植えて、骨を埋めた痕跡を隠す。しかし、地中に眠っていた土地神の妻がこの所業を熟知して、玉帝に奏上する決意をする。
9［三司議奏］
社令、城隍、土地神の三人、集まって協議し、東岳帝に劉氏の悪行を告発する告訴状を書く。
10［司命奏帝］
司命が登場、劉氏の悪行を天曹に奏上する。帝から司命に対し、東岳府、森羅殿に命じて、直ちに六丁六甲を派遣し、劉氏を捕え、森羅殿に降すよう、命令が下される。
11［三曹対案］
三官大帝が善人、悪人を会審する。王霊官が直接の審理にあたる。父の葬儀のために身を売った善人王春福、他人から米を借りて僧侶に施した王氏、陽界にあって常に潔斎読経に励み善行を積んだ楊和尚、などは、金童玉女を派遣して天界に招き、仙班に編入する。悪人の劉賈、金奴については、王霊官が罪状を確認した上、五猖鬼を派遣して打ち殺させる。劉氏については、三官から、劉氏が骨を埋めて証拠を隠したという土地神の訴状が提出され、これを受けて王霊官は、劉氏の逮捕を命ずる。

12［小鬼開司］（牛頭馬面が公堂を開く。）

13［東岳発牌］

東岳帝が、傅家の土地神の訴状を受理し、六丁六甲を派遣し、劉氏を逮捕し、城隍、社令、門神、祖先に通知して登記させた上、拘引次第、取り調べを行うよう、鉄牌を公開交付する。

14［城隍掛号］

城隍が登場、劉氏逮捕の聖旨を受けとり、劉氏を死者の名簿に登録する。

15［社令掛号］

社令が登場。四人の鬼が出てきて、劉氏の罪状を述べる。社令は、劉氏に逮捕状が出ているのを受けて、死者名簿への準備をする。

16［門神掛号］

門神、登場。劉氏に逮捕状が出ているのを受けて、死者登録の準備をする。

17［祖先掛号］

傅相の祖父、傅雲が登場。鬼たちが出てきて、劉氏の罪状を述べ冥界の登録に行く。傅雲にも同行するように求める。傅雲は、嫁の不始末をなげく。

17A［蜘蛛結網］

三官堂は、永い間、掃除もせずに放置してあったため、蜘蛛が巣を張り巡らしている。

18［一利掃殿］

一利は三官堂が汚れているのを見て、水を打って掃除し、消えた灯明に油を注ぐ。劉氏が開葷して、仏道を捨て、三官堂を粗末にしている、と言って嘆く。劉氏が三官堂に入ってきて、一利の独り言を聞きつけ、飼い犬に手を咬まれたようなものと言って激怒し、金奴に折檻させようとする。羅卜がとりなすが、劉氏はいきりたち、花園で誓いを立てる、と言って、退場。

19［花園発呪］

劉氏は、花園に現れ、さびれた花園を見て後悔する。羅卜と一利も現れて跪坐する。劉氏は、葵花に向かって苦衷を述べるが、白骨が露出し、羅卜は誰が埋めたのか、疑う。しかし、劉氏は、開葷を強く否定、もし開葷の事実があれば、地獄に堕ちて罰を受けるも厭わず、と誓う。すると鬼が劉氏を襲い、七穴より鮮血が吹き出し、全身は氷のように冷たくなる。幻覚の中に亡夫の傅相が姿を見るが、大勢の鬼に鉄錘で打たれ、閻魔の下に送られる。

20［孤幽上路］

孤魂の首領が東西南北の孤魂幽鬼を引き連れて劉氏を捉えに行く。飲酒鬼、好色鬼、欲張り鬼、小胆鬼など、多種多様な幽鬼が集う。手にする武器は、金鋼鑽、妖風鏡、火缶筒、銅錘断など。担架に首領を載せて担ぎ、劉氏のところへ行く。罪人を叩くのを業とする鬼もいる。途中、三毛働にも声をかける。また地方の見回り（交番の巡査）にも声をかける。首領は、見回りに「無常鬼」（冥途の拘引役）の役を与える。傅家に到着すると、犬がこわいので、窓を破って入る。

21［地方自嘆］

地方見回りは、湖広襄陽の葛廊という人物で、死んでから、閻王に清廉強直を認められ、無常鬼に任ぜられた、という。地獄の使者の立場から、人生の無常を唄う。人を拘引にゆくとき、家に飼われている犬を怖がるが、商売繁盛、毎晩、死者を地獄に拘引する仕事が絶えぬ、と言って、退場。

22［啞子夜寝］

啞子が村はずれで四方の孤魂を祀る。地方（白無常鬼）がやってきて、相手が目の見えないのにかこつけて、供え物の鶏に手を出す。無常鬼は無聊を紛らわすため、傘を披いたり、走ったり、いろいろな動作をする。

23［請医救母］

羅卜の命を受けて、一利は医者を呼びに行く。藪医者の馬先生が来て脈を診るが、すでに息が絶え、頭髪も冷たくなっている。それでも煎じ薬を調合する。一利が馬先生を三官堂に連れて行き、休ませると、鬼が出る。馬先生はあわてて退場する。鬼は、金奴を拘束し、三官堂に火を放つ。金奴が急死し、羅卜は三官堂の火を消しに行く。その間に鬼は、劉氏を捕える。羅卜は戻って、母を介抱するが、すでにこと切れていた。

24［大捉小捉］

連行役の鬼が劉氏を捕まえる。劉氏は、鬼に銭を渡そうとするが、鬼は、冥途では、銭は役に立たぬ、といい、有無を言わせず、連行する。

25［掛号団円］

城隍が出る。連行役の鬼が劉氏を強制送致してくる。城隍は、冥界の簿籍に登記する。鬼は、劉氏を連れ去る。

第六節　第六本―挑経挑母

一　梗概

劉氏は、命を失い、羅卜は、喪に服して霊位を守る。劉氏は、回煞の時に羅卜の夢枕に立ち、冥界で苦しんでいることを告げ、救済を求める。羅卜は、これを信じ、曹家との婚約を解消し、仏に会って母を救うため西天に向かって旅をする。曹賽英は、羅卜の帰りを待つ誓いを立てるが、継母は段家に嫁ぐよう強要する。賽英は、従わず、髪を剪って尼庵に入る。羅卜は、西天の旅の途中、幾多の苦難に会う。観音が美女を遣わして誘惑し、その道心を試すが、羅卜は心を動かさず、西天に到達して、凡体を脱化して仏身となり、釈迦如来から目連の号を授かる。

二　齣目対照表

表30　目連本伝対照表（5）…江西第六本

行	郷村系（古本）		
	江西弋陽腔本＃103	江西青陽腔本＃104	高腔徽本＃114
	第六本	第五本	
	1 羅卜登台	1 対霊思親	
	2 劉氏回煞	2 劉氏回煞	回煞
	3 過破銭山	3 過破銭山	
285		4 過望郷台	望郷台
	4 羅卜描容	5 羅卜描容	描容
	5 過滑油山		
	6 善才点化	6 善財塗画	祭奠塗容
	7 龍女試節	7 龍女試節	試節
290			油山
			県官起馬
			辞官
	8 過望郷台		
			議婚辞婚
295	9 主僕分別		
		8 公差催糧	催銭糧
		9 地保点卯	
360		10 出売老布	
		11 起馬加官	
300		12 議婚辞婚	
		13 耿氏施環	
		14 小児打妻	
		15 普化現身	
		16 喜神相請	
305		17 門神擋路	
		18 喜神戯彩	
		19 耿氏上吊	
		20 普化送神	
		21 主僕分別	
310		22 観音度厄	
		23 十友見仏	
		24 一枝梅	
		第六本	
		（加官報台）	登台
315		1 曹府元宵	元宵
		2 醜奴起兵	
		3 探子報信	
		4 接旨起程	
		5 醜奴対陣	
320	10 曹氏上墳	6 曹府清明	標白
	11 段公游春	7 公子遊春	踏青
		8 夜嘆五更	思春
	12 托媒説合	9 托媒説親	

	325					330			
13逼女改嫁	14曹氏剪髪	15曹氏投庵	16曹公別女	17段家擡親			18遣将擒猿	19猿猴開路	20挑経挑母
10継母逼嫁	11剪髪逃庵		12曹公別女		13過滑油山	14過孤凄埂	15遣将擒猿	16白猿開路	17挑経挑母
八塔	落髪	逃姨	找尋別女	到庵					

	335		405			340	
21観音化蓮	22松林試節					23梅嶺脱化	24見仏団円
	18松林戯卜	19過寒冰池	20過火焔山	21沙僧起兵	22羅王顕聖	23過白梅嶺	24見仏団円
	黒松林	過寒冰池	過火焔山	過爛沙河		白梅嶺	見仏

○報台

羅卜霊堂守服　　羅卜、霊堂にて服を守る。

劉氏回煞凄憐　　劉氏、回煞して凄憐たり。

孝子憶母画相　　孝子、母を憶いて相を画く。

龍女点化西行　　龍女、点化して西行せしむ。

継母逼女改嫁　　継母、女に逼りて改嫁せしめんとす。

曹氏剪髪投庵　　曹氏、髪を剪りて庵に投ず。

羅卜挑経挑母　　羅卜、経を挑（かつ）ぎ、母を挑ぐ。

試卜松林化蓬　　卜を松林に試さんとして蓬［棚］と化す。

梅嶺崖上脱化　　梅嶺の崖上に脱化す。

霊山見仏団円　　霊山にて仏に見（あ）いて団円す。

ここで、「龍女、点化して西行せしむ」とあるのは、母の棺を守る羅卜を龍女が誘惑する場面を指す。後ろの「卜を松林に試さんとして蓬［棚］と化す」とある観音の誘惑と対になっている。また、曹賽英の話は、池本では、地獄めぐりの前に送っている。

三　齣目概説

1［羅卜登台］
羅卜は、母の棺を守り、夜も霊前に坐して喪に服する。回煞の日になり、灰を地上に撒き、亡母の来訪の形跡を確かめようとする。

2［劉氏回煞］
劉氏は、回煞を許され、鬼に連行されて家に戻り、門から家に入ろうとするが、門神が「家の鬼は、家人に禍をもたらす」と言って、入れてくれない。同行の鬼も交渉してくれるが、門神は、あくまで拒否する。そこで、鬼は、陰風を起こし、劉氏は、これに乗って隙間から家に入る。しかし霊位を守る羅卜は、眠っていて母の来訪に気が付かない。劉氏は、別れを告げて去る。羅卜は、目を覚まし、地上の灰の上に足跡が残っているのを見て、母の回煞を知り、一層、悲しむ。(26)

3［過破銭山］
劉氏は、同行の鬼に金を渡して釈放を求めるが、鬼は、冥界には、お金は、有り余るほどある、もらう価値がない、と言う。鬼はさらに冥界には、金山、銀山、破銭山とあり、善人は、金山（金の紙銭でできた山）を、並みの人は、銀山（銀の紙銭でできた山）を、悪人は、破銭山（できそこなったり、焚きそこなったりした紙銭の山）を通るという。劉氏は、破銭山を通ることになり、険しい山道に難儀する。

4［羅卜描容］

羅卜は、母の霊位を祀る祭壇に生前の姿を描いて掛ける。酒水蔬菜を供えて供養する。

5［過滑油山］

劉氏は、鬼に引かれて滑油山に到達する。鬼が「ここは、陽界で世人が使う油粕がたまっている場所だ」と説明する。通常の食用油や、仏前の灯明の油のほか、おしゃべり（油嘴）の油のかすもここにたまる、という。ここは道がすべって歩けない。劉氏は、鬼に何度も憐れみを請うが、鬼は鉄棒で叩くなど、無慈悲に連行する。

6［善才点化］

観音の命を受けた善才童子が、道士に変身して羅卜のもとに至り、羅卜の描いた劉氏の絵を泥で汚す。羅卜が難詰すると、生前の悪行を憎んでのこと、という。羅卜が泣くと、お茶を一杯所望と言い、差し出したお茶に楊柳の枝をひたし、絵についた泥をぬぐって、去る。

7［龍女試節］

観音の命を受けた龍女が母の棺を守る羅卜の前に現れ、歓会を逼る。羅卜は峻拒すると、門を外から閉めて、外出不能にし、餓死させると脅す。羅卜が屈しないのを見て、荷の花を置いて去る。夜が明けて外を見ると、鸚鵡の鳴き声がする。羅卜は、昨夜のことを思い出し、鸚鵡が観音の化身と悟り、観音堂を遥拝する。

8［過望郷台］

劉氏は、望郷台に到着し、故郷の羅卜が棺の前で泣いているのを遠望して悲しむ。しかし、しばらくすると、黒い霧が立ち込めてきて、視界をさえぎる。鬼は、この黒い霧は、生前の悪心がもたらしたものだと言う。劉氏はさらに後悔する。台を守っていた鬼が劉氏を悪婦と知って、台から突き落とす。劉氏は気を失う。同行の鬼は、台上の鬼を責めるが、劉氏が蘇生すると、先へ進む。

9［主僕分別］

三年の喪が明けると、羅卜は、母の魂を救うために西天の仏のところに赴こうとする。母の遺骨と経典を天秤に吊るして、後事を一利に托し、ひとりで旅立つ。一利は留守を守る。

10［曹氏上墳］

清明の日、曹氏は、亡母王氏の墓に詣でる。父の献忠、兄の天爵は、辺地に外征していて、ひとり、墓前に母を忍んで悲しむ。

11［段公遊春］

賭博や妓院に明け暮れている段家の公子が清明の日に下僕を連れて野外に遊ぶ。墓地で曹氏に会い、その端麗な容姿に惹かれる。下僕は曹氏の婚約者傅羅卜が西天の旅に出ていつ帰るかわからない、と告げる。段公子は、仲人を介して曹女をめとろうとたくらむ。

12［托媒説合］

段公子は、帰宅すると、すぐに媒婆を訪ね、曹賽英との結婚話を進めるように依頼する。

13［逼女改嫁］

曹家では、献忠と天爵が出征し、継母が一人、家を守るところへ媒婆がやってきて段家との結婚話をもち込む。継母は、夫が留守で決められないと断るが、媒婆は、母が決めれば済むことと言い、本人が承諾するかどうか不明というと、本人が母に従わなければ、力ずくで籠に乗せればよい、と言う。継母もこれを受け入れ、賽英に段家へ改嫁するよう命ずる。賽英が拒絶すると、さらに迫る。媒婆には、籠を用意して迎えに来るよう、指図する。

14［曹氏剪髪］

賽英は、断髪して出家することを決意する。そこへ乳母が訪ねてきて、段家への改嫁を勧める一方、段家が籠を持ち込んで連れ去ろうとたくらんでいることを告げて、暗に逃亡を勧める。賽英が庵に逃げる方針を告げると、継母や段公子の目に触れぬように逃げる道を教える。

15［曹氏逃庵］

賽英は、乳母の助けで尼庵の静覚庵に身を寄せる。老尼が応対すると、乳母が訳を話し、庵に置いてくれるようにたのむ。老尼は、辺境の父に連絡して帰宅してもらい、継母に談判してもらったらどうか、という。乳母は、賽英はすでに髪を切っている、と言うと、老尼は納得し、庵に入って修行することを許す。

16［曹公別女］

曹献忠が外征から帰国、尼庵に賽英を尋ねる。老尼に事情を聴き、後妻の仕打ちに怒る。賽英を呼び出し、兄天爵の戦死を伝え、一緒に家に帰ろうと言う。しかし、賽英がすでに髪を切っていると伝えると、絶望し、父娘ともに悲運を悲しむ。

17［段家擡親］

段家に雇われた轎夫と楽師の三瘌痢が曹家の門をたたき、賽英を迎えに来たという。曹家の家丁がすでに傅家と婚約している賽英を段家が迎えにくる道理はない、といって、二人を殴る。二人は、それぞれの仕事の腕を自慢して悪ふざけする。

18［遣将擒猿］

観音が登場。西天に向かう羅卜の旅先の障害を除くため、白猿を護衛に派遣することにし、道士の張道陵に命じて白猿を捕えるよう命ずる。命を受けた張道陵は、馬、趙、温、岳の四天将を集め、白猿軍を破り、白猿を捉える。観音は白猿の頭に金箍をはめ、その力を抑えた上、羅卜の護衛を命ずる。

19［猿猴開路］

白猿が登場。羅卜の西天の旅の道案内役を務める、と言って退場。

20［挑経挑母］
羅卜は、母の遺骨と経典を天秤の両端に吊るし、西天の旅に出る。途中、虎が出てきて猿と戦う。猿が虎を殺す。西方の雷音寺の鐘さえ聴ければ、母が地獄を脱して天上に登ることができると思い、ひたすら旅の成功を願う。

21［観音化蓮］
観音登場。羅卜の旅の途上に虎狼が跳梁しているの見て、弥猴（孫悟空）を呼び出し、護衛を命ずる。観音は、あばら屋に化けて、羅卜の到着を待つ。

22［松林試節］
羅卜は、旅をつづけ、日が暮れかかるころ、野中にあばら屋を発見し、中に人がいるかどうか、いぶかしく思いながら近づくと、中から美女が現れる。羅卜は女と礼をかわし、夫の所在を問うと、外へ商売に出て四、五年音信がないという。女はいろいろな言葉で誘惑するが、羅卜は、動じない。中に入らず、外で立っていると、虎が出てくる。羅卜が恐れないのをみて、虎は、姿を消す。女は、酒食を出すが、羅卜は、手を付けない。女は、急に腹痛を訴え、羅卜に下腹を撫でてほしいと言う。断ると、惻隠の心がないのか、と言うので、直接に手を触れることはできないが、紙を隔ててなら、撫でても良い、と答える。荷物の中から、白紙を取り出してきて、女に触れようとすると、一瞬、電光がきらめき、地中を照らす。羅卜は、観音の姿を描いた紙を天秤の先に吊り下げて虎豹を避ける守り札にする。女は観音の正体を露し、これから先の旅路の庇護を約するとともに、今後、大難に遇ったときは、大声で、南無観世音菩薩、と叫ぶように教える。羅卜は、感謝して先を急ぐ。

23［梅嶺脱化］
沙和尚、白猿の二人、登場、観音の命を受け、羅卜を梅嶺で脱化させる、といい、一人旅の羅卜を待ち受ける。梅嶺に着くと、風雪に見舞われ、梅と雪の見分けがつかなくなるほどの大雪に見舞われる。羅卜は、梅を一枝折って母に供え、白猿と沙和尚を呼ぶ。すると、天秤をかついだ白猿の姿が見えなくなる。羅卜は、母を西天に送ることができなくなったと悲観し、崖から深潭に身を投げる。沙和尚と白猿が登場、羅卜に母の遺骨と経典を示す。羅卜を世尊に会わせるために、凡体を脱しさせて仏体を授けたのだと言う。

24［見仏団円］

世尊が登場。羅卜、張有道が山門に伺候する。羅卜が世尊の前に進み出ると、世尊は、羅卜を引見し、目連の法名を授ける。目とは、「仏光、普く照らすこと」を意味し、連とは、「仏の功が連なって息まないこと」を意味する、という。目連は、謝意を述べる。

第七節　第七本—地獄尋母

一　梗概

目連は西天で坐禅を組むが、禅心が定まらず、地獄で苦しんでいる母が気にかかり、ついに世尊の下を辞して、錫杖を携え、芒鞋を履き、地獄に行って母を探し救い出そうとする。地獄の五殿まで探したが、見つからない。後に阿鼻地獄にいることがわかり、尋ねて探しあてるが、救出の願いはかなわず、如何ともなしがたく世尊に助けを求めると、母が犬に変身させられていることがわかる。観音にすがって、救いだし、ついに団円を得る。

二　齣目対照表

表31 目連本伝対照表（6）：江西第七本

行	江西弋陽腔本＃103	江西青陽腔本＃104	高腔徽本＃114
		郷村系（古本）	
	第七本	第七本	下巻
		（跳判接猖）	
		（加官報台）	1 開場
			袈裟
345			元宵
			孤埂
	1 目連坐禅	1 目連坐禅	打坐
	2 大仏賜杖		賜杖
	3 過奈何橋	2 過三河渡	河橋
	4 捉拿三犯		
	5 過鬼門関	3 過大五関	
	6 過孤凄埂		
	7 一殿尋母	4 一殿刀山	一殿
	8 二殿尋母	5 二殿碓磨	二殿
355		6 王婆罵鶏	罵鶏
	9 血盆訴苦	7 三殿血湖	三殿
360			巡風
			審鶏
		8 四殿油鍋	四殿
		9 五殿孽鏡	五殿
365	10 僧尼超昇		
	11 小鬼開司		
	12 孽鏡拷打		
	13 求仏救母		
			賜飯
370			
	14 烏鳳洞見母	10 六殿逢母	六殿
	15 拋杖背母		
	16 上鉄囲城		
			賜灯
375		11 七殿賜灯	七殿
			却饋
	17 大仏賜灯		掛灯
		12 八殿収鬼	八殿
	18 鍾馗収鬼		
380	19 閻王不語	13 九殿不語	九殿
	20 輪廻超昇	14 十殿求変	十殿
		15 卯店算賬	算賬
		16 龍保討飯	
	21 松林問卜	17 松林指示	黒松林
385			益利掃墓
	22 鄭公出猟		
	23 羅卜見犬	18 打猟見犬	打猟
	24 犬入庵門	19 犬入庵門	庵門会
	25 一利祭墓	20 墳頭遇僕	
390			回家
			曹氏赴会
			十友赴会
	26 盂蘭大会	21 盂蘭大会	盂蘭大会
	27 封贈団円		封賜団円
395		22 団円	収台清吉

○報台

目連参禅打坐　　目連、参禅して打坐す。

見母地獄受刑　　母の地獄にて刑を受くるを見る。

求仏賜灯救母　　仏に求めて灯を賜わり、母を救う。

重重地獄追尋　　重重の地獄に追い尋ぬ。

劉氏血盆訴苦　　劉氏、血盆にて苦しみを訴う。

十殿輪回超升　　十殿に輪回して超升す。

慈悲松林問卜　　慈悲の松林に卜を問う。

見母変犬涙淋　　母の犬に変ぜるを見て、涙、淋たり。

感得盂蘭大会　　感じ得たり盂蘭大会、

一家九族升天　　一家九族、升天す。

ここでは、羅卜の地獄めぐりと劉氏の救済を簡潔に述べている。「慈悲の松林に卜を問う」とは、羅卜は、狗になった母を救う方法を観音に問う場面を指す。これも鄭本にはない古い演出と見られる。

三　齣目概説

1〔目連座禅〕

目連は、坐禅の行を行うが、地獄の母のことを思って落ち着かない。先に霊山に到着していた十友も心配する。目連は、世尊に母の救済を訴えるのに同行してほしい、と依頼する。

2〔大仏賜杖〕

目連は、世尊に会い、地獄に堕ちている母を救いたい、と懇願する。世尊は、錫杖と芒鞋を授ける。錫杖は地獄の門を破る力があり、芒鞋を履くと、空を駆ける力を得る。目連は、世尊に感謝し、師友と別れて地獄に赴く。

3［過奈何橋］

三途の川の分岐点の金橋、銀橋、奈何橋の三橋がかかっており、橋上刺史が橋を管理している。善人は、金橋か銀橋を渡るが、悪人は、奈何橋を渡らされる。奈何橋の下は、銅蛇鉄犬が群がって、落ちれば餌食になる。劉氏が到着すると、奈何橋に鎖でつながれる。次いで、忠臣孝子、節婦は金橋を、善男信女は銀橋を渡って行く。最後に劉氏に対する審判があり、姑が弁護してくれるが、冥界では人情も通用せず、奈何橋に送られる。悪人の江脱身がやってきて、善人の楊和尚をだまし、衣服を取り換える。みずからは、楊和尚に成りすまして銀橋を渡る。江脱身の衣服を着た楊和尚は、江脱身と取り違えられ、鬼卒に打たれる。楊和尚は、先に行ったのが江脱身と抗議する。江脱身は呼び戻され、激しく折檻されたあと、奈何橋に追い落とされる。

4［捉拿三犯］

金奴、劉賈、趙不義の三人が現れる。みな鎖につながれ、鬼に連行される。

5［過鬼門関］

劉氏は鬼門関に入る。関官が管轄外と判断し、先に送られる。

6［過孤凄坑］

劉氏は、地獄に至る難所の孤凄坑に到達、鬼に打たれ、亀にかまれ、蛇にかまれ、鳥に目をつつかれ失明する。続いて金奴、三人の乞食がやってきて、劉氏が失明しているのに気がつき、馬先生を呼んで治療させる。次いで馬先生の乗る担架を借り、脚が痛くて歩けなくなった劉氏を載せ、三人の乞食と馬先生の四人で、担架を担いで難所を越える。この間、四人の間で、諧謔のやりとりが交わされる。(27)

7［一殿尋母］

一殿秦広王、登壇。劉氏、金奴、劉賈、趙不義の一行が到着する。王は、決断を保留し、先に送る。目連が母を尋ねてくる。王は前殿に送ったと答え、目連は、二殿に急ぐ。

8［二殿尋母］

二殿楚江王、登壇。劉氏、金奴、劉賈、趙不義の一行が到着する。王は、決断を保留し、先に送る。目連が母を尋ねてくる。王は前殿に送ったと答え、目連は、三殿に急ぐ。

9［血盆訴苦］

三殿宋帝王、登壇。まず劉氏が出る。獄官は、劉氏を鉄床に引きずり上げて折檻したあと、血湖に投げ込む。劉氏は、女の三大苦を歌う。第一に、懐胎十箇月間の苦しみ（毎月の胎児の成長への心配、最後の分娩の苦しみ）、第二に、幼児を育てる時の一〇種の心配（①冷える、②餓える、③転ぶ、④いじめられる、⑤やけどをする、⑥水におぼれる、⑦迷子になる、⑧高いところから落ちる、⑨いたずら、⑩危険）、第三に、死んだ後の苦しみ（息子と嫁の身勝手への怒り、娘の孤独への気遣い、親戚の冷淡への諦め、地獄に落ちて受ける苦しみなど）を歌う。獄官は、感じ入り、刑を軽くして先へ送る。次に、鶏を盗んだ郗賽英が出る。獄官は、盗みに使った右手を切り落とす。そこへ目連が母を探しにくる。獄官は、前殿に送った旨、答える。目連もあとを追って、前殿に急ぐ。

10［僧尼超昇］

第四殿、五官王の公堂。僧尼が現れる。陽界で肉食を避け、精進を通した功により、僧は雄犬、尼は雌犬に変身し、天界に召される。そこへ目連が母を尋ねてくる。王は、前殿へ移送したと答える。目連は、悲嘆しつつも、前殿に赴く。

11［小鬼開司］（牛頭と馬面が、公堂を開く。）

12［孽鏡拷打］

第五殿、閻王、登壇。鄭庚夫と継母が現れる。髪に蜜を塗って花園に入った継母王氏の頭に蜂が集まるのを見た継子の鄭庚夫が蜂を払いのけるのを、夫が遠望し、息子が妻に戯れていると誤解し、息子を責めて自殺に追い込む、という事件があった。閻王は、孽鏡を使って、事件の顚末を調べ、王氏を鉄囲城に、孝子を天界に送る。そこへ劉氏が登場。目連が追ってくる。閻王は、劉氏の悪行を調べ、これも鉄囲城に送る。目連は、母のあとを追う。

13［求仏救母］

目連は、五殿まで行って母を探しあてられなかったため、世尊のもとに戻り、再度、救済を求める。世尊は、母が六殿、阿鼻地獄にいることを伝え、盂鉢、盂瓢、烏飯を授ける。目連がいつ母に会えるか、と尋ねると、四月八日と答える。目連は、感謝して、退場する。

14［烏鳳洞見母］

目連は、第六殿、阿鼻地獄に至り、錫杖で門を打ち破り、鬼に母のありかを問う。鬼は、劉氏に息子を名乗る僧侶が訪ねてきたと告げる。劉氏は、羅卜という息子がいるが、出家はしていないと答える。鬼がこれを目連に告げると、目連は、自分の俗名は、羅卜である旨を伝え、母子は、ついに再会する。目連は、呪文を唱えて、母の枷をはずし、失明していた目を治す。餓鬼たちに白飯を振る舞い、母には、烏飯と盂瓢の水を与えて、飢渇をいやす。さらに母を背負って地獄を離れる。鬼たちは、逃げる母子を追いかける。(28)

15［拋杖背母］

羅卜は、重い錫杖を持っているため、母を背負いきれなくなる。錫杖を手放すと、五鬼が襲ってきて、劉氏を方向転換させて、牢獄へ連れ戻す。(29)

16［上鉄囲城］

劉氏と目連は、つかの間の間、地獄を離れて語り合うが、劉氏は、やがて鬼卒に連行されて、阿鼻地獄に戻る。目連は悲しみに沈む。(30)

17［大仏賜灯］

目連は、三度、世尊の下に戻り、母を救う方法を問う。世尊は、地獄の闇を照らす普光灯を授ける。この普光灯に照らされた人は、すべて難を免れて福を得られる、という。目連は、感謝して、退場する。

18［鐘馗収鬼］

目連の地獄破りのため、中に閉じ込められていたおびただしい数の孤魂が陽界に逃亡した。鬼門関を守る鬼が鍾馗に対し、これらの逃亡孤魂を再度、捕えて地獄に戻してくれるようたのむ。鍾馗は、求めに応じて剣をふるい、逃亡した孤魂を回収する。関守に数を尋ねるとまだ八〇〇万人足りないという。鍾馗は、残りは、閻魔に依頼して、回収すると言って、退場する。

19［閻王不語］

閻王が出る。劉氏が連行されてくると、無言で劉氏を足で三回踏みつける。終始、無言のまま、審判が終わり、劉氏は退場する。

20［輪廻超昇］

第十殿転輪王が登場。楊和尚を金山寺の長老に変身させる。牛が登場、田畑の青苗を食い荒らさなかった善行をめでて、人間に生まれ変わらせるが、牛は人間になって穀物をもらいに行けなくなるくらいなら、牛に戻りたいという。楊和尚は、斎飯をもらいにつれて行ってやるから、と言ってなだめる。酒を売るのに水を混ぜた張三は、亀に変身、米を売るのに水で膨らませた李四は、蛆に変身させられる。劉氏に開葷を勧め、会縁橋を壊し、僧坊を焼き払った劉賈は、黒い驢馬に変身させられる。

21［松林問卜］
観音が登場、羅卜は、母が犬に変身させられたことを知り、観音に助けを求める。観音は、七月一五日に盂蘭盆大会を行えば、人身に戻れる、と教える。

22［鄭公出猟］
鄭公子が狩りに出る。部下の全軍に対し、獲物として狙う天鵝に向けて、一斉に矢を放つように命じ、海青鳥（鷹）を飛ばして、捕獲にかかる。

23［羅卜見犬］
鄭公子の猟犬が目連に向かって吠える。目連が三回、吠えよ、と言うと、三回吠える。目連は、この犬を母と思って、見つめつづける。鄭公子の部下に見とがめられ、公子に子細を尋ねられる。目連が訳を話すと、人身に戻す方法を聞かれる。盂蘭盆会を挙行すれば、人身に戻れると答えると、公子は、ついでに亡くなった父母も一緒に追薦してほしい、と頼む。

24［犬入庵門］
犬が曹氏の庵に入ってゆく。目連も犬を追って庵に入る。老尼にとがめられて、俗名、傅羅卜を名乗り、犬が母であることを告げる。かたわらの若い尼が婚約者の曹氏とわかり、出家の由来もわかる。曹氏が犬を人身に戻す方法を尋ねる。目連は、七月一五日に盂蘭盆会を行えば、人身に戻れる、と告げる。

25［一利祭墓］
七月七日、一利が傅家の墳墓に詣でる。目連も墓を訪れ、二人は再会する。目連は、犬になっている母を、七月一五日に盂蘭盆会を挙行して、人身に戻す、と告げる。

26［盂蘭大会］

十友が登場。目連が十友に盂蘭盆会を挙行してくれるように依頼する。十友は、儀卓を並べ、天界から諸菩薩を迎え、読経を行う。最後に、囚死の孤魂、吊死の孤魂、淹死の孤魂、餓死の孤魂、蛇傷虎咬の孤魂を超度する。劉氏も人身に戻って現れ、盂蘭盆会は、円満に成功する。儀礼が終わり、諸神諸菩薩を天界に送る。目連は、十友をねぎらう。そこへ玉皇からの聖旨が降る。

27［封贈团円］

傅相が聖旨を読み上げる。目連以下、跪く。劉氏は勧善夫人、羅卜は、仁寿菩薩、曹賽英は、真烈安姫、一利は、十三天門下執法司、十友は、天蓬大将に封じ、併せて一家九族を昇天させる、以上の考察を通して、弋陽腔系古本が徽州高腔本とよく対応していることを確認できた。これにより、江西東北部の贛本と安徽西南部の徽本の両者が目連戯の古本を形成しているものと推定する。

結　節　贛本目連戯の祭祀性・土俗性

以上、贛本目連戯について、潘陽県弋陽腔本を中心にその内容を検討した。この系統のテキストの特色として目立つのは、郷村祭祀に特有の祭祀性と土俗性が強いという点である。以下、これについて述べてみる。

一　祭祀性

この系列のテキストでは、儀礼の場面が数多く挿入されていて、しかも、非常に詳細に、不必要なほど長く演じられる。たとえば、第三本一四一行目の「破獄度孤」、第七本三九三行目の「盂蘭大会」など、いずれも僧侶や道士による周到な孤魂祭祀の演出がみられる。たとえば、第三本「破獄度孤」は次のように記す。

まず、和尚が錫杖で東西南北の地獄の門を破る。

〔和尚上〕　〔和尚、登場〕

和　尚（唱）［駐馬聴］

救苦天尊、　救苦天尊、

今往霊山叩首尊、　今、霊山に往き首尊に叩す、

今見世人苦楚、　今、世人の苦楚を見る、

受苦含冤、自夜幽冥、　苦を受け冤を含み、自ら夜の幽冥、

四門緊閉圧魔城、　四門は、緊しく閉じて、魔城を圧す、

十八重地獄皆遊尽。　十八重の地獄、皆な遊り尽す。

救苦生霊、　苦を救わん、生霊よ、

超度輪迴登仙境。　輪廻を超度して、仙境に登らしめん。

（白）跪拝霊山老珈藍、　霊山の老珈藍に跪拝し、

特請贈杖与袈裟、　特に請いて、杖と袈裟を贈わる、

急急帰下酆都去、　急急に帰りて酆都に下り去き、

打破閻羅十八衙。　閻羅の十八衙を打破せん。

〔又内上〕　〔和尚、再び内より登場〕

老和尚（白）善者皆托仏、　善者は皆な仏に托す、

武将仏天衣、　武将〔杖〕と仏の天衣、

我今親領受、　我、今、親しく領受せり、

実実不相離。　　実実に相離さず。

和　尚（白）九宮八卦鎮天堂、　　九宮の八卦、天堂を鎮め、

東西南北並中央、　　東西南北、並びに中央、

手拿錫杖擎天柱、　　手に錫杖を拿りて、天柱を擎（あ）ぐ、

地獄重重到処光。　　地獄は重重たり、到る処、光らしめん。

（唱）［普賢歌］

拝請東方地獄門開、　　拝して東方地獄の門の開くを請う、

孝子傅羅卜、　　孝子傅羅卜、

追薦傅相一亡魂、　　傅相の一亡魂を追薦す、

接引登仙境、　　接引して仙境に登らしめ、

早脱地獄刑、　　早く地獄の刑を脱せしめん、

手執錫杖来到此、　　手に錫杖を執りて来りて此に到る、

撃開地獄門、　　撃ちて地獄の門を開き、

接上天庭。　　接（むか）えて天庭に上らしめん。

〔下、又上〕

（唱）拝請西方地獄門開、　　拝して西方の地獄の門の開くを請う、

（下同上文）　　（以下、同文）

（唱）拝請南方地獄門開、　　拝して南方の地獄の門の開くを請う、

（下同上文）　　（以下、同文）

（唱）拝請北方地獄門開、　　拝して北方の地獄の門の開くを請う、

（下同上文）　　（以下、同文）

〔化符介〕　　〔符を焼く所作〕

（白）掩上東方地獄門、　　東方の地獄の門を掩上（とざ）す、

掩上西方地獄門、　　西方の地獄の門を掩上す、

掩上南方地獄門、　　南方の地獄の門を掩上す、

掩上北方地獄門。　　北方の地獄の門を掩上す。

続いて、［度孤］の歌唱となる。

〔度孤介〕　　〔孤魂を度（すく）う所作〕

（白）愛河千層浪、　　愛河、千層の浪、

苦海万里波、　　苦海、万里の波、

千万孤魂鬼、　　千万の孤魂の鬼、

及早念弥陀。　　早きに及びて、弥陀を念ぜよ。

（唱）［浪淘沙］　　［浪淘沙］

超度王舎城、冤鬼幽冥、　　王舎城の冤鬼を幽冥より超度せん、

颯颯悲風起。　　颯颯として、悲風起る。

好人家児女去做賊、　　好き人家の児女、去（ゆ）きて賊と做り、

死在牢獄裡、　　牢獄の裡に死す、

這裡便是囚死的孤魂、　　這（こ）れ便（すなわ）ち囚死の孤魂なり、

来受甘露味。
〔鬼過介〕
超度王舎城、冤鬼幽冥、
颯颯悲風起。
好人家媳婦受不得婆婆気、
冤死叫皇天、
懸在高梁上、
這便是吊死的孤魂、
来受甘露味。

〔鬼過介〕
超度王舎城、冤鬼幽冥、
颯颯悲風起。
好人家児女売在勾欄院、
受不得王八気、
跳入長江裡、
這便是淹死的孤魂、
来受甘露味。
〔鬼過介〕

来りて甘露の味を受けよ。
〔鬼の過ぎる所作〕
王舎城の冤鬼を幽冥より超度せん、
颯颯として、悲風起る。
好き人家の媳婦、婆婆の気を受けきれず、
冤み死して、皇天を叫ぶ、
高粱の上の懸かる、
這れ便ち吊死の孤魂なり、
来りて甘露の味を受けよ。

〔鬼の過ぎる所作〕
王舎城の冤鬼を幽冥より超度せん、
颯颯として、悲風起る。
好き人家の児女、勾欄の院に売らる、
王八の気を受けきれず、
跳びて長江の裡に入る、
這れ便ち淹死の孤魂なり、
来りて甘露の味を受けよ。
〔鬼の過ぎる所作〕

超度王舎城、冤鬼幽冥、　王舎城の冤鬼を幽冥より超度せん、
颯颯悲風起。　颯颯として、悲風起る。
好人家鰥寡孤独無衣食、　好き人家の鰥寡(やもめ)と孤独(みなしご)、衣食なし、
四方去哀求、　四方に去(ゆ)きて哀しみ求む、
又遇風雪至、　又た風雪の至るに遇い、
凍死在長途。　長途にて凍死す。
這便是餓死的孤魂、　這れ便ち餓死の孤魂なり、
来受甘露味。　来りて甘露の味を受けよ。
〔鬼過介〕　〔鬼の過(よ)ぎる所作〕
超度王舎城、冤鬼幽冥、　王舎城の冤鬼を幽冥より超度せん、
颯颯悲風起。　颯颯として、悲風起る。
好人家荘稼砍樵種田地、　好き人家の荘稼(のうふ)、樵(ぞうき)を砍(き)り田地を種(う)う、
遇著猛虎与毒蛇、　猛虎と毒蛇に遇著し、
傷在身子裡、　身子の裡に傷つく、
這便是蛇傷虎咬的孤魂、　這れ便ち蛇傷虎咬の孤魂なり、
来受甘露味。　来りて甘露の味を受けよ。
〔鬼過介〕　〔鬼の過(よ)ぎる所作〕

以下、「薦亡」の歌唱となる。

稽首慈悲主、太乙救苦尊、　慈悲の主、太乙救苦尊に稽首す、

願垂大慈悲、
超度此亡魂。
王舎城仙界、堪嘆、
堪嘆亡魂。
人生好比採花蜂、
早向西来晩向東、
採得百花成蜜果、
到老終身一場空、
志心。
王舎城仙界、堪嘆、
堪嘆亡魂。
人生在世莫剛強、
剛強莫比楚霸王、
霸王強来烏江喪、
韓信功労在何方、
志心。
……

願わくは、大慈悲を垂れ、
此の亡魂を超度せんことを。
王舎城の仙界、嘆くに堪えんや、
亡魂を嘆くに堪えんや。
人生は採花の蜂に比ぶるに好し、
早（あした）には西に向き晩（くれ）には東に向く、
百花を採得して蜜果を成す、
老に到り身を終え、一場空し、
心に志せ。
王舎城の仙界、嘆くに堪えんや
亡魂を嘆くに堪えんや。
人生、世に在りて剛強なる莫れ、
剛強は、楚の霸王に比ぶる莫し、
霸王は、強くして烏江に喪う、
韓信の功労、何方に在りや、
心に志せ。
……

以下、［散花］に入る。

（唱）　三十三天天上天、

三十三天、天上の天、

重重地獄永無辺、
人生有酒須当酔、
一滴何曾到九泉。
散鮮花、鮮花散。
仙風吹動鳳仙花、
散花童子笑哈哈、
惟願東家子孫多、
做客之人早登科。
……
接引亡魂上天堂、
散鮮花、鮮花散。
仙風吹動鳳仙花、

ここで儀礼終了、諸菩薩を送る。

（白）虔誠禱告叩穹蒼、
回謝諸神白玉堂、
好将法水従天降、
志誠皈依仏法真、
修斎已畢、超度孤魂。
早登仙界、快楽天堂。

重重たる地獄は、永く無辺なり、
人生に酒あれば、須当(すべか)らく酔うべし、
一滴、何ぞ曾て九泉に到れるや。
鮮花を散ずれば、鮮花は散ず。
仙風、鳳仙花を吹き動かす、
散花の童子、笑いて哈哈たり、
惟だ願う、東家に子孫多きを、
客と做(な)れる人、早く登科せんことを。
……
亡魂を接引して天堂に上らしむ、
鮮花を散ずれば、鮮花は散ず。
仙風、鳳仙花を吹き動かす、

虔誠もて禱告し穹蒼に叩く、
諸神を白玉堂に回謝す、
法水を将(も)ちて天より降すに好し、
志誠もて仏法の真に皈依せよ、
修斎已に畢(おわ)り、孤魂を超度す。
早く仙界に登り、天堂に快楽たれ。

阿弥陀仏、告辞。　　阿弥陀仏、告げて辞す。

羅　卜（白）有労師父。　　師父よ、労あらん。

ここに見るように、この文章は、基本的に僧侶や道士が孤魂超度の儀礼に用いる経文、または科儀書そのものである。演劇の中で、儀礼を演じている。観客は、演劇を見ているというより、法事に参加している感覚になる。これは、儀礼の中に演劇があり、演劇の中に儀礼がある郷村演劇の特徴である。この系列のテキストが郷村演劇の劇本であることを証明するに足るものである。ここに見える「度孤」の部分は、末尾の第七本、「盂蘭大会」の場面でも、そのまま、用いられている。池本で、これらを省略しているのは、仏教儀礼を忌避する文人の姿勢が影響しているのではないか、と思われる。

二　土俗性

この系列のテキストにおいて目立つのは、儀礼性のほかに、土俗的習俗が大幅に取り入れられ演じられることである。たとえば、第五本二七五行目の「孤幽上路」は、地獄におちて獄卒にされている孤魂が　犯人逮捕に動員される場面であるが、諧謔の表現が多く、観客の孤魂に対する親近感に満ちている。次のごとくである。

〔鬼相公上〕

（唱）我本是黄泉一孤幽、　　我は本と是れ黄泉の一孤幽
三更鼓響把筋抽、　　三更の鼓響けば、筋を抽（ぬ）く（姿勢を正す）、
時運好者我便躲、　　時運の好き者は、我れ便ち躱（さ）く、
時運乖者遭我手。　　時運に乖（そむ）ける者は、我が手に遭う。

（白）只因王舎城中劉氏清提　　只だ王舎城中の劉氏清提、

犯了十悪等罪、
奉了蓮台牌票、前去捉拿。
一人行路冷淡、
不免喚些孤幽前去。
東方孤幽、南方孤幽、
西方孤幽、北方孤幽、
孤幽、又孤幽。
〔四幽霊上〕
（白）叩見鬼相公。
相　公（白）你都走、做什麼
四幽霊（白）你講有個機会、
大家去尋替身。
相　公（白）我不講、你暁得在那裡。
四幽霊（白）到也不知。
相　公（白）今有王舎城中、劉氏清提、
犯了十悪等罪、
奉了蓮台牌票、前去捉拿、
她是財主婆婆、有銭的、
豈不是好機会。

十悪等の罪を犯せるに因り、
蓮台の牌票を奉じ、前に去きて捉拿（たいほ）せん。
一人路を行くは、冷淡（さびしき）なり、
孤幽らを喚びて前に去（ゆ）くを免れず。
東方の孤幽、南方の孤幽、
西方の孤幽、北方の孤幽、
孤幽よ、又た孤幽よ。
〔四幽霊、登場〕
叩して鬼相公に見ゆ。
你（なんじ）、都（す）べて走れるは、什麼（なに）を做（な）すや。
你、機会ありと、講ぜしため、
大家（みな）、去きて替身を尋ぬるなり。
我れ講ぜず、你、那裡（いずく）に在るやを暁得れるや。
もとより知らず。
今、王舎城中に劉氏清提あり、
十悪等の罪を犯せり、
蓮台の牌票を奉じ、前に去きて捉拿す、
她は是れ財主の婆婆なり、銭有るものなり、
豈好き機会にあらずや。

你是什麼鬼。
幽　霊（白）我本是陰司一亡鬼、
只為酒来傷我身、
有酒便在酒中走、
無酒便在酒中行。
一亡魂、二亡魂、
捉拿劉氏婦、
拿她的三魂解往幽冥。
相　公（白）哎呀、你是好酒的鬼、
你是什麼鬼。
幽　霊（白）我本是陰司一亡鬼、
只為色来傷我身、
有色便在色中走、
無色便在色中行。
一亡魂、二亡魂、
捉拿劉氏婦、
拿她的三魂解往幽冥。
相　公（白）哎呀、你是好色的鬼、
你是什麼鬼。

你は是れ什麼（いか）なる鬼ぞ。
我は本と是れ陰司の一亡鬼なり、
只だ酒の為に我身を傷つく、
酒有れば、便ち酒の中を走み、
酒無くも、便ち酒の中を行く。
一の亡魂よ、二の亡魂よ、
劉氏の婦を捉拿し、
她の三魂を拿（とら）えて解（おく）りて幽冥に往かん。
ああ、你は是れ酒を好む鬼なるか。
你は是れ什麼（いか）なる鬼ぞ。
我は本と是れ陰司の一亡鬼なり、
只だ色の為に我身を傷つく、
色有れば、便ち色の中を走み、
色無くも、便ち色の中を行く。
一の亡魂よ、二の亡魂よ、
劉氏の婦を捉拿し、
她の三魂を拿えて解（おく）りて幽冥に往かん。
ああ、你は是れ酒を好む鬼なるか。
你は是れ什麼（いか）なる鬼ぞ。

幽　霊（白）我本是陰司一亡鬼、
只為財来傷我身、
有財便在財中走、
無財便在財中行。
一亡魂、二亡魂、
捉拿劉氏婦、
拿她的三魂解往幽冥。
相　公（白）哎呀、你是好財的鬼、
你是什麼鬼。
幽　霊（白）我本是陰司一亡鬼、
只為気来傷我身、
有気便在気中走、
無気便在気中行。
一亡魂、二亡魂、
捉拿劉氏婦、
拿她的三魂解往幽冥。
相　公（白）哎呀、你是小気的鬼、
你大家都有来頭的、
這一派都是善良人家。

我は本と是れ陰司の一亡鬼なり、
只だ財の為に我身を傷つく、
財有れば、便ち財の中を走み、
財無くも、便ち財の中を行く。
一の亡魂よ、二の亡魂よ、
劉氏の婦を捉拿し、
她の三魂を拿えて解(おく)りて幽冥に往かん。
ああ、你は是れ財を好む鬼なるか。
你は是れ什麼なる鬼ぞ。
我は本と是れ陰司の一亡鬼なり、
只だ気の為に我身を傷つく、
気有れば、便ち気の中を走み、
気無くも、便ち気の中を行く。
一の亡魂よ、二の亡魂よ、
劉氏の婦を捉拿し、
她の三魂を拿えて解(おく)りて幽冥に往かん。
ああ、你は是れ財を好む鬼なるか。
你、大家、都べて来頭(そろ)えるか、
這の一派は、都べて是れ善良の人家なれば

原文	訓読
你我悄悄行過。	你と我と悄悄に行き過ぎん。
……	……
〔地方上〕	〔地方上〕
相　公（白）怎地不開口。	怎地（なぞ）、口を開かざる。
孤　幽（白）要開口銭。	開口の銭を要す。
相　公（白）賞他一貫銭。	他に一貫銭を賞せん。
奉了蓮台牌票、	蓮台の牌票を奉じ、
捉拿劉氏清提、	劉氏清提を捉拿す、
命你帯路。	你に帯路（あんない）を命ず。
地　方（白）随上我来、	我れに随上して来れ、
到了他門首。	他の門首に到れり。
相　公（白）你就下去、	你、就ち下（さら）に去け、
怎地不走。	怎地（なぞ）走らざる。
地　方（白）討封。	封を討（こ）う。
相　公（白）封你為無常鬼。[c]	你を封じて無常鬼と為さん。

以下、無常鬼が自嘲諧謔の歌を唄う。このようにユーモアと親近感のある場面設定が続く。演者と農民たちとの密着した関係を窺わせる。池本は、これを省略しているのは、迷信をさけるためとみられる。

以上を通して、祭祀性と土俗性という点を指摘した。これが知識人の世界とは異なる郷村古層テキストの世界である。

（1）這種目連戯在江西的活動僅限於贛東北地区、最後流落在饒州府浮梁県。現存民国七年抄本（欠両本『岳飛』）、由浮梁県播溪郷汪国材保存。第一本名『梁武帝』、二三本演目連救母故事、由于増演一本『西遊』和両本『岳飛』、統称〝七本目連〟。

（2）按照以往習俗、広大佃農和瓷窯工人長年累月出于生活貧困狀態、常希冀得到神霊恩賜。家人為之祈禱神霊保佑平安以及重葬礼和陽基風水等等、凡是為此祈禱冥福而作各種道場法事儀式、是必演目連大戯消災納福、其演出時間各郷村多有不同、有二年、三年、或十年為一屆、一般是春祈秋報社日或中元節挙行。皖贛二地便出現目連与其他戯曲同台演出、即演江西饒河戯和安徽徽劇。劇目則由東家選、而婺源県尚有〝夜演目連、日跳儺〟風習。

（3）拠調査鄱陽県団林郷夏家村、在清咸豊年間存在的目連班、伝到夏汝儀時、由他手抄『目連』四部、分発給四個孫児保存、現今江西省贛劇団内部刊印的弋陽腔『目連救母』、是以其孫夏霖所保存的為底本。

（4）凡是還願大戯、多在毎年十月演出、由地方紳士、廟主主持七天七夜、日演〝花戯〟（饒河弾腔戯）、夜打〝目連〟（弋陽腔）、並配合道士〝打醮〟、通宵達旦、場面壮観。

（5）這種戯曲是江西弋陽腔伝至皖南後、受当地其他芸術影響而産生的。明朝万暦間、青陽腔従安徽折返至贛北九江地区、所演劇目即青陽腔『目連伝』和『三国伝』等連台大戯、共演七天七夜、白天演『三国伝』、夜晩演『目連伝』、在九江地区的永修県、其万人縁大戯、是演『目連伝』和『封神伝』。現在九江青陽腔目連本、只剩下都昌県至愛民等収蔵的民国八年和二十五年的両種残欠抄本。

（6）贛北地区湖口、都昌等県称演目連為『地規戯』、所謂地規戯是指地方上按規定毎隔三、五、十、二十年必演一屆目連。這種民間流行的九江青陽腔目連、有時将七本減為一〇八出、以一天一夜演完者、則称『花目連』。青陽腔『目連伝』和『三国伝』等連台大戯、共演七天七夜、又称『双七冊』。

（7）劉春江「江西青陽腔目連戯と宗教儀式活動」・東京大学東洋文化研究所『東洋文化』第七一輯、一九八〇年）。

（8）貴溪県有目連戯、甚早、拠説明朝永楽間由貴溪遣至江西玉山県樟村的移民還帯去一個目連班。二十世紀八十年代、在貴溪県発現林伝金保留的民国時抄本。

（9）此本目連戯是当地業余目連班為本族祈求太平、保人丁興旺、繁衍男丁而設立的。這種『求子』目連選在新春期間演出。劇中主人公名為伝麒麟、是顕明含有麒麟送子之意。雖説也有俗名羅卜、但全劇只呼麒麟一名。此本是在新春添喜期演出、向人們警示：作悪者一旦神霊得知、将有逆子降生、欲得貴子、孝子、要像傅相那様、多行善事。在劇中対劉氏開葷也未過分渲染、伝傅相死後、劉氏在其弟劉賈引誘下開葷吃了肉、但她未做更多壊事。有人観看此劇、即写有如下対聯：閻王真小気、聞劉氏吃幾片狗肉、即差牛頭馬面、生擒活捉、打下酆都。而傅麒麟後来成為釈迦牟尼弟子、又得仏祖所賜宝物、就連陰間各殿閻君也惧其三分。

（10）二十世紀五十年代、在贛州府治贛県発現的東河戯『目連』抄本、共七本一四四出、是東河戯玉合班胡子清保存的。

（11）東河目連戯、其内容上突出了道教神仙信仰、並删去弋陽腔首場演的梁武帝和郗氏故事。全劇以両本戯篇幅写道教最高尊神玉清元始天尊及職司北方的天神又是雷部之祖的玄天大帝等神霊。最初流行于贛東北貴溪一帯後、経贛中吉安地区而伝入贛南。因為貴溪県龍虎山是天師道的祖地、有了正一派道教的深遠影響。這種目連在貴溪称為新本（老本是演梁武帝）。到了吉安地区由道士演出、則称為『法事戯』。

（12）贛州府各地盛演的大戯、則為毎種均連演七天的『目連』、『岳飛』、『西遊』和『封神』等連台本戯、拠了解、該県毎当淨明派教祖許真君升天、即従八月初一至十二日、要演戯十天（疑為十二天）。

（13）同前書、一—一二四頁。

（14）安徽省芸術研究所編『目連戯研究文集』（合肥、同所排印、一九八八年）三八九—三九一頁、青陽腔目連戯齣目表、民国八（一九一九）年、拠蒲同手抄本。

（15）茆耕茹編『安徽目連戯資料集』（台北、施合鄭民俗基金会、一九九七年）三三七—三三九頁。歙県長標郷長標村演出本（高腔）齣目表。光緒二八（一九〇二）年抄本。

（16）同前書、三四〇—三四二頁。歙県長陔郷韶坑村演出本。光緒二五（一八九九）年、小花臉抄本。齣目表。

（17）同前書、三三六—三三七頁。祁門県箬坑郷馬山村演出本。民国年間抄本。『梁武帝』一本、『西遊記』一本。『目連伝』三本、目連三本、各本上下両冊、計六冊、ただし、第一本上冊、第三本上下二冊、欠。

（18）同前書、三三四—三三六頁。祁門県箬坑郷栗木村演出本（陽腔）。手抄本。齣目表。

（19）同前書、三四三—三四四頁。一九八七年南陵県文化局重刻油印。手抄本。

（20）江西贛劇団編『弋陽腔連台本　目連救母』七本（南昌、江西贛劇団排印、一九八二年）一六—一七頁『第十八出・武帝打坐』の劇本原文を示す。

（志公上、白）師弟、万歳在此打坐、你我在此伺候、遠遠望見、万歳来也。（武帝上、唱［新水令］）梁王蕭寺勝天堂、御羅袍把道衣穿上、才離了龍駒鳳輦、早来到仏殿水雲郷、覚聞得一天風响。（起五更）（唱［風入松］）一輪明月去如梭、照見紅塵悪孽多、眉蔵大徳非軽小、広発慈悲脱網羅。（一更）（接唱）一更一点盤膝坐、演摩呵、旦哆羅、呵利哆、修利修利、娑婆呵。（城隍過）（接唱）金烏玉兎去如梭、世人枉自受奔波、無常一到難抵擋。万貫家財也是空。（二更）（接唱）二更二点舒懐坐、演摩呵、旦哆羅、呵利哆、修利修利、娑婆呵。（社令過）（接唱）光明似箭去如梭、世事浮雲若奈何、離了紅塵千万里、恩浩随隔十閻羅。（三更）（接唱）三更三点望雲坐。演摩呵、旦哆羅、呵利哆、修利修利、娑婆呵。（門神過）（接唱）一輪明月偶然合、北斗懸空転天河、英児利女休労碌、急早修行受快楽。（四更）（接唱）四更四点静心坐、演摩呵、旦哆羅、呵利羅、修利修利、娑婆呵。（土地過）（接唱）玉兎東昇暁星河、皓月当空掛碧波。包羅天地全是道、斗柄星横百度多。（五更）（接唱）五更五点往東坐、演摩呵、旦哆羅、呵利哆、修利修利、娑婆呵。（鬼王過）（殺更、白）寡人暫退、来日再来聴講。（唱［清江引］）有朝修行功成満、同往西天路、叩首拝如来、斉上宝蓮台。須信人生能有幾何。（下）。

(21) 江西贛劇団編『弋陽腔連台本目連救母』七本（南昌、江西贛劇団排印、一九八二年）一七―一八頁『第十九郗氏用計』の劇本原文を示す。

（志公上、白）師弟。（志保白）師兄。（志公）今有郗氏、打犬做成饅首、前来破你我斎戒、衆沙弥、各将素饅首、蔵在袖内、等他葷饅首到此、先将素饅首吃下、葷饅首現存、必有分暁。遠遠望見饅首来也。（擡饅首）（接白）多謝娘娘美意、你且下去。（武帝上、唱［駐雲飛］）仏在西方、玉界銀河路渺茫、全仗禅師指引。暗室香灯、苦海慈航。脱卻凡塵向善堂、皈依仏法経三宝。一炷明香、如来礼拝弥陀掌。（郗氏上、白）無道君王、一心不理朝綱、妾妃見駕、我主万歳。（武帝白）梓童平身。（郗氏白）謝万歳。（武帝白）綉墩。（郗氏白）謝坐。（武帝白）梓童、昨日斎僧可見你賢。（郗氏白）啓奏万歳、昨日斎僧非奴美意。只因万歳不肯回心、是我吩咐庖人、打犬一隻、做成饅首送進僧房、一見当面吃下。何為道長禅師、望万歳休聴邪言、当帰正道。（武帝白）既有此事、快宣那妖僧来見我。（内臣白）万歳旨下、宣二位禅師進宮。（志公、志保上、白）郗氏定下無情計、殺犬前来破我斎、叩見万歳。（武帝白）昨日娘娘将犬肉做成饅、送来你吃。如何不知。（志公、志保白）啓奏万歳、貧道多久知道、我等先将素饅首蔵在袖内、換了葷饅首、現存素饅首吃下。（武帝白）寡人不信。（志公白）万歳不信、当面破来。天霊霊、地霊霊、饅首一破、黄犬来臨。（武帝白）呀、二位禅師、請回。寡人来日聴講。（志公、志保白）郗氏太不該。殺犬破我斎、従前做過事、目下一斉来。（武帝白）你這孽障、破人斎僧、罪孽如何、可悩可悩。（下）。（郗氏白）你看万歳、不肯回心、不免吩咐京城侯相、帯領武城兵馬司、将蕭皇寺団団囲困、用火焚化、焼死那多僧人、方消我心頭之恨。正是我今定下無情計、当定無常総不知。（下）。

(22) 江西贛劇団編『弋陽腔連台本目連救母』七本（南昌、江西贛劇団排印、一九八二年）四八―五一頁『第八出…破獄度孤』の劇本原文を示す。

〔和尚上、唱［駐馬聴］〕救苦天尊、今往霊山叩首尊、今見世人苦楚、受苦含冤。自喪幽冥、四門緊閉歴魔城。十八重地獄皆游尽。救苦生霊、超度輪迴登仙境。（白）跪拝霊山老伽藍、特請贈杖与袈裟、急急帰下酆都去、打破閻羅十八衙。〔又内上〕（老和尚白）善者皆托仏、武将仏天衣、我今親領受、実実不相離。（和尚白）九宮八卦鎮天堂、東西南北並中央、手拿錫杖擎天柱、地獄重重到処逛。（唱［普賢歌］）拝請東方地獄門開、孝子傅羅卜、追薦傅相一亡魂。接引登仙境。早脱地獄刑。手執錫杖来到此。撃開地獄門、接上天庭。〔下〕（又上、唱）拝請西方地獄門開、孝子傅羅卜、追薦傅相一亡魂。接引登仙境。早脱地獄刑。手執錫杖来到此、撃開地獄門、接上天庭。〔下〕〔又上唱〕拝請南方地獄門開、孝子傅羅卜、追薦傅相一亡魂、接引登仙境。早脱地獄刑、手執錫杖来到此、撃開地獄門、接上天庭。〔下〕〔又上唱〕拝請北方地獄門開。孝子傅羅卜、追薦傅相一亡魂。接引登仙境。早脱地獄刑。手執錫杖来到此、撃開地獄門、接上天庭。（化符介、白）掩上東方地獄門。掩上西方地獄門。掩上南方地獄門。掩上北方地獄門。（度孤介、白）愛河千層浪、苦海万重波、千万孤魂鬼、及早念弥陀。（唱［浪淘沙］）超度王舎城、冤鬼幽冥、颯颯悲風起、好人家、児女去做賊、事発告到官、死在牢獄裡、這便是囚死的孤魂、来受甘露味。（鬼過介）超度王舎城、冤鬼幽冥、颯颯悲風起、好人家、媳婦受不得婆婆気、冤死叫皇天、懸在高梁上、這便是吊死的孤魂、来受甘露味。（鬼過介）超度王舎城、冤鬼幽冥、颯颯悲風起、好人家、児女売在勾欄裡、受不得王八気、跳入長江裡、這便是淹死的孤魂、来受甘露味。（鬼過介）超度王舎城、冤鬼幽冥、颯颯悲風起、好人家、鰥寡孤独無衣食、四方去哀求、又遇風雪至、凍死在長途。這便是餓死的孤魂、来受甘露味。（鬼過介）超度王舎城、冤鬼幽冥、颯颯悲風起、好人家、荘稼砍樵種田地、遇着猛虎与毒蛇、傷在身子裏、這便是蛇傷虎咬的孤魂、来受甘露味。（鬼過介）薦亡、稽首慈悲主、太乙救苦尊、願垂大慈悲、超度此亡魂、王舎城仙界、勘嘆。勘嘆亡魂、人生好比採花蜂、早向西来晩向東、採得百花成蜜果、到老終身一場空。志心、王舎城仙界、勘嘆、勘嘆亡魂、人生在世莫剛強、剛強怎比楚霸王、霸王強来烏江喪、韓信功労在何方。志心、王舎城仙界、勘嘆。勘嘆亡魂、早満池塘今夜雨、花落庭前昨晩風。早晨不知晩来事。人争間気一場空。志心、王舎城仙界、勘嘆、勘嘆亡魂、日起東山又転西、為人不必用心機、世上多少英雄漢。南北山頭一堆泥。志心、王舎城仙界、勘嘆、勘嘆亡魂、為人好比一塊柴、跌在陰溝不起来。三天不吃陽間飯、閻君請上望郷台。志心、王舎城仙界、勘嘆、勘嘆亡魂、望郷台上望家郷。望見家郷両涙汪、一家大小哀哀哭、閻君不放怎回陽。志心、王舎城仙界、勘嘆、勘嘆亡魂、為人好比一枝花、窮莫憂来富莫誇、有朝一日濃霜打。只見青松那見花。志心、王舎城仙界、勘嘆、勘嘆亡魂、救苦菩薩身穿青、手拿一本度人経、度人経上無別事、口口声声嘆亡魂、志心、王舎城仙界、勘嘆、勘嘆亡魂、世人好比一把弓、朝朝暮暮逞英雄、有朝有日弓弦断、左手攀来右手空。志心、王舎城仙界、勘嘆、勘嘆亡魂、三十三天天上天。重重地獄永無辺、人生有酒須当酔、一滴何曾到九泉。散鮮花、鮮花散、仙風吹動鳳仙花、散花童子笑哈哈、為愿東家子孫多、做客之人早登科。散鮮花、鮮散花、仙風吹動鳳仙花、春散桃花夏賞蓮、秋散芙蓉在江辺、惟有冬来無花散、管取一年勝一年。散鮮花、鮮散花、仙風吹動鳳仙花、勝一年来勝一年、惟愿東家子孫賢、斉心斎戒還了愿。万事平安百事全。散鮮花、鮮散花、仙風吹動鳳仙花、散花童子身穿衫、身騎獅子笑哈哈、我笑孝子不哭爺。散鮮花、鮮散花、仙風吹動鳳仙花、好穿青来好穿青、每日銀子出多分、斉心斎戒還了愿。広取東家進千金、散鮮花、鮮散花、仙風吹動鳳仙花、散花童子身穿黄、身騎黄犬笑央央、我向黄龍笑什麼、接引亡魂上天堂、散鮮花、鮮散花、仙風吹動鳳仙花、（白）虔誠禱告叩穹蒼、回謝諸神白玉堂、好将法水従天降、志誠皈依仏法真、修斎已畢、超度孤魂、早登仙世、快楽天堂、阿弥陀仏、告辞。〔下〕（羅卜白）有労師父。

（23）　江西贛劇団編『弋陽腔連台本　目連救母』七本（南昌、江西贛劇団排印、一九八二年）第四本『第一二出・観音十変』、八二—八三頁の劇本原文を示す。

（観音上、白）紫竹林中去修行、頭戴吾仏、我為尊、吾乃慈悲是也。仏乃二月十九生寿日期、又恐各位大仙前来慶賀、童児、娘娘変過十景、你看。（童児白）謝過娘娘。（観音唱［浪淘沙］）観世音変活神、変化無窮。我把金岭一下響。変一条青龍来出現。顕我的神通〔青龍過〕。（接唱）童子拝観音、変化無窮。我把金岭一下響。変一只猛虎来出現。顕我的神通〔虎過介〕。（接唱）好一個小孩児、変化無窮。我把金鈴一下響。変一個文官来出現。顕我的神通〔文官過〕。（接唱）観世音変活神、変化無窮。我把金鈴一下響。変一個武官来出現。顕我的神通〔武官過〕。（接唱）童子拝観音、変化無窮。我把金鈴一下響。変一個長人来出現。顕我的神通〔長人過〕。（接唱）好一個小孩童、変化無窮。我把金鈴一下響。変一個矮人来出現。顕我的神通〔矮人過〕。（接唱）観世音変活神、変化無窮。我把金鈴一下響。変一個漁、樵、耕、読来出現。顕我的神通〔漁樵耕読過介〕。（接唱）童子拝観音、変化無窮。我把金鈴一下響。変一個酒、色、財、気来出現。顕我的神通〔酒色財気過介〕。（接唱）好一個小孩児、変化無窮。我把金鈴一下響。変一個伽藍観音来出現。顕我的神通〔伽藍過〕。（接唱）観世音変活神、変化無窮。我把金鈴一下響。変一個景羅王来出現。顕我的神通。（景羅王白）童児、娘娘変有十景、你可以認得真？（童児白）認得真。（観音白）又恐衆位大仙前来、命你洞門伺候。（童児白）領法旨。（下）。

（24）　江西贛劇団編『弋陽腔連台本　目連救母』七本（南昌、江西贛劇団排印、一九八二年）第四本『第二四出・小妮思凡』九〇—九一頁の劇本原文を示す。鄭之珍本とは、一部の歌詞を除き、全く異なる。

（唱）小尼姑年方二八、正青春、被師父、削去奴的頭髪、每日裡、在仏殿上、装香換水、見幾個、年少書生、来在仏殿上散。他把眼児瞧着咱、咱把眼児瞧着他、他与咱、咱与他、眉来眼去、眼去眉来。把一片念仏的心腸、抛卻在高粱上掛、怎能夠。与書生、成就姻緣。錦繍帳内、鴛鴦枕辺、唧唧噥噥説了幾句真情話、縦死在陰司地獄、閻君面前、一殿秦官、二殿楚江、三殿宋帝、五殿閻羅殿前、把奴的善悪簿来査、査出了奴的真情、審出奴的原因。把奴家、上了刀山、下了油鍋。任憑他、碓来舂、鋸来鋸。

磨来挨。不怕不怕真不怕。到来生、便做了一騎驢児、口銜着生鉄、身背着馬鞍、将奴一棍打死、奴也不怨他。又只見活人受罪、那見死鬼戴枷？　有什麼活仏、有什麼菩薩、孤呀、孤呀、火焼眉毛只顧眼下。（坐、念）削髪為妮可憐、一盞孤灯伴奴眠、光陰似箭催人老、誤壊奴青春美少年。（白）小妮、趙氏、法名色空、自幼在仙桃庵出家、坐在庵堂、心中煩悶。不免下山迴廊走、則可。自幼我母好看経。哎！　娘親。（唱）他偏愛念仏、夢裡参神。生下我小丫頭疾病多。因此上送我到庵門中、削髪為妮。終日裡、与人家超薦亡魂。不住口念着弥陀、不住手撃磬揺鈴、擂鼓也是敲鑼。平白地与人家做功果。（念経、介）程削経、都念過。紅繍経、怎不学。唯有蓮経七巻最難学、学不得。我師傅、眠裡夢裡、一声叫過、念幾句南無仏、娑婆呵、旦哆、波羅。（白）這幾天、哪有心思在此看経念仏、不免下山繞回廊一走、則可。（接唱）又只見両旁羅漢、塑得有些舍我、一個抱膝頭、心児裡想着我、一個手托腮、心児裡恨着我、白鶴大仙悩着我、唯有那布袋羅漢笑呵呵、他笑我、光陰似箭能有幾何？　長眉大仙愁着我、他愁我、老来時、終無結果。仏前灯、做不得洞房花燭、香積廚、作不得水上鴛鴦。鐘鼓楼、做不得望夫台。草蒲提、做不得新郎繍枕。我本是二八女嬌娥、我何曾犯法違条。為甚麼、身穿紫羅、腰繫黄条、我怎能狗夠着錦穿羅？　不由人心如烈火、睡眠時、独自臥、醒来時、独自坐。有誰人孤単似我。哪裡有十万八千弥陀仏。哪裡有枝枝葉葉没有陀仏。哪裡有一河両岸流沙仏。恨不得把山林遠離卻、羅刹女、出香閣、学不得南海水月蓮台坐。恨不得把裟衫扯破、棄了仏経、去了南無、従今後、不念弥陀、不念南無、不念婆羅、下山去。尋一個青春年少我的哥哥、任憑他打我罵我、恥我笑我。但願得生下小孩児、那時節快楽是我、快楽是我。（下）。

(25)　江西贛劇団編『弋陽腔連台本　目連救母』七本（南昌、江西贛劇団排印、一九八二年）第四本『第二六出：僧尼相調』九五—九八頁の劇本原文を示す。鄭之珍本とは、一部の歌詞を除き、全く異なる。

（尼姑上、唱）離卻庵門来、在一路上無蔵躲、穿村過巷莫待人曉。又聴得烏鴉呀呀。喜鵲喳喳、此処不知是如何。是我心驚怕。（和尚白）弟子有何徳能、慈悲下凡点化、阿弥陀仏。（小妮白）我不是観音菩薩、我是優尼。（和尚白）怎麼、你是優尼、請問優尼姐、哪座名山法幢而来？　（小妮白）仙桃庵法幢而来。（和尚白）下山則甚？　（小尼白）帰家看母。（和尚白）哎！　出家之人、自古道、出家不認家。（小妮白）師父、説在那裡、爹娘生奴下地、養育之恩、豈有不探望之理。（和尚白）這様講、乃是我有冒犯你。休要見怪。（小尼白）好説、請問師父、哪座名山法幢来？　（和尚白）我乃是碧碧碧。（小尼白）乃是碧桃寺。（和尚白）正是碧桃寺法幢而来。（小尼白）下山則甚？　（和尚白）我下山、看婦道家。（小尼白）哎！　（和尚白）抄化。（小尼白）多少師父不抄化、為何一人抄化？　（和尚白）優尼姐、有事未知、山門大小沙弥、各有各的公幹。（小尼白）這也難怪、師父、你我乃是出家之人、還要分手而去。（和尚白）講講話。（小尼白）要分手。（唱）和尚下山探望師尊。（和尚白）尼姑下山探望娘親。（小尼白）正是相逢不下馬。大家各自奔前程。南無仏呵呵哈！　阿弥陀仏！（小尼白）你不是好和尚。（和尚白）怎様不是好和尚？（小尼白）優尼去得好好、為什麼回頭一望？（和尚白）優尼姐、非是我回頭一望。我下山之時、帯着一個小沙弥前来、他他身背袈裟法器、又恐行錯了路、因此回頭一望。（小尼白）乃是我有言得罪。休要見怪。（和尚白）好説。（小尼白）還要分手、師父。（和尚白）講講話。（小尼白）要分手。（唱）各人心事各人知。（和尚白）你望東来我望西。（小尼白）正是相逢不下馬。（和尚唱）大家各自奔前程。南無仏、呵、呵、呵！　阿弥陀仏！（白）呀、呀、你不是好優尼。（小尼白）怎様様不是個好優尼？（和尚白）和尚去得好好、為何回頭一望？　和尚也有什麼好看。做和尚的、総不是這多東西。上頭取下破帽子、光禿禿、下面脱下褲子、秀禿禿光、看吓！（小尼白）師父、我不是望你。（和尚白）你望哪一個？（小尼白）我帯了一個小優尼前来、我怕、她行錯了路、我就回頭一望。（和尚白）乃是我有言得罪、休得見怪。（小尼白）好説、好説、師父、師父、要分手。（和尚白）講講話。（小尼白）相逢不下馬。（和尚白）各自奔前程。（下）。（小尼白）一双慧眼望後刷、手中百般做做做。好比牛郎織女佳期会、莫把姻縁錯過。少待、来在土地祠、待我進去看看、這廂可有師父、那廂可有廟主。原来是一座冷廟。在此打睡一時。（睡介）（和尚上、白）忽見優尼容貌傾城傾国、甚夸、好比観音無差、月里嫦娥無賽。心痒令人難抓、一見遍体蘇麻、可惜她去了。她若在此、将她摟抱、權且一時歓楽。哦、方才優尼説道、她帯了一個小優尼前来、我想大的好看、小的也還好看、哎！　大的不趕、趕小的。呀！　大的是眼見、小的是耳聞。還要趕大的。趕小的。（跌介）哎喏！　尼姑又没有趕到。把我和尚跌個金銭倒。哎！　還是趕大的是、走走。走到了土地祠、想必優尼躲在土地祠、也未見得。進去観看、這廂可有師父？　這廂可有廟主？　呀！　原来是冷廟。拜見土地公公、弟子各宜恭敬、呀、呀、呀！　優尼、你躲在廟里、和尚哪裡不尋、哪裡不找？　你看、一個人生得好看、坐〔做〕都是好看的。我要弄醒她。干不得把戯、講講話也是好的。哎！　我又不怕、你怕什麼？（出門看介）這廟可有牧牛的娃子、這山上麻老虎多、早点子回去。這廂可有砍樵的没有？　早点子回去、麻老虎吃人、不要道、我和尚没有講話。呀！　一個人都没有。（進門介、白）扇子、我交待〔代〕你、再不要怕、有什麼事、我和尚担待。（小尼睡白）師父！（和尚白）喂！　講話呀、哎呀、小尼、我的娘呀、你就前世没有睡過覚、你就在娘肚子里睡、多睡八九十年来。哎！　你就睡死了。哦！　她不醒、我来、斗個嘴、阿弥陀仏、和尚開葷。（小尼白）是哪個？（和尚白）是我吓。（小尼白）師父、到此則甚？（和尚白）我来報信。（小尼白）報什麼信？（和尚白）小優尼行錯了路、我来報你。（小尼白）没有小優尼、我是謊你的。（和尚白）我的娘、你不管謊壊人。（小尼白）師父、你那個小師父在哪里？（和尚白）哈、問我的小和尚、在那廂。（小尼白）在哪裡？（和尚白）在這裡、我是弄你的。（小尼白）仙桃也是桃。（和尚白）碧桃也是桃。（小尼白）二人学個逃之夭夭。（和尚白）久旱逢甘雨。（小尼白）他郷遇故知。（和尚白）洞房花燭夜。（小尼白）金榜掛名時。（和尚白）好個金榜掛名時。（小尼白）恨狂生、不顧三官、把神明敬。小尼身不従了。（白）師父、有人来了。（和尚白）哎呀！　我是好和尚。吃斎把素的。（小尼白）活活吓、壊了騒和尚。師父、起来。（和尚白）你講、有人来了。（小尼白）没有人来。我是謊你的。（和尚白）我要罵。（小尼白）請罵。（和尚白）我要打。（小尼白）師父、請打。（和尚白）尼姑、我的娘、哪個捨得打你。（唱）見嫦娥、（白）我頓、（小尼白）頓什麼？（和尚唱）頓把我魂飄蕩。（白）挽一下。（小尼白）挽不得。（和尚白）怎様挽不得。（小尼白）蓮台有菩薩。（和尚白）哎！　尼姑、我的娘、他二人坐在蓮台上、到如今、把名揚。挽一下。（小尼白）一下都挽不得。（和尚白）挽半下。（小尼白）半下都挽不得。（和尚白）怎様半下都挽不得。（小尼白）這裡有大的大菩薩、小的小菩薩。（和尚白）大的大菩薩、又不是天上掉下来的、小的小菩薩、又不是土内蹦出来的。他不管閒事。（唱）大的大菩薩、小的小菩薩。這菩薩、那菩薩、他也是爹娘生下。哎！　尼姑、我的娘、尼姑和尚配合成双、生下二男、有得終身靠。（白）挽一下。（小尼白）挽不得。（和尚白）要要蛮勁。（抱介）走上天。我摸一下、是円的、還是扁的。（小尼白）哎喏！　摸不得。（唱）到荒郊把我春心起。不顧三官、不許名揚、倒叫我春心動。（白）師父、我把衣服、你咬到。我不走。（和尚白）拿得衣服来。（小尼白）間到眼睛、我到後面爬山、你到前面過水。（和尚白）我不肯。哈哈哈、我咬到自己的衣服。是他説道、他到後面爬山、叫我前面過水。走走走。（過水課子、念）郎有心、姐有心。哪怕山高水又深、山高自有人行路、水深自有擺渡人。南無仏。呵呵。阿弥陀仏。（穿倒靴介）（小尼白）師父倒了。（和尚白）我的娘、我曉得你倒了。（小尼白）靴子倒了。（和尚白）這也是装死。你怎的不爬山？（小尼白）山高了、爬不過去。你背我過水。（和尚白）這個冷冰冰我不背。（小尼白）不背、我就転去。（和尚白）不要走、我背。（課子過介）郎有心、姐有心。哪怕山高水又深、山高自有人行路、水深自有擺渡人。南無仏。呵呵。阿弥陀仏。挽一下。（小尼白）過水去挽。（和尚白）尼姑姐、我的靴子放在哪裡？（小尼白）放在口内咬着。（過水介）（小尼白）師父、（和尚白）我的娘、你就要叫。（小尼白）師父。（和尚唱）喂！　郎有心、姐有心。山高水又深、山高自有人行路、水深自有擺渡人。南無仏。呵呵。阿弥陀仏。挽一下。（小尼白）還有靴子。（和尚白）靴子不要。（小尼白）施主看見、乃是贓証。（和尚白）不錯、施主看見我的靴子、豈不是贓証、挽一下起。（小尼白）要拿靴子来起。（和尚白）再要過水、我那花児就没了用。（過水介、課子）（接唱）靴要緊、脚児凍得冷冰冰、成不得親。打不得釘、南無仏、啊啊啊、阿弥陀仏。（過来介、課子拿靴来）（接唱）不要緊。脚児凍得冷冰冰、成不得親、打不得釘。南無仏、啊啊啊、阿弥陀仏。（二人合唱）才和才和三才和、和尚与尼姑長起頭髪来、做夫妻、対対成双、同偕到老。（同下、土地小鬼上）（土地小鬼白）晦気、晦気。真晦気。遇著和尚与尼姑、随他過了水、他二人干把戯。小鬼、土地媽媽哪裡去了。（小鬼白）台下看戯去了。（土地白）叫他回来、我也起了心火、要殺殺這個老火。（下）。

（26）江西贛劇団編『弋陽腔連台本　目連救母』七本（南昌、江西贛劇団排印、一九八二年）第六本『第二出・・劉氏回煞』一一八—一二〇頁の劇本原文を示す。歌詞は、鄭之珍本によるところが多いが、白は独自の増補が多い、また歌詞も増補している（傍線部分)。

(二門神上)(門神白)双扉合閉是我掌、万里妖気莫敢進。(合白)請了、孝子在此打睡、你我在此伺候。(劉氏内唱[倒板歩歩嬌])自帰陰司多驚恐、生死成何用、万事転頭空。未転頭時、也都是一場春夢、奉勧世上人、早把弥陀誦。(解鬼唱[歩歩嬌])世人做事多昏蒙、不肯把你弥陀誦。人鬼礼相同。万事共尊崇。忍把愚人弄。(白)劉氏今乃回煞之期、閻君放你帰家托孝子一夢。来在自家門首、前去哀求門神。(劉氏白)多謝大哥指教。(門神白)来者何鬼。(劉氏白)老身劉氏清提。今乃回煞之期、閻王放我托児一夢、望門神行一方便。(門神白)吐!生従大門入、死従大門出、你既出去也、何復再帰。(劉氏白)老身記得仏語云:門神門神、顕現威霊、一年一換、好做人情。(門神白)你講差了、近来家鬼害家人、決不順人情。断断不開門。(解鬼白)也罷。待我叫他開門、門神請了。(門神白)請了。(解鬼白)回煞一事、乃慈悲之念、哀憐亡魂之苦、容他一行、有何不可。(門神白)你那裡知道、或東或西、必要傷人、有上有下必定害物、不思有生有死、人之常情、今安人一人回煞、而傷数人、断断不開門。(解鬼白)門神蹊蹺、惹我心焦、扯将下来、放火一焼。(門神白)小鬼小鬼、真可無理、再要不走。一刀劈破你的脳髄。(解鬼白)我奉得有差。(門神白)你奉什麼差。(解鬼白)我奉閻王所差。(門神白)我奉得有命。(解鬼白)你奉什麼命。(門神白)我奉玉帝敕命。(解鬼白)呀、他的来頭大、劉氏、也罷、乗我的鬼風而進。(劉氏白)多謝大哥。(解鬼白)正是、風従地下起、陰風送亡魂。(下)。(劉氏進門、唱[紅衲襖山坡羊])到家庭、観不見、一生手跡。児吓、忍不住両行珠涙。悔当初、不聴我的嬌児話、解入、解入在酆都地。苦痛悲。這回見你多懺悔。我今別卻家庭宴。不知何時再会期、孤凄、痛断肝腸裂砕脾。須知若要相逢在夢裡。(白)霊位在中堂、陰陽隔両行、要見娘親面、南柯夢一場。(嘆)幼而学、壮而行、養嬌児、実只望青雲万里。你父好善登仙境。你母不幸墜落在陰司里。為人莫做婦人身、做到婦人受苦辛。若還説破其中意。鉄石人児也涙淋。生児難養撫養。養児受苦辛。満腹臨盆分娩日。口咬青糸、脚踏着地板。与閻君面前隔着一張紙。才能夠生下了我的嬌児、児呀、為娘今日回煞之期、見你在霊前打睡。本待伸手摸児一摸。恐怕你醒来時。頭又昏、体又熱、頭昏体熱、卻不道怨殺你的娘親。哎、嬌児吓。你当初勧為娘吃斎把素。為娘苦苦不従。你把郗氏比着為娘、為娘此時説道、武帝既然度其妻、我児必能救其母、想当初。出言無心。到今日言之有信、児吓、与為娘做個超生、為娘従前做過事、目下一斉来。悔当初、不信神明、拆毀橋樑。焼毀僧房、悪積如山、児不能超度、母不能還郷。(哭介、白)哎!児吓!(唱[尾声])金鶏唱破五更期、去色匆匆不可遅、一路凄涼訴与誰。(解鬼白)劉氏、天也快明了。快去吧。(下)。

(27)江西贛劇団編『弋陽腔連台本 目連救母』七本(南昌、江西贛劇団排印、一九八二年)第七本『第六出:過孤凄埂』一五〇—一五三頁の劇本原文を示す。前半の歌詞は、鄭之珍本によっているが、後半の白は、鄭本にはない、全く独自の筋で進む)。

(劉氏上、嘆)水底血、一路孤淒、淒涼訴与誰、悔之無及、只落得涙双垂。(白)長官、来在什麼所在。(解鬼白)来在孤淒埂。(劉氏白)何為孤淒埂。(解鬼白)為善之人、過金橋、銀橋、你這為悪之人、一人在此受苦也。(唱)路入孤淒埂、路闊遥、我在波濤水中結。却全無地獄連接。白茫茫、仍浪前啼〔千畳〕。好一似雷轟雪。這是炎天凭般磨滅。哎！　天呀！　這般孤淒難平決。(念)第一来、悔我背子開葷。第二来、悔我瞞天発咒。第三来、悔我把三官捲起、把香灯吹熄。第四来、悔我殺犬做饅首。第五来、悔我把僧房都焼毀。到如今、両涙汪汪都是血。悔断肝腸悔不及。(四揺旗)風風風、推山倒海怒声垂。(鬼澆水)浪浪浪、香山蔽日高万丈。吓吓吓。吓得我心驚胆戦歩難移。(犬咬介)苦苦苦。苦得我身衰力倦容消痩。(四鬼打)打打打。都是冤由尋還債。(亀咬介)推推推。推得我泥中爬不起。(蛇咬)蛇蛇蛇。蛇取人命将人扯。(鳥啄介)鳥鳥鳥。抓得我血痕汪汪落。(尾声)如今只得自埋怨、孤身渺渺程途遠。苦海林中苦万千。(金奴上、白)安人。(劉氏白)你是何人？　(金奴白)我是金奴。(劉氏白)金奴、想我劉氏、怎様受得這様苦楚。(三花子上)(老大白)在生為悪人、死後受辛苦。老二、老三。這幾日下雨、没有生活。今日天気晴和、你我去到孤淒埂、搶些東西来吃。(老二老三白)一同前去。(老大白)你看、前両個婦道家、想必是有銭人。前去看看。你敢是劉老安人。(劉氏白)正是。你是哪一個？　(花子白)你不認得我。你当初開葷之時、我到你家唱蓮花落。你賞我両碗酒。還賞我大塊肉、安人為何双目不見。(劉氏白)我在孤淒埂上、被烏鴉啄瞎了眼。(花子白)老大、你我還要報報他的恩。(老大白)不錯。正要報報他的恩。老二、孤淒埂上、馬先生来了。他的眼科是好的。待我喊他前来。医好眼睛、再做道理、馬先生在家没有？　(馬先生白)我做郎中、欠読。一世単用火功。有縁者接我看病、無縁者接我送終。叫化佬何事？　(花子白)非為別事、劉氏老安人、在孤淒埂上、被悪鳥啄瞎了眼。聞知馬先生眼科是好的。接你前去診眼睛。我把四百大銭得你。(馬先生白)孤淒埂上幾多悪鬼。我不去。(花子白)我兄弟把四百大銭得你。(馬先生白)有四百大銭得你。(馬先生白)有四百銭、你莫哄我。(花子白)不哄你有。(馬先生白)那就去。(行介)劉老安人、在陽間也是吃我的薬死個、劉老安人。(花子白)是哪一個？　(馬先生白)馬先生、你是吃我的薬死個。(花子白)馬先生、看看眼睛、是火眼。(馬先生白)你話火眼、又没焼眉毛。(花子白)那就是水眼。(馬先生白)你話是水眼、又是巴巴干。又没有水。(花子白)那就是色眼。(馬先生白)你話是色眼、又没有肌〔?〕的。待我上上薬。(劉氏白)哎喏哎喏！

(花子白)馬先生你敢怕拿錯了薬。(馬先生白)要死。当真拿錯了薬、拿了三仙丹、診楊梅瘡個薬。快些打水洗下上過薬。(洗介、上過介、洗眼介、上薬介)(馬先生白)安人滴上幾点水、就会好。(花子白)安人、好了還没好？　(劉氏白)多謝列位、好了。

(28)　江西贛劇団編『弋陽腔連台本　目連救母』七本(南昌、江西贛劇団排印、一九八二年)第七本『第一四出：烏鳳洞見母』一五九—一六一頁の劇本原文を示す。歌詞は、鄭之珍本によるところもあるが、筋立てがかなり異なる。

（解鬼白）何方僧人、敲動地獄？（羅卜白）我乃西天目連僧。（解鬼白）到此何事？（羅卜白）到此尋母、敢造金城。（解鬼白）你母、姓甚名誰？（羅卜白）我母姓劉名青提。（解鬼白）劉氏、有一僧人、他来尋你。（劉氏白）他母姓甚名誰？（解鬼白）他母姓劉名清提。（劉氏唱）心中慈時景、忽聞有子問娘親、他母姓劉名清提、老身也是劉氏清提。我与他娘共個名姓。哎、長官吓、我孩須有、他在陽間吃斎把素、看経念仏、此乃黒沉沉地獄、縦有天大孝心、怎得到此地。哎哎、長官吓、你与我、多多拝上。那位僧人。他是哪裡人氏？（下）。（解鬼白）你這僧人、劉氏説道、他有一子、在陽間吃斎把素、姓傅、名羅卜、請問僧人、高姓貴名。（羅卜白）聴到。（唱）忽聴伝言、不覚汪汪両涙淋。傅羅卜本是咱名姓。目連是我師尊贈、喳、只因老母喪幽冥。苦難禁、地獄重重。無計超升、因此上挑経挑母、竟往西天。投拝師尊。指我来尋問。望発慈悲方便門。（解鬼白）劉氏果是你孩児到此、前去母子一会。（劉氏白）多謝長官、我児在哪裡？（羅卜白）母親在哪裡？哎！母親。（劉氏白）哎！児吓！這枷鎖不得開、如何是好？（羅卜白）児有仏法。（唱［浪淘沙］）仏法本堅剛、至大無方、我把錫杖一扶揚、枷鎖一応皆解脱。就我親娘。（劉氏白）児呀！枷鎖解開了、眼睛不見、如何是好？（羅卜白）児有仏法。（唱［浪淘沙］）仏法本光明、普照乾坤、我把錫杖震天垠、石上流泉堪洗眼。依旧光明。（劉氏白）児吓！眼睛光明了、你果然剃了頭髪、娘肚中饑餓、如何是好？（羅卜白）孩児帯得有。（唱［浪淘沙］）仏法本余饒、飲食匀調。杖頭帯得有盂瓢、化出飯来娘自吃。飽在今朝。（劉氏白）児呀！不好了、飯被餓鬼搶走了。（餓鬼白）原来是飯、待我来吃。（餓鬼噎死介）（劉氏白）餓鬼噎死了、還要活他転来。（羅卜白）孩児知道。（唱［浪淘沙］）仏法本機関、変法無端、缽盂化出烏飯吃、奉与娘親来自吃。鬼不争食、長官、容我母子敘話片時。（劉氏白）児吓！你是来看母親、還是来救母親？（羅卜白）我是来救母親。（劉氏白）趁此機会、何不救娘出去。（羅卜白）孩児知道。（背母下）。（解鬼白）你看、那僧人将劉氏背去。衆伙計走上。（衆鬼白）何事。（解鬼白）有一和尚、将劉氏背去、還要与我追趕。（衆白）一同前去。

(29) 江西贛劇団編『弋陽腔連台本 目連救母』（南昌、江西贛劇団排印、一九八二年）第七本『第一五出・抛杖背母』一六一頁の劇本原文を示す。この場面、鄭之珍本になし。

（羅卜背母上、白）哎！母親、孩児背不起。（劉氏白）手持何物？（羅卜白）手持錫杖。（劉氏白）多少重？（羅卜白）十万八千斤。（劉氏白）何不抛了它？（羅卜白）師傅説道、救母不可離錫杖。（劉氏白）我児不孝哉。（羅卜白）孩児知罪。（丟杖下。五鬼抜杖、扭劉氏転、介）（鬼扭劉氏東、鬼扭劉氏西）（劉氏唱）孝心天地知。古来尋娘誰能比、你自西天、哀求仏爺、救得為娘、孝名万古提。（下）。（羅卜白）自従那日別慈幃、隔断幽明両不知。費尽心機才得会、如何傾刻又分離。不結愁腸言為已。（羅卜白）長官、容我母子一会。（解鬼白）也罷。念你孝心衝天、容你母子一会。（羅卜白）多謝長官。（解鬼白）伙計、将劉氏叉上鉄囲城。(下)。

(30)　江西贛劇団編『弋陽腔連台本 目連救母』(南昌、江西贛劇団排印、一九八二年)第七本『第一六出・上鉄囲城』一六一―一六二頁の劇本原文を示す。この場面、鄭之珍本になし。

(劉氏唱[内倒板])花園一旦離、上城那晩回煞到家裡、児吓、為娘自従城隍廟起解、過了破銭山、滑油山、奈何橋、孤凄埂、鬼門関、関関受苦、殿殿受刑、天賜我娘児相会。清泉洗眼、烏飯充飢。児吓、自回西天、哀求仏爺。救度為娘。娘在地獄懸懸望、望児救娘莫待遅、快刀割去心頭肉、不痛悲来也痛悲？ (羅卜唱[駐雲飛])費尽千般意、今日才得会、嗐！ 提起来好傷悲、哎！ 娘吓！ 孩児当初勧你吃斎把素、我娘回言説道、若要我吃斎把素、除非是鉄樹開花、揚子江心生蓮藕。従今後、父在天堂、娘在陰司、天吓！ 叫声天来哭声娘、地吓！ 叫声地来哭声親娘、睁開両眼、擱不住涙双垂。(劉氏唱)児吓！ 従今後、父在天堂、児在陽間、天吓！ 叫声天来哭声夫、地吓！ 叫声地来哭声児、睁開両眼、両眼涙双流。(下)。(羅卜白)母親慢去。(唱)痛断肝腸裂砕心。哎！ 母親！ (下)。

第四章　郷村古層目連戯――古本II―徽本

序　節　徽本目連戯の社会背景

徽州地区に伝わる目連戯テキストを、以下「徽本」と略称する。

江南において、目連戯の背景となっている七日間の建醮期間に対応する七巻編成のテキストは、江西弋陽腔本と江西青陽腔本の二種である。いずれも目連本伝の前に梁武帝の話を演じる。さしあたり、この二種が祭祀と結びついた古本に該当すると仮定する。筆者が入手したのは、江西南昌の贛劇団所蔵弋陽腔本であるが、これと齣目や字句がよく合うテキストとしては、安徽省西南部の徽州地区と浙江省東部の浙東地区のテキストである。この両者は、いずれも贛劇団所蔵弋陽腔本との間で共通の要素を共有する点で共通するが、弋陽腔本との字句の異同という点については、徽州系テキストの方が弋陽腔本との距離が近く、浙東系テキストは、やや距離が遠い。前章では、徽州古本の一つ、高腔徽本と江西弋陽腔本との類似性についてのべたが、本章では、この徽州本の上演について論じる。

まず、徽州西部地区の地図を示す（図63）。この図の中で、□で囲んだ地点、すなわち、馬山、栗木、歴渓、環沙、清渓、流口などが、目連戯の上演が記録されている地点である。

次に、徽州南部地区の地図を示す（図64）。

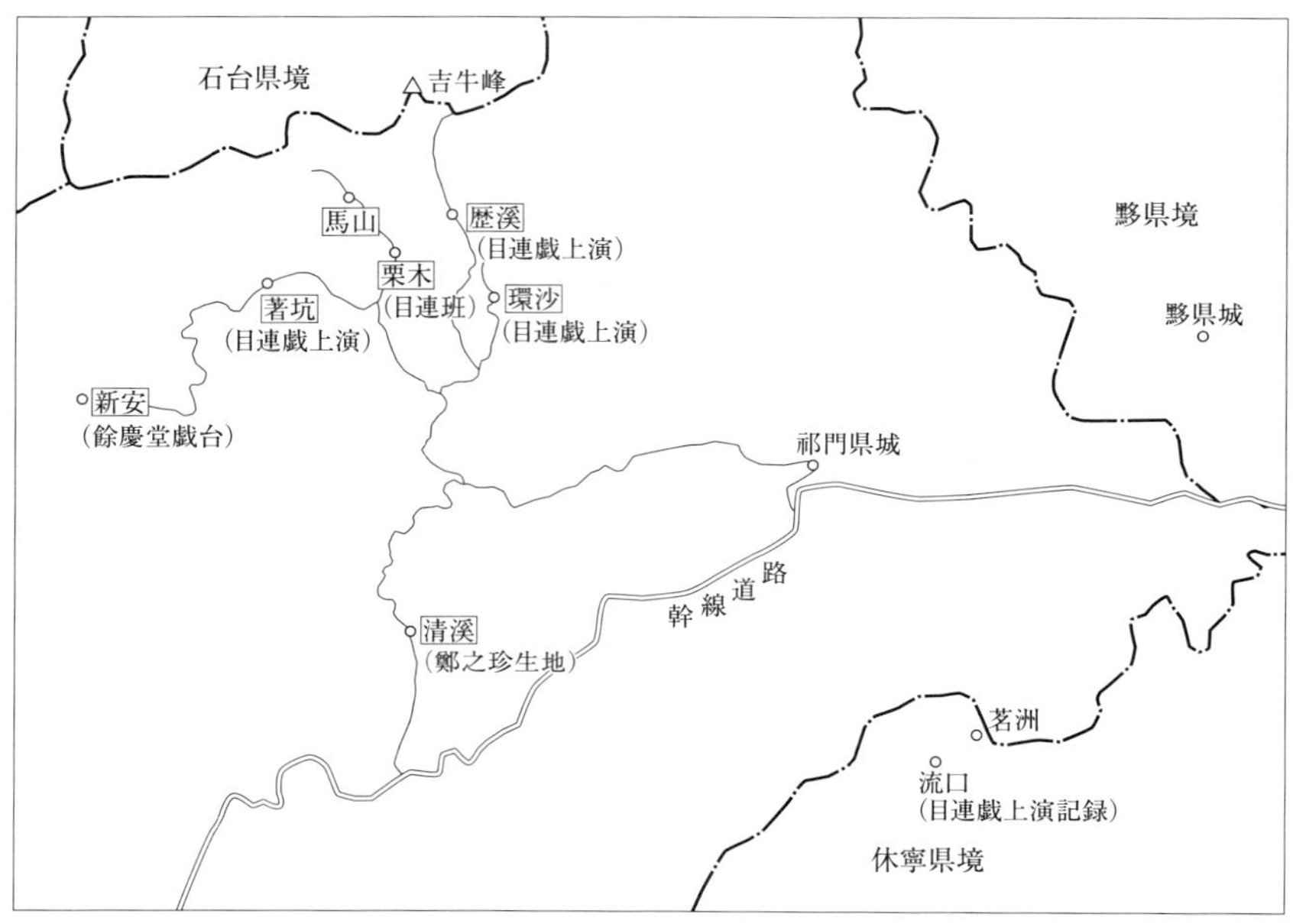

図 63 徽州目連戯地点地図 I（祁門県・休寧県西北部）

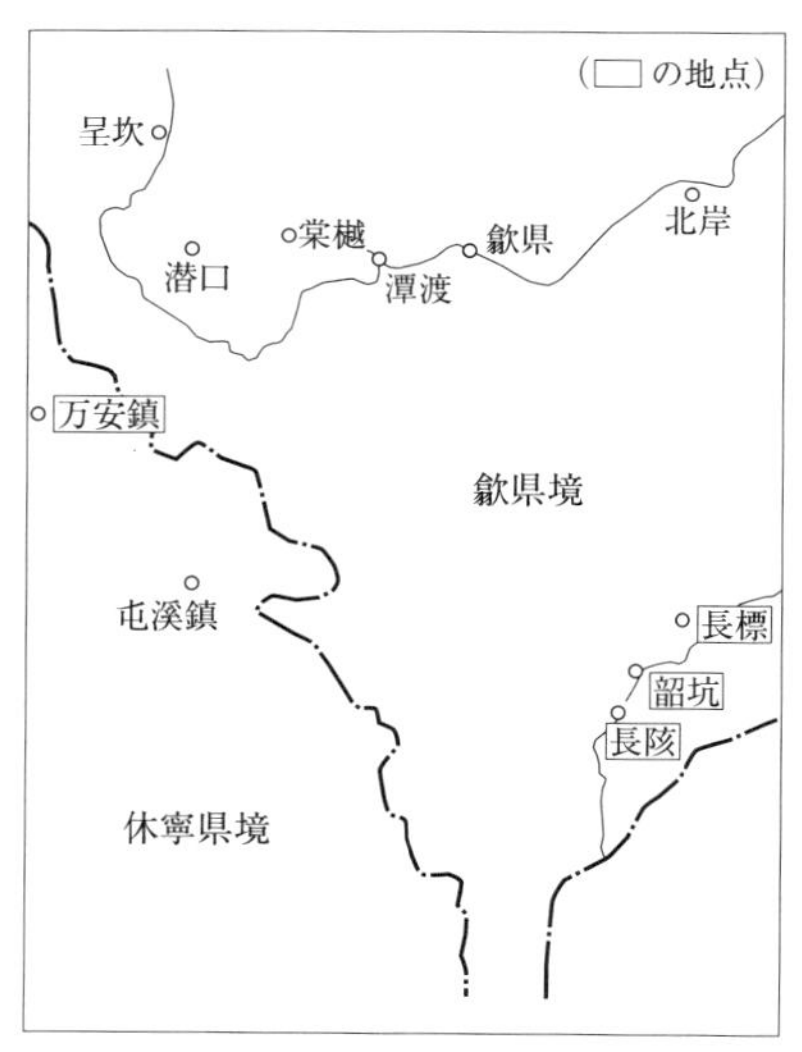

図 64 徽州目連戯地点地図 II
（休寧県東南部・歙県）

この図の中で、南部の長標、韶坑、長陔が、目連戲の上演が記録されている地点である。

一　演劇財政

目連戯を含む徽州の郷村演劇の上演慣行に関しては、『徽州千年契約文書』（清・民国編、第八巻、一九九三年刊）に収録される休寧県流口村の『黄氏家用収支流水帳』に参考とすべき記録がある。ここには、この家が清代中期に村の演劇の都度、家族内の男（丁）の数、あるいは所有田土の面積に比例して村から課徴された支出額が克明に記録されており、徽州村落の演劇上演の実態をうかがうことができる。以下、まず、支出記録を時代順に列挙して表に示す（表32）。

表32　徽州休寧県流口黄氏家用収支流水帳―戯金記事

行	年	月	日	捐銭			記事	訓読	備考
				銭	分	厘			
1	雍正一一（一七三三）	正月	初八	一銭			渓口会脚	渓口の会の脚（会費）なり。	
			一二	一銭			侯□公借言、代做戯。	侯□公、借言、代りて戯を做す。	
		二月	一三		四分		我侯□公代做戯。前月付過一銭、本家七丁、按丁二分、母派算内。	我が侯□公、代りて、戯を做す。前月に一銭を付過す、本家七丁、丁に按じて二分、母も派せられて内に算す。	○・二×七＝一四・○。一銭四分。うち、一銭は、前年に支出済み。
		四月	二一	二銭	七分	二厘	家詒□、帳算、代做鬼頭戯、按丁九厘、本家並母、八丁。	家詒□、帳算し、代りて鬼頭戯を做す、丁に按ずること九厘、本家並びに母と八丁なり。	○・九×八＝七・二。七分二厘。二銭は、別の項目と見られる。
	雍正一二（一七三四）	二月	初九	一銭	一分	四厘	貼沈源□做戯。本家六丁、按丁一分九厘、母弟出。	沈源□の戯を做すに貼す。本家六丁、丁に按ずること一分九厘、母弟も出す。	一・九×六＝一一・四。一銭一分四厘。

5		二月	一四	一銭 六分 八厘	両門衆派演戯。禁止挖蕨。按畝四厘。	両門に衆派して演戯し、挖蕨を禁止す。畝に按ずること四厘とす。	一六・八÷〇・四＝四二。この家の所有田地は四二畝となる。
		三月	一三	二分	批衆做頂紅班。	衆に批して頂紅班を做す。	
		三月	一四	四分 八厘	派做鬼戯、按丁八厘、本家六丁、母一丁、弟出。	派して鬼戯を做す、丁に按ずること八厘、本家六丁、母一丁、弟も出す。	〇・八×六＝四・八。四分八厘。
	雍正一三（一七三五）	四月	二〇	七分	両次出。做戯。	両次出す。戯を做す。	
		四月	二七	七分	衆斂。請僧放焔口。為之居民、吊被水淹死。	衆に斂す。僧に請いて焔口を放たしむ。之を為すに、居民、水を被りて淹死せるものを吊す。	
10		五月	□□	八分	鬼戯一会。	鬼戯すること、一会なり。	一丁一分と見られる。
	乾隆元（一七三六）	五月	□□	八分	鬼戯一会。	鬼戯すること、一会なり。	一丁一分と見られる。
		五月	□□	八分	又法功、鬼戯一会。	また、法功あり、鬼戯すること、一会なり。	一丁一分と見られる。
		五月	□□	五銭 四分	願戯一会。	願戯すること、一会なり。	計算根拠、不明。
	乾隆二（一七三七）	四月	□□	八分	鬼戯一会。	鬼戯すること、一会なり。	一丁一分と見られる。
15		六月	□□	八分	鬼戯一会。	鬼戯すること、一会なり。	一丁一分と見られる。
	乾隆三（一七三八）	三月	□□	八分	做会戯。	会戯を做す。	一丁一分と見られる。
		六月	□□	八分	会戯。	会戯す。	一丁一分と見られる。
		八月	□□	一銭	助衆求雨。	衆の求雨を助く。	
		十一月	□□	一分	木人頭戯。	木人頭の戯。	傀儡戯の上演。
20	乾隆四（一七三九）	三月	□□	八分	会戯。	会戯す。	一丁一分と見られる。
		五月	□□	八分	会戯。	会戯す。	一丁一分と見られる。

行	年	月	日	金額	原文	読み下し	備考
	乾隆五（一七四〇）	三月	□□	一銭　二分　三厘	張仙会派做田破（壩）。	張仙会派して田破（壩）を做す。	灌漑用の堰を造る。
		八月	□□	四銭　八分			一丁六分と見られる。〇・六×八＝四八。
	乾隆六（一七四一）	二月	□□	一分　八厘	張仙会派買田。	張仙会派して田を買う。	
25		四月	一八	六分　四厘	貼用卿太公做鬼頭戯。	卿太公の鬼頭戯を做すに貼用す。	一丁八厘と見られる。〇・八×八＝六四。
		六月	初九	一銭	輪衆做戯、禁虎。	衆に輪して戯を做し、虎を禁ず。	虎害を防ぐ盟約紳前に戯を献ず。
		七月	一八	一銭	輪衆熬薬、射虎。	衆に輪して薬を熬し、虎を射る。	虎害を防ぐ盟約紳前に戯を献ず。
	乾隆七（一七四二）	二月	一一	一銭　五分　三厘	派做人丁戯。毎丁一分七厘、本家九丁、並母在内。	派して人丁戯を做す。毎丁一分七厘、本家九丁、並びに母も内に在らしむ。	一・七×九＝一五・三。一銭五分三厘。
	乾隆八（一七四三）	二月	一八	一銭　六分　二厘	人丁戯。本家九丁、毎丁一分八厘。母捐出。	人丁戯。本家九丁、毎丁一分八厘。母も捐出す。	一・八×九＝一六・二。一銭六分二厘。
30		四月	初八	一分	我病急、母許鬼頭戯一本。	我、病急なり、母、鬼頭戯一本を許す。	
		十月	二三	八分	戯一会。	戯すること、一会なり。	一丁八厘と見られる。〇・八×八＝六・四。
				六分	做戯。禁豬瘟。	戯を做し、猪瘟を禁ず。	猪瘟抑止の規約。
				一銭　一分　一厘	火燭戯。	火燭戯。	
		十一月	初四	一銭	做戯、禁挖蕨。	戯を做し、挖蕨を禁ず。	蕨の乱掘禁止規約。

ここには、三五回の村落演劇が見えるが、これを種類別に分類してみる。年中行事的になっていると思われるものを先に、臨時的なものと見られるものを後ろに配置する。

(1)「戯を做す」と記されるだけで内容の不明のもの。四例。

雍正十一年正月廿一日、做戯。（第二行）…季節的に見て元宵の演劇と思われる。

雍正十一年二月十三日、做戯。(第三行)…土地神の誕辰慶祝の演劇と思われる。
雍正十二年二月初九日、做戯。(第四行)…土地神の誕辰慶祝の演劇と思われる。
雍正十三年四月廿日、做戯。(第九行)…神誕演劇。

(2)「願戯」と記すが、願の内容が不明のもの。一例。
乾隆元年五月某日、願戯一会(第一三行)…祈雨か祈晴かと見られる。

(3)「会戯」と記すもの。廟会、つまり廟の祭祀で上演された演劇と思われる。多くは神誕演劇であろう。廟名は明記されていないが、文中に「張仙会」の廟産寄進の記事があり(第二二行、第二四行)、おそらくこの張仙(張巡?)を祀る廟と思われる。五例。
乾隆三年三月某日、做会戯。(第一七行)…神誕演劇。
乾隆三年六月某日、做会戯。(第一八行)…神誕演劇。
乾隆四年三月某日、做会戯。(第二一行)…神誕演劇。
乾隆四年五月某日、会戯。(第二二行)…神誕演劇。
乾隆八年十月廿三日、戯一会。(第三二行)…神誕演劇。

(4)「人丁戯」と記されるもの。演劇にあたり、丁数に比例して費用を課徴するもの。「做戯」、「会戯」と表記されるものと同じ内容のものと思われる。二例。
乾隆七年二月十一日、派做人丁戯。(第二九行)…神誕演劇。
乾隆八年二月十八日、人丁戯。(第三〇行)…神誕演劇。

(5)「頂紅班戯」と記されるもの。日没から翌日の日出まで徹夜で行う演劇を「両頭紅」という。「頂紅」とは、「紅(太陽)を踏まえる」という意味とすれば、「両頭紅」と同じ形態の演劇を指すと見られる。一例。

雍正十二年三月十三日、批重［派衆］做頂紅班戯。(第七行)…神誕演劇。

(6)「火燭戯」と記されるもの。夜に演じる演劇、いわゆる「夜戯」と見られる。

乾隆八年十月某日、火燭戯。(第三四行)…神誕演劇。

(7)「禁戯」、「禁□□」と記すもの。村落が村人を廟に集め、山林の乱伐、水源地の汚染、牛羊の放牧による作物の踏荒らしなどを禁止する共同体規約を締結することがある。その際に神前で宴会をして盟約を交わし、神に演劇を捧げる慣行があった。この文書にも、これに類する「禁挖蕨」(蕨の乱掘を禁止する規約)、「禁虎」(虎を退治する共同作業への違反を禁止)、「禁豬瘟」(豚の流行病を抑止するための規約への違反を禁止)などの禁約締結に際して行った演劇記録が見える。五例。

雍正十二年二月十四日、両門衆派演戯、禁止挖蕨。(第六行)

乾隆六年六月初九日、輪衆做戯、禁虎。(第二七行)

乾隆六年七月十八日、輪衆［做戯の二字、脱?］、熬薬、射虎。(第二八行)

乾隆八年十月廿三日、做戯、禁豬瘟。(第三三行)

乾隆八年十一月初四日、做戯、禁挖蕨。(第三五行)

(8)「木人頭戯」と記すもの。これは、費用が安価であることから見て、木偶戯と見られる。一例。

乾隆三年十一月某日、木人頭戯。(第二〇行)…歳晩酬神。

(9)「鬼頭戯」と記すもの。これは、春に逐疫のため、鬼の仮面をかぶって演じる「儺戯」「儺舞」と見られる。この流口村付近には、この種の儺戯が伝存する。三例。

雍正十一年四月廿一日、代做鬼頭戯。(第四行)…迎春戯。

乾隆六年四月十八日、做鬼頭戯。(第二六行)…迎春戯。

乾隆八年四月初八日、我病急、母許鬼頭戯。（第三一行）…願戯。

⑽「鬼戯」と記されるもの。これは前項の「鬼頭戯」とは区別されて記されているところから見て、亡鬼を超度する演劇、つまり「目連戯」と見るべきものであろう。六例。

雍正十二年三月十四日、派做鬼戯。（第八行）

雍正十三年五月某日、鬼戯一会。（第一一行）

乾隆元年五月某日、鬼戯一会。（第一二行）

乾隆元年五月某日、又法功、鬼戯一会。（第一三行）

乾隆二年四月某日、鬼戯一会。（第一五行）

乾隆二年六月某日、鬼戯一会。（第一六行）

この中で、雍正一三年五月の「鬼戯」の前、同四月二七日の記事に「重ねて斂す。僧に請いて焰口を放たしむ。之を為すに、居民、水を被りて淹死せるものを弔す」とあって、この年の四月に水害があって、多数の死者が出たため、これを弔うために僧を招いて「建醮」を挙行し、瑜伽焰口経を読んで、水死者の霊を鎮撫したことがわかる。したがってそれに続く五月の「鬼戯」はこの「建醮」の延長として五月初めに、その一部として行われた可能性が高い。雍正一二（一七三四）年から乾隆二（一七三七）年まで、わずか四年の間に六回も行われているのは、この地域で、この期間に災害が集中したためと思われる。災害の救済手段としての目連戯の地位がよく反映していると言えよう。

二　太平清醮の目連戯

さて、この地区の目連戯としては、戦前の民国二二（一九三三）年の馬山村目連班、及び祁門県栗木村目連班の上演記録が残っているほか、近年の一九八八年の栗木村目連班、一九八九年韶坑村目連班などの上演記録を参照できる。

以下では、これらの記録を通して、徽州地区郷村における伝統的な目連戯上演の状況を検討してみたい。

まず、徽州古本が流伝したと思われる徽州郷村において、目連戯がどのような儀礼環境の下で、どのような目的で、上演されていたか、について述べておく。

この地区においては、飢饉や災害に見舞われた時、平安の回復を神に祈り、目連戯を軸として、五日から七日に及ぶ長期の演劇を奉納する慣行があった。

たとえば、祁門県環沙村の祈安祭祀の記録がこれにあたる。まず、民国二二（一九三三）年一一月にこの村で目連戯が演じられた時、神に捧げた上奏文（表文）が残っている(1)。

> 維に中華民国二十一年歳次壬申、仲冬月朔、越えて祭日。
>
> 主祭、沐恩の弟子、程世英、曁び合族の弟子、（以下、人名略）、謹みて清酌・庶饈・香楮・束帛の儀を以って、百拝して祭りを(A)環沙の福主、郢国公三閭の大夫、水府尊神の座前に致して言いて曰く。
>
> 伏して以うに、霜華は地に満ち、四時は旋汎して更遷す。冷気は球に盈ち、八節は循環して変易す。此れ、天運の流行する所以にして、地気の周旋する所以なり。於、維の神や、生まれて正士と称せられ、忠を竭くし日月の明を照らす。歿しても神霊を羨み、福庇を環沙の族に託す。危を扶け困を済い、固より感ずるありて遂に通ず。患を捍け災を御ぎ、亦た求めて応ぜざるなし。
>
> 今は、環沙の族内、人事は屡々滄桑を見る。富社の村中、大局は屡々変動を延く。財源を散じて、嚢は空しく橐は乏し。(B)壮丁を損じて戸は少なく口は稀なり。此くの似きの情形、聞く者は色に駭かざるなく、斯を為すの状況、観る者は、孰れか心に驚かざらん。要するに皆な人事の修まらざる、天神をして震怒せしむるを致す。この明命を雇［顧］りみれば、敢えて心を改めて面を洗わざらんや。尊神は惟だ仁愛に本づくを懐となし、慈航を風波の浪の裏に度らしむ。

弟子等は善功を是れ念じ、(C)財力を冥府の孤魂に施す。茲に合族の齹商の合同の議決を経て、(D)目連を許して賑済し、人口を保ちて以って平安ならしむ。男女に按じて資を醵せしむるに、人々、掌を鼓す。(E)田租に照らして費を派せしむるに、個々に賛成す。是において、特に善良を発し、欣欣然として斉しく来たりて観看せしむ。功徳を立成し、粛々として同じく諧に明を陳べしむ。許を告ぐるは、壬申にあり、開演は癸酉に待つ。虔みて吉日を涓び、(F)冬斎を建て、祠堂に事う。敬みて良辰を筮し、聖駕を迎え、祖廟に臨ましむ。以って斎し以って戒し、敬を致し誠を致す。

弟子等、伏して神功を冀い、全く福庇に叨る。陰中に佑を獲、暗裏に扶持せらる。村運を挽回して興隆せしめ、人丁を持見して繁衍せしむ。家々は清泰に、戸々は安康ならん。今、牲と酒醴、錠鏢と銭財を備え、敬みて尊神に叩し、鑒納を為すを希う。但だ願わくは、今より以後、合族の男女老幼人等を保つを祈る。運限は亨通し、吉星は順に度り、男は百福を増し、女は千祥を納めん。一切は元亨利貞に、万事は福縁善慶なれば、則ち鴻恩を既り靡きに感ず。尚わくは饗けよ。

この表文から、同族による目連戯上演の背景がわかる。

(A)目連戯は、孤魂を鎮めるための演劇であるが、孤魂を管轄する土地の神の庇護を受ける必要があった。ここでは、守護神の屈原を招いている。
(B)村の人口が減少し、衰退消滅の危機に瀕している。
(C)このため、財力を尽くして、孤魂に食物、衣服などの施しをする。
(D)神の庇護により、禍を避けることができれば、来年、目連戯を奉納して、恩に報いる。
(E)費用は、村人の所有する田土の面積、あるいは小作料に比例して徴収する。
(F)神々を招く祭壇、及び最高神の玉皇上帝の玉座は、祖先を祀る祠堂に設ける。

この場合、上演の場所は、宗族の祠堂、祖廟としており、かつて儒教儀礼に反するとして忌避してきた目連戯を、宗族が公認していることがわかる。孤魂への恐れが強くなっていることの反映であろう。村落の社廟に祀られている守護神、三閭の大夫、屈原の神位を神輿に乗せて祠堂に迎え、これに対面する戯台か、あるいは祠堂前の広場で目連戯を演じたものと思われる。また一族の富裕層である鹾商（塩商）が財政上、大きな貢献をした筈である。

上演に先立ち、祠堂に奉迎された屈原の神位に対し、祭文が読まれる。祭文は、表函に入れてあり、表に「癸酉の年、本村、敬しみて目連を演ず。期を択ぶに、十月初七日より十一日に至りて止む」と記す[2]。

福主を祭るの文、伏して以うに、

時は陰月に当たり、梅蕊は香を含む／村に烟景あり、菊は風霜に傲る／
旧冬は願に善く、許を神彰に告ぐ／丁ごとに洋あり畝ごとに費あり／
籌備は周章なり／今冬に報賽するは、事は理に当るに属す／
爰に吉日を涓び、斎堂を建設す／目連の戯を演じ、孤魂を賑済す／
均しく徳沢を蒙り、恩に恵まれ沢に祥あり／合族の男女、庇を平安に叨く／
村中の老幼、漸く健康を獲る／茲に今旦に逢い、公堂に迎迓す／
観の畢れる後は、駕を廟壇に送る／虔みて清酒を備え、敬しみて一觴を進めん／
神霊に感あれば、来たりて亨けよ／尚わくは饗けよ／

ここでも、恒例の冬の祭祀として、孤魂済度のために目連戯を演じること、族人は丁または畝に応じて費用を負担することなどを述べている。

ここで、目連戯班の班主が、神に向かって次の疏文を読む[3]。

婆娑たる世界、南贍部洲たり

今拠るに、大中華民国、江南皖省、祁門県西郷十七都、文渓里、富村社に居住せるもの、仏を奉じ、建醮目連神会を設建し、以って合族の平安を保つ。信仁の弟子、程世英（族長）等、［氏名略］曁び合族男女善信人等、即日に香を拈り、百たび拝す。

伏して以うに、籬角の芙蓉、平安の字を吐き出し、嶺頭の梅蕚、争いて富貴の花を開く。善果［脱？］を説くこと三千、須からく菩薩に参すべし、善縁を結ぶこと十二、且く俳優に倩さん。神は感ずるに誠を以ってし、拝き恵みて紓眉の啓かんことを求む。酬いること早きに汲［及？］ばんことを願い、誠を輸して戯として目連を演ず。懿夫、仏法は光昌んにして、沙門は清浄なり。霊爽は西土に醒め、累世に生を降す：声教は南天に曁び、歴朝は信奉す。冥司の賞罰は、善悪分明なり：陽世の行蔵は、吉凶弁ずるなし。釈典は昭かなること日月の如く、書本を古今に具う。善果は故に以って超昇し、三生に幸あり：悪報は地府に趨き、六道に遁れ難し。孽は高懸に敬［蔽？］われ、小善は大悪を弥うなし：屠刀は才めて放たれ、晩節は前愆を贖うべし。頑嚚は罪を加えて誅するあり、賢なる子孫も徒らに挽救に労するのみ：忠孝に差錯の報なし、諸々の神聖咸な楽しみて援引す。鉄句は屢々謳歌に係り、佳章遂々に編まれて戯劇と為る。則ち清渓の名仁にして、高石の文人あり。天を談じ鬼を説くの才を負い、仏に澄み禅に参ずるの学を悦ぶ。

道に通じ儒を釈き、書を著して想に入ることは非非たり：神を論じ祇を創め、善を勧めて事を陳ぶること咄咄たり。吉を修め凶に悖むの常理に本づき、凶を誅し善を賞するの深文を写す。□［脱？］として風霜を挟み、詞は廉鍔を成す：鏗瀘［如？］として手に在りて、規矩は心に従う。庶匯の薫蕕を彰わし、栄枯に本づくあり：冥王をして喜怒せしめ、殃慶に私なし。

傅相は善を為して終を克くし、天閻の浅浅たるに列す：劉氏は斎を持するに卒らず、地獄の重重たるに入る。孝子は娘を尋ね、大士を感ぜしめて私を写して克く逐う：賢媛は志を守り、尼姐に依りて鶯牒は終に完る。

凡そ茲の離奇諧詭の観、総て聵を驚かし聾を震わすと為して論ず・・況や復た、声は晴れて繳宕［?］たり、光は怪しくして迷離たり。伝誦すれば、則ち手胝に沫涎あり、扮演すれば、則ち林［情?］は惕れ心は讋く。暮鼓を撾ち来たれば、逖くより聴く者、婦孺も点頭す・・明灯を張照すれば、聚まり観る者、冥王も面を革［原作草］む。幽を闡かにするの圭臬を詢ぬるに、これを千誠に獲る。亦た渡世の慈航にして、兼ねて神府の宝筏なり。

今は、環沙の族内にて、演を却けて間隔すること多年なり、富村社の中、逓して今に至りて稽延すること世載あり。許を告げしは壬申にあり、開演は茲に癸酉に当る。虔みて吉日を涓び、醮事を祠堂に建つ。敬しみて良辰を筮し、衆神を祖廟に迎う。以って斎し以って戒し、敬を致し誠を致す。但だ願わくは、慈悲大いに発し、此の劫塵を渡り、智恵は宏く開け、苦海を抜開せんことを。仏恩の再び造るを感じ、夙約を五霄に践む。清斎と潔緩［?］もて、拝禱して葵傾せん。

部に按じて班に就き、梨園の子弟、庶幾わくは、仰ぎて蒼成［生?］に答え、鴻庇に嵩岳に酬いんことを。尤も望むらくは、永く庇護を叨け、綿［錦?］鶴は山河に遍からんことを。固より願う所なり。神其れ亨けよ！　謹みて疏もて聞す。尚わくは饗けよ。

ここでは、目連戯の組織として「建醮目連神会」という名称があげられているのは、目連戯が建醮組織の一部として運営されていることを物語る。また目連戯の作者として、清渓の人、高石山人、鄭之珍の名をあげ、ここでの上演が鄭之珍本に拠ることを宣言している。目連及びその父母など、登場人物を列挙した中に、目連の婚約者、曹賽英が節を守って尼になったことを特記し、鄭之珍本の忠孝節義を宗族演劇劇本に相応しいものとして評価する姿勢を示している。また、建醮儀礼が祠堂で挙行されることを明示しており、目連戯も祠堂において演じられることがわかる。その上演は、次のように記録されている[4]。

民国念弐年、歳在癸酉年十月初七起演目連戯、至十一日止、做目連五夜、江西同楽班平台、目連班、馬山。（民

国念弐年、歳は癸酉の年、十月初七日より起こり、十一日に至りて止む。目連戯五夜を倣す。江西同楽班は平台、目連戯の班は馬山なり。）

初七日起戯、日間平台、迎神。召下八仙。（初七日、起戯（起）猖。日間には、平台とす。神を迎え、八仙を召下す。）

初八日半夜、日間平台。（初八日、［演じること］半夜までとす、日間は、平台なり）

初九日通宵。日間平台。（初九日、［演じること］通宵とす、日間は、平台なり。）

初十日半夜、日間平台。（初十日、［演じること］半夜までとす、日間は、平台なり。）

十一日半夜、日間送水府尊神、日間平台。（十一日、［演じること］半夜までとす、日間、水府尊神を送る、日間は、平台なり。）

十二日送戯、因時局不好、未受。（十二日、送戯、時局好からず、未だ受けず。）

十三日読（度）大孤、彰善懲悪。（十三日、大孤を度す。善を彰わし、悪を懲らす。）

これによると、昼間は、江西の同楽班が衆神のために通常の戯曲を演じ、夜は孤魂のために馬山村の目連班が目連戯を演じた。日中は通常の戯曲、夜間は目連戯を上演する。通常の戯曲は、平台と呼ばれる。平台の「平」とは、「三層高台」の第一層の戯台を指す。目連班は、三層の舞台を駆使して柱によじ登り、トンボを切るなどの曲芸を行うのに対し、通常の戯班は、最下段の第一層のみを使って歌唱することから、「唱平台」の通称が生まれたという。これについて、王兆乾『安徽池州青陽腔目連戯文大会本』前言（台北施合鄭民俗文化基金会編『民俗曲芸叢書』、一九九九）は、次のように記す。

目連大会分目連清醮和目連戯両項。経済富裕的家族打醮与唱戯同時挙行。搭両座台、一台供做法事、一台供唱目連大戯。有的家族為顕示大会的隆重、甚至台搭三層、分三界、称「花台」、所唱目連戯称「花台戯」。按池州風俗、目連大会除三本目連外、還邀請徽班或京班、演唱皮黄戯。演唱皮黄戯不登三層高台、所以民間称作「唱平台」。

一般目連戯演完才演平台。

目連大会は分かちて目連清醮と目連戯の両項となす。経済富裕の家族は、打醮と唱戯を同時に挙行す。両座の台を搭し、一台は、法事を做すに供し、一台は、目連大戯を唱うに供す。ある家族は大会の隆重を顕示せんがため、甚だしくは台として搭すること三層、三界に分かつ。「花台」と称す。唱う所の目連戯を「花台戯」と称す。池州の風俗を按ずるに、目連大会にて、三本目連を除くの外、還た徽班或いは京班を邀請し、皮黄戯を唱わしむ。皮黄戯を演唱するに、三層の高台に登らず、ゆえに民間にては「平台を唱う」と称す。一般に目連戯を演じ完りて、はじめて平台を演ず。

これにより、平台の意味は明白であろう。ここでは、夜に三層高台で馬山班が目連戯を演じ、昼間はその第一層を使って、江西同楽班が皮黄戯を演じたことになる。

第一日の初七日に梁武帝伝、第二日の初八日の晩から午夜までに目連伝第一巻、第三日の初九日の夜から翌朝までに目連伝第二巻から第三巻前半、第四日の初一〇日の晩から午夜までに目連伝第三巻の後半という配分で、四晩をかけて全四巻を演じ終える。第三日の初九日は通宵、つまり徹夜上演で、この時は、初九日の日没、つまり太陽が沈む時（夕刻五時ごろ）から始めて、翌朝、初一〇日の明け方、太陽が昇るころ（朝六時ごろ）まで、一二時間、中断なく上演したことになる。これを「両頭紅」（二つの太陽）と称していたという。第四日の一〇日は、夜おそく目連戯最後の地獄めぐりが終わる。第五日は、午前中に水府尊神、つまり主神の屈原を本廟に送り返す。

明けて翌日、一二日の午前に「退猖」を行い、猖神を村はずれに送り返す。昼間、主神以外の他の神々もそれぞれの小廟または小祠に送る。相当の時間がかかる。ここで幹部が集まり、酬神の宴会を挙行する（ただし、民国二二年は自粛）。一三日は、夜、孤魂に大量の食物と紙衣を施す「大孤」「大幽」を行う。これで斎戒の期間が終わり、精進落しの宴会となる。

これを表で示すと、次のごとくである(表33)。

表33 環沙村目連戯上演日程表(民国二二年)

日序	月日	午前	午後	晩	午夜	凌晨
第一日	一〇月初七日	起猖・迎神		梁武帝伝		
第二日	一〇月初八日		酬神戯	目連戯第一巻		
第三日	一〇月初九日		酬神戯	目連戯第二巻至第三巻前半		
第四日	一〇月初一〇日		酬神戯	目連戯第三巻後半		
第五日	一〇月一一日	送水府尊神	酬神戯			
後一日	一〇月一二日	退猖		酬神会宴		
後二日	一〇月一三日			読大孤		

この徽州地区には、隣接の江西から戯班が多く入ってきていたことは、後述するが、目連班も常に江西班と交流していたはずで、江西目連戯の影響も受けやすかったと思われる。徽州目連戯は江西目連戯と深い関係にあったためにテキストの上でも交流があった可能性が高いといえる(この点は、後述の「第一〇章　目連戯の伝播と劇場演出」の条で、詳論する)。

見聞できたものは、祁門県の栗木村目連班の一九八八年の上演だけであるが、別に韶坑村目連班の一九八九年上演について、陳長文氏より実演写真の提供を受けた。これにより、二つの事例を紹介する。

第一節　栗木村目連班の民国期上演

栗木村目連班は、王姓一族の同族村である栗木村で編成された戯班である。この戯班に外村で目連戯を上演したときの民国時代（おそらく一九三〇年代）の契約書が残っている。次のとおりである。

戯関約(5)

主出戯関人　栗里王三慶堂

今出到□□□師傅帯領□□□班、神会《目連戯》、四部陽台、照日挨演、戯台廠前来扮演。風雨無阻。

定於九月初二日進門、夜晩演《目連戯》一部、初三日、日戯、《大八仙》一個、三出頭。陽台一部、三出。夜戯、《目連戯》通宵。初四日、日戯、《小八仙》一部、三出頭。陽台戯一部、三出。夜晩《西遊》、《目連戯》一部。

進門起戯、扮五老到廟接菩薩、軟綵、硬綵、刀門、火門、金面、銀面、布馬、地台、羅漢騎仙牛、搭仙橋、開蓮花、大斬妖、掃台、起猖、退猖、趕捉。所有内外台油火茶担、把下油火、矯臉紙油、外班昬腹雑派、照依老額、一概在戯金内総算。算賬出門、無得異言。今欲有憑、立此戯関、為拠存照。

□年□月□日　　立出戯関人　栗里王三慶堂等

王□□号

王□□号

王□□号

今、□□□師傅の帯領せる□□□班を出し到る。神会の『目連戯』四部と陽台あり、日に照らして挨演せしむ。戯台の廠前に来りて扮演す。風雨も阻ぐるなし。

定むるに、九月初二日に門に進り、夜晩に『目連戯』一部を演ず。九月初三日には、日戯に『大八仙』一部、三たび出頭す。陽台一部、三出とす。夜戯は、『目連戯』、通宵（徹夜上演）とす。（九月）初四日は、日戯に『小八仙』一部、三出頭、陽台戯一部、三出とす。夜晩には、『西遊』と『目連戯』一部とす。

門を進りて戯を起こすに、五老に扮して廟に到り、菩薩を接うるあり、軟綵・硬綵・刀門・火門・金面・銀面・布馬・地台・羅漢騎仙牛・搭仙橋・開蓮花・大斬妖・掃台・起猖・退猖・趕捉などあり。あらゆる内外台の油火茶担、把下の油火、矯臉の紙油、外班の唇腹の雑派は、老額に照依し、一概に戯金の内にて総算す。算賬、門を出れば、異言あるを得るなし。今、憑あるを欲し、此の戯関を立て、拠と為して存して照らす。

□年□月□日　立てて戯関を出せる人、栗里王三慶堂

王□□号

王□□号

王□□号

この契約によると、栗木班は、目連戯三日（内一日は徹夜）と、最終日の夜の『西遊』を請け負うほか、初日の『大八仙』（八仙が西王母の誕生祝に行く物語を詳しく演じる）、最終日の『小八仙』（八仙が舞台に整列し、二人ずつ舞台の前面に出て跪坐し神殿を拝する簡単な演出）の慶祝劇を担当する。昼間の通常の演劇（陽戯と呼ぶ）は、外班（下請け）にやらせている可能性が高い。さきに述べた栗木班の目連戯テキストには、梁武帝伝が含まれているから、冒頭にこれを演じたと見られる。栗木班は、『西遊』も独自の劇本をもっている（後述）から、最終日に目連が終わったあと残り時間を埋めるために演じるものであろう。したがって、最初が『梁武帝伝』、中心部に『目連戯』、最後に『西遊』という排列になる。このほかに、契約書では、栗木班は、多数の雑技を演じる義務を負っている。次のとおりである。(6)

(1)軟綵・硬綵

劉氏開葷ののち、三官堂は、放置されて荒れ果て、天井一面に蜘蛛の巣が張られる。空中に布や麻縄を張って作られた「蜘蛛の巣」を蜘蛛に扮した武生（武技の専門俳優）が渡る。結び目をゆるく結んである網を軟綵、硬く結んである網を硬綵と言う。それぞれに難しさがある。武生は、渡りながら、さまざまな姿勢を見せる。「蕩鞦韆」、「三上吊」、「倒掛金鉤」、「童子拝観音」、「蜘蛛嬉水」など。

(2) 刀門・火門

刀門は、舞台中央の儀卓の上に五本の刀の先端を円形に組み合わせた門を武生が二の腕を露出して潜り抜ける曲芸である。火門は、点火した五本の松明で作られた門を武生がくぐる曲芸をいう。

(3) 金面・銀面

金面とは、財神面を指し、銀面とは、天官面を言う。財神と天官は、それぞれ仮面をつけて舞台を跳び跳ねながら、吉祥の文字を書いた布を観衆に示す。「風調雨順」、「天下泰平」、「国泰民安」など。

(4) 布馬

跑五馬ともいう。布を馬の形にして腰につけ、前に馬の頭、後ろに尾をつける。舞台上に二〇名、舞台下に五名を配置し、舞台下の馬がいろいろな形をつくる。「双龍出水」、「単8字」、「双8字」、「馬四行」、「蜜蜂鑽頭」など。

(5) 地台

祠堂あるいは戯台に対面して作られた神殿を言う。開演前に必ず儀式を行う。

(6) 羅漢騎仙牛

俗に「打堆羅漢」という。五人の武生が牛の形に重なり合う、そこへ一人の羅漢が現れて、上から降りてきて牛の背中に騎る。

(7)搭仙橋
これも「打堆羅漢」の一種。「仙人過橋」ともいう。数名の武生が仰向けの姿勢で橋の形を作る。羅漢がその上を歩いて渡る。

(8)開蓮花
これも「打堆羅漢」の一種。数名の武生が立って円形を作る。その首の上に別の武生が乗り第二層を作る。手をつなぎ合って、蓮の花に似た形を作り、開いたり、閉じたりする。最後に、「開花結粒」。第二層が手をつないでいる上にさらに一人が立つ。ハラハラさせるが、見栄えがする。

(9)大斬妖
最後の一日、『西遊』が終わったあと、関公と柳樹の精が出る。関公が柳樹を切って円台の形にする。これで団円、大吉祥となる。

(10)掃台
円台が終わったあと、山から切り出してきた茅一束を台の後ろで燃やし、台板を抜き出して観衆に見せ、目連戯の終了を告げる。

(11)起猖・趕捉・退猖
五猖を動員して凶悪な喜神を追い出し、村の外に遠ざけて、村の平安を保つ、鬼追い(趕鬼)の儀式。奇数日なら一人、偶数日なら二人が鬼になる。いずれも八〇〇里の外に追放して二度と村に来て害を為さないようにする。喜神に扮する武生は、化粧を落として、素顔に戻り、こっそり村に帰ってきて、人に顔を合わせないようにする。顔を合わせた人間が不幸に陥るから、ということである。

第二節　栗木村目連班の一九八八年上演

一九八八年、「鄭之珍目連戯検討会」が祁門県で開かれるにあたり、県の文化局は、栗木目連戯の老芸人を組織し、三九年間凍結してきた目連戯を回復した。二か月以上の準備を経て、合計一八折を練習した。次のとおりである。

第一本

1［開場］、2［報台］、3［元旦祝寿］、4［傅相昇天］

第二本

5［尼姑下山］、6［和尚下山］、7［啞背瘋］、8［顛倒顛］、9［才女試節］、10［主僕分別］、11［挑経挑母］、12［観音戯目連］

第三本

13［見仏団円］、14［目連坐禅］、15［趕殿］、16［三殿］、17［五殿］、18［六殿見母］

一九八八年四月二三日から二八日まで、祁門県城内で会議が開かれた。栗木班目連戯は、二七日に祁門県影劇院で、上記のうち、［開場］、［元旦祝寿］、［尼姑下山］、［和尚下山］、［啞背瘋］、［挑経挑母］、［趕殿］、［三殿］、［六殿見母］の九折を演じた。この栗木班では、鄭之珍の劇本は使ったことがない、という。会議の主題は、鄭之珍であったにもかかわらず、実際に上演されたのは、鄭之珍本ではなく、徽州土着の弋陽系テキストだったことになる。

以下、その状況を示す。

1［開場］

羅卜、一人登場し、孤魂を超度する儀式を行う（写真28）。

2［報台］
二人の俳優が舞台の左右に立ち、劇の梗概を述べる（写真29）。
3［元旦祝寿］
元旦を迎え、羅卜は、父傅相、母劉氏の住む家堂に伺候し、長寿を祈る。忠僕益利、婢女金奴も従う（写真30・31）。
4［傅相昇天］
傅相、病にかかり、急逝する。日ごろの善行により、天界に登る。
5［尼姑下山］
若い尼が仏道修行にあきて、山を下りる。
6［和尚下山］
7［啞背瘋］
(1)口のきけない夫が足の不自由な妻を背負って、傅相の家に到り、喜捨を求める。俳優は、妻の扮装をし、胸に男の顔の絵を描き、腰から作り物の足を出して、一人二役を演じる（写真32A）。
(2)下人が男をからかう（写真32B）。
8［顚倒顚］
9［才女試節］
劉氏の霊前で喪に服する羅卜の前に観音の侍女龍女が現れ、誘惑するが、羅卜は動じない。
10［主僕分別］
羅卜は、亡母を西天の極楽へ送る旅に出る決意を固め、益利に後事を託する。

写真 28　羅卜祭孤（栗木）
羅卜（中）

写真 29　報台（栗木）
副末二人（左右）

写真 30　元旦祝寿Ⅰ（栗木）
左から金奴，劉氏，傅相，益利，羅卜

写真 31　元旦祝寿Ⅱ（栗木）
左から金奴，劉氏，傅相，羅卜

写真 32A　啞背瘋Ⅰ（栗木）
啞背瘋（左），羅卜（中），下人（右）

写真 32B　啞背瘋Ⅱ（栗木）
左から下人，羅卜，益利，啞背瘋

11［挑経挑母］
羅卜は、母の遺骨と経典を天秤の両端に吊るして旅に出る。
12［観音戯目連］
羅卜は、旅の途中、日が暮れて、野中の一軒家に宿を求める。中に住む一人の美女に誘惑されるが、動ぜず、観音の化身とわかる。
13［見仏団円］
羅卜は、梅嶺で天秤を道案内役の猿に奪われ、谷に身を投じて死ぬ。すると凡体を脱して世尊の前に出ることができた。世尊は羅卜を出家させ、目連の法号を与える。
14［目連坐禅］
目連は、坐禅により、神通力を得る。
15［趕殿］
目連は、世尊から受けた袈裟をまとい、錫杖を持ち、地獄を破って母の後を追う。
16［三殿］
三殿にて、劉氏は血湖地獄に投げ込まれ、十月懐胎の歌を歌い、身の上を嘆く。
17［五殿］
五殿閻羅王に会うが、母は先に送られていた。
18［六殿見母］
⑴六殿まで追ってきて、はじめて母と会う。目連は母に持参した烏飯を差出し、飢渇を癒やす（写真33）。
⑵班頭が劉氏に地獄に戻るよう、急き立てる（写真34）。

写真 36　母子分別（栗木）
劉氏（中），鬼卒

写真 33　六殿見母（栗木）
左から獄吏，目連，劉氏，鬼卒

写真 37　挑経挑母（栗木）〔徽州古戯台転載〕
羅卜（中）（注 1 書 125 頁より転載）

写真 34　目連奉飯（栗木）
左から鬼卒，目連，劉氏，鬼卒

写真 35　目連背母（栗木）
劉氏（左），羅卜（右）

(3)目連は母と離れがたく、母を背負って逃げる（写真35）。

(4)しかし、獄卒に追われ、母は地獄に連れ戻される（写真36）。

以上、母を背負って逃げるなど、鄭之珍本とは全く異なった演出であり、土着のテキストに拠っていることがわかる。三九年間も演じなかったため、俳優はすべて年老い、衣服も古びて汚れており、歳月の経過を感じさせる演出であった。

土着の目連班が、名声の高い地元の文人の鄭之珍本を使ったことがないということは、鄭之珍本より古いテキストを使っていることになる。これは、極めて重要な事実であり、後述の第八章（上）、鄭之珍本を分析する際に、再び取り上げて検討する。

［補説］栗木班は一九九〇年にも、目連戯を演じている(7)（写真37）。

第三節　韶坑村目連班の一九八九年上演

歙県長陔郷韶坑村に目連班があり、一九八九年一一月二三日に目連戯を上演した(8)。

齣目は、次のとおりである。

第一日　一一月二三日　午前(9)

1［拝先師］、2［起猖］、3［請台］、4［大仏遊台］

第二日　一一月二四日　午前―午後(10)

1［遊四景］、2［模羅漢］、3［昇天］、4［請僧］、5［做斎］、6［三曹議事］、7［発呪］、8［出地方］、9［出邋遢相］、10［作夜福］、11［捉拿劉氏］、12［天尊掃台］、13［打父捉拿］、14［打十悪］、15［打拳］、16［結網］、17［黒松林］、

18［三殿］、19［六殿見母］、20A［八殿掛灯］、20［十殿転輪］、21［超度］、22［団円］、23［打倍富］

第二日　一一月二四日　晩(11)

1［元旦上寿］、2［趕粉頭］、3［高僧勧善］、4［遣三妖］、5［一枝梅］、6［曹献宗上寿］、7［拷打益利］、8［別女］、9［抄化］、10［上吊出鬼］、11［鉄皮城］、12［超度団円］、13［霊官鎮台］

第三日　一一月二五日(12)

［退猖］

これを見ると、第一日から第二日の午前—午後までが一系列、第二日の晩が一系列というふうに二つの系列に分けて折子戯を演じたという趣がある。また、これらの齣目は、さきに第三章であげた弋陽腔諸本と共通するものが多く、鄭之珍本には全く似ていない。鄭之珍本以前の古本とみるべきである。以下、この二系列に分けて検討する。

第一日

1［拝先師］

開演に先立ち、班員は、後台において、先師（戯神）を拝する。先師とは、老郎先師と観音娘娘である。後台には、楽善堂、観音堂と書いた紙牌匾と神位が設けられており、班員全体は皆な香を焚き参拝して、演出の成功と百姓の安穏を祈る（写真38）。

2［起猖］

武生五人、一里離れた山の中腹において、「起猖」を行う（写真39）。猖神の神位は畑の中に挿してある。名称は、次のとおりである。

東方第一位風猖大神王之位
南方第二位狂猖大神王之位

西方第三位毛猖大神王之位
北方第四位野猖大神王之位
中央第五位傷猖大神王之位

この五猖の神位の後ろには、先師の神位が設けられる。それには、「杭州鉄板橋頭老郎先師之神位」と書かれている。先師神位の後ろに青竹が挿してあり、上には灯籠が吊るしてあり、笠が蔽っている。位牌の前には、五盞の油灯が置かれ、[退猖]まで灯し続ける。猖神に扮した武生は、三牲の酒礼を備え、まず香を焚いて跪拝し、位牌の周りを回る。口に呪文を唱え、大きな鶏の冠をひねって、血を酒の中に注ぐ。最後に爆竹を鳴らし、銅鑼、鼓を鳴らしながら、猖神を戯台に迎える。

3 [請台]

猖神を台上に迎えたあと、舞台中央の案卓の上に三牲酒礼を並べ、さらに祭奠を行う。筆頭の猖神に扮した武生が斧で鶏の頭を切り落とし、鮮血を戯台の周りと柱に注ぎ、邪穢を駆逐する(写真40)。

4 [大仏遊台]

銅鑼と太鼓の響く中で、弥陀、四大金剛が登場、後からあらゆる劇中人物が登場する。大仏釈迦牟尼、傅相、劉氏、羅卜、益利、金奴、地蔵王、観音、金童、玉女、志公、宝公、大頭和尚など、二〇近い人物が順序に従って登場し、舞台上をそれぞれの方向に遊行する。顔見世の一種である(写真41)。

第二日　午前―午後

1 [遊四景]

観音点化。前世で悪を為したものが牛に変身させられる。牛に騎った人物が歌いながら舞う。濃厚な土俗の風に満ち溢れる(写真42)。

写真 41　大仏遊台（韶坑）〔陳長文撮影〕
中央高台に観音（左），釈迦（中），地蔵（右），
左側に劉氏，傅相，右側に羅卜，金奴

写真 38　拝先師（韶坑）〔陳長文撮影〕
演員（左）と戲神牌位（右）

写真 42　遊四景（韶坑）〔陳長文撮影〕
左から玉女，観音，金童，牧童，牛

写真 39　起猖（韶坑）〔陳長文撮影〕
山中にて五猖（中），戲神を祀る

写真 43　模羅漢（韶坑）〔陳長文撮影〕
大頭和尚

写真 40　請台（韶坑）〔陳長文撮影〕
五猖（中），戲神を祀る

2［模羅漢］

一人の大頭羅漢が仮面をつけ、ゆっくり出て、坐禅、礼拝、点灯、掃除、蝶々を追うなど、可笑しみに溢れた動作をする（写真43）。

3［昇天］

傅相は、貧民や僧侶道士に広く布施を与え、善行を積むが、急病で世を去る。善行のため、地獄には行かず、金童玉女が迎えに来て、天界に昇る。

4［請僧］

傅相が僧侶と道士に布施を与える（写真44）。

5［做斎］

羅卜は、亡父の追善のため、僧侶道士を招いて、大規模な法事を挙行する。

5A［開葷］

(1)劉氏は開葷し、芸人や役者を呼んで楽しむ（写真45）。

(2)芸人が歌唱する（写真46）。

6［三曹議事］

灶君、土地、司命の三人が劉氏の悪行を天曹に奏上する。玉帝は三官大に審議を命じる。

7［発呪］

劉氏は、あくまで潔白を主張し、天に向かって誓いを立てる（写真47）。

8［出地方］

地方の孤魂を管轄する小役人が陽界の人を拘引に行く無常鬼に任ぜられ、辣椒相といっしょに劉氏を拘引にゆく。

写真 47　発呪（韶坑）〔陳長文撮影〕
金奴（左），劉氏（中），羅卜（右）

写真 44　請僧（韶坑）〔陳長文撮影〕
左から羅卜，道士，僧侶，傅相

写真 48　出地方（韶坑）〔陳長文撮影〕
白無常（右），傘を持って出る

写真 45　開葷Ⅰ（韶坑）〔陳長文撮影〕
女芸人（右）と伴奏者（上）

写真 49　出邋遢相（韶坑）〔陳長文撮影〕
邋遢相（右）

写真 46　開葷Ⅱ（韶坑）〔陳長文撮影〕
女芸人二人（右），歌唱

紙製の高い帽子をかぶり、一尺ほどの赤い舌を出し、ユーモアにあふれた動作をする（写真48）。

9［出邋遢相］

四方の孤魂を部下にして、陽界の悪人を地獄に拘引する役目をもった鬼。赤い上着を着、烏紗帽をかぶり、破れ扇を持ち、肩に紙銭の束を吊るす。無常鬼を呼び出して、部下とともに劉氏を捕えに行く（写真49）。

10［作夜福］

夜、村はずれに供物を供え、孤魂野鬼を祀る。

11［捉拿劉氏］

(1)牛頭、馬面が無常鬼に呼び出される（写真50）。

(2)馬面が台を降りて劉氏逮捕に向かう。（写真51）。

写真 50　捉拿劉氏Ⅰ（韶坑）〔陳長文撮影〕
鬼卒二人（右）

写真 51　捉拿劉氏Ⅱ（韶坑）〔陳長文撮影〕
鬼卒（中）

写真 52　打父捉拿（韶坑）〔陳長文撮影〕
趙不義（中）

写真 56　挑経挑母（韶坑）〔陳長文撮影〕

写真 53　打拳（韶坑）〔陳長文撮影〕
挙手（右）

写真 57　三殿（韶坑）〔陳長文撮影〕
左から鬼卒，劉氏，三殿王，鬼卒

写真 54　結網Ⅰ（韶坑）〔陳長文撮影〕

写真 58　叉鶏婆Ⅰ（韶坑）〔陳長文撮影〕
郗賽英（左），王婆（右）

写真 55　結網Ⅱ（韶坑）〔陳長文撮影〕

12［天尊掃台］

天尊（王霊官）が悪鬼を駆逐し、舞台を浄める。

13［打父捉拿］

趙不義は、不仁不孝、父を罵り、殴る蹴るの暴行を繰り返す。陰司の小鬼に追われ、追い詰められて、逃げ場を失い、戯台の柱の上に這いあがり、許しを求める（写真52）。

14［打十悪］

雷神が詐欺師、悪人などを打ち殺す。

15［打拳］

若者が拳法の技を披露する（写真53）。

16［結網］

二本の石柱の間に網に編んだ布帛を張り（古い布の裏を麻縄で縛る）、銅鑼太鼓の鳴る中で、武生がこの布網を這ってのぼる。この間、いろいろな姿勢を見せる。「蕩鞦韆」、「三上吊」、「倒掛金鉤」、「童子拝観音」、「蜘蛛嬉水」など。場所は、堅牢な柱二本が必要なため、石舞台でなく祠堂に移して上演した。祠堂は、荒れ果てている（写真54・55）。

17［黒松林］

羅卜は、母の昇天を願い、母の遺骨と経典を天秤の両端に吊るし、西天の如来の下に赴く（写真56）。

18［三殿］

劉氏は、三殿の宋王に血湖地獄に投げ込まれ、十月懐胎の歌を歌う（写真57）（後掲の23［打倍富］と同じ場面）。

18 a［叉鶏婆］

叉鶏婆（郄賽英）は、陽間では、鶏を盗むという悪行のため、陰界では閻魔の懲罰を受ける。叉鶏婆が舞台を駆けおりて、人ごみの中で、屋台から果物や、老婆の鶏をつかんで逃げる。みんなが、どろぼう、どろぼう、と叫び、結局、小鬼につかまり、舞台に押し上げられて、閻魔の罰を受ける。台上と台下、俳優と観客が渾然一体となったこの演出は、この劇団の民衆性を反映している（写真58・59）。

19［六殿見母］

目連は、六殿に到達し、ここで母を発見して、対面する（写真60）。

20A［八殿掛灯］

目連は、六殿で母に会えたものの、救うことができず、再び、如来のもとに戻り、救い出す手立てを乞う。如来は、暗闇を照らす魔灯を与える（写真61）。

20［十殿転輪］

転輪王が劉氏を犬に変身させて、陽界に返す（写真62）。

21［超度］

目連は、如来の教えに従い、盂蘭盆会を開き、瑜伽焔口の儀礼を行って、孤魂を超度する（写真63）。

22［団円］

一家昇天する。

23［打倍富］

三殿、血湖地獄の場。劉氏は、十月懐胎の歌を歌う。台下の観衆は糖菓、銭貨、紙幣などを投げて、賑やかす。これを「打倍富」という。これを行うと、投げた喜捨物が倍になって返ってくると信じられたことによる（写真64）。

写真 62　十殿輪転（韶坑）〔陳長文撮影〕
左から牛頭，鬼卒，劉氏，十殿王，鬼卒，馬面

写真 59　叉鶏婆Ⅱ（韶坑）〔陳長文撮影〕
郁賽英（中）

写真 63　超度（韶坑）〔陳長文撮影〕
羅卜（中），僧二人（左右）

写真 60　六殿見母（韶坑）〔陳長文撮影〕
目連（左），劉氏（右）

写真 64　三殿，打倍富（韶坑）〔陳長文撮影〕
獄官（左），劉氏（右）

写真 61　八殿掛灯（韶坑）〔陳長文撮影〕
如来（左），目連（右）

第二日　晩

1［元旦上寿］

元旦にあたり、羅卜が父母の長寿を祝する。益利、金奴、安童も伺候（写真65）。

2［趕粉頭］

妓院から妓女が逃げ出し、傅家に保護を求める。

3［高僧勧善］

高僧が劉氏の開葷を諌める。劉氏、聴かず。

4［遣三妖］

観音が西天に向かう羅卜を守るために、孫悟空、沙悟浄、猪八戒の三人を派遣する。

5［一枝梅］

啞の夫が足萎えの瘋婦を背負って傅家に物乞いに訪れる。瘋婦は、歌を歌う。傅相は、米、布、銭を布施する（写真66）。

6［曹献忠上寿］

曹献忠の誕生日にあたり、息子の天爵、娘の賽英が祝福する。

7［拷打益利］

外商から帰宅した益利が三官堂の荒廃を見て、劉氏の開葷を疑う言葉を漏らす。劉氏はこれを聞きつけ、益利をひどく折檻する。

8［別女］

羅卜は母を西天に送るため、曹家との婚約を辞退する。段家の公子がこれを知り、継母を籠絡して、曹賽英を娶ろうと図る。賽英は髪を切って尼庵に入る。外征から帰国した曹献忠は、庵を尋ね、娘に会い、悲運に慨嘆して別れる。

9［抄化］

詐欺師が僧に化けて、子供が生まれず悩んでいる金氏に喜捨を求める。金氏は、子を産む功徳を願って、金釵を喜捨する。詐欺師がさらに旅先から帰途についていた金氏の夫にも喜捨を求め、金氏から金釵の喜捨を受けたこと、その際、情交を交わしたこと、などを話す。夫は帰宅して妻の不貞をなじる。金氏は、吊死する。

10［上吊出鬼］

(1)替身を待っていた別の吊死鬼が死んだばかりの金氏の死体にとりつく。王霊官が出て、取りついた吊死鬼を追い払う。この「上吊」の演技は真に迫るものがある。舞台中央の大きな梁に麻の荒縄を掛ける。首つりを演じる俳優が卓または椅子に這いあがる。首を縄の輪の中に突っ込むと、足の下の卓椅が取り去られる。人は空中に宙づりになる。目を張り舌を伸ばす、両手をだらりと下げる（写真67）。

(2)「出吊死鬼」も迫力がある。舞台の側面の鬼が奇声を発すると、しばらくして炎がのぼり、一人の鬼が舞台に飛びだす。この「吊死鬼」は、ざんばら髪に垢じみた顔、眉は垂れ目は上を向き、頭に五色の紙旗を挿す、体中に紙銭をまとい、血まみれの舌は一二尺、首には藁縄を巻きつける（写真68）。ひとしきり舞台を跳ねまわったあと、天尊が鋼鞭を持って出て、追いかけてくる。突然、吊死鬼が舞台から飛び降り、林の中へ逃げ込む。この時すでに身支度を整えていた村人数十名が手に松明を持って天尊とともにこの吊死鬼を追う。鬼は村中を横切って逃げる。村の人々は、みな門を閉ざして、一面が暗闇になる。最後に吊死鬼を二、三里離れた山に追い出して、やっとみんなが帰路につく。吊死鬼に扮した俳優は、みんなが寝静まったあと、化粧を落とし、やっと家に帰る。

写真 68　出吊死鬼（韶坑）〔陳長文撮影〕

写真 65　元旦祝寿（韶坑）〔陳長文撮影〕
左から金奴，萱賽英，劉氏，傅相，羅卜，益利

写真 69　霊官鎮台（韶坑）〔陳長文撮影〕
玉女（左），王霊官（中），金童（右）

写真 66　啞背瘋（一枝梅）（韶坑）〔陳長文撮影〕啞背瘋（左），益利（中），下人（右）

写真 67　上吊出鬼（韶坑）〔陳長文撮影〕

11［鉄皮城］
目連、第六殿の阿鼻地獄に入り、母を捜索する。
12［超度団円］
目連は、観音の示教に従い、盂蘭大会を挙行して、犬に変身した母を人身に戻す。一家団円となる。
13［霊官鎮台］
王霊官が壇上に座を占め、孤魂、亡魂、野鬼などを駆逐して村の平安を確保する（写真69）。
第三日
［退猖］猖神の神位を山中の原位置に送り返し、焚化する。

結　節　徽本目連戯における郷村生活の反映

上に述べたように、徽州目連戯のテキストは、土俗性に満ちている。

徽州祁門県清渓村の文人、鄭之珍が明代中期に刊行した鄭之珍本は、緊密な構成と優雅な文体、儒仏道を総合した思想の体系性などで、高い評価を得てきたが、意外にも地元の祁門県、休寧県、歙県などの郷村では、全く用いられていない。地元の各郷村では、鄭本が出現する前から、独自のテキストを伝承してきていて、新しいテキストである鄭本を受け入れなかったのである。郷村の伝承本の方が古く、鄭本が新しいことは、多くの証拠を提示できる。たとえば、目連戯の冒頭は、鄭本では、［元旦祝寿］で始まるが、韶坑本では、［大仏遊台］で始まる。全登場人物が舞台に並ぶこの演出は、俳優全員を観衆に紹介する［顔見世］であり、郷村劇団としては、顧客である村人に劇団を宣伝する必須の演出であった。それが鄭本では、宗族の繁栄を強調する［元旦祝寿］に代わっている。鄭本は、宗族に基礎を置いて新たに書き直されたテキストであり、各村の伝承本は、郷村に基礎を置いた古いテキストであるといわねばならない。

（1）陳琪、張小平、章望南『徽州古戯台——花雨弥天妙歌舞』、瀋陽、遼寧人民出版社、二〇〇二年、一二〇頁。

維中華民国二十一年歳次壬申仲冬月朔越日、主祭沐恩弟子程世英暨合族弟子［以下、人名略］謹以清酌庶羞香楮束帛之儀、百拝致祭于環沙福主郢国公三閭大夫、水府尊神座前而言曰、

伏以：霜華満地、四時旋繞更遷。冷気盈球、八節循環変易、此天運之所以流行、而地気之所以周旋也。於維神也！　生称正士、竭忠照日月之明、歿羨神霊、托福庇環沙之族。扶危済困、固有感而遂通；捍患御災、亦無求而不応。今者、環沙族内、人事屢見滄桑、富社村中、大局屢延変動、散財源而嚢空橐乏、損壮丁而戸少口稀。似此情形、聞者莫不色駭；為斯状況、観者孰不心驚、要皆人事之不修、致使天神之震怒、念雇是之明命、敢年革心而洗面也。尊神惟本仁愛為懐、度慈航於風波浪裡、弟子等善功是念、施財力於冥府孤魄、茲経合族鹺商公同議決、許目連而賑済、保人口以平安。按男女而醵資、人人鼓掌：照田租而派費、個個賛成；於是特発善良、欣欣然斉来観看：立成功徳、粛粛焉同諧陳明。告許即在壬申、開演待乎癸酉。虔涓吉日、建冬斎、事祠堂、敬筮良辰、迎聖駕、臨祖廟。以斎以戒、致敬致誠。

弟子等伏冀神功、全叨福庇、陰中獲佑、暗中扶持。挽回村運之興隆、持見人丁繁衍。家家清泰、戸戸安康。今備之牲、酒醴、錠饌銭財、敬叩尊神、希為鑒納。

但願自今以後、祈保合族男女老幼人等、運限亨通、吉星順度、男増百福、女納千祥、一切元亨利貞、万事福縁善慶、則感鴻恩於靡既矣。尚饗。

（2）同前書、一二八頁。

祭福主文

伏以：時当陽月、梅蕊含香、小村煙景、菊傲風霜、旧冬善願、告許神彰。丁洋畝費、籌備周章、今冬報賞、事属理当、爰涓吉日、建設斎堂、目連戯演、賑済孤魂、均蒙徳沢、恩恵沢祥、合族男女、叨庇平安、村中老幼、漸獲健康、茲逢令旦、迎迓公堂、参観畢後、送駕廟壇、虔備清酒、敬進一觴、神霊有感、来亨。尚饗。

（3）同前書、一二八頁。

婆娑世界、南贍部洲、今拠大中華民国江南皖省祁門県西郷十七都文渓里、富村社居住、奉仏修設建醮、目連神会、以保合族平安。信仁子弟、程世英（族長）等、暨合族男女善信人等、即日拈香百拝。

伏以、籥角美容、吐出平安之字、嶺頭梅萼、争開富貴之花。説善□於三千、須参菩薩：結善縁之十二、且倩俳優。神感以誠、捍恵而求紓眉啓：願酬及早、輸誠而戯演目連。

懿夫、仏法光昌、沙門清浄：霊爽醒於西土、累世降生：声教暨於南天、歴朝信奉。冥司賞罰、善悪分明：陽世行蔵、吉凶莫弁。釈典昭如日月、具書本乎古今：善果故以超升、三生有幸：悪報趨於地府、六遁難逃。孽故高懸、小善莫弥大悪：屠刀才放、晩節可贖前愆。頑嚚有加罪之誅、賢子孫徒労挽救：忠孝無差錯之報、諸神聖威楽引援。鉄句屢系乎謳歌、佳章逐編為戯劇：則有清渓名仁、高石文人。

負談天説鬼之才、悦崇仏参禅之学。道通儒釈、著書而想入非非：論創神祇、勧善而事陳咄咄。本修吉悖凶之常理、写誅凶賞善之深文。□挟風霜、詞成廉鍔：鏗瀘在手、規矩従心。彰庶匯之薫蕕、栄枯有本：使冥王之喜怒、殃慶無私。傳相為善克終、列天閭而浅浅：劉氏持斎不卒、入地獄之重重。孝子尋娘、感大士而写私克逐：賢媛守志、依尼姐而鶩牒終完。

凡茲離奇諧詭之観、総為警聵震聾而論。况復声晴繳宕、光怪迷離：伝誦則沫涎手胝、扮演則林惕心警。撾来暮鼓、逖聴者婦孺点頭：張照明灯、聚観者冥王草面。詢闡幽之圭臬、而獲□之千誠：亦渡世之慈航、兼神府之宝筏。

今者、環沙族内、却停演而間隔多年、富村社中、逓至今而稽延世載。告許即在壬申、開演該当癸酉。虔涓吉日、建醮事於祠堂：敬筮良辰、迎衆神於祖廟。以斎以戒、致敬致誠。

但願慈悲大発、渡此劫塵：智慧宏開、抜開苦海。感仏恩於再造、践夙約於五霄：清斎潔緩、拝禱傾葵：按部就班、梨園子弟。庶幾仰答蒼成、酬鴻庇於嵩岳：尤望永叨庇護、綿鶴遍於山河。固所願者、神其亨焉。謹疏以聞。尚饗。

（4）茆耕茹『安徽目連戯資料集』、台北、施合鄭民俗文化基金会、一九九七年、一一五―一一六頁。

（5）陳琪、張小平、章望南前掲書、一四九頁。

（6）同前書、一五一―一五二頁。

（7）同前書、一二五頁。

（8）茆耕茹、前掲書、二八八―二九七頁。陳長文「韶坑目連戯録像演出劇照」。筆者は、陳長文氏より、この時の同氏撮影の写真の提供を受けた。本論においては、この写真に基づいて解説した。

（9）同前書、二八四―二八五頁。
（10）同前書、二八五―二八六頁。
（11）同前書、二八六―二八七頁。
（12）同前書、二八七頁。

第五章　郷村新層目連戯——準古本Ⅰ—池本

序　節　池本目連戯の社会背景

池州地区に伝わる目連戯テキストを、以下「池本」と略称する。前章において、古本の郷村劇本として徽州地区に通行した江西弋陽腔本の特色について述べた。そこでは、徽州商人、特に塩商の大宗族が経済力を背景として、七日に及ぶ長期の目連戯の公演を支えていたことについて指摘した。またここには、地元の目連班の外に、隣接の江西からも劇団が流入し、地方劇を奉納していたことも指摘しておいた（湖北、さらには遠く四川の地方劇戯班も流入した——後述。第十章）。ところで、同じ安徽省に属し、長江の南岸に位置する池州の場合、目連戯上演の様相は、徽州とはかなり異なった特徴を示す。まず、地図を示す（図65）。この地図で、A地区が徽州地区、B地区が池州地区となる。

A地区は、徽本系目連戯の流伝地域、B地区は、池本系目連戯の流伝地域ということになる。社会構成からみると、A地区は山間僻地ながら、大宗族（新安商人）の単姓宗族村落が多く、経済的に富裕な地域であり、B地区は、同じ単姓宗族村落ながら、宗族の規模は小さく、小姓村落の乱立割拠の地域であり、経済力では到底A地区には及ばない。

今、この地区の目連戯について概観した王兆乾『安徽池州青陽腔目連戯文大会本』前言を引いてみる。長いので、分節して示す。

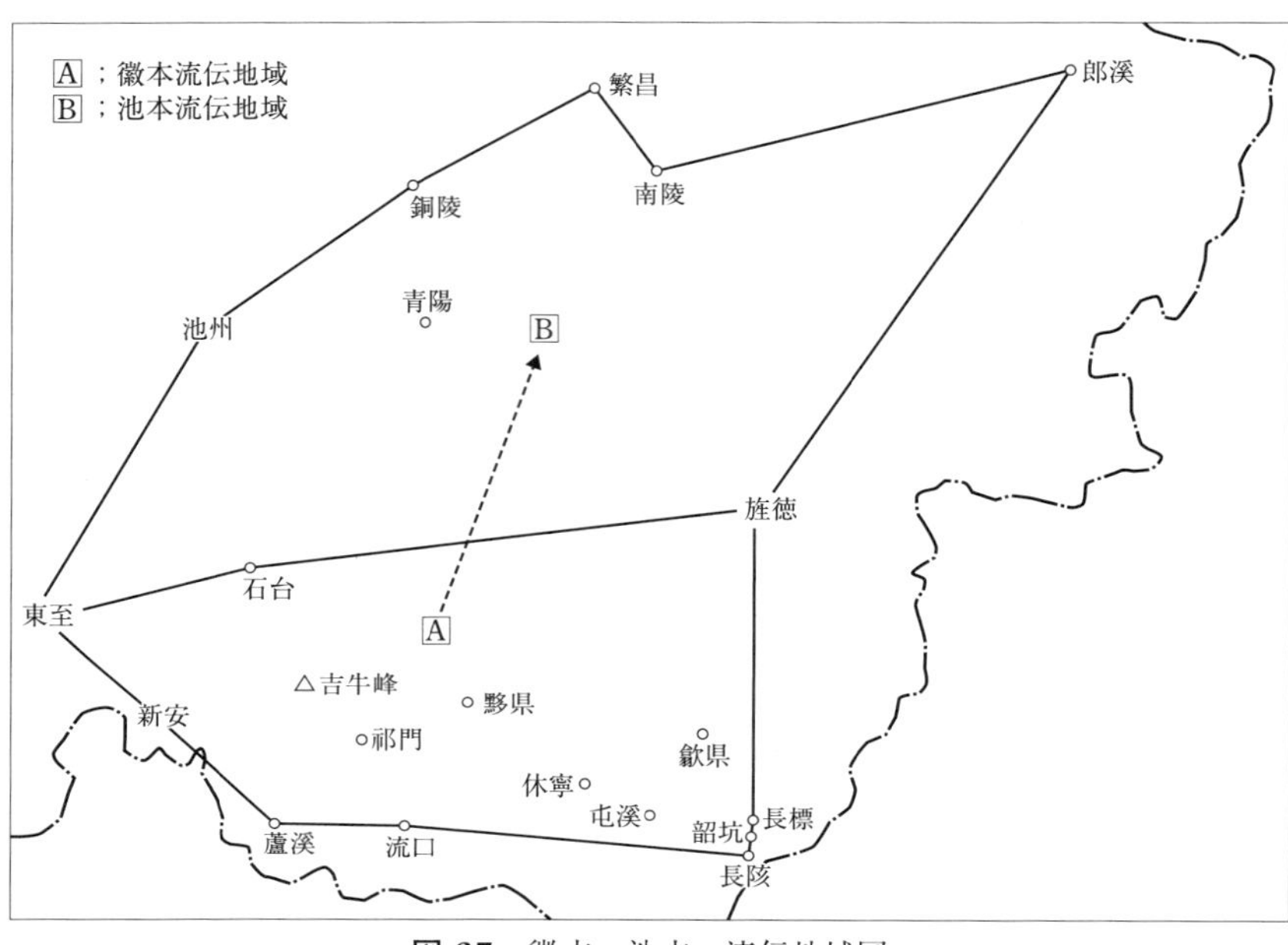

図 65　徽本，池本，流伝地域図

(1)皖南の池州地区は、青陽、石台、貴池、東至などの県を包含している。五〇年代以前、目連戯が盛行していた。宗族ごとに集居している村落は、五年おき、一〇年おき、二〇年おき、長ければ六〇年おきに一回、目連大会を挙行し、建醮と目連戯を行ってきた(1)。

(2)各姓宗族の祠堂にはもっぱら目連戯の経費を蓄積するための事務所が設置されており、「目連公堂」と称していた。田地、山林、水臼、紙すき水槽などの公産が備えられ、宗族の推薦する徳望のある人物が管理した。その収入蓄積は、すべて目連大会のために支出された。公堂の規模は、宗族の経済力によって決まり、多いものは水田数十畝を擁するものがある反面、少ない例では、三―五畝というものもある(2)。

(3)数年に一度の目連会は、宗族の大行事であり、宗族内の逝去者を追薦すると同時に、村に害を及ぼす恐れのある孤魂野鬼に施しを与えて駆逐するのが目的であった。それゆえ、「陰騭大会」とも呼ばれていた。一般に大会を挙行する時は、一か月前に読経や儀礼を担当する僧侶を招聘する。また、村の前に杉の旛杆を建てる。旛杆の長さは一年一二月にちなんで、一丈二尺とし、閏月があれば一丈三尺とする。旛杆の尖端には、招魂の長旛を掛ける。広く孤魂野鬼を招いて施しを与えるためである。水飯をまき、紙銭を焚くほか、この日から大会の功徳が完了するまで肉食が禁止される。これを「封斎」という。(3)

(4)大会準備期間中、紙匠が各種の紙細工を作る。青獅、白象、三十六鬼王、焦面菩薩など。焦面菩薩は、最も大きく、三丈六尺に達する。(4)

(5)目連大会は、目連清醮と目連戯の二つの項目に分かれる。富裕な宗族は、建醮と演劇を同時に挙行する。二座の台を架設し、一つは法事、一つは目連戯に使う。宗族によっては、大会の繁栄を誇示するために、三層の台を作る。三界（天界、人界、地界）に区分し、「花台」と呼ばれる。ここで演じられる目連戯は、「花台戯」と呼ばれる。ここで演じるのは、よじ登りやトンボ切りなど、戯班にとって高度な技芸が要求される。(5)

(6)目連戯は、三本頭、つまり上中下三本から成り、上演には、三日を要する。「三日紅」と称する。池州の風俗では、期間中、三日の目連戯のほか、徽班や京班を招いて皮黄戯を演じる。皮黄戯の上演では、三層高台は使わない。そのため「平台を唱う」と呼ばれる。(6)

(7)一般に目連戯の上演が終わってから、平台を演じる。それゆえ、平台を「蓋台戯（花台を閉じる演劇）」ともいう。平台戯の期間は、宗族の経済力によって決まる。一夜の場合は、「四日紅」、二夜の場合は、「五日紅」と呼ぶ。(7)

(8)この目連大会は、膨大な費用がかかるため、数百人の人口をもつ大宗族でも、長い年月をかけて財力を蓄積した上でなければ、挙行することはできない。それでも、もし天災や疫病などに遭えば、予定通りに挙行できないこともある。まして経済力に劣る小姓宗族では、目連大会を行うことはできない。しかし、亡霊を超度するという信仰は、小宗族においても変わらないため、「穿会」という便法が出現した。これは、簡略化した儀式と演出で、僧侶や俳優の数は少なく、「一日一夜」で完了する。三本目連戯を大幅に削り、羅卜の一家のことだけにしぼり、劉氏の地獄入りの場を演じない。村落の業余劇団と小廟の仏僧に頼んで、二〇―三〇里内の農家の需要に応ずるのである。演劇に人気が出て観客が増えれば、多少、距離をのばして戯台を移動することもある。また傀儡戯によって「穿会目連戯」を行う場合もある。中には、俳優と傀儡を兼ねている「穿会班」もあり、願主の要求で、いずれをも演じ分ける。(8)

(9)池州は、仏教の聖地、九華山を中心とし、貴池、青陽、石台、銅陵などの県を包括する。ここで唱われる目連戯は、「花槌」と呼ばれ、南陵県を中心とする「清槌」と呼ばれる一派と区別されている。両者はいずれも「高腔」に属し、「一唱衆和」「鑼鼓為節」を特徴とする。ただ、「清槌」が繊細優美なのに比べて、「花槌」は、素朴で粗雑である。また「花槌」には、「北江」と「南江」の二種があり、「北江」は長江北岸の桐城、東郷、無為の間に広がり、武功を得意とするのに対し、「南江」は、もっぱら九華山附近を活動範囲とする。江西に近い東至県の戯班は、湖口、潘陽一帯の江西系高腔に近い。(9)

(10)このように声腔には多少の差異はあるが、上演する劇本は、鄭之珍作の『勧善記』と密接な関係がある。すべて鄭本の演出中に潤色され通俗化されたものである。(10)

この記述をさきのA地区、徽州目連戯の上演慣行と比較してみる。

(i)目連戯の上演期間

徽州では先に梁武帝伝を演じるから、目連本伝と合わせて四日になるが、ここでは、三日に限定している。

(ii)平台戯

徽州では、夜に目連戯、昼間に平台戯と期間中、両方を演じているのに対し、池州では、目連戯終演後、平台戯を演じる。平台戯の上演期間が一―二夜に限定されている。

(iii)平台戯の戯班

徽州では、江西班が平台戯を担当することが多いが、池州では、安慶の徽班や南京の京班などが担当している。

(iv)祭祀期間

徽州では、目連本伝三日をはさみ、前一日に梁武帝伝、後二日に法事があり、合計七日になる。これに対して池州では、「五夜紅」のケースでも五日で終わる。

徽州の宗族の方が経済力に勝っているためと思われる。また、この記事では、劇本として、鄭之珍本またはその潤色通俗本が使われていたといっている(10)が、前述したように、池州青陽腔本は、鄭本より一〇年早く成立した「詞林一枝」と一致する字句を含んでおり、この地区には鄭本以前の古いテキストが流伝していて、鄭本はそれを改編しただけである可能性が高い。必ずしも鄭本に拠って潤色したわけではなく、本来、この地区の各村がもっていた古いテキストによって上演し、時に鄭本を参照したというのが筆者の見解である。

第一節　第一本

以下、この系統のテキストで最も古い『池州青陽腔目連戯文』を底本として、池州、南陵、旌徳などのテキストの齣目対照表を示し、併せて、各齣目の梗概を示す。

一　齣目対照表

表34 池本系目連戯齣目表（1）

	準古本							京本
行	池本［青］#201	池本［周］#202	池州劇団本#203	南陵本#204	銅陵万#205	旌徳本#207	旌徳義本#208	鄭本#301
	上巻	第一本	第一本		第一本		1安壇	
		1金星下界					2請猖	
		2城隍拿寒					3倒台祭	
5							4跑馬	
							5跳霊官	
							6韋陀	
	1開場	3古仏収表	1開場	1開場	1開場	1出門神	7出門神	1開場
	2賀新年	4百年上寿	2賀正	2新年	2新年	2大拝年	8大拝年	2元旦上寿
10							9跳金剛	
	3発旨	5傳相出仏		3出仏	3出仏		10出仏	
	4掛旛	6挂幡周済			4掛旛	3掛旛		
						4出仏		
						5再生		
15	5斎僧	7斎民勧善	3斎僧	4斎僧	5斎僧	6斎僧	11斎僧	3斎僧斎道
			4遺等	5遺三等	6遺三等	7三等		
				6儒釈道				
	6斎尼			7斎尼	7斎尼	8斎尼	12斎尼	4劉氏斎尼
							13出関	
20							14老背少	
	7劫金	8群盗劫金	5劫金					
	8還金	9大盗還金						
	9談空	10奉仏談空			8斎衆			
	10四景	11香山四景	6四景					
25	11二何	12公子二何	7二何		9二何			
					10毛雪			
	12駄少	13贈一枝梅	8一枝梅		11二体			

		30					35					40					45					50					55		
13鴻毛雪	14済衆						15打缶別妻									16領帛		17玉帝登殿		18掛号	19五殿接旨	20花園焼香	21辞世			22請僧	23修斎	24吊慰	25賑孤
14頭上飄雪	15済衆渡生						16討飯打缶					17周済孤貧			18出将奏帝				19五殿接旨	20掛号相迎		21花園焼香	22傅相辞世			23請僧超度	24修斎追薦	25曹公吊慰	26薦抜賑孤
	9済衆、領帛														10出将							11焼香	12辞世			13請僧	14修斎		
8毛雪	9斎衆			10嘱馬	11白馬		12還骨	13請罪	14二何	15雪下	16談空		17四景	18老婦			19天門		20接旨	21掛号		22焼香	23別世	24嘆救		25請僧	26修斎	27吊慰	28度孤
				12遣馬		13背金	14還骨還金					15中仏	16四景			17収旛	18天門	19開殿		20掛号		21焼香	22別世		23升天	24請僧		25吊位	
9雪下	10斎衆	11鵝毛雪	12孝婦	13嘱馬	14白馬	15駄金								16売身			17開天門	18開殿	19下旨	20掛号		21焼香			22升天		23做斎		
				15差馬		16駄金								17売身			18開天門	19開殿	20下旨	21掛号		22焼香			23升天		24做斎		
	5博施斎衆														6三官奏事				7閻羅接旨	8城隍掛号	9観音生日	10花園焼香			11傅相嘱子		12修斎薦父		

		60					65				70					75					80					85		
26 升天					27 勧姐開葷		28 遣子	29 拐子相邀	30 行路施金		31 雷公電母			32 趙甲打父		32A 雷打趙甲					33 劉氏開葷						34 観音点化	
	27 仙遊地府				28 勧姐開葷		29 劉氏遣子	30 拐子相邀	31 行路施金	32 遣買犠牲	33 雷公電母			34 趙甲打父		35 雷打趙甲					36 劉氏開葷					37 招財買貨	38 観音点化	
	15 遊天堂													16 訓父							17 開葷							
29 散花	30 天府地府	31 傳相回煞			32 勧姐	34 霊椿		35 拐騙	36 行路	37 買犠牲				38 訓父			39 下旨	40 挿旗			41 開葷	42 破斎	43 議逐僧道	44 焼僧房	45 李公勧善	46 嘆金	47 金剛山	48 挿科
				26 掃地	27 勧姐			28 霊椿	29 行路						30 拐騙	31 打甲	32 下旨	33 挿旗		34 犠牲	35 開葷					36 跳和合	37 金剛山	
			24 収旛	25 金奴掃地	26 勧開葷		27 貿易					28 三官堂	29 趕妓	30 訓父														
			25 収旛	26 金奴掃地	27 勧開葷		28 貿易												29 小団円		30 開葷							
13 傳相昇天					16 勧姐開葷		17 遣子経商	18 拐子相邀	19 行路施金	20 遣買犠牲	21 雷公電母							22 社会挿旗			23 劉氏飲宴	24 肉饅斎僧	25 議逐僧道		26 李公勧善	27 招財買貨	28 観音勧善	

90
35辞店行路 36観音救苦 37憶子 38母子団円
39辞店行路 40観音救苦 41李公勧善 42劉氏憶子 43母子団円
18帰家
49辞行 50化強 51望子 52小団円
38望子 39団円
29羅卜回家 30観音救苦 31劉氏憶子 32母子団円

ここでは徽劇団本、南陵本、銅陵本、旌徳本など池州から遠ざかるほど省略が多いことがわかる。

二　齣目概説

1［開場］

報台人二名、第一本の梗概（傅相の昇天、劉氏の開葷、羅卜の帰郷と団円）を述べる。

2［賀新年］

新年を迎え、傅羅卜が父の傅相、母劉氏を家堂に迎えて、賀正の礼を行い、長寿を祝する。

3［発旨］

観音、頭陀が出そろった後に、釈迦牟尼仏が登場、観音菩薩に対し、傅相を点化しての修業を成就させるよう、金剛山の強人、張佑大、李純元など一〇人を点化して仏門に帰依させるよう命ずる。

4［掛旛］

傅相は、会縁橋に旛をかかげ、益利が十大布施の布告をする。

5［斎僧］

仏僧禅定、道士全真が登場、禅定は、水を取り、符をえがき、将相公侯など上等の人、万戸など中等の人を下界に下し、傅相に見せる。傅相は、悟るところがあり、僧侶道士に説教を依頼するが、他日に、と言って去る。

6［斎尼］
会縁橋に尼の華真が布施を乞いに来る。劉氏が応対する。華真は、善行を勧める。金奴は、斎戒に賛同しない旨、口をはさむが、劉氏は金奴をしかりつけ、華真の説法に感謝する。

7［劫金］
書生、高勧善、苦竹林の強人の軍師となる。強人は、下山して村を襲う。途中、華真の尼庵で休息を取る。華真は、劉氏に急を知らせる。劉氏は、傅相に郷兵を動員して防戦するよう勧めるが、傅相は、金銀を家堂に置き、山に退避する。高勧善は、三官堂の小卓の上の書置きを見て、放置された金銀を奪い、つないであった白馬に金銀を載せて山寨に戻ろうとする。しばらく行くと、馬が人語を発し、前世の借金で馬になったが、借金の分だけ歩いたので、もう進まないという。高勧善は、三官の霊験と考えて恐れ、白馬と金銀を傅家に送り返す。

8［還金］
高勧善は、傅相に会い、白馬のことを語り、苦竹林の山寨を焼き払い、強人たちも正道に帰順した旨を伝える。傅相は、ともに仏道に帰依することを勧める。

9［談空］
釈迦牟尼が天界から下り、人生の空なることを説く。観音菩薩、頭陀、教主（菩薩の一人）が陪席して、説教を拝聴する。

10［四景］
観音の誕生日にあたり、玉帝の命を受けた教主が香山を訪れる。観音は、善才、龍女に香山の四季の美景を案内させる。春景では、四人の強人が連れ立って訪れる。かれらは、牛を盗んで自首し、県官から処罰を受けたが、仲間と待ち伏せして県官を殺す。観音は、かれらを地獄に落とす。秋景では、牛飼いがやってきて、他人の畑に植えてある野菜を牛に食べさせようとする。牛は食べないので、牛飼いが牛を打つ。観音は、来世では牛飼いを牛に変身させ、牛を人に変身させる。

11［二何］

何家の公子、何有仁（何ぞ仁あらんや）、何有義（何ぞ義あらんや）の二人の兄弟、父祖の財産を道楽で食いつぶし、乞食となって、会縁橋を訪れ、傅相に布施を乞う。傅相は、それぞれに衣服、銀五両、酒食を与え、正業に励むように諭す。二人は、諧謔の科白を連発して去る。

12［駄少］

唖の夫が瘋癲の妻を背負い、妻が歌を歌って物乞いし生活している。会縁橋に登場。妻は、孝順歌を歌う。傅相が姓名を尋ねると、夫の姓は薛、妻の姓は梅という答え。傅相は、「雪（薛）下の一枝梅」の名を贈り、銀五銭を布施する。益利が付き添い、二人は、転ばぬよう、ゆっくり橋を渡って去る。乞食が一人、夫妻に近づき、目の前で接吻して見せれば、銀米をやるという。夫妻は恥を忍んで接吻する。乞食はそれを見てからかう。雨が降ってくるぞと言いながら身をかわす。夫妻は、水たまりを転げまわって、乞食にせまり、怒って退場する。

13［鵝毛雪］

乞食が一人、登場。雪が舞う厳寒の空の下で、身の上を語り、物乞いをする。昔は、豪華な衣装を身にまとい、五花馬にまたがり、従者を従えて、大通りを歩み、妓女に囲まれて栄華を誇ったが、今は落ちぶれて、稲草を背負い、古廟に宿り、蚊や虫に食われ、背中をまるめ、腰をかがめて、蓮花落を歌い、物乞いして暮らす羽目になった、と語る。古廟では、飯を炊く煙が見え、年取った妻が朝ご飯の支度をする。

14［済衆］

瞎子、駝子、癱子、前塘、条溝、守廟、撞街、沙体、柳絮、独松、踏瘋など、大勢の乞食たちが会縁橋に押し掛け、喧噪を窮める。傅相は、一人に一銭の銀を与え、特に癱子に同情して、別に米一斗を与える。乞食たちは感謝し、船を奪い、米を中に運び、宿にしていた廟に帰る。ここで、親方の大花子と子分の癱子の間で米を巡って争いが起こる。一時、大花子が米を背負って姿を隠すが、居所を探し当てた癱子が米を奪い返して終わる。

15［打缶別妻］
盲目の妻と、禿頭の夫が廟で乞食をして暮らす。夫が物乞いに行き、妻は廟で待つ。夫が魚、肉、飯をもらって帰ってくる。夫唱婦随で身の上を唄う。夫は楚覇王、妻は虞美人になぞらえて缶を叩いて歌う、手下の乞食がやってきて、碗や鼓を叩いて、合奏する。

16［領帛］
夫を亡くし、子もいない李氏の妻が会縁橋に救いを求めに来る。傅相は、益利に命じ、白銀二両、白布二匹、米二担、棺木一口を与える。米と棺は、家人に送り届けさせる。李氏は感謝して傅相を拝する。

17［玉帝登殿］
玉皇登場し、天官を長生大帝、地官を清虚大帝、水官を陽谷真君、李洪を玄天上帝、張道陵を上清正一執法天師、馬趙温岳四将を四大元帥に加封する。天官が傅相の善行を上奏すると、五殿王に善行を審査させた上、地獄に落とさず、天界に迎えるよう命ずる。

18［掛号］
金童玉女が城隍に傅相の善行を奏上し、長生不老、千秋の寿を与えるように上奏する。

19［五殿接旨］
五殿閻王は、玉帝の聖旨を受け、判官に傅相の命数を調べさせ、寿命がつきていることを確認した上、金童玉女を遣わして、天界に迎えさせる。

20［花園焼香］
傅相は、夜、羅卜、益利を伴い、花園に出て、月に向かって祈る。急に意識が朦朧とし、目の前に金童、玉女が現れる。傅相は、死期が近いことをさとり、益利にその旨を告げる。

21［辞世］
劉氏も駆けつける。傅相は、羅卜と劉氏に向かい、僧侶道士に斎食を給し、貧窮の人に布施を与え、三官を敬い、斎戒を守るように遺言して、死去する。

22［請僧］
益利が傅相と親交のあった高僧に法事を依頼に行く。弟子の海慧とはかって法事の日を決める。高僧と海慧は、諧謔の語を発する。

23［修斎］
海慧以下、多数の僧侶が集まり、盛大な儀礼と読経によって、傅相の亡魂を弔う。

24［吊慰］
傅相の親友、曹献忠の息子が、不在の父に代わり、家童を伴って傅家に弔問に訪れる。家童と、海慧がふざける。

25［賑孤］
四人の和尚が読経、観音の化身、焦面大士が登場し、酔鬼、色鬼、囚鬼、吊鬼、凍鬼、水鬼、樵鬼などの孤魂を超度する儀礼を行う。最後に樵鬼を追いかけてきた虎を焦面大士が追い払う。

26［昇天］
傅相の魂は、まず、城隍のところに行き、そこで善人として登記されたあと、金山、銀山、破銭山、望郷台、滑油山、金橋、銀橋、奈何橋などを経て、鬼門関に至る。ここで閻王が玉帝の命を伝え、その命により、傅相は、勧善大使に封じられ、地獄に通じる鬼門関に入らず、天宮に入る。

27［勧姐開葷］

劉氏の弟、劉賈が弔問に訪れ、姉の劉氏に斎戒をやめて肉食し、体力を回復するように勧める。侍女の金奴も開葷を勧める。劉氏は、最初、拒否するが、劉賈の巧みな説得に開葷に傾く。ただ、羅卜の反対を恐れて逡巡する。劉賈は、羅卜を外商に出すよう進言する。

28［遣子］

劉氏は、劉賈の進言に従い、羅卜を呼び、益利を連れて外商に出るよう命ずる。羅卜は、留守中に母が斎戒を破って開葷するのではないか、と恐れるが、劉氏が戒律を守ると約束するので、命に従い、外商に出る。

29［拐子相邀］

詐欺師の張焉有、仮以人の二人、羅卜が外商を終えて帰ってくると聞き、喜捨を口実に大金をだまし取ろうとたくらむ。

30［行路施金］

張焉有、仮以人の二人は、羅卜を涼亭に待ち受け、黄沙渡口の橋の建造費のための喜捨を求める。羅卜は、その口上に怪しい点があることに気付くが、寄進簿を見て、前金五〇両、完成時に五〇両、計一〇〇両を喜捨する。張は、なお、五〇両の紙幣を銭に両替してほしいと言い、羅卜は、益利に命じて五〇両を銭で渡す。二人は詐取に成功し、酒楼に上がる。

31［雷公電母］

天官が出て、雷公電母に、一不孝不悌、二不良不忠、三欺心賊盗、四騙人扁蝨、五公門不法、六牙人不公、七挑唆使嘴、八偸薄成風、九養漢婦女、十軽薄児郎の十類悪人を撃ち殺すように命ずる。

32［趙甲打父］
趙甲は、父を働かせ、父が不満を言うと、殴る打つの虐待を行っている。羅卜がその理由を問うと、息子の自分に嫁をもたせることもできない不甲斐ない親だから、という。羅卜は、二〇両の結婚資金を与え、以後、父を殴らないようにと諭して去る。

33［劉氏開葷］
劉氏は、開葷の大宴会を開く。おおぜいの乞食がうわさを聞いて集まってきて、鶏頭鶏尾の食にありつく。尼僧がやってきて諌めるが、劉氏は耳を貸さない。金奴は、一計を案じ、犬を殺して肉饅頭をつくり、僧侶、道士にふるまって戒律を破るように仕向けようとたくらむ。

34［観音点化］
道士に変身した観音菩薩が張佑大、李純元兄弟一〇人のこもる山寨を訪れる。強人たちは危害を加えようとしたが、道士の法力に圧倒され、軍師になってくれるように乞う。道士は、不許殺人、不許焼人房屋、不許擄人女子、不許劫人財物、要吃斎把素の五条件を出す。強人たちも、しぶしぶ従う。

35［辞店行路］
羅卜は、商品を売りきったので、店主と別れて帰途に就く。途中、強人が出てきて山寨に連行される。

36［観音救苦］
羅卜と益利は、山寨の軍師の前に引き出される。ここで、観音は正体を顕し、張佑大以下一〇人を仏弟子とし、五〇〇〇の強人を解散して正業に戻させる。羅卜をかれらに引き合わせて、義兄弟の縁を結ばせる。

37［憶子］
劉氏が羅卜を行商に出してから、すでに三年が経過し、三官堂の香火も絶えたままの状態になっていた。羅卜が帰郷するという消息が入ると、劉氏は、三官の絵を掛け直させ、家堂に茶飯を備えるなど、場面の糊塗をはかる。

38［母子団円］

羅卜は三歩一拝の礼をとって、仏に母の罪の許しを請いながら、帰郷する。母子の団円が成就するが、母は他人の言を信じるな、といい、破戒の事実を覆い隠そうとする。

この梗概にみるように池本は、京本に比べて多くのエピソードを挿入しているが、齣目対照表を見ると、挿入されたエピソードとその位置が共通している。たとえば、観音が悪人を懲らす「四景」（二四行）、乞食に落ちぶれた何氏兄弟の話を語る「二何」（二五行）、盗賊が傅相の家を襲う「白馬駄金」（三三―三六行）、傅相没後の「曹公弔慰」、「度孤」、「遊天堂」（五六―五九行）、父親を虐待する親不孝を語る「趙甲」（七五―七七行）など、古本から継承した特色のあるエピソードが多く見られる。京本つまり鄭本は、これらのエピソードを削除して、採録しない場合が多い。結果として、池本よりもさらに簡略化されている。その中でも鄭本の齣目は、南陵本に最も近い。

第二節　第二本

一　齣目対照表

表35　池本系目連戯齣目表（2）

	準古本							京本
行	池本［青］＃201	池本［周］＃202	池州劇団本＃203	南陵本＃204	銅陵本＃205	旌徳本＃207	旌徳義本＃208	鄭本＃301
	中巻	第二本	第二本		第二本			
95	1開場 2寿母勧善	1登台開場 2新年慶寿	1報場 2慶寿	1開場 2六旬	1五馬 2六旬			1開場 2寿母勧善

目盛	1	2	3	4	5	6	7	8
		3香山慶祝	3香山	3香山	3香山			
	3観音度厄	4点化渡厄	4渡阨	4焰山	4焰山			4観音渡厄
	4十友行路		5十友行路	5朝山				3十友行路
				6売螺螄				
100	5尼姑下山	5小尼思春	6思春	7下山				前出（第一本14）
	6思春数羅漢							
	7和尚下山	6和尚下山	7下山		5下山	31下山		前出（第一本15）
	8僧尼相調	7尼僧相会	8相調	8相調				
					6小斎僧			
105						32談空		6劉氏自嘆
						33四景		
						34花叉		
	9三匠争席	8三匠争席	9打三匠	9三匠争席	7三匠			5匠人争席
	10小斎僧	9羅卜斎僧	10小斎僧	10小斎僧				7斎僧済貧
110				11砂鍋	8砂鍋			
	11鄭元和		11鄭元和	12元和歌				
		10瞎子救済			9穆敬			
	12売螺螄	11斎公放生	12買螺放生					
	13孝子売身	12売身葬母						
115	14訓妓	13王嬙訓妓	13訓妓	13訓妓	10訓妓			
	15趕妓	14趕妓帰空	14趕妓	14趕妓	11化縁			
			15売身	15穆敬売身				
	16十友見仏	15十友見仏	16見仏					8十友見仏
				16十子到山				
120	17程氏施環	16陳氏施環	17施環	17施環	12施環			
				18出師	13出師			
	18出普化			19出神	14出神			
				20披紅	15披紅			
	19普化趕散	17出神趕散		21趕散	16趕散	35趕散		
125						36三河		

130	135	140	145	150	155

1	20花園埋骨　21三議奏　22司命奏本　23五殿接旨　24請五猖祭叉　25殤亡　26公差行路　27益利掃堂
2	18花園埋骨　19衆神議奏　20司命奏帝　21五殿接旨　22拝神祭叉　23公道発鬼　24大捉小捉　25打掃庭除
3	18埋骨　19大議奏　20司命奏帝　21五殿接旨　22祭叉　23傷亡　24公差行路　25益利打掃
4	22窯骨　23大議事　24押約　25奏悪　26差牌　27祭中壇　28到門　29三官堂
5	17埋骨　18議事　19奏悪　20開殿　21下旨　22行牌　23中堂　24三官堂
6	37鬼門関　38化釵　39逼妻　40差馬　41出関　42出天尊　43跳金剛　44跳霊官　45韋陀　46趕吊　47僧下山　48益利掃地　49発誓　50灶司奏　51開殿　52下旨　53行牌　54跳猖　55問路　56出地方　57害病　58脱逃　59祭飯　60捉劉氏
7	31化釵　32逼妻　33出神　34出天尊　35趕吊　36僧下山　37益利掃第　38発誓　39灶司奏　40開奏　41下旨　42行牌　43跳猖　44問路　45出地方　46害病　47脱逃　48祭飯　49捉劉氏
8	9司命議事　10閻羅接旨　11公作行路　12花園捉魂

160	165	170	175	180	185
28花園発呪 29劉氏悔誓	30劉氏嘱子 31請医救母 32城隍起解 33劉氏回煞 34遊天堂	35過滑油山 36描容祭奠	37龍女戯目連	38主僕分別	39観音試目連
26花園発呪 27劉氏悔誓	28劉氏嘱子 29起解拷問 30劉氏回煞	31過滑油山 32描容祭奠	33貧道塗容 34碧桃試道	35主僕分別	36観音試道
26発誓 27劉氏悔誓	28劉氏嘱子 29請医 30城隍起解 31回煞 32遊天堂	33滑油山 34描容祭奠	35試節	36主僕分別	37黒松嶺
30花園発呪 31夫妻相会 32劉氏復醒 33請医救母	34嘱子 35起解 36劉氏回煞 37脱索 38破銭山	39金銀山 40滑油山 41望郷台 42描容 43掛容 44塗容	45小試節 46羅卜旌表 47羅卜辞官 48曹公議婚 49辞婚	50辞家	51黒松林
25罰呪 26陰会	27嘱子 28回煞	29描容 30祭奠	31小議事		32松嶺
61問審	62拿三魂				
50問審					
13請医救母	14城隍起解 15劉氏回煞	16過金銭山 18過滑油山 22過望郷台 17羅卜描容	18才女試節 20県官起馬 21羅卜辞官 23議婚辞婚	24主僕分別 25遺将擒猿 26白猿開路 27挑経挑母 28過愛河橋	29過黒松林

190
40羅卜行路 41見仏団円
37羅卜登仙 38見仏団円
38羅卜行路
52白梅嶺 53見仏
33白梅嶺 34見仏
30過昇天門 31過寒泳池 32過火焔山 33過爛沙河 34見仏団円

ここでも銅陵本、旌徳本の齣目省略が目立つ。鄭本が南陵本に近い傾向も看取できる。

二　齣目概説

1［開場］
外、末の二人が舞台の左右に立ち、第二本の梗概を唄う。劉氏開葷結孽冤、陰司譴責受諸愆、観音点化行孝子、挑経挑母往西天。

2［寿母勧善］
新年にあたり、羅卜が劉氏を迎え、工匠を集め、会縁橋、斎房を再建したいと告げる。

3［点化度厄］
観音菩薩の点化により仏弟子となった十友は、西天に赴くが、途中、火焔山、寒氷池、爛沙河などの難所にはばまれる。観音は、鉄扇公主、雲橋道人、猪八戒に命じて、これらの難所を越えさせる役割を与える。

4［十友行路］
十友、金剛山を捨てて西に向かう。

5［尼姑下山］
若い尼が修行を嫌い、還俗を願い、尼庵を脱け出す。(11)

6［思春数羅漢］

若い僧が女性にあこがれ、仏道を捨てて山を下る。

7［和尚下山］

8［僧尼相調］

山を下る途中、出会った尼僧と和尚は、古廟で合流し、それぞれ山に身をひそめ、夕刻、山に樵の姿が見えなくなるころを待って、逃亡する。廟の前を流れる川に行く手を阻まれると、僧は尼を背負って川を渡る(12)。

9［三匠争席］

会縁橋を再建するために集められた石匠、木匠、泥水匠の三人が、竣工の後宴会を開く。首席の座をめぐって争いが起こる。羅卜が酒を差し入れ、和解させる。

10［小斎僧］

羅卜は、道士と僧侶を招き、その講話を聞く。道士、僧侶、それぞれに道を説く。

11［鄭元和］

盲目の老人が会縁橋に布施を乞いに来る。古廟で寝泊まりしている、歩行を助ける犬を失って、橋に行く道を探すのに難儀しているところへ、手を引いてくれる人が現れて、橋に到達する。しかし、その人物を犬にたとえたために殴られる。羅卜は、これを見て銭一〇〇文を与え、歌を歌わせる。老人は鄭元和の歌を歌う。羅卜はこれを愛でて、さらに銭一〇〇文と米一斗を贈り、益利に送らせる。

12［売螺螄］

螺螄（しじみ）を売る男が会縁橋に来る。羅卜は銭一〇〇文を与えて、螺螄を買い取り、橋の下に放つ。男は、それを見て、浅瀬に放ってひとまとまりになっているから、明日来てまた取ろうと言う。これを聞いた羅卜は、これをとどめる。男は、信心深い母親が神にささげる香を買うために螺蛳をとって売っているという。羅卜は、それなら母親を連れて住み込みに来るようにという。男は、家財を持って引っ越してくる。

13［孝子売身］

母親を亡くしたが、貧窮のため葬式を出せない男が会縁橋に来て、身を売りたいと言う。羅卜は、契約書を返し、棺木一口、衣襖一着、白銀二両、米二担を与える。亡母の姓が劉氏で自分の母と同じく牌坊足下の劉家一門と聞き、さらに五銭を贈る。男は、母親の名を呼びながら、去る。

14［訓妓］

妓院の鴇児、一枝花が出家希望の妓女賽芙蓉に妓女の心得を諭す。

15［趕妓］

芙蓉は、出家して尼になろうと決意して、妓院を脱け出し、会縁橋に救いを求める。鴇児、一枝花が追いかけてくる。羅卜は、身請け金を渡して芙蓉を妓女の身分から自由にする。尼庵の尼僧が芙蓉を引きうけ、前世の因を今生が受けると説く。これを聞いた鴇児の一枝花、老鴇の保児、共に出家して尼庵に入る。

16［十友見仏］

張佑大、李純元など十友は、ついに西天に到達し、釈迦牟尼に会う。釈迦はかれらを仏弟子とし、法号を授ける。

17［程氏施環］

詐欺師の和尚は、南京万寿山の倒壊した子孫堂の再建のためと称して、喜捨を求めてまわる。商人楽得嬉の妻、程氏は、詐欺師の求めに応じ、子を産むことを祈願して、耳環を喜捨する。夫の楽得嬉も、路上で喜捨を求められ、縁簿の中に妻の名を発見する。不貞を疑うが、とりあえず、縁簿に銀一両と記す。和尚は耳環を現金に換えてほしいといい、さらに妻と情を通じたと自慢する。楽得嬉は、換金を承諾し、耳環を受けとり、代価は、翌日、家にとりに来させる。楽得嬉は帰宅して耳環を証拠に妻の不貞を責める。陳氏は弁明に窮し、自尽を決意する。

18［出普化］

永い間、替身（身代わり）を待っていた吊喪鬼と落水鬼が陳氏の自尽を知り、待機する。両者が言い争っているところへ、公道鬼も割り込んで三人で論争する。

19［普化趕散］

程氏が投環すると、吊喪鬼と落水鬼、公道鬼がとりつく。度雷声普化天尊が現れ、身代わりを求めて程氏に取りついていた鬼を遠方に追放し、程氏を救う。楽得嬉を呼び出し、妻を疑った不心得を諭し、子孫繁栄を予言して去る。

20［花園埋骨］

劉氏は、金奴と安童に倉庫に置いてあった犠牲の骨を花園に埋めるように命ずる。二人は、犠牲の骨を倉庫から運びだして、庭に埋める。鬼が金奴に埋める場所を耳打ちする。金奴はそれを安童に伝え、埋めてゆく。金奴は、庭に永く祀られている土地神夫婦の像を見て、祟りをするかもしれない、と言い、これも埋める。骨を埋めたあとの穴の上に葵花を植えて偽装する。公道鬼が出てきて、骨を埋めたのはともかく、土地神まで埋めたのは、許せない、と言い、天廷に訴える。

21［三議奏］

東厨司命（灶君）、門神、土地神の三神がそろって劉氏の悪事を天官に報告する。三官は、門神らに劉氏の罪を議論させる。門神たちは、皆、厳罰を主張する。三官は、地獄に送り、種々の罰を与えるよう玉帝に上奏することを決める。各神は、上奏文に署名する。

22［司命奏本］

東厨司命（灶君）が玉帝に上奏文を上呈し、劉氏の悪行について五殿閻王に調べさせ、地獄の罰を与えるよう求める。

23［五殿接旨］

東厨司命（灶君）が五殿閻王に玉帝の玉旨を伝える。閻王は、判官に犯人たちの陽寿を調べさせ、劉氏、劉賈、金奴、趙甲、銭乙秀、孫丙、李丁香、毛戊らを逮捕するよう、部下の鬼卒に命ずる。

24［請五猖祭叉］

五猖を管轄する大老爺が目連会の祭壇を五猖の侵犯から守るため、五方の猖神、狩猟に関わる五猖神、過水過海の五猖神、壇前壇後の五猖神、村の前後左右の五猖神、青陽県五猖神、石台県五猖神、本府本県五猖神、値符判官、橋梁使者、天地三界衆神、目連会上諸位神祇、声音童子、鼓板郎君などを招請する祭文を読み、劉氏逮捕が順調に進むよう、諸神の庇護を求める。逮捕に赴く配下の小鬼に途中の村々を通過する際に、村人に気づかれぬよう、犬にほえられぬよう、極秘に行動するよう、指示する。

25［殤亡］

劉氏逮捕を指揮する黒邋遢相公（公道鬼）が、部下の鬼卒を傅家に派遣する。鬼卒は劉氏を苦しめる武器を持つ。頭痛をもたらす金剛鑽、背骨の痛みをもたらす銅槌棍、発熱をもたらす火筒缶、悪寒をもたらす鉄扇など。夜中の三更に拘引するよう指示されて出発する。

26［公差行路］

鬼たちは、傅家に至り、柳樹の陰に隠れて、明朝、逮捕の時刻まで待機する方針をとる。門神に中に入れるよう要求するが拒否される。劉氏拘引の大牌を示すと、門神は、すべての官僚の押字があるのを確認して、中に入れる。

27［益利掃堂］

益利は、三官堂の清掃に行き、荒れ果てているのを嘆く。たまたま劉氏がこれを聞きつけ、ひどく立腹して、羅トを呼び、益利を打つように命ずる。羅卜は、老齢に免じて許すように懇願する。劉氏は、処罰を思いとどまるが、怒りは収まらず、花園で誓いを立てると言って去る。

28［花園発呪］

劉氏は、花園で葵花に向かって、開葷の事実はないと誓う。すると、地面が割れて犠牲の白骨が露出する。益利は、疑いを深め、羅卜は、難渋する。劉氏は、屈せず、さらに誓いを続ける。すると、待機していた鬼が劉氏に襲い掛かる。そこへ天界から傅相が降りてきて、鬼たちを押しとどめるが、司命の上奏から、閻王の鬼卒派遣まで手続きが正しく踏まれていることを知って、救出をあきらめて去る。劉氏は、七孔から鮮血を流して人事不省に陥る。

29［劉氏悔誓］

劉氏は、重体の身で、天に誓いを立てたことを後悔する。悪寒、発熱、頭痛、背痛が一時に起こり、死期を悟る。羅卜に死後の準備を命ずる。

30［劉氏嘱子］

劉氏は、益利を呼び、さきの叱責をわび、羅卜の輔佐を頼む。

31［請医救母］

羅卜は益利に医者、駝先生を呼びに行かせる。しかし医者はさじを投げ、道士を呼んでお祓いをしてもらうように進言する。益利は毛道士を呼びに行く。道士も死を口にするだけで、納棺の準備を勧める。劉氏も羅卜の介抱を受けながら、茶を飲み、着替えをして、死んでゆく。

32［城隍起解］

城隍のもとに劉氏、劉賈、金奴、趙甲、滅法、脱空などが拘引されてくる。すべて地獄に送られるが、劉氏は、回煞の期にあたり、一時帰宅を許される。

33［劉氏回煞］

羅卜は、母の回煞に備えて足跡がのこるように床に灰を撒く。劉氏は解鬼に引かれて傅家に至る。家に入ろうとすると、門神に阻まれる。やむなく鬼が起こす旋風に乗って、屋根の隙間から入る。しかし、祭壇を守る羅卜は、疲れて眠っており、顔を合わせることもなく、立ち去る。

34［遊天堂］

傅相が金童玉女を連れて、天堂を逍遥する。

35［過滑油山］

劉氏は、解鬼に引かれて、滑油山の難所を越える。世人は、清油を食用とし、濁油を仏前の灯明に使うが、仏は、濁油を受け付けず、この山に棄てる、という。滑って転べば、下は深い谷で、身は粉々になる。劉氏は、濁油を灯明に使ったので、転んで落ちる宿命だったが、鬼は、息子の羅卜の孝行に免じて、難所を無事に越えさせる。(13)

36［描容祭奠］

羅卜は、母の容姿を絵にかき、中堂にかけて、朝晩、拝礼する。

37［龍女試目連］

観音の命を受けた龍女、深夜、中堂に母の遺影を掲げて読経している羅卜のところへ忍び込み、歓会を逼る。羅卜は峻拒して相手にせず、龍女は、一夜にして開いた蓮花に観音の詩を題して去る。羅卜は、その詩句から、母の遺骨を西天に送るべきことを知る。(14)

38［主僕分別］

羅卜は、益利に後事を託し、母の遺骨と経典を天秤の端に吊るし、西天に向かって旅立つ。三官堂と墳墓を拝して出発する。

39［観音試目連］

羅卜は、西に向かって旅をするうち、虎狼の出る黒松林にさしかかる。日暮れが迫り、宿を探すうち、一軒の茅屋を発見し、中に住む婦人にしばらく休ませてほしいと頼む。婦人は歓会を逼る。羅卜が拒否すると、虎が出てくる。羅卜は恐れず、虎は、退去する。婦人は、酒食を勧めるが、羅卜は、斎戒の身といって、手をつけない。すると婦人は、急に腹痛を訴え、下腹部をさすってくれるように頼む。羅卜は、女体に触れることを躊躇し、紙を隔ててさすると言うと、閃光がきらめき、婦人の姿が消え、紙の上に観音像が浮かび上がる。婦人は、高い台にあがり、観音の詞を吟ずる。

40［羅卜行路］

観音から羅卜護衛の命を受けた白猿、沙和尚の二人、白梅嶺の手前で羅卜の到着を待ち受ける。三人は同行し、爛沙河の難所を中洲を渡って越える。白梅嶺に差しかかると、風雪に見舞われ、梅は白雪に覆われる。羅卜は、劉氏が生前、梅を愛したことを思い出し、梅一枝をとって母を供養しようとする。そのすきに、白猿と沙和尚は、母の遺骨を奪って去る。羅卜は絶望し、崖から身を投げて死ぬ。すると、白猿と沙和尚が現れ、凡身を脱した羅卜を西天に案内する。

41［見仏団円］

三人が仏門に到着すると、白猿と沙和尚は、観音に復命すると言って辞去し、羅卜一人が世尊に拝謁する。羅卜は、母親を救うためにここに来たことを告げる。世尊は、母は地獄にいるが、地獄に行って会うためには、出家して禅門に学ぶ必要があると言い、大目犍連の法号を賜う。

池本はここでも多くのエピソードを挿入しているが、齣目対照表で見ると、その位置が池本七種の中で一致している。十友が火焔山を越えるのを鉄扇公主が助ける話（九七―九八行）、僧尼下山の話（一〇〇―一〇三行）、冥界の公吏が閻王の命令を受ける話（一四七行）、冥界の鬼が逃げ回る劉氏を追いかける話（一五〇―一五四行）、劉氏が天に向かって誓ったことを悔いる話（一五七行）など。これらは、鄭本には存在しないか、存在していても挿入位置が一致しないが、いずれも池本六種の内部では、位置が一致している。鄭本は、これらのエピソードを、すべてカットしているが、一方で、池本にない話を付加する。たとえば、羅卜の孝行を伝え聞いた県官が、これを顕彰する旌表を立て、役人に任命しようと訪れたところ、羅卜がこれを辞退する話（一七六―一七七行）などは、鄭本に於いて付加されたもので、文人好みの付加といえる。これは南陵本にのみ継承される。また猪八戒、沙悟浄は、古本―池本では、第二本の冒頭、観音の教化を受けた十友の西行を助ける（九八行）が、鄭本では、母の遺骨を西方に届けようとする羅卜を白猿（孫悟空）とともに助けるように改められている。これによって池本の冗漫な構成が引き締まる効果を生んでいる。ここでも鄭本の出目構成は南陵本に最も近い。

第三節　第三本

一　齣目対照表

表36　池本系目連戯齣目表（3）

				準古本				京本
行	池本[青]#201	池本[周]#202	池州劇団本#203	南陵本#204	銅陵本#205	旌徳本#207	旌徳義本#208	鄭本#301
185	下巻 1開場 2師友講道 3曹府元宵	第三本 1登台開場 2羅卜求経 3慶賀元宵	第三本 1報場 2講経 3元宵	1開場 2講道 3元宵	第三本 1講経 2元宵			1開場 2師友講 3曹府元宵

190 — 195 — 200 — 205 — 210 — 215
4橋頭　5孤埂　6打埂　7相会　8坐禅　9掛白　10公子遊春　11見女托媒　12逼嫁　13曹氏剪髪　14搶親　15逃難　16曹氏入庵　17父女相見　18一殿尋母　19二殿尋母　20罵鶏　21巡風鬼　22三殿　23四殿　24五殿尋母　25賜飯
4解到三橋　5孤埂多盗　6打落孤埂　7主僕相会　8馬郎医眼　9羅卜坐禅　10清明掃墓　11公子遊春　12見女托媒　13継母逼嫁　14曹女剪髪　15公子搶親　16小姐逃難　17小姐到庵　18父女相会　19一殿尋母　20追解二殿　21王媽罵鶏　22下郷巡風　23三殿訴苦　24審問偸鶏　25追趕四殿　26追尋五殿　27蒙師賜飯
4三橋　5孤埂　6打更　7庵中相会
4河橋　5孤凄更　6打坐　7標帛　8踏青　9遊玩　10思春　11托媒　12逼嫁　13断髪　14搶親　15巡査　16逃難　17到庵　18別女　19一殿　20二殿　21罵鶏　22三殿　23四殿　24五殿　25賜飯
3河橋　4孤埂　5打坐　6標白　7遊春　8勧女　9逼嫁　10剪髪　11搶親　12尋査　13逃難　14一殿　15二殿　16罵鶏　17巡風殿　18審鶏　19頭苦　20四殿　21五殿　22賜飯
63賜飯　64賜杖　65破地獄
4主婢相逢　5目連坐禅　8曹氏清明　9公子回家　10見女托媒　12求婚逼嫁　13曹氏剪髪　15曹氏逃難　18曹氏到庵　19曹氏見女　6一殿尋母　7二殿尋母　11三殿尋母　14四殿尋母　16五殿尋母

220	225	230	235	240
26六殿見母 27七殿掛灯	28八殿夜魔城 29十殿変犬	30打猟見犬 31目連追犬	32盂蘭大会	
28六殿見母 29承師賜灯 30目連掛灯	31劉氏変犬	32公子打猟 33目連見犬 34目連追犬	35建盂蘭会	36了局収台
26六殿 27傅相救妻 28七殿 29賜灯	31八殿 32九殿 33十殿 34曹氏卻饋 35龍保討飯	36松林観音 37鄭公打猟 38犬入庵門 39目連到家	40曹氏赴会 41十友赴会 42盂蘭大会 43封贈	44大団円 4接鐘老仙
23六殿 24救妻 25七殿 26賜灯 27掛灯	28八殿 29九殿 30十殿 31龍保討飯	32松林観音 33鄭公打猟 34遇犬 35得犬到庵 36追犬	37掃墓 38盂蘭大会	39団円
66相会				67大団円 68鍾馗掃台 69倒壇
				51大団円 52鍾馗掃台 53倒壇
20六殿見母 21傅相救妻 22七殿見仏	25八殿尋母 26十殿尋母 27曹氏却餽 28益利見駈	29打猟見犬 30犬入庵門 28目連尋犬 31目連到家	32曹氏赴会 33十友赴会 34盂蘭大会	

ここでは、池州徽劇団本、旌徳口述本、旌徳義順托本が地獄めぐりの場面を欠いていることが目立つ。池州本の簡略演出においては、地獄めぐりを忌避する傾向があったことがわかる。また、ここでも鄭本は南陵本に非常に近い。

二　齣目概説

1［開場］

外と末の二人が舞台の左右に並び、第三本の梗概を吟ずる。劉青提陰司受苦、釈迦仏力無辺、曹賽英未婚守節、目犍連救母升天。

2［師友講道］

目連は、十友とともに釈迦の下で修業に励む。それぞれ一経を講ずることとなり、目連は心経を、張恭（張佑大）は妙法経を、法従（李純元）は救苦経を講ずる。釈迦は目連に、母に会いたければ、まず心を明らかにすることが大事、奇闍窟の中で坐禅を組み、年月が経てば、会えるようになる、と諭す。

3［曹府元宵］

曹献忠は、後妻の夫人、息子、娘（賽英）の家族とともに元宵を祝う。そこへ朝廷から、戸部侍郎の職に任じ、兵糧一〇万石を辺境に運ぶよう、聖旨が下る。娘の賽英は、父の不在の間の継母に不安を感じ、父との別れを悲しむ。

4［橋頭］

劉氏は、天界と地獄の分岐点に位置する三途の河に到着する。ここでは金橋、銀橋、奈何橋があり、橋梁刺史が判別して、善人は金橋、中等人は銀橋、悪人は奈何橋を渡らせる。劉氏は、悪人と判定されるが、最終判決は留保され、奈何橋の橋頭に拘留される。忠臣官国清、孝子安于命、節婦耿氏は、金橋を渡る。修行にはげんだ尼僧は、銀橋を渡る。曹献忠の前妻が橋下に到着、劉氏が娘の婚約者の母であることを知り、刺史に酌量を求めるが、容れられず、銀橋を渡って去る。劉氏は、鬼を脅して再審を求め、かつて仏道に帰依したことを訴え、刺史と論争するが、結局、悪人の判定は、覆らず、奈何橋を渡らせられる。

5［孤埂］

孤凄埂では、鬼頭と鬼脳と号する二人組の強盗がいて、通行する亡者から、金品、衣服を巻き上げている。そこへ禄媽媽を乗せた轎がやってくる。強盗たちは、先導していた轎夫を捕え、金を要求し、金がないというと、衣服を剝ぐ。轎夫は後続に金持ちの婦人が来るからと言って、逃げる。強盗は、婦人に金銭を要求するが、無い、と言われ、衣服を剝ぐ。結局、手に入れたのは、衣服だけ、二人は、衣服を半分に分けることも考えたものの、籤で取り分を決めることにする。

6［打埂］

劉氏は、解鬼に引かれて孤凄埂に到着する。白波が襲い、悪鳥が目をついばみ、蛇が嚙みつき、鬼が突き倒す。

7［相会］

金奴が孤凄埂に到着する。渡し場に急ぐ。渡し場の船頭は、元来、菜食していたのが誤って魚を食べ、罰として三年間、渡し守を命じられていると言う。金奴は船を出してくれと頼むが、拒否される。そこへ鬼頭、鬼脳の二人の強盗が現れ、金奴の着衣を剝ぎ取る。金奴は、裙子を脱いでみせると、強盗は恥じて逃げ出す。そこへ劉氏が現れ、主僕再会する。さらにそこへ老大、老二という乞食が現れる。かれらは劉氏とは、開葷のときに「十不親」を歌い、褒美に鶏頭鶏尾を与えられたという縁があり、恩返しに劉氏に付き添って送ってゆくと言う。金奴は、まず劉氏の目を治す必要があると考え、医者の馬氏を呼ぶ。金奴は劉氏を轎に乗せて行くことを提案し、馬氏にも担ぐよう求める、馬氏ははじめ難色を示すが、結局、担ぐことを承諾し、劉氏は感謝して、轎に乗る。

8［坐禅］

羅卜は、釈迦に命じられて坐禅を組む。五更に達したころ、鬼に引かれた劉氏の姿が目に入る。羅卜は驚き、十友に勧められて、釈迦に救いを求める。釈迦は、地獄の門を破る錫杖と空中に駆けあがって万里を飛行できる芒鞋を与える。羅卜は、師友と別れて、地獄に赴く。

9［掛白］
清明の日、曹賽英は、亡母の墓に詣で、紙銭を高く掛ける。

10［公子遊春］
墓参りにきていた段公子が、墓場で曹賽英を見初める。

11［見女托媒］
賽英は、侍女を連れて、墓場を散策する。段公子は、賽英が大路を避けて小道を行くのを知り、先回りして小道で待つ。侍女に向かって勢威を誇示するが、侍女に軽薄子と罵られる。公子の家僕も出てきて、言い争う。公子は、賽英の容姿を見て、さらに執着し、自ら媒婆の張媒の家を尋ね、曹家との交渉を依頼する。張婆は、秘策ありと伝える。

12［逼嫁］
張婆は、曹家を訪れ、曹夫人に段公子の賽英を娶りたい、という願望を伝える。曹夫人は、賛同し、賽英を呼び、応諾するか否を問う。賽英は、羅卜に節を立て、この話を峻拒する。曹夫人は、張婆を呼んで、策を問う。張婆は、略奪を提案する。夫人もこの策に従う。

13［曹氏剪髪］
賽英は、継母の強要をかわすため、尼庵に入る決意を固め、髪を剪る。乳母が案じて部屋を訪れると、すでに髪を剪っていた。賽英は、早く脱出しないと間に合わないと焦る。

14［搶親］
公子の家院は、手下を集め、曹家に赴いて賽英の略奪をはかる。手下は、一人銀一両を要求、家院も応諾する。

そろって、押しかける。

15［逃難］

賽英は、銅鑼の音を聞き、段家の下僕が略奪に来たことを知り、乳母とともに山の中の古廟に身を隠す。

16［曹氏入庵］

乳母は、賽英を連れて知人の尼僧、張煉師のところに駆け込む。事情を話し、尼庵に入れてもらう。

17［父女相見］

曹献忠は、辺境への兵糧運輸の重責を果たし、家に戻る。賽英の兄も父に従って辺境に赴き、病死している。献忠は、娘の賽英の行く方を探し、尼庵を尋ねる。父女は対面し、一家の非運を嘆く。献忠は、庵主の張煉師に娘のことをたのみ、涙を揮って去る。

18［一殿尋母］

一殿秦広王の法廷、舅姑を虐待した銭一秀が拘引され、刀山剣樹の刑罰を受ける。次いで、劉氏が拘引される。十八地獄を引きまわし、厳罰を与えるという判決が下る。目連がここを尋ねてくるが、劉氏は、前殿に送られていて会えない。

19［二殿尋母］

二殿楚江王の法廷。強盗殺人犯孫丙が拘引される。「碓磨の罪」に処せられる。次に男と通じ、夫を謀殺した李丁香が拘引される。これも同じく「碓磨の罪」に処せられる。

20［罵鶏］

王嫣は、飼っていた鶏が一羽、盗まれたと言って、真向いの余真を疑い、その門前で罵る。余真も負けずに罵り返す。葉老人が仲裁に入り、事情を聴く。王嫣が三斤もある肥えた鶏が盗まれたというと、余真は口を滑らし、たった二斤一二両だ、という。これで余真が盗んだことが露見する。葉老人は、争いを丸く収めるため、自分の鶏を王媽に弁償として差し出す。余真は、盗んだ鶏で作った鶏湯で葉老人を接待しようとするが、老人は、仲裁者としての公正を損なうと言って断る。

21［巡風鬼］

三殿王の配下の巡風鬼が郷里の巡回に出る。途中で疲れて居眠りをする。そこへ出てきた王媽は、余真に盗まれた鶏を葉老人に弁償してもらったので、その鶏で料理を作り、葉老人を接待しようと言いながら、居眠りをする。すると余真が現れ、鶏を盗んで退場する。王媽は、またしても鶏一羽が盗まれたことに気が付き、鶏が一羽出て行ったのを見たものはいないか、と叫ぶ。誰も返事をしないので、立腹し、鬼にでも盗まれたのかという。鬼はびっくりして、自分が鶏を盗んだ犯人にされたと思い、閻王の前で対質するため、王媽を地獄に連れてゆく。

22［三殿］

劉氏は、三殿宋帝王の法廷に送られ、ここの血湖に入れられる。劉氏は、婦人の苦しみを詠んだ十月懐胎、二大苦楚、三大苦楚の三つの歌を歌う。獄官は、感じ入り、劉氏に四殿王あての書状を持たせて、酌量を得られるように計らう。

23［四殿］

劉氏は、四殿に送られるが、三殿からの依頼状のおかげで、処罰を免れ、次の五殿に送られる。ここには、要児郎という男が訴え出る。妻が男に通じ、この二人に頭を斧で割られて殺されたという。妻を呼び出して対質させる。妻は、夫が不能者であるため、別の男と通じたと言う。獄官は、夫を女に、妻を男に変身させる。二人は衣禄を要求し、獄官が田一〇畝を与えるというと、もう一画足してくれといい、一〇〇〇畝にしてもらう。夫婦円満、五男二女に恵まれることを願い、獄官に感謝して陽界に帰る。ここの獄官は、耳が聞こえず、審査は杜撰で、善人を地獄に送ったり、悪人を天界に送ったりする。鬼卒が誤りを指摘すると、次の五殿王が調整するからよいのだ、という。羅卜が母を追ってくるが、ここでも間に合わず、五殿に急ぐ。

24〔五殿尋母〕

五殿閻羅王の法廷、鄭庚夫が継母王辛桂に戯れた罪を問われる。孽鏡で照らすと、王辛桂が義子の庚夫を陥れたことがわかる。王氏は、頭に蜜を塗り、義子庚夫を花園にさそい、蜜蜂が頭に集まり、庚夫がこれを追い払うように仕組んだ上、夫に高台でこれを遠望させる。夫はこの姦計にはまり、庚夫が王氏に戯れたと誤解し、庚夫を責めて死に追い込んだのであった。王氏には、陽寿がまだ残っていたが、閻王は、直ちに王氏を拘引し、地獄に送って酷刑を受けさせる一方、庚夫を孝子として天界に上らせる。羅卜はここでも母に会えず、六殿に赴く。

25〔賜飯〕

羅卜は、五殿まで探しても母に会えなかったため、釈迦のもとに戻り、教を乞う。釈迦は、六殿阿鼻地獄で母に会えると告げ、その時、餓鬼に与える白飯と、母に与える黒い烏飯を授ける。

26〔六殿見母〕

羅卜は六殿に至ると、獄主の広成王は、龍華大会に出ていて不在、そこで留守を守る獄吏に母の所在を尋ねる。獄吏は、劉氏を探し出し、口に火をふくませて話ができないようにした上、鉄樹に上らせて、羅卜に遠望させる。羅卜は、母の姿を見て悲しみ、獄吏に向かい、母の口の火を取り除き、城の外に出て会って話ができるようにしてほしいと頼む。獄吏は、羅卜の願いを容れ、母子再会する。羅卜は、母の枷をはずし、失明している目を開眼させ、烏飯を献上する。しかし、獄主広成王が帰還するという知らせが来たため、劉氏も羅卜から引き離され、獄中に戻される。(15)

27〔七殿掛灯〕

羅卜は、七殿の夜魔城に行くため、釈迦に神灯の授与を乞う。釈迦は、神灯のほか、法鉢、禅衣を賜う。

28［八殿夜魔城］

羅卜は、神灯を掲げて八殿に至り、錫杖で門を破る。なかの亡魂は一斉に逃げ出す。獄官の戈子虚が出て、劉氏は遺骸が焼かれているため、畜類を借りなくては、超昇できない。このため一旦、畜類に変身すると伝える。また鍾馗に頼んで、逃げ出した亡魂を地獄に引き戻すよう、手配する。

29［十殿変犬］

十殿輪転王の法廷。劉氏がかつて僧侶を老狗と罵ったという理由で、犬に変身させて陽界に返す。劉賈については、酒銭や驢をだまし取ったという理由で、驢馬に生まれ変わらせ、背中に「劉賈変驢」と刻印させる。羅卜が母を追って登場し、母が犬になったことを知り嘆く。輪転王に犬の在処を尋ねると、黒松林の観音菩薩に聞くようにという。

30［打猟見犬］

兵部尚書鄭氏の公子が狩猟に出る。生まれてわずか九日の犬を連れてゆく。羅卜は、鄭公子の子犬が自分に向かって頭や尾を振り、吠えるのを見て、母の化身と悟り、公子に頼んで貰い受ける。

31［目連追犬］

曹賽英が暮らす尼庵に犬が入り込み、賽英の衣を銜えて吠え、仏を拝する動作を示す。庵主、張煉師は、これを見て驚く。そこへ羅卜が犬を追って入ってくる。張煉師に犬を追う理由を尋ねられ、子細を語る。張煉師は、羅卜、劉氏青提の名を聞いて、曹賽英の婚約者と悟る。賽英も羅卜に継母の改嫁の要求を逃れて出家した由来を語る。張煉師は、羅卜に超生の方法を問う。羅卜は、中元の日に僧侶道士を集め、盂蘭盆会を開催すれば、超生できると答える。

32［盂蘭大会］

中元の佳節、羅卜は、張煉師、曹賽英の協力を得て、盂蘭盆会を設ける。十友も応援に駆け付ける。犬を水につけて殺し、一〇〇〇人分の饅頭を作り、中斎の時に一〇〇〇人の人に配り、一〇〇〇声の念仏を唱えると、犬は超生して人体に戻る。このとき孤魂野鬼も一斉に脱化して超生する。玉帝の詔が下り、羅卜は、仁孝大菩薩、曹賽英は貞烈仙姫、傅相は勧善大使、劉氏は勧善夫人、益利は、掌門大使に封ぜられ、一家団円を得る。

ここでも鄭本の出目構成は南陵本に最も近い。

以上を通観すると、この池本系統のテキストも、徽本系と同じく、鄭之珍本よりも前に存在していた古本テキストを土台としていることがわかる。ただ、徽本系と異なり、梁武帝伝を前にもたず、上演期間がせいぜい三日と短くなっていること、全体に徽本系より齣目が省略され、筋立てが簡単になっていること、などに特徴がある。鄭本はこの池本を更に節略して成立しているが、特に南陵本を土台として節略した可能性が高い。南陵本は他の池本が「花槌」と呼ばれたのに対し、「清槌」と呼ばれ、特に雅致の高いテキストと見なされていたという。文人鄭之珍はこれを尊重したものと思われる。

結節　池本目連戯の祭祀性

序説で述べたように、池州の目連戯上演は、富裕な村落における長編完本「大会本」の三日演出と、貧困村落による短編簡略本「穿会本」の一日演出とに分かれる。以下、それぞれについて、その実態を検討する。

一　「大会本」演出

貴池県星田村潘氏一族の目連清醮記録により、大会本の祭祀儀礼を検討する。ここでは、民国五（一九一六）年農歴九月四日、五日、六日の三日間、一〇年一度の目連戯が挙行された。その六か月前の農歴三月には、仏僧に招聘状を出し、この間に周到な準備を行っている。当日、村民に向けて発布された榜文は、次のとおりである。

(1)伏して以うに、九秋に勝会を開き、天徳と仏徳と以て斉しく彰らかにす：三昼に良因を建て、聖心と凡心と以て［以字脱？］並びに浄らかにす。恭みて聞く、我が仏の願力、深きかな！　千年の苦楚を抜くべし：目連の孝道、大なるかな！　万劫の冤仇を解くべし。歓心宏く開け、法雲広く被う。武帝の善因を彰かにし、誌公の道徳を徴にす。方方に瞻仰せられ、処処に皈依せらる。適に斉明を潔くし、恭みて素悃を伸ぶ。是の日、香煙は彩を散じ、貫きて娑婆世界に達す。一泗の天下に、南瞻部洲あり。

(2)今、拠るに中華民国江南皖省、池州軍政分府、在城僧綱司の福地、亀嶺山、宝安にて、欽みて釈迦如来の遺教を秉りて、奉行加持するもの、礼もて請われて、目連清醮の報［脱？］恩の法事を掌る。沙門たる臣、僧、代わりて本邑貴池県に奏す。開原郷、元三保彭村大社に居住せるもの、仏を奉じ、瑜伽を啓建す。法界三乗を演教し、□□四府に答謝す。栄恩もて仏を迎え聖を迓え、頂礼して香を焚く。旛を揚げ榜を掛け、水陸に蓮灯あり。経を誦し懺を礼し、過を雪ぎ愆を消す。順星は限を接ぎ、厄を解きて生を延ぶ。台に叩して燭を秉り、斎もて諸天に献ぐ。和もて三界に求め、酬いて衆神に叩す。支免［紙帛？］もて火（神）を送り、竈を祀りて家を安んず。路燭と河灯を挿放し、高台に施食して賑済す。福を集め祥を迎え、保安して生を延ぶ。

(3)信士、弟子潘与賢、振玉、柏椿、□□、□□……、合会人等を右［与］領し、即日に沐手して香を焚き、一心に上に黄金殿上の巍巍たる三宝、不生不滅の金相と、白玉宮中の蕩蕩たる四生、無去無来の玉容に叩す。

(4)消災延寿の薬師仏、救苦如来の観世音、幽冥教主の地蔵王、清涼に啓建せる宝懺、説法に誌公たる能仁、一花五葉の霊聡、三賢十地の明聖、南泉院内の星君、北斗解厄の元辰、二九羅漢の高真、四六諸天の上聖、乾天坤地の神祇、坎水艮山の聖哲、儒門祀奉の香火、釈氏応供の伽藍、池陽廟貌の主宰、山川社稷の威霊、道場有清の千真、法会無辺の万聖、獅に乗り象に駕し以て来臨し、虎に跨り龍に騎りて会に赴かんことを。惟だ願わくは、高く蓮台に駐し、修奉を証盟せんことを！

(5)言に念うに、衆等、生を盛世に叨け、恭みて南華に入る。乾坤覆載の深恩に感じ、日月照臨の厚徳を荷う。一衣一食ありて、天子の庥光を楽しみ、丕いなる泰あり丕いなる康あるは、神明の黙佑に籍る。毎に感じ報いんことを懐うも、いまだ繊微すら罄さず。是を以て衆等、先年において告げて目連清醮を許すに、十載に逢うごとに一輪とす。広く功徳を行い、特に伸べて懺を表す。已に三月二十八日の申文において預告せり。今、佳期に届り、五徳の緇流を延請し、三乗四府の法事を敷演す。即日、炉もて戒定の真香を焚き、畢もて曹渓の法水を盛る。斎にて十供を陳べ、諸天に炳燭す。敢えて「誠を尽くし敬を尽くせり」といわんや、庶幾わくは、来たり格たり、来たり臨まんことを！

(6)惟だ願わくは、観音大士、慈悲を発現せんことを。瓶中の甘露、手内の楊枝にて、一滴の清泉を灑ぎ、九霄の恵沢を作さんことを！ 凡居を捨てて勝境に来たり、熱鬧を去りて以て清閑を楽しまんことを。永く無妄の愆を消し、常に有餘の慶を賜わんことを。錫を承け恩を福とし、吉に迪りて祥を迎えん。再に祈る：合会の男女老稚の人等、各々有生の初を稟けんことを。倘し無端の罹に値えば、総べて奏達を璇璣に伸べ、普ねく禎祥を各命に賜わんことを。仍りて叩す。

(7)伏して願わくは、仏日の光明、各家の吉慶を照耀し、慈風浩蕩常に挙会の恩波を流さんことを。凡そ同盟に居るもの、均しく百福に応ぜん。耕す者は、五穀は豊登に、田禾は秀を争わんことを。読む者は、青雲に路を得て、丹桂に高く攀じんことを。老いし者は、鶴算亀齢たりて、寿を海屋に添えんことを。幼き者は、龍文豹変し、壮気楼より煙らんことを。未だ偶せざる者は、三刑を釈却して、即ち鳳卜に偕せんことを。嗣に乏しき者は、六害を解除し、速かに麟児を賜わんことを。老は安んじ少は懐かしみ、男は康に女は吉ならんことを。務めを生理に作すものは、出入に利益あらんことを。官非は遠く殄え、火盗は潜かに消えんことを。凡そ未録の情に余らば、倶に洪慈の美利を叨けん。□□□□〔四字脱？〕、介福は方に来らん。

(8)是に由りて九月初四日を卜取し、科を啓き文を行り、旛を揚げ建醮す。水陸法事の一宗、迨びて初六日に至りて、功は完り竣を告ぐ。另に吉日を択び、目連大戯を搬演す。神霊を奉送し、歓を同じくして鑑み納れよ。本司此れを得て、已に科に依りて内に法事を奉行せるを除き、上に祝す。皇図は鞏固に、帝道は遐く昌んならん、仏日は輝を増し、法輪は常に転ぜんことを。

龍飛中華民国五年九月四、五、六日、和南、具述す。(16)

これをみると、(4)では、観音、地蔵、薬師など孤魂野鬼の鎮撫を専門とする神仏を中心に、その他、この地の里域正神たる池州の神、農事を掌る山川社稷など、地上を支配する神々、さらには星君や北斗など、郷民の寿命を掌る天界の神神などをことごとく場地に招聘し、豪華な供物を献上している。これに付随して(7)では、士農工商、老若男女など、あらゆる居民のために、禍を除き福を祈っている。災害と苦難に直面した村落の過去の罪を帳消しにし、新しい発足をいのる、まさしく過去一〇年に蓄積された諸悪を一挙に清算し、白紙の状態に戻すCosmic Renewalの発想が強く表れている。目連戯は、この再生のために不可欠な手続きである「過去の横死者を救済する」という中心的な使命を担った儀礼演劇であり、太平清醮の要であった。現在、中国では、旧時代の祭祀慣行がかなり復活してきているが、道士僧侶を中心とする宗教儀礼については、復活をみとめていない。したがって、往年の太平清醮の姿を実際に見ることはできないが、ここに残されたこの榜文の内容によって、その実態が香港やシンガポールでみる太平清醮とほとんど変わらないことを確認できる。特に、第一章で述べたシンガポールの莆田人による一〇年一度の逢甲普度、及びその目連大戯は、この池州の榜文にみる太平清醮の姿と対応していると言えよう。

二 「穿会本」演出

貧困村落における「穿会本」演出については、王兆乾氏は、『安徽池州東至県蘇村高腔目連戯文穿会本』（台北施合鄭民俗文化基金会、一九九九）の前言において次のように述べている。

目連大会本の上演には、たいへんな費用がかかる。人口数百を擁する大姓宗族でも、十年も貯金してやっと一回できるぐらいであり、それも途中で天災や戦禍などが起これば、しばしば中断する。まして財力の乏しい小姓宗族では、大会本の上演など到底できない。ここから、たった一日で上演を終える簡略な形の「穿会本」演出が生まれた。これは、三巻本の大会本を簡略化し、傅羅卜一家のことだけに筋をしぼって、その他の筋をすべて削り取るものである。そして劉氏が地獄に十王殿をめぐって刑罰を受ける筋を一切演じない。大会本にくらべて、俳優も少なくて済む。郷村に多数、存在する素人劇団と小廟のいい加減な僧侶に口約束程度の話を付け、二・三十里半径の狭い区域内の農民の需要に応ずるのである。この公演があたれば、多少、地域を移動して続演することもある。

この記述で、最も驚くべきことは、劉氏が地獄の責め苦を受ける場面、つまり目連の地獄めぐりという、目連戯の最も肝心な部分を演じないという点である。事実、池州東至県の「穿会本」の齣目は、次のようになっている（表37）。このように、「穿会本」は、鄭本などの三巻本の第一本と第二本のみを演じ、第三本を演じない。第三本は、目連の地獄めぐりであり、敦煌変文以来、この目連故事の中心部分である。これを演じないで済ます理由は何か。時間がないというのは理由にならない。事実、シンガポールでは、一〇年に一度の「逢甲大普度目連戯」のほか、毎年、中元に一日で終わる人形目連戯を演じているが、そのなかでは、目連の地獄めぐりは、首尾一貫して演じられている。一

表37　池本［青］・池本［周］・東至穿会本目連戯齣目表

行	池本［青］#201	池本［周］#202	東至穿会本#206
1	第一本	第一本	不分巻
2		1金星下界	1講経
3		2城隍拿寒	
4	1開場	3古仏収表	2報台
5	2賀新年	4百年上寿	3慶新年
6	3発旨	5傅相出仏	
7	4掛旛	6挂幡周済	4掛旛
8	5斎僧	7斎民勧善	5三清道
9	6斎尼		6勧修
10			7遣三等
11			8橋頭布施
12			9求済
13	7劫金	8群盗劫金	10打擄
14	8還金	9大盗還金	11還金
15	9談空	10奉仏談空	
16	10四景	11香山四景	12観四景
17	11二何	12公子二何	
18	12駝少	13贈一枝梅	
19	13鴻毛学	14頭上飄雪	
20	14済衆	15済衆渡生	
21	15打缶別妻	16討飯打缶	
22		17周済孤貧	
23		18出将奏帝	13奏事
24	16領帛		
25	17玉帝登殿		
26		19五殿接旨	14賚旨
27	18掛号	20掛号相迎	
28	19五殿接旨		
29	20花園焼香	21花園焼香	15上香
30	21辞世	22傅相辞世	16升天
31			17掛号
32	22請僧	23請僧超度	
33	23修斎	24修斎追天	18哀霊修斎
34	24吊慰	25曹公吊慰	
35	25賑孤	26薦抜賑孤	19拝懺度孤
36	26升天	27仙遊地府	
37	27勧姐開葷	28勧姐開葷	20勧葷
38	28遣子	29劉氏遣子	21遣子
39	29拐子相邀	30拐子相邀	
40	30行路施金	31行路施金	
41		32遣買犠牲	22買犠牲
42	31電公電母	33雷公電母	
43	32趙甲打父	34趙甲打父	
44		35雷打趙甲	
45	33劉氏開葷	36劉氏開葷	23開葷
46		37招財買貨	
47	34観音点化	38観音点化	
48	35辞店行路	39辞店行路	
49	36観音救苦	40観音救苦	
50		41李公勧善	
51	37憶子	42劉氏憶子	
52	38母子団円	43母子団円	
53	第二本	第二本	
54	1開場	1登台開場	
55	2寿母勧善	2新年慶寿	
56		3香山慶祝	
57		4点化渡厄	
58	3十友行路		

	1	2	3
	4 尼姑下山		
60	5 思春数羅漢	5 小尼思春	
	6 和尚下山	6 和尚下山	
	7 僧尼相調	7 尼僧相会	
	8 三匠争坐	8 三匠争席	
	9 小斎僧	9 羅卜斎僧	
65	10 鄭元和		
		10 賭子救済	
	11 売螺螄	11 斎公放生	
	12 孝子売身	12 売身葬母	
	13 訓妓	13 王嬙訓妓	
70	14 趕妓	14 趕妓帰空	
	15 十友見仏	15 十友見仏	
	16 程氏施環	16 陳氏施環	24 施環
	17 出普化		25 上吊
	18 普化趕散	17 出神趕散	26 嘱喜
75			27 勧送
			28 客路施金
			29 和合点化
			30 勧善
			31 金剛山
80			32 憶子
	19 花園埋骨	18 花園埋骨	33 埋骨
	20 三議奏	19 衆神議奏	34 議事
	21 司命奏本	20 司命奏帝	
	22 五殿接旨	21 五殿接旨	35 土地上本
85	23 請五猖祭叉	22 拝神祭叉	
	24 傷亡		
	25 公差行路	23 公道発鬼	36 孤幽問路
		24 大捉小捉	

	1	2	3
			37 拝帰
90	26 益利掃堂	25 打掃庭除	38 拷打掃殿
	27 花園発咒	26 花園発咒	39 罰誓
	28 劉氏悔誓	27 劉氏悔誓	40 悔誓
	29 劉氏嘱子	28 劉氏嘱子	
	30 請医救母		
95	31 城隍起解	29 起解拷問	
	32 劉氏回煞	30 劉氏回煞	
	33 遊天堂		
	34 過滑油山	31 過滑油山	
	35 描容祭奠	32 描容祭奠	
100		33 貧道塗容	
	36 龍女戯目連	34 碧桃試道	
	37 主僕分別	35 主僕分別	
	38 観音試目連	36 観音試道	
	39 羅卜行路	37 羅卜登仙	
105	40 見仏団円	38 見仏団円	
	〈第三本〉	〈第三本〉	
	1 開場	1 登台開場	
	2 師友講道	2 羅卜求経	
	3 曹府元宵	3 慶賀元宵	
110	4 橋頭	4 解到三橋	
	5 孤埂	5 孤埂多盗	
	6 打埂	6 打落孤埂	
	7 相会	7 主僕相会	
		8 馬郎医眼	
115	8 坐禅	9 羅卜坐禅	
	9 掛白		
		10 清明掃墓	
	10 公子遊春	11 公子遊春	

	11見女托媒	12見女托媒	
120	12逼嫁	13継母逼嫁	
	13曹氏剪髪	14曹女剪髪	
	14搶親	15公子搶親	
	15逃難	16小姐逃難	
	16曹氏入庵	17小姐逃庵	
125	17父女相見	18父女相会	
	18一殿尋母	19一殿尋母	
	19二殿尋母	20追解二殿	
	20罵鶏	21王媽罵鶏	
	21巡風鬼	22下郷巡風	
130	22三殿	23三殿訴苦	
		24審問偸鶏	
	23四殿	25追趕四殿	
	24五殿尋母	26追尋五殿	
	25賜飯	27蒙師賜飯	
135	26六殿見母	28六殿見母	
	27七殿掛灯		
		29蒙師賜灯	
		30目連掛灯	
	28八殿夜魔城		
140	29十殿変犬	31劉氏変犬	
	30打猟見犬	32公子打猟	
		33目連見犬	
	31追犬	34目連追犬	
	32盂蘭大会	35建盂蘭会	42光灯
145		36了局収台	43団円

日の時間があれば、十分に演じることができる。これを演じないのは、時間の制約によるものではなく、「地獄めぐり批判」というはっきりとした意図があってのことと考えざるを得ない。その真意はどこにあったか。おそらく、地獄の場面が陰惨で残酷なことから、これを避けたいという知識人的な心理がこの地域で強かったからであろう。この因果応報という仏教の教理に対しては、儒教側の違和感が終始付きまとっていた。池州は、長江大動脈に沿って、人の往来が激しく、南京にもアクセスが良かったから、徽州よりも知識人の開明的な気風の影響が強かったと思われる。母が地獄に落ちるというような儒教に反する思想は、受け入れがたいと感じる人が少なくなかったのではないか。この地獄めぐりを省略すれば、目連戯は、羅卜の孝行、崇仏の話に帰着する。これは鄭之珍本の『勧善記』につながってゆくことになる。鄭之珍は、徽州祁門県清渓村の出身であるが、『勧善記』の序文によると、「時に秋浦之剡渓に寓す」とあり、諸本を修改して新たな目連戯テキストを編んだのに、池州の石台県であった、というから、この地域で流行していた地獄めぐりのないテキストも参考に入れたことであろう。池州本は、この意味では、地獄めぐり批判のテキストであり、「地獄のない目連戯」を生み出したと言える。事実、表36にあげた池州徽劇団本、旌徳口述本、旌徳義順托本、及び表37の東至穿会本などにおいて、地獄めぐりの場面が全く見えないのは、これに対応している。

(1) 在皖南的池州地区、包括青陽、石台、貴池、東至等県市、五十年代以前、目連戯是很流行的。聚族而居的村落、每隔五年、十年、二十年、多則六十年、便要挙行一次目連大会。打醮、唱目連戯。

(2) 各姓宗族的祠堂多設有専為籌辦目連戯的公堂、称「目連公産」、有田地、山林、或水碓、紙槽之類的産業。由宗族推選徳高望重的専人掌管。其収入積累、悉為目連大会開銷。公堂的規模視家族的経済能力而定、多則擁有水田十数畝、少則三五畝。

(3) 多年一屆的目連会是宗族的大事。既是対家族内逝者的追薦、也是対有害於地方的孤魂野鬼的施賑和驅除。故又称「陰騭大会」。一般挙行大会、在会期前一個月、便要延請応邀仏僧念経、発文、並在村前高豎杉木幡杆、杆長按十二月、每月一尺数、如遇閏年、則需長一丈三尺、幡杆頂端掛招魂長幡、意在広招孤魂野鬼予以賑済、除潑水飯、焼紙帛外、自即日起、各戸不再茹葷、直至大会功徳円満、称為「封済」。

(4) 大会籌備期間、還要請紮匠紮製各種紙紮、青獅、白象、三十六鬼王、焦面菩薩。以焦面菩薩最為高大、長三丈六尺。

(5) 目連大会分目連清醮和唱目連戯両項、経済富裕的家族打醮与唱戯同時挙行。搭三層分三界、称「花台」。所唱目連戯称「花台戯」、或「花目連」。這種演出要求戯班具有高超的技芸。擅於攀爬翻跌。

(6) 唱目連大戯、一般均為「三本頭」、即上中下三本。需演三天。称「三日紅」。按池州風俗、目連大会除唱三本目連外、還邀請徽班或京班演唱皮黄戯、不登三層高台、所以民間称作「唱平台」。

(7) 一般目連戯演完、才演平台、故又称平台為「蓋台戯」。演唱平台、要視家族経済能力而定、有唱一夜的、称「四夜紅」、有唱両夜的、称「五夜紅」。

(8) 這種目連大会耗資鉅大、数百口竈的家族也要傾力積累多年、才能挙辦一次。如遇天災人禍、往往不能如期挙行。那些産業微薄的家族無力挙辦目連大会、但超度亡霊的信仰並不稍遜於大的宗族、為了適応他們的需要、便出現了「穿会」的形式。穿会是一種簡化的儀式和演出。所需僧、芸人員都比大会少、只一天一夜、便可円満結束。在穿会上、演出的目連戯称「穿会本」。是将三本目連戯文加以刪節、只演伝羅卜一家事。其余枝蔓尽行刪除。而且也不演劉氏入陰曹的情節。穿会目連戯又有両種演出形式、一為人扮演、這種演出所需人員較少、郷間多有半職業性班社、常与附近小廟的応仏僧達成默契、応付二三十里範囲内的農家需求。如果班子唱紅、也可以較長距離的流動。還有一種以傀儡扮演、称「托頭目連」、所需演出人員更少、更適合貧窮人家需要。有的穿会班兼人扮与傀儡於一体。視願主的要求任選一種。

(9) 池州以仏教盛地九華山為中心的地帯、包括貴池、青陽、石台、銅陵等県、所唱目連戯被称為「花槌」。而以南陵県為中心的另一派則称「清槌」。両者雖皆唱高唱、一唱衆和、鑼鼓為節、但「清槌」較細膩、委婉。「花槌」則較古樸、粗曠。花槌又分「北江」和「南江」両路。「北江」流行在長江北岸的桐城東郷至無為間、以武功為長。「南江」則常活動於九華山周囲。此外、靠近江西的東至県班社、所唱声腔則接近湖口、鄱陽一帯的高腔。

(10) 雖然声腔有着或多或少的差異、但所演出的劇本卻都与鄭之珍『勧善記』関係密切。都是鄭本在演出実践中豊富化和通俗化的産物。

(11) 朱建明校訂『皖南高腔目連巻』、台北施合鄭民俗文化基金会、民俗曲芸叢書、一九九八年、一六二—一六四頁。

〈小尼思春〉原文。

(小旦上唱)[娥郎児]日転花陰匝歩廊、南無。風送花香入戒房。南無阿弥陀仏。金針刺破紙糊窗、南無。透引春風一線涼。南無阿弥陀仏。蜂児対対醸、蟻児陣陣忙、南無。倒拖花生過東牆。南無阿弥陀仏。(白)三千禅覚裡、十八女沙弥、応是仙人子、花宮未嫁時。奴家自入空門、謹遵師訓、不敢閑遊。今日師父、師兄俱不在庵。不免歩出山門遊玩一番、多少是好。山門外果然好春景也。[洞天春]緑柳鶯啼声巧、満地落未掃。露滴珍珠遍芳草、正是山門清暁。冉冉韶光易老、又是清明過了。燕蝶軽狂、柳絮擾乱、春心多少。(白)見此春情、好不傷感人也。不免把出家事情、細嘆一番便了。(唱)[新水令]守庵門、終日裡念弥陀、那曾見春月秋花。法門清似水、心事乱如麻。黙黙咨嗟、只怨煞奴家爹与媽。我爹媽好念弥陀。生下奴来疾病多。将奴家捨入庵門。保佑我。自入庵門呵!終朝念着菩摩訶、摩訶薩。老師父絮絮叨。毎日裡苦荊笞、把許多経巻都磨錯。念経時素珠児在手内搓。那知道涙珠児在胸前落。全不想青春不再来。白日莫閑過。毎日裡見幾個俊俏児郎来戯耍。仮言道参拝菩薩来瞧咱。他那裡禁不住把眼来睃。我這丟他不下把心腸掛。奴不比路柳与牆花。怎経得壳風流的孽主冤家。他裏眉来眼去、眼去眉来、引動我、哎呦呦!心猿意馬、趁無人離了山門、撇卻了菩薩。効仙姫成双成対、碧桃前為雲為雨。陽台下効雲英、攜了瓊漿玉杵。往那藍橋。老師父教養意如何、怎做得負義忘恩。使他們燭滅香消。(内開鑼吹介)又聴得山児下、鼓楽声喧、卻原来娶得人家、你看新人乗轎在前、新郎跨馬随後、双双同到家中、拝了高堂、進了洞房、吃了交杯、上了牙床、鴛鴦枕上、顛鸞倒鳳。那時節可不快、快活殺了天!洞房中鴛鴦配合、花燭下鸞鳳諧和、惹得我魂飛難合、肉鎖難開。引得我、哎呦呦!心児養、亦是難揸。到不如離了山門、我想往日尼姑下山。必須要打砕了鐃鈸、埋了蔵経、扯破了袈裟、這都是辜恩負義之徒。到今朝不覚輪、輪到奴家了天!我去則去、説什麼打砕了鐃鈸、行則行、説什麼埋了蔵経、走則走。(小介)説什麼扯破袈裟。(下)。

(12) 同前書、一六八—一七一頁。

〈僧尼相会〉原文。

（内小旦叫）南無阿弥陀仏。（丑白）方才転身之時、聽得有嬌嬌滴滴声音。不是女菩薩、也是個母和尚。不免前去撞遇。也是一場快活。（小旦上唱）［歩歩嬌］離了庵門来山下。一路成嗟呀。瞻前顧後没人家。忽聽得喜鵲喳喳、烏鴉啞啞、不在鳥声中、不知憂喜事何如、使我心驚怕。（丑白）不要怕、有我和尚来保駕。請問優妮、下山何往？（小旦白）探問母親。（丑白）有道出家不認族。（小旦白）人兼受病、我釈氏找人、探問母親。正是愛無差等。施由親始之意。上下休得見笑。敢問何往。（丑白）下山超化斎糧。（小旦白）出家之人、自食其力、何用超化。（丑白）豈不聞負米養親、養児待老、今我師臥病在山、超化供膳、優妮休得見譏。（小旦唱）和尚下山為師父、（丑唱）妮姑下山看母親、（同唱）相逢不下馬、各自奔前程、南無。南無。南無。南無阿弥陀仏。（小旦白）和尚為何瞧我？（丑白）我非瞧你。我有個徒弟、背了法器落後、回頭盼望徒弟。（小旦白）如此錯怪。（丑白）好説。（小旦唱）各人事各人知、（丑唱）你往東行我往西、（同唱）相逢不下馬、各自奔前程。南無。南無。南無。南無阿弥陀仏。（丑白）我去得好好。你為何瞧我。莫非要調戯我良家和尚？（小旦白）亦非。我也有個徒弟落後。故而盼望。（丑白）如此錯怪。（小旦白）好説。（同唱）当初只望成善果、惹下相思両自知、南無。南無。南無。南無阿弥陀仏。（小批水）（丑下）。……（小旦白）上人哪個宝山？（丑白）我是碧桃山。優妮哪個宝山？（小旦白）我是仙桃山。（丑白）這等様、我両個有些淘気。（小旦白）那碧桃山也是桃、仙桃也是桃。莫若我両個做個桃之夭夭。（丑白）好。先前怕你難講話。既知書理、就容易講了。既然桃之夭夭、必然其葉榛榛、你做個之子于帰。我做個宜其家人。来来来我両個宜起来。（小旦白）做不得。（丑白）做一下。（小旦白）和尚做不得。（丑白）你就只当上了我的縁罷。哪哪哪！打了我的眼睛。（小旦唱［一江風］）恁軽狂、敢把春心蕩？色胆天来大様、獣心腸。不怕三光、不畏四知、五戒何会講？伊家不忖量。（丑白）講了幾句就罷了。只管那裡噥噥聒聒、停一会。請您這個那個、再不然、我仮意去了。你還拉我不転来哩。（小旦唱）唔！和尚、又道、姻縁姻縁、事非偶然、必須要両相情願。才是個道理。和尚、此事児焉能強？（白）那辺施主老爺来了。（丑白）阿弥陀仏、我是個打齋飯的和尚、施主老爺。没有人？（小旦唱）可不羞殺你這騒和尚。（丑唱）見嬌娘、頓使我神魂散。自古道、神仙多情�。（小旦白）哪有這個神仙？（丑唱）那襄王和神女、暮暮朝朝、雲雨陽台上、（小旦白）也没有個什麼好名声在哪裡？（丑唱）他到今名顕揚、你何須苦自防？（小旦白）你為了此事、菩薩也不容你。（丑白）我且問你、這菩薩是天上吊下来的、地下出出来的？（唱）上面坐的大菩薩、両旁站的波羅羯帝小菩薩。大菩薩、小菩薩。想他都是爹娘養。我和你双双成就何妨。生下児郎、接代宗支望。（白）哎！阿弥陀仏。（内喊）砍柴去。（小旦白）砍柴的来了。（丑白）就説是一対夫妻。（小旦白）我両個光頭、豈不知僧妮両個麼？你且向廟前過水、講去超化、我往廟後過山。就説往母家去。等待夕陽西下時候、一斉来此会合便了。（丑白）你不要謊我。那我耽你過水去。（小旦白）那不好。我許你。那還謊你？（丑白）我不放心、那我一定背你過去。你站在這個石塊上。我還要脱脚。

（背介）我的鞋放在哪裡？（過河）（口白不書）喂呀！你就是個綿絮団子一様。阿弥陀仏。（唱）郎有心、姐有心、哪怕山高水又深。山高自有人行路、水深自有擺渡人。約定夕陽下去、有心人会有心人。才好才好方才好、両下真果妙、養起頭来、好戴新郎帽。和尚与妮姑、做夫妻同偕到老。

(13)　同前書、二四三—二四五頁。

〈過滑油山〉原文。

（衆鬼帯正旦上、唱［半飛天］山径迢遥、怎不叫人珠涙抛。力弱心驚跳、悪棍如山倒。手足措無処、苦難熬。漫説行了、就是扳也扳不到。（白）列位長官。（衆鬼白）嘎嘎嘎！（正旦唱）饒恕老身走這遭。（大介）（衆唱）不必叨叨。□□声声只叫饒。当初只望開葷好。誰知陰司先知道。罪悪犯天条。難恕饒。打僧罵道。拆毀橋梁。還要推倒三官廟。（白）列位。（衆白）嘎！（唱）帯往油山走一遭。（大介）（正旦白）来此為何両条路？（衆鬼白）善悪分明路両条、相差只在半分毫。陰司法律無偏枉。着爾陰間事莫饒。（正旦白）那前面什麼山？（衆鬼白）滑油山。（正旦白）怎麼叫作滑油山？（衆鬼白）只因世人心地不肯光明、将清油自食。昏油点仏前之灯。仏爺不受、将油傾在此地。畳成此山。但有悪人到此。打従此山径過。（正旦白）可過去得？（衆鬼白）呀啐！過去得、是你的福也。過去不得、是你的禍也。一走、一走将上去。活辣、活辣滾将下来。渾身跌如粉砕。屍首不得周全。又被孽風吹成活鬼。解往前途、還有潑婦受苦的所在。（正旦白）只怕難過。（衆鬼白）呀嚇！難過、難過。何不当初莫做？（正旦白）列位将就些罷。（衆鬼白）将就将就、前生作者今生受。過卻五関時、還有一十八重地獄。那就是你這潑婦受苦的所在。（正旦白）列位、若肯放我還陽、我情願将昏油自食、清油点仏前之灯。（衆鬼白）呀嚇！只知点仏前之灯、不知滅卻心頭火、也是枉然。（正旦白）何為心頭火？（衆鬼白）心頭火、原有小賦以篇。我等不説、料你不知。列位鬆鬆傢伙、待我等略道幾句。（乱片才）心頭火、心頭火。説起根由、非小可。初生只是一星星、一団私怨来包裹。発時焼破菩提心。燃時毀卻平安道。不顧君来不顧親、不顧兄来不顧嫂、不顧他人毛髪焦、只要自家温与飽。貪淫楽欲結孽冤、殺人放火為強盗、焼着人時心便涼、焼人不着心煩悩。一把火柴一総焼、陽間悪焔知多少？世人要点仏前灯、必須滅卻心頭火。（乱片才）（正旦唱［一江風］）滑油山、適才長官説道、過得此山、是我的福也。過不得此山、是我的禍也。這等万仞高崎、滑流流扒将上去、活辣辣滾将下来、渾身跌如粉砕。屍首不得周全。你看、滑油山、望也心驚怕。欲登程、（大介）進歩身還卻。今来到滑油山旁、高似青天、滑似膏油。欲待向前、才歩難行。欲待不去、拷打荆笞。渾身似口不能言、遍体排牙説不尽的苦了天。光油油甚的滑、石岩岩甚般高、盼高峰、万仞何能到？（大介）（白）我好恨吓。（衆鬼白）恨着何来？（正旦唱）恨当初、殺牲是我差、（衆鬼唱）開斎是你錯。（正旦唱）哎！是了長官、恨当初、殺牲是我差、開斎是我錯。到今朝、受報応、難逃躱。（大介）（白）我好悔。（衆鬼白）悔着何来？（正旦唱）悔当初、把清油焼肉裡、（衆鬼唱）昏油点仏火。（正旦唱）哎！是了長官。悔当初、清油焼肉裡、昏油点仏火。到今朝、滑油山如何過？（大介）我急行時、（衆鬼白）嘎！（大介）（正旦唱）歩怎挪？（衆鬼白）列位、可看孝子分上、帯他緩行幾歩。（正旦唱）緩行時、（衆鬼白）嘎！（大介）（正旦唱）歩怎挪？才掙幾歩又遭跌下、可憐我頭遭跌破、手足蹉磨。一爬幾歩、怎禁得無端禍。滴溜溜両涙抛、撲漱漱珠涙抛。可憐我夫在天曹。児在陽間。我在陰司、挙目瀟瀟、這苦誰知道？（大介）又遇着狠毒公差、（衆鬼白）嘎！（正旦唱）鉄縄鍊着、鉄棍打着、進歩遅延、連扯連拖、哎！漫説是了天、（一擂）鉄也消磨、石也消磨、鉄石也消磨、這苦誰知道。（奔槌）哎！天！（衆鬼唱）叫天也枉嘶号、（奔槌）（正旦唱）哎！地！（衆鬼唱）叫地也枉徒労。（白）劉氏、你叫天叫地也是枉然。生死之権、落在吾行之手。（正旦唱）哎！列位長官、我這裡叫天叫地也是枉然。我這裡深深拝到、拝到列位長官。望発一念慈悲。憐念奴衰老。（一槌）（衆白）列位、劉氏生前、悪也悪不過、如他来到陰司、苦也苦到撚底。看孝子分上、我等行個方便、我在前面拉、（介）我在後面叉。（介）拉的拉、（介）叉的叉。（介）叉過滑油去罷！　嘎嘎嘎嘎！　嘎嘎嘎嘎！（乱介）（雷火）（下）。

(14)　同前書、二五〇—二五三頁。「碧桃試道」原文。

（正生上唱［駐馬聽］）宝篆香焚、対一盞寒灯、念一巻経。只聽得砌蛩声唧、鉄馬声鏗、木魚声清。瀟瀟索索最関情。凄凄惨惨無聊聽。苦痛酸心、茫茫宇宙思娘恨。（小旦唱）改換衣装、款款金蓮畳歩忙。只為傅家羅卜、母喪幽冥、苦楚難当。娘娘命我試他行。軽盈体態嬌娥様。不比尋常。甜言蜜語将他誑。（白）水将杖探知深浅、人用言挑見真仮。我乃龍女也。領了娘娘厳命、前来試看孝子道心、来此也是。不免叩環。（正旦白）呀！（唱［降黄龍］）素居蓬華、月色横空、行人屏跡。縁何在門外、依稀剝喙声微。使我頓生疑慮。莫不是風憾松子墜。宿鳥驚飛、踏枝揺曳。想闍黎帯月吟詩、敲門帰去。（小旦唱）聽啓、奴是個女流之輩、非松非鳥亦非僧。休得要多生疑慮。（正生白）呀！（唱）真果是婦人家声気。（白）這夜静更深、那有婦人到此？自古道、世敗奴欺主、時衰鬼弄人。（唱）你是何方鬼怪妖魔。夜静更深、将人侵害。（小旦唱）休疑、奴不是邪魔野鬼。只因我父母倶亡、二八青春、無人匹配。（正生白）既未婚配、到此何事？（小旦唱）為伊家独居暗室、俏来探問你的因依。望君家啓門相納、容陪枕席。（正生唱）差矣、念卑人身披衰経。寝苦枕塊堪悲。説什麼枕席相陪。将人調戯。（白）不免将門加上一道門。不要採他。（小旦白）他反将門児加上了門。不免将娘娘霊符画起、使門児自開。阿弥陀仏。門児自開。呀嚇！（正生白）自家門戸重重閉、春色縁何得進来。（小旦白）春色満園関不住、一枝紅杏入牆来。（正生白）小娘子請下来。不要汚了我的経巻。（小旦白）這是什麼経？（正生白）救母経。（小旦白）救我的経。（正生白）救母経。（小旦白）這是什麼東西？（正生白）木魚。（小旦白）這個呢？（正生白）木魚槌。（小旦白）待我来敲敲可響。（正生白）不要敲壊了。（小旦白）君子不喜敲。我就来掇掇。

（正生白）小娘子、不要説笑話。（小旦白）這堆乱稲草做什麼？（正生白）是我的鋪席。（小旦白）這塊磚頭呢？（正生白）是我的枕頭。（小旦白）今晚要両塊、你一塊、我一塊。也罷。我二人一頭睡睡罷！（正生白）不要説笑話。（小旦白）呀啐！你到好個孝子。還在此画美人図玩耍。（正生白）是我母親真容。（小旦白）是你母親？就是我的婆婆了。哎！婆婆、恕媳婦不孝之罪了。（正生白）哎！母親、不要採他。今晚来了這個瘋婆。此事卻不好了。（小旦白）君子休説不好。（唱）好為之、第一来寡女孤児、第二来深更夜静、第三来女貌郎才、有何須十分防避、十分嫌棄？（正生白）聽啓、人生在世、婦人家、守四徳三従。男子漢、謹凛四知三畏。（小旦唱）固執、豈不聞理順人情、自昔神仙、有多少風流飄逸、（正生白）哪有這様的神仙？（小旦白）有。（唱）那襄王会神女、劉阮合着仙姫、雖則是無意相逢、卻做了有縁相会。（小介）（正生唱）偏僻、豈不聞愛人以徳、向不做濫性貪淫、令人談論。（小旦唱）好心虧、真果是流水無情、辜負我落花有意。（小介）（正生唱［滚終］）休甚特情痴、（小旦唱）休甚特呆滞、（正生唱）我有松柏歳寒心。（小旦唱）你有松柏歳寒心、我有桃李芳栄、誠堪作配。（小介）（正生唱）你好没志気。（正生唱）（小旦唱）你好没情趣。咫天天涯、無縁相会。（正生唱）我這裡、夜静水寒魚不餌。（小旦唱）休笑我、満舡空載月明帰。相逢不飲空回去、洞口桃花笑人帰去。（小介）（正生唱）豈不聞、好事不出門、不好事児伝千里。（小旦白）不知尾生只自愚、孝已成何済？（正生唱）何用多言、不須提起、大丈夫烈烈轟轟、青天白日、終不学漢相如、色不迷人人自迷。（小旦白）君子迷了呵！（正生唱）令人笑恥。（小旦白）管你笑恥不笑恥、我総要成其親事才去。（正生白）小娘子要成其親事、這裡有我母親真容不便、転到我家下、方可。（小旦白）我暁得。你家在哪裡。（正生白）前面松窩裡面、便是。（小旦白）我等不得、就在這裡好。（正生白）那不得如此。（小旦白）如此、君子請向前。（正生白）小娘子請。你乃客位。（小旦白）那裡是客位、分明要討我的便宜。（正生白）怎様？（小旦白）又道：妻前夫後。（正生白）説那里話？小娘子、請。（小旦白）那個意思謊我的。（正生白）我不謊你。請。（介）待我来緊緊門上、這遭、漫説是人、就是神―（小旦白）咳咳！（正生白）小娘子、你還没有去？（小旦白）你好耍人。我這則再也不出去。（正生白）小娘子、這遭、到我家下、与你成親。再不耍你。（小旦白）我再不聽你耍。（正生白）説過了、再不耍你。（小旦白）講定了。（正生白）請。（唱［尾声］）恩情付与東流水、急転家庭巳三思。（小旦白）君子、黒夜無人知道。（正生唱）若要人不知、除非己莫為。（白）我這遭、拿個椅凳坐在這裡。（小旦白）孝子道心果堅、不免将娘娘詩句題在白蓮池上：一夜蓮花開満地、孝心天地已先知、児居山舎空懐母、娘在陰司更仗誰。南海観音垂庇佑、西天有仏可皈依。母骸化作衾嚢裡、竟往西天莫待遅。不免遣動鸚哥、報与孝子知道。天霊霊、地霊霊。鸚哥即噪。（叫介）（正生白）鸚哥噪、天明了。待我開門。（正生白）想這遭該去了。不免開門看来。那白蓮池上題有詩句、待我看来。（念詩、同小旦様）（正生看白）原来娘娘前来点化、叫我西天救母、不免収拾前去。哎！母親呀！（下）。

(15) 同前書、三七二―三七九頁。

〈六殿見母〉原文。

(丑上唱［普賢歌］) 夜叉尊我做班頭、拘管獄中餓鬼囚、有銭的略放手、無銭的打不休、把銅鉄烊来入灌他的喉。(白) 自家、六殿下班頭是也。掌管阿鼻地獄、今当四月初八龍華大会、我殿広成王已去赴会。獄官獄使跟随去了。命我班頭在此守監。獄中鬼犯、俱要各守法度。伙計們、謹守獄門。(正生上唱［甘州歌］) 忘餐廃寝、為堅心救母、敢憚辛勤。蒙師指引、許逢我娘初八之辰。啼残杜宇三更月、跕破陰山一片雲。殷勤問、仔細尋、若逢老母謝神霊。○遥瞻松柏映、巍巍殿宇、陰陰重門、銅牆万仞、牢拴着餓鬼飢魂。他那裡、号天吁地応難脱。叫苦啼飢不忍聞。殷勤問、仔細尋、若逢老母謝神霊。(白) 阿弥陀仏。(丑白) 何方高僧、振動獄門？(正生白) 容稟。(唱) 我是西方目連僧、為跟尋老母、敢造金城。(丑白) 令堂何姓何名。(正生唱) 我母劉氏。青提我老母之名。(丑白) 因何墜落？(正生唱) 因児不孝相連累。致母多災受苦刑。殷勤問、仔細尋、若逢老母謝神霊。(丑白) 你且跕定、待我査来。(正生白) 相煩長官問来。(丑白) 鬼伙計、獄中可有個劉氏青提？(内白) 前殿解来有個瞎媽媽、在鉄罩裡面、叫個什麼劉氏青提。(丑白) 扛起来。瞎媽媽、有個児子来尋你。(正旦白) 尋母之人叫何名字？(丑白) 西方僧人、名喚目連。(正旦唱) 心中自駭驚。忽聞有個児子尋問娘親。他母姓劉名青提。老身也姓劉名青提。(白) 同名共姓。(唱) 噯！長官、我那児子、他在陽世之間、吃斎把素、念仏看経、縦有天大的孝心、怎麼得到此処此処了。長官。況我児不是僧人、我児姓傅名羅卜。子既不同、母必不是。空与他娘親共一名。哎！長官。想那一位禅師、他従西天而来。必定是有幸的高僧。必須打発他前去。切莫耽阻程途。你叫他殷勤問、仔細尋。哎！老天！老身在陽世之間、作悪多端、被你們拿到此間、拘禁鉄囲囲城中、黒沉沉地獄。要見嬌児一面、也是不能得夠、夠、夠了天！天！若逢我的児子謝神霊。(丑白) 老禅師。他是你的令堂、你卻不是他的令郎。(正生白) 卻是為何？(丑白) 他的児子叫個什麼醋羅卜。(正生白) 敢是傅羅卜？(丑白) 不錯不錯。(正生白) 呀！(唱［駐雲飛］) 忽聴伝言、不覚汪汪両涙淋。羅卜本是咱名姓。目連是我師尊贈。只為老母喪幽冥、苦難禁、因此修行、挑母挑経。竟往西天。投拝世尊。指引到此相尋問。哎！長官、(跪介) 望発慈悲方便門。(丑白) 你且起来。待我放出他来。但你母当初発得有誓願不好。若有開葷埋骨事、鉄樹開花、揚子江心生蓮藕。於今鉄樹開了花、伙計們、将劉氏叉上鉄樹。(正旦上架) (正生跪唱) 見親幃、陥在煙火内、不做声和気、涙偸垂。口内無食、身上無衣、痛得我肝腸砕。一見魂魄飛、使我涙双垂。望長官略施恩恵。(白) 吓、哎！長官、行一方便罷！(丑白) 鬼伙計、看孝子分上、将他口内三昧火除去。等他母子対面能言。(正旦白) 哎！児呀！(正生白) 哎！母親呀！(正旦白) 哎！我的親児呀！(正生白) 哎！我的親娘呀！(正旦白) 哎！我的嬌児呀！(正生白) 哎！我的老母呀！(正旦唱) 苦憂愁、対着難分剖、忽聞有個児尋母、哎！　羅卜我的嬌児。你乃陽世之人。你娘乃是陰司之鬼。陰陽阻隔、虧我児、怎能到陰司地府。你娘在獄中、想你不過、把一双眼睛都哭瞎了。到今朝、只聴児的声言、不見児的模様、模様了児。双双涙両眸。要見嬌児不得能夠。猶如剮、剮卻了児。哎！　我的児、你娘親心頭肉、你娘当初要開五葷、是你双膝跪在我的眼前。説道、老娘子千万莫学郗后。我比時説道：児呀！　郗后之言、怎麼道来？　你説道：郗后乃是武帝之妻。生前不信神明、死後、変為蟒蛇、後来感得武帝懺悔、方転人身。我説道：児、想武帝既能渡其妻、我児必当救母。悔当初、出口無心、到今朝、墜落在陰司地府。飢餐熱鉄、渇飲熔銅。遍体流紅、口内生煙了児。哎！　児、看你娘、看你娘鉄樹上花開、千磨万錬、苦楚誰来救？　済済涙両眸。望児来搭救、把你娘来超度。（丑白）鬼伙計、将劉氏帯下鉄囲城。（正旦下架、白）我児在那裡？（唱）忽聞児臨、只聴其声、不見其人。（白）哎！　児呀！　（丑白）呀啐！　班頭是的児来。小鬼還是你家孫子、在哪廂？（正旦唱）瞽目不廝認、枷鎖難挫掙、削髪為親娘、苦難禁、地獄重重、受尽艱辛、娘児到此不廝認、看不見嬌児裂砕心。（白）我児。枷鎖不能得脱、怎生是好？（正生白）孩児有仏法。（唱［浪淘沙］）仏法本堅剛、至大無方。我将錫杖一敷揚、枷鎖一時皆解脱、救我娘親。（丑白）這位禅師還暁得做法。（衆鬼上看）（丑白）不好了！　老禅師、你是個做法的、把我牢的鬼犯都走了。少刻我大王回来査名点数、怎生是好？　快進獄去。（斉下）（正旦白）眼睛不明、怎生是好？（正生白）孩児有仏法。（唱）仏法本光明、普照乾坤、我将錫杖拒天根、石孔流泉堪洗眼。依旧光明。（正旦介）（白）哎！　児呀！　（正生白）哎！　母親呀！　（正旦白）肚中飢餓、怎生是好？（正生白）孩児有仏法。（唱）仏法本余饒、飲食均調。杖頭帯得有盂瓢、化出飯来娘自吃、飽在今朝。（鬼搶介）（正旦白）被悪鬼搶去了。（正生白）阿弥陀仏。（鬼倒地介）（丑白）老禅師、這些鬼犯都有名目的、煩労救活了。（正生白）阿弥陀仏、婆羅娑磨磨呵鼻。（鬼起介）（正生唱）仏法本機関、変化無端、鉢盂烏飯黒雲団、化出烏飯娘親吃。鬼不争餐。（丑白）禅師、与你母親談講、一会就要起程了。（正旦白）我児、把別後事情説来。（正生白）容稟。（唱［刮鼓令］）従娘厭世塵、終朝時幾涙淋、感得観音点化、叫我西天謁世尊。蒙賜錫杖赴幽冥、跟尋五殿無踪影、只得再謁世尊、許定今朝見娘親、把烏飯贈児行。（正旦唱）花開一旦分、回煞時痛酸心、你娘自従城隍殿前起解、也不知過了多少関津、関関受苦応難脱、殿殿遭刑苦怎禁。天賜我児臨、清泉洗眼、烏飯充飢、捨身救母、削髪為僧、古来為有児孝順、児須是超度我出幽冥、（付介）（正生唱［尾犯序］）自従那日別親幃、隔断幽冥両不知。費尽心機才得会、如何邂逅又分離。百結離愁、一言未必、只擬従容、将救母的情由細議。豈意這這那那一叉、急忙忙逼得我母子們、骨肉分離。痛殺殺把肝腸裂砕、怕只怕獄門一出、咫尺似天涯。（正旦唱）悲歓莫定期、你娘在獄中、聴聞児臨、於今要去、悲愁又至。嘆茫茫三界、不容我母子歓会。須臾追悔、悔当初、苦不相依、到今朝、反遭連累。従今後、従今以後、児在陽間、哭着娘親、娘在陰司、思念着孩児了児。嘆陰陽両地、哎！　天！　我的児！　哭叫声天来哭声児、哭声児睜睜両眼、関不住涙双垂。（拉介）（正生唱）（七介）樹心空太息、嘆我違天、坑娘入地、抛家棄業一年、枉自奔馳。惨戚、忍見娘両鬢蓬鬆、忍見娘一身狼狽。最苦是剉焼舂磨、苦痛怎能支？（哭介）（拉跌）（正旦唱）孝心天地知、自古尋親、何人似你？此去陰間、把老娘掛意牢記。你須再往西天、哀求活仏。将你娘救取。万古孝名馳。（同）従今後、従今以来、児在陽間、哭着娘親、娘在陰司、思念着孩児了児。嘆陰陽両地、哎！天！我的児呀！叫声天来哭声児、哭声児睜睜両眼、関不住涙双垂。（大介）［尾声］児今到此渾無計、懸望你来莫待遅、痛断肝腸只自知。（哭拉）（正旦下）、（正生白）哎！母親呀！（丑白）禅師、不必啼哭。我有戒尺与你前去。前殿我有故友、叫作戈子虚。見此戒尺、自然方便。（正生白）如此万感。（丑白）戒尺贈君行、応憐孝心人。（正生白）蒙君提抜起、勝似岳陽金。（下）。

（16）以下、原文を示す。『安徽池州青陽腔目連戯文大会本』、台北財団法人施合鄭民俗文化基金会、一九九九年、三七五―三七八頁。

伏以：九秋開勝会、天徳与仏徳以斉彰、三昼建良因、聖心同凡心並浄。恭聞我仏之願力深哉。可抜千生之苦楚。目連之孝道大矣、可解万劫之寃仇。歓心宏開、法雲広被。彰武帝之善因、微誌公之道徳。方方瞻仰、処処皈依。適潔斎明、恭伸悰悃。是日香煙散彩、貫達娑婆世界、一泗天下、南贍部洲。今拠中華民国江南皖省、池州軍政分府、在城僧綱司福地、亀峰山宝安寺、欽秉釈迦如来遺教、奉行加持、礼請掌目連清醮恩法事。沙門、臣、僧某代奏本邑貴池県、開元郷、元三保、彭村大社居住、奉仏啓建瑜伽。演教法界三乗、答謝□□四府、栄恩迎仏迓聖、頂礼焚香。揚旛掛榜、水陸蓮灯、誦経礼懺。雪過消愆、順星接限、解厄延生。叩台秉燭、斎献諸天、和求三界、酬叩衆神。支免送火、祀竈安家、挿放路燭河灯、施食高台賑済。集福迎祥、保安延生。

信士弟子潘与賢、振玉、柏椿、……。

右領合会人等、即日沐手焚香、一心上叩、黄金殿上、巍巍三宝、不生不滅之金相、白玉宮中、蕩蕩四生、無去無来之玉容。消災延寿薬師仏、救苦如来観世音、幽冥教主地蔵王、大行孝道目連僧、啓建清涼之宝懺、説法誌公之能仁、一花五葉之霊聡、三宝十地之明聖、南泉院内之祖師、顕応場中之官将、南震賜福之星君、北斗解厄之元辰、二九羅漢之高真、四六諸天之上聖、乾天坤地之神祇、坎水艮山之聖哲。儒門祀奉之香火、釈氏応供之伽藍、池陽廟貌之主宰、山川社稷之威霊、道場有清之千真、法会無辺之万聖。乗獅駕象以来臨、跨虎騎龍而赴会。惟願：高駐蓮台、証盟修奉。

言念：衆等叨生盛世、恭入南華。感乾坤覆載之深恩、荷日月照臨之厚徳。一衣一食、楽天子之庥光、丕泰丕康、籍神明之黙佑、毎懐感報、未罄纖微。是以衆等于先年告許目連清醮、毎逢十載一輪、広行功徳、特伸表懺。已於三月二十八日申文預告、今届佳期、延請五徳之淄流、敷演三乗四府之法事、即日炉焚戒定真香、斝盛曹渓法水、斎陳十供、炳燭諸天、敢曰尽誠而尽敬、庶幾来格而来臨。惟願：観音大士発現慈悲。瓶中甘露、手内楊枝、灑一滴之清泉、作九霄之恵沢。捨凡居而来勝境、去熱鬧以楽清間。永消無妄之愆、常賜有余之慶。承錫福恩、迪吉迎祥。再祈合会男女老稚人等、各稟有生之初、倘値無端之罹、総伸奏達於璇璣、普賜禎祥於各命。仍叩伏願：仏日光明、照耀各家之吉慶、茲風浩蕩、常流挙会之恩波。凡居同盟、均応百福。耕者五穀豊登、田禾争秀、読者青雲得路、丹桂高攀。老者鶴算亀齢、添寿海屋。幼者龍文豹変、壮気縷煙。未偶者釈卻三刑、即偕鳳卜。乏嗣者解除六害、速賜麟児。老安少懐、男康女吉、作務生理、出入利益。官非遠殄、火盗潜消。凡余未録之情、倶叨洪慈美利、介福方来。由是卜取九月初四啓科行文、揚旛建醮、水陸法事、一宗迨至初六日、功完告竣。另択吉日、搬演目連大戯、奉送神霊、同歓鑑納。

本司得此、除已依科奉行法事於内、上祝皇図鞏固、帝道遐昌、仏日増輝、法輪常転。

龍飛中華民国五年九月四、五、六日、和南具述。

第六章　郷村新層目連戯——準古本Ⅱ—呉本

序　節　呉本目連戯の社会背景

江蘇地区に伝わる目連戯テキストを、以下、「呉本」と略称する。その一つ、江蘇高淳県に伝わる目連戯の社会的背景について、黄文虎「高淳陽腔目連戯初探」（安徽省芸術研究所編『目連戯研究文集』、合肥、一九八八年、及びその改稿『（民俗曲芸）目連戯専輯（下）』・台北施合鄭民俗文化基金会刊、一九九二年）に記述がある。次のとおりである。

(1)地理的環境——南京と皖南を結ぶ水運の要衝

南京、鎮江から池州、太平に入る場合、昔の木造船では、風波の激しい長江を遡ることは困難であったため、明初の朱元璋は、溧水県の臙脂河を開鑿して、石臼湖と秦淮河に通じるようにし、太湖流域と皖南地区で穫れる穀物を南京に運び入れた。高淳県はこの水路の中枢に位置する。常州、潤州から池州、太平に至るルートは、高淳を通る必要があったのである。別に常州、潤州一帯では余姚腔が流行していて、これが池州、徽州に入って鄭本目連戯の形成に寄与したというが、この場合、常州の余姚腔が池州に入るのにも、高淳を経由したに違いない。また逆に、江西東部の弋陽腔が南京に入るのにも、高淳を経由したものと考えられる[1]（図66）。

(2)目連戯の上演慣行——目連戯は、次の場合に演じられた。

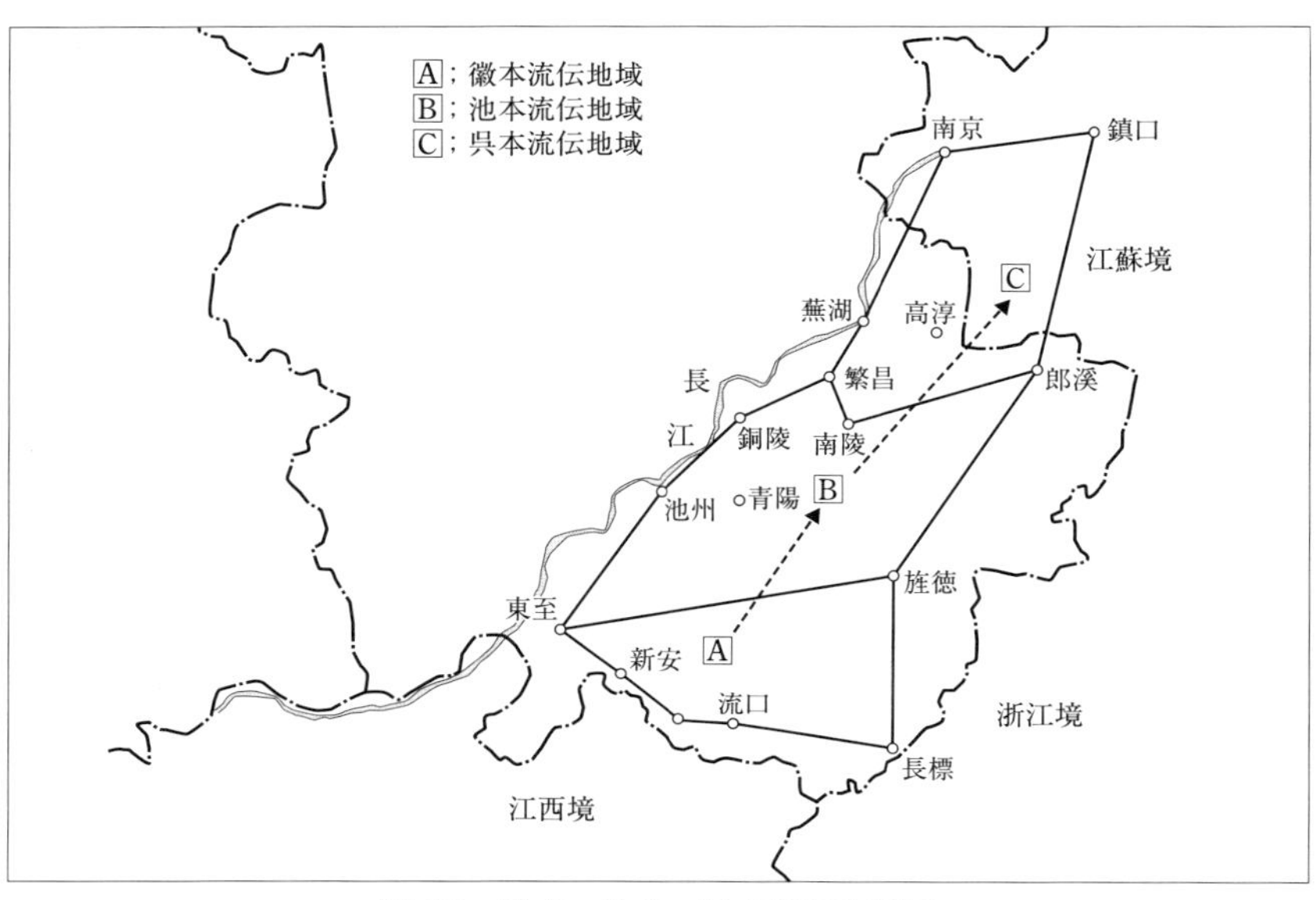

図 66　徽本・池本・呉本流伝地域図

(i)唱秋戯―「中元目連戯」

収穫期から一〇月までが、この目連戯の通常の上演季節である。この地の俗諺に「七月初一に鬼門開き、七月三十に鬼門閉ず」という言葉がある。鬼が地獄から出ると、災害が増えるので、目連戯を演じて邪気を祓い、禍を追い出すのである。別に秋の豊作を神に感謝する意味もある。これは、一―二日で終わる規模の小さい目連戯であるが、毎年行う点に特色がある。(2)

(ii)還願戯―「太平戯」「平安神戯」

これは、災害が起こる都度、神に救いを求め、そのお礼に奉納する目連戯である。不定期の上演であるが、災害がなくても、予防の意味で、数年に一回は、行うのが通常であった。規模は大きく、三日間の目連本伝のほか、前座として『梁武帝伝』、『地蔵王菩薩九世降誕図』などを演じ、七日に及ぶこともあった。(3)

(iii)超度冤鬼戯―「法事目連戯」

横死者が出た場合に臨時に行う。たとえば、二つの宗族が争って械闘に及び、死者が出たとか、婦女が嫁ぎ先で舅姑や夫から虐待され自殺したとか、死者の出る事件が起きた場合には、責任を認めた側が必ず目連戯を演じて冤鬼を超度する必要があった。ここでは、人を脅すのに、「お前の家は、三日の目連戯を演じる羽目になるぞ」という言葉が使われた。(4)

(3)目連戯と法事の関係

これらの目連戯は、その性質や目的において、宗教的であるのみならず、それ自体、仏事から発展したものと認識されてきた。僧侶や道士が法事を行う場合、目連戯のある場面を挿入することがあった。逆に目連戯の上演中にも常に法事の場面が挿入された。(5)

(4)目連戯の演者

高淳の僧侶や道士は、芸術水準においてこそ専門俳優に劣るものの、みな目連戯を演じることができた。目連戯の俳優と僧侶道士は、お互いに「師兄（兄弟子）、師弟（弟弟子）」と呼びあっていた。目連戯の専門俳優の中には、僧侶もいた。たとえば、かつて江蘇戯曲学院の教師を務めた超輪和尚などは、目連戯のすべての役柄に通じた「通班師傅（万能師匠）」であった。(6)

この記述は、高淳目連戯に関して重要な情報を伝えてくれている。

まず、(1)の地理環境についての記述によると、この地が南京と池州を結ぶ水運（穀物運搬）の要衝に位置していて、同時に東の南京・常州などの余姚腔戯班と、西の南昌、景徳鎮など弋陽腔戯班の交流の場になっていたという。高淳目連戯が池本目連戯の系統に入ることは、このような背景によるものと考えられる。

次に、(2)の上演慣行をみると、中元祭祀、太平建醮祭祀、冤魂祭祀の三つのケースがあると言っているが、横死者が出るたびに行う冤魂祭祀が注意を引く。(3)の法事との関係を含めて考えると、目連戯の本質は、この横死者を救済する法事にあると考えなくてはならない。中元祭祀、太平祭祀は、この臨時性の冤魂祭祀を定期化し、制度化したものであろう。

さらに最も注意をひくのは、(4)の目連戯上演の担い手として、僧侶道士が挙げられている点である。目連戯の本質が法事にあるとすれば、その最初の担い手は、僧侶道士であったはずである。[7] 俳優はあとから参加したものに違いない。弋陽腔目連戯、池州目連戯の齣目に、法事の場面が多く含まれている点は、これを反映するものである。この法事に目連戯を演じるという慣行は、古くは、明代以来、江南の富裕層の間に流行した「葬戯」に由来するらしい。例えば、成化年間(一四六五—八七)、浙江、永嘉の人、周旋の『畏庵文集』巻一〇に次の如く記す。

臣聞、蘇松之京畿富豪之家、喪事挙行、器陳美飾、張楽娯尸、搬戯。

臣聞く、蘇州、松江と京畿の富豪の家、葬事を挙行するに、器を陳べて美しく飾り、楽を張り、尸を娯しましむるに戯を搬す。

また、嘉靖年間(一五二二—六六)、松江府、華亭の人、陸樹声の『陸文定公全集』巻二二「善俗裨議」にも、次のように記す。

近俗葬家用楽、類作仏事、甃則張結彩亭、扮演雑劇、羅列祭品、及設席以延弔客。

近ごろの俗に、葬家にて楽を用う。仏事を作すに類す。甃なれば則ち彩亭を張結し、雑劇を扮演す。祭品を羅列し、及び席を設けて以って弔客を延く。

これらの記事で、江南では、葬儀に戯や雑劇を上演していることがわかる。その演目は、記されていないが、おそらく目連戯であろう。法事や葬儀に目連戯を演じるのは、明代の富裕層から出て、清代には、一般の庶民に及んだものと思われる。以下では、テキストの面から、この高淳目連戯が池本の系統に入ることを論証する。

第一節　呉本の齣目構成

高淳陽腔本、超輪本の齣目を池本(青)、池本(周)と比較対照させてみよう。次のとおりである(表38)。

表38　池本［青］・池本［周］・高淳本・超輪本目連戯齣目表

行	池本(青)#201	池本(周)#202	呉本(淳)#211	呉本(超輪)#212
	第一本	第一本	第一本	頭本第一冊
1		1 金星下界		
2		2 城隍拿寒		
3	1 開場	3 古仏収表		1 放場
4	2 賀新年	4 拜年上寿	1 新年	2 新年
5	3 発旨	5 傅相出仏	2 出仏	3 出仏
6	4 掛旛	6 挂幡周済	3 斎僧	4 斎僧
7	5 斎僧	7 斎妮勧善	4 勧善	5 勧善
8	6 斎尼			
9	7 劫金	8 群盗劫金		
10	8 還金	9 大盗還金		
11	9 談空	10 奉仏談空		
12	10 四景	11 香山四景	5 四景	
13	11 二何	12 公子二何	6 何家	6 何家
14			7 打癱	7 打癱
15	12 駝少	13 贈一枝梅	8 老駝少	8 一枝梅
16	13 鴻毛学	14 頭上飄雪		
17	14 済衆	15 済衆渡生	9 孝婦売身	9 孝婦売身
18	15 打缶別妻	16 討飯打缶		
19		17 周済孤貧		
20		18 出将奏帝		
21	16 領帛			
22	17 玉帝登殿		10 玉皇登殿	10 登殿
23			11 開地広	
24			12 武場	
25			13 嘱馬	
26		19 五殿接旨		11 五殿
27			14 駝金	12 嘱馬駄金
28			15 請罪	
29	18 掛号	20 掛号相迎	16 掛号	13 掛号
30			17 香山	14 香山
31	19 五殿接旨			
32	20 花園焼香	21 花園焼香	18 花園焼夜香	15 夜香
33	21 辞世	22 傅相辞世	19 嘱別辞世	16 嘱別
34				17 辞世
35	22 請僧	23 請僧超度	20 請僧	
36	23 修斎	24 修斎追天	21 做斎	18 斎堂
37	24 吊慰	25 曹公吊慰		
38	25 賑孤	26 薦抜賑孤	22 賑孤	19 賑孤
39				〈頭本第二冊〉
40	26 升天		23 升天	1 送天
41		27 仙遊地府	24 遊地府	2 地府
42	27 勧姐開葷	28 勧姐開葷	25 打掃勧姐	3 打掃
43	28 遣子	29 劉氏遣子	26 遣子経商	4 霊春（遣子経商）
44	29 拐子相邀	30 拐子相邀	27 拐騙	5 拐騙
45	30 行路施金	31 行路施金		
46		32 遣買犠牲		
47	31 電公電母	33 雷公電母		
48	32 趙甲打父	34 趙甲打父	28 訓父	
49			29 行路	6 夜店（行路施金）
50		35 雷打趙甲	30 雷打下旨	
51			31 買犠牲	7 買牲
52			32 雷打	8 雷打
53	33 劉氏開葷	36 劉氏開葷	33 劉氏開葷	10 開葷
54			34 肉饅斎僧	11 斎饅
55		37 招財買貨		
56	34 観音点化	38 観音点化		
57	35 辞店行路	39 辞店行路		

	36観音救苦	40観音救苦		
		41李公勧善	35李公勧善	12李公勧善
60			36刀槍化灰	13刀槍化灰
	37憶子	42劉氏憶子	37憶子	14望子
	38母子団円	43母子団円	38拝掃	15拝帰
	第二本	第二本	第二本	中本第一冊
	1開場	1登台開場	(放場)	1放場
65	2寿母勧善	2新年慶寿	1祝寿	2祝寿
		3香山慶祝		
		4点化渡阨	2金剛山	3金剛山
	3十友行路			
	4尼姑下山	5小尼思春	3梳妝	4梳妝
70	5思春数羅漢		4女思春	5女思春
	6和尚思春	6和尚下山	5男思春	6男思春
	7僧尼相調	7僧尼相会	6相会	7相会
	8三匠争坐	8三匠争席	7打三匠	8打匠
	9小斎僧	9羅卜斎僧		9小斎僧
75	10鄭元和		8大道院	
		10瞎子救済	9倒事	10倒事
	11売螺螄	11斎公放生	10売螺螄	11螄螺
			11撻缶	12搭缶
	12孝子売身	12売身葬母		
80	13訓妓	13王嫱訓妓	12訓妓	13訓妓
	14趕妓	14趕妓帰空	13趕妓	14趕妓
			14男売身	15男売身
			16堆羅漢	
	15十友見仏	15十友見仏	17皈俵	16皈依
85			18埋骨	17埋骨
				〈中本第二冊〉
	16程氏施環	16陳氏施環	19化釵求子	1求子

	17出普化		20出神	2出神
	18普化趕散	17出神趕散	21蛻化	3還陽
90	19花園埋骨	18花園埋骨		
	20三議奏	19衆神議奏	22議奏	4議奏
	21司命奏本	20司命奏帝	23奏事	5奏事
			(爬竿子)	(上高)
	22五殿接旨	21五殿接旨	24開五殿	6五殿
95	23請五猖祭叉	22拝神祭叉		
	24傷亡			
	25公差行路	23公道発鬼		
		24大捉小捉		
	26益利掃堂	25打掃庭除	25男打掃	7男打掃
100	27花園発咒	26花園発咒	26花園発誓	8花園
	28劉氏悔誓	27劉氏悔誓		
	29劉氏嘱子	28劉氏属子		
	30請医救母			
			27尋無常	9招方
105			28販薬	10請張先生
			29上叉	11上叉
			30拿狄狗奴	12打狗
	31城隍起解	29起解拷問	31点解	13消(銷)牌
	32劉氏回煞	30劉氏回煞	32回煞	14回煞
110	33遊天堂			
	34過滑油山	31過滑油山	33油山	15油山
	35描容祭奠	32描容祭奠	34描容	16描容
		33貧道塗容	35掛容塗容	17塗容
	36龍女戯目連	34碧桃試道	36龍女試節	18戯節
115	37主僕分別	35主僕分別	37主僕分別	19分離
	38観音試目連	36観音試道	38過黒松林	20黒松林
	39羅卜行路	37羅卜登仙	39白梅嶺	21北梅嶺

	40見仏団円	38見仏団円	40見仏	22見仏
				23献馬
120	第三本	第三本	第三本	末冊第一冊
	1開場	1登台開場	(放場)	1放場
	2師友講道	2羅卜求経	(講経)	(講経)
			(山河図)	2三河渡
	3曹府元宵	3慶賀元宵	1観灯楼	3曹家
125	4橋頭	4解到三橋		
	5孤埂	5孤埂多盗	2孤凄埂	4孤凄埂
	6打埂	6打落孤埂		5孤凄
	7相会	7主僕相会		6交先生扛轎
		8馬郎医眼		
130			2A過孤埂	7過関
	8坐禅	9羅卜参禅	3坐禅	8座禅
	9掛白			
		10清明掃墓		
	10公子遊春	11公子遊春		
135	11見女托媒	12見女托媒		
	12逼嫁	13継母逼嫁		
	13曹氏剪髪	14賽英剪髪		
	14搶親	15公子搶親		
	15逃難	16小姐逃難		
140	16曹氏入庵	17小姐逃庵		
	17父女相見	18父女相会		
	18一殿尋母	19一殿尋母	4開頭殿	9一殿
	19二殿尋母	20追解二殿	5二殿	10二殿
			(鑽布眼)	10A做布眼
145			7踏青	11踏青
				〈末本第二冊〉
	20罵鶏	21王媽罵鶏	8罵鶏	1罵鶏

	21巡風鬼	22下郷巡風	9送鶏	
	22三殿	23三殿訴苦	10三殿	
150		24審問偸鶏		
	23四殿	25追尋四殿	11四殿	2四殿
			12逼縁	
			13剪髪到庵	3剪髪
			14父女相会	3A相会
155	24五殿尋母	26追尋五殿	15開五殿	4開五殿
	25賜飯	27蒙師賜飯	16賜鉢	5賜鉢
	26六殿見母	28六殿見母	17六殿	6六殿
			18鉄樹開花	7鉄樹開花
	27七殿掛灯		19七殿	8七殿
160			20七殿回	9七殿回
		29蒙師賜灯		
		30目連掛灯		
	28八殿夜魔城		21八殿	10八殿
			22九殿	11九殿過場
165	29十殿変犬	31劉氏変犬	23十殿	12十殿
	30打猟見犬	32公子打猟	24打猟	13打猟
		33目連見犬	25庵門	14庵門
	31追犬	34目連追犬	26打店	15打店
	32盂蘭大会	35建盂蘭会		
170			27(女)掃台	16掃台
		36了局収台	28陰団円	17陰団円
			29観四景	
			30送子	18送子
				19逼嫁
175				20観四景

この対照表に見るとおり、高淳本、超輪本（以下、（淳）、（輪）と略記）の齣目の内容及び排列順は、池本（青）、池本（周）のそれに基本的に対応している。江西弋陽腔本、湖口青陽腔本（以下、（弋）、（青）と略記）とは、排列順が合わない。また、この四種は、鄭本にない齣目を共有している。たとえば、次のとおりである。

［池（青）］［斎僧］三等人抒懐↓（淳）［斎僧］三等人抒懐（鄭本無此齣）

僧侶道士二人、傅相の家を尋ね、上等、中等、下等の三人を派遣して、それぞれの運命を述べさせる。鄭本には、この条はない。（弋）にある。

［池（青）］［劫金］［還金］↓（淳）［駝金］

高勧善に率いられた強人が傅相の家を襲う。事前にこれを知った傅相、劉氏は退避する。強人は、盗品の金銀を白馬に積んで帰る途中、馬が動かなくなる。馬は、人語を語り、前世で傅相に借りがあったため、今生で馬になって借りを返しに来たが、借金の分だけ歩いたので、これからは歩かない、という答え。高勧善は、これに感じ、金銀を傅相の家に送り返す。この話は、（弋）（池）と（淳）にあるが、鄭本にはない。

［池（青）］［嘱別辞世］↓（淳）［嘱別辞世］（輪）［辞世］

（池）では、傅相は臨終に際し、羅卜に遺言を伝えるほか、益利に後事を託す。（弋）（淳）（輪）は、これを継ぐ。鄭本では、益利への遺言はない。

［池（青）］［吊慰］↓（淳）［請僧］［做斎］

（池）では、傅相の死後、曹家の公子が弔問に来る。（淳）では、劉氏の実家から弟劉賈の子龍宝と家僕の劉興が弔問に来る。鄭本では、親戚の弔問はない。（弋）では、劉賈の妻が来る。

［池（青）］［遣子］↓（淳）［遣子経商］

（池）（淳）では、劉氏が羅卜に向かい、開葷を宣言する。羅卜は驚いて金奴に問い、劉賈が開葷を勧めたことを知る。（淳）はこれを継ぐ。鄭本にはこの話はない。また、劉氏は益利にむかい、旅先では、羅卜の身の安全に気を配るように頼み、「未晩先投宿、鶏鳴早看天、逢橋須仔細、過渡莫争先」の語を送る。これは、鄭本にはない。（弋）にある。

［池（青）］［趙甲打父］［池（周）］［雷打趙甲］→（淳）［訓父］（輪）［雷打］（池）では、不孝息子の趙甲が父親を虐待する話。天罰で雷に打ち殺される。（淳）も同じ。鄭本にはない。（弋）にはないが、（青）にある。

［池（青）］［思春数羅漢］→（淳）［女思春］（輪）［女思春］いずれも尼姑が庵に祀られている十六羅漢が自分を笑っていると感じ、下山を決意する。鄭本にはない。（弋）にある。

［池（青）］［鄭元和］［池（周）］［瞎子求済］→（淳）［倒事］（輪）［倒事］（池［青］）は、盲人の乞食が羅卜と益利の前で鄭元和の蓮花落を歌う。（池［周］）も同じ。（淳）［倒事］（輪）［倒事］は、故事を転倒させて唄う。たとえば、

（唱〔七言詩〕曲牌）

霸王十里来埋伏、韓信自刎。（霸王十里に伏を埋め、韓信自刎す。）

銭玉蓮謫貶潮陽院、王十朋抱石去投江、（銭玉蓮、潮陽院に謫貶せられ、王十朋、石を抱きて去きて江に投ず。）

張飛用下拖刀計、貂蟬月下斬雲長。（張飛は拖刀の計を用い下し、貂蟬は月下に雲長を斬る。）

李三娘兵走多快楽、劉智遠磨房裡幾哩啞啦生下一個咬臍郎（李三娘は兵に走りて快楽多く、劉智遠は磨房の裡にてギリタラーと一個の咬臍郎を生み下せり。）

顚顚倒倒唱一場。（顚々倒々一場を唱う。）

この段も鄭本にはない。

［池（青）］［売螺螄］↓（淳）［売螺螄］（輪）［螺螄］

羅卜と益利が道で、螺螄売りの男に会う。螺螄を買い上げて河に放たせる。男は浅瀬に放ち、後から拾いに来ると言う。羅卜は、この商いをやめさせ母親ごと引き取る。鄭本にはない。

［池（青）］［請医救母］↓（淳）［販薬］（輪）［請張先生］

（池）では、羅卜、益利が呼んだ医者が劉氏の容体を見て、匙を投げたあと、道士が呪術を行う間、劉氏が着替えを望み、羅卜、益利が着物を取りに席をはずしている隙に五方鬼が劉氏を連れ去り、羅卜が戻って来て、母が息絶えたことを知る、というふうに運ぶ。（淳）では、劉氏がお茶を所望し、羅卜、益利がお茶を取りに立った隙に鬼が劉氏の命を奪う、というふうに運ぶ。（輪）は、（淳）と同じ（ただし、文が途中で切れて不全）。この筋、鄭本にはない。

以上のように、呉本は、池本の系統を引き、時には弋陽腔本に遡る筋を継承している。これらを総合して考えると、呉本は、鄭本より古いテキストを背景に成立している、と考えられる。

第二節　池本との字句の類似性Ⅰ

この四種テキストは、字句の上でも、共通性が高い。次のとおりである（表39・40）。

表39　［勧姐開葷］弋陽腔本・池本・呉本字句対照表

行	弋陽腔本＃103	池本（青）＃201	呉本（淳）＃211	呉本（超輪）＃212
	（金奴白）休当恥笑。	（金奴）亦非。		
	（唱）	（唱）	（奴唱）	
	告舅爺、			
	聽事情、			
5	細聽金奴説分明。			
		只為安人	只為安人	只為安人
		把素看経不自省	毎日吃斎不悔心。	毎日吃斎不悔心。
	吃斎熬成病。	員外吃斎熬成病。	員外吃斎熬成病。	員外吃斎熬成病。
	毎日念仏経。	小官人空把経談論。	小官人空把経談論。	小官人空把経来誦。
10	喳！			
	望舅爺勧安人。	煩舅爺勧安人。	煩舅爺勧安人。	望舅爺勧安人。
	及早開葷。	早早開葷。	早早開葷。	早開五葷。
	三杯玉酒、	常言道、三杯美酒、	常言道、三杯美酒、	常言道、三杯美酒、
	両碟魂腥。	一朶花新、	両朶花新、	両朶花鮮、
15		正好遣興陶情、	正好遣興陶情、	正好依心陶情、
		行楽終天命。	只得楽終天命。	只落得終天命。
			（奴）舅老爺、我家安人痴迷了。	（丑）舅爺、安人痴迷了。
			（賈）便怎麼。	（浄）便怎麼。
	賽過神仙境、	好享栄華過此生。		
20	何必存心念仏経。	何用痴心去看経。	何必痴心去念経。	何用此心去念経。
			好享栄華過幾春。	好享栄華過幾春。
			（賈）聴您此言、要舅爺勧你安人開	（浄）聴您之言、勧你安人開葷、罪
			葷、可是。	名不小、不知何人担待。
				（丑）是有金奴。一面承担。
			（奴）正所謂。	
25		（劉賈）不必多言、前去通稟安人、	（賈）請你安人到来、我自有道理。	（浄）請出你安人、再做道理。
		自有道理。		
	（劉賈白）站起、請主母。			

30　35　40　45　50　55

(金奴白) 有請安人。
(劉氏白) 為了何事。
(金奴白) 舅爺到此。
(劉氏唱 [駐雲飛])
兄弟登門、
忍不住珠涙汪汪、
望下流。
若還留得你姐夫在日、
不在頭門相迎、
就在儀門相接。
今日不見影。
添我心頭悶。 嗜！

(金奴) 有請安人。
(劉氏) 何事？
(金奴) 舅老爺到了。
聞弟登門、
止不住汪汪、
両涙淋。
哎、
想你往日到此、
你姐夫前来相迎。
你今朝到此、
你姐夫今在那裡。
(劉賈) 請問姐夫之病從何而起？
日前花園焼香、
忽見金童玉女、
接他、白日升天、
我想、那是接他白日升天、
正是天宮降下無情剣、
斬人間夫婦情了、
兄弟、
可憐不見他踪影。
怎解心頭悶。

(奴) 暁得。有請安人。
(氏) 怎麼？
(奴) 舅老爺到来。
(氏) 説我相迎、苦死我也。
(奴) 舅老爺、安人相迎。
兄弟登門、
不住汪汪、
両涙流。
愛、兄弟。
若還留的你姐夫在世、
兄弟到来、
携手相迎。
姐夫亡故、
你姐乃是女流之輩、
能説不能行了。
兄弟！ 這都是、
天公降下無情剣、
斬断人間夫婦情了、
兄弟呵、
漸漸不見他踪跡。
従是娯楽
難解我心内悶。

(丑) 安人、舅爺来了。
兄弟登門、
不住汪汪、
両涙零。
唉、兄弟。
若還留得你姐夫在世、
兄弟到来、
携手相迎。
姐夫亡過、
姐姐乃是女流之輩、
能説不能行了。
兄弟呵！ 這都是、
天空降下無情剣、
斬断人間夫婦情了、
兄弟、
我件件〔漸漸〕不見他踪跡。
縦然歓娯、
難解心内悶。

60　65　70　75　80

(劉賈唱)
姐姐、莫悲傷、
休涙淋。
常言道、
福寿有天、
死生由命。

何必逞愁悶。
何用終日珠涙淋。
(白)姐姐、姐夫霊位在那裡。
(劉氏白)在後堂。
(劉賈白)待我上香。
(劉氏白)金奴、帯路。
(過場上香、転介、昏介)
(劉氏白)兄弟、這卻為何。
(劉賈白)小弟、在家。用鶏子打
湯、方可就好。
(劉氏白)呵、我家吃斎、那有鶏子
打湯。
(劉賈白)呵、你家吃斎、没有鶏子
打湯。我来了半天、不見外甥来見
我。

(劉賈)姐姐、姐夫霊柩今在那裡?
(劉氏)今在後堂。
(劉賈)転到後堂。嗳、姐夫
(劉氏)嗳、員外。
(劉賈唱)
勧姐莫悲痛、
且寛心。
常言道、
聚散由天。
生死皆有命。
姐姐、人死若還哭得転、

我亦千行並万行。
一死須知不再生。

(金奴上)舅老爺、請茶。
(劉賈)舅老爺来、鶏蛋茶也没有一
個。
(金奴)我家吃斎。
(浄白)你家吃斎、難道舅爺与你家
吃斎? 換過了。姐姐、我来這会、
外男哪裡去了?

(賈唱)
姐姐、莫悲傷、
且安心。
常言道、
聚散由天。
生死皆由命。
(賈)姐姐、若還哭的姐夫陰魂転、
(氏)再也不能够了。
珠涙千行並万行、
一死須知不再生。

(奴)舅老爺、用茶。
(賈)舅老爺、怎麼不拿鶏蛋茶来
吃。
(奴)舅爺、我家吃的斎。
(賈)你家是斎、難道舅爺与你家吃
斎不成、不用、拿転去。
(奴)不用、我就拿回去。

勧姐、莫悲傷、
且寛心。
常言道、
聚散由天。
生死皆由命。
(浄)姐姐、若還哭得姐夫霊魂転、
(旦)再也不能够了。
我有千言並万語、
一死従此不再生。

(丑)舅老爺、用茶。
(浄)為可不拿鶏蛋茶来。
(丑)我家持斎。
(浄)舅爺与你家持斎不成。

85	（劉氏白）日前做了斎、蒙鄰舍相助、他到人家謝孝去了。	（正旦白）往人家謝斎去了。	（氏）前日龍保到来、軽慢他去了。 （賈）自己侄男、説什麼軽慢、外男往哪裡去了。 （氏）往鄰舍人家謝家斎去了。	（旦）兄弟、昨日龍保到来、軽慢与他。 （浄）自己侄男、説什麼軽慢二字、提起龍保、外甥往哪裡去了。 （旦）鄰舍人家謝家斎去了。

ここでは、二五—三六行の歌詞に池本—呉本間の継承が看取される。

第三節　池本系との字句の類似性Ⅱ

また、次の例でも池本・呉本間の白の継承が見られる。

表40　［僧尼相調］弋陽腔本・池本・呉本対照表

	弋陽腔本（贛劇団）#103	池本（青）#201	呉本（淳）#211	呉本（超輪）#212
		見嬌娘、	見嬌娘、	見嬌娘、
	頓把我魂飄蕩、	頓使我魂飄蕩、	頓使把心腸放、	頓使把良心喪、
		自古道神仙多情眖、	自個多軽狂	自古多〔情況の二字脱〕
		（小旦白）哪有這個神仙？		
5		（丑唱）		
		那襄王和神女、	那襄王	那襄王
		暮暮朝朝、		
			会雲会雨	為情為義〔会雲会雨〕
	他二人坐在蓮台上	雲雨陽台上、	都在陽台上	都在陽台上
10		（小旦白）也没有個什麼好名声在那裡。		
			優尼不思量	幼尼不称良、

35　30　25　20　15

到如今把名揚

大的大菩薩、小的小菩薩

這菩薩、那菩薩

他也是爹娘生下。

哎、尼姑、我的娘、

尼姑和尚配合成双、

生下兒男

有的終身靠。

(白)挽一下。

(小尼白)挽不得。

(和尚白)要要蠻勁。(抱介)

他到今名顯揚。

你何須苦自防?

(小旦白)你為了此事、菩薩也不容
你。

(丑白)我且問你、這菩薩是天上吊
下来的、地下出出来的?

(唱)

上面坐的大菩薩、

両旁站的波羅羯帝小菩薩

大菩薩、小菩薩

想他都是爹娘養。

我和你双双

成就何妨

生下兒郎、

接代宗支望。

論人為

似這等装模做様。

(尼)師父、你道我装模做様、我就
是肯了、菩薩也不肯、也是枉然。

(尚)菩薩不肯、我来咒念他幾句、
大菩薩天上掉下来的。

(尼)不是的。

(尚)小菩薩地下蹦出来的。

(尼)也不是的。

(尚唱)

大菩薩、小菩薩

四金剛、八菩薩、

哼哈二菩薩、

一個一個都是爹娘生下。

我和你両両双双

同到廟堂

生下兒郎、

接下你我宗支派。

(白)我来求你罷。(唱)

見嬌娘

救急我騷和尚。

論人会〔為の誤〕

似這等装模做様。

(占)我依従了你、菩薩也不肯。

(丑)我来訓教她。大菩薩、天上掉
下来的。小菩薩、土内蹦出来的。

大菩薩、小菩薩

四金剛、八菩薩、

一個一個俱是爹娘生下。

你我双双

来拝高堂、

生下兒郎、

接下後代宗支派。

(丑)我来救你罷。

抱嬌娘搭救騷和尚。

(丑)到那辺去了。

抱嬌娘搭救我騷和尚。

(中略)

我摸一下。是円的還是偏的。
(小尼白)哎呦。摸不得。(唱)
到荒郊把我春心起。
不顧三官、不許名揚。
倒叫我春心動。
(白)師父、我把衣服你咬到、我不走。
(和尚白)拿得衣服来。
(小尼白)閑到眼睛。我倒後面爬山、你到前面過水。
(和尚白)我不肯。哈哈哈。我咬到我自己的衣服。是他説道、他到説道、他到後面爬山、叫我前面過水、走走走。
(插白、中略)

(白)哎！ 阿弥陀仏、
(内喊)砍柴去。
(小旦白)砍柴的来了。
(丑白)就説是一対夫妻。
(小旦白)我両個光頭、豈不知、僧尼両個麽？ 你且向廟前過水、講去超化。我往廟後過山、就説；往母家去。等待夕陽西下後、一斉来此会合便了。
(丑白)你不要謊我。那、我耽你過水去。
(小旦白)那不好、我許你、那還謊你。
(丑白)我不放心、那我一定背你過水去。你站在這個石塊上、我還要脱脚。
(背介)
我的鞋放在哪裡。
(過河)(口白不書)
喂呀！ 你就是個綿絮団子一様。
阿弥陀仏。

60　65　70　75　80

〔過水課子〕
郎有心、姐有心、
哪怕山高水又深、
山高自有人行路、
水深自有擺渡人。
〔穿倒靴介〕
(小尼白)師父倒了。
(和尚白)我的娘、我曉得你倒了。
(小尼白)靴子倒了。
(和尚白)這也是装死、你怎的不爬山。
(小尼白)山高了爬不過去。你背我過去。
(和尚白)這個冷冰冰、我不背。
(小尼白)不背我就転去。
(和尚白)不要走、我背。

(唱)
郎有心、姐有心、
哪怕山高水又深、
山高自有人行路、
水深自有擺渡人。
約定夕陽西下去、
有心人会有心人。

(尼)師父、此地不是你我安身之処。我們走吧。(念)
郎有心、姐有心、
不怕山高水又深、
山高自有之字路、
水深自有擺渡人。
(尼)師父、回来。師父回来。
(尚)你来。你来。
(尼)你不来、我要走了。
(尚)我来了。
〔和尚渉水而回、和尚背尼姑。土地神急爬上尼姑背、背至河中、一跌入水、和尚尼姑爬起急急過河下。土地神爬起、洗洗衣服、絞絞衣服湿水、用棒架温衣〕(念)
和尚瘟禿驢、
尼姑小瘟□。
大廟裡又不去。
小廟裡拆把戲。
和尚背了尼姑去、
是我又要去、
一交跌了河裡去

(丑)我去了。
(占)带我去。這裡有水。
(丑)我来脱脚。背你過去。
(小)
和尚瘟禿驢、
尼師小瘟□。
大廟、他不去。
小廟裡出把戲。
和尚背了尼姑去、
我就扒他背上去
一跤跌了河裡起

			螺螄塞在耳朶里。	
			一身跌了湿淇淇。	一身湿淇淇。
				螺螄塞在耳朶里。
85				魚攛鑽在屁眼裡。
			高山頭山浪浪衣。	高山頭山晾晾衣。
			倒運的太陽又磋西。	将将太陽又磋西。
			回家老媽媽来問起。	回廟去老媽媽来問起。
			我説一脚跌在陰溝裡。	就説跌在陽溝裡。
90			有朝奏聞玉帝知。	有朝奏聞玉帝知。
			打在風波地獄裡。	打在風波地獄裡。
	才和才和三才和			
	和尚与尼姑			
	長起頭髪来、			
95	做夫妻、対対成双。			
	同偕到老。			
	(土地小鬼) 晦気、晦気、遇着和尚			
	和尼姑、随他過了水、他二人干把			
	戯。小鬼、土地媽媽那裡去了。			
	(小鬼) 台下看戯去了。			
	(土地) 叫他回来。我也起了心火、			
	要殺殺這個老火。			

ここでも一六―三四行の白が共通しているが、特に七〇―九八、和尚が尼を背負って川を渡って下山する筋が共通する。特に土地神がそれを見ていて、(池) では諧謔の言葉を発し、(淳) では、土地神が和尚に背負われた尼の背中に取りついて川を渡る途中で振り落とされてずぶぬれになり、着物を乾かすという小喜劇まで演じている。池本系と呉系のつながりが深いことがわかる。

結　節　呉本目連戯における古本要素の来源

以上述べたように、高淳本、超輪本は、池本を継承している場面が多く、その中には、弋陽腔本にまで遡れるものがある。この蘇本系テキストが、鄭本以前に遡る古本の痕跡をとどめていることは推測に難くない。黄文虎氏も、『高淳陽腔目連戯初探』の中で、「高淳陽腔目連戯は鄭本より早く成立した可能性がある」と論破している。また銭南揚教授も「江蘇の余姚腔はどこへ行ったのか、わからない」と言いつつ、「五言、七言の詩を歌曲として唱う余姚腔の特色は、高淳の陽腔目連戯の中に時々、現れる」と言われる。上に引いた［倒事］の歌において、乞食は、七言詩を曲牌として歌う。

（唱〔七言詩〕曲牌）
霸王十里来埋伏、韓信自刎。
銭玉蓮謫貶潮陽院、王十朋抱石去投江、
張飛用下拖刀計、貂蟬月下斬雲長。
李三娘兵走多快楽、劉智遠磨房裡幾哩啞啦生下一個咬臍郎
……
顚顚倒倒唱一場。

戯曲史の流れで言うと、七言句を連ねる詩賛系戯曲から、曲牌で歌唱する楽曲系戯曲へと変遷している。ここの七言詩曲牌は、まさに詩賛系の形であり、それが曲牌体の楽曲系の中に混在していることになる。目連戯においては、詩賛体のテキストは、皆無であり、すべて楽曲系である。高淳陽腔本はその点で、詩賛系から楽曲系への過渡段階を

示している。これが古い余姚腔の特徴であるとすれば、古本的要素の淵源は、まさにこの詩賛系形式の混在という点にあると言える。

呉本の特徴としてもう一つ注意すべき点がある。それは、地獄めぐりの場に曹賽英の苦難の場を挿入した点である。池本は、地獄めぐりの場を忌避して演じないという特徴を持っていた。呉本は、地獄めぐりを忌避してはいないが、曹賽英の話が地獄の場面と相互に演じられることによって、地獄だけを通して演じるよりは、地獄の残酷さが緩和される。ここには、地獄を忌避する池本の影響があるのではないか、また、この挿入演出は、鄭本にも継承されるが、呉本はその萌芽的な位置にあるのではないか、と想像する。

（1） 地処江蘇西南部的高淳県、歴史上会経是安徽南部与太湖流域和南京地区的水上交通枢紐、人工開鑿的胥河、溝通了長江和太湖両大水系。向西通過水陽江、青弋江与皖南広大地区相通。向北経石臼湖、秦淮河進入南京、向東由胥河等水道経溧陽、宜興入太湖。従常州、潤州去池州、太平的主要途径、不是溯長江而上、而是経高淳這一必由之道。余姚腔先到高淳後、転入池州与当塗、銭南揚認為鄭本恐怕是余姚腔最後一本戯文。不僅余姚腔従常州、潤州伝入皖南、很可能先到高淳、而且従贛東北経徽州伝入南京、実為弋陽腔北上南京的惟一途径、而這一途径也須経過高淳。

（2） 唱秋戯、在秋收登場後、至陰暦十月、這是毎年正常演出時間、当地俗語説、七月初一鬼門開、七月三十鬼門関。鬼出地獄災難多、演戯駆邪消災〔禍〕。還有一種用意、就是秋熟登場、感謝神霊。

（3） 還願戯、演期不定、酬謝神霊保佑。

（4） 超度冤鬼、是一種非正常演出、是出了人命案、如両姓宗族滋事、打死人、婦女被公婆或丈夫虐待自戕等等、都必須唱目連戯超度冤鬼、当地有句罵人的話、你家要唱三本目連戯。

（5） 不僅演出的性質和目的是宗教性的、而且高淳陽腔目連戯被認為是従仏事発展而来。僧道做法事道場時、来演目連戯的某些折子戯。目連戯的演出中也常常夾有一些做法事道場的場面。

（6） 当地僧道都能演目連戯、雖然其芸術水平低于芸人、目連戯芸人与僧道互称師兄弟。有些目連戯芸人是和尚、如曾在江蘇戯曲学院任教的超倫就是各個行当都会的『通班師伝』。

（7）葬儀・法事に目連戯を演じることは、台湾の北部、苗栗の客家人の葬礼においても広く行われている。末成道男「功徳儀礼の二つの型――台湾の事例を中心に」（『東京大学東洋文化研究所紀要』第一一六冊）、徐福全『台湾民間伝統』「葬儀節研究」（国立台湾師範大学国文研究所博士論文、一九八四年）などに多くの調査事例が挙げられている。以下、目連戯を含む葬礼科儀の例を挙げてみる。

○苗栗県…仏教。徐福全調査（徐福全前掲書二九七頁）。

1頭壇、2安監斎、3献飯、4開水経、5丁酉、6請経、7目連、8A拝香山、8B打血盆、9水王碑懺、10洗口願、11四大金剛、12秉燭紙馬、13拝薬王、14担経過橋、15送神

これは、一日で終わる簡単な葬儀であるが、それでも、7に「目連」とあり、ここで目連戯が演じられたことがわかる。

○苗栗県高埔…仏教。末成道男調査。

1結彩禅堂、2成服開羅、3請仏度親、4首壇発関、5安厨潔浄、6迎祥集福、7招亡接祖、8宝懺除開、9華筵午供、10祖霊供養、11楽鬧皇壇、12薬師中巻、13酬王過王、14下巻交懺、15叩謝水神、16壇前放赦、17祖霊奉飯、18八音大放、19丁憂制孝、20給牒付亡、21黄河全巻、22開通冥路、23三蔵取経、24遊獄宣科、25目連救母、26引亡過橋、27外場施食、28担経勧孝、29代還官銭、30燃灯薦送、31送仏帰天、32叩謝宗師

これは、朝から始めて徹夜で儀礼を勤め、翌日の明け方に終わる「一昼連宵」の葬儀である。真夜中になり、参列者も帰宅して、遺族だけが残った斎場で、死者が地獄に落ちていることを想定して、目連に扮した僧侶が地獄めぐりをして亡者を救い出す場面を演じ低俗の気持ちを和らげ、併せて、演劇によって遺族の疲労を癒やすのである。23の三蔵法師の登場から始まり、24で地獄の裁判の場、25で目連が地獄に登場し、母を救い出す。目連は、母だけでなく地獄の亡者をすべて解放する。これにより、葬儀の対象である死者も救われ、橋を渡って天界に上る。ついでに場外で餓え凍えている孤魂野鬼を祀り、食物を投げ与える。僧侶は、経典を天秤で担ぎ、遺族に説教する。これは、目連戯の「挑経挑母」に倣ったものである。これを見ると、23―28まで、目連戯の儀礼演劇で葬儀を締めくくっている、と言える。

○苗栗県…仏教。林金蓮調査。

1彩結仏壇、2請師登座、3小鬧皇壇、4首壇礼仏、5門欄発関、6安奉仕灶、7安奉監斎、8引魂招祖、9沐浴参聖、10給牒画号、11礼拝黄河、12祖霊献飯、13比立勘合、14恭酬十王、15酬謝水神、16宝懺、17金剛対券、18四本同宣、19祝灯延

寿、20門外放赦、21供養諸仏、22祖霊献飯、23大鬧皇壇、24点主為神、25丁憂制孝、26君子把盞、27三蔵取経、28悟空取経、29秉燭光輝、30尚香奉聖、31弄飯駆邪、32遊獄宣科、33目連救母、34鬼王開門、35蒙山真言、36普施孤魂、37引亡過橋、38代官完銭、39担経挽世、40薬師滌罪、41燃焼薦送、42叩答宗師、43連謝聚神、44出殯還山、45安霊交牒、46功徳円満

これは、三日にわたる大規模な葬儀である。ここでは、32に「遊獄宣科」。33に「目連救母」とあり、続いて34に「鬼王開門」とあって、目連が地獄を訪ね、鬼が門を開ける場面が演じられた。ここには、このほかに、27に「三蔵取経」、28に「悟空取経」が配置され、西遊記が演じられている。周到な儀礼演劇である。

○苗栗県：第三日徹夜。徐福全調査（徐福全前掲書、三〇〇頁）。

1結彩禅堂（諸仏登壇）、2成服開吊、3小鬧皇壇、4請仏作証、5奉表通伝、6発関追亡、7安奉祀灶、8安厨潔浄、9引亡接祖、10沐浴参聖、11宝懺初開、12連誦上巻、13宝懺中巻、14宝懺下巻、15祖霊献飯、16恭酬十王、17比立勘合、18金剛対券、19四本同宣、20祝灯延寿、21門外放赦、22祖霊献飯、23大鬧皇壇、24丁憂把盞、25給牒画号、26礼拝黄河、27結解滌罪、28大清経文、29秉燭光輝、30弄鈸駆邪、31遊獄宣科、32目連救母、33普施孤魂、34代還庫銭、35担経勧世、36薬師滌罪、37燃焼薦送、38叩謝宗師、39功徳円満、40亡妣升天、41富貴万年

これも三日の功徳である。やはり第三日の夜中に32「目連救母」を演じている。この場合、死者が老婦人であるから、遺族の子たちにとっては、この演劇は、不可欠なものであったに違いない。次のものも老婦人の例である。

○苗栗県高埔：一日徹夜。末成道男調査。

1結彩禅堂、2成服開羅、3請仏度親、4首壇発関、5安厨潔浄、6迎祥集福、7招亡接祖、8宝懺初開、9華筵午供、10祖霊供養、11楽鬧皇壇、12薬師中巻、13酬王過王、14下巻交懺、15叩謝水神、16壇前放赦、17祖霊奉飯、18八音大放、19丁憂制孝、20給牒付亡、21黄河全巻、22開通冥路、23三蔵取経、24遊獄宣科、25目連救母、26引亡過橋、27外場施食、28担経勧孝、29代還官銭、30燃灯薦送、31送仏帰天、32叩謝宗師、33功徳円満、34亡妣升天、35孝門獲福、36富貴万年

上記の諸例を通して、「目連救母」は、地獄に閉じ込められている死者を救い出す儀礼で、目連が錫杖で地獄の門を叩き破って中の亡者を救い出す演出である。これは「地獄破り（破地獄）」と呼ばれる儀礼であって、葬儀においては、仏教、道教を問わず、広く行われている。上記の例は、すべて仏教であるが、道教では、道士が目連に扮するのは無理があり、紅頭法師の姿で「地獄破り」を行う。ただ、江南では、道士でも目連に扮して「地獄破り」を行っていることが多い。この高淳の法事の場合は、その例に当たる。湖南辰河地区でも道士が目連戯を伝承しており、道士も法事では常に目連戯を演じていたのである。

第七章　郷村新層目連戯——準古本Ⅲ—浙本

序　節　浙本目連戯の社会背景

浙江地区に伝わる目連戯テキストを、以下、「浙本」と略称する。その一つ、浙江省東部地区のものを検討してみる。

一　浙本目連戯の流伝地域

まず、この地区の地理的環境を地図によって示す（図67）。この地図で、浙東地区（C地区）は、池州地区（B地区）と徽州地区（A地区）の二つの地区と境を接しているが、B地区の方が境界線が長く、池州地区からの影響を受けやすい関係にある。目連戯においても、池州地区の影響が強かったはずで、徽州地区やその西に在る江西地区からの影響は、たとえあっても間接的なものにとどまるとみられる。以下、この推論を前提に浙東目連戯の特徴を検討する。

二　浙本目連戯の祭祀環境

この地区の目連戯テキストや上演の環境は、いろいろな点で池州地区のそれと共通する点が多い。たとえば、両者

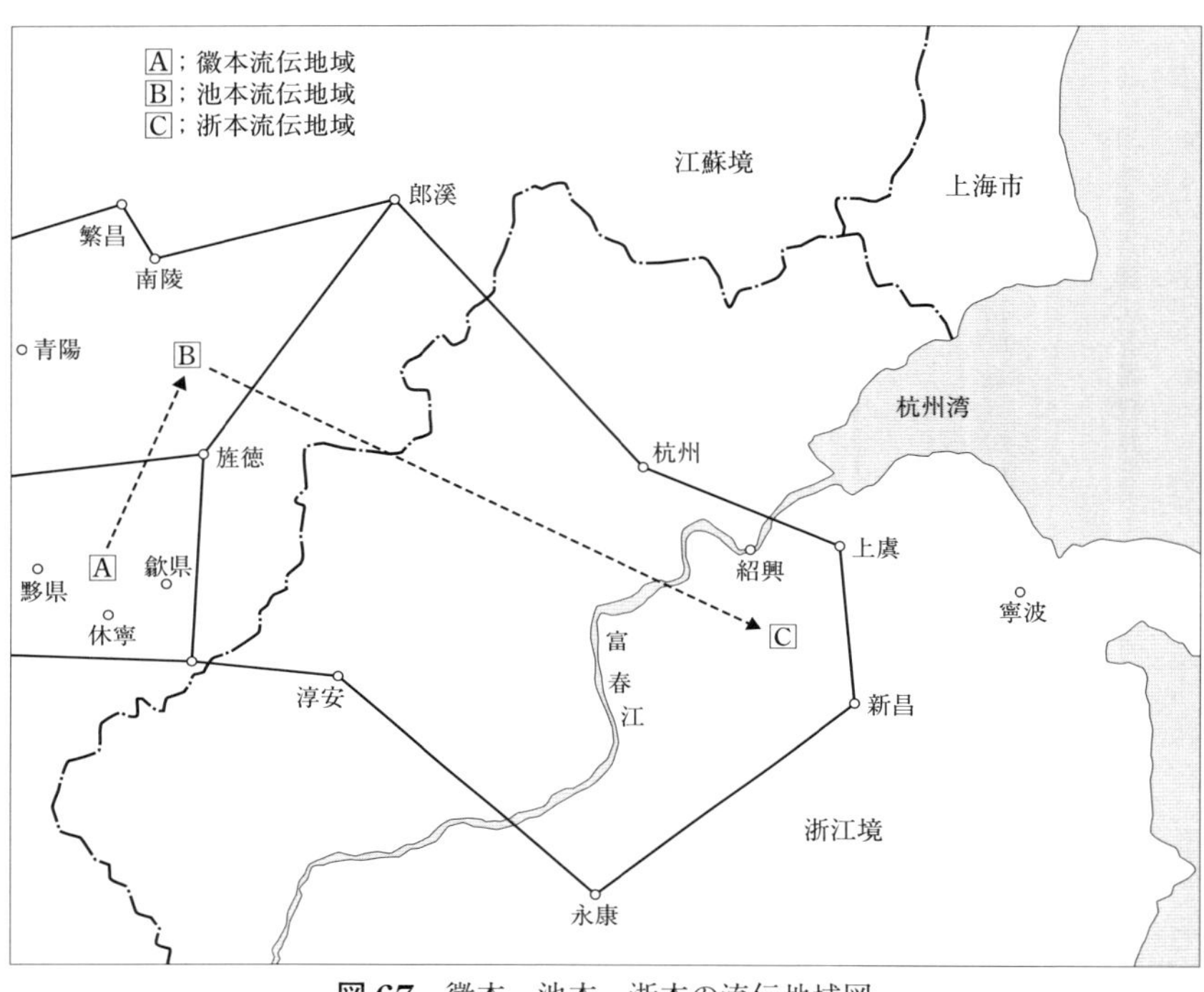

図 67　徽本，池本，浙本の流伝地域図

とも、祭祀の場面に応じて、長編本と短編本を使い分けている。池州の場合、一〇年に一度の目連清醮の時には、三日上演用の「大会本（三巻）」を用い、財力が乏しくこのレベルの祭祀ができない小村では、一日上演用の「穿会本（不分巻）」を用いるという。大会本を演じる村を「大演村」、穿会本しか演じられない村を「小演村」と呼ぶこともあったという。浙東地区もこれに似た状況であった。一九三〇年代に遡る記録であるが、謝徳耀「紹興的戯劇」（『民衆教育』第五巻第四・五期）に次のように記す。

六月には、『目連戯』と『大戯』が多い。『目連戯』は横死者を追悼し超度するために演じ、『大戯』は、『太平を求める』ために演じる。六月は暑いので、瘟疫と農作物への蟲害が流行する。そこで、『目連戯』と『大戯』もこの時期に流行するということになる。『大戯』と『目連戯』は、『起喪』と『遊地府』を除くほか、その演じる戯曲の物語と俳優の組み合わせの上に多くの差異がある。『大戯』で演じられる物語は、多くは長編歴史物語で、たとえば『狸猫換太子』などである。これに対し、『目連戯』は、『目連救母』を主体とするほか、孟種姜など滑稽戯の挿演が多い。『目連戯』は、ほとんどの役柄を道士が担当している。『大戯』の場合は、紹興戯の俳優が演じており、これに地元の郷民が協力している。

この記述は、かなり混乱がある。特に『大戯』は、「平安を求める」儀式にともなう演劇とあるので、やはり目連戯が演目の中心であったはずで、目連戯をわき役のように扱い長編歴史劇を主役のように記述しているのは誤りである。おそらく主役の目連戯の上演が終わったあとか、あるいは上演の合間に、招聘した神々に奉納するために通常の歴史劇を演じたもので歴史劇は付随的なものと見なくてはならない。これは、第四章冒頭に述べた徽州環沙村の目連戯で、夜は地元の目連班が目連戯を演じ、昼間は江西班が通常の劇を演じたという形と同じである。「太平清醮」であるから、本体は目連戯のはずで、それも三巻以上の長編であったはずであり、池州の「大会本」に該当する。またここに『大戯』と対立して挙げられている『目連戯』というのは、財力の乏しい村が行う規模の小さい簡略演出の目連戯であって、そのテキストは、池州のいわゆる「穿会本（不分巻）」に相当するものであろう。ただ、池州ではこの「穿会本」は、業余劇団、いわば素人劇団が担当すると言っているのに対し、ここの浙東地区では、「道士が担当する」と言っているところに大きな特色がある。また、池州では、前に述べたように「穿会本」の上演においては、脇筋の物語はすべて削除し、傅家の物語だけを演じる上、劉氏が地獄で刑罰を受ける話は、一切演じない、という。紹興でも道士の用いるテキスト『紹興旧抄救母記二巻』(1)では、目連の地獄めぐりの場を欠いている。おそらく演じなかったのであろう。この点において、浙東地区の慣行は池州地区のそれと一致している。浙東目連戯が池州目連戯と深い関係にあることを想定せしめる。

第一節　浙本目連戯の齣目構成

浙東目連戯のテキストとしては、新昌県胡卜村本四巻[2]、新昌調腔大会本五巻[3]、紹興道士本二巻[4]の三種があるが、その出目構成は、いずれも池州本に近い。胡卜村本と前良村本は、ほとんど同じであるが、前良本の方が齣目を増補しており、成立は胡卜村本より遅れると見られる。対照表を示す（表41）。

表41　池本［青］・池本［周］・浙本三種目連戯齣目表

行	池本［青］#201	池本［周］#202	浙本（胡卜村本）#214	浙本（調腔大会本）#213	浙本（紹興道士本）#215
	第一本	第一本	斎巻	義本	上巻
		1金星下界			
			1金玉縁		
		2城隍拿寒			
	1開場		2開宗		1開宗
5		3古仏収表			
	2賀新年	4拝年上寿	3賀正	1賀正	2賀正
	3発旨	5傅相出仏			
	4掛旛	6挂幡周済			
	5斎僧	7斎妮勧善	4男斎	2男斎	3男斎
10	6斎尼		5女斎	3女斎	4女斎
			6出仏	4出仏	5大会
	7劫金	8群盗劫金			
	8還金	9大盗還金			
	9談空	10奉仏談空			
15	10四景	11香山四景	7四景	5四景	6四景

			8 仮覇	6 仮覇	7 仮覇
	11 二何	12 公子二何			
			9 売身	7 男売身	
			10 済貧	8 済貧	8 済貧
20					9 孝婦
					10 十勿親
				9 弄蛇	
	12 駝少	13 贈一枝梅		10 背瘋	11 瘋婦
	13 鴻毛学	14 頭上飄雪			
25	14 済衆	15 済衆渡生			
	15 打缶別妻	16 討飯打缶			
		17 周済孤貧			
		18 出将奏帝			
	16 領帛				
30	17 玉帝登殿		11 天門	11 天門	12 天門
		19 五殿接旨	12 接旨	12 接旨	
	18 掛号	20 掛号相迎	13 掛号	13 掛号	13 掛号
	19 五殿接旨				
				14 出鶴	
35				15 収鶴	
	20 花園焼香	21 花園焼香	14 焼香	16 焼香	14 焼香
	21 辞世	22 傅相辞世	15 嘱子	17 嘱子	15 嘱子
				18 成服	16 成服
	22 請僧	23 請僧超度			
40	23 修斎	24 修斎追薦	16 喪事		
	24 吊慰	25 曹公吊慰			
	25 賑孤	26 薦抜賑孤	17 施食	19 施食	17 焔口
	26 升天	27 仙遊地府	18 地府	20 地府	18 地府
				礼本	〈下巻〉
45			19 思凡	1 思凡	19 思凡

	1	2	3	4	5
			20 落山	2 落山	20 落山
			21 相調	3 相調	21 相調
			僧巻		
	27 勧姐開葷	28 勧姐開葷	22 勧葷	4 勧葷	22 勧葷
50	28 遺子	29 劉氏遺子	23 遺子	5 遺子	23 遺子
			24 A 偸鶏	6 偸鶏	24 偸鶏
					25 罵鶏
			24 B 回罵	7 回罵	26 回罵
	29 拐子相邀	30 拐子相邀	25 出騙	8 出拐	27 出拐
55				9 捨釵	28 捨釵
			26 男吊	10 男紅神	
			27 女吊	11 女紅神	
			28 打吊	12 打吊自嘆	29 出吊
	30 行路施金	31 行路施金			
60		32 遺買犠牲			
	31 電公電母	33 雷公電母			
	32 趙甲打父	34 趙甲打父	29 訓父	13 訓父	30 訓父
				14 投水	31 勧逆
			30 出金剛		
65	32 A 雷打趙甲	35 雷打趙甲	31 出雷	15 出雷	32 雷撃
			32 買牲	16 買牲	
	33 劉氏開葷	36 劉氏開葷	33 開葷	17 開葷	33 開葷
			34 斎僧	18 斎僧	
			35 拆橋	19 拆橋	
70			36 点化		
		37 招財買貨	37 和合買貨	20 和合点化	34 和合
	34 観音点化	38 観音点化	38 起兵	21 起兵	35 起兵
	35 辞店行路	39 辞店行路			
	36 観音救苦	40 観音救苦	39 遇盗	22 遇盗	36 遇盗
75		41 李公勧善			

			80					85					90					95					100					105
37憶子		38母子団円		第二本	1開場	2寿母勧善			3十友行路	4尼姑下山	5思春数羅漢	6和尚思春	7僧尼相調	8三匠争坐	9小斎僧	10鄭元和		11売螺螄	12孝子売身				13訓妓	14趕妓	15十友見仏	16程氏施環	17出普化	18普化趕散
42劉氏憶子		43母子団円		第二本	1登台開場	2新年慶寿	3香山慶祝	4点化渡厄		5小尼思春		6和尚下山	7尼僧相会	8三匠争席	9羅卜斎僧		10瞎子救済	11斎公放生	12売身葬母				13王嬙訓妓	14趕妓帰空	15十友見仏	16陳氏施環		17出神趕散
40憶子		41小団円	42大門	布巻					43十友														44逼妓	45追妓				
23憶子	24拝帰	25小団円																		26埋骨	27遊景	28鬧院	29逼妓	30追妓				
37憶子	38拝帰	39小団円																										

				智本
	19 花園埋骨	18 花園埋骨	46 埋葬	
	20 三議奏	19 衆神議奏	47 議奏	1 議奏
	21 司命奏本	20 司命奏帝	48 起奏	2 起奏
110	22 五殿接旨	21 五殿接旨	49 接旨発牌	3 接旨
				4 発牌
				5 後掛号
			50 調五傷	
	23 請五猖祭叉	22 拝神祭猖		
115	24 傷亡			
	25 公差行路	23 公道発鬼		
		24 大捉小捉		
	26 益利掃堂	25 打掃庭除		6 家堂
			51 掃地	7 掃地
120	27 花園発咒	26 花園発咒	52 罰誓	8 罰誓
			53 白神	9 白神
			54 邋遢	10 邋遢
	28 劉氏悔誓	27 劉氏悔誓	55 悔願	11 悔願
	29 劉氏囑子	28 劉氏属子		
125			56 捉常	12 捉場
	30 請医救母		57 請医	13 請医
			58 打常	14 捉場逃台
				15 盤叉
			59 起兵	16 後起兵
130			60 探子	17 探子
			61 争朝	18 争朝
			62 元宵	19 元宵
	31 城隍起解	29 起解拷問		20 起解
				21 解糧
135	32 劉氏回煞	30 劉氏回煞	63 回煞	22 回煞

140　145　150　155　160　165

33遊天堂
34過滑油山
35描容祭奠
36龍女戯目連
37主僕分別
38観音試目連
39羅卜行路
40見仏団円
第三本
1開場
2師友講道

31過滑油山
32描容祭奠
33貧道塗容
34碧桃試道
35主僕分別
36観音試道
37羅卜登仙
38見仏団円
第三本
1登台開場
2羅卜求経

64望郷
65征討
66描容
67滑油山
68起馬
69辞官
70辞婚
71鬧龍宮
72符官
73後天門
74鬧海・報子
75擒猴
76主僕分
77差猴
78開路
79挑経
80試節
81脱化
82沙鰍
83見仏
施巻

23望郷
24征討
25画容
26起馬
27滑油山
28辞官
29辞婚
30出猴
31後天門
32鬧海
33擒猴
34主僕分
35差猴
36開路
37挑経
38趕虎
39上路
40試節
41脱化
42沙鰍
43前見仏
信本

	3曹府元宵	3慶賀元宵		
	4橋頭	4解到三橋	84起解	
	5孤埂	5孤埂多盗		
	6打埂	6打落孤埂		
170	7相会	7主僕相会		
		8馬郎医眼		
	8坐禅	9羅卜坐禅		
	9掛白			
		10清明掃墓		
175	10公子遊春	11公子遊春		
	11見女托媒	12見女托媒		
	12逼嫁	13継母逼嫁		
	13曹氏剪髪	14曹女剪髪		
	14搶親	15公子搶親		
180	15逃難	16小姐逃難		
	16曹氏入庵	17小姐逃庵		
	17父女相見	18父女相会		
	18一殿尋母	19一殿尋母	85一殿	1首殿
			86遊春	2遊春
185	19二殿尋母	20追解二殿	87二殿	3弐殿
			88上墳	4上墳
				5回家
				6空思想
	20罵鶏	21王媽罵鶏		
190	21巡風鬼	22下郷巡風		
	22三殿	23三殿訴苦	89三殿	7三殿
				8三橋
			90回家	
			91解殿	
195			92説媒	9説媒

225					220					215					210					205					200				
			28八殿夜魔城								27七殿掛灯									26六殿見母	25賜飯				24五殿尋母		23四殿		
					30目連掛灯	29蒙師賜灯														28六殿見母	27蒙師賜飯				26追尋五殿		25追尋四殿	24審問偸鶏	
	103九蓮灯		102八殿	101坐禅				100後見仏			99七殿							98後済貧	97剪髪	96六殿					95五殿	94逼嫁	93四殿		
33打関	32九蓮灯	31坐禅	30八殿				29帰家	28後見仏	27回朝	26到庵見女	25七殿	24勧贈	23売妻	22贈銀	21売子	20借銀	19背父	18後済貧		17六殿		16追尋	15剪髪	14謝媒	13五殿	12逼嫁	11四殿		10解殿

行					
				34収鬼	
				35後起奏	
			104九殿	36九殿	
			105登仙	37登仙	
230	29十殿変犬	31劉氏変犬	106十殿	38十殿	
	30打猟見犬	32公子打猟	107出猟	39出猟	
		33目連見犬	108遇母	40遇母	
	31追犬	34目連追犬			
	32盂蘭大会	35建盂蘭会	109追薦脱化	41追薦	
				42封贈	
235		36了局収台		43大団円	

この浙東目連戯は、古本の要素が残っている。新昌胡卜村本を例にとってみると、池木や鄭本にない齣目が多い。たとえば、次のとおりである。

1［金玉縁］王霊官が五猖を呼び出す。

7［四景］観音と地蔵が陽間を視察し、春夏秋冬の景色を見ながら、無常を説く（池州本を継承）。

8［仮覇］乞食夫婦が子を連れて門付に出る。子供が死に、夫婦は悲しむ。

24［偸鶏・回罵］若い娘の張君娘が王婆の鶏を盗む。王婆に罵られるが、やり返し口論となる。隣人の李媽媽がとりなす（弋陽腔本にあり）。

26［男吊］文字なし。男の吊死鬼が身代わりを求めて待機し、縄を伝ってさまざまな吊死の様子を演じる。本章第四節、9［男吊］の写真を参照（写真91～93）。

27［女吊］董門陳氏が詐欺師に騙されて簪を寄捨し、夫に貞節を疑われて、自縊をはかる。身代わりを求めて待機していた妓女の吊死鬼が陳氏に纏いつく。

28［打吊］普化天尊が妓女の吊死鬼を打って追い払い、陳氏を救う。

29［訓父］親不孝の張蛮が父親の張善を呼び出し、金銭をせびり、「ない」と聞くと、怒って父を打つ（池本を継承）。

30［出金剛］息子の虐待に耐えかねた張善が入水自殺する。これを見ていた金剛がこれを救う。

42［大門］

44［逼妓］妓院の鴇母王氏が妓女の小紅に接客を強要して虐待する（池本を継承）。

50［調五殤］傅相の父、傅庸が嫁の劉氏の不行跡を嘆くところへ閻魔の命令を受けて劉氏を逮捕に行く五方鬼に会う。傅庸は、悲嘆にくれる。

53［白神］白無常が登場、人生無常を説くところへ、多数の犬にほえられる。怒った白無常は犬たちに向かって毒づく。

54［邋遢］閻王配下の邋遢相公が部下の鬼たちを連れて、劉氏の花園に忍び込み、劉氏を拘引に行く。部下と諧謔の対話をかわす。

55［悔願］劉氏は、花園に行き、開葷を後悔するが、潜んでいた鬼たちに打たれ、目がくらみ、血を吐き、寒気がして倒れる。駆けつけた羅卜にも後悔の念を漏らして、気絶する。

56［捉常］小白無常たちが鬼たちが劉氏を拘引してゆく。

58［打常］劉氏に、五方の悪鬼に囲まれる。劉氏がお金はいくらでも出すので、許してくれと頼むが、お金は陽界でこそ通用するが、陰界では使えないと言われる。鬼たちは長叉で引き回す、劉氏は、台から逃げ出す。再び台に上がると、今度は、短叉を投げつけられる（後述の結節・張岱『陶庵夢憶』のいわゆる五方悪鬼、劉氏逃棚）。

59［起兵］金剛山黒蛮が謀反を起こす。

60［探子］李達配下の斥候が黒蛮の動きを主人の李達に注進する。李達はかねて対立している曹公に征討を命じて、陥れようとはかる。

61［争朝］朝廷での議論で、李達は曹公派遣を主張、楊天爵、秦恵は、文官を征討に当たらせることに反対するが、皇帝は、曹公の派遣を決定する。

65［征討］曹公と息子の曹賽連は、邋遢の軍を破る。邋遢を捕えて、都に凱旋する。

71［鬧龍宮］猴王孫孟張が龍宮の明珠を狙って、海を渡り龍宮を襲う。

72［符官］値日功曹が猴王の龍宮進攻を玉帝に報告、張道霊（陵）に命じ天兵を率いて猴王を捕えるように進言する。

73［後天門］玉帝は、張道霊に出陣を命ずる。

74［鬧海］龍宮太子、驁彬と猴王が出陣対戦。

74［報子］伝令が注進。太子が猴王に敗れたことを報告。

82［沙鰍］沙和尚（沙鰍の精）が沙河の中に一本の道を作って羅卜を誘導し、沙中に落し込む。白猴が飛び込み、沙和尚と戦って勝ち、羅卜を救い出す。

98［後済貧］益利が主人の羅卜の孝心を偲び、その慈善の意を体して、会縁橋で貧民救済の布施を行う。乞食の孫国清が出て蓮花落を歌う。

105［登仙］益利が金童玉女に迎えられ、傅相、劉氏、羅卜、曹賽英の団円を願いながら、この世を辞去して、昇天する。

これらは、いずれも鄭本以前の古いテキストから来たものと考えられる。

この中で注意を引くのは、曹女の故事の配置の仕方である。池本系では、一七三―一八二行にわたり、9［掛白］、10［公子遊春］、11［見女托媒］、12［逼嫁］、13［曹氏剪髪］、14［搶親］、15［逃難］、16［曹氏入庵］、17［父女相見］というふうに、連続してまとめて演じるのに対し、浙本系では、地獄めぐりの間にバラバラに挿入して配置する。89［三殿」、90「回家」、92「説媒」、93「四殿」、94「逼嫁」、95「五殿」、96「六殿」、97「剪髪」の順に続く。これは、十殿のあと、劉氏の変身である犬が曹女の庵に入り、追ってきた目連と邂逅するという筋に結び付けるのに、地獄めぐりの前にまとめて演じるよりは、各殿の間に分解して配置する方が漸進的クライマックスに近づく形になり、劇的な構成として優れているからである。また、地獄の劉氏と現世の曹女を交互に出すことで、地獄の悲惨が続いて観客が恐怖に陥ることを防ぐ効果がある。池州の「穿会本」は、地獄を演じなかった。この表41に載せた紹興道士本も地獄めぐりを欠いている。曹女故事の地獄場面への挿入は、地獄の場面を忌避する発想を受け継いだといえる。この演出法は、部分的には、呉本（高淳本、超輪本）に見られるものであるが（表38）、浙本の方が曹女故事の挿入齣が多く、呉本より早いのではないか、と推定する。

第二節　浙本目連戯のテキストⅠ

浙本には、二種のテキストがある。一つは、新昌県の調腔目連戯五巻本で、これはさきに言う『大戯』つまり「太平清醮」用テキストであり、梁武帝故事を含む本格的な目連戯上演に用いる。もう一つは、敬義堂と称する道士壇所蔵の『救母記』上下巻本で、前記のいわゆる簡略演出の『目連戯』に用いるものである。この両者とも弋陽腔本とよく似ている。古本の江西弋陽本と玉谷新簧本（第一巻上層、万暦三八年刊）の二種と字句を対照させて示す（表42）。

表42　［思凡］弋陽本・玉谷新簧・紹興道士本・新昌調腔本字句対照表

行	古本（弋陽腔本）#103	古本（玉谷新簧本）#102	浙本（紹興旧抄道士本）#215	浙本（新昌調腔本）#213
	小尼姑、年方有了二八、	小尼姑、年方二八、	小尼姑、年方二八、	小尼姑、年方二八、

5 10 15 20 25 30

正青春、
被師傅、
削去奴的頭髪。
毎日裡、
在仏殿上、
装香換水、
見幾個年少書生。
来在仏殿上散。
他把眼睛瞧着咱。
咱把眼兒瞧着他。
他与咱、咱与他。

眉来眼去、
眼去眉来。

正青春又遭、
剃了頭髪、
毎日裡、
在仏殿上、
焼香換水、
見幾個子弟們。
遊嬉在山門下。
我把眼兒瞧着他。
他把眼兒瞧着我。
我与他、他与咱。
両下裡、
都牽掛。
我見他手拿着
一把弾弓將幾個弾兒
打得不遠不近、不高不低、
輕輕打在奴懐中下、
初見時、只道他、
年軽面軟。
誰知他是個愛風情、
売風情瀟耍寃家
被寃家牽望殺。
咱恨不売了聖像、
拮砕雲版、
丟了木魚、
撇了袈裟、

從今後、

正青春、
被師父、
削去了頭髪。
毎日裡、
在仏殿上、
焼香換水、
見幾個子弟們。
遊嬉在山門下。
他把眼兒瞧着我。
我把眼兒覩着他。
他与咱、咱与他。
両下裡、

眉来眼去、
眼去眉来。
不由人、

正青春、
被師父、
削去了頭髪。
毎日裡、
在仏殿上、
焼香換水、
見幾個子弟們。
遊嬉已在山門下。
他把眼兒瞧着咱。
咱把眼兒覷着他。
他与咱来咱与他。
両下裡、

眉来眼去、
眼去眉来。
不由人、

35　40　45　50　55　60

把一片念仏的心腸、
抛卻在高粱上掛。
怎能夠与書生、
成就姻縁。
錦繡帳内、
鴛鴦枕辺。
唧唧噥噥
説了幾句真情話。
縦死在陰陽司地獄。
閻君面前、
一殿秦官、二殿楚江、
三殿宋帝、
五殿閻羅殿前、
把奴的善悪簿来看、
查出了奴的真情。
審出奴的原因。
把奴家上了刀山、
下了油鍋。
任憑他、碓来舂。
鋸来鋸、磨来挨、
不怕不怕真不怕。
到来生、
変作了一騎驢児、
口銜着生鉄、

把看経念仏心腸
都懸在高粱上掛。
若見冤家、
一把手扯住、
不放他了。
（下欠）

把看経念仏的心腸、
一旦抛在高粱掛。
恨不得与他、
成就姻縁。
就在地府陰司、
一殿秦広、二殿楚江、
三殿宋帝、
四殿五官、
五殿閻羅天子的殿前、
他把我善悪簿来查、
查得真的還是〔真〕。
哪怕他、碓来舂。
磨来挨、
小尼姑、
不怕不怕真不怕。

把看経念仏心腸、
一旦撇在高粱掛。
恨不得与他們去、
成就姻縁。
我就在地府陰司、
閻君的殿前、見了
一殿秦広、二殿楚江、
三殿宋帝、
四殿仵官、
五殿閻羅天子的殿前、
他把我善悪之事簿来查、
查得真来還是真。
仮的還是仮。
哪怕他、碓来舂。
磨来挨、
小尼姑、
不怕不怕真不怕。

行				
	身背着馬鞍、			
	将奴一棍打死。			
65	奴也不怨他。			
	又只見、活人受罪。		只見、活人受罪。	你只見、活人受罪。
	那見死鬼戴枷、		那見死鬼戴枷、	那曾見死鬼帯枷、
	有什麼活仏、			由他、有如活仏。
	有什麼菩薩、		有甚菩薩、	有如菩薩。
70	孤呀、孤呀、		寃家、	那寃家、寃家、
	火焼眉毛、只顧眼下。		火焼眉毛、且顧眼下。	火焼眉毛、且顧眼下。

ここでは、尼が地獄に落ちることを想定し、一殿秦広王、二殿楚江王、三殿宋帝王、四殿忤官王、五殿閻羅王などを数え上げる場面に特徴があり、これが弋陽腔本から浙東本に継承されていることがわかる。この場面は、鄭本にない場面であり、浙本の古さを物語るものである。玉谷新簧本は、万歴三八年刊本で、鄭之珍本より二八年遅いが、鄭本にないこの場面をもっている。その字句には弋陽腔本と一致する箇所も含まれるから（一―一四行・三二―三四行）、鄭本より古いテキストと見られる。

第三節　浙本目連戯のテキストⅡ

また、次の例でも、紹興旧本（道士本）や新昌県調腔本（劇団本）の字句は、弋陽腔本、池本に共通している。

表43　［僧尼相調］江西弋陽本・池本・紹興道士本・新昌調腔本字句対照表

行	古本（江西弋陽本）#103	準古本（池本［周］）#202	浙本（紹興道士本）#215	浙本（新昌調腔本）#213
		見嬌娘、	見嬌娘、	見嬌娘、

5　10　15　20　25

頓把我魂飄蕩、
他二人坐在蓮台上
到如今把名揚。
大的大菩薩、小的小菩薩、
這菩薩、那菩薩、
他也是爹娘生下。
吱、尼姑、我的娘、

頓使我魂飄蕩、
自古道神仙多情貺、
(小旦白)哪有這個神仙?
(丑唱)
那襄王和神女、
暮暮朝朝、
雲雨陽台上、
(小旦白)也没有個什麼好名声在那裡。
他到今名顕揚。
你何須苦自防?
(小旦白)你為了此事、菩薩也不容你。
(丑白)我且問你、這菩薩是天上吊下来的、地下出出来的?
(唱)
上面坐的大菩薩、
両旁站的波羅羯帝小菩薩、
大菩薩、小菩薩、
想他都是爹娘養。

頓使我魂飄蕩、
自古神仙多情貺、
豈不聞、
巫山神女夢会襄王、
為雲為雨、
朝夕在陽台上、
到今名顕揚。
何須苦自忙?
(小丑)
豈不聞、
這菩薩、那菩薩、
大菩薩、小菩薩
土地菩薩、老阿伯。喏!
他也是爹娘養。
喜得你青春、
我年少、

頓使我魂飄蕩、
論神仙自古多情況。
豈不聞、
巫山神女夢会襄王、
暮暮朝朝、
為雲為雨、
在陽台上、
到今名顕揚。
何須苦提防?
(花旦)地方吓。(丑唱)
此乃孤廟堂、
何必叫地方?
(丑)
豈不聞、
這菩薩、那菩薩、
蠻大格大大菩薩、
乜□□格小菩薩、
土地公公、老阿伯
這都是爹生娘養。
幸喜得你青春、
我年少、

30 35 40 45 50

尼姑和尚配合成双、
生下児男
有的終身靠。
(白) 挽一下。
(小尼白) 挽不得。
(和尚白) 要要蛮勁。(抱介)
我摸一下。是円的還是偏的。
(小尼白) 哎呦。摸不得。(唱)
到荒郊把我春心起。
不顧三官、不許名揚。
倒叫我春心動。
(白) 師父、我把衣服你咬到、我不走。
(和尚白) 拿得衣服来。
(小尼白) 閑到眼睛。我倒後面爬山、你到前面過水。

我和你双双、
成就何妨。
生下児郎、
接代宗支望。
(白) 哎! 阿弥陀仏、
(内喊) 砍柴去。

我和你双双両両、
奔下山岡、
匹配鸞鳳、
産下児郎、
連叫幾声幼尼、
幼尼媽媽我個娘、喏!
不絶你我個宗嗣、
望望
成就有何妨。
(小旦) 我被你纏擾不過、你往山前過水、我往廟後過山、夕陽西下、相会便了。

我和你双双両両、
奔下山岡、
匹配鸞鳳、
産下児郎、
連叫幾声、
優尼媽媽。我格娘吓。
咳! 度〔庶〕不絶我的宗嗣房、
成就了有何妨。
望成就、
成就了有何妨。
(丑) 布施、布施娘、現在功徳。和尚頭皮光邋遢、尼姑奶頭擦介擦。
(花旦) 和尚、你往廟前過水、我往廟後過山。夕陽西下相会便了。

行	(1)	(2)	(3)	(4)
	(和尚白)我不肯。哈哈哈。我咬到	(小旦白)砍柴的来了。	(小丑)現銅不打、反去煉鉄、有個	(丑)勿好、勿好。見銅勿打、去煉
	我自己的衣服。是他説道、他到説		呆和尚?	鉄。現銭勿摸、反起摸賒帳。勿好、
	道、他到後面爬山、叫我前面過水、			勿好。
	走走走。			
	(挿白、中略)	(丑白)就説是一対夫妻。	(小旦)愛呀、和尚。	(花旦)和尚。
55				(丑)愛！
		(小旦白)我両個光頭、豈不知、僧		
		尼両個麼? 你且向廟前過水、講		
		去超化。我往廟後過山、就説：往		
		母家去。等待夕陽西下後、一斉来		
		此会合便了。		
		(丑白)你不要謊我。那、我耽你過		
		水去。		
		(小旦白)那不好、我許你、那還謊		
		你。		
		(丑白)我不放心、那我一定背你過		
		水去。你站在這個石塊上、我還要		
		脱脚。		
60		(背介)		
		我的鞋放在哪裡。		
		(過河)(口白不書)		
		喂呀！ 你就是個綿絮団子一様。		
		阿弥陀仏。		
	(過水課子)	(唱)		(花旦唱)
65			只要你、	只要你
	郎有心、姐有心、	郎有心、姐有心、	男有心来女有心、	男有心来女有心、
	哪怕山高水又深、	哪怕山高水又深、	哪怕山高水又深、	哪怕山高水又深、
	山高自有人行路、	山高自有人行路、		
	水深自有擺渡人。	水深自有擺渡人。		
70	(穿倒靴介)			
		約定夕陽西下去、	約定夕陽西下会、	約定夕陽西下会、

75　80　85　90

(小尼白)師父倒了。
(和尚白)我的娘、我暁得你倒了。
(小尼白)靴子倒了。
(和尚白)這也是装死、你怎的不爬山。
(小尼白)山高了爬不過去。你背我過去。
(和尚白)這個冷冰冰、我不背。
(小尼白)不背我就転去。
(和尚白)不要走、我背。

有心人会有心人。

有心人会有心人。
南無仏阿阿弥陀仏。
(小丑)幼尼看仔細、他去了、有句話説忘記了、男有心、不差、男有心、女有心。哪怕山高水又深。約定夕陽西下会、有心人会有心人。
(小旦)和尚過来、扶我過去。
(小丑)我是不過来了。
(小旦)你不過来、我去了。
(小丑)我、来了。拝堂。拝堂。
(小旦)這辺不好、那辺好。
(小丑)就是這辺。
(小旦)不好、那辺去。
(小丑)男有心、女有心。哪怕山高水又深。約定夕陽西下会、有心人会有心人。来来、拝堂。
(小旦)没有媒証。
(小丑)青山媒証。
(小旦)無人作主。
(小丑)緑水作主。

有心人会有心人。
(丑)看仔細。他説道：男、男有心、女、女有心。哪怕山高水又深、約定夕陽西下会、有心人会有心人。
(丑)和尚実晦気、撞着断頭渓。且喜橋辺有柳、不免扯柳而過、便了。
(花旦)和尚、你来扶我過去。
(丑)被竹橋害怕了。
(花旦)你不来、我去了。
(丑)来了。好拝堂哉。
(花旦)那辺去、這辺有人的。
(丑)這辺人不管閒事。
(花旦)総是那辺好。
(丑)和尚要老婆、真真没奈何。這遭好拝堂哉。
(花旦)無人作主。
(丑)青山作主。
(花旦)無人為媒。
(丑)緑水為媒。
(花旦)没有牽紅線。
(丑)你的払塵、我的糸条。好拝堂了。

120　115　110　105　100　95

才和才和三才和、
和尚与尼姑、
長起頭髮来、
做夫妻、対対成双。
同偕到老。
(土地小鬼)晦気、晦気、遇着和尚
和尼姑、随他過了水、他二人干把
戲。小鬼、土地媽媽那裡去了。
(小鬼)台下看戲去了。

拝青山、為媒仗、
拝緑水、作主張。
我就撮、
撮土為香、
禱告上蒼。
保佑我夫妻們。
無災無障。
永遠成双。
忘恩的、天降災殃。
負義者、不過得一旬之上、
唵呵、従今後、
你做嬌娘、
我做新郎。
一対対成双。
呀、顧不得旁人笑講。
(合唱)
才好才好方才好。
此事真奇妙。
養起頭髮来、
戴起新郎帽、
和尚与尼姑、
做夫妻同偕到老。

拝青山、作主張、
拝緑水、為媒仗。
我是個撮、
咳、娘吓、做舍格腔。
撮土為香、
禱告上蒼。
保佑我夫妻們。
無災無障。
做夫妻、
地久天長。
忘恩的、添災殃。
唵呵、従今後、
你做嬌娘、
我做新郎。
一対成双。
顧不得旁人笑講。
才好才好方才好。
此事真可妙。
養起頭髮来、
戴起新郎帽、
和尚与尼姑、
做夫妻同偕到老。
(土地科白)

（土地）叫他回来。我也起了心火、要殺殺這個老火。

弋陽腔本と池州系本では、最後に和尚が尼を背負って河を渡るが、紹興旧本（道士本）と新昌本（劇団本）は、ともに和尚が尼の手を取って危険な橋を渡らせることにしている。方法に違いがあるが、和尚が尼を助けて駆け落ちする点では同じである。また弋陽腔本には、土地神が二人の仲に興奮して、妻を探す場面が付いているが、これは新昌本に痕跡を残している。いずれも鄭本など、他のテキストにはない場面であり、浙東本が江南の古層テキストの流れを汲んでいることがわかる。

第四節　浙本目連戯の上演

以下、浙江新昌本の演出を示す。

1［博施済衆—啞背瘋］

(1)傅相は、貧民救済のために広く布施を行う旨の告示を出す。これを聞いて、啞の夫が足の悪い妻を背負って、傅相の家に物乞いにくる（写真70）。

(2)傅相と益利が迎える。傅相、布施を与えるように益利に命ずる（写真71）。

2［白鶴］

目連戯では、死者を天界に迎える場合、金童、玉女が幟をもって接引する演出を行うが、このテキストでは、傅相が昇天する場合に、金童、玉女のほかに、特に巨大な白鶴を派遣し、傅相は、この鶴に乗って昇天する。これ

写真 73　白鶴Ⅱ（前良）
童子（左）．白鶴（右）

写真 70　啞背瘋Ⅰ（前良）
瘋女（左），啞男（右）

写真 74　捉白鶴（前良）
童子（左），白鶴（右）

写真 71　啞背瘋Ⅱ（前良）
啞背瘋（左），傅相（中），益利（右）

写真 75　和尚下山（前良）
和尚

写真 72　白鶴Ⅰ（前良）
白鶴（中）

写真 76　思凡（前良）
尼姑（左）

写真 77　相調Ⅰ（前良）
尼姑（左），和尚（右）

写真 78　相調Ⅱ（前良）
尼姑（左），和尚（右）

写真 79　相調Ⅲ（前良）
尼姑（左），和尚（右）

写真 80　相調Ⅳ（前良）
尼姑（左），和尚（右）

に対応するためとみられるが、「白鶴」と称して、天界において、野生の鶴を捕えて飼育する演出を行う。これも、「花目連」と言える（写真72―74）。

3［落山］

師父、師兄のいない隙を狙って、庵を脱出して、山を下りる（写真75）。

4［思凡］(5)

桃花庵の尼僧、俗念を抱き、妄想にふける。意を決して山を下りる（写真76）。

5［相調］

(1)僧侶と尼僧、下山の途中で、遭遇する。僧侶、尼僧に言い寄る（写真77）。

(2)尼僧、躊躇して拒む（写真78）。

(3)僧侶、尼僧に抱き着く（写真79）。

(4)尼僧も僧侶を受け入れる。二人、駆け落ちする（写真80）。

演出としては、素朴で諧謔に富み、地方色が出ている。

6［捨釵］

(1)張・段の二人は、商人董氏の家にいたり、喜捨を求める（写真81）。

(2)主人は不在、子供が生まれないことを悩んでいた夫人陳氏は、髪に挿していた金釵を喜捨する（写真82）。

(3)張・段の二人は、道で会った主人の董氏にも喜捨を求める（写真83）。

(4)董氏は喜捨名簿を見せるように要求し、董門陳氏金釵一両とあるのを見て、買い戻すからと言って、二人を屋敷に連行する。董氏は妻の不貞を疑うと共に、二人が詐欺師であることを見破り、捕える（写真84）。

(5)董氏は妻が金釵を詐欺師に与えたことから、詐欺師と通じたと疑い、折檻する（写真85）。

写真 84　捨釵Ⅳ（前良）
董氏（左），拐子（右）

写真 85　捨釵Ⅴ（前良）
陳氏（左），董氏（右）

写真 86　女吊Ⅰ（前良）
吊死女鬼（中）

写真 81　捨釵Ⅰ（前良）
拐子二人（左），陳氏（右）

写真 82　捨釵Ⅱ（前良）
拐子（左），婢女（中），陳氏（右）

写真 83　捨釵Ⅲ（前良）
拐子二人，董氏

写真 90　自嘆（前良）
吊死女鬼

写真 87　女吊Ⅱ（前良）
陳氏（中）

写真 91　男吊Ⅰ（前良）
吊死男鬼（中）

写真 88　女吊Ⅲ（前良）
吊死女鬼（左）

写真 89　女吊Ⅳ（前良）
陳氏（左），吊死女鬼（右）

写真 92　男吊Ⅱ（前良）
吊死男鬼（中）

写真 93　男吊Ⅲ（前良）
吊死男鬼

7［女吊］

(1)身代わりの自殺者を待っていた女吊鬼が陳氏にとりつこうとして登場する。昔、自ら縊死した身の上を語り、嘆きながらすり足で舞台上を走り回る（写真86）。

(2)自縊を決意した陳氏が出る（写真87）。

(3)女吊鬼は、陳氏の傍らで、その縊死を待つ。縊死しようとする陳氏に纏いつく（写真88）。

(4)縊死は未遂に終わり、女吊鬼もあきらめて退場する（写真89）。

8［自嘆］

女吊鬼は、陳氏を身代わりにして蘇生することに失敗し、生前の身の上の悲惨を嘆く（写真90）。

9［男吊］

目連戯においては、各テキストにおいて、ほとんどすべてが女性の自縊を演出する。この事件が起こると、女性の実家の郷村が、嫁入り先の郷村に、武器を持って押しかけ、殴り込みをするケースが稀ではなく、目連戯においても、この種の演出を行う例も見られる（湖南辰河腔目連戯、耿氏上吊）。しかし、男性の自縊は、あまり例のないことであり、このテキストが、特にこの場面を設けるのは、「吊死」の演者の曲芸を誇大に演出するためであり、「女吊」を種にした時間稼ぎのための「花目連」と見るべきである(6)（写真91—93）。

結　節　浙本目連戯と徽本・池本の関係

浙東本が徽州本及び池州本の系統を継いでいることについては、明末の文人、張岱が故郷の紹興の目連戯について書いた『陶庵夢憶』巻六「目蓮戯」の次のような記事が参考となる。

余蘊叔演武場、搭一大台、選徽州、旌陽戯子、剽軽精悍能相撲跌打者三四十人、搬演目蓮、凡三日三夜。四囲女台百什座。戯子献技台上、如度索、舞絙、翻桌、翻梯、觔斗、蜻蜓、蹬罈、蹬臼、跳索、跳圏、竄火、竄剣之類、大非情理。凡天神、地祇、牛頭、馬面、鬼母、喪門、夜叉、羅刹、鋸磨、鼎鑊、刀山、寒冰、剣樹、森羅、鉄城、血澥、一似呉道子地獄変相。為之、費紙札者、万銭。人心惴惴、灯下面皆鬼色。戯中套数、如五方悪鬼、劉氏逃棚等劇、万余人斉声吶喊。熊太守謂是海寇卒至、驚起、差衙官偵問。余叔自往、復之、乃安。台成、叔走筆書二対…

一曰…果証幽明、看善善悪悪、随形答響、到底来那個能逃…
　　道通昼夜、任生生死死、換姓移名、下場去此人還在。
一曰…装神扮鬼、愚蠢的心下驚慌、怕当真也是如此…
　　成仏作祖、聡明人眼底忽略、臨了時還待怎生。

真是以戲説法。

余蘊叔、演武場にて一の大なる台を搭し、徽州、旌陽戯子の剽軽精悍にして能く相撲跌打する者三四十人を選び、目蓮を搬演せしむ。凡そ三日三夜なり。四囲の女台は百什座あり。戯子は、技を台上に献ず、如えば、度索、舞絙、翻桌、翻梯、觔斗、蜻蜓、蹬罈、蹬臼、跳索、跳圏、竄火、竄剣の類にして、大いに情理に非ず。凡そ天神、地祇、牛頭、馬面、鬼母、喪門、夜叉、羅刹、鋸磨、鼎鑊、刀山、寒冰、剣樹、森羅、鉄城、血澥、一に呉道子の地獄変相に似る。之を為るに、紙札を費やすこと、万銭なり。人心惴惴たり、灯の下面は皆な鬼色なり。戯中の套数、如えば、「五方悪鬼」、「劉氏逃棚」等の劇は、万余の人、声を斉しくして吶喊す。熊太守、是れ海寇の卒かに至れりと謂い、驚きて起き、衙官を差して偵問せしむ。余叔、自ら往きて、之に復し、乃ち安んず。台成りて、叔、筆を走らせて二対を書く…

一曰…果は幽明に証せられ、善善悪悪を看れば、形に随い響に答う、到底て来るに、那個ぞ能く逃れん…（劉氏のことを言う）

道は昼夜に通ず、生生死死に任せて、姓を換え名を移すも、下場去くところ此の人、還た在り。（羅卜＝目連のことを言う）

一曰…神を装い鬼に扮す、愚蠢の的は心下に驚慌す、当真に也た是れ此の如きかと怕れん…（庶民の感じ方に共感）

仏と成り祖と作る、聡明の人は眼底に忽略するも、了に臨める時、還た待すること怎生ならん。（文人の感じ方に疑問…臨終を平静に迎え得るや否や）

真に是れ「戯を以て法を説く」なり。

この文章で、原文に「徽州、旌陽戯子」とあるのは、意味がとりにくい。文の勢いから見れば、「徽州の旌陽から来た俳優」と読みたいところであるが、旌陽は、旌徳県の西端を指し、徽州歙県と境を接するが[7]、徽州属ではなく、寧国府に属する。したがってここは、「徽州および旌陽の俳優」「徽州、旌陽あたりの俳優」と解するほかはない。明末の紹興には、徽州、旌陽あたりの目連戯専門の俳優が招かれていたことがわかる。ここでは、舞台は、廟でなく、演武場に作られている。戦死者を慰霊する意味があるからであろう。舞台の左右と対面位置に二階の観客席（看楼）が作られ、ここに女性客が座を占める。その桟敷席は、百数十というから、正面三〇席、左右五〇席の大規模戯場ということになろう。ここで、特に高度の武術、武戯が演じられていた。戦死者を弔う意味が込められていたと思う。

武技として、挙げられているのは、度索（綱渡り）、舞絙（布振り舞）、翻桌（卓上トンボ切り）、翻梯（梯子トンボ切り）、觔斗（平地トンボ切り）、蜻蜓（トンボ渡り）、蹬罈（大地踏み）、蹬臼（石臼踏み）、跳索（縄跳び）、跳圏（輪飛び）、竄火（火の輪くぐり）、竄剣（剣の輪くぐり）などである。これらが「徽州、旌陽あたりの俳優」が演じたという点が重要である。さきにのべた池州目連戯では、目連戯は三層高台で演じられたというから、池州系にはいる旌陽俳優は、これらを得意としていたと推察される。また、これも前述したところであるが、徽州目連班も「蜘蛛結網」、「刀門」、「火門」、「布馬」、「打推羅漢」、「捉趕」などを演じている。「刀門」は「竄火」に、「火門」は「竄剣」にあたるものであろう。さきに上げた「男吊」の演技なども、この系統の「度索（綱渡り）」「蜻蜓（トンボ渡り）」等に属すると見られる。「徽州、旌陽あたりの俳優」が伝えたものと推定される。

また、天神、地祇、牛頭、馬面、鬼母、喪門、夜叉、羅刹とあるのは、劉氏が牛頭、馬面など鬼たちによって地獄に拘引される場面に現れる人物を指している。喪門とあるのは、回煞の場面の祭壇を、鬼母は、劉氏を家に入れる灶媽を指すと見られる。鋸磨、鼎鑊、刀山、寒冰、剣樹、森羅、鉄城、血澥と並ぶのは、すべて地獄の種類である。血澥は、三殿の血の池地獄、森羅は五殿の閻羅王、鼎鑊、鉄城は、六殿の阿鼻地獄、刀山、剣樹は一殿地獄、鋸磨は二殿地獄、寒冰は、不明。八殿の暗闇地獄を指すかもしれない。これらは、みな、紙細工で、迫真の迫力をもっていたらしい。また、劇中の場面として、「五方悪鬼」、「劉氏逃棚」があげられているが、表41第127行、胡卜本58［打常］、調腔本14〔捉場逃台〕の場面がこれに符合する。邋遢相公に率いられた五方の悪鬼が劉氏を襲い、台を飛び下りて逃げる劉氏を追い、台に追い戻し、叉を投げる。この場面では観客も逃げる劉氏に応援の掛け声を挙げる。ここでも張岱のこの記事は、胡卜村テキストによく合っている。紹興目連戯が池州の目連俳優に学んだことは間違いないであろう。

（1）『目蓮戯』是為了追悼和超度横死的人而演的。『大戯』則為的是『求太平』、因為六月裡天熱、瘟疫和農作物的蟲害都易流行。所以六七月裡『目蓮戯』和『大戯』也一様流行於各郷村。這便紹興的戯劇底作用、除了祀神、祭祀、礼節、娯楽外、又添上了一層超度和駆魔的神秘底色彩。『大戯』和『目蓮戯』除了『起喪』和『遊地府』的共同的特点以外、其間在演出的戯劇的本事上和戯角的組成上也多有区別。『大戯』所演的本事多取材長編的歴史故事。像狸貓換太子等。而『目蓮戯』則除主劇目蓮救母外、就多孟種姜、滑稽戯的穿挿。『目蓮戯』的戯角、差不多全由道士充任『大戯』的演目：則為紹興戯的戯子、加上当地郷民的協助。

ここでは、『目蓮戯』に『遊地府』が演じられたように記すが、道士劇本（注4）の『遊地府』は、目連でなく傅相の地獄めぐりである。劉氏の堕獄は、演じられていない。

（2）『調腔目連戯咸豊庚申抄本』五巻、肇明校訂、台北、施合鄭民俗文化基金会刊行、一九九七年。

（3）『浙江省新昌県胡卜村目連救母記』四巻、徐宏図、張愛萍校訂、台北、施合鄭民俗文化基金会刊行、一九九八年。

（4）『紹興旧抄救母記』二巻、徐宏図校訂、台北、施合鄭民俗文化基金会刊行、一九九七年。

この本は、清代紹興敬義堂楊杏方抄本。敬義堂は、道士壇の名称。このテキストは、道士班のもの。上下二巻で完結しているが、目連の地獄めぐりの場はない。明代以来の古本という。高淳本に近似しており、鄭本とは来源を異にする古本とみられる。

（5）『調腔目連戯咸豊庚申年抄本』［思凡］（台北施合鄭民俗文化基金会、一九九七年）一七〇―一七四頁の劇本を引く。冒頭の数句は、鄭之珍本を踏襲するが、その後は、まったく独自の文を展開する。第二章の江西弋陽本、第六章の折子戯『思凡』と酷似する。

（花旦上場、唱）日転花影匝歩廊、風送花香入閒房。金針刺破紙糊窗、透引春風一線光。蜂児対対双、蟻児陣陣忙、倒掩花片過東牆、南無仏阿阿弥陀仏。（念）三千善結子、十八女沙弥、総是人家子、花宮未逢時。（白）我乃仙桃庵小尼姑趙氏、法名色空、自入空門、掃地焚香、謹遵五戒、学課誦経。暮鼓晨鐘、十分辛苦。幸喜今日師父師兄不在庵、不免出了門、間歩一回。（［板］）一出門来、好春景也。只見黄鶯対対、粉蝶双双、扁蟻営営、万事得了。不免迴転山門、把従幼出家之事。細想一番、有何不可？（［起板］）（唱）小尼姑年方二八、正青春被師父削去了頭髪、毎日裡在仏殿上焼香換水、見幾個子弟們遊嬉、已在門外。他把眼児瞧着咱、咱把眼児覷着他、他与咱来咱与他、両下裡眉来眼去、眼去的眉来。不由我看経念仏心腸、一旦撇在高粱上、恨不得与他們去成就了姻縁。我就死在地府陰司、閻君的殿前、見了一殿秦広、二殿楚江、三殿宋帝、四殿忤官、五殿閻羅天子的殿前、他把我善悪之事簿来査、査得真来還是真、仮的還是仮。哪怕他碓来舂、磨来挨。小尼姑不怕不怕真不怕。你只見活人受罪、那曾見死鬼带枷？　由他、有如活仏、有如菩薩、那冤家、冤家、火焼眉毛、且顧眼下。（念）削髪為尼実可悲、禅灯一盞伴悟眠、光陰已過催人老、辜負青春美少年。（白）想我出家原非本意。（［起板］）（唱）只因我父好看経。母好供仏、木魚朝参、焼香換水。又誰知、生下我丫頭疾病多。因此上捨入了空門、奉仏修斎、与人家去超薦亡霊。不住口念着弥陀、不住手撃磬揺鈴、擂鼓拷鑼。哪裡有地府陰司做功課、華厳経幾句、有些差訛。孔雀経字眼、有些差錯。多心経都選過、金剛経参不破、唯有蓮経七巻最難学、俺師父、夜裡夢裡都来教我。他不教我別的而来、他教我念幾句哆難哆、薩摩訶、薩摩訶、還有般若波羅。（白）独坐無聊、好生愁悶呵！　有了、不免到迴廊散歩。多少是好。（接唱）続回廊、山門則過、（又）（走板）俺只見二旁羅漢、塑得有些精雅、那一個托香腮、心児裡想着我、眼朦朧、口児裡念着我、抱膝舒懐等着我。降龍的、悩着我、伏虎的、恨着我。唯有那長眉大仙愁着我、他不愁我別的而来、他愁我老来時、有什麼様結果。唯有那布袋羅漢笑呵呵、他笑我光陰過、時光差、光陰時光能有幾何？　有誰人肯娶我年老婆婆？　仏前灯、作不得洞房花燭、香積厨、作不得玳筵東閣。鐘鼓楼、作不得望夫台。那草蒲団、怎作得芙蓉軟褥？　我本是正嬌娥、美嬌娥、也不曾犯法違条。為甚的、身掛素珠、手拿木魚、腰繫一条麻条、我怎能夠着錦穿羅？　不由人心熱如火、我如今把袈裟扯破、蔵経埋了、木魚丟了、鐃鈸撇了。学不得羅刹女去降魔、怎学得南海水月観音座？　夜深浄、独自臥。醒来時、独自坐。有誰人孤単如我？　那期間削髪縁何？　哪裡有天下縁霊仏？　枝枝葉葉光明仏？　哪裡有八万四千弥勒仏、江湖両岸流沙仏？　我如今把鐘楼仏殿遠離抛、我下山去尋一個年少哥哥、養男育女接着我、由他笑我、由他罵我、只図顛鸞倒鳳両諧和、我就死在地府陰司、呷唷唷！　快活殺我。（唱）為尼為尼莫学我、莫把時光過、幼年不動情、老来没結果、只恐怕、月下山（僧）来没処躲。（下）

（6）この時のテキストは、『調腔目連戯咸豊庚申年抄本』であるが、男吊は、第十齣「男紅神」と題を記し、次のように簡単な演出の指示を記すにとどまる。所作のみで、白も唱もない曲芸の段であることを示している。

〈大拷〉（上）〔調吊〕（大拷）（下）

（7）東洋文庫蔵の安徽省旌徳県内の戴氏一族の族譜に『旌陽礼村戴氏統宗譜』十巻光緒十一年刊本一〇冊がある。その序文により旌陽が旌徳県の西を指すことが知られる。徽州歙県の東境に隣接する。

第八章（上） 宗族目連戯——京本Ⅰ——鄭本

序 節 鄭本目連戯の社会背景

さて、第三章で述べた鄭之珍の出身地に近い徽州祁門県環沙村程氏一族では、目連戯テキストとしては、鄭之珍本が尊重されている。ここに保存される対聯がそのことを物語る。次のとおりである。(1)

(1)勧善記演出歌舞詞、且仮昔日衣冠打扮、以虚為実事、
醒世文編成曲調句、聊借今時子弟点装、将戯作真伝。
勧善の記は歌舞の詞を演出す、且らく昔日の衣冠を借りて打扮せば、虚を以って実事と為す／
醒世の文は曲調の句を編成す、聊か今時の子弟に借りて点装せば、戯をもちて真伝と為す。

(2)梅葶含芳、借高石奇文、演出前世後世、
芙蓉吐秀、仮目蓮善記、編成古調新弾。
梅の葶は芳を含み、高石の奇文に借りて、前世と後世を演出す、
芙蓉は秀を吐き、目蓮の善記に仮り、古調と新弾を編成す。

(3)益利尽忠服主、舎身遵主命／

賽英守節同夫、削髪伴夫成。

益利は忠を尽くし主に服し、身を捨てて主命に遵う、

賽英は節を守り夫に同じくし、髪を削りて夫の成るに伴たり。

(4)鄭公竟世奇才、捜実跡、拠陳編、仮目蓮孝子尋娘、生出万葉千枝、言言錦繍、句句精華、節義尽完全、喚醒夢中由覚路、

傅相天下義士、広布施、斎僧道、果身修真人見帝、接引金童玉女、対対珠幡、双双宝蓋、神仙斉合掌、別開塵裏達天堂。

鄭公は竟世の奇才、実跡を捜し、陳編に拠り、目蓮の孝子、娘を尋ぬるに仮りて、万葉千枝を生出す、言々は錦繍、句句は精華、節義は完全を尽くし、夢中を喚び醒ますに覚路に由る／

傅相は天下の義士、布施を広くし、僧道を斎し、身もて真人を修し帝に見ゆるを果たし、金童玉女に接引せらる。対対の珠幡、双双の宝蓋、神仙は斉しく合掌し、別に塵裏を開きて天堂に達す。

(5)傅家三代持斎、念仏看経、暮鼓晨鐘声入耳、

劉氏一朝罷素、違夫背天、茹紫飲酒味充腸。

傅家は三代に斎を持し、仏を念じ経を看、暮鼓と晨鐘の声は耳に入る、

劉氏は一朝に素を罷め、夫の違い天に背き、茹紫と飲酒の味は腸を充たす。

ここに見えるように、(1)の「勧善記」、(2)の「目連善記」の語は、鄭之珍の『目連救母勧善戯文』を指し、(2)の「高石」は、鄭之珍の号、高石山人を指す。(4)の「鄭公は竟世の奇才」は、鄭之珍を指す。また、(3)の「賽英守節同夫成」とあるのは、曹賽英の守節故事で、鄭之珍本の特色を示す。また(5)に「傅家三代持斎」とあり、傅家三代、つまり傅崇―傅相―傅羅卜の三人が崇仏者であったことを言う。鄭本以外では傅崇は排仏者とされているから、三代崇仏は鄭

本の特色である。これを見ると、環沙の目連戯では、一貫して鄭本を尊重していたことがわかる。環沙の程氏は、忠孝節義を重視する宗族に適合したテキストとして、鄭之珍本を尊重しているものと思われる。

このように、民国二二年に、この村で、馬山班が演じた目連戯は、上記の祭文では、鄭之珍本目連戯三本を演じたように見えるが、馬山班は、鄭之珍本とは異なる梁武帝伝、西遊を含む独自のテキストをもっており、ここでも鄭之珍本でなく独自のテキストを用いた可能性が高い。そのテキストは、前章で述べたとおりである。

父老たちは、馬山班の演じる目連戯が鄭之珍本ではないかもしれないということに気が付いていないか、あるいは、多少の夾雑物が含まれているにしても、それも基本的には鄭之珍本のバリエーションにすぎないと信じていたか、いずれかに違いない。ここに下層民から遊離した宗族エリートの盲点が潜んでいる。かれらは、上演実態に無関心であり、主観的に目連戯は「鄭之珍が造ったものだ」という観念の世界にいるのである。では、その観念の実態は、どのようなものであったか。以下、これについて、分析する。

第一節　宗族中心の統族観念

まず、前掲の鄭之珍本を宣揚する環沙村が程氏一族の単姓村落である、という点に注意しなければならない。ここでは、祖先祭祀を重視する観念が強く、目連戯を中核とする祈安祭祀は、その目的、組織、設営のすべての面において、宗族中心の観念で貫かれている。

一　目的

祭祀の目的は、祭文に次のように述べられている。

今は、環沙の族内、人事は屢々滄桑を見る。富社の村中、大局は屢々変動を延く。財源を散じて、嚢は空しく橐は乏し。(A)壮丁を損じて戸は少なく口は稀なり。此くの似きの情形、聞く者は色に駭かざるなく、斯を為すの状況、観る者は、孰れか心に驚かざらん。要するに皆な人事の修まらざる、天神をして震怒せしむるを致す。この明命を雇(かえり)［顧］みて念ずれば、敢えて心を改めて面を洗わんざらんや。弟子等は善功を是れ念じ、(B)財力を冥府の孤魂に施す。茲に合族の嗟商の合同の議決を経て、(C)目連を許して賑済し、人口を保ちて以って平安ならしむ。

ここには、一族の人口が減少し、衰退してゆくことへの危機感から(A)、祭祀を行うと明記している。この人口減少の原因は、孤魂の祟りであると認識されていた。孤魂をなだめる手段として目連戯の奉納が必要だったのである(B・C)。

二　祭祀組織・財政

ここでは、祭祀組織・財政は、すべて程氏一族から成る。上演費用を各戸の田租の額に比例して徴収している。この時、族長程世英は、族内の四つの支派（股）を集めて会議を開き、費用調達について、文書「籌費簡章」を立てて、次のようにまとめている(2)。

1議決…癸酉年、中秋、会租谷、四股公提抜、帰善願費用。（1議して決す。癸酉の年、中秋に租谷を会し、四股は公に提抜して善願の費用に帰す。）

2議…合族男丁、毎名、派出大洋壱元以資補助。（2議す。合族の男丁、毎名、大洋壱元を派出して以って補助に資す。）

3議…合族女丁、未出閣之女、毎名、一律派出米四斗。（3議す。合族の女丁、未だ出閣せざるの女、毎名、一律に米四升に派す。）

4議…族内有客姓長駐者、無論男女、率照本族一律。（4議す。族内、客姓の長く駐せる者あれば、男女を論ずるなく、率ね本族に照らして一律とす。）

5議…界内田畝、上至西峰廟、並楊村廟、下至黄土嶺、及羅望嶺等処、毎畝、無論干旱、務須派出大洋八角、皮骨各半、応由佃人経収帰公。惟西峰廟、石板橋以外、至梘頭根止之田畝、毎畝、皮骨収洋四角。（5議す。界内にて、田畝、上は西峰廟並びに楊村に至る、下は黄土嶺及び羅望嶺等の処に至る、毎畝、干旱を論ずるなく、務めて須らく大洋八角に派出すべし。皮骨は、各々半ばとす。応に佃人に由りて収を経て公に帰すべし。惟だ西峰廟、石板橋以外、梘頭根に至りて止むるまでの田畝は、毎畝、皮骨は洋四角とす。）

6議…本村及莫家所牧之牛、毎頭、派出大洋六角、如牛与人牧者、牛主与牧人各出一半。（6議す。本村及び莫家の牧する所の牛は、毎頭、大洋六角を派出す。もし牛、人に与えて牧せしむる者は、牛主と牧人と、各々一半を出す。）

7議…本村及莫家所蓄之豬、毎口、派出大洋弐角。（7議す。本村及び莫家の蓄する所の豬は、毎口、大洋弐角を派出す。）

8議…経理収費人員、辦事之人、各負各股責任、尽期、癸酉年茶市一律収斉、存儲各股経収処。（8議す。経理して費を収むるの人員は、弁事の人は、各々各股の責任を負う。期を癸酉の年の茶市を尽くして、一律に収め斉う。各股の収を経たる処に存儲す。）

9議…坐局人員、依照四股出身、毎股挂出二名、共同襄辩。（9議す。坐局の人員は、四股に依照して身を出だす。毎股は弁事者を推すこと二名、共同して襄辨す。）

10議…武班人員、依照四股、毎股推人四名、共襄辦事。（10議す。武班の人員は、四股に依照す。毎股、人を推すこと四名、共に事を襄弁す。）

11議…経収中秋会租谷、依照四股維持、地址、臨時酌奪。（11議す。収を経たる中秋会の租谷は、四股に依照して維持す。地址は臨時に酌奪す。）

12議：開演期間、無論何種賭具、公同一稟禁清。如有恃強不遵、公同聯合報告。（12議す。開演の期間は、何種の賭具たるかを論ずるなく、公同に一稟に禁清す。もし強を恃みて遵わざれば、公同に聯合して報告せしむ。）

田土、人丁に比例して課徴する方針を基本として、田土の肥沃度も勘案し、さらに所有する牛や豚の数にも注意するなど、族人の資産を細部まで検討して、費用を集めている。また、費用徴収の組織も、各股に人員を平均に割り当て、相互に牽制させて不正を予防するなど、周到な配慮をしている。

これを原則として、実際には、甲組織を単位として、次の人物が責任者に選任された（表44）。

表44 環沙程氏村目連戯組織表（すべて程氏一族）

甲名	坐局人員	収谷人員	収款人員	人数純計
四甲	鳳騰、子卿	世英	端華、徳女	五名
五甲	済師、鴻卿、佐廷、乾輝	吉人、佐廷	必恒、振徳、康全、春水	九名
六甲	履安、戴陽	振卿	振卿、履安、伝寳、戴陽	四名

甲は一〇名から成っていたはずで、一〇名との差数は、他の同族が埋めていたと思われる。五甲では、程氏がほぼ独占していたことになる。甲組織を使って費用を集めているのは、公権力の強制力を利用していたからであろう。一年かけて、ほとんど、族内の資力をしぼりだすように費用を集めたといえる。

三　設営

祖先の位牌を祀る祠堂で挙行されている。さきに引いた祭文には、次のような表現が見える。

建冬斎、事祠堂。敬筮良辰、迎呈聖駕、臨祖廟。以斎以戒、致敬致誠。

○冬斎を建て、祠堂に事う。敬みて良辰を筮し、聖駕を迎呈し、祖廟に臨ましむ。以って斎し以って戒し、敬を致し誠を致す。

虔涓吉日、建醮事予祠堂、敬筮良辰、迎衆神於祖廟。以斎以戒、致敬致誠。

○虔みて吉日を涓び、醮事を祠堂に建つ。敬しみて良辰を筮し、衆神を祖廟に迎う。以って斎し以って戒し、敬を致し誠を致す。

これによると、天界、地界、水界の諸神を祠堂に迎え、そこに僧侶道士が集結して五日六夜の大祭祀を挙行していることになる。目連戯は、当然、この祠堂の門楼に作られた戯台で演じられたはずである。

ひるがえって考えると、宗族のリーダーである知識人は、元来、祠堂で演劇を行うことを忌避してきた。特に目連戯は、祖先の亡魂が地獄に堕ちて鬼に虐待され、救済を待っているという発想であり、〝怪力乱神〟を語らない儒教の考えとは相容れない。族内の下層民が孤魂救済、人口回復の手段として、目連戯の上演を要求しても、魑魅魍魎が跳梁する土俗性の強いものは、上演したくない。できるだけ宗族思想に適合した内容のものを上演したい、というのが宗族の父老の考えであった。鄭之珍本は、従来の土着テキストに比べて、鬼神の登場する場面が少ない。たとえば、土着テキストに必ず含まれている「祭猖」、地獄の使者が劉氏を拘束に来る「無常鬼」、吊死鬼が身代わりを求める「懸梁」などがない。おそらく先行テキストに存在していたものを、改編の過程で削除したのであろう。また、土着テキストに挿入されている雑技の場面もほとんどない。鄭之珍は、目連戯の中心思想を勧善懲悪にしぼり、怪力乱神を夾雑物として排除したのである。まさしく明代中期の宗族父老の要求にこたえるテキストであったと言える。逆に劇団側、観衆側から見れば、道徳鼓吹に偏した説教じみたテキストということになる。土着テキストが先行していた徽州の郷村で、鄭之珍本が敬遠されて使用されなかったのは、この理由による。逆に、鄭之珍本が使われるのは、宗族上層部の父老の統制が強い場面に限られることになる。民国二二年環沙村の場合も、建前は別として、実際に鄭之珍本で上演されたか否かは、疑問が残る（この点は前述した）。

第二節　貞節の奨励

目連戯は、孝子の物語であるが、鄭之珍はこれに貞節の物語を付加している。出家前の目連が羅卜の俗名を称していたときの婚約者で、宰相曹献忠の娘、曹賽英が、婚約者羅卜が婚約を解消し、母の遺骨を西天の極楽に送ろうとして、西に向かって旅立ったあと、継母から、別の家に嫁ぐように強要され、剃髪して出家してしまうという筋である。この話は、鄭之珍本以前の郷村系古層本の江西本、徽州本にも存在する。最後に劉氏が犬になって曹賽英の尼庵に入ってゆき、追ってきた目連がそこで犬を母と確認するとともに、婚約者にも会うという劇的場面を展開するのに、曹賽英の話は、目連戯にとって不可欠のものである。ただ江西本、徽州本では、この話は、劇の進行から離れたエピソードとして扱われ、段公子の意を受けた媒婆の曹家への働きかけ、これに呼応する継母、追い詰められた曹賽英の剃髪、入庵までをまとめて演じる。これに対して、鄭之珍本では、目連の地獄めぐり（劉氏の受難）の話の間に、曹氏の危機の話が分割して挿入される。地獄の劉氏の苦難の場面と現世の曹氏の受難とが交互に入れ替わりながら演じられる。極めて立体的な構成になっている。これは南戯の伝統的手法で、主人公の男女ふたりが、離れ離れになったあと、それぞれの物語を交互に演じながら、この両者が次第に歩み寄り、最後に交差して大団円に到るという二元構成の技法である。古層本では、全くの脇役に過ぎなかった曹氏が、ここでは目連（劉氏）と並ぶ主役になっている。それだけ、存在感を増し、物語が地獄における劉氏の悲劇と、現世における曹氏の悲劇という二元構造になり、地獄めぐりが緊迫感を増す結果になっている。この趣向は鄭本に先行する呉本浙本にその萌芽が見られるが鄭之珍本は、これを徹底させた。この点において、鄭之珍本は、先行古層本に対して新層本と定義することが可能である。しかもこれによって、曹氏の貞節が浮き彫りになり、その烈婦ぶりが格段に強調される結果となった。鄭之珍は、南戯の二元対立の技巧を利用して、曹氏の貞烈を演出したと言えるのである。この地方の宗族や知識人が鄭之珍本を賞賛した理由もここにあったと言えよう。以下では、この地域の貞節奨励について、検討し、鄭本成立の背景をさぐってみよう。

まず、曹氏が結婚の望みのない婚約者に節を立てるという設定は、無理な筋であり、絵空事のように思えるが、徽州では、このような話が実際に存在していた。たとえば、鄭之珍とほぼ同時代にできた戴廷明、程尚寛『新安名族志』には、貞節な妻の話が多く載せられている。次のとおりである。

歙県—馮唐村

程賢祖…早卒、妻方氏守節、撫立諸孤。（程賢祖、早く卒す。妻方氏、節を守り、撫して諸孤を立つ。）

程　回…早卒、妻汪氏守節、撫子玄恩。（程回、早く卒す。妻汪氏、節を守り、子の玄恩を撫す。）

歙—褒嘉垣村

程仲敬…部運赴京、中途病故、妻呂氏乃断其髪、示無他意、撫二幼子、紡織織袵、以為家業、年七十一而終。（程仲敬、部運して京に赴き、中途にて病故す。妻呂氏乃ちその髪を断ち、他に意無きを示す。二幼子を撫し、紡績して袵を織り、以って家業と為す、年七十一にて終わる。）

程崇譲…妻王氏、譲亦早逝、婦年二十三、誓不再嫁、節操自持、不減於呂。（程崇譲、また早く逝く。婦、年二十三、再嫁せざるを誓い、節操自ら持す。呂に減ぜず。）

程　景…字汝芳、年三十、商死諸曁。妻鮑氏昼夜悲号、自誓以死従夫。族婦喩之曰、夫柩他郷、子幼襁褓、若処爾捐生、是為無後之計。於是同父及侍従婢攜幼子往彼、移搬夫柩、旦夕悲号於野、遠近聞之、莫不

流涕、鮑氏舁夫柩、旅襯帰葬先塋。甘貧操節、撫訓二子、亦承家教。（程景、商いて諸曁に死す。妻の鮑氏、昼夜悲号す。族婦これに喩して曰わく、夫他郷に柩し、子幼にして襁褓たり、若し爾に処して生を捐つれば、是れ後なきの計なり、是に於いて父及び侍従の婢と同じく幼子を携えて彼に往き、夫の柩を移搬す。旦夕に野に悲号す。遠近これを聞き、涕を流さざるなし。鮑氏、夫の柩を舁きて、旅襯もて帰して先塋に葬る。貧に甘んじ節を操り、二子を撫訓し、亦た家の教えを承けしむ。）

歙県—棠樾鮑氏

其以節聞者、曰徳成配、汪氏、蒙旌表。曰穎配、宋氏宜人、蒙旌表。曰珪配、羅氏。曰邦徳配、程氏。曰孟和配、兪氏。曰宗相配、謝氏。曰玄寛配、程氏。曰庭俊配、丘氏。曰維孫配、王氏。曰本佑配、汪氏。曰元愷配、汪氏。曰紹潜配、方氏。曰徳厚配、丘氏。倶貞孀可表。（其の節を以って聞ゆる者、曰く、徳成の配、汪氏、旌表を蒙る。曰く、穎の配、宋氏宜人、旌表を蒙る。曰く、珪の配、羅氏。曰く、邦徳の配、程氏。曰く、孟和の配、兪氏。曰く、宗相の配、謝氏。曰く、玄寛の配、程氏。曰く、庭俊の配、丘氏。曰く、維孫の配、王氏。曰く、本佑の配、汪氏。曰く、元愷の配、汪氏。曰く、紹潜の配、方氏。曰く、徳厚の配、丘氏。倶に貞孀、表すべし。）

祁門県—獅子橋

程銓、配、方氏、年十九守節。（程銓の配、方氏、年十九にして節を守る。）

このように、徽州では、節婦奨励の気風が盛んであった。多くの村に節婦を顕彰する巨大な大理石の牌門が立っている。

(1) 歙県城内—呉氏

(2) 歙県—棠樾鮑氏（写真94）

各宗族は、争って節婦の顕彰につとめ、県の官僚に働きかけて、節婦の牌門を建てる勅許を得ようとしたことがわ

写真 95　績渓県許村［貞節牌坊］
「旌表故儒童許可璣之妻程氏節孝」

写真 94　歙県棠樾村鮑氏牌坊群

かる。目連戯の曹賽英の貞節の話も、徽州の宗族のこのような気風を背景に作られたものと思われる。

ほかに徽州績渓県の許村にも［貞節牌坊］が立つ。「旌表故儒童許可璣之妻程氏節孝」と題されるもので、まだ年少の童生だった許可璣に嫁いできた程氏が夫の夭折にもかかわらず、他に嫁ぐことなく夫の父母に孝養を尽くして一生を終えた貞節の行為を顕彰するもの。許村の村口に建つ。

さて、このような徽州一帯の節婦顕彰の気風は、人情に反する戯曲を生んだ。目連戯では、出家前の目連（羅卜）の婚約者、曹賽英が目連から婚約を解消されたあと、継母から他家へ嫁ぐように要求された時、剃髪出家してしまう。結婚の望みのない旧婚約者に節を立てる、という無理な筋であり、絵空事のように思える。

別に、明代後期の戯曲には、さらに無理な貞節の話が伝承されている。『商輅三元記』に見える次のような話である。

西浙の富豪、商瓊の子、霖と、厳州の進士、秦徹の娘、雪梅は、生まれる前から親同士の間で、婚約が交わされていたが、本人同士は会ったことがなく、互いに顔を見たことがない。秦徹は、病のため官を辞して帰郷し、商瓊は、息子の霖を連れて、秦徹を見舞いに行く。霖は庭に忍び込み、雪梅の姿を盗み見て、その美貌に驚く。

帰宅した霖は、雪梅との結婚をあせるが、秦家は、霖が科挙に受かるまでは、結婚を許さない。霖は、雪梅に恋いこがれて病となる。両親は息子の病が重くなっていくのを心配し、婢女の愛玉を霖の妾とし、看病させる。愛玉は、すぐ妊娠する。しかし、霖の病は治らず、やがて死去する。秦家の両親は、当然、婚約の履行は不要と考えたが、娘の雪梅は、婚約を守って、商家に嫁入りし、愛玉の産んだ霖の遺児の商輅を育てる。商輅は、成長して私塾に入り、勉学生活にはいるが、悪童から「父なし子」と言われて、勉学の意欲を失い、雪梅の叱咤に対しても「母でもない人から訓戒を受けるいわれはない」と抗弁して、いうことを聴かない。雪梅は、「男子にして学を廃するのは、母が織機の糸を断つようなもの」といい、鉈で織機の糸を断ち切る(写真96)。輅は、恐れ、奮起して勉学に励み、郷試、会試、殿試を連続首席で合格し、商家に繁栄をもたらす。

ここに西浙と言っているのは、おそらく杭州を指す。その富豪というのも、この地区に移住して活動していた徽州商人である可能性が高い。ここでは、病死した婚約者の家に嫁ぎ、その遺児を教育して科挙に合格させるという、雪梅の貞節物語は、貞節には違いないが、人情に反する無理な筋立てのように見える。しかし、この戯曲は、現在でも、海外中国人の間で、頻繁に上演されている。特に中高年の女性の間に絶大な人気を博している。これは、理解に苦しむところであるが、徽州には、この物語に類似した記録も残されている。たとえば、さきに引いた『新安名族志』に、次のような記事が見える。

祁門県―獅子橋

程　佐…未室而瘋疾、配葉氏、父欲背盟、葉氏志同宋女、既適和而佐卒、葉年二十五歳、苦節撫孤。(程佐、未だ室ならずして瘋疾あり。配に葉氏あり、父、盟に背かんと欲す。葉氏、志は宋女と同じ。既に適し和するも、佐は卒す。葉は年二十五、苦節もて、孤を撫す。)

このように、相手が病気でも、婚約を履行して嫁入りするというのは、賞賛の対象となっていたことがわかる。目連戯の曹賽英もこれらの話を考えれば、あながち不自然ということでもなかったかもしれない。

なお地域は異なるが、徽州と同じく儒学の伝統が強く、官僚や大商人を輩出した、広東省の潮州には、やはり徽州の話と推測せしめる、さらに極端な「貞節」の戯曲が流行している。『両代孤孀』という戯曲で、次のような筋である。

朝廷の高官、程学道は、若くして病死した兄、程学徳の未亡人で、長く節を守ってきた嫂の朱氏のために、貞節牌坊を建てようと、朝廷に許可を願い出て、勅許を得る。朱氏は一八歳の時、重病の学徳に無理に嫁がされ、節を守ること五三年、今年七〇歳になっていた。朱氏は、夫が夭折したあと、学道の子、崇義を養子に迎え、家を継いでいたが、これも一〇歳で夭折していた。程学道は、嫂の牌坊だけでは満足せず、崇義のためにも貞節の寡婦を配して、程家二代にわたる「貞節」を演出しようともくろみ、両親を失って、叔父の李仁義に養われている貧窮の周家の娘、周素貞に目をつけ、叔父に大金を渡し、素貞を略奪同様に自邸に迎えいれ、崇義の位牌と結婚させる（写真97）。

写真 96　『商輅三元記』秦雪梅断機訓子（香港）

写真 97　『両代孤孀』位牌との結婚式（香港）

朱氏と周素貞は同居し、「二代の孤孀」として、ともに位牌に仕える。しかし、学道の息子、崇礼が、周素貞の美貌に目をつけてこれを犯したことから、この家の暴挙が露見し、程学道、崇義親子が糾弾されて、崇義は斬刑となり、学道は自殺し、素貞は解放される。

ここでも、朱氏が重病の婚約者に嫁いで未亡人となり、良家の子女が位牌と結婚させられるなど、極端な貞節の顕彰が物語の中心を占めている。この家の程という姓は、徽州の大宗族に多い姓であり、この話も徽州宗族をモデルにした可能性が高い。

第三節　徽州商人の発想

鄭之珍本の特色として注意に値するのは、徽州商人の現実感覚が反映していることである。「劉氏開葷」のところで飲食の欲を戒め、直前の「尼姑下山」、「和尚下山」のところで、男女の欲を戒めているが、金銭の効用は、認めている。「劉氏開葷」の場で、乞食が歌う「蓮花落」の歌詞に、その現実感覚が表われている。次のとおりである。

天有銭来天可親　　天とても銭あれば、親しむべし、
焼銭做福也回心　　紙銭を焼き福（まつり）を做（な）さば、罪も回心（ゆるし）たまう。

地有銭来地可親　　地とても銭あれば、親しむべし。
将銭置買任君行　　銭出さば、土地の売買思いのまま。
父母有銭也可親　　父母とても銭あればまた親しむべし、

暖衣飽食自歓欣
兄弟有銭也可親
易求田地不相争
老婆因銭敬夫主
児子因銭敬父親
女児有銭歓喜去
媳婦有銭不生嗔
叔伯母有銭都和気
朋友有銭尽知心
可見銭如親骨肉
可見銭是性命根
若是有銭便有勢
不応親者強来親

衣に暖まり食に飽かば、自ら歓欣(よろこ)ばん。
兄弟とて銭あれば、親しむべし。
田地を求め易ければ、相に争わず。
老婆(つま)は、銭に因りて夫主を敬い、
児子(むすこ)は、銭に因りて父親を敬う。
女児(むすめ)は、銭あれば、歓喜(よろこ)びて去(とつ)ぎ、
媳婦(よめ)も銭あれば、嗔(いかり)を生(うつ)さず。
叔伯母も銭あれば、都べて和気(なごみ)、
朋友(とも)も銭あれば、尽く知心(なかよし)。
銭は、親なる骨肉なること、可見(あきらか)なり、
銭は、是れ性命(いのち)の根(つな)なること、可見(あきらか)なり。
若し是れ銭あれば、便ち勢あり、
応に親しむべからざる者も、強いて来り親しむ。

不信但看筵中酒　　信ぜざれば、但だ看よ、筵中の酒、
杯杯相勧有銭人　　杯杯、相い勧むるは、銭ある人のみ。

これらは、大きなリスクを伴う遠隔地交易を業としている徽州商人の金銭に対する現実感覚が記されているものとみるべきであろう。

結　節　鄭本の上演地域

さきに第二章序節で述べたように、鄭之珍本は祁門県清渓村の文人、鄭之珍[3]が旧テキストに改編を加えて刊行した目連戯テキストであり、京本として尊重された。しかし、その名声の高さにもかかわらず、鄭之珍の地元の祁門県馬山村目連班、同栗木村目連班、及び隣県の歙県韶抗村目連班などでは、いずれも鄭之珍本は使われておらず、師匠から伝わった古本を使っているという。それらは、おそらく、鄭之珍に先行する旧テキストであろう。

当時から、徽州には「(目連戯は) 編在清渓、打在栗木 (清渓［鄭之珍の故郷］で編まれ、栗木で演じられた)」という俗諺が流行していた[4]、というが、事実は全く異なることになる。しからば、鄭之珍本は、どこで上演されたのであろうか。現在見られる各地の目連戯テキストの中で、齣目構成が鄭之珍本に近いのは、地元の徽州ではなくて、湖南本[5]や四川本[6]である。以下、まず、鄭本と湖南辰河腔本、四川高腔本の字句対照表を示す(表45)。

表45　〔勸姐開葷〕鄭本・湖南本・四川本字句対照表

行	京本Ⅰ（鄭之珍本）#301	京本Ⅱ（湖南辰河腔本）#312	京本Ⅱ（四川高腔本）#313
			〔劉賈上〕
			（唱）〔半天飛〕
	堪嘆吾身、		堪嘆吾身、
	骨肉生来只両人、		骨肉生来只両人、
	（劉賈白）劉賈有姐、嫁与傅相。	（劉賈白）自家劉賈、我有姐姐嫁配傅門、這一	
5		向我往下江呵吓	
	這幾日身往他郷郡、	這幾日身往他郷、	這幾日身往他郷、
	姐姐処、久欠殷勤問。	姐姐処、久欠殷勤問。	姐姐処、久欠殷勤問。
	日昨転家庭、	昨日転家庭、	昨日転家庭、
	姐丈身傾。	姐丈已身傾。	姐丈已身傾。
10	可憐我姐姐娘児	可憐我姐姐娘児	可憐我姐姐娘児
	一旦成孤另。	一旦成孤零。	一旦成孤零。
	竟往他家去一行、	竟往他家去一行、	竟往他家去一行、
	竟往他家去一行。	竟往他家去一行。	竟往他家去一行。
			（繞場、叫介）
15		（劉賈白）来此已是、金奴在家否？	門上有人否？
	（金奴上）（白）舅爺来了。	（金奴白）哪一個？	（金奴上）（白）舅爺来了。
		（劉賈白）我来了。	
		（金奴白）原来舅舅、請進。	
		（劉賈白）有進。	
20		（金奴白）見過舅爺。	
		（劉賈白）少礼、一旁坐下。	
		（金奴白）告坐。	
	（劉賈白）老安人能否？	（劉賈白）金奴、我来問你、老安人可康健？	（劉賈白）老安人可康健？
	（金奴白）托福、今日睡未起。	（金奴白）老安人托福無恙、舅舅你今天来得好、	（金奴白）托舅爺的福、今日尚安睡未起。
25		我有事相託。	
			（劉賈白）啊……

50　45　40　35　30

（金奴白）舅舅、請坐。一事相煩。
（劉賈白）為甚的？　想是你年紀長大、替你説
個方便、嫁与人去？
（金奴白）非也。
（唱）〔前腔〕
只為安人、
把素看経不自省。
老員外吃素熬成病。
空把経説倫。
煩舅舅勸安人、
早早開葷。
道是三杯酒美、
一朶花新、
正好遣興陶情。
行楽終天命、
何用痴心去念経、
何用痴心去念経。
（劉賈白）自有分曉。
（唱）〔前腔〕
兄弟登門、

（劉賈白）你有事相託、我明白了。
（金奴白）明白何来？
（劉賈白）想是你年紀長大、你要嫁丈夫了。
（金奴白）不是嫁丈夫。
（劉賈白）為着何事？
（金奴白）想我安人呵吓！
（唱）〔前腔〕
只為安人、
持斎把素看経不自省。
老員外吃素熬成病。
空把経説倫。
煩舅舅勸安人、
早早開葷。
何用痴心去念経、
何用痴心去念経。
（劉賈白）為着這点小事、你請安人出来、為舅
舅自有分曉。
（金奴白）哦！　你勸安人開葷、請坐。有請安
人。
（劉氏白）（内）哪個来了？
（金奴白）舅爺来了。
（旦扮劉四真上）（白）来了。
（唱）〔前腔〕
兄弟登門、

（金奴白）舅爺、請上。有一事相煩。
（劉賈白）為作什麼？　想是你的年紀大了、托
我替你説個人戶？
（金奴白）非也。
（唱）〔前腔〕
只為安人、
把素看経不自省。
老員外吃素熬成病。
空把経説倫。
煩舅舅勸安人、
早早来開葷。
又道是三杯美酒、
一朶花新、
正好遣興陶情。
行楽終天命、
何用痴心去念経、
何用痴心去念経。
（劉賈白）我知道、快請安人。
（金奴白）有請安人、舅爺到了。
（劉氏上）
（唱）〔前腔〕
兄弟登門、

55　60　65　70

搵不住汪汪両淚零。
(見劉賈介)(白)兄弟、往常到此、姐夫必相迎
迓。(唱)
今日不見他踪影、
(劉賈白)姐姐、且自寬解。
怎解我愁悶？
(劉賈白)姐姐、你聽。
我勧你莫悲疼且安心、
常言道、聚散由天、
生死皆由命。
(劉賈白)莫哭、莫哭。世事若還哭得転、我亦
千愁涙万行。
只是一死須知不再生、
只是一死須知不再生、

(劉賈白)姐姐、我和你哭了這一会、外甥為何
竟不出来？
(劉氏白)我兒為前日做斎、感蒙鄰里相助、今
日作謝去了。
(劉賈白)唉、姐姐、姐姐！命好不用乖、心
好不用斎。只有你家、生前吃斎、死後做斎、
終日離不得斎字、那吃斎的不好！
(劉氏白)怎見不好？
(劉賈白)我見…那游方的和尚師姑尽吃斎。巉
岩熬得骨如柴。一朝倒在中途里、没有棺材、
散土埋。

止不住汪汪両涙淋。
(白)賢弟、你往常到此、你的姐丈迎接於你、
今天他往哪裡去了吓！(唱)
今日不見他踪影、
怎解我愁悶？
我勧你莫悲疼且安心、
常言道、聚散由天、
生死皆由命。
(劉賈白)莫哭、莫哭。人死若還哭得転、我有
千行共万行吓。
須知一死不再生、
須知一死不再生。
(転過孝堂、劉賈作吊礼、四真、金奴回礼。
(劉賈白)姐姐、小弟這有果品一封、以為弟妹
之念。
(劉氏白)賢弟多礼、金奴収下。
(劉賈白)姐姐、你我敘談許久、羅卜外甥竟不
出来、往哪裡去了？
(劉氏白)前日做斎、感蒙鄉鄰相助、今日前去
謝孝去了。
(劉賈白)唉、姐姐！又道是命好不用乖、心
好不用斎。你家、生前吃斎、死後做斎、終日
離不得這個斎字、那我看、斎的不！
(劉氏白)怎得又不好？
(劉賈白)我見…那游方的和尚尼姑尽吃斎。巉
岩熬得如柴。一朝倒在中途里、没有棺椁、散
土埋。

不住汪汪両涙淋。
(見劉賈介)(白)兄弟、你往常到此、姐夫必来
迎接、今日啊！(唱)
今日不見他踪影、
怎解我愁悶？
(劉賈白)姐姐不可過於傷悲、聽我道来。(唱)
我勧你莫悲疼且安心、
常言道、聚散由天、
生死皆由命。
須知一死不再生、
須知一死不再生。
(劉賈白)姐姐、小弟今日来府、為何不見外
甥？他向哪裡去了？
(劉氏白)只為前日做斎、承蒙鄰里相助、今日
你那外甥前去道謝去了。
(劉賈白)唉、姐姐呀！命好不用乖、心好不
用斎。只有你家、死後做斎、終日離不開斎字、
那吃斎的不好呀！
(劉氏白)怎見得不好呢？
(劉賈白)我見…那游方的和尚師姑尽吃斎。巉
岩熬得如柴。一朝倒在中途里、没有棺木、散
土埋。

75　80　85　90

(劉氏白）兄弟差矣。仏語云…勧你修時急急修、
吃斎把素是根由。生前享尽千般味、死後惟添
幾点油。吃斎才好。

吃斎的好、吃肉的不好。

(劉賈白）但看古往今来、那個好漢不吃肉！
姐姐、且聴我道来！
論人為万物霊、
論人資万物生、
肥従口入言勘聴、
人没根基食是根、
那牛与羊、
本是天生養我人。

(劉賈白）文王之政、使民五母二母彘吓。

(劉賈唱）［青鸞襖］
教人養鶏与養豕、
都是聖人養老政。
(白）孟子云…魚、我所欲也。熊掌、亦我所欲
也。
(唱）［前腔］
魚与熊掌、皆是欲所存。

(劉氏白）賢弟。仏語云…勧你修時急急修、吃
斎把素是根由。生前享尽千般味、死後惟添一
点油。還是吃斎才好。
(劉賈白）你道、吃斎的好、吃葷的不好。清早
吃肉、中午吃魚、夜晩吃牲、吃得肥肥胖胖、
紅光満面、神清気爽、你吃斎的、眼睛瘻進去、
鼻子凸出来、頭昏眼花、吃斎的不好、姐姐還
是要開葷
(劉氏白）賢弟、又道是、要知後世因、今生作
者是、人人知道有来生、何不争取来生福、還
是吃斎的好。
(劉賈白）姐姐、你総講吃斎的好、吃葷的不好。
但看古往今来、那個好漢不吃肉！　姐姐、何
必痴迷、聴弟一言相勧吓。
(劉賈唱）［紅衲襖］
論人為万物霊、
論人資万物生、
肥従口入言勘聴、
人没根基食是根、
那牛与羊、
本是天生養我人。

(劉賈白）文王之政、使民五母二母彘吓。

(唱）［前腔］
那鶏与彘、
都是聖人養老政。
(白）孟子云…魚、我所欲也。熊掌、亦我所欲
也。
(唱）［前腔］
魚与熊掌、皆是欲所存。

(劉氏白）兄弟差矣。仏語云…勧你修時急急修、
吃斎把素是根由。生前享尽千般味、死後惟添
一点油。吃斎才好。

吃斎的好、吃肉的不好。

(劉賈白）但看古往今来、那個好漢不吃肉！
姐姐、且聴我道来！
(劉賈唱）［青鸞襖］
人雖是万物霊、

食従口入以養命、

天生牛馬皆為人。
(劉賈白）姐不聞那文王之政、教黎民養五鴨餵
二豕么？　孟子云…魚、我所欲也。熊掌、亦
我所欲也。所以孔子則魚餒而肉敗不食、不得
其醤、不食。
(劉賈唱）［青鸞襖］
教人養鶏与養豕、
皆是明君与聖人。

教人食魚与食肉、

	(白）是以孔子則魚餒而肉敗不食、不得其醬、不食。	(白）所以孔子則魚餒而肉敗不食、不得其醬、不食。	
	(唱）[前腔]	(唱）[前腔]	
	魚与肉、尚須用醬和成。	魚与肉、尚須用醬和成。	還須用醬来和成。
	(劉賈白）是以曾子養曾哲、每食必有酒肉、曾元養曾子、每食亦必有酒肉。	(劉賈白）是以曾子養曾哲、每食必有酒肉、曾元養曾子、每食亦必有酒肉吓。	(劉賈白）所以曾子養曾哲、每食必有酒肉、曾元養曾子、每食也必有酒肉。
95	(劉賈唱）[前腔]	(劉賈唱）[前腔]	(劉賈唱）[前腔]
	雖曾元難与曾参並、	雖曾元難与曾参並、	曾元雖難比曾参、
	都在以酒肉肥甘養二親、	都在以酒肉肥甘養二親、	都以酒肉養双親。
	酒肉肥甘養二親。	酒肉肥甘養二親。	
	論芻豢、可養身。	論芻豢、可養身。	論鶏豕、可養身、
100	論斎戒、可養心。	論斎戒、可養心。	論斎戒、可養心。
	古人云…斎戒以神明其徳。	古人云…斎戒以神明其徳吓。	
	斎戒可与神明並、	斎戒可与神明並、	斎戒可与神明並、
	孟子云…雖有悪人、斎戒可以祀上帝、	孟子云…雖有悪人、斎戒可以祀上帝吓。	
	斎戒能得上帝歆。	斎戒能得上帝歆。	斎戒能得上帝歆。
105	口腹之人、人賤之矣。	口腹之人、人賤之矣。	
	養口腹、人所軽、	養口腹、人所軽、	養口腹、人所軽、
	従其小体、為小人。従其大体、為大人。	従其小体、為小人。従其大体、為大人。	
	養心志、神所敬。	養心志、人所敬。	養心志、人所敬。
	人能無以飢渇之害為心、害則不及人、不為憂矣。	人能無以飢渇之害為心、害則不及人、不為憂矣。	
110	人無飢渇非心病、	人無飢渇非心病、	人無飢渇非心病、
	何患吾生不及人、	何患吾生不及人、	何患菩薩不及人、
	(浄）喏、樽俎之言、皆是古人斎戒。	姐姐之言有理、古人斎戒、豈今人可比吓。	
		論斎戒、古与今同一名。	論斎戒、古与今同一名。
		究根源、古与今両様心、	究根源、古与今両様心、
115		古人惟存誠信	
		近世長斎諂鬼神。	
	古人斎戒存誠信、所以敬鬼神而遠之。	古人惟存誠信、所以敬鬼神而遠之。	古人是敬鬼神而遠之。

120　125　130　135　140

近世長斎諂、
見既定、心自寧。
今人惟諂瀆鬼神、則行険以邀倖。
福未至、禍已臨。
姐夫終日吃斎、未満六旬而喪、酒池肉林亦将
何用。姐姐。
勧你自今飲酒茹葷
也休做長斎懵懂人
(夫白)兄弟言之有理
(唱)
聴伊言、
酔乍醒、
嘆当初、
睡未醒、
従今看破迷魂陣、
自此除開奉仏心。
但你姐夫遺属、分付依旧吃斎。
背夫言、心不忍。
怕爾曹也不遵。
一時之間、難以遽改。
待従容説与孩児聴。
(浄)切不可説、是我勧你開斎。(夫白)這事情
豈不暁得。只道…児、古云、口腹、軀命所関、
老者非肉不飽。
你須以肥甘養老身。

見既定、心自寧。
今人惟諂瀆神明、則行険以僥倖。
福未至、禍已臨。
姐夫終日吃斎、未満六旬而喪、酒池肉林亦将
何用。姐姐。
勧你自今飲酒茹葷
也休做長斎懵懂人
聴伊言、
酔乍醒、
嘆当初、
睡未醒、
従今看破迷魂陣、
自此除開奉仏心。
但你姐夫遺属、分付依旧吃斎吓。
背夫言、心不忍。
怕爾曹也不遵。
一時之間、難以刷改。
待従容説与孩児聴。
古云、口腹軀、命所関、老者非肉不飽吓。
你須以肥甘養老身。
(劉氏)賢弟、好便好、恐我児不依、亦是枉然。
(劉賈)外甥不允、慢慢相勧。
(劉氏)為姐用良言相勧、看他心意如何？

今人則諂瀆神明、則行険以僥倖矣。
姐夫終日吃斎、未満六旬而喪、世人尽皆吃肉、
多少百歳不死。姐姐。
勧你自今飲酒茹葷
休做長斎懵懂人
聴伊言、
酔乍醒、
奴当初、
睡未醒、
従今看破迷魂陣、
自此除開奉仏心。
但你姐夫遺属、分付依旧吃斎吓。一時之間、
難以遽改。
待従容説与孩児聴。
須以肥甘養老身。

145　150　155　160

(浄)姐姐、外甥見聴、留他在家、一同享用。如不見聴、叫他離家做買売去。豈不得個自在。
(夫)自有分曉。
(夫)只待児帰説事因、
開斎飲酒更茹葷
(浄)逢人且説三分話、
未可全抛一片心。

(劉賈)姐姐、外甥見聴、留他在家、一同享用。如不見聴、要他離家往外経商。豈不得自在安然。

(劉氏)言之有理、要他往外経商、就是。

(劉賈)方才小弟所説的話、你不要説与外甥知道、莫説是我講的。

(劉氏)為姐謹記。金奴看斎宴。

(劉賈)不労姐姐。択期開葷、小弟来恭賀。

(劉氏)為姐相請。

(劉賈)小弟告辞。

(劉氏)只待児帰説事因、

(劉賈)開斎飲酒更茹葷
(劉氏)逢人且説三分話、
　未可全抛一片心。

(劉賈)一片心。

(劉氏)不錯、一片心。金奴送過舅爺、

(金奴)安人請退。

(劉氏)少送賢弟。

(劉賈)方才舅爺説這些話、你安人心意若何。

(金奴)安人的心意有了八九。

(劉賈)你好生侍奉安人、為舅爺与你選一個好丈夫。

(金奴)嫁丈夫我到不想、安人若還開葷、你老人家要来。

(劉賈)這個自然、為舅爺去了。

(金奴)覩看安人心意動、我也要開葷了、開葷了。

(劉賈)姐姐、外甥若聴、就留他在家、一同享用。如若不聴、就叫他離家、做些買売去吧。豈不得安楽自在。
(劉氏)為姐知道。正是
只待児帰説事因、
開斎飲酒更茹葷
逢人且説三分話、
未可全抛一片心。

表にあげた三種のテキストは、それぞれの地域は遠く離れているにもかかわらず、その字句は、ほとんど共通している。鄭本が遠隔の湖南や四川に伝播していると認めることができる。その語句の共通性は、さきに挙げた隣接地の池州地区の諸本よりもはるかに緊密である。しかも、さきにも述べたように、鄭之珍の地元の目連班では、鄭本は用いられていない。これは何を意味するのであろうか。鄭之珍本は、刊本であるから、知識人（官僚や高級商人）に流伝しやすい。地元で上演されていなくても、遠隔の地の劇団がこれを参考にして自分のテキストを作ることも容易であろう。しかし、地元の徽州において、このテキストは、どのように受け止められていたのか、さきの祁門県栗木班の王師傅は、使用しない理由として、「師匠から受け継いだ本があるから」と言っており、つまり、鄭之珍本が成立する以前から、独自のテキストをもっていた劇団は、この新本を受け入れる必要がなかったのであろう。事実、鄭本は、古いテキストをもつ福建や江西にも、あまり強い影響を与えていない。これらの古いテキストを伝承する地区では、新本の鄭之珍本に対しては、せいぜいその一部を取り入れる程度にとどまった。これに対して、従来、目連戯上演の伝統のなかった僻遠の新開地、開拓地の湖南や四川では、鄭之珍本を忠実に継承してテキストを編むケースが多かったのではないか、と推定する。特に、このテキストは、最初、作者の郷里、祁門県で刊行されたが、その名声が高まるにつれて、戯曲出版の中心であった南京の富春堂が再版本を刊行している。このことは、鄭本の京本としての権威をさらに高めることとなったと思われる。

湖南の場合、辰河腔本のほかにも祁陽の高腔本なども、上演期間が長い長編であるが、いずれも鄭之珍本の系統をひいている。これらの劇団では、実際の上演を見てテキストを作ったのではなくて、刊本を読んでテキストを作ったのであろう。徽州商人は、遠隔地交易を得意とする商人で、長江をさかのぼり、江西、湖南、四川などに交易の拠点を拡大した。その商業ルートに導かれて、安徽省、江西省の移民が西に向かって移動し、清代には、湖南の西半分から四川に居住地を拡大している。これらの新開地では、中元節に目連戯を行おうとしても、故郷の劇団を呼ぶわけにはいかず、農民や業余劇団が目連戯を自前で演じようとすれば、鄭之珍本によるほかはなかった。鄭之珍本が、地元の徽州では同系統のテキストを見いだせず、かえって遠隔の湖南や四川に同系本を見いだすのは、このような背景によるものと考えられる。以下、次章では、遠隔地に伝播した鄭之珍本の演出を見てみよう。

（1）陳琪、張小平、章望南『徽州古戲台──花雨弥天妙歌舞』、瀋陽、遼寧人民出版社、二〇〇二年、二〇五─二〇六頁。
（2）同前書、一一七─一一八頁。
（3）第二章(注1)参照。
（4）前掲書(注1)、一二八頁。
（5）文憶宣校勘『湖南祁劇連台大本』、長沙、湖南省戲曲研究所、一九八二年、湖南戲曲伝統劇本総第三四集、祁劇第八集。
（6）胡裕華等整理『高腔目連伝』・第四場・重慶市川劇研究所編『四川目連戲資料論文集』一九九〇年、二八〇─二八二頁。

第八章（下） 宗族目連戯の継受——京本Ⅱ—湘本・川本

序節　鄭本の遠隔地伝播

さきに、鄭之珍本が地元の村落祭祀では用いられなかったが、遠隔地の湖南祁陽本、湖南辰河腔本、四川高腔本などに継承されたことを述べた。特に最も遠い湖南祁劇本が最もよく鄭本を継承していることも指摘した。つまり、このテキストは、むしろ、遠隔地の村落や市場で、用いられたのである。本章では、鄭之珍本が湖南や四川、あるいは浙江において、目連戯テキストとして継受されていたことを述べる。ただ、その継受の仕方には、地域差がある。遠隔地と言っても、湖南や四川のように非常に遠く、従来、目連戯の伝統のなかったところほど、忠実に継承されている。それは、これらの地域に古い抄本テキストが存在せず、目連戯を専門に演じる劇団がなかったため、刊本になっている鄭之珍本が教科書のように一字一句、尊重されたからである。それに対して、遠隔と言っても、比較的近い浙江の場合には、元来、古い抄本テキストが存在し、目連戯を専門に演じる劇団も存在していた関係で、鄭之珍本を全面的に継受したわけではなく、部分的に継受したにとどまる。テキストのある部分では、鄭本を忠実に継承しているが、ある部分では、独自の抄本テキストを維持するという二重構造になる。これらの点を、以下において検討する。

第一節　湖南辰河地区における鄭本の継承と演出

一　テキストの継承

湖南には、祁陽地区の祁劇本、懐化地区の辰河腔本の二種のテキストが伝承されているが、いずれも鄭之珍本の字句を忠実に継承している。以下、［挑経挑母］の冒頭部分につき、鄭之珍本、湖南祁劇本、湖南辰河腔本の三種テキストの字句を比較対照した表を示す（表46）。

表46　［挑経挑母］鄭之珍本・高腔祁劇本・辰河腔本字句対照表

行	京本Ⅰ（鄭之珍本）#301	京本Ⅱ（湖南高腔祁劇本）#311	京本Ⅱ（湖南辰河腔本）#312
1			（羅卜上）
	（唱［歩歩嬌］）	（唱［歩歩嬌］）	（唱［歩歩嬌］）
	挑経挑母離郷井、	挑経挑母離郷井、	挑経挑母離郷井、
	直奔西天境、	直奔西天境、	直奔西天境、
5	残蟬哽咽鳴、	残蟬哽咽鳴、	残蟬哽咽鳴、
	好一似為孤児、	好一似為孤児、	好一似為孤児、
	訴出心頭悶、	訴出心頭悶、	訴出心頭悶、
	担重路難行、	担重路難行、	担重路難行、
		担重路難行、	担重路難行、
10	敢憚身労困。	悪憚身労困。	悪憚身労困。
	［鷓鴣天］		（念）
	枝上啼鳥帯涙聞、	枝上啼鳥帯涙聞、	枝上啼鳥帯涙聞、
	新啼痕間旧啼痕、	新啼痕間旧啼痕、	新啼痕間旧啼痕、
	百年苦母沈幽府、	百年苦母沈幽府、	百年苦母沈幽府、

15	万里関山労夢魂、	万里関山労夢魂、	万里関山労夢魂、
16	心上苦、対誰論、	心上苦、対誰論、	心上苦、対誰論、
17	断腸腸断寸無存、	断腸腸断寸無存、	断腸腸断寸無存、
18	何時得見西天仏、	何時得見西天仏、	何時得見西天仏、
19	超度娘離苦海門。	超度娘離苦海門。	超度娘離苦海門。
20	(白) 羅卜、感得観音娘娘点化、将母屍化作一	(白) 自家羅卜、感得慈悲点化、将母尸化作一	(白) 自家羅卜、感得慈悲点化、将母尸化作一
21	頭、与仏経整為一担、敬往西天参拝活仏、	頭、与仏経整為一担、敬往西天参拝活仏、尽	頭、与仏経整為一担、敬往西天参拝活仏、尽
22	尽心竭力。維思報膝下之劬労、宿水餐風、	心竭力。維思報膝下之劬労、宿水餐風、安敢	心竭力。維思報膝下之劬労、宿水餐風、安敢
23	安敢憚途中之困苦。若而今在此天色尚早、	憚途中之困苦。奉得天明如鏡、万里無雲、今	憚途中之困苦。奉得天明如鏡、万里無雲、今
24	不免趲行幾歩。	在途中、須索趲行。	在途中、須索趲行。
25	(唱[二犯江児水])	(唱[二犯江児水])	(唱[二犯江児水])
26	我抛離郷土、	我抛離郷土、	我抛離郷土、
27	為娘親敢辞労碌?	為娘親敢辞労碌?	為娘親敢辞労碌?
28	沿途漸漸故人疏、	沿途漸漸故人疏、	沿途漸漸故人疏、
29	爹	哎吓、爹爹、吓	哎吓、爹爹、吓
30	回首孤墳、	回首孤墳、	回首孤墳、
31	又只見白雲封護、	又只見白雲封護、	又只見白雲封護、
32	我為母向前行、	我為母向前行、	我為母向前行、
33	恋爹還顧後、	恋爹還顧後、	恋爹還顧後、
34	去住両情、	去住両情、	去住両情、
35	鋼刀難剖。	鋼刀難剖。	鋼刀難剖。
36	(白) 罷罷罷、父埋在土、母挑在肩、只得撇下		
37	爹爹、踽踽前行。		
38	行一歩来念声仏	行一歩来念声仏	行一歩来念声仏
39	阿弥陀仏	阿弥陀仏	阿弥陀仏
40	念声仏来叫一声母	念声仏来叫一声母	念声仏来叫一声母
41	母向前来背了経	母向前来背了経	母向前来背了経
42	経向前行背了母	経向前行背了母	経向前行背了母
43	(白) 背了母、非孝、則無親。背了経、非聖者、		
44	無法。二者不可得無、怎生是好?		
45	我仔細思量難擺佈、	仔細思量難擺佈、	仔細思量難擺佈、

50 55 60 65 70 75

(白) 身頼母生、還当以母向前、哎、母頼仏生、
安敢以仏向後。我有一計、可以両全而無害了。
(唱)
似這等横挑往前走、
娘、
只為你死得甚凶、
因此上挑経挑母、
趲行路途。
幾時間得到西天。
見了活仏、
哀告慈悲、
阿弥陀仏
我的娘親、
還望着慈悲超度、
超度娘脱離了
幽冥地府、
幽冥地府、

(白) 背了経、非聖、背了母、非孝、身頼母生、
還当以母向前、哎、母頼仏生、安敢以仏向後。
如何是好? 有在這裡。
(唱)
似這等横挑往前行、
哎吓、娘、吓、
只為你死得甚凶、
因此上挑経挑母、
趲行程途。
幾時間得到西天。
見了活仏、
哀告慈悲、
阿弥陀仏
我的娘親、
還望着慈悲超度、
超度娘脱離了
幽冥地府、
幽冥地府、
(四小手下上、砍樹、白猿来砍樹、過場、下)

(白) 背了経、非聖、背了母、非孝、則無親。
身頼母生、還当以母向前、哎、母頼仏生、安
敢以仏向後。如何是好? 有在這裡。
(唱)
似這等横挑往前行、
哎吓、娘、吓、
只為你死得甚凶、
因此上挑経挑母、
趲行程途。
幾時間得到西天。
見了活仏、
哀告慈悲、
阿弥陀仏
我的娘親、
還望着慈悲超度、
超度娘脱離了
幽冥地府、
幽冥地府、
(四小手下上、砍樹、白猿来砍樹、過場、下)
四手下 (白) 聞得土地公公会唱歌、請土地唱支
歌。
土地 (唱 [土地歌])
土地神、土地神、
説起土地有姓名、
問我家来家不遠、
我家住在泗州城、
玉帝見我行善人、
封我山中土地神、
山中不管別一個、
只管汝等小鬼們、

105　100　95　90　85　80

(唱［前腔］)
腸断都無、
連喪双親真是苦、
(白)哀哀父母、生児劬労、
昊天罔極、
銀海涙流枯、
(白)人人説道、去到西天、有十万八千里路、天!
(唱)
恨不得駕霧騰雲、
到了天笠。
与我母滅罪資福。
(白)一路上来、
見則見、
両旁拝倒新樹木。
(白)想是樵夫砍倒的? 奈無斧痕之跡、我暁得了、夫孝、置之塞乎天地、溥之横乎四海。羅卜不敢自以為孝。
(唱)
莫不是天憐念、
挑経挑母、

(唱［前腔］)
腸断都無、
連喪双親真是苦、
又道是哀哀父母、
生児劬労、
昊天罔極、
欲報深恩、
銀海涙流枯、
銀海涙流枯、
(白)人人説道、去到西天、有十万八千里路、何日才得到吓。
(唱)
恨不得駕霧騰雲、
到了天笠。
与我母滅罪資福。
見則見、
両旁拝倒新樹木。
(白)観此山林、為何伐倒許多的樹木? 想是樵夫砍倒的? 奈無斧痕之跡、是了、夫孝、量之塞乎天地、溥之横乎四海。羅卜不敢自以為孝。
(唱)
莫不是天憐念、
挑経挑母、

豺狼虎豹我不管、
妖魔鬼怪不敢行。
［衆下］
(羅卜)
(唱［前腔］)
腸断都無、
連喪双親真是苦、
又道是哀哀父母、
生児劬労、
昊天罔極、
欲報深恩、
銀海涙流枯、
銀海涙流枯、
(白)人人説道、去到西天、有十万八千里路、何日才得到吓。
(唱)
恨不得駕霧騰雲、
到了天笠。
与我母滅罪資福。
見則見、
両旁拝倒新樹木。
(白)観此山林、為何伐倒許多的樹木? 想是樵夫砍倒的? 奈無斧痕之跡、是了、夫孝、量之塞乎天地、溥之横乎四海。羅卜不敢自以為孝。
(唱)
莫不是天憐念、
挑経挑母、

行			
	哀哉、羅卜、	哀哉、羅卜、	哀哉、羅卜、
	空林啞啞叫慈鳥、	空林啞啞叫慈鳥、	空林啞啞叫慈鳥、
	(白)這慈鳥尚能反哺。可以人而不如鳥乎？	這慈鳥尚能反哺。	這慈鳥尚能反哺。
		何以人而不如鳥乎、	何以人而不如鳥乎、
110		何以人而不如鳥乎、	何以人而不如鳥乎、
		凡為人子、	凡為人子、
		当要思父兮生我、	当要思父兮生我、
		母兮鞠我、	母兮鞠我、
		拊我畜我、	拊我畜我、
115		長我育我、	長我育我、
	当報取十月懐胎、	長報取十月懐胎、	長報取十月懐胎、
	三年哺乳。	三年哺乳。	三年哺乳。

これをみると、湖南本二種は、歌曲の部分において、完全に鄭之珍本を継承している。また、白においては、湖南本は、鄭之珍本の白を多少改変して継承している。湖南本の二種は、歌曲、白ともにほとんど同じであるが、辰河腔本は、第五六行から第六八行に見るように、鄭之珍本や祁劇本にはない歌曲を増補している。増補部分は、羅卜が通る森の道を覆っていた樹木を白猿が手下を使って切り払ったのを土地神が出て説明する、という場面である。鄭之珍本でも祁劇本でも、羅卜が森林を通る時、周辺の樹木が伐採されているのに伐った跡がないのを不審に思う場面が出てくるが(第九九―一〇〇行)、これを観客にわかりやすいように事前に土地神の口を借りて説明したのである。

この傾向は、湖南本二種の他の場面についても同じである。まず祁劇本が鄭之珍本を摂取し、これを辰河腔本がさらに増補するという順序で、テキストの潤色が進んだのである。

二　演出

上記のように、湖南の辰河腔本は、鄭之珍本系統のテキストとしては、最も増補された上演本である。このテキストによる上演を一九八九年、懐化市で見聞したが、その演出は、華美を極めたものであった。以下、その概要を示す。

1［捉寒林］
開演に先立ち、郊外に潜んでいて、目連戯舞台を荒らしに来る恐れのある野鬼の代表、寒林を王霊官が五猖を率いて捕えに行く。寒林は藁で作られた人形であり、巫師がこれを呪術によって封じ込める（写真98）。王霊官は赤い髭、五猖は、赤い隈取に黒衣を着る。恐ろしさが強調されている。

2［天官賜福］
通常、天官賜福は、天官一人が、「国泰民安」「天官賜福」「加官進禄」などの吉祥の言葉を書いた紅布を観衆に示すだけの簡単な演出であるが、ここでは天官が八仙を従えて、高い台の上に登り、吉祥語を書いた紅布を高く掲げる派手な演出を示す（写真99）。

3［元旦祝寿］
羅卜は、赤地に大柄の円形模様のついた袍衣に水色の上着、翅帽をかぶり、まるで状元のような服装で出る。孝子の面影からは遠い（写真100）。

4［博施済衆　啞背瘋］
啞背瘋は、耳の聞こえない老人が脚萎えで瘋癲の妻を背負って物乞いをする演技であるが、ここの瘋婦は、若い美人を起用している。乞食にはそぐわない、不自然な演出と思われる（写真101）。

5［傅相昇天］
傅相が昇天する時は、金童玉女が幟を持って先導し、傅相は、鶴に乗って昇天する。ここでは、傅相は鶴のつく

写真 101　博施済衆（懐化）〔芸術館撮影〕
唖背瘋（中央），下人（左），益利（右）

写真 102　傅相昇天（懐化）〔芸術館撮影〕
鶴に乗る傅相（左）

写真 98　捉寒林（懐化）〔芸術館撮影〕
中央に巫師，左右に五猖

写真 99　天官賜福（懐化）〔芸術館撮影〕
天官（中央）を囲む八仙

写真 100　元旦祝寿（懐化）〔芸術館撮影〕
右から益利，羅卜

りものを前に抱える形でこれに乗っているように見せる。唖背瘋の一人二役の演出をまねたものである。奇抜で、人の意表を衝く演出と言える（写真102）。

6［曹公吊慰］

劉氏は夫の祭壇の前で悲しむ。羅卜の婚約者、曹公からの使者が弔問に訪れる。ここでも劉氏の派手な作りが目立つ（写真103）。

7［遣子経商］

劉氏が羅卜の忠言を嫌って、外商に行くように命ずる場面。母子ともに服喪期間にあるはずであるが、劉氏は、白衣の上に模様のついた黒地の衣裳をつける。羅卜は、襟に模様のついた白衣を着る。ともに派手な着衣である。劉氏は、若い美人を起用、場面を美しく見せようとする演出の意図がみえる。しかし、これでは、二人は、母子に見えず、むしろ夫妻に見える。バランス感覚を欠いた過度な華美演出と言える（写真104）。

8［大開五葷］

劉氏は、大々的に開葷の酒宴を開き、芸人を招いて、悦楽にふける。劉賈も同席する。芸人は、半裸で、武術を派手に演じる。右端に猿が控え、猿芸の出番を待つ。鄭之珍本には、このような場面は、存在しない（写真105）。

9［吊打仏僧］

劉氏は、下僕に命じ、喜捨を乞いに来た僧侶（燃灯古仏の化身）、道士（元始天尊の化身）を捕えて、吊し上げ、打たせる。劉氏は、壇上で怒りを露にし、僧侶道士を立たせて、家僕が打つ。写実的な演出を示す（写真106）。

10［長亭打缶］

羅卜は、観音のお告げで、留守中、母の劉氏が開葷して破戒の限りを尽くしている、と知り、仏の赦しを乞うため、三跪一拝を繰り返しながら、帰郷する。長亭に着くと、李厚徳老人が待ち受けていて、ともに劉氏の所業を

写真 103　曹公吊慰（懐化）〔芸術館撮影〕
右から金奴，劉氏，左に使者

写真 104　遣子経商（懐化）〔芸術館撮影〕
羅卜（左），劉氏（右）

写真 105　大開五葷（懐化）〔芸術館撮影〕
左に劉氏，中央に芸人二人

写真 106　吊打仏僧（懐化）〔芸術館撮影〕
道士（中央左），僧侶（同右）

写真 107　長亭打缶（懐化）〔芸術館撮影〕
羅卜（左），李厚德（右）

写真 108　益利掃堂（懐化）〔芸術館撮影〕
右から益利，劉氏，羅卜

嘆く（写真107）。

11［益利掃堂］

羅卜の命により、一足先に帰郷して劉氏の様子を探りに来た益利が三官堂を訪れると、神壇は、供物も香火もなく、人が礼拝した形跡もなく、内部は荒れ果てている。益利は堂内を掃除するが、そこへやってきた劉氏は、暴風雨で壊れたと言い張る。羅卜も到着するが、母は、仏道に帰依し、戒律を守ってきたと主張する（写真108）。

12［発叉］

閻王が鬼卒に命じ、劉氏を逮捕に行かせる。鬼たちは、叉を投げて、逮捕の技を誇示する。きわどいところで当たらないように投げるが、亡者は、飛んでくる叉を避けようと逃げ回り、恐怖におびえる。これも俳優の演技を誇張する華美な演出の一つである（写真109―111）。

13［花園発呪］

花園を探索した益利は、犠牲が土中に埋められているのを発見し、劉氏に糺す。劉氏は怒り、鞭で益利を打つ。そこへ羅卜が出て、益利のために赦しを乞う。劉氏は、怒りがおさまらず、天に向かって、「自分は破戒はしていない、もしこの言に偽りがあれば、すぐに命が奪われても、かまわない」と誓う。しかし、劉氏の周りには、無常鬼四人が率いる鬼たちがとり囲んでいて、劉氏のこの誓いを聞いて、すぐに棒でたたきのめし、命を奪う。無常鬼を四人も並べるのは、手の込んだ演出といえる（写真112）。

14［挑経挑母］

羅卜は、母が西天極楽に生まれ変われるように、母の遺骨と経典を天秤の端に括り付けて、西天に赴く。両端に吊るす形が通常の型であるが、ここでは、吊るさずに紐で固定している。遺骨の方に数珠を巻き、仏道にすがる気持ちを表す。これも通常の型にはない、特別な演出である（写真113）。

写真 109　発叉Ⅰ（懐化）
叉を受け取る鬼

写真 110　発叉Ⅱ（懐化）
罪人を刺す鬼（右）

写真 111　発叉Ⅲ（懐化）〔芸術館撮影〕
罪人を刺す鬼（中央）

写真 112　花園発呪（懐化）〔芸術館撮影〕
羅卜（左），劉氏を囲む鬼（中央）

写真 113　挑経挑母（懐化）〔芸術館撮影〕
西天に向かう羅卜（中央）

写真 114　献忠見女（懐化）〔芸術館撮影〕
賽英（左），献忠（右）

15［献忠見女］

羅卜の婚約者、曹賽英の父、曹献忠は、西天に旅立つ羅卜から婚約解消を告げられて、娘に会うが、賽英は解消に応じず、父に羅卜の帰郷を待つ決意を述べる。劉氏と羅卜の母子に対応する形で、曹献忠と賽英の父と娘を設定したのは、鄭之珍本であると見られるが、ここでは、曹献忠を白髪にするなど、父と娘の悲しみ、前途の不安を演出している（写真114）。

16［松林試道］

羅卜は、西天への旅の途中、黒松林を通る。そこで観音の侍女、良（龍）女が変身した美女の誘惑に遇うが、道心を堅固にして、誘惑を却ける。美女が遺骨を取って地上に投げたのを、羅卜が礼拝して謝る場面、これも極端な演出と言える（写真115）。

17［梅嶺脱化］

観音の計らいで、西天に向かう羅卜の旅路を白猿と沙和尚が護って進む。ところが梅嶺に達した時、羅卜が梅に見とれているすきに、白猿と沙和尚が母の遺骨と経文を結びつけた天秤を奪って逃げる。羅卜は、追ったが、追い付けず、絶望して峯から身を投げて死ぬ。鄭之珍本では、この場面は、白猿だけで、沙和尚は、登場しない。ここでは、白猿と沙和尚が二人で天秤を奪う役を演じる。これも潤色した演出である（写真116）。左の天秤を背負うのが沙和尚。

18［劉氏回煞］(1)

劉氏は、鬼たちに引かれて地獄に向かうが、回煞の慣例に従い、途中、一時、帰宅を許される。劉氏の亡魂は、門神に入室を阻まれるが、同行の鬼が起してくれた風に乗り、隙間から、家の中に入る。羅卜は、劉氏の霊位を守り、真夜中、疲れて仮眠をとっている。劉氏の亡魂は、羅卜の目覚めるのを待つが、制限された時刻が来て、

写真 118　過望郷台（懐化）〔芸術館撮影〕
劉氏と視界を遮る黒霧

写真 115　松林試道（懐化）〔芸術館撮影〕
良女（左），羅卜（右）

写真 119　過奈何橋（懐化）〔芸術館撮影〕
莫子虚（左），夫人・書童（中央）

写真 116　梅嶺脱化（懐化）〔芸術館撮影〕
沙和尚（左），羅卜（中央），白猿（右）

写真 120　過滑油山（懐化）〔芸術館撮影〕
劉氏（中央），左右に鬼

写真 117　劉氏回煞（懐化）〔芸術館撮影〕
劉氏（左），羅卜（右）

言葉を交わさぬまま、立ち去る。羅卜の白衣と劉氏の黒衣の対照が際立つ演出である（写真117）。

19［過望郷台］

劉氏は鬼に拘引されて地獄に向かう途中、望郷台に至る。ここで台に登ると、故郷で羅卜はじめ親族が劉氏の葬式をしている様子が目に入る。しかし間もなく、黒い雲霧が立ち込めてきて、視界を遮る。台上に劉氏が立つと、劉氏の棺を野辺に送る葬列が舞台を通ってゆく。すぐに長い黒い衣を吊り下げた作りもの（黒雲を示す）が出てきて、台の上に立つ劉氏を覆う。奇抜な演出である（写真118）。

20［過奈何橋］

劉氏は、鬼に引かれて、地獄と天界の分かれ道となっている奈何橋に到着する。橋頭将軍莫子虚が劉氏に地獄への道を行くように指示する。ここでは、莫子虚は、夫人と書童を伴って、判決を下している。舞台を華やかに見せるための独自の演出である（写真119）。

21［過滑油山］

劉氏は鬼に拘引されて地獄に向かう途中、滑油山に至る。劉氏は、油で滑る道に難渋するが、鬼に急き立てられて、これを越える。二人の鬼卒が威嚇する演技が劉氏の悲惨を浮き彫りにする（写真120）。

22A［一殿尋母］

羅卜は、投身自殺した後、その魂は、世尊のもとに至る。白猿と沙和尚が先回りして待っており、さきの遺骨奪取が世尊への案内だったことがわかる。羅卜はその場で出家して、目連の法号を授かる。世尊から衣鉢と杖を賜り、地獄に降って獄門を破りながら進み、母を探す。

22B［六殿尋母］

六殿に至って、獄門を破れず、獄吏から、神通力の不足を指摘され、出直すように言われる（写真121）。

写真 121　六殿尋母Ⅰ（懐化）〔芸術館撮影〕
獄吏（左），羅卜（右）

写真 122　六殿尋母Ⅱ（懐化）〔芸術館撮影〕
劉氏（左），目連（右）

写真 123　十殿尋母Ⅰ（懐化）
目連（中央）

写真 124　十殿尋母Ⅱ（懐化）
十殿王（中），劉氏（狗頭）（右）

写真 125　犬入庵門Ⅰ（懐化）〔芸術館撮影〕
犬（左），目連（右）

写真 126　犬入庵門Ⅱ（懐化）
目連（左），庵主（右）

23［六殿見母］
六殿に入れなかった目連は、世尊のもとに引き返し、さらに救済方法の教示を懇願する。袈裟、冠、盂鉢、芒鞋を賜り、再度、六殿に至り、ついにこれを破り、母に会うが、救出できずに別れる。袈裟姿の目連が派手で、誇張に過ぎる嫌いがある（写真122）。
24 A［十殿尋母］
目連は、六殿で母を救い出すことができず、再び世尊の許に戻り、暗闇を照らす灯を授かり、七殿、八殿を経て十殿（写真123）に至る。ここで劉氏は、犬に変身させられる（写真124）。
24 B［犬入庵門］
(1)目連は、庵門に入った犬を追いかけ、言葉をかけて、その反応を見て、母であることを確認する（写真125）。
(2)庵主に会い、犬を貰い受けるように交渉する（写真126）。
(3)そこへ尼僧姿の曹賽英、出る（写真127）。
25［盂蘭盆会］
(1)目連は、また世尊のもとに行き、母を犬体から救う道を尋ねる。世尊は、盂蘭盆会の挙行を指示する。目連は、多数の僧侶を集めて、七日七夜にわたる盂蘭盆会を挙行する（写真128）。
(2)曹賽英も盂蘭盆会に参加する（写真129）。
(3)劉氏、元の姿に戻る（写真130）。
(4)目連、母と抱擁（写真131）。
26［団円］
傅相も天界から降下し、劉氏（正装姿）、目連、曹賽英、益利、そろって団円を迎える（写真132）。

写真 127　犬入庵門Ⅲ（懐化）
目連（左），庵主（中央），賽英（右）

写真 128　盂蘭盆会Ⅰ（懐化）〔芸術館撮影〕
目連（中央），僧侶

写真 129　盂蘭盆会Ⅱ（懐化）
目連（中央），賽英（左）

写真 130　盂蘭盆会Ⅲ（懐化）
劉氏（中央），人身に復す

写真 131　盂蘭盆会Ⅳ（懐化）
母子抱擁（中央）

写真 132　団円（懐化）
左から賽英，劉氏，傅相，益利，目連

27［鎮台］

巫師が鶏の血で舞台を浄化し、孤魂野鬼を駆逐する（写真133）。

以上のように、湖南においては、鄭之珍本をテキストとして、その字句を忠実に継承する一方、演出に関しては、背景、衣装などに意匠を凝らし、華美、豪奢な舞台を展開している。この点が、湖南目連戯の大きな特色である。

写真133　鎮台（懐化）
巫師（左），鶏血を注ぐ

第二節　湖南祁陽地区における鄭本の継承と演出

湖南省祁陽県に弋陽腔系の祁劇がある。高腔祁劇とも称せられる。その起源は明代と言われるが、現在まで、この地に祁劇高腔目連戯が伝承されている。一九八七年に新中国建国後、第一回の目連戯学術研討会が長沙で開かれた。他の地区の目連戯が、建国後四〇年間に伝承を絶って、断片しか残っていなかったのに対して、ここの祁劇高腔目連戯が比較的完全な形で残っていたからである。会議の席では、祁劇高腔目連戯が上演され、録画も撮影され、テキストも内部発行の形ではあるが、発行された。ただ、その後さらに三〇年を経て、老芸人が引退し、近年は、目連戯を「非物質文化遺産」として世界文化遺産に認定させようという動きが起こったため、演出がかなり劇場演劇化した嫌いがある。ただそれでも旧態のいくらかは残っており、以下ではそのテキストと演出を検討する。

一　テキスト

まず、この祁劇高腔目連戯のテキストが鄭之珍本をほとんど完全に踏襲している点に注意したい。以下、［勧姐開葷］の字句を対照させて示す（表47）。

表47　［勧姐開葷］鄭之珍本・湖南高腔祁劇本・湖南辰河腔本対照表（鄭本と同じ字は○、対応する字を欠くときは×）

行	京本Ⅰ（鄭本）#301	京本Ⅱ（湖南高腔祁劇本）#311	京本Ⅱ（湖南辰河腔本）#312
	（浄上）	（浄飾劉賈上）	
	［半天飛］	［半天飛］	
	勘嘆吾身、	○○○○、	○○○○、
	骨肉生来只両人。	○○○○○○○。	○○○○○○○。
5	（白）劉賈有姐、嫁与傅相。	（白）自家劉賈、有一姐姐、嫁配傅門、這一向 往下江吓。	（白）自家劉賈、有一姐姐、嫁配傅門、這一向 往下江吓。
	這幾日身往他郷郡、	○○○○○○○○、	○○○○○○○○、
	姐姐処久欠殷勤問。	○○×○○○○○、	○○×○○○○○、
	日昨転家庭、	昨日○○○、	昨日○○○、
	聞知姐丈身傾。	○○○○○○、	○○○○○○、
10	可憐我姐姐	○○○○○、	○○○○○、
	娘児一旦成孤另、	○○○○○○○、	○○○○○○○、
	竟往他家去一行。	途○○○○○○、	途○○○○○○、
	（丑）舅舅来了。	（白）来此已是、金奴在家否？	（白）来此已是、金奴在家否？
		（金奴）那一個？	（金奴）那一個？
15		（劉賈）我来了。	（劉賈）我来了。
		（金奴）原来舅舅。請進。	（金奴）原来舅舅。請進。
		（劉賈）有進。	（劉賈）有進。
		（金奴）見過舅爺。	（金奴）見過舅爺。
		（劉賈）少礼。一旁坐下。	（劉賈）少礼。一旁坐下。
20		（金奴）告坐。	（金奴）告坐。

25　30　35　40　45

(浄）老安人能否。
(丑）托福。今日睡、尚未起、舅舅請坐、一事
相煩。
(劉賈白）為甚的。想是你年紀長大、替你説個
方便、嫁与人去。
(丑）非也。
(唱）
只為安人
把素看経不自省
老員外吃素熬成病。
空把経談論。
嗏！
煩舅舅勧安人、
早早開葷。
道是三杯酒、
美一朶花新、
正好遣興陶情、
行楽終天命
何用痴心去念仏。
(劉賈白）自有分暁。
(夫上）(唱）
兄弟登門、
揾不住汪汪両涙零、
(劉氏白）兄弟往常到此、姐夫必相迎迓。(夫
唱）

(劉賈）金奴、我来問你、逼一向老安人康健
否？
(金奴）老安人托福無恙、舅爺你今天来得好、
我有事相託。
(劉賈）你有事相託、我明白了。(金奴）明白何
来？（劉賈）想是年紀長大、你要嫁丈夫了。
(金奴）不是嫁丈夫。
(劉賈）為着何事？
(金奴）想安人呵吓、
○○○○、
吃斎把素○○○、
○○○、○○○○○、
○○○○○、
○○○○○○、
○○○○。
○○○○○○○○、
○○○○、
○○○○、○○○○○○、

(劉賈）金奴、我来問你、這一向老安人康健
否？
(金奴）老安人托福無恙、舅爺你今天来得好、
我有事相託。
(劉賈）你有事相託、我明白了。(金奴）明白何
来？（劉賈）想是年紀長大、你要嫁丈夫了。
(金奴）不是嫁丈夫。
(劉賈）為着何事？
(金奴）想安人呵吓、
○○○○、
吃斎把素○○○、
○○○、○○○○○、
○○○○○、
○○○○○○、
○○○○。
○○○○○○○○、
(劉賈）為着這点小事、你請安人出来、為舅爺
自有分暁。
(金奴）哦、你勧安人開葷、請坐、冇請安人。
(劉氏）哪個来了？
(金奴）舅爺来了。
(劉氏）来了。
○○○○、
止○○、○○○○淋、
(劉氏）賢弟、你往常到此、今天他往哪裡去了
吓。

50　55　60　65

今日不見他踪影。
(劉賈白)姐姐、且自寛解。
(夫唱)
怎解咱愁悶。
(浄白)姐姐、你聴。
我勧你莫悲疼、
且安心。
常言道、
聚散由天。
生死皆有命。
(白)莫哭、莫哭、世事若還哭得転、我亦千愁
涙万行。
一死須知不再生。
(浄白)姐姐、我和你哭了這一会、外甥為何竟
不出来。
(夫白)我児為前日作斎、感蒙鄰里相助、今日
作謝去了。
(浄白)咳、姐姐、姐姐、命好不用乖、心好不
用斎。只有你家、生前吃斎、死後做斎、終日
離不得斎字。
(夫白)怎見不好。
(浄白)我見、那遊方的和尚師姑尽吃斎、巉岩
熬熬得骨如柴、一朝倒在中途裡、没有棺材散
土埋。
(夫白)兄弟、差矣。勧你修時急急休、吃斎把
素是根由、生前享尽千般味、死後惟添幾点油。
吃斎方好。

〇〇〇〇〇〇〇、
〇〇〇〇〇、
×〇〇〇〇〇、
〇〇〇、
〇〇〇、
〇〇〇〇、
〇〇〇〇〇、
須知一死〇〇〇、
(劉賈)咳、姐姐、姐姐、又道是命好不用乖、
心好不用斎。你家、生前吃斎、死後做斎、終
日離不得這個斎字。我看、吃斎的不好。
(劉氏)怎的又不好?
(劉賈)我見、那遊方的和尚尼姑尽吃斎、巉岩
熬得骨如柴、一朝倒在中途裡、没有棺材散土
埋。
(劉氏)賢弟、仏語云。勧你修時急急休、吃斎
把素是根由、生前享尽千般味、死後惟添幾点
油。還是吃斎的好。

〇〇〇〇〇〇〇、
〇〇〇〇〇、
×〇〇〇〇〇、
〇寛〇、
〇〇〇、
〇〇〇〇、
〇〇〇〇〇、
(白)莫哭、莫哭、人死若還哭得転、有亦千行
共万行吓。
須知一死〇〇〇、
(転過孝堂、劉賈作吊礼、四真、金奴回礼。)
(劉賈)姐姐、小弟這有果品一封、以為弟妹之
念。
(劉氏)賢弟多礼、金奴収下。
(劉賈)姐姐、你我敘談許久、羅卜外甥竟不出
来。往哪裡去了。
(夫白)為前日作斎、感蒙鄰里相助、今日前去
謝孝去了。
(劉賈)咳、姐姐、姐姐、又道是命好不用乖、
心好不用斎。你家、生前吃斎、死後做斎、終
日離不得這個斎字。我看、吃斎的不好。
(劉氏)怎的又不好?
(劉賈)我見、那遊方的和尚尼姑尽吃斎、巉岩
熬得骨如柴、一朝倒在中途裡、没有棺椁散土
埋。
(劉氏)賢弟、仏語云。勧你修時急急休、吃斎
把素是根由、生前享尽千般味、死後惟添幾点
油。還是吃斎的好。

70　75　80　85

(浄白) 吃斎的好、吃肉的不好、但看古往今来、
那個好漢不吃肉。姐姐、且聽我道来。
(唱［紅衲襖］)
論人為万物霊、
論人資万物生。、
肥従口入言勘聽、

那牛与羊、
本是天生養我人。
(浄白) 文王之政、使民五母鶏二母彘。
×鶏与彘、
都是聖人養老故。
(白) 孟子云：魚我所欲也、熊掌亦我所欲也。
魚与熊、皆是欲所存。
(白) 是以孔子魚餒而肉敗、不食。不得其醬、
不食。
魚与肉、尚須用醬和成。
(白) 是曾子養曾晳、毎食必有酒肉、曾元養曾
子、毎食亦必有酒肉。
雖曾元、難与曾参並、
都在以酒肉肥甘養二親。
論芻豢、可養身。

(劉賈) 你道、吃斎的好、吃葷的不好？清早
吃肉、中午吃魚、夜晩吃牲、吃得肥肥胖胖、
紅光満面、神清気爽、你吃斎的、眼睛瘪進去、
鼻子凸出来、頭昏眼花、吃斎的不好、姐姐還
是要開葷。
(劉氏) 賢弟、又道是、要知後世因、今生作者
是、人人知道有来生、何不種取来生福、還是
吃斎的好。
(劉賈) 姐姐、你総講吃斎的好、吃肉的不好、
但看古往今来、那個好漢不吃肉。姐姐、何必
痴迷、且聽弟一言相勧吓。
〇〇〇〇〇〇、
〇〇〇〇〇〇、
〇〇〇〇〇〇〇、
〇〇〇〇〇〇〇、
〇〇〇〇、
〇〇〇〇〇〇〇、
文王之政、使民五母鶏二母彘吓。
那〇〇〇、
〇〇〇〇〇〇政。
孟子云：魚我所欲也、熊掌亦我所欲也。
〇〇〇、〇〇〇〇〇。
(白) 是以孔子魚餒而肉敗、不食。不得其醬、
不食。
〇〇〇、〇〇〇〇〇〇。
是曾子養曾晳、毎食必有酒肉、曾元養曾子、
毎食亦必有酒肉。
〇〇〇、〇〇〇〇〇、
〇〇〇〇〇〇〇〇〇〇。
〇〇〇、〇〇〇。

(劉賈) 你道、吃斎的好、吃葷的不好？清早
吃肉、中午吃魚、夜晩吃牲、吃得肥肥胖胖、
紅光満面、神清気爽、你吃斎的、眼睛瘪進去、
鼻子凸出来、頭昏眼花、吃斎的不好、姐姐還
是要開葷。
(劉氏) 賢弟、又道是、要知後世因、今生作者
是、人人知道有来生、何不種取来生福、還是
吃斎的好。
(劉賈) 姐姐、你総講吃斎的好、吃肉的不好、
但看古往今来、那個好漢不吃肉。姐姐、何必
痴迷、且聽弟一言相勧吓。
〇〇〇〇〇〇、
〇〇〇〇〇〇、
〇〇〇〇〇〇〇、
〇〇〇〇〇〇〇、
〇〇〇〇、
〇〇〇〇〇〇〇、
文王之政、使民五母鶏二母彘吓。
那〇〇〇、
〇〇〇〇〇〇政。
孟子云：魚我所欲也、熊掌亦我所欲也。
〇〇掌〇〇〇〇。
(白) 是以孔子魚餒而肉敗、不食。不得其醬、
不食。
〇〇〇、〇〇〇〇〇〇。
是曾子養曾晳、毎食必有酒肉、曾元養曾子、
毎食亦必有酒肉吓。
〇〇〇、〇〇〇〇〇、
〇〇〇〇〇〇〇〇〇〇。
〇〇〇、〇〇〇。

90　95　100　105　110　115

論斎戒、可養心。
古人云：斎戒以神明其徳。
斎戒可与神明並、
孟子云：雖有悪人、斎戒可以祀上帝、
斎戒能得上帝歆。
口腹之人、人賤之矣。
養口腹、人所軽、
従其小体、為小人。従其大体、為大人。
養心志、神所敬。
人能無以飢渇之害為心、害則不及人、不為憂
矣。
人無飢渇非心病、
何患吾生不及人、
（浄）喏、樽俎之言、皆是古人斎戒。

古人斎戒存誠信、所以敬鬼神而遠之。
近世長斎諂、
見既定、心自寧。
今人惟諂瀆鬼神、則行険以邀倖。
福未至、禍已臨。
姐夫終日吃斎、未満六旬而喪、酒池肉林亦将
何用。姐姐。
勧你自今飲酒茹葷
也休做長斎懵懂人
（夫白）兄弟言之有理
（唱）
聴伊言、

〇〇〇、〇〇〇。
古人云：斎戒以神明其徳吓。
〇〇〇〇〇〇、
孟子云：雖有悪人、斎戒可以祀上帝吓。
〇〇〇〇〇〇、
口腹之人、人賤之矣。
〇〇〇、〇〇〇。
従其小体、為小人。従其大体、為大人。
〇〇〇、人〇〇。
人能無以飢渇之害為心、害則不及人、不為憂
矣。
〇〇〇〇〇〇、
〇〇〇〇〇〇、
姐姐之言有理、古人斎戒、豈今人可比吓。
論斎戒、古与今同一名。
究根源、古与今両様心、
古人惟存誠信
近世長斎諂鬼神。
古人惟存誠信、所以敬鬼神而遠之。
〇〇〇、〇〇〇。
今人惟諂瀆神明、則行険以僥倖。
〇〇〇、〇〇〇。
姐夫終日吃斎、未満六旬而喪、酒池肉林亦将
何用。姐姐。
〇〇〇〇〇〇〇、
〇〇〇〇〇〇〇、

〇〇〇、

〇〇〇、〇〇〇。
古人云：斎戒以神明其徳吓。
〇〇〇〇〇〇、
孟子云：雖有悪人、斎戒可以祀上帝吓。
〇〇〇〇〇〇、
口腹之人、人賤之矣。
〇〇〇、〇〇〇。
従其小体、為小人。従其大体、為大人。
〇〇〇、人〇〇。
人能無以飢渇之害為心、害則不及人、不為憂
矣。
〇〇〇〇〇〇、
〇〇〇〇〇〇、
姐姐之言有理、古人斎戒、豈今人可比吓。
論斎戒、古与今同一名。
究根源、古与今両様心、
古人惟存誠信
近世長斎諂鬼神。
古人惟存誠信、所以敬鬼神而遠之。
〇〇〇、〇〇〇。
今人惟諂瀆神明、則行険以僥倖。
〇〇〇、〇〇〇。
姐夫終日吃斎、未満六旬而喪、酒池肉林亦将
何用。姐姐。
〇〇〇〇〇〇〇、
〇〇〇〇〇〇〇、

〇〇〇、

120　125　130　135　140

醉乍醒、
嘆当初、
睡未醒、
従今看破迷魂陣、
自此除開奉仏心。
但你姐夫遺属、分付依旧吃斎。
背夫言、心不忍。
怕爾曹也不遵。
一時之間、難以遽改。
待従容説与孩児聴。
(浄)切不可説、是我勧你開斎。(夫白)這事情豈不晩得。只道：児、古云、口腹、軀命所関、
老者非肉不飽。
你須以肥甘養老身。
(浄)姐姐、外甥見聴、留他在家一同享用。如不見聴、叫他離家做買売去。豈不得個自在。
(夫)自有分暁。
(夫)只待児帰説事因、
　開斎飲酒更茹葷
(浄)逢人且説三分話、

○○○、
○○○、
○○○、
○○○○○○○、
○○○○○○○、
但你姐夫遺属、分付依旧吃斎吓。
○○○、○○○。
○○○○○○。
一時之間、難以刷改。
○○○○○○○○、
古云、口腹軀、命所関、老者非肉不飽。
○○○○○○○○、
(劉氏)賢弟、好便好、恐我児不依、亦是枉然。
(劉賈)外甥不允、慢慢相勧。
(劉氏)為姐用良言相勧、看他心意如何？
(劉賈)姐姐、外甥見聴、留他在家、一同享用。如不見聴、要他離家往外経商。豈不得自在安然。
(劉氏)言之有理、要他往外経商、就是。
(劉賈)方才小弟所説的話、你不要説与外甥知道、莫説是我講的。
(劉氏)為姐謹記。金奴看斎宴。
(劉賈)不労姐姐。択期開葷、小弟来恭賀。
(劉氏)為姐相請。
(劉賈)小弟告辞。
(劉氏)○○○○○○○、
(劉賈)○○○○○○○
(劉氏)○○○○○○○

○○○、
○○○、
○○○、
○○○○○○○、
○○○○○○○、
但你姐夫遺属、分付依旧吃斎吓。
○○○、○○○。
○○○○○○。
一時之間、難以刷改。
○○○○○○○○、
古云、口腹軀、命所関、老者非肉不飽吓。
○○○○○○○○、
(劉氏)賢弟、好便好、恐我児不依、亦是枉然。
(劉賈)外甥不允、慢慢相勧。
(劉氏)為姐用良言相勧、看他心意如何？
(劉賈)姐姐、外甥見聴、留他在家、一同享用。如不見聴、要他離家往外経商。豈不得自在安然。
(劉氏)言之有理、要他往外経商、就是。
(劉賈)方才小弟所説的話、你不要説与外甥知道、莫説是我講的。
(劉氏)為姐謹記。金奴看斎宴。
(劉賈)不労姐姐。択期開葷、小弟来恭賀。
(劉氏)為姐相請。
(劉賈)小弟告辞。
(劉氏)○○○○○○○、
(劉賈)○○○○○○○
(劉氏)○○○○○○○

行	145　　150
	未可全抛一片心。
	○○○○○○○ （劉賈）一片心。 （劉氏）不錯、一片心。金奴送過舅爺 （金奴）安人請退。 （劉氏）少送賢弟。 （金奴）方才舅爺説這些話、你安人心意若何。 （金奴）安人的心意有了八九。 （劉賈）你好生侍奉安人、為舅爺与你選一個好丈夫。 （金奴）嫁丈夫我到不想、安人若還開葷、你老人家要来。 （劉賈）這個自然、為舅爺去了。 （金奴）観看安人心意動、我也要開葷了、開葷了。
	○○○○○○○ （劉賈）一片心。 （劉氏）不錯、一片心。金奴送過舅爺 （金奴）安人請退。 （劉氏）少送賢弟。 （金奴）方才舅爺説這些話、你安人心意若何。 （金奴）安人的心意有了八九。 （劉賈）你好生侍奉安人、為舅爺与你選一個好丈夫。 （金奴）嫁丈夫我到不想、安人若還開葷、你老人家要来。 （劉賈）這個自然、為舅爺去了。 （金奴）観看安人心意動、我也要開葷了、開葷了。

この表にみるように、歌詞の部分については、高腔祁劇本、辰河腔本の両者とも、鄭之珍本を完全に踏襲していることがわかる。また白についても、かなり良く踏襲しているといえる。湖南省は、鄭之珍本の成立した安徽省からは、江西省を隔てて、かなり離れているが、鄭本をよく継承しているのは、この地域が漢族の移民地区であり、独自の伝統的な目連戯がなく、そのため、刊本として流伝していた鄭本に依拠したということであろう。

二　演出

さきに述べたように、中国では、近年、ユネスコの世界文化遺産への登録を目指して、国内の民俗芸能を奨励し、その中の民族文化としての価値の高いものを選んで、ユネスコに登録を申請する動きが強まっている。その中に目連戯も候補としてクローズアップされており、この最低でも上演に三日、長ければ七日を要する長編の祭祀演劇を四時間程度にまとめて劇化する道が模索されている。これは、さわりだけを演じる折子劇ではなく、通し上演の縮小版であり、いくら縮小しても四—五時間はかかるから、その規模は、折子劇の及ぶところではない。今、その例として、二〇〇四年、湖南長沙で演じられた祁陽目連班による高腔祁劇の縮小版の上演を紹介する。次のとおりである。

1［元旦祝寿］

元旦にあたり、傅羅卜は、父の傅相、母の劉氏の長寿を祝い、高堂の父母に祝福の礼を捧げる。外では、春節の賑わい、大頭和尚や、蛤の舞など、さまざまな民間芸能が繰り広げられている。

(1)大頭和尚と蛤、傘の舞が跳舞する。傅羅卜、傅相、劉氏、益利、門口でこれを見る（写真134）。これは、通常の目連戲にはないが、冒頭で観客をひきつけるために、元宵の民間芸能をアレンジしたものである。

(2)扇の舞、傘の舞（写真135）。これも民間芸能の春節パレードによく出る演目である。

2［博施済衆］

傅相は、広く貧民に布施を行う。瘋癲で足萎えの妻を啞の夫が背負って、布施を乞いにくる（啞背瘋）。

(1)普通は、一人二役（妻が胸に夫の頭のつくりものを付ける）の形で出るが、ここでは、老人が若い妻を背負って二人で出る。妻が笑っているのも、不自然。僧侶と道士も布施を乞いに来ている（写真136）。

(2)通常の啞背瘋の演技では、正面を向くと、妻の萎えた脚が夫の両脇から出るが、ここでは、妻の脚は背後にあって見えない。この演出では、不具を醜いと考えて、型を替えたものとみられる（写真137）。

3［斎僧斎道］

(1)僧侶と道士が布施を乞いに門前を訪れる。傅相は、部屋に招き、羅卜に金品を恵むように指示する（写真138）。

(2)羅卜は、母に崇仏を説く（写真139）。

写真 134　元旦祝寿Ⅰ（祁陽）
中央に傅相，劉氏，羅卜，前面に雑技

写真 135　元旦祝寿Ⅱ（祁陽）
扇の舞（左），傘の舞（右）

写真 136　博施済衆Ⅰ（祁陽）
啞背瘋（中央），尼僧（右）

写真 137　博施済衆Ⅱ（祁陽）
啞背瘋（前）

写真 138　斎僧斎道Ⅰ（祁陽）
左から道士，羅卜，劉氏，傅相，僧侶

写真 139　斎僧斎道Ⅱ（祁陽）
左から道士，羅卜，傅相，劉氏，僧侶，益利，金奴

4［傅相昇天］
傅相は、急に病に倒れる（写真140）。
5［勧姐開葷］
(1)傅相が急逝したあと、喪に服して斎戒している劉氏のところへ、弟の劉賈が弔問に訪れ、斎戒を止めて、肉食をするように勧める（写真141）。
(2)侍女の金奴も同様に斎戒を止めて肉食し、体力を回復させるように勧める（写真142）。
6［劉氏開葷］
劉氏は、逡巡するが、ついに弟と金奴の勧めに従って、肉食を開始する。芸人が集まり、宴会を開く（写真143）。
7［駆逐僧道］
(1)僧侶と尼僧、道士が弔問に訪れる（写真144）。
(2)尼僧と道士は、肉食開始を仏道に叛くと言って、諫める（写真145）。
(3)劉賈と劉氏は、家人に命じて、僧侶、尼僧、道士を拘束する（写真146）。
(4)金奴は、僧侶、尼僧、道士に肉饅頭を食べさせ、破戒させて、勝ち誇る（写真147）。（旧本では、観音が出て、僧侶たちに警告し、破戒を免れさせるが、この改編本では、破戒させるのに成功している。）
8［三跪一拝］
旅先で、母劉氏の破戒を知った羅卜は、益利を先に帰郷させ、自らは、仏の許しを請うため、三歩ごとに一拝する五体投地の礼拝を繰り返しながら、故郷に向かう（写真148—150）。
9［大捉小捉］
(1)閻王は、劉氏の悪行を知り、地獄に拘引するため、大小の鬼たちを陽界に派遣する。小鬼たちは、傅家の花園

写真 140　傅相升天（祁陽）
傅相（中央），羅卜（左），劉氏（右）

写真 141　勧姐開葷 I（祁陽）
金奴（左），劉氏（中央），劉賈（右）

写真 142　勧姐開葷 II（祁陽）
金奴（左），劉氏（中央），劉賈（右）

写真 143　劉氏開葷（祁陽）
芸人（左），金奴（中左），劉氏（中右），劉賈（右）

写真 144　駆逐僧道 I（祁陽）
左から金奴，劉氏，劉賈，僧侶，尼僧，益利

写真 145　駆逐僧道 II（祁陽）
左から尼僧，劉氏，劉賈，益利

写真 149　三跪一拝Ⅱ（祁陽）
羅卜

写真 146　駆逐僧道Ⅲ（祁陽）
左から道士，劉賈，劉氏，僧侶，尼僧

写真 150　三跪一拝Ⅲ（祁陽）
羅卜

写真 147　駆逐僧道Ⅳ（祁陽）
左から尼僧，僧侶，金奴，劉氏，劉賈，安童

写真 151　大捉小捉Ⅰ（祁陽）
劉氏逮捕に向かう鬼たち

写真 148　三跪一拝Ⅰ（祁陽）
羅卜（左），益利（右）

（裏庭）に集まり、待機する（写真151）。

(2)長身の白無常鬼が、小鬼たちを指揮する（写真152）。

(3)小鬼たちは、白無常の後に従って、隊列を組む（写真153）。

10［花園発誓］

(1)劉氏、花園に出る。小鬼たち、包囲する（写真154）。

(2)劉氏は、犠牲の骨を花園に埋めてあり、これを羅卜と益利に隠し通そうとはかる（写真155）。

(3)白無常、鬼たちに劉氏逮捕の準備を命ず（写真156）。

(4)劉氏、羅卜、益利に対し、破戒していないことを誓う（写真157）。

(5)しかし、劉氏の身辺には、鬼が迫り、矛を振り上げて打とうとしている（写真158）。

(6)劉氏、天に向かい、破戒の事実を否定、もし事実であれば、七穴から血が吹き出て即死しても悔いはない、と誓う（写真159）。

(7)すると、鬼たちが劉氏を襲い、打ち倒す。劉氏は、花園の中で昏倒する（写真160）。

(8)花園の葵の花が、火を噴き、地中から埋められた犠牲の骨が露出する（写真161）。

(9)劉氏は、この情景に茫然自失する（写真162）。

(10)鬼たちは、劉氏の七魂三魄を拘引して地獄に向かう（写真163・164）。

11［捉金奴劉賈］

(1)鬼が金奴と劉賈を捕えて、地獄に拘引する（写真165）。

(2)金奴、劉賈は、抵抗するが、結局、拘束される（写真166）。

写真 152　大捉小捉Ⅱ（祁陽）
白無常（中央）と鬼卒

写真 153　大捉小捉Ⅲ（祁陽）
白無常（右）と鬼卒

写真 154　花園発誓Ⅰ（祁陽）
劉氏（中央）を囲む鬼卒

写真 155　花園発誓Ⅱ（祁陽）
劉氏（中央）を囲む鬼卒

写真 156　花園発誓Ⅲ（祁陽）
白無常（左）と鬼卒

写真 157　花園発誓Ⅳ（祁陽）
劉氏（中央）を介抱する羅卜（右）

写真 158　花園発誓Ⅴ（祁陽）
劉氏（左）と鬼卒，益利（中），羅卜（右）

写真 159　花園発誓Ⅵ（祁陽）
益利（左），劉氏（中），羅卜（右）

写真 160　花園発誓Ⅶ（祁陽）
益利（中），劉氏（右），羅卜（右端）

写真 161　花園発誓Ⅷ（祁陽）
益利（中），劉氏（右），羅卜（右端）

写真 162　花園発誓Ⅸ（祁陽）
劉氏

写真 163　花園発誓Ⅹ（祁陽）
劉氏の魂魄（左），鬼（中），劉氏（右）

写真 167　劉氏帰陰（祁陽）
劉氏（中）を案じる羅卜（左）

写真 164　花園発誓Ⅺ（祁陽）
劉氏（中）と鬼卒

写真 168　劉氏回煞Ⅰ（祁陽）
益利（左），羅卜（右）

写真 165　捉金奴劉賈Ⅰ（祁陽）
金奴（左）と劉賈（右）を捕える鬼卒

写真 169　劉氏回煞Ⅱ（祁陽）
羅卜（左），劉氏（中）

写真 166　捉金奴劉賈Ⅱ（祁陽）
金奴（左）と劉賈（右）を捕える鬼卒

12［劉氏帰陰］
花園で倒れた劉氏は、そのまま、死亡する（写真167）。

13［劉氏回煞］

⑴逝去七日目「回煞」の日、死者の魂魄が一旦、家に帰るのを許される。米を撒いておくと、足跡が残るという言い伝えに従い、益利は、霊前に米を撒く（写真168）。

⑵劉氏は、霊前に至るが、羅卜は、昏睡している（写真169）。

⑶劉氏は、羅卜の醒めるのを待つ（写真170）。

⑷羅卜は、ついに醒めず、劉氏は、再び、鬼に引きたてられて去る（写真171）。

⑸羅卜は醒めて、霊前に撒いた米を点検し、母が「回煞」に戻ってきたことを知り、昏睡して会えなかったことを嘆く（写真172）。

14［羅卜描容］
羅卜は、母の生前の容姿を絵に描く（写真173）。

15［過破銭山］
⑴劉氏は、鬼に拘引されて、破銭山を越える（写真174）。
⑵途中で、何度も鬼から折檻を受ける（写真175）。

16［挑経挑母］
⑴羅卜は、母を地獄から救うため、母の遺骨を西天の如来のもとに送り届けようとする。遺骨と経典を天秤の両端に吊るし、どちらかが先にならぬように、天秤を横にかついで進む（写真176）。
⑵道を急ぐ（写真177）。

写真 170　劉氏回煞Ⅲ（祁陽）
劉氏（左），羅卜（中）

写真 171　劉氏回煞Ⅳ（祁陽）
解鬼（左），劉氏（右）

写真 172　劉氏回煞Ⅴ（祁陽）
羅卜

写真 173　羅卜描容（祁陽）
羅卜

写真 174　過破銭山Ⅰ（祁陽）
劉氏（左），解鬼（右）

写真 175　過破銭山Ⅱ（祁陽）
劉氏（左），解鬼（同）

写真 176　挑経挑母Ⅰ（祁陽）
羅卜

写真 177　挑経挑母Ⅱ（祁陽）
羅卜

写真 178　観音試道（祁陽）
観音

写真 179　観音試道Ⅱ（祁陽）
羅卜（左），良女（右）

写真 180　観音試道Ⅲ（祁陽）
良女（左），羅卜（右）

写真 181　観音試道Ⅳ（祁陽）
良女（左），羅卜（右）

17［観音試道］
(1)観音が出て、羅卜の道心を試そうとする（写真178）。
(2)松林の中で、日が暮れて困惑する羅卜の前に一軒家が見え、中にいる観音の化身の美女が誘惑する（写真179）。
(3)美女は、羅卜に言い寄る（写真180）。
(4)羅卜は、峻拒し、外で一夜を過ごす、と言う（写真181）。
(5)美女は、外には虎が出ると脅す（写真182）。
(6)羅卜は、虎を恐れず、虎は去り、夜が明ける。観音が顕れ、西天を目指すよう指示する（写真183）。

18［梅嶺脱化］
(1)羅卜には、観音の配慮で、白猿と沙悟浄が警護役となり道案内する（写真184）。
(2)しかし、梅嶺に至ると、二人は、天秤を奪って逃げる。羅卜は絶望し、崖から投身して死ぬ（写真185）。

19［過奈何橋］
(1)劉氏は、鬼に拘引され、地獄に通じる奈何橋を渡る。下には銅狗鉄蛇がひしめき、落ちれば、悲惨なことになる。劉氏は、鬼に追い立てられ、一本橋を落ちそうになりながら、かろうじてこらえ、渡りきる。この演出は、極めて特色のあるもので、かつての目連戯では、見られなかったものである。すでに高齢で孤凄埂も一人では越えられない劉氏に、丸木橋を渡る曲芸のような演技をさせるのは、不自然というほかはない。俳優は、二〇代の女性であり、演出過剰と言わざるを得ない。しかし演技は、極めて高度なもので、見ごたえがあり、観客にアピールしている。極端に劇場化した演出と言える（写真186―200）。
(2)劉氏、橋から飛び降りる（写真201）。

写真 182　観音試道Ｖ（祁陽）
羅卜（左），良女（中），虎（右）

写真 183　観音試道Ⅵ（祁陽）
羅卜（左），観音（中）

写真 184　梅嶺脱化Ⅰ（祁陽）
沙悟浄（左），羅卜（中），白猿（右）

写真 185　梅嶺脱化Ⅱ（祁陽）
羅卜（左），白猿（中）

写真 186　過奈何橋Ⅰ（祁陽）
劉氏（左），鬼卒二人（右）

写真 187　過奈何橋Ⅱ（祁陽）
劉氏（左），鬼卒二人（右）

写真 188　過奈何橋Ⅲ（祁陽）
劉氏（左），鬼卒二人（右）

写真 189　過奈何橋Ⅳ（祁陽）
鬼卒（左），劉氏（中）

写真 190　過奈何橋Ⅴ（祁陽）
劉氏（左），鬼卒（右）

写真 191　過奈何橋Ⅵ（祁陽）
劉氏（左），鬼卒（右）

写真 192　過奈何橋Ⅶ（祁陽）
劉氏（左），鬼卒（右）

写真 193　過奈何橋Ⅷ（祁陽）
劉氏（左），鬼卒（右）

写真 194　過奈何橋Ⅸ（祁陽）
劉氏（左），鬼卒（右）

写真 195　過奈何橋Ⅹ（祁陽）
劉氏（左），鬼卒（右）

写真 196　過奈何橋Ⅺ（祁陽）
劉氏（左），鬼卒（右）

写真 197　過奈何橋Ⅻ（祁陽）
劉氏（左），鬼卒（右）

写真 198　過奈何橋XIII（祁陽）
劉氏（中），鬼卒（右）

写真 199　過奈何橋XIV（祁陽）
劉氏（中），鬼卒（右）

写真 200　過奈何橋XV（祁陽）
鬼卒（橋上），橋から跳び下りる劉氏（空中）

写真 201　過奈何橋XVI（祁陽）
着地した劉氏（手前），鬼卒二人（橋上）

写真 202　羅卜成仏Ⅰ（祁陽）
目連（左），白猿・沙悟浄・如来（右）

写真 203　羅卜成仏Ⅱ（祁陽）
如来（左），目連（中）．沙悟浄・白猿（右）

写真 204　羅卜成仏Ⅲ（祁陽）
如来（左），目連（中），沙悟浄・白猿（右）

写真 205　羅卜成仏Ⅳ（祁陽）
沙悟浄（左），目連（中），白猿（右）

20［羅卜成仏］
(1)崖から落ちて死に凡体を脱した羅卜は、仏体となって、如来のもとに至る。白猿と沙悟浄は、先回りして待っていた（写真202）。
(2)羅卜は、仏弟子となり、目連の法号を授けられる。錫杖と袈裟、冠を与えられ、地獄に母を探しに行く（写真203・204）。
(3)目連、猿と沙悟浄に別れて、地獄に赴く（写真205・206）。

21［三殿尋母］
(1)目連、地獄めぐりを開始（写真207）。
(2)一殿、二殿、三殿と巡り、母を探すが、見つからない（写真208・209）。
(3)劉氏は、地獄では、責苦を受けている。叉を投げられ、必死で身をかわす（写真210・211）。

22［六殿見母］
(1)劉氏は、六殿で刑を受けている。この打叉の演出は、伝統的目連戯においても伝承されてきたものであるが、ここでは、危険な曲芸的な演出を見せる（写真212）。
(2)そこへ目連が駆けつけ、ついに母子再会となる。この母子再会の場面の演出も纏綿を極める。母子の情というより、男女の愛情に近い。劉氏が若造りであるだけにその感を免れない（写真213—224）。
(3)しかし、獄吏が劉氏に地獄に戻るように急き立てる（写真225）。
(4)獄卒は、劉氏を目連から引き離す（写真226・227）。

23［九殿尋母］
(1)目連は、如来の下に戻り、さらに母を救う手立てについて、教えを乞う。如来は暗闇を照らす灯と空中を駆け

写真 206　羅卜成仏Ⅴ（祁陽）
沙悟浄（左），目連（中），白猿（右）

写真 207　三殿尋母Ⅰ（祁陽）
目連

写真 208　三殿尋母Ⅱ（祁陽）
目連（左），班頭（中），閻王（右）

写真 209　三殿尋母Ⅲ（祁陽）
目連

写真 210　三殿尋母Ⅳ（祁陽）
目連（後），鬼卒にかつがれる劉氏（前）

写真 211　三殿尋母Ⅴ（祁陽）
目連（左），鬼卒（中），劉氏（右）

写真 212　六殿見母 I（祁陽）
叉を投げられる劉氏（左）

写真 213　六殿見母 II（祁陽）
羅卜（左），劉氏（右）

写真 214　六殿見母 III（祁陽）
劉氏（左），羅卜（右）

写真 215　六殿見母 IV（祁陽）
劉氏（左），羅卜（右）

写真 216　六殿見母 V（祁陽）
劉氏（左），羅卜（右）

写真 217　六殿見母 VI（祁陽）
劉氏（左），羅卜（右）

写真 218　六殿見母Ⅶ（祁陽）
劉氏（左），羅卜（右）

写真 219　六殿見母Ⅷ（祁陽）
劉氏（左），羅卜（右）

写真 220　六殿見母Ⅸ（祁陽）
羅卜（左），劉氏（右）

写真 221　六殿見母Ⅹ（祁陽）
劉氏（左），羅卜（右）

写真 222　六殿見母Ⅺ（祁陽）
劉氏（左），羅卜（右）

写真 223　六殿見母Ⅻ（祁陽）
劉氏（左），羅卜（右）

写真 224　六殿見母XIII（祁陽）
羅卜（左），劉氏（右）

写真 225　六殿見母XIV（祁陽）
羅卜（左），劉氏（中），獄吏（右）

写真 226　六殿見母XV（祁陽）
劉氏（左），獄吏（中），羅卜（右）

写真 227　六殿見母XVI（祁陽）
獄吏（左），劉氏（中），六殿王（右）

写真 228　九殿尋母—下人喧嘩 I（祁陽）
獄吏（左），下人二人（中），獄吏（右）

写真 229　九殿尋母—下人喧嘩 II（祁陽）
下人二人（左），獄卒（中），獄吏（右）

写真 230　九殿尋母—下人喧嘩Ⅲ（祁陽）
下人二人（中），獄卒（右）

写真 231　九殿尋母—下人喧嘩Ⅳ（祁陽）
獄卒（左），下人二人（中）

写真 232　十殿輪転Ⅰ（祁陽）
十殿王（左），書記（中），罪人（下）

写真 233　十殿輪転Ⅱ（祁陽）
十殿王（中）　劉氏（右）

写真 234　十殿輪転Ⅲ（祁陽）
金奴（左），十殿王（右）

写真 235　十殿輪転Ⅳ（祁陽）
十殿王（左），劉氏（右）

写真 236　盂蘭大会Ⅰ（祁陽）
獄卒（左），十殿王（中）

写真 237　盂蘭大会Ⅱ（祁陽）
目連（左），益利（中）

写真 238　盂蘭大会Ⅲ—堆羅漢 1（祁陽）
羅漢の班主

写真 239　盂蘭大会Ⅳ—堆羅漢 2（祁陽）
羅漢 7 人，龍を持ち，整列

写真 240　盂蘭大会Ⅴ—堆羅漢 3（祁陽）
目連（左），犬身の劉氏をかつぐ羅漢（右）

写真 241　盂蘭大会Ⅵ—堆羅漢 4（祁陽）
目連（左），犬身の劉氏をかつぐ羅漢（右）

写真 242　盂蘭大会Ⅶ—堆羅漢 5（祁陽）
羅漢（左），人身の劉氏（中），目連（右）

写真 243　盂蘭大会Ⅷ—堆羅漢 6（祁陽）
羅漢（中）

写真 244　盂蘭大会Ⅷ—堆羅漢 7（祁陽）
羅漢（中）

写真 245　盂蘭大会Ⅸ—堆羅漢 8（祁陽）
羅漢

写真 246　盂蘭大会Ⅹ—堆羅漢 9（祁陽）
羅漢

写真 247　盂蘭大会Ⅺ—堆羅漢 10（祁陽）
羅漢

写真 248　盂蘭大会Ⅻ―堆羅漢 11（祁陽）
羅漢（中）

写真 249　盂蘭大会Ⅻ―堆羅漢 12（祁陽）
羅漢の班主

写真 250　盂蘭大会XIII―堆羅漢 13（祁陽）
羅漢の班主

写真 251　封爵Ⅰ（祁陽）
益利（左），劉氏（中），目連（右）

写真 252　封爵Ⅱ（祁陽）
益利（左），劉氏（中），目連（右）

写真 253　封爵Ⅲ（祁陽）
傅相（中），天女（左右）

巡る草鞋を与える。目連は、これにより、七殿、八殿を巡り、九殿に至る。ここでは、閻王は何も言わず。下人二人が取っ組み合いの喧嘩を見せる（写真228—231）。

24［十殿輪転］

(1)十殿、輪転王の法廷。罪人は、罪に応じて、変身させられる（写真232）。

(2)劉氏は、犬に金奴は猫に変身させられる（写真233—235）。

25［盂蘭大会］

(1)十殿王が獄卒を連れて退場する（写真236）。

(2)目連は、如来の教えにより、盂蘭盆会を設ける（写真237）。

(3)羅漢、登場（写真238・239）。

(4)目連、母が変身した犬に向かって拝礼する（写真240）。

(5)羅漢、犬をかかえ挙げる。目連、母に向かって読経（写真241）。

(6)母、犬体を脱し、人体に戻る（写真242）。

(7)倒羅漢の演技（写真243・244）。

(8)堆羅漢の演技（写真245・246）。

(9)拳法の演技（写真247）。

(10)捲旋転回の演技（写真248）。

(11)下腹呼吸の演技（写真249・250）。

26［封爵］

(1)劉氏、玉帝から勧善夫人に封ぜられる。鳳冠を下賜される（写真251・252）。

写真**254**　封爵Ⅳ（祁陽）
劉氏正装

写真255　終演Ⅰ（祁陽）
左から傅相，目連，文化工作者，劉氏

写真256　終演Ⅱ（祁陽）
傅相・目連・劉氏（右）

(2) 傅相、天女降臨（写真253）。
(3) 劉氏、戴冠、盛装して登場（写真254）。

27［終演儀式］

終演となり、出演者全員が観客に向かって挨拶する（写真255・256）。

以上、この圧縮劇においては、奈何橋の場、六殿見母の場など、俳優の個人技がクライマックスになっている。近代演出の極致というべきであろう。

第三節　四川地区における鄭本の継承と演出

四川においては、おそらく湖南から鄭之珍本が伝わり、これに基づいて、テキストの継承と演出の潤色が行われた。以下、テキストと演出の両面から、考察する。

一　テキスト

四川高腔本は、湖南の高腔祁劇本テキストを、節略したり、増補したりして、継承している。以下、［六殿見母］の段につき、鄭之珍本、湖南祁劇本、四川高腔本の三種テキストを対照させて表示する（表48）。

表48　［六殿見母］鄭之珍本・湖南高腔祁劇本・四川高腔本対照表

行	京本Ⅰ（鄭本）#301	京本Ⅱ（湖南高腔祁劇本）#311	京本Ⅱ（四川高腔本）#313
	［普賢歌］	［普賢歌］	［普賢歌］
	夜丫尊、	夜叉尊、	夜叉尊、
	我做班頭、	我做班頭、	我做班頭、
	拘管牢中餓鬼囚、	拘管牢中餓鬼囚、	拘管牢中餓鬼囚、
5	有銭的、略放手、	有銭的、略放手、	有銭的、略放手、
	無銭的、打不休、	無銭的、打不休、	無銭的、打不休、
	把鋼鉄洋来、	把鋼鉄汁来、	把鉄水、
	熱灌他的喉。	熱灌他的喉、	灌他喉、
		熱灌他的喉。	灌他喉。
10			（介）夜叉班頭是也。掌管阿鼻地獄、今当四月
			初八日、龍華大会、我殿下成大王已去赴会、
			獄官獄吏倶跟随去了。惟我班頭在此守監。獄
			中餓鬼、不准喧嘩。若不守法、定責不饒。

15　20　25　30　35　40

〔八声甘州歌〕
忘餐廃寝、為堅心、
救母敢憚辛勤、
承師指引、
許逢娘在初八之辰、
只得趲行。
啼残杜宇三更月、
踏破陰山一片雲、
殷勤問、
仔細尋、
得逢老母謝神霊。
〔前腔〕
遥瞻松柏林映、
巍巍殿宇、隠隠重門、
原来四阿鼻地獄、
銅牆万仞、
牢拴着餓鬼飢魂、
他那裡、
号天吁地応難脱、
叫苦啼飢不忍聞。
〔合前〕
（小）禅師何方人氏。
（生）〔前腔〕
西方目連僧。
（小）到此何幹。
為跟尋老母、敢造金城。
（小）令堂何姓何名。
娘親是劉姓、

〔八声甘州歌〕
忘餐廃寝、為堅心、
救母敢憚辛勤、
承師指引、
許逢娘在初八之辰、
只得趲行。
啼残杜宇三更月、
踏破陰山一片雲、
殷勤問、
殷勤問、
仔細尋、
得見老母謝神霊。
〔前腔〕
遥瞻松柏林映
巍巍殿宇、隠隠重門
原来四阿鼻地獄
銅牆万仞、
牢拴着餓鬼飢魂、
他那裡、
号天吁地応難脱、
叫苦啼飢不忍聞。
〔合前〕
（小）禅師何方人氏。
（生）〔前腔〕
西方目連僧。
（小）到此何幹。
為跟尋老母、敢造金城。
（小）令堂何姓何名。
娘親是劉姓、

〔八声甘州歌〕
忘餐廃寝、為堅心、
救母敢憚辛勤、
承師指引、
許逢娘在初八之辰、
只得趲行。
啼残杜宇三更月、
踏破陰山一片雲、
殷勤問、
殷勤問、
仔細尋、
得見老母謝神霊、
得見老母謝神霊。
〔前腔〕
遥瞻松柏林映
巍巍殿宇、隠隠重門、
原来四阿鼻地獄
銅牆万仞、
牢拴着餓鬼飢魂、
他那裡、
号天吁地応難脱、
叫苦啼飢不忍聞。
〔合前〕
（小）禅師何方人氏。
（生）〔前腔〕
西方目連僧。
（小）到此何干。
為跟尋老母、敢造金城。
（小）令堂何姓何名。
娘親是劉姓、

45　50　55　60　65

青提是老母之名。
（小）為何令堂墜入地獄。
因児不孝、相連累
致母多災受苦刑。
（小）我替你問。
餓鬼獄中有姓劉名青提者否。
（夫）不知問他何事。
（小）他有児子在此尋他。
（夫）不知尋母之人何姓何名。
（小）西方僧人名喚目連。
（夫）心中自駭驚、
忽聞有児子尋問。
他的娘親、姓劉名青提、老身也姓劉名青提。
同名同姓、
但我児不是僧人。
（小）你的児子姓甚名誰。
（夫）我児姓傅名羅卜。

青提是老母之名。
（小）為何令堂墜入地獄。
因児不孝、相連累
致母多災受苦刑。
（小）我替你問。
餓鬼獄中有姓劉名青提者否。
（夫）不知問他何事。
（小）他有児子在此尋他。
（夫）心中自駭驚、
忽聞有児子尋問娘親。
（夫）不知尋母之人何姓何名。
（小）西方僧人、名喚目連。
那位賢師之母、姓劉名青提、老身也姓劉名青
提。
空与他母行共姓名。
（小）你的児子姓甚名誰。
（夫）我児姓傅名羅卜。
但我児不是僧人。
哎、長官、
我的孩児在陽世之間、
吃斎把素、念仏看経、
縦有天大孝心、
不得到此地了。
長官、虧了那位禅師、

青提是老母之名。
（小）為何令堂墜入地獄。
因児不孝、相連累
致母多災受苦刑。
（小）待我替你問。
（生）有労了。
（小）餓鬼獄中、有姓劉名青提的没有。
（内）不知問他何事。
（小）他的児子在此尋他。
（夫）心中暗自驚、
忽聞有児子尋問娘親。
（夫）不知尋母之人何姓何名。
（小）西方僧人、法名目連。
（夫）他的娘親、姓劉名青提、老身也姓劉名青
提呵。
同名同姓、
但我児不是僧人。
（小）你的児子姓甚名誰。
（夫）我児姓傅名羅卜。
空与他娘行共姓名。

70 75 80 85 90 95

望長官伝与那禅師、子既不同、娘必不是了。
空与他娘行共姓名。
[合前]
(小)令堂不在此地。今我獄中、雖有婦人劉氏青提、与令堂同名同姓、奈他児子姓傅名羅卜、且不為僧。請自迴避。他尋則個。
(生)呵！有一婦人劉氏青提、他的児子姓傅名羅卜。不是僧人、果有此人。
(小)然也。
[駐雲飛](生)
忽聴伝音、
不覚汪汪両涙淋、
傅羅卜本是咱名姓。
大目連是我師相贈。
(小)為何令堂不知你出家。
(生)嗏！為只為
我萱親喪幽冥。
苦楚難禁。
因此修行、
挑母挑経、
投拝世尊。

一殿尋至二殿、
二殿尋至三殿、四殿、五殿
今来到六殿之中、
老身是他娘親、
倒還罷了。
倘若不是他的娘親、
豈不耽擱他的路程？
耽擱他的路程。
[合前]
(小)令堂不在此地。今我獄中、雖有婦人劉氏青提、与令堂同名同姓、只是他児子姓傅名羅卜、且不為僧。請高僧迴避。再往他処去尋罷。
(生)呵！有一婦人劉氏青提、他的児子姓傅名羅卜。不是僧人、果有此人。
(小)然也。
[駐雲飛](生)
忽聴伝音、
不覚汪汪両涙淋、
傅羅卜本是咱名姓。
大目連是我師相贈。
(小)為何令堂不知你出家。
(生)嗏！為只為
我萱親喪幽冥。
苦楚難禁。
因此修行、
挑母挑経、
投拝世尊。

煩労伝言那位禅師、子既不同、娘必不是了。
[合前]
(小)禅師、令堂不在此地。獄中、雖有婦人名叫劉氏青提、与令堂同名同姓、只是他児子姓傅名羅卜、而且不是和尚。請禅師再往別処去尋罷。
(生)呵！有一婦人劉氏青提、他的児子姓傅名羅卜呀？
(小)然也。
[駐雲飛](生)
忽聴伝音、
不覚汪汪両涙淋、
傅羅卜本是咱名姓。
目連僧是師賜贈。
(小)為何令堂不知你出家呢。
(生)為只為
我萱親喪幽冥。
苦楚難禁。
因此修行、
挑母挑経、
投拝世尊。

100　105　110　115　120

煉性修真。
他指引我、
到此相尋問。
長官望発慈悲方便心。
(小)我暁得那劉氏分明是他娘了。嘁、劉氏、
那目連即是羅卜、分明是你児子。我開了獄門、
使你子母相見。天上人間方便第一。
(夫)羅卜、我的児。
(生)娘。
(夫)枷鎖、解不得。怎生是好。
[浪淘沙](生)
仏法本堅剛、
至大無方、
我将錫杖一擻揚、
枷鎖一時皆解脱、
救我親娘。
(夫)枷鎖、脱了、眼看不見、怎生是好。
[前腔](生)
仏法本光明、
普照乾坤。
我将錫杖振天根、
石孔流泉堪洗眼、
娘、依旧澄清。

煉性修真。
他引我、
到此相尋問。
長官望発慈悲方便心。
望発慈悲方便心。
(小)我暁得、那劉氏分明是他娘了。嘁、劉氏、
那目連即是羅卜、分明是你的児子。我開了獄
門、使你母子相見。天上人間、方便第一。
(夫)羅卜、我的児。
(生)娘。
(夫)枷鎖、解不得。怎生是好。
[浪淘沙](生)
仏法本堅剛、
至大無方、
我将錫杖一擻揚、
枷鎖一時皆解脱、
救我親娘。
救我親娘。
(夫)枷鎖、脱了、眼看不見、怎生是好。
[前腔](生)
仏法本光明、
普照乾坤。
我将錫杖震天根、
石孔流泉堪洗眼、
娘、依旧澄清。
依旧澄清。
(夫)眼、光明了、
[駐雲飛](夫)

煉性修真。
他指引我、
到此相尋問。
望発慈悲方便心。
望発慈悲方便心。
(小)劉氏、那目連即是羅卜、分明是你的児子。
我開了獄門、使你母子相見。我行個方便、使
你母子相見一面。
(夫)羅卜、我的児哪。
(生)娘呀。
(夫)児呀!　枷鎖、解不得。怎生是好。
(生)娘親、免慮。
[念]
仏法本堅剛、
至大無方、
我将錫杖一擻揚、
枷鎖一時皆脱、
救我親娘。
救我親娘。
(夫)枷鎖、脱了、眼看不見、怎生是好。
(生)不妨碍。
[念]
仏法本光明、
普照乾坤。
我将錫杖震天根、
石孔流泉堪洗眼、
娘、依旧澄清。
依旧澄清。

125　130　135　140　145

(夫)眼、光明了、児耶、果已剃了頭髪、我肚中飢餓、怎生是好。
[前腔](生)
仏法本余饒、
飲食匀調、
杖頭带得有盂瓢、
化出飯来娘自吃。
娘、飽在今朝。
(内)目連菩薩、善医眼瞎、捨手伝名、因功顕法。
(生)呵! 原来獄中瞎子叫我捨手伝名、娘! 可憐瞎子皆堪憫、且散清泉洗眼来。
(丑浄)原来那和尚带得有飯、与那婆娘吃。
(夫)児、不好了。飯、被餓鬼搶吃了。
(生)餓鬼在哪裡。

哎、児呀、
忽見嬌生、
提起当初好傷情、
錯発花園誓、
解入酆都地、
当初錯用心、
哎、羅卜児吓!
在陽間不聴児言、
到此遭刑並。
痛断肝腸裂砕心。
痛断肝腸裂砕心。
(夫)児耶、果已剃了頭髪、我肚中飢餓、怎生是好。
[前腔](生)
仏法本余饒、
飲食匀調、
杖頭带得有盂瓢、
化出飯来娘自吃。
娘、飽在今朝。
(内)目連菩薩、善医眼瞎、捨手伝名、因功顕法。
(生)呵! 原来獄中瞎子叫我捨手伝名、娘! 可憐瞎子皆堪憫、且散清泉洗眼来。
(丑浄)原来那和尚带得有飯、与那婆娘吃。大家去搶。
(夫)児耶、不好了。飯、被餓鬼搶吃了。
(生)餓鬼在哪裡。

(夫)眼睛、光明了、児呀、你果然剃了頭髪了、我肚中飢餓、如何是好。
(生)娘呀!
[念]
仏法本余饒、
飲食匀調、
杖頭带得有盂瓢、
化出飯来娘自吃。
飽在今朝。
飽在今朝。
(内)目連菩薩、善医眼瞎、捨手伝名、因功顕法。
(生)呵! 原来獄中瞎子、叫我捨手伝名、娘! 可憐瞎子皆堪憫、且散清泉洗眼来。跟即就来。
(丑浄)原来那和尚带得有飯、給他娘吃。大家去搶!
(夫)児吶、不好了。飯、被餓鬼搶食了。
(生)餓鬼在哪裡。

	(夫) 哽死在此地下。	(夫) 哽死在此地下。	(夫) 搶吃了飯、跑進去了。
150	(生) 緩吃些。	(生) 緩吃些。	
	(夫) 這是顧嘴、不顧身、要財、不要命的。	(夫) 這是顧嘴、不顧身、要財、不愛命的。	
	(生) 娘！ 放心。	(生) 娘！ 放心。	(生) 不妨碍。
	[前腔] (生)	[前腔] (生)	[念]
155	仏法本機関、	仏法本機関、	仏法本機関、
	変化無端。	変化無端。	変化多端。
	缽盂中烏飯黒雲団、	缽盂中烏飯黒雲団、	缽盂中烏飯黒雲団、
	烏飯奉娘親自吃、	烏飯奉娘親自吃、	烏飯奉娘親自吃、
	鬼不争喰。	鬼不争喰。	鬼不争餐。
		鬼不争喰。	鬼不争餐。
160	(夫) 這飯、全看不得。	(夫) 這飯、全看不得。	(夫) 這飯、……。
	(生) 此飯雖不好看、卻有実用、娘試用之。	(生) 此飯雖不好看、卻有実用、娘試用之。	(生) 此飯雖不好看、卻很可口、娘試吃用。
	(丑浄) 原来那和尚在鉄炉辺撿些鉄屎与他吃。	(丑浄) 原来那和尚在鉄炉辺撿些鉄屎与他吃。	

これを見ると、四川本は、第四〇―四五行のように直接、鄭之珍本から五字句を引き継いでいる場合が多い。それもおおむね、簡略化して取り込んでいる。しかし、第五三行、五四行、五六行のように、湖南本も摂取しているところがある。また、第六三行のように、先行本にない字句を増補しているところもある。湖南辰河腔本ができるだけ字句を増補してわかりやすくする方向であるのに対し、高腔四川本は、簡潔な表現で意を達しようとする姿勢である。湖南本の中では、辰河腔本よりも祁劇高腔本の方が簡潔であるから、四川本は、辰河控本でなくて高腔祁劇本を継承している可能性もあるが、後述するように、四川には、辰河腔班が出演した記録がある。四八本という四川の連台本の形式も、辰河腔本の方にモデルがある。これらの点を考慮して、四川本は、辰河腔本を継受したと考えておく。

二　演出

四川本も、湖南本と同じく、演出に潤色が多い。以下、目立つものを挙げておく。

1［陰教法事］

巫師により、場内を浄める（写真257）。

2［霊官鎮台］

王霊官、台に上り、邪気を払う（写真258）。

3［出真武大帝］

真武大帝が出て、北方を鎮撫する（写真259）。

4［出城隍］

道士が亡魂を超度する時には、この地区の亡魂を管理する城隍に通知する必要がある。亡魂とこれを鎮撫する城隍（台上に立つ）が出る（写真260）。

5［出縁首］

縁首が「霊官出遊」の号令を発する（写真261）。

6［王霊官出遊］

(1)王霊官が五猖を率いて隊伍を組み、寒林を捕えるために郊外に向かう（写真262・263）。

(2)古廟に到着し、寒林逮捕に向かう（写真264）。

(3)轎に乗る王霊官（写真265）。

(4)古廟に登殿。巫師は、鶏の血を撒いて、場内を浄める（写真266）。

写真 260　出城隍（綿陽）
城隍（左），亡魂（右）

写真 257　陰教法事（綿陽）
巫師（中）

写真 261　出縁首（綿陽）
縁首（中）

写真 258　霊官鎮台（綿陽）
霊官（中）

写真 263　王霊官出遊Ⅱ（綿陽）

写真 262　王霊官出遊Ⅰ（綿陽）

写真 259　出真武大帝（綿陽）
真武（中）

写真 266　王霊官出遊Ⅴ（綿陽）
巫師（中）

写真 264　王霊官出遊Ⅲ（綿陽）
王霊官（右）

写真 267　放猖捉寒Ⅰ（綿陽）
五猖（中）

写真 268　放猖捉寒Ⅱ（綿陽）
王霊官

写真 265　王霊官出遊Ⅳ（綿陽）
玉女（左），王霊官（中），金童（右）

7［放猖捉寒］

(1)裸身の五猖、舞台上で出発の所作。差役が先導する（写真267）。

(2)王霊官が寒林の拘留地点を点検する（写真268）。

(3)孤魂野鬼の潜む郊外の墳墓、陰教祖師の像を正面に飾り、縁首が整列して、五猖の到着を待つ。五猖、疾駆して到着。左右に分かれて並ぶ。台に足をかけ示威（写真269）。

(4)五猖が寒林を逮捕して監禁する。これで目連戯上演の環境が整う（写真270）。

(5)五猖が寒林を檻にいれて監禁する（写真271）。

8［元旦祝寿］

(1)傅相、夫人劉氏、金奴、益利、並ぶ（写真272・273）。

(2)階段下で、龍の舞、旱船の舞（写真274）。

(3)傅相、劉氏、羅卜、益利、並ぶ。諸仏に礼拝。傅崇、降臨。三代、繁栄を祝す（写真275）。

9［十方布施］

(1)啞背瘋、登場。傅家に喜捨を乞いに来る（写真276）。

(2)下人たちがからかう。啞背瘋、怒って、下人を襲う。下人、逃げる（写真277）。

(3)羅卜、出る。傅相、出る。益利、出て来訪者を告げる。孝婦、出る。亡くなった姑の棺が買えないと訴える。傅相、棺代を喜捨する。孝婦、感謝して去る（写真278）。

(4)僧侶、道士二人、出る。喜捨を乞う。布施を受けて去る（写真279）。

10［傅相昇天］

(1)傅相、急に倒れる。劉氏も駆けつける（写真280）。

写真 269　放猖捉寒Ⅲ（綿陽）
五猖（左・中・右）

写真 270　放猖捉寒Ⅳ（綿陽）
寒林（中），五猖（左・中・右）

写真 271　放猖捉寒Ⅴ（綿陽）
寒林

写真 272　元旦祝寿Ⅰ（綿陽）
傅相（左），劉氏（中），金奴（右）

写真 273　元旦祝寿Ⅱ（綿陽）
金奴，傅相，劉氏，羅卜，益利

写真 274　元旦祝寿Ⅲ（綿陽）
舞龍（空中），旱船（下）

写真 275　元旦祝寿Ⅳ（綿陽）
左から劉氏，傅相，傅崇，羅卜，益利

写真 276　十方布施Ⅰ（綿陽）
啞背瘋Ⅰ

写真 277　十方布施Ⅱ（綿陽）
啞背瘋Ⅱ（中）

写真 278　十万布施Ⅲ（綿陽）
左から孝婦，益利，劉氏，金奴，羅卜

写真 279　斎僧斎道（綿陽）
左から益利，僧，傅相，道士，羅卜

写真 280　傅相昇天Ⅰ（綿陽）
左から金奴，劉氏，傅相，羅卜

(2)家族、友人など、みな案じて、集まる。傅相、劉氏に崇仏を遺嘱する。益利にも遺嘱。劉氏、驚き悲しむ。傅相の容体、さらに悪化。金童、玉女が迎えに来て、絶命する(写真281)。

11［勧姐開葷］

傅相の霊位の前に劉賈が弔問に現れ、金奴と語る。劉氏、出る。劉賈は開葷を勧める(写真282)。

12［遣子経商］

傅相の霊位の前に羅卜、劉氏、金奴が控える。急に羅卜に行商に出るように命ずる。羅卜は、狼狽し、留守中の母の破戒を恐れて、崇仏を遵守するよう懇請する(写真283)。

13［劉氏開葷］

(1)劉氏は、弟の劉賈と婢女の金奴にそそのかされて、斎戒をやめ、肉食を始める。孝衣を脱ぎ、真赤な衣装を着る。金奴と安童、侍す(写真284)。

(2)劉氏は、弟の劉賈と並んで、着座。婢女の金奴、わきに侍す。芸人の一団、すべて劉氏の前に招かれて並ぶ。芸人の一人、安童の指示により、「開葷を祝う」文字を書いた紅布を持って、中央に出る(写真285)。

(3)厨師の一団、肉を入れた盆を持って整列し、開葷を誇示する(写真286)。

(4)道士、僧侶、尼僧が喜捨を乞いに現れる。金奴、道士を拘引して引き据え、竹で叩きのめす(写真287)。

(5)婢女たちが僧侶をとらえて追い出す。道士や尼僧も追い出される。劉氏、卓の上に立ち上がる。金奴、肉を入れた盆を頭上に捧げる(写真288)。

(6)金奴、肉を入れた盆を劉氏に捧げる。劉氏、両袖を振って、見得を切る。開葷の覚悟を示す(写真289)。

(7)身をのけぞらして、不退転の決意を示す(写真290)。

(8)しかし、盆の中に鬼の顔が映る。恐怖に襲われる(写真291)。

写真 281　傅相升天Ⅱ（綿陽）
劉氏（左），傅相（中），金童（右）

写真 282　勧姐開葷（綿陽）
劉賈（左），劉氏（中），金奴（右）

写真 283　遣子経商（綿陽）
羅卜（左），劉氏（中），金奴（右）

写真 284　劉氏開葷Ⅰ（綿陽）
金奴（左），劉氏（中），安童（右）

写真 285　劉氏開葷Ⅱ（綿陽）
芸人（左），劉氏（中），安童（右）

写真 286　劉氏開葷Ⅲ（綿陽）
厨師 5 人（前列），金奴（後左），安童（後右）

(9)眩暈に襲われ、卓上から降りる。こういう演出は、通常、見られない。以後の劉氏の地獄行きを暗示する新しい演出である（写真292）。

14
［劉氏拘引］

(1)地獄の鬼たちが、劉氏拘引の準備をする。白無常が鬼卒を率いる（写真293）。
(2)閻王も出る（写真294）。
(3)閻王は、白無常と捕吏と鬼卒に指示を与える（写真295）。

15
［花園捉魂(2)］

(1)花園に劉氏、出る。益利、出迎える。羅卜、出る。劉氏、破戒を否定。すると、劉氏の背後に鬼が現れる。劉氏を捉えようとする（写真296）。
(2)花園の劉氏は、気を失う。羅卜、益利、介抱する（写真297）。
(3)花園の向日葵が破裂し、地面が割れて、犠牲の骨が露出する。この向日葵を使う演出は、各地の目連戯に見られるが、この四川のものは、特に大仕掛けであり、観客の耳目を驚かす（写真298）。
(4)閻王の命を受けて白無常が鬼卒を引率して、劉氏を拘引にする（写真299）。
(5)羅卜、益利、香を焚いて、劉氏の冥福を祈る。道士を招き、亡魂超度、過橋昇天の儀礼を行う。劉氏の替身を持った道士が、替身に金橋を渡らせる（写真300）。

16
［劉氏回煞(3)］

(1)劉氏、鬼に引かれて出る。回煞、還魂して一時、家に帰りたい、と乞う。鬼、許す。家では、門神が門を固め、霊位の前では、羅卜が眠る。劉氏、袖を広げ、家に飛び帰る（写真301）。
(2)魂が門を飛び越えて、霊位を守る羅卜のところへ飛んでゆく（写真302）。

写真 287　劉氏開葷Ⅳ—駆逐僧道（綿陽）
金奴（左），道士（中），劉氏・劉賈（右）

写真 288　劉氏開葷Ⅴ（綿陽）
金奴（中），劉氏（卓上），左右は芸人

写真 289　劉氏開葷Ⅵ（綿陽）
劉賈（左），劉氏（中），安童（右）

写真 290　劉氏開葷Ⅶ（綿陽）
劉賈（左），劉氏（中），金奴（右）

写真 291　劉氏開葷Ⅷ（綿陽）
金奴（左），劉氏・鬼（中），劉賈（右）

写真 292　劉氏開葷Ⅸ（綿陽）
芸人（左），劉氏（中），芸人（右）

写真 293　劉氏拘引Ⅰ（綿陽）
白無常（中）と鬼卒

写真 294　劉氏拘引Ⅱ（綿陽）
捕吏（左），閻王（中），白無常（右）

写真 295　劉氏拘引Ⅲ（綿陽）
捕吏（左），閻王（中），白無常（右）

写真 296　花園捉魂Ⅰ（綿陽）
劉氏（左），捕卒

写真 297　花園捉魂Ⅱ（綿陽）
羅卜（左），劉氏（中），益利（右）

写真 298　花園捉魂Ⅲ—向日葵（綿陽）
向日葵爆裂・白骨露出

写真 299　花園捉魂Ⅳ（綿陽）
白無常（左），劉氏（中），捕吏・閻王（右）

写真 300　花園捉魂Ⅴ（綿陽）
左から替身（劉氏），益利，道士，羅卜

写真 301　劉氏回煞Ⅰ（綿陽）
鬼卒二人（左右），劉氏（中）

写真 302　劉氏回煞Ⅱ（綿陽）
羅卜（左），劉氏（中）

写真 303　劉氏回煞Ⅲ（綿陽）
羅卜（左），劉氏（中）

写真 304　劉氏回煞Ⅳ（綿陽）
羅卜（左），劉氏（中）

(3)劉氏の亡魂、霊位に入る。羅卜は昏睡のまま、気が付かない(写真303)。
(4)劉氏、体を後ろへ湾曲させ、焦慮を示す。劉氏、霊位から出て、部屋に入り、羅卜の覚醒を待つ(写真304)。
(5)生前の着物を広げ、覚醒を促すが、羅卜は覚めない。冥界に戻る時刻が迫り、悲しむ。羅卜、目を覚ましかける。劉氏、語りかけるが、羅卜は、意識朦朧のまま、応答に至らない。鬼が近づく。劉氏、絶望する。鬼が出てきて、劉氏を拘引する(写真305)。

17[挑経挑母]

(1)羅卜は、母を西天の極楽に送り届けようとして、母の遺骨と経文を天秤に担ぎ、益利に後事を託して、西天への旅に出る(写真306)。
(2)羅卜は、経典と遺骨をかついで、急峻な山を越えて旅を続ける(写真307)。

18[良女試節]

(1)羅卜は、荒野を旅して日が暮れ、一軒の家に宿を乞う。中から美女が出てきて、宿泊を勧める。羅卜、家に入ると、女一人の家であることを知る。同宿を憚り、家の外で、野宿するというと、外は、虎が出るという。羅卜が外で寝ていると、果たして虎が出る(写真308)。
(2)羅卜は、恐れず、平然としていると、やがて虎は退去する。美女は、急病を装い、羅卜を家の中に入れる。羅卜に介抱を求め、歓会を迫る(写真309)。
(3)羅卜が拒否すると、美女は、観音に変身し、西天への道を示す(写真310)。

19[一殿尋母]

(1)一殿王の公堂、無常鬼以下、侍す。一殿閻王、堂に上る。劉氏、引き出される(写真311)。
(2)鬼に担ぎ上げられて、鑊湯の刑に処せられる(写真312)。

写真 305　劉氏回煞Ⅴ（綿陽）
左から捕吏，羅卜，劉氏，鬼卒

写真 306　挑経挑母Ⅰ（綿陽）
益利（左），羅卜（右）

写真 307　挑経挑母Ⅱ（綿陽）
羅卜

写真 308　良女試節Ⅰ（綿陽）
良女（左），虎（中），羅卜（右）

写真 309　良女試節Ⅱ（綿陽）
良女（左），羅卜（右）

写真 310　良女試節Ⅲ（綿陽）
観音（左），羅卜（右）

20［刀山発落］

⑴劉氏は、解鬼に引かれて、刀剣山を越える（写真313）。

⑵目連が母を追って刀剣山に至るが、刀剣山で難儀する母には会えない（写真314）。

21［四殿不語］

四殿王が何も語らず、劉賈と金奴の拘引を命ずる。この四殿不語の場は、不気味な場面で、恐怖をそそる。湖南の目連戯の独特の演出で、四川目連戯は、湖南の演出を受け継いだものである（写真315）。

22［血盆訴苦］

⑴劉氏、血湖地獄に入る。ここで、劉氏は、妊娠の苦しみを述べる十月懐胎の歌を唄うのが通常の演出であるが、ここの演出は、歌唱がなく、血の池そのものの不気味さと体をよじって苦しむ劉氏を表現する。新しい演出である（写真316）。

⑵劉氏は、獄卒の責めを受けて苦しむ（写真317）。

⑶目連が母を追って、到着。血湖に入って、母を探す。通常の演出では、目連は、獄主から、母はここにはいない、と聞かされて、次の地獄に赴き、血の池に入ることはない。ここは女性の世界で、男が入ることは許されないはずであり、特殊な新演出である（写真318）。

23［二見世尊］

⑴母を救うには、法力が不足していると感じた目連は、再び、世尊のもとに至り、救済の方法を問う（写真319）。

⑵世尊は、袈裟、法冠、錫杖を授け、地獄の門を打ち破って、探すようにと教える。目連は、新たな手段を得て、勇躍して地獄に赴く（写真320）。

写真 311　一殿尋母（綿陽）
鬼卒・劉氏（左），一殿王（中），白無常（右）

写真 312　一殿尋母（綿陽）
鬼卒（左右），劉氏・一殿王（中）

写真 313　刀山発落Ⅰ（綿陽）
鬼卒（左右），劉氏（中）

写真 314　刀山発落Ⅱ（綿陽）
鬼卒（左右），劉氏（中）

写真 315　四殿不語（綿陽）
捕吏（左），四殿王（中），鬼卒（右）

写真 316　血盆訴苦Ⅰ（綿陽）
劉氏

写真 317　血盆訴苦Ⅱ（綿陽）
捕吏，劉氏（中）

写真 318　血盆訴苦Ⅲ（綿陽）
劉氏・鬼卒（奥左），目連（前中）

写真 319　二見世尊Ⅰ（綿陽）
目連（中），西天諸仙（左右）

写真 320　二見世尊Ⅱ（綿陽）
目連（中）

写真 321　祭叉打叉Ⅰ（綿陽）
鬼卒（左右）

写真 322　祭叉打叉Ⅱ（綿陽）
劉氏（左），無常鬼（右上）

24［祭叉打叉］

(1)鬼卒一人、短剣を片手に出る。続いて同じ扮装の三人、出る。四人で、見得を切る（写真321）。

(2)劉氏、出る。長い舌を出した無常鬼の首が下がり、不気味な地獄の空気が劉氏を威嚇する（写真322）。

(3)鬼一人、劉氏を担ぎ上げ、獄卒が劉氏を標的にして短剣を投げる。武生の一人が椅子をかかげてこれを防ぐ。剣は椅子につきささる。劉氏は、恐怖におののく（写真323）。

25［夜魔掛灯］

(1)夜叉が劉氏に向かって叉を投げる。劉氏は必死で逃げる。金毛の獅子が劉氏を迎える。劉氏は、獅子の体内に身を隠す（写真324）。

(2)目連が劉氏を追って出る。獄官に劉氏の在り処を尋ねる。獄官は、金毛の獅子を指さし、劉氏は輪転して、既に獅子に変身したと告げる。目連は人間の体に戻してほしいと嘆願する。獄官は、時間が必要と答える。そこへ太白金星、出て、目連を地蔵王菩薩に封ずる旨の聖旨を伝える。目連、金毛の獅子に向かって、喜びを表す（写真325）。

(3)大頭和尚が出て、金獅に戯れて、祝福する（写真326）。

(4)金獅は劉氏に変身し、大頭和尚は目連に変身し、二人、大団円となる。この団円の仕方も、通常の演出には見られないものである。通常の演出では、狗に変身してから人身に返る。獅子から人身に戻るのは全く新しい演出である（写真327）。

全体として、劉氏が若作りで、中年過ぎの女性に見えない。舞台芸術を追求する結果である。特にこの結末のところで、劉氏が犬でなく、獅子に変身させられるという演出は、ほかにはない。四川本のテキストでも、金甲神が犬の皮をはぐと、劉氏が出てくる、という演出になっている。犬より、獅子の方が舞台上での見栄えがするという理由で、

写真 323　祭叉打叉Ⅲ（綿陽）
武生（左），鬼卒（右）

写真 324　夜魔掛灯Ⅰ（綿陽）
劉氏

写真 325　夜魔掛灯Ⅱ（綿陽）
獄官（左），目連（中），獅子（右）

写真 326　夜魔掛灯Ⅲ（綿陽）
獅子（左），大頭和尚（右）

写真 327　夜魔掛灯Ⅳ（綿陽）
羅卜（左），劉氏（右）

獅子に替えたものであろうが、潤色に過ぎる嫌いがある。

結　節　潤色演出と劇場演劇への傾斜

以上、みるように、明末清初以降においては、鄭之珍本が京本として各地に流伝して、その地位が安定した。このため、鄭本は、江南中心部（江蘇、浙江、安徽）では上演テキストとはならなかったものの、縁辺地域では、権威ある定本テキストとなって、君臨するに至る。四川や湖南に継承されたのはこの理由による。そして、江南から離脱した鄭本目連戯は、大商人の手で、大きな潤色を受ける。徽州商人は、故郷では、鄭本以前に定着した古本に束縛されて、自由な演出はできなかったが、遠隔地では、自由な潤色を加えることができたからである。上記の湖南辰河腔本、湖南祁陽本、四川高腔本の中では、辰河腔本の演出がもっとも鄭本に忠実である。俳優の服飾など、ひどく派手になっているものの、故事の内容には、大きな変更は加えていない。それに対し、四川本では、劉氏開葷など、劉氏は紅色の襯衣をまとい、女性の性感を誇示する。劉氏の〔花園捉魂〕の場でも向日葵が破裂して地下の犠牲の骨が露出する演出など、人を驚かす。また血湖地獄の場面も緋色の背景の中で緋色の衣裳の劉氏らしい女性が煩悶する濃厚な演出である。

さらに湖南祁陽本の演出に至っては、所謂、湖南省文化庁が世界文化遺産の指定を受けようとして、練り上げた凝りに凝った演出である。ここでは、奈何川（地獄の河）にかかる丸太橋を渡る劉氏の曲芸的演技が見どころであるが、すでに六〇歳の老年にかかっている劉氏に曲芸を演じさせるのは不自然というほかはない。また、第六殿の母子再会の場面〔六殿見母〕では、劉氏が若造りに過ぎて、男女の愛情故事のようであり、観客の眉を顰めさせるものがある。

このように鄭之珍本の忠実な演出といっても、郷村の素朴な祭祀演劇の面影は薄れ、誇張の多い職業劇団の演出になっている。明末以降、清代を通じて、池州地区などの大市鎮では、目連戯が三層舞台で派手な曲芸を演じたというから、こうした傾向は、早くからあったということであろう。目連戯は農村を離れて都市に出てきた時から、このような潤色演出の傾向が強まっていたものと推定される。鄭之珍本は、その潤色演出の骨組みになったと言えよう。

（1）以下、湖南省懐化地区芸術館油印本により、［劉氏回煞］の劇本を引く。鄭之珍本を踏まえてはいるが、四〇歳を過ぎて羅卜を産んだ時の苦しみを述べるなど、全く独自の潤色を施している。最後の箇所に鬼が劉氏に向かって叉を投げるところがあるが、これは先行場面の12［打叉］の場面にあたる。

（二鬼卒引劉氏下）（神荼、鬱塁上）（神荼念）両儀開辟由咱掌、（鬱塁念）邪魔妖気莫我侵。（神荼白）吾乃傅家門神神荼。（鬱塁白）鬱塁是也。（神荼白）今乃家主三朝回煞之日、你我在此謹守。（鬱塁白）不容她入家。（二鬼卒、劉氏上）（劉氏白）門神将軍請了。（二門神白）何方寃鬼、到此則甚。（劉氏白）我非寃鬼、乃主家劉氏青提。今乃是我回煞之期、望二位施恩、容我母子一会。（二門神白）有道是生従大門入、死従大門出。只有出、哪有再入之理。（劉氏白）老身記得仏語云、門神、門神。大顕威霊。一年一換、好做人情。（二門神白）陽間慣作人情、陰間一点不恂人情。不要在此羅嗦。（鬼卒甲白）為何転来了？（劉氏白）門神不肯開門。如何是好？（二鬼卒白）待我等上前、門神将軍請了。（二門神白）請了。（二鬼卒白）今乃劉氏回煞之日。何不容他母子一会。（二門神白）有道是生従大門入、死従大門出、哪有出後再入。（二鬼卒白）我等奉了閻君所差。（二門神白）我們奉了玉帝之旨。（二鬼卒白）敢莫要打。（二門神白）請便。（鬼卒甲白）伙計、那門神不肯開門。你我何不吹動孽風、使她従窗而入。与見孩児一会。（鬼卒乙白）請。（二鬼卒白）風従草里生、吹送亡魂起。（下）（劉氏唱［調子］）到家庭。哈哈……（唱［山坡羊］）看不尽形容憔悴。（唱［調子］）到家庭、児呀、吱呀、児呀。不由人珠涙双垂。悲傷、罷了。児呀。自従床頭一旦分、今夜霊前見嬌生。涙淋。痛断肝腸裂砕心。羅卜、児呀、為娘四十無嗣、哪裡不去朝山拝仏。修橋補路、方才生下嬌児。（唱［二流］）生児之時、為娘口咬青糸、足踏地皮、口咬青糸、足踏地皮、児奔生、娘奔死。児呀、児呀。（転［一流］）陰陽只隔一張紙。（唱［哀子］）方才生下嬌児了。（唱［落腔］）方才生下嬌児了。幼而掌、壮而行。青雲得路通。児爹爹好善登仙境。同着為娘念仏経。会縁橋頭済孤貧、陰功円満、跨鶴乗鸞上天庭。（唱［哀子］）為娘後悔了。悔不該聴信了你舅父言詞、遣児経営。悔不該背地裡私開五葷、悔不該肉饅頭犬餐斎僧。悔不該焼斎折倒橋亭。悔不該打了燃灯古仏、咒罵元始天尊。悔不該将白骨埋入花蔭、悔不該到花園把誓来盟。五方悪鬼乱紛紛、把娘趕到陰司受罪刑。這是娘懐罪于天邊□劫。到如今娘墜落在陰司不得超生。真果是痛、痛煞煞両涙淋。自従床頭一旦分、今夜霊前見嬌生。本当要将児呼醒、怎奈是陰陽両隔話不容情了。只恐怕児醒来時、頭又昏、眼又花、不見、不見娘親。頭又昏、眼又花、不見、不見娘親。頭又昏、眼又花、兒不見、不見娘親、真果是痛、痛煞煞両涙淋。好教我撇、撇不開嬌児孝心。（鶏叫）（唱［一流］）児正好看経念仏。児正好持斎把素、児需是保重身体、与為娘做個超生計。（二鬼卒上、白）天亮了。趱行。（鶏叫）（劉氏唱［山坡羊合同］）傷心、痛心、児呀、娘児正好訴衷腸、卻被金鶏叫得慌、恍惚裡一旦両分張。（二鬼卒打叉）（劉氏接叉、下）（擂鼓、鶏叫）。

（2）四川戯劇編輯部『目連戯与巴蜀文化』（一九九三年）一二〇―一二一頁所掲の劇本［火焼葵花］により、花園における劉氏の誓い、向日葵の花の爆発、無常鬼の劉氏逮捕、打叉などの場面を引く。

（劉氏上場、唱）到花園、盟誓言、心児虚、周身冷戦、我自知開了五葷、不怕外人言談、怕只怕羅卜児知道、叫埋骨隠瞞禍端、又誰知走漏風声、児歩歩逼迫娘難言、無奈何花園盟誓、愿神保佑謝蒼天。（傅羅卜上、拉住劉氏、跪地、勧劉氏不要去盟誓、劉氏推開傅羅卜、奔下）（判官、鶏脚神、小鬼跳身法上、下）（劉氏復上）（益利上前、抱住劉氏、劉氏用胸撞益利）（無常用高脚、矮子身法舞蹈。）（二鬼跘跤）（劉氏変臉）（劉賈、金奴攔劉氏身段下）（判官、小鬼、牛頭夜叉、無常、鶏脚神上場、隠避花叢中、劉氏上）（全家阻攔劉氏、跪地哀求、劉氏怒打衆人、劉氏打地、旋子、唱）心頭正、影不偏。葵花樹下吐真言。未必花神針霊験、但愿無事端。（白）葵花呀、葵花、我劉氏若背地開葷、打僧罵道、毀壊神像、愿葵花起火、将奴化為灰燼。（劉氏蹬五梅花、跤腿舞蹈）（衆鬼斉上、白）活捉劉氏！（劉氏逃跑、衆鬼神三趕三下）（衆鬼白）打叉劉氏！（捉拿劉氏、下）。

（3）重慶市川劇研究所編『四川目連戯資料論文集』（内部印行、重慶、一九九〇年）三二八―三三一頁［劉氏回煞］の劇本を引く。前掲湖南懐化本とよく似ている。おそらく湖南本によって敷衍したものであろう。ここで劉氏は、鳳冠を戴いて登場する。写真のとおりである。

（羅卜白）今乃娘親回煞之期、不免将灰鋪在地上、以験我娘帰来否？（鋪灰過場、白）地灰如雪白、清夜似年長、愿我娘昭鑒、帰来走一場。（関門）（門神甲、乙随羅卜関門手勢、上）（神甲念）門神門神、顕顕威霊。（神乙念）一年一換、好做人情。（神甲白）我乃神荼。（神乙白）我乃鬱塁。（神甲白）今乃劉氏四娘回煞之期。（神乙白）遠遠観見劉氏真魂来也。（劉氏、内唱［寸寸好］、放〝頭子〟）自帰陰府多驚恐、（小鬼押劉氏、上、接唱）生世成何用、常聞得、万事転頭空、（介）今日到此、回在陽世呵！（唱）雖未転倒時、也都是一場春夢。奉勧世間人、早把弥陀誦。（白）回煞之期、来在門首。門神阻擋、如何進去？（小鬼白）站在身後。（向門神白）門神請了。（門神白）請了。哪裡来的？（小鬼白）劉氏青提回煞之期、請你二人讓她過去。（神甲白）生従大門入、死従大門出。人既已死、不得従大門而入了。（小鬼白）我奉閻王命。（神乙白）我奉玉帝差。（小鬼白）他既不肯、我就掲去陽瓦三匹、呼動孽風、做個乘風而起、望空而下。随定我来。（一叉将劉氏打進、即下）（劉氏進門、改容過場）（神甲白）伙計、這劉氏青提也是念仏之人、吃斎之婦、不想今日墜入地獄、変作形陋之鬼了。（神乙白）千怪万怪、要怪他兄弟劉賈、今日一勧、明日一説、勧他姐姐開了五葷、以致今日招此悪報。（神甲白）依我看来、也不只怪他兄弟劉賈、還要怪丫鬟金奴、她要想吃酒開葷、就天天勧她安人、劉氏心中按捺不住、把葷開了、以致触怒上天、打入地獄。（神乙白）我説還要怪那安童李狗、他去幫着買豬買羊、殺生害命、吃了皮肉、将白骨埋在花園之中、臭得花園土地不安寧。才去会同灶君、上奏玉帝。玉帝有旨。命閻君差出五鬼、前来捉拿她的。（神甲白）那劉氏青提卻也兇悪、殃神前来拿她、都被她把足打跛了。（神乙白）噫！這様説来、今天她回煞、更有点勁仗。咳！有鬼！（神甲白）有鬼！（二人跑下）（劉氏戴鳳冠、照鏡子、啃蠟燭、過場）（見霊牌、拿起、念）故顕妣劉氏青提之霊位。（叫）劉氏！你就死了？（哭）来在孝堂、怎麼不見羅卜？（四下找尋、白）耳聴木魚之声、哦！（見羅卜身後、立一個羅漢、不能進身、便拜了一拜、羅漢去後、叫白）喔呀！羅卜兒呀！（唱［山坡羊］）到家庭看不尽我一生手跡、見嬌児揾不住我両行珠涙。（叫）喔呀！羅卜兒呀！（唱［揺板］）悔不該誤聴劉賈金奴之言、背子開葷、殺生害命。到而今墜入輪迴、受尽千磨百難。你知不知道？羅卜兒哪！你還耽擱怎的、延遲何来？你醒来時、即刻去西天、取来真経、超度為娘。為娘本得摸児一把、猶恐将児驚煞了。羅卜児！（〝合同〟）為娘本得長久敘、籠内金鶏已開啼。（小鬼上、将劉氏押下）。

第九章（上） 市場地目連戯の展開——花目連の挿演

序　節　目連戯の増補

目連戯は、郷村祭祀の中で成長したが、市場においても上演された。ここでは、商人の財力を背景に上演期間が延長され、そのため、テキストが肥大する。二七忌に対応する一四巻本、三七忌に対応する二一巻本、さらには七七忌に対応する四九巻本など増補テキストが生まれた。増補の方法としては、早くから、正規のテキストである三日上演用の三巻本、七日上演用の七巻本の間に、本筋から離れた挿話を挿演するやり方がとられてきた。この挿演の方法は、花目連と呼ばれ、吊死鬼など、短編の孤魂物語を演じることが多い。郷村系テキストにおいても、すでにこの種の挿演は存在していたが、市場系では、さらにその増大がみられる。以下、まず、挿演の例を述べる。

第一節　浙東調腔目連戯の花目連

さきに第七章で浙江前良村の目連戯について述べたが、その中で、花目連と目し得るものが演じられた。次に述べる湖南辰河腔目連の中で花目連とされている『耿氏上吊』に相当する［捨釵］［女吊］［男吊］と続くものがこれであ

写真 328　女吊—自嘆 I（紹興）
女鬼

写真 329　女吊—自嘆 II（紹興）
女鬼

写真 330　男吊 I（紹興）
男鬼

写真 331　男吊 II（紹興）
男鬼

写真 332　男吊 III（紹興）
男鬼

写真 333　夜送頭（紹興）
農夫（左），白無常（右）

る。以下、紹興劇団のものを記す。

1［女吊—自嘆］

ここでは、前良村のように、［捨釵］から丁寧には演じない。さわりの部分である自嘆だけを丁寧に演じる（写真328・329）。一種の花目連と言える。

2［男吊］

これらは、さきに述べた前良村の目連戯では、目連本伝の一部と見なされていて、必ずしも花目連とは見なされていないかもしれない。しかし、職業劇団である紹興劇団においては、目連戯の通し上演は途絶えており、断片を演じ得るに過ぎない（写真330—332）。すでに「花目連」（添え物の目連）と意識されているに違いない。

3［夜送頭］

白無常が、村はずれで孤魂野鬼に施食しようとしている農夫をからかう［夜送頭］（写真333）などもこの「花目連」に属するといえよう。

要するに、浙東目連戯は、池本系に属し、池本系において盛行していた雑技が、「花目連」の形で上演されているといえよう。

第二節　湖南辰河腔目連戯の花目連

このテキストにおいては、鄭之珍本の筋を追って戯曲を展開してゆくが、随所に本筋と関係のない孤魂の挿話を「花目連」として挿入する。一九八九年一〇月二一日から二九日まで、湖南省懐化市で一〇日にわたり行われた演出では、本伝全一〇六齣のほかに、九種三〇齣の花目連が挿演された。次表のとおりである（表49）。この場合、花目連齣目数は、目連全体の齣目数の二五%を占める。

表49 湖南辰河腔本花目連表

行	劇本			上演		備考（○は上演実施、×は上演省略）
	本次	目連本伝	花目連総名・齣名	月日	時	
	第一本	1元旦上寿		一〇月二五日	午前	○
		2斎僧斎道				×
		3劉氏斎尼				×
			（火焼葫蘆口）			後出（六八行）
5	第二本	4博施経衆				○
		5三官奏事				○
		6閻羅接旨				×
		7城隍掛号				×
		8観音生日				×
10		9花園焼香				○
		10属後升天	李狗盗韓			○
					午後	○
			『耿氏上吊』			後出（二五行）
			合家歓宴			○
15			拐子相			○
			遊春遇拐			○
			当釵捏白			○
			方卿責妻			○
			丁香求替			×
20		11修斎薦父	耿氏上吊			×
	第三本	12傅相升天	方卿哭妻			×
		13尼姑下山				×
		14和尚下山		一〇月二六日	午前	○

		15勧姐開葷				○
25		16遣子経商	（耿氏上吊）			前出（一二行）
	第四本	17行路施金				○
		18雷打電母				○
		19社令挿旗				×
		20羅卜投店				×
30		21遣買犠牲				×
		22大開五葷				○
		23吊打古仏				○
			『蜜蜂頭』			
	第五本		士徳別家		夜	○
35			定計害児			○
			蜜蜂梳頭			○
			打子投江			○
			艄子打魚			○
			報信哭屍			○
40			冤冤相報			○
	第六本	24犬饅斎僧				×
		25議逐焼橋				×
		26李公勧善				×
		27和合買貨				×
45		28挿科騙僧				×
		29羅、回家				×
		30観音救苦		一〇月二七日	午前	○
		31太白贈鞍				×
		32劉氏憶子				×
50		33羅卜拝香				○
		34長亭打缶				○
	第七本		（攀丹桂）			後出（九四行）
	第八本	35寿母勧善				×

		36十友行路				×
55		37観音度厄				×
		38三匠争席				×
			『風蘆河』			×
	第九本	39劉氏自嘆				×
		40斎経済貧				×
60		41十友見仏				×
		42司令議事				×
		43劉氏埋骨				×
		44閻王接旨				×
		45益利掃堂				○
65		46打缶発咒				○
	第一〇本	47請巫救母				×
		48劉氏下陰				○
			『火焼葫蘆口』			前出(四行)
			醜奴発兵		夜	○
70			聞報令陣			○
			扭奏領旨			○
			国卿発兵			○
			国卿尽忠			○
		(拾霊官)				○
75		49請僧問路				×
		50城隍起解				×
		51劉氏回煞		一〇月二八日	午前	○
		52過望郷台				○
			『龐員外埋金』			×
80	第一一本	53羅卜描容				×
		54才女試節				×
		55過破銭山				×
		56過金銭山				×

		57 里正催糧			×
85		58 羅卜辞官			×
	第一二本	59 議婚辞婚			×
		60 主僕分別			×
		61 遣将擒遠			×
		62 白猿開路			×
90		63 挑経挑母			○
		64 過奈何橋			○
		65 松林試道			○
		66 過滑油山	『攀丹桂』		○
			馬氏改嫁		
95			別家生妒	夜	○
			調情搬非		○
			侯七殺母		○
			誣蔑受屈		○
			慈悲救善		○
100			鳴冤遭斬		○
	第一三本	67 過升天門			×
		68 善人升天			×
		69 過寒冰池			×
		70 過火焰山			×
105		71 過爛沙河			後出（一二一行）
		72 擒沙和尚			後出（一二二行）
		73 梅嶺脱化			後出（一二三行）
		74 見仏団円			×
	第一四本	75 師友講道			×
110		76 曹府元宵			×
		76 過孤淒坑			後出（一二四行）
		77 目連坐禅			×
		78 一殿尋母			×

		79 二殿尋母				×
115	第一五本	80 曹氏清明				×
		81 公子回家				×
		82 見女托媒				×
		83 三殿尋母				×
		84 求婚逼嫁				×
120		85 曹氏剪髪		一〇月二九日	午前	○
		71 過爛沙河				○
		72 擒沙和尚				○
		73 梅嶺脱化				○
		76 過孤凄坑				○
125	第一六本	86 四殿尋母				×
		87 曹氏逃難				×
		88 五殿尋母				×
		89 二度見仏				×
		90 曹氏到庵				×
130	第一七本	91 曹公見女				○
		92 功曹上路				×
		93 六殿見母			夜	○
		94 傅相救妻				×
	第一八本	95 七殿見仏				×
135		96 目連掛灯				×
	第一九本	97 八殿尋母				○
		(抬霊官)				×
			『趙甲打爹』			×
			『蕭氏罵婆』			×
140	第二〇本	98 十殿尋母				○
		99 益利見驢				×
		100 目連尋犬				×
		101 打猟見犬				×

145	第二一本	102 犬入庵門 103 目連還家 104 曹氏赴会 105 十友趕会 106 盂蘭大会 （掃台神事）				○○××○○

以下、まず、この時に上演された花目連についてのみ、略述する。(1)

Ⅰ『李狗盗韓』——一〇月二五日午前一〇時四〇分—一一時〇〇分

店主、王氏登場、同居人李狗、出る。老道士、出る。金に窮した李狗は、老道士とともに金持の韓氏の家に盗みに入る。百姓、六、七名出る。李狗らは、城隍廟に到る。神像の衣を盗もうとして、像を倒し、下敷きになる。百姓らに捕えられ、打たれる。劉賈、出る。李狗を劉氏の厨房の料理人に雇う。劉氏開葷の伏線とする。

Ⅱ『耿氏上吊』——一〇月二五日午後

1［合家歓宴］

方卿が妻の耿氏と二人の子を連れて登場、一家で歓宴、旅に出る方卿を送る。

2［拐子相邀］

脱空、掉白という詐欺師が出る。二人、道士と和尚に扮して、喜捨を募り、これを着服して私利を図ろうとたくらむ。

3［游春遇拐］

耿氏、二子を連れて、野に遊び、疲れて休む。そこへ、脱空と掉白、道士と和尚に扮して出て、喜捨を請う。耿氏、一〇〇両を喜捨し、別に金釵を渡す。二子、二人の鈴と木魚を欲しがる。これを贈る。二人また、元の姿に戻り、金釵を質屋に換金に行く（写真334）。

4［当釵捏白］

質屋の牛氏、出る。懶毛、妻の褲子を質入れに来る。妻、出て、これを取り返す。脱空、掉白の二人、金釵を出す。方卿、出る。妻が金釵を二人に渡したことを知り、いぶかる。掉白、耿氏と情交ありて、金釵を贈られた、と告げる。方卿、怒り、自暴自棄の酒を飲んで、乱れる。

5［方卿責妻］

耿氏、出る。方卿、出る。方卿、妻の不貞をなじり、打つ。耿氏は、自殺を決意する（写真335）。

6［丁香求替］

耿氏の自殺を知った亡鬼たちが耿氏を身代わりとして生き返りたいと望む。地獄の役人、楊沛霖が、弾琴人、読書人、画家など志願者の中から、待機の年月の長さを重視して、三年半も待っていた婦人の丁香を択ぶ。

7［耿氏上吊(2)］

(1)耿氏は、二人の子を寝室に寝かしつける（写真336）。

(2)緑髪鬼が二人、長い棒の両端を持つ。耿氏は、その棒の中央に下がる環に首を入れて自吊する。顔に赤い布をかける（写真337）。このとき、舞台の外から、耿氏の父母が棒きれなどを手に武装した大勢の家人を引き連れて駆けつける。方卿は逃げる。家人たちは、家財や、牛を取って去る。

8［方卿哭妻］

方卿は、真相を知り、深く後悔し、妻の死を悼む。

写真 337　耿氏上吊Ⅱ（懐化）〔芸術館撮影〕
耿氏（中）

写真 334　遊春遇拐—捨釵（懐化）〔芸術館撮影〕
左から道士，和尚，耿氏，二子

写真 338　定計害児（懐化）〔芸術館撮影〕
王氏（左），邱狗六（右）

写真 335　方卿責妻（懐化）〔芸術館撮影〕
耿氏（左），方卿（右）

写真 339　打子投江（懐化）〔芸術館撮影〕
賡夫（左），士徳（右）

写真 336　耿氏上吊Ⅰ（懐化）〔芸術館撮影〕
耿氏（中），二子（左右）

Ⅲ『蜜蜂頭』――一〇月二六日夜

1［士徳別家］…一九時三〇分―一九時四四分

鄭士徳、出る。家院、出る。妻、王氏、出る。子、賡夫、出る。士徳は、四郷に散在する貸金の回収のため、家院を連れ、馬に乗って旅に出る。王氏、賡夫見送る。

2［定計害児］…一九時四四分―二〇時一〇分

邱狗六、出る。王氏、出る。二人、会飲するところへ賡夫、登場し、二人の媾会をのぞき見て驚き、声をあげる。中の二人も驚き、王氏は、男の袖に隠れる。船頭の張艄子、出る。様子を知る（写真338）。

3［蜜蜂梳頭］(3)…二〇時一〇分―二〇時四四分

家院、出る。士徳、帰宅する。王氏、出る。哭く。王氏、賡夫の己に戯れるを告げ、花園にて様子を見るように言う。王氏は、化粧し、頭に蜜を塗って花園に出る。賡夫も出る。士徳、見て高台に上る。小鬼、右端の椅子の上に立ち、黄旗を振る。蜜蜂が王氏を襲う。賡夫は、これをかばう。王氏は、しなを作る。士徳、驚いて去る。

4［打子投江］…二〇時四五分―二一時一二分

士徳、家院を連れて出る。賡夫を呼び出す。家院に命じ、冠を取る。また衫衣を取る。士徳、子を打つ。賡夫、嘆く。士徳、刀を出し、斬ろうとするが、斬らず、刀と縄を置いて自殺を命ず。賡夫、一人残り、思案し、遺書を書き、天を拝す。小鬼出る。緑旗を振る。賡夫、高台に立ち、江に飛び降りる（写真339）。

5［艄子打魚］…二一時一二分―二一時五〇分

張艄子、出る。艄婆も出る。口論する。艄婆が櫂を持ち、艄子が網を持ち、魚をとりに出る。小鬼に連れられて、賡夫、出て伏す。艄子が網を打つ。網にかかった賡夫を引き上げる。艄子、父親の士徳に知らせに行く（写真340）。

写真 340　艄子打魚（懐化）〔芸術館撮影〕
艄子（左），艄婆（右）

写真 341　冤冤相報（懐化）〔芸術館撮影〕
王氏（左），閻王（中），賡夫（右）

写真 342　醜奴発兵（懐化）〔芸術館撮影〕
醜奴（中）

写真 343　扭奏領旨（懐化）〔芸術館撮影〕
何相（左），国卿（右）

写真 344　匡国卿尽忠（懐化）〔芸術館撮影〕
国卿（中），書童（左右）

写真 345　調情搬非（懐化）〔芸術館撮影〕
丁香（左），侯七（右）

6［報信哭屍］…二一時五〇分—二二時〇〇分
張艄子、士徳に会い、賡夫の遺骸を引き上げた旨を告げる。士徳が哭泣しないのを見て不審に思い、賡夫の入水した理由を糺す。継母の王氏に戯れたため、自殺を強いたという士徳の言を聞き、張艄子は、王氏と邱狗六の密通の事実を証言する。士徳は、誤って子を死なせたことに気づき、卒倒する。

7［冤冤相報］…二二時〇〇分—二二時一二分
閻羅王、判官、鶏脚鬼、牛頭、馬面、小鬼の四人を従えて出る。賡夫の亡魂、冤を鳴らす。閻王は、王氏を拘引して、賡夫と対質させる。二人、相見て悲しむ。賡夫の鎖を解き、王氏に付け、小鬼に連れ去らせる。賡夫を天界に昇天させる（写真341）。

Ⅳ火焼葫蘆口——一〇月二七日晩

1［醜奴発兵］…一九時三〇分—一九時四五分
かつて平邦一帯を支配し、傅相に捕えられた金毛の妻、醜奴が、兵力を増強して国境を侵してくる。醜奴は、白地に赤の隈取、五人の女将をしたがえて登場（写真342）。

2［聞報令陣］…一九時四五分—二〇時〇〇分
伝令が兵部元帥匡国卿に急を知らせにくる。国卿は、情報を確かめた上、朝廷に報告する。

3［扭奏領旨］…二〇時〇〇分—二〇時三〇分
国卿は、何相と共に朝廷に参内して、策を述べる。何相は、金帛を与えて和議を結ぶことを主張し、国卿は、和議は相手を増長させるだけだ、として、征討を主張する。皇帝は、和議を退け、国卿に殿前の四将を率いて、醜奴と対戦するように命ずる。何相は、国卿の失脚をたくらむ（写真343）。

4［火焼葫蘆口］［国卿発兵］…二〇時三〇分—二一時一〇分
国卿は、出陣し、醜奴と対戦する。初戦は、醜奴の奮戦に敗退するが、葫蘆口という狭い峡谷に敵を誘い込んで包囲し、四方から火を放って、壊滅させる。国卿は、大勝を博して凱旋する。

5［国卿尽忠］(4)…二一時一〇分—二一時三〇分
国卿が帰国すると、何相は、国卿が敵と内通していると上奏し、皇帝もこれを妄信して、国卿に死を賜い、奮戦した四将を海外に下して軍役に従事させる。国卿は、抵抗せず、自ら官服を脱ぎ、毒を仰いで死ぬ。金童、玉女、接引して天界に昇る（写真344）。

V 攀丹桂——一〇月二八日晩

1［馬氏改嫁］…一九時三〇分—二〇時〇五分
曹州南華県の王公瑾、妻を喪う。娘の桂香、父に再婚を勧める。公瑾は、姨娘の仲介で、寡婦の馬氏を娶る。馬氏の子、侯七も母に従って王家に入ることに話がまとまる。馬氏は、侯七を連れて、前夫の墓に詣で、霊魂を祀る。侯七は、父の墓も覚えていない。見当をつけて参拝すると、和尚が自分の師父の墓だという。馬氏は侯七を叱る。馬氏の轎、王家に至り、両人、結婚す。桂香、出る。侯七、母の後を追って出る。桂香を見て退く。

2［別家生妬］…二〇時〇五分—二〇時二九分
下僕の楊青、出る。馬氏と侯七の性格の悪いことを見抜き、害を受けることを避けようとして、王公瑾に暇を乞う。預かっていた鍵を返して去る。やがて、公瑾は、旅に出ることになり、金庫の鍵を桂香に渡し、倉庫の鍵を馬氏に渡す。馬氏は、この扱いに不満を抱き、桂香を遠ざけて、経堂に追いやる。桂香は、読経に励む。

3［調情搬非］…二〇時二九分—二一時〇〇分
侯七は、丁香の美貌に目をつけ、言い寄ろうとして、経堂に行くと、桂香は、木魚を叩いて、読経している。門に入り戯れると、桂香は、峻拒して門外に押し出す（写真345）。これを母の馬氏に告げると、鍵の問題で桂香を憎んでいた馬氏は、桂香を呼びつけ、着物をはぎとり、棒で打つ。桂香は、逃げ出し、母の墓所に行く。

4［侯七殺母］(5)…二一時〇〇分―二一時四〇分

桂香、墓で泣いていると、母親の幽霊が出る。自殺しようとする。腰ひもをとり、上吊しようとするが、母親の霊魂が顕れ、夫の王公瑾を呼びに行き、公瑾が帰ってきて桂香を助ける。わけを聞き、馬氏を打とうとするが、桂香に止められる。そこで、馬氏を呼び、これを諭す。やがて、公瑾は、寝所に入る。馬氏がやってきて幃中に入ろうとするが、公瑾は、これを拒み、自ら、幃中を出て去る。馬氏は、夫に代わって、幃中に入る。夜中に侯七がやってきて、刀で幃中を突き刺し、中で寝ている人を殺す。鶏鳴、侯七は、寝所に至り、幃中で殺されているのが母であることを知り、驚く。罪を王公瑾になすりつけようと図る。王公瑾と桂香が出ると、侯七は、王になぐりかかり、その場を去ると、地保に訴える。

5［誣蔑受屈］…二一時四〇分―二二時〇〇分

南華県公堂上、桂香は、父が刑を受けるに忍びず、自分が犯人と自白し、絞首刑に処せられる。桂香は、父に形見を渡して、今生の別れを告げる（写真346）。

6［慈悲救善］…二二時〇〇分―二二時三〇分

しかし、刑場では、観音菩薩の指示を受けた金剛が、桂香の首にかかる紐を剣で切り離し、蘇生させる（写真347）。

7［鳴冤遭斬］…二二時三〇分―二二時五三分

侯七は、曹州の府尹、匡中（況鍾）に南華県の知事が賄賂をもらって桂香を釈放した、と訴える。匡中は、城隍廟に詣でて香を焚く。その夜、七匹の小猿が口に桂香を銜え、母猿を刺し殺す夢を見る。ついに侯七を死刑とし、王家の冤罪を晴らす。

以下、上演せず。

Ⅵ 龐員外埋金

龐員外は、銀五〇両を下僕の羅和児に贈る。羅は銀を家に持って帰るが、夜になると、酒、色、財、気の四鬼が、その銀を狙って纏いつき、眠ることができない。羅は、自分にはこの銀を使う資格がないのだ、と思い至り、銀を龐員外に返す。龐員外は、自分には万貫の資産があるけれども、これを受ける資格を失う日が来るかもしれない、と思い、金銀を山の中に埋めて、以後、子孫が善行を積んで、これを使う資格を得る日が来るのを期待することにした。金を埋めたとき、張三と李四に見られていた。二人は、金銀を掘り出し、双方とも、一人占めにしようとした。張三は李四に鍬で切られて死に、李四もまた張三が毒薬を混ぜておいた米を食べて死んだ。飛んできた鳥が、あまりの飯をついばんで命を落とした。「人は財のために死し、鳥は食のために死す」とはこのことである。のち、龐員外は、この金銀を東洋の大海に投げ入れ、財神がこれを収めた。

Ⅶ 趙甲打爹

趙甲は、毎日、父親を殴って、働きに行かせ、稼いできたお金をみなまきあげた。のちに雷に打たれて死ぬ。

Ⅷ 蕭氏罵婆：故事未詳。

Ⅸ 風蘆河：故事未詳。

写真 346　誣蔑受屈（懐化）〔芸術館撮影〕
王公瑾（左），丁香（右）

写真 347　慈悲救善（懐化）〔芸術館撮影〕
左から刑官，刑吏，丁香，金剛，刑吏

第三節　四川高腔目連戯の花目連

四川の高腔目連戯においても、花目連が発展したが、その方向は、湖南とは異なる。ここでは、本伝にない物語を挿入するのではなく、別の諧謔の物語に仕立て直す、「もどき」という方向が取られた。おどけ役が主役になり、衣装も極彩色で派手になり、科白は、悪ふざけが多くなっている。一九九四年の演出と写真を示す。

Ⅰ花回煞

まず、回煞の「もどき」である花回煞(6)について述べる。

(1)劉氏が死んでから七日がたち、回煞(一時帰宅)の日が来て、劉氏を拘引している鬼が閻王に劉氏の回煞を許可するかどうか、お伺いを立てる(写真348)。

(2)閻王の許可が下り、劉氏は勇み立つ(写真349)。

(3)拘引役の鬼(解鬼)二人に連れられて、帰宅の途に就く(写真350)。

(4)家に入ろうとすると、門神が入れてくれない。ここでは、解鬼二人が、急遽、門神の仮面をかぶって、門神に変身し、劉氏の入門を阻止する(写真351・352)。

(5)劉氏は、鬼がなぜ、急に神になったか、と問う。鬼は、輪番の当番だからと答える(写真353)。

(6)劉氏は、金をあげるから入れてほしい、と交渉する(写真354)。

(7)門神は、劉氏から金を受け取ると、食事に行くと言って、門から離れる。劉氏は、その隙に乗じて、家の中に入る(写真355)。

(8)劉氏が家に入り、祭壇に近づくと、灶媽が出てくる。劉氏は、開葷以後の悪事を灶媽に知られているので、恐れ

写真 348　花回煞Ⅰ（綿陽）
劉氏（左），鬼卒二人（右）

写真 349　花回煞Ⅱ（綿陽）
劉氏

写真 350　花回煞Ⅲ（綿陽）
劉氏（中），鬼卒二人（左右）

写真 351　花回煞Ⅳ（綿陽）
劉氏（左），門神二人（右）

写真 352　花回煞Ⅴ（綿陽）
劉氏（左），門神二人（右）

写真 353　花回煞Ⅵ（綿陽）
劉氏（左），門神二人（右）

写真 357　花回煞Ⅹ（綿陽）
左から鬼卒，劉氏，灶媽，鬼卒

写真 358　花回煞Ⅺ（綿陽）
劉氏（左），灶媽（中），鬼卒（右）

写真 359　花回煞Ⅻ（綿陽）
鬼卒（左），劉氏（中），呑口（右）

写真 354　花回煞Ⅶ（綿陽）
劉氏（左），門神二人（右）

写真 355　花回煞Ⅷ（綿陽）
劉氏（中），門神二人（左右）

写真 356　花回煞Ⅸ（綿陽）
劉氏（左），灶媽（右）

る（写真356）。
(9)灶媽は、開葷以後、劉氏が厨房を犠牲の血で汚したことを非難する。劉氏も抗弁する（写真357）。
(10)劉氏は、折れて、灶媽に天帝に悪事を報告しないでほしい、と頼む（写真358）。
(11)灶媽が去ると、今度は、代わって屋根瓦を飾る呑口（女）が出てくる（写真359）。
(12)呑口も劉氏の悪事をよく知っていて、劉氏を非難する（写真360）。
(13)呑口が去ると、劉氏、一人、残る（写真361）。
(14)劉氏は、祭壇の供物を取って食べる。鬼たちも劉氏にならって取って食べる（写真362）。
(15)鬼たちは、再度、劉氏を拘引して地獄への道をゆく（写真363）。
(16)地獄の王、出て、劉氏の運命を確認する（写真364）。

Ⅱ王婆罵鶏(7)

(1)王婆が出る。鶏を数える（写真365）。
(2)隣家の主婦、郗二嫂、出る（写真366）。
(3)王婆は、郗二嫂が盗んだと疑う（写真367）。
(4)郗二嫂は否定。二人、争いとなる（写真368）。
(5)言い争いは、ますますひどくなり、喧嘩になる（写真369）。
(6)王婆は、以前から鶏の数が合わない、何度も盗んでいる、と主張（写真370）。
(7)郷約の老人が出てきて、仲裁する（写真371）。
(8)老人は、二人の言い分を聞き、なだめる（写真372）。
(9)二人は、和解する（写真373）。

写真 360　花回煞XIII（綿陽）
劉氏（左），呑口（中），鬼卒（右）

写真 361　花回煞XIV（綿陽）
劉氏（左），鬼卒（右）

写真 362　花回煞XV（綿陽）
劉氏（中），鬼卒二人（左右）

写真 363　花回煞XVI（綿陽）
劉氏（中），鬼卒二人（左右）

写真 364　花回煞XVII（綿陽）
閻王（中）

写真 365　花罵鶏 I（綿陽）
王婆（中）

写真 366　花罵鶏Ⅱ（綿陽）
王婆（左），郗二嫂（右）

写真 367　花罵鶏Ⅲ（綿陽）
郗二嫂（左），王婆（右）

写真 368　花罵鶏Ⅳ（綿陽）
王婆（左），郗二嫂（右）

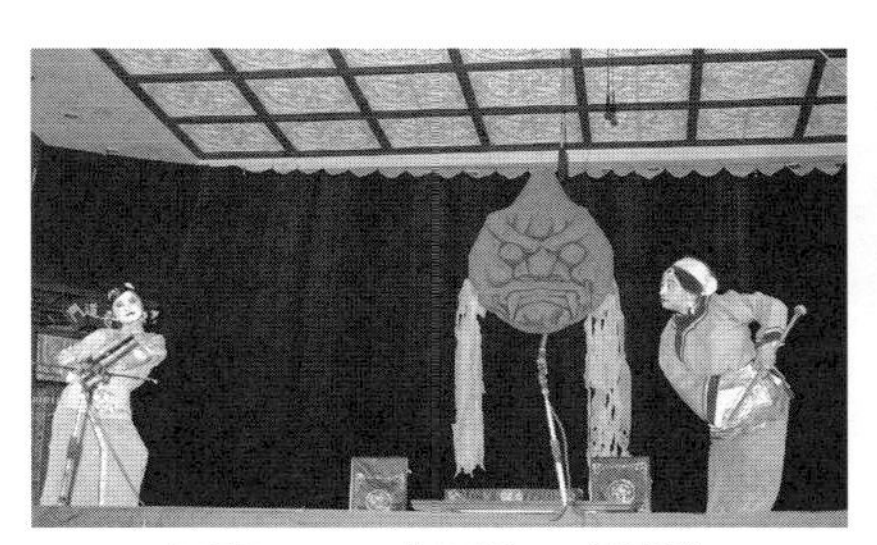

写真 369　花罵鶏Ⅴ（綿陽）
郗二嫂（左），王婆（右）

写真 370　花罵鶏Ⅵ（綿陽）
王婆（左），郗二嫂（右）

写真 371　花罵鶏Ⅶ（綿陽）
郗二嫂（左），郷約（中），王婆（右）

写真 372　花罵鶏Ⅷ（綿陽）
王婆（左），郷約（中），郗二嫂（右）

写真 373　花罵鶏Ⅸ（綿陽）
王婆（左），郷約（中），郗二嫂（右）

写真 374　賊打鬼Ⅰ（綿陽）
盗賊

写真 375　賊打鬼Ⅱ（綿陽）
女鬼（左），女人（中），盗賊（右）

写真 376　賊打鬼Ⅲ（綿陽）
女鬼（左），盗賊（中），女人（右）

写真 377　賊打鬼Ⅳ（綿陽）
盗賊（左），女鬼（右）

Ⅲ賊打鬼(8)（花女吊）

(1)深夜、盗人が登場（写真374）。

(2)そこへ縊死しようとする女とそれを替身として還魂しようとする女吊鬼が登場する。盗人は、外から様子を見る（写真375）。

(3)女は、白い綾絹を手に悲嘆する。鬼は、替身が現れたと思い、驚喜して飛び跳ねる。盗人は、女に同情する（写真376）。

(4)盗人は、屋敷の塀の壁を刳り貫いて、中に侵入しようとする（写真377）。

(5)刳り貫いて出た泥を後ろに跳ね飛ばすと、後ろでのぞいていた鬼の目や口に当たる。鬼は、泥を呑み、目が見えなくなり、怒る。刀を取り上げる（写真378）。

(6)盗人は、刳り貫いた穴が小さすぎて、体が入らないので、穴を広げようとして、刀を探すが、見当たらない（写真379）。

(7)鬼は、刀を空中から垂らす。盗人は、それを捕まえようとするが、捕まらない（写真380）。

(8)盗人は、今夜の仕事がうまくゆかないのは、祖先に礼拝していなかったためと思い、籠から木偶を取り出し、礼拝する。さらに鬼に向かって木偶を向けると、鬼は驚き、刀を落とす。盗人は、それを拾い、穴を繰り広げて、屋敷の中に入る（写真381）。

(9)中では、女が天井から縄をたらし、縊死しようとしている。鬼は、替身にするために女にとびかかる（写真382）。

(10)女は、高さの不足を知り、長椅子を持ち出して、高さを補おうとする。長椅子の下に隠れていた盗人は、鬼を見て驚く。大急ぎで、長椅子に上がり、縄をかみ切って吊られている女を助けおろそうとする。鬼は、長椅子をはずし、縊死させようとする。鬼と盗人の二人、争う（写真383）。

写真 378　賊打鬼Ⅴ（綿陽）
盗賊（左），女鬼（右）

写真 379　賊打鬼Ⅵ（綿陽）
盗賊（左），女鬼（右）

写真 380　賊打鬼Ⅶ（綿陽）
盗賊（左），女鬼（右）

写真 381　賊打鬼Ⅷ（綿陽）
盗賊（左），女鬼（右）

写真 382　賊打鬼Ⅸ（綿陽）
女鬼（左），女人（右）

写真 383　賊打鬼Ⅹ（綿陽）
盗賊（左），女人（右）

⑾二人が争い、最後に、盗人が鬼を打って、追い払う。女は、一命をとりとめる（写真384）。

Ⅳ戯閻羅（花閻羅）(9)

⑴目連が阿鼻地獄の鉄囲城を破ってから、地獄の秩序が乱れ、隙をついて、十殿閻王の手下、弁舌の名人、甘脱身が、判官からだまし取った官服を着て、玉皇勅任の巡天都御史になりすまし、冥界の五殿王代理を訪れる（写真385）。

⑵五殿閻王の代理、聶正倫が出迎え、並んで公堂に着座する。牛頭、馬面、出る（写真386）。

⑶甘脱身は、弁舌で聶正倫を威圧する（写真387）。

⑷甘脱身、さらに聶正倫を弁舌で圧倒し、叱責する（写真388）。

⑸聶正倫は、自信を喪失し、甘脱身に服する（写真389）。

⑹判官、甘脱身にだまされて官服を奪われ、下着姿、総髪、裸足で出る（写真390）。

⑺判官は、聶正倫に甘脱身の正体があやしい、とささやく（写真391）。

⑻聶正倫は、判官の助けを得て、甘脱身を詰問する（写真392）。

⑼甘脱身、正体が露見し、官服をはがれる（写真393）。

⑽判官は、甘脱身の着ていた官服を奪い返し、聶正倫を補佐して甘脱身を裁く（写真394）。

⑾聶正倫は、権威をとりもどし、正堂に上る。判官も侍す（写真395）。

⑿聶正倫は、甘脱身に油鍋の刑を言い渡し、牛頭馬面に五〇〇斤の油と八〇〇斤の炭で焼殺を命ずる。すると甘は、自分は痩軀ゆえ、三斤の油と二斤の炭で十分、執行できる、残りの油炭は、懐に入れるようにもちかける。二人もこれに従い、いざこれで執行しようとすると、甘は大声で「収賄」と叫び、聶正倫に訴える、聶は怒り、牛頭を主犯として斬首する。すると、甘は、陽界の雨乞いの最中、牛の斬殺は、屠殺禁止の法に触れる、と脅す。聶

写真 384　賊打鬼Ⅺ（綿陽）
女鬼（左），盗賊（右）

写真 385　戯閻羅Ⅰ（綿陽）
巡天都御史〔甘脱身〕（右）

写真 386　戯閻羅Ⅱ（綿陽）
左から馬面，甘脱身，聶正倫，牛頭

写真 387　戯閻羅Ⅲ（綿陽）
聶正倫（左），甘脱身（中），牛頭（右）

写真 388　戯閻羅Ⅳ（綿陽）
左から馬面，甘脱身，聶正倫，牛頭

写真 389　戯閻羅Ⅴ（綿陽）
左から馬面，聶正倫，甘脱身，牛頭

写真 390　戯閻羅 Ⅵ（綿陽）
判官

写真 391　戯閻羅 Ⅶ（綿陽）
判官（左），聶正倫（右）

写真 392　戯閻羅 Ⅷ（綿陽）
左から判官，聶正倫，甘脱身，馬面，牛頭

写真 393　戯閻羅 Ⅸ（綿陽）
左から判官，馬面，甘脱身，牛頭

写真 394　戯閻羅 Ⅹ（綿陽）
左から判官，聶正倫，馬面，甘脱身，牛頭

写真 395　戯閻羅 Ⅺ（綿陽）
左から甘脱身，馬面，判官，聶正倫，牛頭

写真 396　戯閻羅XII（綿陽）
左から判官，甘脱身，馬面，聶正倫

正倫があわてるところへ閻王の帰還を告げる天鼓が鳴る。聶は、帰還した閻王に牛頭の不在を問われたら、一切の経緯が露見し、判官とともに罪を免れないと恐れる。窮した二人は、甘に牛頭の職につくように要請する。甘も諾し、斬首した牛頭をかぶり、冥界の官吏となることに成功する。（写真396）。

結節　花目連の上演動機

以上のように、四川においては、目連戯が娯楽的に改変されている。これは、この地区が新開の市場地であり、市場商人の開放的な発想が、この劇に反映した結果であろう。特に「戯閻羅」に見るように、地獄の役人が無能であり、権威に弱く、腐敗していること、など、陰陽の官界を風刺している点は、他の地域の目連戯にはない特徴である。

（1）この時演じた花目連の上演テキストは、次のとおりである。『目連戯演出本』上下二冊、湖南省懐化地区芸術館油印本、一九八九年七月。別に、湖南省芸術研究所が刊行した『前目連・梁伝』（湖南戯曲伝統劇本総五六集、辰河腔第一二集）があるが、花目連は、収録されていない。

（2）この時の『耿氏上吊』上演劇本（湖南省懐化地区芸術館油印本、一九八九年）の一部を示す。

〔起堂、梁擺偏場、床擺正中、進場逆吊一根縄子。起更鼓。〕〔玉生、金香扶耿氏上〕（玉生白）娘呀、孩児瞌睡来了。（金香白）我也瞌睡来了。（耿氏白）呵！　你弟妹睡睡来了。待我娘将牙床鋪好。我児安睡吧。〔玉生、金香上床睡介〕（耿氏白）耿氏呀！耿氏！　你好苦的命哪！　（唱［下山虎］）我心難訴、猛遭禍一身。指望夫唱婦随、又誰知無端禍事臨門。自与児夫来匹配、指望是同偕到老、永不離分。常言道夫妻和好、如鼓瑟琴、不知為的何事情。這場大禍難分明。（哀子）官人呀！　你那悪狠狠気衝冠頂。眼睜睜怒似火焚。急煎煎指我罵定、辱罵我下賤之人。（白）且慢、想我夫妻匹配以来、生下一双姣児、未曾傷過和気、今日回家、不容分説、対奴大発雷霆、説奴乃傷風敗壊人、其間我也不得明白、哎、呀！　（唱）当初匹配恩愛深、夫妻恩愛魚水情、今日回家発雷霆、全都是為金釵事、児夫反来起疑心。非怪他、適才辱罵我、他道我、成了穿花弄柳人。（白）此事不免対他説個明白。哎呀！　使不得、使不得。（唱）倒是耿氏差矣！　到如今、馬到懸崖収攬晩、船到江心補漏遅、狭路相逢難迴避、事到頭来不由人。官人適才罵道、三従四徳你不顧、一心要作下賤人、我還有何臉見郷鄰、低下頭来自打算、（抖色）到不如懸樑喪残生。……

（3）この時の『蜜蜂頭』上演劇本（湖南省懐化地区芸術館油印本、一九八九年）の一部を示す。

〔賡夫上白〕万悪淫為首、万善孝為先、児見過母親。（王氏白）児免礼、站過一廂。（賡夫白）謝過。母親喚出孩児有何事情。（王氏白）児呀！　為娘這幾日心中煩悶、有意往花園遊玩一会、命我児搭伴前去、児可願去？　（賡夫白）母親往花園散悶、児嗎、願去。（王氏白）児願去？　（賡夫白）児願去。（王氏白）哈！　児前面帯路。（唱［一江風］）到花園、百花倶開遍、粉蝶舞蹁躚、〔鄭士徳站高楼看〕（賡夫唱）遊蜂転、一来一往向娘頭上鑽、手中拈、拈斉紈、拈斉紈、忙把蜜蜂趕。（白）娘吓！　你站過来！〔拉娘過来〕（王氏白）児吓！　遊玩已畢、你可回往書館攻書去吧。（賡夫白）児知道。〔下〕（王氏白）〔抖色〕賡夫！　吱吓！児呀！　〔下〕

（4）『国卿尽忠』劇本（湖南省懐化地区芸術館油印本、一九八九年）の一部を示す。

（捧旨官白）聴宣読。皇帝詔曰、天子一封書、飛到此地開。匡国卿奉旨征剿、平邦醜奴。今有何相奏道。匡国卿心存叛逆、私——（四将站起）（四将白）喳！　（捧旨官白）私通蛮王。（四将白）呵！　（捧旨官白）克扣軍餉！　（四将白）呵！　（捧旨官白）聖上悩怒、賜爾薬酒一坛、匡国卿当服薬酒尽忠而亡。（四将白）呵！　（捧旨官白）四将海外充軍。〔四将抓捧旨官、揚拳欲打〕

〔四将白〕着打。〔匡国卿勧止、白〕衆将、這是為何？〔四将白〕元帥、此乃是奸賊之計、你我兄弟打死捧旨官、反入京城、滅了奸賊。〔匡国卿白〕聖旨一下、猶如山崩。〔四将、勧止白〕接不得旨。〔匡国卿白〕接旨吧。〔接旨白〕捧旨官、請在後営、来、与本帥更衣。〔打［迎風］、匡国卿脱蟒袍、穿青褶、脱金幞頭、戴高方巾。〕〔白〕聴話！……〔四将唱〕領兵時何等風光、到今朝没有下場、把醜奴一旦滅亡、倒做了鳥尽弓蔵、兎死狐傷。拝別元帥登程往。――〔白〕元帥！想我等与元帥分別、難以割捨。〔匡国卿白〕爾等捨不得本帥、難道本帥捨得下爾等不成？〔唱〕実指望立功勲得以久長、怎捨得衆将官遠離家郷。難捨難忘、権奸害忠良、他的罵名万古伝揚、万古伝揚。

（5）『侯七殺母』劇本（湖南省懐化地区芸術館油印本、一九八九年）を示す。

〔侯七上白〕飯不熟、気不匀、話不投機猶死人、可恨王公瑾老狗日的、他打我的媽媽、把我当作随娘児看待、老子気不過、今晩三更時分、手執鋼刀、将他一刀！〔驚介〕将他一刀殺了。方消心頭之恨。這正是、量小非君子、無毒不丈夫。〔下〕〔擂更鼓介〕〔公瑾手提灯上、進房介〕〔馬氏跟上白〕老老、我跟你搭伴来了。〔公瑾白〕哪個要你陪伴、你在這睡、老漢往書房睡去了。〔馬氏白〕了了！了不起了！那開不得交。老娘二十年単身都過了。硬要你這個老背時的才睡得着？老老這頭熱和些〻待我把全身衣服都脱了。睡一個長生覚。我睡到明年打春雷都不起来。〔擂更鼓介〕〔侯七執鋼刀摸上、至房中一刀砍下、逃跑下。〕〔打五更鼓、鶏叫介〕〔侯七上、白〕睡又睡不着、両眼睁不開。只因王公瑾這個老狗児昨夜被我一刀砍死、看你以後還打我媽媽嗎？〔内、公瑾白〕桂香児吓！天已大明、你還不往経堂念経去吓！〔内。桂香白〕女児知道。〔侯七大驚介〕哎呀！怎麼的？這個老傢伙昨夜被我殺死了。怎麼又講話？哎呀！我莫殺錯了？〔看介〕哎呀！是把我媽媽殺死了！〔軽哭介〕好、死了就死了。哭也是枉然。就将此事往爹爹的身上。〔哭介〕哎呀爹爹快来、爹爹快来！〔公瑾、桂香同上〕〔公瑾白〕侯七、為何大驚小怪？〔侯七白〕哎呀！爹爹、你心腸太狠了。母親与你吵幾句、你就将她殺了。〔公瑾驚介、白〕怎麼講？〔侯七白〕你将她殺了。〔公瑾白〕殺在哪裡？〔侯七白〕殺在上房。〔公瑾白〕前面帯路。〔侯七白〕随著我来。〔進房看尸介〕〔桂香白〕母親吓、娘吓！〔唱［苦駐雲］〕見母傷心、頂上只見鮮血淋、死得苦的娘吓！不知何人心腸狠、将我母親命帰陰、将我母親命帰陰。〔侯七拉二地保上白〕真正可嘆了呀！〔打干牌子〕来来来、将尸抬下。〔抬尸介〕王員外、你家裡為何出了這無頭災禍？〔公瑾白〕老漢雖然与安人吵鬧幾句、她在這睡、我在書房睡、此事、我不知道。

（6）四川戯劇編輯部編『目連戯与巴蜀文化』（『四川戯劇増刊』、一九九三年）一四四頁に、「花回煞」のテキストが「劉氏回煞」（川北灯戯）と題して掲載されている。次のとおりである。

〔在伴灯鼓楽曲中、鬼差甲、乙用傀儡身段押劉氏上〕〔劉氏唱［苦板］〕我劉青堤好凄惨、〔甲挿科白〕活報現眼。〔劉氏唱〕嗚呼哀哉整七天、（乙白）你活得不耐煩。（劉氏唱）最後回家看一看。（甲白）网開一面。（劉氏）哪天再到人世間？（乙白）只怕無緑。（劉氏白）怎麼説、我与人世就無縁了麼？（甲白）誰叫你变人不当好人。（乙白）再想変人万不能！（劉氏白）哎呀！我好命苦哇！（甲白）哭啥子？嚎啥子？褲兒板脱還是個鬼。（劉氏白）唊！你看老娘這身打扮、象鬼嗎？（乙白）不怕你穿紅着緑、搽脂抹粉、還是一張鬼臉！（劉氏白）我是一張鬼臉？那家裡的人就認不得我啰？（甲白）豈但認不得你、還怕你！躲得遠遠的。（乙白）只給你擺了菜飯、讓你飽餐一頓。（劉氏白）有菜飯吃？這七天硬把我餓惨了！（欲急走）（甲攔住、白）有吃的、你就忙了、慌了?!（乙白）我両位也是餓鬼呵！（劉氏白）把二位辛苦了。今天打平伙飯、管你二位吃飽！（甲白）那酒菜呢？（劉氏白）自然該我享用。（乙白）想得安逸！当初你大開五葷、吃湯喝油、今天么——（劉氏白）怎麼様？（乙白）鶏鴨魚肉、該我們。白菜、豆腐、帰你吃。（劉氏白）唊！想不到這陰間也興這一套。（甲白）這是跟到陽間学的。（劉氏白）好嘛、要吃就快走。（唱［前腔］）我当初不見油葷不開飯、変了鬼没得東西把肚皮塡。只餓得脚也爬来手也軟、恨不得我家堂屋在眼前、供桌上吃的喝的都擺満、葷吃素擺由我拈。回傅家這是最後一頓飯、再想吃不知要等好多年！（鬼差甲、乙扮二門神上）（接唱）何方野鬼好大胆、（神乙唱）埋起脳殻往裡鑽、（神甲唱）我両位将軍往前站、（神乙唱）你這婆娘難過関、（劉氏唱）你両個黒不溜秋瞎了眼、我本是員外娘子回家園、（又欲進）（神甲攔住、白）站倒呵！（劉氏白）攔倒我、干啥？（神甲唱）想進門、先把言語説伸展。（劉氏白）有話就説、有屁就放。（神乙白）嘿嘿！（唱）変了鬼、你還要把架子端！（劉氏白）呵呦！（唱）你両個又何必神気活現、論底細只値二百銭、買回来貼門上看家護院、老娘回来還不靠辺。（神甲白）唊！劉氏四娘！你変了死鬼、還不閉眼。（神乙唱）還敢在此要横蛮！（神甲唱）拔出我的斬妖剣、（神乙唱）挙起我的降魔鞭、（劉氏白）二位何必動怒吶。（唱）剛才我是在把坛子涮、你両位肚子裡頭撐得船、婆娘家頭髪長来見識短、不会説話請鑒原、放我進門去吃飯、可憐我這是最後一頓餐。（神甲白）你變了鬼還要吃飯。（劉氏白）飽鬼総比餓鬼強[口山]！（神乙白）我們站在門外、日灑雨淋、還没人管一頓飯哩！（劉氏白）你們該是神嘛！（神甲白）神又咋個、無非是個虚名。肚皮餓了、手裡空了才是真的。（神乙白）你要進門、総得有個表示[口山]！（劉氏白）二位、不是我不願上供、我要花銷、也得靠家中人給我焼紙銭呵！（神甲白）這様説来、你就在門外等到！（劉氏白）等啥子？（神乙白）等你有了銭再来！（劉氏白）我肚皮餓了、等不及了！（神甲白）你餓了七天就乗不住了。我們空着肚皮在這門外站了好多年呵！（神乙白）你過去給我端過一碗飯没有？（劉氏白）要吃飯么、走！今天我請客、這頓飯大家打伙吃！（神甲）我両個肚皮大呵！（神乙白）還有押你的両個鬼差吶、只怕飯菜不夠吃、只怕飯菜不夠吃呵！（劉氏白）両個差娃子、無非狗腿子、門外等下子、該他餓肚子！（差甲、乙取下臉売）（甲白）唊、你変鬼才七天。（乙白）就有不少鬼点子。（劉氏白）我変了鬼、自然説鬼話、你両個明明是鬼、為啥偏要装神？（甲白）二位門神不在。(乙白) 我們暫且当差。(劉氏白) 他両個当差不看門、哪裡去了? (甲白) 只怕点得不耐煩、尋難作楽去了。(劉氏白) 好、趁他們不在、我們趕快溜進去? (入内) (呑口上、白) 呔! 哪来的野婆娘、到此乱竄! (劉氏白) 呦! 両口子打成通姦案、我劉氏四娘倒成了野婆娘、你又是啥子婆娘? (呑口白) 吾乃一尊神也! (劉氏白) 神? 我看你硬叫有点神、認不到我是傅家員外夫人! (呑口白) 嗷人、只怕哄人! 分明是野鬼孤魂! (甲白) 她両個婆娘嘴都硬。(乙白) 錐子碰上門斗釘! (呑口白) 你半夜来此為的甚? (劉氏白) 頭煞領供回家庭。(呑口白) 你想領供飽餐一頓? (劉氏白) 不錯、該我享用。(甲白) 我両個搭到沾光。(呑口白) 休想! (唱) 吾神把守堂屋前、豈容鬼怪胡乱鑽。(劉氏唱) 讓你三分、你還不知深和浅。四季豆硬是不進油塩。你無非是鋸了把的木瓢画張臉。麻我不懂充神仙、我勸你還是識相点、我劉氏四娘不敬神来不怕仙。(甲白) 這婆娘嘴不饒人似利剣。(中略) (甲唱) 眼見得雄雞就要開叫喚。(乙唱) 要吃飯快些進去莫遅延。(中略・呑口下) (劉氏見供桌上供品、伸手就抓) (三人同時動手搶菜) (鬼白) 講好了的、你只能吃豆腐! (鬼甲、乙大嚼雞鴨、劉氏手捧豆腐狼呑虎咽、不尽意、将卓上一対蠟豆啃光、最後連豆腐碗也当眾吃了。二鬼看呆了。(甲白) 你硬是吃的有板有眼、連碗都啃了! (乙白) 誰叫她先前人在福中不知福、糟踏五穀糧食、便了鬼就只当餓鬼! (劉氏白) 這才苦哇! (甲白) 曉得苦又遅囉! 走、回去交差!

(7) 綿陽文化局編『四川目連戯綿陽資料集』(綿陽、綿陽市文化局、一九九三年) 八五頁に「王婆罵鶏(花罵鶏)」のテキストを載せる。次のとおりである。

(王婆唱) 大姑娘偸吃了我的鶏、嫁了人一輩子都莫得生育。(郗加二唱) 大姑娘偸吃了你的鶏、她生一娃娃——嗨呦! 都要胖些。(王婆唱) 老娘子偸吃了我的鶏、遇到個悪媳婦天天把她欺。(郗加二唱) 老娘偸吃了你的鶏、児孫満堂福寿斉。哎呀呀! 天天給她炖些粑和的。(王婆白) 郗巴爛! (郗加二白) 王駝駝! (王婆・郗加二同唱) 来来来、我両人来論一個高和低。〔郷約従中勧解、被王婆拐杖撃中頭部……〕(郷約白) 哎呀! 你両個不要打了。(王婆白) 哎呀! 郷約伯伯咋個是你嘛! (郗加二白) 郷約伯伯、你聽我説。(王婆白) 你聽我説。(郗加二白) 我要先説。(王婆白) 我要先説。(二人争吵) (郷約白) 算了郗二嫂、王婆婆年紀大些、你説讓她先説吧。(郗加二白) 好嘛、看你多長個子耳朶! (王婆白) 郷約伯伯、你看。鶏毛! 這是我的鶏身上長的毛、我的鶏才有毛。(郗加二白) 嘿! 你的鶏才有毛? 別的鶏都是光胴胴児呵? (王婆白) 我的鶏才長得有這種毛! 你看、我這児還有証抝嘞! 看! (郷約・郗加二同白) 舎子? (王婆白) 蒜皮。一定是她把我的鶏偸去、做了涼拌蒜泥白砍鶏了……。(郗加二白) 哎! 王老婆子、你就憑這点鶏毛蒜皮就把我頼倒了嗎? (王婆白) 就是你偸的! (郗加二白) 我没有偸! (二人争吵) (郷約白) 哎呀! 你們不要為這点鶏毛蒜皮的事傷了鄰里之間的和気呀! (郗加二白) 這様、鄉約伯伯、今天你們倆個到我家裡去査、要是査到了、我甘願受罰……要是査不到吶？（王婆白）那就砍我的脳殻！（鄉約白）你又没犯到那様大的罪呀！（王婆白）我……我是就砍我的鶏脳殻、殺鶏、請客、賠礼嘛。（郗加二白）説話算数！（王婆白）我敢打賭！（鄉約白）我来当証人！（郗加二・王婆白）好嘛、走（三人進屋過場）（王婆白）哎呦！好香啊！鄉約伯伯、你看、她那砂缶裡頭還在冒熱気、裡頭一定是炖我的鶏！（郗加二白）好嘛、那我就端出来你看。（下場、端砂鍋上）（王婆白）我来揭蓋蓋。（鄉約白）莫忙、我是証人、該来揭蓋蓋。（郗加二白）不慌、等我把王老婆子問清楚了再揭、一会兒她輸不起。（王婆白）笑話、我王老婆子、説話做事、硬是〝吼巴兒咳嗽〟——没痰。要是這裡不是我的鶏呀……就把我的王字倒起写。（鄉約白）王字倒起写還不是姓王嗎？算了、看我揭蓋蓋。（揭開砂缶蓋）（王婆白）看了看、這不是炖的我的鶏呀！（傷心地）哎呀！我的大雄鶏呀！（鄉約白）王婆婆、不要着急、等我翻転来看。（鄉約翻鶏——〝干大鑼〟、王呆住）（鄉約白）哎呀！咱個嘴巴是扁的呀？（王婆白）一定是她炖過了火、把鶏嘴殻都炖扁了！（郗加二白）哎！我砂缶裡頭明明是炖的鴨子。你咋個還要乱説呦！少説那門多、輸鶏来！（王婆白）那……我的鶏吶？（鄉約白）你的鶏在我屋頭。（王婆白）在你屋頭！（鄉約白）是啊！你的鶏飛到我屋頭去了。我正説来問你、就看到你們倆個在打架。王婆婆、你以後要把鶏関好、不要餵敞鶏、更不要乱罵人羅！（郗加二白）她誣良為盗、不得行！（鄉約白）郗二嫂、她乱罵人是不対、她年紀大了、丢了鶏、心裡着急、這様、叫她殺鶏請客、謝罪就行了嘛。王婆婆、你説、要不要得？（王婆白）要得、要得。（欲回家殺鶏）（郗加二白）（笑）哎呀！王婆婆、哪個要你殺鶏呦、你以後不要乱罵就対了。算了、算了！（王婆白）你都説算了嗎、我也算了嘛。（鄉約白）嘿、你不算了還想做舍吶？（衆笑）（韵白）王婆做事欠思忖、（郗加二韵白）東猜西疑乱罵人、（王婆韵白）老婆子給你陪礼信、（与郗賠礼、差点跌倒）（衆韵白）鄰里和睦要相親。（衆笑、険些碰著凳上砂鍋……（郗加二白）今天我請客——喝鴨子湯！〔劇終〕

（8）　同前書八一頁に「賊打鬼」と題して、「花女吊」のテキストを載せる。次のとおりである。

〔黒夜。賊在更鼓声中伸出馬門亮相。従高処滑下後、賊眉賊眼地軽跳上場。跪転亮相。〕（賊白）頭戴尖尖帽、嘴上長撮毛、別的不会做、乒……（急掩口、向上場看後、眉眼、要整鬼的冤枉）嗐！海内撈明月。（身段下）〔鬼作身段跳二〕（白）入死如灯滅、猶如湯潑雪、若要還魂転、嗨……（説不下去）哎！背時亀兒賊娃子！你把老娘那句…〝海内撈明月〟給我説了。我又咋個説喃？你亀兒子把你那句……〝只会做盗賊〟、留給我来説、要老娘去做強盗呀？没門。我才不得干。我曉得另外説？若要還魂転、海内撈灯盞。（向内）賊娃子、你亀兒子想整我…老娘要你偸不成、今晩上老娘就要把您悠悠倒！対！悠倒！悠倒、悠倒呦！〔身段下〕〔三更鼓響後、男賊上場、鬼随其後、賊作矮身段、鬼相配合上下場台口亮相。後、賊碰牆倒坐于地、摸碰痛的頭、鬼在一旁幸災楽禍、賊端気後、従腰間拿出煙捧、打火鏈吃水煙、吐出的煙子。鬼聞煙打哈欠、鬼去賊的煙伸過頭去、賊無意地在鬼頭上敲煙棒（敲在鬼頭上已安好的木梆上発潑潑声響）、鬼負痛跳開。賊回憶賭物情景、擲骰子、下注設賭。鬼見状也上前参与下注、第一盤、賊輸鬼勝、賊賠銭。第二盤輸賊勝、鬼賴賬抓銭、賊用煙棒打鬼手：賊高興、収起賭具、開始作挖牆準備、先用尺子量自己的肩寛、然後在牆上劃線、拿出撬刀挖牆刨泥土、賊用力一刨、将泥土刨向正在身後観看挖洞的鬼的臉上和眼睛裡。鬼吹眼、後用脚将泥土向賊踢去。賊満嘴吃泥、放刀在地、吐泥、鬼用細線把刀吊在空中甩動。賊発現洞小了、欲再拿刀挖牆、刀忽然不見、找刀、発現刀在空中飄動、賊欲去拿、始終拿不着。〕（賊白）噫！今天晚上有毛病？（想）哦！我今天還没有拝過祖師爺、不忙、把祖師爺請出来、再説、（従背篼内取出一木偶）祖師爺、在上、弟子叩頭羅！（用大指向木偶）拝拝羅！天霊霊、地霊霊、祖師爺爺来到臨！（用木偶指向鬼、鬼不知何物、吓了一跳、刀掉地上）嘻嘻！還是祖師爺高明、（拾刀挖牆）這下差不多了。（欲往内爬）噫！不忙、等問一下祖師爺哆、（拿起木偶作問状後、将木偶頭放在耳辺）、〔旁白：要遭！〕（賊白）安！（丢木偶在地）遭！我遭了你吃鏟鏟、（拾起木偶再聴）嘻嘻、啊——対羅、（欲鑽洞）不忙！還是請師爺幫個忙。（用木偶伸入洞内作試探状）嘿嘿！没響動、（鬼端高板登坐于洞口、賊鑽洞一頭、碰在鬼的屁股上、倒坐、爬起摸牆、発現牆洞不在、用刀鑿牆、一刀鑿在鬼的的屁股上、鬼摸屁股跳開。賊爬進洞一半、馬上又退出、比劃示意。這様容易被人捆住。改用仰。仰身鑽洞、鬼跳在板凳上、等賊伸進頭時、口中吐水、滴在賊的臉上、賊退出、鬼高興得在長板凳上跳舞。賊鑽洞、鬼扯脚拉出洞来。賊又改用脚先進洞、鬼随後跟進、賊欲偸東西、聴到声響）。〔婦内叫。哎呀！〕（賊聞声鑽卓下）〔婦手執白綾悲傷地上。鬼有人上吊、有了替身、高興得跳。于是又叩頭又作揖、后引婦上吊縄。見高度不夠、抬板凳為上吊人墊脚。賊從卓下鑽出発現鬼吓得顫抖、站立不穏、鬼把人吊好後、爬在地、瘋狂地向上吊人叩頭。賊戦戦兢兢地上板凳救人。最後救下上吊的懐胎婦。〔婦昏昏沉沉下〕〔賊咬住吊縄、鬼爬起抽去板凳、賊在上面乱板、鬼把賊扯下来、賊表示願幫那上吊人替死、鬼幫賊上吊。〕（賊白）你不要那麼凶、你不過要人吊頸子嘛？（鬼点頭）（賊吊脚脛）（鬼答応）我是吊的頸子嘛！（鬼罷手）〔賊又要吊手膀子。鬼指頭上後頸。〕（賊白）哦、要吊脳殻嗦！這好辦嘛。（腰間拿出二鼓捶插入毛辮内、鬼放下吊縄、賊伸脖子譲鬼套。鬼転身後、賊把縄子掛在毛根上、鬼拉縄把賊升起。賊和鬼争吵。）（鬼白）哎！賊鬼児子、老娘不来勧人上吊、你就不来。鑽洞偸盗。今晩我来吊、你就不該来盗。（賊白）哼！我把你這個鬼雑種、老爺們不来這家偸盗、你就不来勧人上吊。我来偸盗、你就来吊、断了我生財之道、咱個説！（鬼白）你不該来盗！（賊白）你不該来吊！（鬼白）我該吊！（賊白）我該盗！（鬼白）我吊！（賊白）我盗！要吵！要鬧我陪你鬧到鶏叫！（鬼白）我就不怕你鬧。（欲抓賊）（賊白）不忙！要講理進茶館、要打架下田坎！（鬼白）要打架還怕你？（賊白）我又怕你！（人鬼扭打、賊拿起煙棒打鬼頭、打鬼屁股、把鬼打跑。）嗨！鬼還怕煙棒棒呦！（要煙棒、下）〔劇終〕

（9）この『戯閻羅』の劇本が『目連戯与巴蜀文化』（成都、四川省川劇芸術研究所、一九九三年）一二五頁に載る。次のとおりである。

〔聶正倫辦過関牒、判官穿汗衣、光頭、赤足狼狽不堪地上〕（判官唱［三板］）悩人悩人真悩人、出門遇著鬼倒騰、我判官今天走霉運、衣服搞得光零零。（白）哎呀！閻王哩！（聶正倫白）你怎麼様了？（判官白）哎呀！一言難尽呵！（唱［奪子］）我領閻君命、監修鉄囲城、剛説要開工、来了一個人。他説他、跟随過、女媧聖母、煉石補過南天門、錯偸聖母一顆針、因此謫貶地獄門、自誇修城有本領、馬上能修好鉄囲城、我那時迷了性、便請他、去修城、他要借我的衣服鞋袜去穿戴、説那様、才好提調鬼卒們、我把他的瞎話聴、一身衣服借光生、誰知他貶個眼睛就不見影。四処尋找不見人、我到各処去打聴、才知他是老鬼甘脱身、閻王爺！你看我傷心不傷心、悩人不悩人？（斉）（聶正倫白）你小声点、小声点、看巡天都御史聴到、辦你個管鬼不厳之罪、你等我把巡天都御史莫脚大仙送走了、再来追査你這一案。（判官白）這裡幾時来個巡天都御史呀？（聶正倫白）才来不久。（判官白）我怎麼没聴過呀！這位御史如何打扮？又是什麼様子？（聶正倫白）人不出衆、貌不驚人。就是両隻眼睛滴溜溜乱転、看到有点煞気、穿一套判官衣服……。（判官白）哎呀！該不是那個吹牛鬼甘脱身呀？（聶正倫白）小声、小声、倘若被他聴到、你這狗頭恐怕難保、吾親身盤問来的、他真是莫脚大仙巡天御史。（判官白）閻王呀！此鬼非常狡猾、恐他冒名頂替。這位上仙現在何処？（聶正倫白）現在後面飲宴。（判官白）待我悄悄去看一看真仮。（聶正倫猶豫、白）好嘛、小心点。謹防惹禍。（判官白）我暁得。（下、復上）哎呀！閻王、他不是巡天都御史、他是老鬼甘脱身、騙我的衣帽就是他。〔牛頭暗上〕（聶正倫白）小点声、你可弄得実在？（判官白）一点也没有錯、譲我去把他抓出来。（聶正倫白）莫乱搞、莫惹禍。你既説得這様実在、我自有一個試探真仮的辦法。你且在外殿等候、馬面、你把他跟着着、莫譲他跑了。（判官白）閻王、你咋叫他把我跟着？（聶正倫白）倘若弄錯了、我才有開銷的。（判官白）哎！我才在尋霉倒。（同馬面下）（聶正倫白）牛頭、快請巡天都御史。（牛頭白）是。（向下場門）有請巡天都御史。（甘脱身高興地上）（甘脱身念）越想越喜歓、該我享福在人間、（白）過関牒可曾辦好？（聶正倫白）過関牒辦好了、就是有人把大仙告発了。（甘脱身白）（一驚）喉！這是哪個、有幾個腰子幾個胆、幾個雷公幾個閃、敢把我告発了、他告的是啥？（聶正倫白）他説你不是莫脚大仙、你是甘脱身。（甘脱身白）胡説、這簡直是在藐視老仙的威風、殺殺殺気。（尋計脱身）此時吾当不与你講話、且到霊霄殿再与你慢慢的説。〔甘脱舍欲下、判官上。両人相遇、互相凝視、甘脱身走、判官左右阻攔、甘脱身急、先発制人。（甘脱身白）呔！何処孤魂野鬼？敢阻吾当的雲頭？（向聶正倫）還不与我拿下！〔聶正倫不知所措〕（判官白）噫！甘脱身、你還在装瘋迷竅的吓哪個？敢快現本像啊！（甘脱身白）我乃天上莫脚大仙、巡天都御史。誰是甘脱身？趕快譲開。吾当要駕雲了。（判官白）少説、少説。快把衣服還我、若其不然、你就先嘗我的厲害。（甘脱身白）你的啥子衣服？（判官白）你借我的、就是你身上穿的這套衣服。（甘脱身白）這套衣服是借的？你在胡説、這分明是你昨天在場伙裡輸了両百銀子抵給我的。你要、這也不難、拿両百銀子来交給吾当做盤纏、就退你的衣服。（判官発現漏洞、白）閻王、你聽、他都漏誆了。（聶正倫白）呦呦呦！你真是甘脱身哩！你把我罵得好惨、若非判官来得快、険些上你的大当。（甘脱身白）你莫聽他一面之詞。倘若得罪吾当、謹防我外公、舅舅不肯饒你。（聶正倫白）這個……（判官白）閻王、莫聽他瞎扯、他是甘脱身、這裡的汪二碼子、李扯火都認得他、可以拿他来対証。（聶正倫白）着着着、可願対証？（甘脱身白）完了、這如何対得像？（聶正倫白）喉！硬是仮的。牛頭、馬面聽示、把衣服給他挎了、然後拿了五百斤香油、八百斤杠炭、将他打下油鍋、与我炸炸炸！（牛頭白）遵命。（拉甘脱身）（甘脱身白）難道判官監修不厳、他就無罪嗎？（聶正倫白）一併打下油鍋。（判官白）閻王、你要看我姐姐份上呵？（聶正倫白）唔！先炸甘脱身、後炸判官。（甘脱身白）不行、我懂得你們這一套、他是你舅子、他就該生、我甘脱身就該死、先把我炸了、我曉得你炸不炸他？（聶正倫白）推下去的。〔牛頭、馬面急拉甘脱身〕（甘脱身白）牛大哥、馬二哥、莫慌、你聽我説一句話、我這個人平常交朋友不顧生死、我現在要下油鍋、你看我一身光骨頭、哪裡要得五百斤香油、八百斤炭。我想結交你這両個朋友、送你們発個大財、你們拿両三斤杠炭把鍋焼紅、再拿二両香油、把我丟下去、我一把熱気就化了。剩下的油炭、我就奉送二位、你們看好不好？（牛頭白）対、馬老二、我們就交他這個朋友、照他的話辦、〔牛頭、馬面拉甘脱身下〕（甘脱身白）（在内大叫）閻王、貪贓呀！（聶正倫白）喉！了得！与我撈起来再問。〔牛頭、馬面押甘脱身上〕（聶正倫白）甘脱身、你在鬧啥？（甘脱身白）閻王、你叫他們用好多香油、好多杠炭炸我？（聶正倫白）五百斤香油、八百斤杠炭。（甘脱身白）好道。他両個只拿了両斤杠炭、二両油、把我拿来干煸、煸得我不死不活的、這該咋個講呀？（聶正倫白）胆大的牛頭馬面、為何不与為王説通、就敢擅自克扣香油杠炭！該当何罪？（馬面白）這是牛頭的主意、与我無干。（牛頭白）這是他自己願意干煸……（甘脱身白）油多一炸就死、干煸活罪難受。我哪有自願的道理？分明是他想騙過閻王、独吞香油杠炭。（聶正倫白）這還了得、馬面、将牛頭推出宰了！（牛頭白）閻王、你要看平常的好処呵！（聶正倫白）其理可恕、其情難容、若不厳辦、為王吃虧不小、而且不能警戒将来、下去呦！〔馬面拉牛頭下、馬面復上〕（馬面白）稟献牛頭！（甘脱身白）閻王犯法、閻王犯法！（聶正倫驚白）孤王犯什麼法？（甘脱身白）今日陽凡世上、都在求雨、禁止宰殺、你今擅宰耕牛、執法犯法、汝豈無罪？（打天鼓）你聽、天鼓響了、五殿閻王就要回来了、等他回来、我要告你們貪贓受賄、顧己行私、私宰耕牛、你們中間没有一個好人。（聶正倫白）莫忙莫鬧、商量嘛。（甘脱身白）商量、那就快点。如若不然、少時那個〝正柱柱〟回来、只怕有我説的、就没得你講的。況且你説得赢我、説不赢我、你都不明白嗎？（聶正倫拉判官旁白）你看如何辦？（判官白）是呵、少時閻王回来、不見牛頭、定要查問。

他若一查問、剛才這些事、免不得就要拉扯出来。我們只怕就要吃虧、我看甘脱身能言会説、不如把他収在身辺、叫他代理牛頭一職、一来可以塘塞閻王、二来我們一伙又多了一個能言会説的幫手、一挙両得、你看如何？（聶正倫白）対対対、你就去給他講。（判官白）甘脱身、閻王你能言会語、竟欲収你為幫手、拿你代理牛頭之職、你意如何？（甘脱身白）不行、給我過関牒、我便万事全休。（判官白）啶！当牛頭有搞的、只要肯聴話、我們在一起找銭。（甘脱身白）我不懂！（判官白）莫装瘋、你還有弱事的、就算不懂。他、（指閻王）就是個找銭的能手、教你幾天、你就成了内行了。（甘脱身白）你不要説得漂亮、莫忙、等我想一下再説。（背白）哈哈！（唱［占占子］）好法子、好法子、這一種天殻子、抓到他們的七寸子、吓倒他幾個災舅子、他們就把我当老子、約我搭伙找銀子、陰曹既然有法子、我何必到陽間去鑽路子、就跟他們混下子、左右一様搞銀子。（想）噫！莫忙！這幾個鬼児子、都是些黒心爛肚子、我還要把他們吓下子。也免得将来分肥出岔子。（転身）叫声閻羅天子、差事我願干下子、只是二天分銀子、定要照人攤股子、切不要光顧你們成胖子、整我变成干鶏子、你們暁得我有胆子、惹不得我敢惹下子、摸不得我摸下子、若整我你們就試下子、謹防大家弄得莫面子。（聶正倫背白）這個人硬算得老毛子、嘴勁児很有幾下子、（向甘脱身）既約你打伙找銀子、決不会乱整内伙子、就是找銭大家想法子、（向馬面）你説你会做啥子？（馬面白）我会打条編筐子。（向判官）你説你又会做啥子？（判官白）我会到処扯把子。閻王你又会做啥子？（聶正倫白）問案我会装面子。（向甘脱身）你説你又会做啥子？（甘脱身白）我呀……（聶正倫・判官・馬面同白）你怎様？（甘脱身白）我説你幾個都不是好舅子。〔幕落、劇終〕

第九章（下）　市場地目連戯の展開――連台本の加演

序　節　連台本の分布

目連戯の増補のやり方としては、花目連の挿演のほかに、正規の上演部分の前か、後ろに目連戯とは別の孤魂救済の戯曲テキストを加演するやり方がある。目連戯とは別の演目を加演するテキストを連台本という。この加演は、挿演よりは、内容が自由で、増補の点では、挿演より便利である。加演の演目としては、『傅氏家伝』、『梁武帝伝』、『西遊記』、『観音菩薩伝』、『岳飛伝』、『封神伝』などが常用された。元来、徽州、江西などの江南地区で、この形式が成立していたが、江南の家族村では、英雄劇の衰退と共に加演が消滅し、湖南、四川など辺境地帯にだけこの形が残った。以下、これについて述べる。

第一節　傅氏家伝

福建、浙江、湖南、四川など、各地の目連戯においては、目連戯に羅卜の父の代、祖父の代の話を配することが多い。これは、上演時間を引き延ばす目的であるが、同時に父祖の代においても善行と悪行に応じて因果応報の理が働いていることを示し、目連の崇仏と団円の物語に広く伏線を張っておくという意味がある。
まず、最も詳しい四川本（＃414）の齣目と梗概を述べる。(1)

一　梗概

第一本　午台

1有花有酒、2傅崇求子、3陶潜刀非、4進府見姐、5仏遣桂枝、6落店占榜、7善士起香、8両路合香、9講経受戒、10斎房試道、11阻擋鉄船、12白氏挖心、13見仏辦非

傅崇は、父の遺産を継承して、巨万の富を成すが、子がおらず、香を焚いて嗣子を求める。傅崇の母、陶氏の弟、陶潜は、不正を働き、姉の庇護にたよる。桂枝羅漢は、仏祖に下界へ派遣され、善男信女を感化する。善士、乾元、妻、白氏は、杭州に活仏が現れたという噂を聞き、参拝に行く。夫婦は、杭州で受戒する。桂枝羅漢が斎房で夫婦の道心を試そうとして、白氏に腹を割いて心臓を取り出し、これを洗浄すれば、活仏になれると言う。白氏はすぐに心臓をえぐり、即死して仏に会う。仏陀が、なぜ、心臓をえぐる必要があったのか、と問責すると、桂枝は、他日、白氏が地獄で罪を受ける時に、救いに行くため、と答える。

第一本　中台

14訓子済貧、15陶潜刀非、16貧民借貸、17大斗小称、18奏帝降星、19天降梟煞、20書房撲身、21相約鬧院、22聚娼聚賭、23鬧府拷打、24拆毀橋樑、25火焚斗称、26天収梟煞、27雷打金哥銀哥

傅崇は、大斗と小称を使い、村人を搾取する。村人は、怒りのあまり、寺廟に香を焚いて神に告げた。神は天庭に転奏し、玉帝は、梟、煞二星に傅家に投胎して財産を食いつぶすように命じる。二人は、金哥、銀哥と名付けられる。毎日、妓院に遊び、賭博にふけり、橋を壊し仏寺を騒がすなど、やりたい放題、傅家の金銀の大半は失われる。傅崇夫婦は、やっとこれが悪事の報いとさとり、天に向かって香を焚き、悪行を改め善行を積むこと

を誓い、大斗と小称を焼く。天庭は、これを知り、雷を派遣して金哥、銀哥を打ち殺させ、二星を天に呼び戻す。

第二本　午台

1一品富貴、2何公訓子、3陶〔姚〕氏憶子、4化目化財、5墳頭驚母、6二仙点化、7金盆現形、8何公昇天、9仏遣白象、10生子賀喜

金哥、銀哥が死んでから、母の姚氏は、日夜、二人の亡児をおもい、いつも墓に詣でて祀り、紙銭を焚く。二人の霊魂が墓に現れ、かれらの来歴を語り、姚氏に向かって、金盆に水を張って中を見れば、盆の中に姿が映ると伝える。姚氏は盆中に映る鬼を見て、その正体を悟る。天帝は、傅崇が前非を悔いて善行に転じたのを見て、白象を傅家に差し向けて、子を送る。やがて、傅相（象の仮借字）が生まれてきて、何公は、常に二人の子の何有名、何有声に読書を勧め、勤倹を持するように訓戒していたが、やがて世を去る。

第二本　中台

11夫妻窖金、12美中不足、13人為財死、14鳥為食亡、15両賊下山、16進府搶掠、17白馬駄金、18十殿転輪、19別家赴試、20長亭盟誓、21金榜題名、22相府招贅

善士、龐連夫婦は、仏を拝みに杭州に行く。出発にあたり、金銀を土に埋める。二人の樵夫が山に柴刈に出て、発見して掘り出す。奪い合いになり、殴り合いになって、二人とも死ぬ。二人の強人が下山し、傅家を襲う。傅相は、家人に命じて、あらかじめ金銀を客間に積ませておき、略取に任せる。強人は、金銀を白馬に載せて山寨に帰る。道半ばで、馬が動かなくなり、口を開いて人語を話す。強人はおそれ、奪った金銀を傅家に返し、肉食を断ち、経を念じる。白馬は、昔、傅家から金を借りて返せず、十殿転輪王により、馬に変身させられて、傅家のために働いていることも語る。傅相が昔の帳簿を調べると、債務者の一人にその名を見出す。貸金を抹消すると、白馬も死ぬ。

王魁は、試験を受けに都に上る。桂英と長亭で別れる時、二人は、天に向かい、ともに相手以外と結婚しないことを誓う。しかし、男は、試験に受かったあと、宰相の娘の婿となる。

第三本　午台

1黄菊醸酒、2劉公訓女、3訓子遣媒、4韓興刀非、5王魁、6拆書逼嫁、7私出蘭房、8陽告海神、9陰告閻君、10書房活捉、11鬼門点炮、12判断転輪、13花燭洞房

劉四娘は、成人して嫁入を待つ、父の劉公は、常々、出嫁した後は、婦道を守るよう訓戒していた。傅相もまた息子の羅卜に訓戒を与えており、劉家に結婚を申し込む。王魁の僕人、韓興は、去り状を書いて桂英を離縁するように進言する。桂英は、去り状を受け取って、悲憤に耐えず、院嫣も別の男に嫁ぐように逼る。桂英は、逃げ出し、海神廟に告訴したのち、自縊する。その亡魂は、五殿に至り、冤を訴える。閻羅王は、桂英に鬼卒を連れて宰相の屋敷に行き、書斎にいた王魁を捕えてくるように命じる。二人の霊魂は、ともに陰司に至る。夜が明けかけた時刻で、閻王は退出しようとするが、桂英は、鬼門の爆竹に点火して轟音を発せしめ、地獄を震動させる。閻王は戻ってきて、王魁を女、桂英を男に変身させる。王魁は、金奴となり、劉氏を開葷させて地獄に堕ち、桂英は、益利となり、主人に従って昇天することになる。

ここで、傅相は、劉氏と結婚する。

第三本　中台

14問病帰陰、15兄弟分居、16遷徙王舎、17拐帯私逃、18柳林吊打、19岩崩虎咬、20紅蛇攔路、21三官救苦、22修造経堂、23孔礼問病、24金奴投府、25売身進府

傅崇が病死してから、傅相と傅林は、分家する。傅相一家は、原籍の王舎城に帰る。途中、二人の脚夫が銀を掠めて逃亡するが、岩が崩れ虎に咬まれて死ぬ。また、紅蛇に道をはばまれるが、三官大帝に助けられ、一家は、

無事に到着する。傅相は、三官堂を建て、精進、読経に励む。この時、益利は、父を失い、葬式が出せなくて窮していたのを、傅相がお金を出してくれたのに感動して、屋敷の下僕になった。また、金奴は、母の葬儀の費用のために父に売られて傅家に入った。

第四本　午台

1春花酌酒、2別家貿易、3陶潛生刀、4攔路喊冤、5帰家招厄、6当堂披軍、7長亭趕夫、8宿廟施金、9投文点名、10兵患朝陽、11敗兵進城、12軍犯守城、13真武顕聖、14査名升官、15望兄補金、16托官回家

傅相は、商売をしに外地へ出る。母方の叔父、陶潛が金を借りに来て、不調に終わり、官の轎の行く手を遮って直訴した。傅相は、帰宅すると、すぐ、辺境へ流刑となる。傅相は、長亭で妻と別れて旅立つ。朝陽観に投宿したが、廟宇の破損がひどいのを見て、一〇〇両を寄付し、半金の五〇両を渡す。その時、賊兵が侵犯してきて、傅相は、命を受けて、城を守る。真武が顕聖して支援してくれたおかげで、賊兵を撃退することができた。これにより、罪を許され、職を授かる。弟の傅林も訪ねてきて、朝陽観を通り、残りの五〇両を支払う。傅相は、弟に職を譲り、帰宅して仏道の修行をする。

第四本　中台

17三貶桂枝、18別家受戒、19送螺回家、20経常刺螺、21花園埋螺、22善士受戒、23三座講経、24斎房試道、25主僕帰家、26二仙指点、27三災八難、28羅卜成胎、29生子賀喜

仏祖は経を講じ、桂枝羅漢は三たび俗心を起こして騒いだため、凡間に追放される。傅相は、杭州に行って受戒する。江辺で、桂枝が化身した白螺を拾う。家に持って帰り、三官堂にあげておいたところ、金奴に刺殺され、遺骸は、花園に埋められた。傅相が受戒して帰宅したのち、二人の仙人が顕れ、その教えで、劉氏が、後ろの花園から、羅卜一個を掘り出し切り開いて、食べると、劉氏は懐妊し、羅卜を生む。これは、桂枝が投胎したものである。

この四川本で、傅家の話とは、元来、無関係の王魁と桂英の話をもちこむのも、陽界と冥界とがつながっていることを示す意図があり、伏線の一つと言うことができる。

二　比較

傅家前伝の内容には、諸本の間にかなりの異同がある、これを表示する（表50）。

表50（前目連）傅家前世伝

行	郷村系		市場系	
	莆田傅天斗本＃004	新昌調腔本＃213	高腔祁劇目連外伝＃411	四川高腔連台本前目連本＃414
	第一本			第一本
	1武帝首出			1有花有酒
	2菩薩出台			2傅崇求子
	3侯景造乱			3陶潜刀非（傅崇的叔父）
5	4武帝出兵			4進府見姐
	5別妻解糧			5仏遣桂枝
	6達摩度帝（武帝逝世）			6落店占榜
	7軍民飢餓			7善士起香
	8発兵掃妖			8両路合香
10	9聞訃奔喪（葬送武帝）			9講経受戒
	10毒蛇変化（夷狄興兵）			10斎房試道
				11阻擋鉄船
				12白氏挖心
				13見仏辦非
15				14訓子済貧
	11得賄含冤（李倫当権）			15陶潜刀非（陶潜当権）
	12錯審抵償			
	13雷阻典刑			

20　25　30　35　40　45

第二本
1李氏帰天
2訃聞丁憂
3回家発喪
4銀米施借（榨取貧民）
5算糊掲帖
6教訓児子（銀哥金哥）
（雷打銀哥金哥）
7土地送子（傳相出生）
8貴子失火

16貧民借貸（榨取貧民）
17大斗小称
18奏帝降星
19天降梟煞（銀哥金哥）
20書房撲身
21相約鬧院
22聚娼聚賭
23鬧府拷打
24拆毀橋樑
25火焚斗称
26天収梟煞
27雷打金哥銀哥
第二本
1一品富貴
2何公訓子
3陶〔姚〕氏憶子
4化目化財
5墳頭驚母
6二仙点化
7金盆現形
8何公昇天
9仏遺白象
10生子賀喜（傳象〔相〕出生）
11夫妻窖金

50　55　60　65　70　75

9賀喜結姻
第三本
1売身葬父
2臨嫁訓女
3成婚考試
6点化傅相（僧贈羅蔔）

1迎仏降祥
2傅相玩賞
3化暴収魔
4掃墳報凶
5雇請脚夫
6兄弟分別
7夫妻登途
8長亭施銀
9遣虎傷夫
10叔侄相会
11鄰友恭賀
12過継生非
13按院起馬
14霹靂写状
15公堂誣告
16迎接按院

12美中不足
13人為財死
14鳥為食亡
15両賊下山
16進府搶掠
17白馬駄金
18十殿転輪
19別家赴試
20長亭盟誓
21金榜題名
22相府招贅
第三本
1黄菊醸酒
2劉公訓女
3訓子遺媒
4韓興刀非
5王魁
6拆書逼嫁
7私出蘭房
8陽告海神
9陰告閻君
10書房活捉
11鬼門点炮
12判断転輪
13花燭洞房
14問病帰陰
15兄弟分居
16遷徙王舎
17拐帯私逃

	段1	段2	段3	段4
				18柳林吊打
80				19岩崩虎咬
				20紅蛇攔路
				21三官救苦
				22修造経堂
				23孔礼問病
85				24金奴投府
				25売身進府
	7誣告蔵宝（劉賈誣告）		17捉拿傅相	第四本
	8受禁助餉		18対審発配	1春花酌酒
	9報信喪母		19夫妻分別	2別家貿易
90			20回軍訴苦	3陶潜生刀
			21朝陽施金	4攔路喊冤
			22到衙投文	5帰家招厄
	第四本		23金毛操演	6当堂披軍
	1解銀赴京		24聞報大戦	7長亭趕夫
95	2助餉放赦		25顕聖擒寇	8宿廟施金
	3見帝取徳		26托夢祥夢	9投文点名
	4宿安平県		27傅林見嫂	10兵患朝陽
	5利象回家	（起傷）	28朝陽補金	11敗兵進城
	6接詔平蠻	1放星宿	29兄弟相会	12軍犯守城
100	7助剣退兵	2逼租	30受職交拝	13真武顕聖
	8世尊降旨	3交租	31兄弟分別	14査名升官
	9老僧点化（贈送蘿蔔）	4別利	32朝陽言戒	15望兄補金
	10衆鬼回天	5茶場	33帰家言情	16托官回家
		6訴父	34王氏別夫	17三貶桂枝
105		7焚斗称	35大設戒堂	18別家受戒
		8撇銀	36仏貶桂枝	19送螺回家
		9奏善		20経常刺螺
		10放飛金		21花園埋螺

110 115 120
（羅卜出生）
11降星 12閙龍船 13掛子 14下凡 15怨子 16下降 17試道 18投生 19欽賜 20封職 21焚香 22回府
（羅卜出生）
22善土受戒 23三座講経 24斎房試道 25主僕帰家 26二仙指点 27三災八難 28羅卜成胎 29生子賀喜（羅卜出生）

以上のうち、四川高腔連台本が最も詳細であるが、傅崇と傅林の兄弟を軸とする構成は、湖南の外伝本を継承している。ただ、傅相が劉氏と結婚する場面などは、福建の傅天斗を継承している、と見られる。四川本の場合、この結婚の場面で、劉氏出嫁の場は、特に派手に演じられている。以下、その上演場面を示す(2)。

(1)劉氏は正装して出嫁に供える（写真397）。
(2)家人の礼を受ける（写真398）。
(3)花轎の到着を待つ（写真399）。
(4)弟の劉賈に背負われて花轎に乗る（写真400）。
(5)婚家に到着する（写真401）。
(6)婚家での婚礼、父母の前で祖先の位牌に拝礼する（写真402）。

以上の演出は、非常に派手で、贅を凝らしたものであり、この土地の富裕商人が財力を投入して俳優に演じさせた

写真 397　劉氏出嫁Ⅰ（綿陽）
劉氏（中），伴女（左右）

写真 398　劉氏出嫁Ⅱ（綿陽）
喜娘（左），劉氏（右）

写真 399　劉氏出嫁Ⅲ（綿陽）
伴女三人（前），劉氏（奥）

写真 401　劉氏出嫁Ⅴ（綿陽）
劉氏（中）

写真 400　劉氏出嫁Ⅳ（綿陽）
劉氏（左），劉賈（右）

写真 402　劉氏出嫁Ⅵ（綿陽）
羅卜（左），劉氏（右）

ものであろう。他の地区の目連戯において、これほどの華美な演出が行われたか否か、おそらく太平の世が続いた清代盛世の産物と言えるものではないか、と思われる。

第二節　梁武帝伝

目連戯に梁武帝伝が併演されるのは、徽州に多い。たとえば、栗木班目連戯、馬山班目連戯、長標目連班、韶坑目連班、など、また江西でも、貴渓目連戯、九江青陽目連戯、弋陽目連戯など、いずれも梁武帝伝を演じる。目連戯に梁武帝伝を配するのは、郗皇后が二妃、及び宮女五〇〇人を殺した罪で地獄に落ち、閻王に蛇に変身させられて苦しむ場面が、目連戯の劉氏が狗に変身させられる話の伏線としての意味をもつことに拠るものである。また孤魂超度の道教科儀として、『梁王皇懺』が伝わっていることも、水陸道場において、梁武帝と郗皇后が祀られる根拠になっている。目連戯に梁武帝が配置されるのは、このような背景に基づく必然的な結果であろう。

梁武帝伝について、最も詳細な四川高腔連台本の梗概は、次のとおりである。[3]

一　梗概

第一本　午台

1荷花満地、2北魏興師、3聞報奏朝、4金殿掛帥、5皇宮別母、6出師対敵、7二美接殺、8土坑現龍、9臨陣許親、10回音告父、11過営請降

北魏、兵を起こして斉を犯す。斉帝、蕭衍に命じて兵を率いて敵を防がせた。両軍、対陣の間、北魏の丁、苗の二女は、蕭衍の英武俊秀の姿を見て、ひそかに歓心を生じる。また、土坑の中に龍の形が顕れているのを見て、蕭衍がいずれ皇帝になると知り、陣前で結婚を約する。それぞれ、陣営に帰り、父親を説得して、斉に降る。

第一本　中台

12起兵回朝、13二美別父、14長亭迎接、15金殿封官、16二妃完配、17回宮見母、18使女刀非、19郗氏吃醋、20葛老評醋

蕭衍は、勝利を得て、二女を連れて帰朝し、帝の期待に応えた。斉帝は、大いに喜び、官を与え、爵位を進め、丁、苗二人を蕭衍の配として賜った。蕭衍の正配、郗氏は、侍女に教唆されて、嫉妬にかられ、二妃に対して激しい嫉妬と恨みをいだく。

第二本　午台

1梅占花魁、2昇堂聞報、3二反台城、4金殿奏聖、5武帝回宮、6属宮別妃、7御駕親征、8刀斗定計、9拝寿生非、10箭射二妃、11馬踏如泥

叛軍の将、侯成は、兵を率いて梁に反旗を翻す。すでに即位していた梁武帝、蕭衍は、自ら兵を率いて征討した。出兵に際し、宮殿内の大事は、郗氏に付託した。郗氏は、誕生祝に訪ねてきた二妃を狡猾な策によって捕え、箭で射殺させた上、死骸を馬で踏みにじらせて、泥濘のようにした。

第二本　中台

12二妃鳴冤、13台城驚夢、14托令回朝、15武帝罵郗、16回営訓兵、17活捉郗氏、18五殿対非、19打変赤蛇、20郗氏訴苦、21午門啓教、22超度懸旛

二妃の霊魂は、台城に至り、梁武帝の夢枕に立って、冤みを鳴らした。蕭衍は、夢から覚めたのち、三軍を率いて帰還した。二妃が果たして殺されていたことを知った武帝は、怒って郗氏を罵る。間もなく、閻羅王が夜叉や鬼使いを派遣してきて、郗氏を逮捕し、冥界に連行する。閻羅王は、郗氏を二妃と対質させた上、赤蛇に変身させる。郗氏によって口封じに殺された五〇〇名の官女が虫になって蛇の体に食いつき、日夜、嚙みつき続ける。

郗氏は、苦痛に耐えず、梁武帝の夢枕に立って、救いを求める。武帝は、僧侶たちを集め、空中に長い幡を高く掲げて、郗氏と官女たちの亡魂を招きよせ、懺を読んで超度し、天界に救出する。

第三本　午台

1春日佳景、2三反台城、3聞報奏朝、4志公阻佳、5起兵大戦、6大降挑軍、7軍師下山、8背宝投営、9請令出陣、10祭宝収降、11武帝哭師、12修詔請糧

侯成の子、侯景は、兵を率いて、三たび台城を犯す。梁武帝は、再度、親征して討伐する。国師、志公長老は、親征を止めるように忠告するが、武帝は聴かずに出兵する。侯景は、高明な神仙に助勢を頼み、武帝の雲台四将をすべて打ち倒す。梁は大敗し、武帝は台城に囲まれて、籠城するが、兵糧が尽きる。武帝は、書を都に送って兵糧の補給を請う。

第三本　中台

13群臣議事、14別府押糧、15発兵救援、16兵進台城、17封鎖経楼、18天斗隠糧、19餓死台城、20武帝昇天、21救駕来遅、22回朝登殿、23大設朝政

朝廷は書を受けとり、急遽、傅天斗に兵糧を運ばせる。同時に兵を発して囲みを解こうとする。その時、侯景は、すでに台城を落としていた。武帝は、蔵経楼に閉じ込められ、最後は餓死する。傅天斗は、兵糧運搬の途上、武帝がすでに死んだことを聞き、兵糧を自分の故郷に運び、私物にした。武帝の義子、陳覇先が位を継ぎ、登基する。

二　比較

梁武帝伝の内容についての、諸本の間に異同がある。今、湖南辰河腔本と四川高腔本を比較してみる。次表のとおりである（表51）。

表51 市場系梁武帝伝齣目対照表

行	辰河腔本#413	四川高腔本#414
1	第一本	第一本
2	1 夫妻玩賞	1 荷花満地
3		2 北魏興師
4		3 聞報奏朝
5		4 金殿掛帥
6		5 皇宮別母
7		6 出師対敵
8		7 二美接殺
9		8 土坑現龍
10		9 臨陣許親
11		10 回音告父
12		11 過営請降
13		12 起兵回朝
14		13 二美別父
15		14 長亭迎接
16		15 金殿封官
17	2 游園収妃	16 二妃完配
18	3 金殿議事	17 回宮見母
19	4 別宮聞病	18 使女刀非
20	5 探病離宮	19 郗氏吃醋
21	6 校場点兵	20 葛老評醋
22	7 聞報会陣	
23		第二本
24	8 仙山問師	1 梅占花魁
25	9 同観錦嚢	2 昇堂聞報
26	10 巡更拾箭	3 二反台城
27	11 李憲帰順	4 金殿奏聖
28		5 武帝回宮
29		6 嘱宮別妃
30		7 御駕親征
31	12 皇后慶寿	8 刀斗定計
32	13 拝寿受辱	9 拝寿生非
33	14 弾打花心	10 箭射二妃
34		11 馬踏如泥
35		12 二妃鳴冤
36		13 台城驚夢
37		14 托令回朝
38		15 武帝罵郗
39		16 回営訓兵
40		17 活捉郗氏
41	15 五殿鳴冤	18 五殿対非
42		19 打変赤蛇
43	第二本	
44	1 太子問安	
45	2 鉄囲上任	
46	3 変相拿郗	
47	4 拷郗遇救	
48	5 問病帰陰	
49	6 拷鬼議罪	
50	7 太子修書	
51	8 班師回朝	
52	9 武帝回宮	
53	10 郗氏托夢	20 郗氏訴苦
54	11 請師薦斎	21 午門啓教
55	12 追薦超度	22 超度懸旛
56	13 達摩下凡	
57		第三本
58	14 金殿問道	1 春日佳景
59		2 三反台城
60	第三本	
61	1 李憲接旨	3 聞報奏朝
62	2 金殿議事	4 志公阻駕
63	3 描画図相	5 起兵大戦
64	4 衆臣交図	6 大降挑軍
65	5 托印別宮	7 軍師下山
66	6 長亭餞行	8 背宝投営
67	7 披剃受戒	9 請令出陣
68	8 問病帰陰	10 祭宝収降
69	9 太子修書	11 武帝哭師
70	10 校場操兵	12 修詔請糧
71		13 群臣議事
72		14 別府押糧
73		15 発兵救援
74	11 兵発台城	16 兵進台城
75	12 掃堂念経	17 封鎖経楼
76		18 天斗隠糧
77		19 餓死台城
78	13 迎善升天	20 武帝升天
79		21 救駕来遅
80		22 回朝登殿
81		23 大設朝政
82	14 見仏団円	

湖南本では、郗氏に殺される妃は、苗妃一人であるのに対し、四川本では丁妃、苗妃の二人になっている。四川本が増補していると見られる。以下、湖南本『梁武帝伝』の上演写真を示す。

(1)〔遊園収妃〕武帝、花園にて苗氏を見初めて、妃とする（写真403）。

(2)〔弾打花心〕武帝の留守中、苗妃、嫉妬に狂った郗氏に弓箭で射殺される（写真404）。

(3)〔変相拿郗〕苗妃の亡魂の訴えを受けて閻君が郗氏を拘引する（写真405）。

(4)〔郗氏托夢〕郗氏、武帝の夢枕に立ち、救いを求める(4)（写真406）。

この湖南本の演出は、極めて写実的である。服飾も華美であり、郷村の素朴な目連戯のものではなく、市場地、もしくは劇場の演劇に近い。一九八九年にユネスコの援助で上演したもので、辰河地区の六つの戯班が連合して「六合班」を結成し、俳優を総動員して演じたものであるから、通常よりは華美になっている、と思われる。

第三節　観音出身伝

徽州長標目連戯（#115）や湖南目連戯（#413）や四川目連戯（#414）では、本伝の前に観音出身伝（紫竹林）を配する。福建莆田目連（#002）でも本伝の後に観音の故事を演じる。目連戯に観音伝を配するのは、妙善が父庄王に殺された後、地獄に降り、閻王に訴える場面、庄王に焼き殺された白雀寺の尼僧五〇〇人が地獄に降り、閻王に訴える場面、前非を悔いた庄王が香山で水陸道場を挙行して亡魂を超度する場面などが、いずれも目連戯の地獄場面と盂蘭盆会の場面の伏線としての意味をもつことによるものである。

観音出身伝についての四川高腔連台本の齣目と梗概は、次のとおりである。(5)

写真 403　梁武帝伝Ⅰ（懐化）〔芸術館撮影〕
郗后（左），苗妃（中），武帝（右）

写真 404　梁武帝伝Ⅱ（懐化）〔芸術館撮影〕
郗后（左），苗妃（右）

写真 405　梁武帝伝Ⅲ（懐化）〔芸術館撮影〕
郗后・鬼卒（左），志公（右）

写真 406　梁武帝伝Ⅳ（懐化）〔芸術館撮影〕
郗后（左），武帝（右）

一　梗概

第一本　午台

1花発上林、2莊王求嗣、3仏降慈航、4金殿賀喜、5北海興師、6河東選才、7趙風赴試、8長亭講書、9考取三元、10金殿掛帥、11較場点兵、12追海現群、13母女遊園、14花園盟誓、15金殿招贅

妙庄王、嗣子を求める。仏は、法明王などの諸仙人を投胎させ、真淵など三姉妹が生まれる。三人の公主が成人すると、妙庄王は、科挙によって才子を択び、上位三名に職を授け、三人の公主に娶せる。長女、次女は、これを受け入れたが、三女の真淵だけは、母から十月懐胎の苦労を聞き、結婚を拒み、出家修行して、母の養育の恩に報いたい、と切望する。

第一本　中台

16老龍勧善、17冷宮伝経、18鳳楼勧善、19貶白陽春、20顛倒陽春、21貶上白雀、22文武送駕、23拝上白雀、24仏堂拝師、25掃切南殿

土地公が化身して、真淵に経典と上香の法を伝授する。真淵は、仏道への志を固め、二人の姉の結婚の勧めにも拒絶の返事をする。妙庄王は、怒り、真淵を百花亭に追いやり、一夜のうちに百花を一斉に開かせなければ、出家を許さない、という難題を伝える。真淵は、神の助けを得て、季節を春に転倒させ、時節はずれに百花を開花させる。庄王は、やむなく真淵を白雀寺に追放する。真淵は、受戒し、法名を、妙善と名乗る。

第二本　午台

1御園玩賞、2覚全勧善、3搬柴汲水、4斎公趕会、5五鬼造斎、6設松皇会、7造泉造廠、8午門起駕、9霊山見父、10火焼白雀、11雲陽三絞、12偸鶏調情、13送父送母、14奏帝遺雷

庄王は、さらに指示を妙善に伝え、一晩のうちに五〇〇の斎供を整え、園林に清泉を配した造園を行うように

命じる。妙善は、神の助けを得て、期限内にこれを完成する。庄王は、さらに怒り、白雀寺を焼き払うように命じる。このため、五〇〇人の尼が焼死する。王はさらに妙善を市の刑場に引き出し、絞首刑に処する。

第二本　中台

15報信上墳、16虎咬曹氏、17王氏勧夫、18査考善悪、19属子帰陰、20一殿掛号、21二殿渡生、22血河超度、23騙哄判官、24五殿対証、25千層鬼皮、26尸陀還陽

妙善の亡魂は、地獄に降り、第五殿に至って、閻羅王に子細を訴える。閻羅王は、妙善を陽界に戻す。

第三本　午台

1満地荷花、2桂枝戯善、3脱化飛身、4連台訴苦、5連台合尸、6善収悪才、7善化龍女、8飛戦善陀、9群匪下山、10善収諸天

妙善は、陽界に戻ってから、山に行って柴を拾う。桂枝羅漢が化身して誘惑し、道心を試すが動じない。のち、善才、龍女の二人を侍者とし、五顕華光を部下にする。

第三本　中台

11五殿鳴冤、12月台種□、13回宮招医、14変化翻身、15参府選糸、16金殿求引、17善捨手眼、18冷宮煉薬、19長旛宝蓋、19長旛宝蓋、20香山還願、21火坑飛升、22登蓮了願

白雀寺で焼き殺された五〇〇人の尼僧が第五殿の閻羅王に不服を申し立てる。閻羅王は、妙庄王の体に腫瘍を造る。王は、日夜、苦しみ、榜（おふれ）を出して名医を募る。妙善は化身して、榜を掲げて宮殿に入り、自らの手眼を切って父の薬とし、さらに丹を練って父の病を治す。庄王は、病が癒えてのち、一家をあげて妙善の住む香山に行き、願ほどきをする。妙善、及び二人の姉は、職を授与され、それぞれ、観音、文殊、普賢となる。

二　比較

次に、湖南本と四川本を比較してみる（表52）。

表52　前目連香山齣目対照表

行	市場系	
	辰河腔連台本#413	四川高腔連台本#414
1	第一本	第一本
2		1花発上林
3		2荘王求嗣
4		3仏降慈航
5		4金殿賀喜
6		5北海興師
7	1朝廷科選	6河東選才
8		7趙風赴試
9		8長亭講書
10		9考取三元
11		10金殿掛帥
12		11較場点兵
13		12追海現群
14		13母女遊園
15	2遊園立誓	14花園盟誓
16	3鴛貞拒婚	15金殿招贅
17		16老龍勧善
18	4土地伝経	17冷宮伝経
19		18鳳楼勧善
20		19貶白陽春
21	5百花開放	20顛倒陽春
22	6鴛貞別宮	21貶上白雀
23		22文武送駕
24	7白雀剃度	23拝上白雀
25		24仏堂拝師
26	8観音掃殿	25掃切南殿
27		第二本
28		1御園玩賞
29		2覚全勧善
30		3搬柴汲水
31		4斎公趕会
32		5五鬼造斎
33		6設松皇会
34	9帰天属托	
35	10斎宮投庵	
36	11何鳳出朝	
37	12難旨到庵	
38	13造亭造井	7造泉造廠
39	14神霊相助	
40		8午門起駕
41	15賞斎生非	9霊山見父
42	16霹靂発兵	
43	17火焚白雀	10火焼白雀
44	第二本	
45	1定計破斎	
46	2鳳楼排宴	
47	3雲阻〔陽〕三級〔絞〕	11雲陽三絞

	上段	中段	下段
	4竹林見師		
	5採芹脱化		
50	6見仏受封		
	7占領香山		
		12偸鶏調情	
		13送父送母	
		14奏帝遣雷	
55		15報信上墳	
		16虎咬曹氏	
		17王氏勧夫	
		18査考善悪	
		19属子帰陰	
60		20一殿掛号	
		21二殿渡生	
		22血河超度	
		23騙哄判官	
		24五殿対経	
65		25千層鬼皮	
		26尸陀還陽	
		第三本	
		1満地荷花	

	上段	中段	下段
		2桂枝戯善	
70		3脱化飛身	
		4連台訴苦	
		5連台合尸	
		6善収悪才	
		7善化龍女	
75		8飛戦善陀	
		9群匪下山	
		10善収諸天	
	8五殿鳴冤	11五殿鳴冤	
	9冤冤相報	12月台種菠	
80		13回宮詔医	
	10観音掛袍	14変化翻身	
		15参府懸糸	
		16金殿求引	
	11取神手眼	17善捨手眼	
	12金殿問道	18冷宮煉薬	
85		19長旛宝蓋	
	13香山酬願	20香山還願	
		21火坑飛升	
		22登蓮了願	

四川本が湖南本を増補していることがわかる。ここでは、湖南本『観音出身伝』（香山）の上演を示す。

(1)〔鴛貞別宮〕荘王の第三女、鴛貞は、出家を願い、宮殿を離れる。母后、姉と別れを惜しむ（写真407）。

(2)〔観音掃殿〕妙善は、伽藍殿を清掃に行く。徹夜で灯火を守る。困睡するうちに風が吹いてきて灯が消える。その都度、判官の配下の鬼たちが、点灯してくれる。眠りから覚めた妙善は、仏の保護に感謝する（写真408）。

写真 407　観音出身伝Ⅰ（懐化）〔芸術館撮影〕
姉二人（左），母后（中），妙善（右）

写真 408　観音出身伝Ⅱ（懐化）〔芸術館撮影〕
左から鬼判，妙善，珈藍，鬼卒

写真 409　観音出身伝Ⅲ（懐化）〔芸術館撮影〕
妙善（左），妙荘王（右）

写真 410　観音出身伝Ⅳ（懐化）〔芸術館撮影〕
妙善（左），胡霹靂（右）

(3)〔難旨到庵〕荘王、出家して尼庵にいる三女の妙善を尋ねる。難題を課す(写真409)。
(4)〔火焼白雀〕妙善は白雀寺で修行する。荘王は武将胡霹靂を派遣して、白雀寺を焼くが、妙善は仏祖の法力により、難を免れる(6)(写真410)。

この演出も、上述の梁武帝伝の演出の場合と同じく、辰河地区の六つの戯班が連合した「六合班」によるもの。華美な服飾と写実的な演出で、劇場演劇に近い。

第四節　西遊記(唐太宗遊地府)

目連本伝の前後に西遊記を配するのは、徽州、江西の目連戯に多い。目連戯に合わせて、この西遊記を上演する意味は、唐の太宗が地獄めぐりをする場面(表53第七二行「遊地府」)が目連の地獄めぐりの伏線になっていること、太宗が地獄で多数の政敵を殺したことをとがめられ、三蔵法師に水陸道場を挙行させて亡魂を超度したことが目連の盂蘭盆会の伏線になっていること、三蔵法師を西天に派遣したことが目連の挑経挑母の伏線になっていること、などによるものである。四川本は、陳光蕊の話から説き起こしている。これは、他のテキストにはない点であり、団円でも超度の場面に陳光蕊を登場させ、父子、母子の大団円を演出している。これも盂蘭盆会における目連と父母、婚約者との団円の伏線と言える。

西遊記の四川高腔連台本の齣目と梗概は、次のとおりである(7)。

一　梗概

第一本　午台

1白雪陽春、2遊玩涌水、3奏帝貶鱉、4問病買魚、5江辺放魚、6得職出任、7別母上任、8誤上賊船、9殺

舟上任、10産子修書、11張善遭険、12乱棒逐戸、13当風教徒

陳光蕊は、魚を買って江に放つ。状元に及第して、一家、洪州に赴任する。途中、誤って水賊の船に乗る。水賊、劉洪は、陳を江に落とし、妻の殷満堂を奪い、陳の名をかたって、洪州に赴任する。殷は、間もなく一子を生み、箱の中に入れて江中に流す。金山寺の和尚に拾い上げられ、江流と名づけられて、育てられる。

第一本　中台

14拷打江流、15哭倒山門、16辞師下山、17過江募化、18募化善縁、19普化洪州、20二堂見親、21回寺交簿、22母子相逢、23長安下書、24活捉劉洪、25江辺祭奠

一八年後、江流は、兄弟子の酷使に耐えきれなくなり、寺を去って洪州に至り、托鉢する。官府で殷満堂に会い、殷は、江流をわが子と認める。翌日、殷は、寺参りに行き、ここで母子は再会する。江流は、長安に投書し、官は兵を送って劉洪を殺し、江辺にて陳を祀る。陳は、かつて魚を放って命を救ったおかげで、水に落ちた時、魚に救われて、助かっていた。劉洪処刑のあと、妻と再会して団円を得る。

第二本　午台

1鳥語花香、2百姓告干、3長安問卜、4釣魚生非、5卜魚打賭、6顛倒雨点、7進宮求救、8囲棋斬龍、9劉全別家、10仮僧仮道、11当釵拷打、12五鬼上路、13李氏上吊、14雷霆顕報

涇河の老龍は、雨を降らす仕方を間違えて、無数の百姓を溺れ死にさせたため、玉帝は、斬刑の判決を下し、三台星、魏徴に命じて刑を執行させる。老龍は、唐王李世民の夢枕に立ち、執行の日に、魏徴を引きとめておいてくれるように頼む。唐王は、応諾しながら、実行できなかった。老龍は、斬られたのち、その亡魂が唐王につきまとい、命で償うよう要求する。均州の人、劉全は、家を離れて、商売に出る。詐欺師が僧侶道士にばけて、劉家を訪れ、妻耿氏に喜捨を求め、妻は、釵を与える。詐欺師はこれを劉全の店に質入れする。劉は妻の不貞を

疑って責める。耿氏は吊死する。

第二本　中台

15五殿鳴冤、16崔判迎駕、17鍾馗送妹、18還陽卦榜、19上墳得瓜、20劉全進瓜、21借尸還魂、22金殿完婚、23蘭英思兄、24鍾馗送妹妹、25栄帰完婚

耿氏、龍王の亡魂は、五殿に至り、不平を鳴らす。唐王の亡魂もまたその地獄に拘引され、無数の冤魂から、つぐないを要求される。南山の鍾馗は、妖怪に顔を毀されて、醜い容貌になったため、せっかく科挙に及第しながら、状元の位を剝奪された。憤りのあまり、自害したが、陰司では、唐王を救う。唐王と龍王は、五殿で対質し、唐王の非が明白になる。唐王は、陽界にもどってから、おふれを出して、西方に行き、経典を取ってきて、孤魂を超度する僧を募る。また、鍾馗を伏魔大帝に封ずる。劉全は、耿氏を死に追いやったことを後悔する。ある日、墓参りに行って瓜を得る。地獄には、南瓜がないと聞き、妻に会うために、死んで瓜を閻王に届ける。閻王は、劉全夫婦を陽界に戻すことにし、耿氏を唐王の御妹の体を借りて生き返らせる。唐王は、妹の嫁入り道具をすべて劉全に与え、二人は金殿で結婚する。

第三本　午台

1春花富貴、2入朝収榜、3進府参相、4金殿受封、5長幡宝蓋、6沙橋餞別、7登程迷途、8唐僧問路、9辞別登程

江流僧は、唐王のお墨付きをかかげ、西方の仏国に経典を求めて長途の旅に出る。唐王は、姓を賜い、御弟（唐僧と称す）とする。唐王自ら、尉遅恭、及び文武の群臣を率いて、沙橋に至り、餞別の宴会を開く。唐僧は、旅の途中で、道に迷うが、一人の回民が道案内をしてくれて、旅を続ける。

第三本　中台—『回回指路』

10過五行山、11指点収徒、12師徒走山、13主僕遊園、14変化調情、15投荘問病、16悟空変化、17鬥法大戦、18収豬八戒、19観音点化、20過爛沙河、21収沙悟浄

唐僧は、五行山、高老荘などを越え、悟空、八戒、悟浄を護衛に迎えて進む。

第四本　午台

1鳥語花香、2師徒登程、3火焔迷途、4遣徒盗扇、5牛王別洞、6拝洞求扇、7三扇見師、8賜避鳳珠、9得吹火扇、10吹火受災、11変化罵牛、12菩提借扇、13過火焔山、14吃人参果、15金亀渡江

唐僧師弟は、牛魔王、鉄扇公主と闘い、火焔山を過ぎる。

第四本　中台

16借設雷音、17如来賜経、18渡江落水、19木魚呑経、20観音救苦、21指点回朝、22金殿見聖、23君王伝詔、24午門超度

唐僧らは、仏祖に会って経典を入手する。帰国途中、通天河を通る時、渡河の最中に水に落ち、経典が木魚に呑みこまれる。幸い、観音の助けを得て、取り戻す。唐僧らは、都に戻って唐王に拝謁する。唐王は、命を下し、午門において、盛大な法会を開き、幽冥の孽鬼を超度する。

二　比較

前目連としての西遊記の内容には、諸本の間に精粗繁簡の異同が目立つ。今、諸本の出目を比較して示す（表53）。

表53 前目連西遊記齣目対照表

行	郷村系 徽州栗木本#112	郷村系 徽州馬山本#111	郷村系 徽州長標本#115	郷村系 徽州韶坑本#113	市場系 泉州傀儡本#005	市場系 四川連台本#412
						第一本
1						白雪陽春
2						遊玩涌水
3						奏帝貶鷲
4						問病買魚
5						江辺放魚
6						得職出任
7						別母上任
8						誤上賊船
9						殺舟上任
10						産子修書
11						張善遭険
12						乱棒逐尸
13						当風教徒
14						拷打江流
15						哭倒山門
16						辞師下山
17						過江募化
18						募化善縁
19						普化洪州
20						二堂見親
21						回寺交簿
22						母子相逢
23						長安下書
24						活捉劉洪
25		報台				江辺祭奠

			30					35					40					45					50					55	
		報台	1上寿			2龍宮		3打漁			4起数	5起奏玉皇	6打賭			7接旨		8行雨			9托宝求生		10五殿訴冤	11得陰書陽書	12天地人三曹	13魏徴上殿		14下棋斬龍	
2坐台			1上寿			2登殿		3打漁	4賭賽	5啓奏				6回宮	7看水					8献榜	9求救	10登殿	11五殿						
観音坐台		報場	1唐僧慶寿					2打漁賭賽							3田中看水													4脱夢斬龍	
龍王上寿			1唐僧					2打魚		3上奏城隍	4問数			5回宮	6看田水		7指引										8看下棋	9斬龍	10告状
	『遊地府』		1慶昇平	2化金簪	3漁樵会	4亀相奏	5城隍奏	6裁菜									7議計	8落雨	9焼卦書									10斬龍王	11龍王嘆
	第二本	1鳥語花香	2百姓告干	3長安問卜	4釣魚生非								5卜魚打賭					6顛倒雨点			7進宮求救							8囲棋斬龍	9劉全別家

85	80	75	70	65	60
	20 水陸大会	19 三殿	**18 唐王遊地府** 17 三王会審	16 修書 15 唐王得病	
	15 超度	14 三殿	**13 二殿** 12 並審		
			9 游枉死城 8 三殿対審 7 四殿審案	6 三曹対審 5 告状改簿	
			16 枉死城 15 審爬灰 14 審矮子 13 三王対理	12 対理 11 改簿	
24 打鞦韆	23 凡皂引 22 城隍廟 21 拆皇榜 20 劉全嘆	19 還庫銀 18 回陽	**17 遊地府** 16 会審	15 改簿 14 入公館 13 陰司界	12 属国事
21 借尸還魂 20 劉全進瓜 19 上墳得瓜		18 還陽卦榜 17 鍾馗送妹	**16 崔判迎駕** 15 五殿鳴冤		14 雷霆顕報 13 李氏上吊 12 五鬼上路 11 当釵拷打 10 仮僧仮道

90	95	100	105	110	115

21 起程　22 餞別　23 猴王上寿　24 大鬧天宮　25 収猴王　26 賜金箍

16 起程　17 作餞　18 天宮　19 上奏　20 上寿　21 四将　22 逃走　23 渡阨　24 花果山　25 拐宝　26 追趕

10 観音下凡　11 超度龍王　12 唐僧餞別　13 猴王生日　14 収伏猴王　15 高府降神

17 教主下凡　18 超度　19 北餞　20 偸桃　21 王母上奏　22 慶賀　23 収猴　24 放火

25 大結局　『三蔵取経』　1 見仏祖　2 坐井猴　3 派数　4 収猴

22 金殿完婚　23 蘭英思兄　24 鍾馗送妹妹　25 栄帰完婚　第三本　1 春花富貴　2 入朝収榜　3 進府参相　4 金殿受封　5 長幡宝蓋　6 沙橋餞別　7 登程迷途　8 唐僧問路　9 辞別登程　10 過五行山　11 指点収徒　12 師徒走山　13 主僕遊園　14 変化調情　15 投荘問病　16 悟空変化

120　125　130　135　140　145

27収豬八戒　28収沙僧　29烏風洞　30火焔山

27拐扇

16投宿収豬　17収沙和尚　18収紅孩児　19過火焔山　20収老鼠精　21偸盗三宝

25投宿　26収沙蟲　27収老鼠　28収黒熊　29借鉄扇　30過火焔山　31追鉄扇　32紅孩児斬棍

5収馬　6収二郎　7収豬　8蜘蛛悶

17鬥法大戦　18収豬八戒　19観音点化　20過爛沙河　21収沙悟浄

第四本

1鳥語花香　2師徒登程　3火焔迷途　4遣徒盗扇　5牛王別洞　6拝洞求扇　7三扇見師　8賜避鳳珠　9得吹火扇　10吹火受災　11変化罵牛　12菩提借扇　13過火焔山　14吃人参果　15金亀渡江

170					165					160					155					150			
34 面父団円		33 回家超度						32 爛沙河失落経巻		31 取経													
	29 回家	28 超度																					
25 団円		24 水陸大会							23 通天河	22 見仏伝経													
37 陳光蕊見父母団円	36 回家	35 倣斎								34 西天取経	33 挿蓮												
23 封賜									22 降仏旨	21 見大仏		20 収八輪	19 八輪嘆	18 収赤面	17 討和尚	16 天宮会	15 隔柴渡	14 収大蛇	13 遇公孫	12 報仙閣	11 収三聖	10 報凶訊	9 収蜘蛛
		24 午門超度	23 君王伝詔	22 金殿見聖	21 指点回朝	20 観音救苦	19 木魚呑経	18 渡江落水		17 如来賜経	16 借設雷音												

この表を見ると、徽州系諸本と泉州本、四川本のすべてにおいて、西遊記の前座である「唐太宗遊地府」に重点が置かれている。徽州本系は、花果山以降、孫行者が悪魔と戦う場面、つまり西遊記の本体の部分に関しては、あまり丁寧には演じない。これは目連戯の地獄めぐりの伏線としては当然のことである。[8] ただし四川本は、すべて詳細に演

じている。ここにも四川の目連戯の背後にある富裕商人の財力の背景が反映している。

第五節　精忠伝

安徽の長標目連、郎渓目連、江西の東河戯目連、湖南の辰河腔目連、四川の高腔目連など、目連本伝の前に岳飛の精忠伝を演じる例がある。金軍の侵入に抗して勇戦しながら、和平派の秦檜に謀られて冤死した岳飛を鎮魂する劇であり、孤魂を超度することを目的とする目連戯の前座として演じるのにふさわしい演目である。岳飛の冤罪を閻魔に訴えた書生、胡迪が地獄めぐりをする話なども含まれており、目連戯の伏線としての機能も果たしている。

ここでは、最も詳しい四川連台本の齣目と梗概を示す。(9) 文中、括弧内に『説岳全伝』の該当回数を記す。

一　梗概

第一本　午台

1茂林春景、2百姓告干、3若水回朝、4岳和求子、5設朝諌本、6天師回朝、7船身斬龍、8康王改表、9火龍繞殿、10仏差天鵬、11天門打賭、12墨龍鬧江、13生子賀喜、14水淹湯陰、15蒼帝斬龍

宋代、徽宗朝、大日照りが続き、湯陰県の令、李若水が都に出て行き、上奏する。徽宗皇帝は、聖旨を下し、祈雨の祭祀を挙行させる。ところが、礼部が天界への上奏文を作る時、玉皇大帝を玉皇犬帝と書き誤ってしまう。玉皇は、激怒し、火龍を金国に下凡させ、兀朮（うじゅつ）（术）を動員して宋室を攪乱させる。また、文曲星を秦府に投胎させ、宋の社稷を台無しにさせる。この時、大鵬金翅鳥が仏祖の講経の座を騒がせた罪で、凡間に追放され、岳家に投胎した。岳和は嗣子を求めていたが、これにより岳飛を生む（第一回）。はからずも、この時、黄河の中の鉄背虬龍が大鵬に喙で突かれた仇を討とうとして洪水を起こし、湯陰県を水没させようとする。岳和は、妻と子

を花甕の中に入れ、流れに従って漂流させる。これが王員外に拾われ、難を免れる（第二回）。

第一本　中台

16大遼兵変、17龍牌当兵、18草地揚兵、19平服大遼、20封王題詩、21到反黄天、22別院投軍、23進営受令、24大戦擒王、25三叩轅門、26回国議帥、27挙龍掛帥

劇名は、『反大遼』、劇情未詳。

第二本　午台

1春光酌酒、2群臣会議、3金国興師、4冰凍黄河、5万府投降、6打潞安州、7聞報定計、8四門遭険、9両狼搬兵、10回書哄城、11水聞接須、12敗兵尽忠

金国四太子、兀朮、兵を率いて大挙して宋を侵略し、潞安州を包囲する（第一五回）。宋の守将、陸登は、死守して拮抗するが、衆寡、適せず、援軍も来らず、城はついに陥落し、陸登夫婦は二人とも国に殉ずる。兀朮は、その子、陸文龍を手元に置いて育てる（第一六回）。

第二本　中台

13姚母教子、14沙盤教子

岳飛は、七歳になり、母姚氏は、書を教えるが、家貧しく、河原に行き、柳の枝を折って砂に書き、字の読み書きを教える（第三回）。

15兵打両狼、16夫婦出征、17炮掃両狼、18馬前分別、19敗兵逃走、20兵敗黄河、21忠良接駕、22故友重逢

金兀朮は、潞安州を破ったのち、長軀して侵入し、両狼関に兵を進める。守将、韓世忠は、出陣したが利あらず、敗走する。その妻、梁紅玉は、こっそり火砲を仕掛けて兀朮をおびき寄せるが、惜しいことに誤って砲を炸裂させ、却って関門を炸裂してしまう。両狼関は、かくして失陥する（第一七回）。

第三本　午台

1梅開嶺上、2李春上任、3鬧館毆師、4周侗訪友、5文武調教、6見文誇才、7過継螟蛉、8見山求地、9瀝泉得槍、10改衣赴試、11許親賜馬、12墜馬得病、13問病帰陰

岳飛、童年に達し、柴を探し草を拾って、家計を助ける。林冲の師、周侗に遇う。周は、岳飛を見て他日必ず国家を支える逸材になると見込み、自分の義子に迎える。周侗、岳飛は、瀝泉山に遊び、岳飛は、妖魔を捉えて、瀝泉槍を得る（第四回）。のち、県試に参加し、県官に才能をみとめられて、婿に迎えられ、馬を贈られる（第五回）。周侗は病に倒れて没し、岳飛は墓を守る（第六回）。

第三本　中台

14牛皐訪師、15弟兄上墳、16打槍結拝、17薦書赴試、18別母起程、19落店参衙、20洪先阻考、21槍挑洪先、22回書完配、23遷徙原業、24過野苗村、25火焚古廟

周侗を尋ねてきた牛皐と義兄弟の契りを結ぶ（第六回）。やがて、岳飛、牛皐、湯懐など五人は、相州に復試を受けに行く。劉都院の中軍、洪先は、岳飛らに賄賂を求め、提供した額が足りないと言って、受験を阻む。岳飛は、洪先と都院の府で腕比べをし、先は敗北して、職を失う。湯陰県知事、徐仁は、父祖伝来の土地を岳飛寄贈し、劉都院は銀を送って家を建てさせる（第七回）。岳飛は結婚して妻と共に原籍に返る。途中、洪先が強人を率いて襲うが、岳飛らに撃退される。洪先は、牛皐、張顕に殺される（第八回）。

第四本　午台

1春光明媚、2設朝還願、3報信現冊、4寿山敬香、5仮辦獅灯、6擄去三聖、7定計採桑、8馬上合歓、9若水趕駕、10黄河過渡、11青衣酌酒、12分戸尽忠

金人、汴京を包囲して攻める。宋帝欽宗は丞相張邦昌を派遣して和議の交渉をさせるが、張は却って、城を落

とす計を献じ、さらに欽宗、徽宗の二帝、及び九殿下の康王を捕虜とするよう、進言する。金は二帝及び康王を捕えて故国に凱旋する（第一八回）。吏部侍郎李若水は、二帝を汚辱した金の老狼主を罵り、身体をバラバラにされて死ぬ（第一九回）。

第四本　中台

13雀孝望主、14坐井観天、15送膳修詔、16君臣宮会、17拝寿打鳥、18乗馬逃走、19追趕黄河、20泥馬渡江、21鑽刀盟誓、22宿廟驚夢、23令官接駕、24金陵立帝

一八年前に北邦を陥した雁門関の総兵、崔孝は、連行される二帝の様子を探り、復国の血詔一封を携え、一計を案じて、康王に狩猟の機に乗じて脱出させる。金兀朮が兵を率いて急追するが、康王は、騎馬で黄河を渡り、逃げ切る（第二〇回）。群臣は、康王を擁立し金陵で即位させる。宋の高宗となる（第二一回）。

第五本　午台

1春為歳首、2蓋供回朝、3王善刀非、4群臣会議、5落店参府、6師父談兵、7見宮思忠、8酒論英雄、9較場聴書、10英雄聚会、11大設秋場、12槍扎梁王

岳飛、湯懐、牛皐など、汴京に到り、武試を受ける。小梁王柴桂は主考張邦昌と通謀し武状元を盗み取ろうとする。岳飛は、秋魁を勝ち取ろうとして、梁王柴桂に槍で挑戦してこれを斃す。張邦昌は、岳飛を斬ろうとするが、宗沢が阻む。岳飛たちは、汴京から逃げ出す（第一二回）。

第五本　中台

13金殿貶職、14府門辞行、15趕餞英雄、16墜馬得病、17店房養疾、18王善興兵、19大戦敗兵、20店房報信、21攔路救師、22黒地得功、23去職埋名

京都留守、宗沢は、岳飛を逃がした罪で、左遷される。太行山の山賊、王善は、兵を挙げて、汴京を攻める。

宋徽宗は、やむなく宗沢を復帰させて、これに当たらせる。牟駄崗で宗沢は、苦戦する。岳飛たちは、急を聞いて、助勢に駆けつけ、王善を真っ二つにし、山賊を撃退する（第一四回）。宗沢は都に凱旋するが、張邦昌などの奸臣に疎まれ、岳飛にはただの承信郎を授けるにとどまった。岳飛は、辞退して故郷に帰る（第一五回）。

第六本　午台

1陽春煙景、2兵侵黄河、3劃地断義、4王佐聘賢、5草堂刻字、6指日高升、7追過黄河、8収女見美、9金殿議事、10李綱薦将、11張保入営、12過国望主、13湯懐保駕、14箭穿賢臣

岳飛は、帰郷したのち、毎日、文武の修行に励み、志を養った。その年、疫病が流行し、また干害に見舞われた。牛皐たちは、いつも外出して、槍の稽古をし、岳飛が止めても聴かなかった。やむなく、槍で地に断紋を描き、義絶した（第二一回）。洞庭湖の通聖大王楊幺が王佐を使いによこし、岳飛を招いたが、岳飛は拒絶する。岳母は、岳飛の背に〝精忠報国〟の四字を刺青する（第二二回）。金兀朮は、兵を率いて、再び南下する。張邦昌は、玉璽を偽造して高宗に献上し、女中の荷香を養女にして、宮中に送り込む。高宗は、張邦昌を丞相に任命する。朝廷は、金との抗戦を議決し、李綱は岳飛を推挙する。高宗は、聖旨を発して、岳飛を都に呼び寄せ、副統制の職を授ける（第二四回）。

第六本　中台

15王横擺渡、16馬前馬後、17回朝受害、18李綱滾釘、19金殿辦非、20聚衆救兄、21代兵収賢、22保本就職

岳飛は、兵を率いて青龍山で金兵を破る。しかし、張邦昌は帝を欺いて偽詔を作り、岳飛を都に呼び寄せる。岳飛は、途中で、王横を部下に加えたが、入京すると、誣告される。李綱がこれを聞いて都に登り、諫言の上奏文を提出するが、張邦昌に謀られ、釘を付けた板の上に転がり落ちて、重傷を負う。太行山で山賊になっていた牛皐、施金らが岳飛の危機を聞いて、兵を起こして都に攻め込み、兄を救う。金殿において、岳飛は無実を訴え、

高宗は罪を許す。また張邦昌を庶民に落とす。岳飛、湯懐らは、みな官職を受け、部下を率いて出陣する（第二五回）。

第七本　午台

1五路伐宋、2金殿伝旨、3宮廷繍旗、4接旨起兵、5起楊面礼、6棋逢対敵、7岳雲湊陣、8営口斬子、9主僕請罪、10驚夢伝槍、11収将殺宋［金］

楊再興、九龍山に軍を結集、高宗は、あわてて引退して帰郷していた岳飛を召し出し出征させる。后妃、魏氏娘娘は、手ずから龍鳳旌旗一対を刺繍し、上に〝精忠報国〟の四字を刺繍して岳飛に賜った。岳飛は、兵を領して討伐に赴く。楊再興の武勇に惹かれ、部下にしようという魂胆で、一騎打ちを申し入れ、双方ともに加勢を禁じた。たまたま岳雲が兵糧を輸送して陣営に到着し、約束を知らずに岳飛に助勢した。岳飛は、軍営に戻り岳雲を斬ろうとしたが、諸将になだめられ、棍棒の罰に止める。岳雲に命じて楊再興の陣営に行き、棍棒の傷を見せて罪を謝せしめた。再興は、これに感激し、再度の一騎打ちを約する。再興は、岳飛の必殺技の手鐗を受けて落馬し、部下を率いて岳飛に投じ、金との抗戦に赴く（第四七―四八回）。

第七本　中台

12王氏造酒、13牛皋損壇、14逐出宋営、15仙山学道、16擺火牛陣、17得宝下山、18黒神取頭、19牛皋回営、20飛雲射道、21招親洞房、22拐帯投営、23水擒楊么

岳飛は、洞庭湖の楊么を討伐するが、火牛陣に阻まれる。幸い牛皋が鮑方老祖から法宝を借りてきてくれて、やっと陣を破ることができ、楊么を捕える（第二九―三〇回）。

第八本　午台

1一品富貴、2兵援牛頭、3聞報伝旨、4別府起兵、5大戦断糧、6牛皋請糧、7玄母賜鐘、8進府刀非、9打

虎結拝、10過山招親、11乱営斬子、12金殿押糧、13少将対鐘

宋の高宗は、牛頭山で金軍に包囲され、岳飛は兵を率いて金と激戦を展開する。岳飛の子、岳雲が応援に駆けつける。途中で関鈴と義兄弟となり、また鞏家荘で鞏致の娘と婚約する（第四一回）。牛頭山に到着すると、金国の完顔金弾子が牛皋、何元慶らの将を破ったところだった。岳飛は、停戦牌をかかげ、停戦を命じていたが、岳雲は、停戦牌を打ち砕いた。岳飛は斬刑に処しようとしたが、諸将のとりなしで斬を免れる。岳雲は、牛皋の助けを得て、金弾子を殺す（第四二回）。

第八本　中台

14営中断糧、15閔荘借糧、16康王游扎、17牛皋救駕、18封牛太歳、19牛皋盗袍、20仮投金営、21敗兵打金、22草兵貶金、23鑽山破石

牛皋が墳台で戦死した高寵を祀り、哭泣していた時、急に鬨の声があがる。高宗が李綱を連れて月夜、散歩していたところ、金兵に発見されて、追われていたのだった。牛皋は、急行して救出した。その時、岳飛の兵馬も駆けつけ、金軍を撃退する。牛皋は、功により高宗から太歳に封ぜられる（第三七回）。

第九本　午台

1花前同楽、2三反朱仙、3訓子起兵、4較場祭旗、5押糧刀眼、6三擒三放、7修書求計、8拆書造牌、9金牌三詔、10金山問卜、11江辺上肘、12大理勘審、13臨安望母、14張保望主、15父子分監

宋金両軍は朱仙鎮で激突、岳飛は、大いに金兵を敗る。金兀朮を三たび捉え、三たび釈放した。金兀朮は、手紙を秦檜に送り、金に内応して宋を攪乱するように託する。秦檜は、手紙を受け取ると、金牌を偽造し、毎日、三回、詔を発し、岳飛に帰朝するように命ずる。岳飛は、帰朝の途に就くが、途中、金山寺に立ち寄り、先行きを占ったところ、長老は、四〇歳にならない間に秦檜の手に懸かって殺されるだろう、と暗示する（第五九回）。岳

飛が帰朝すると、すぐに大理寺の審問を受ける。秦檜は、腹心の獄吏、万俟離に命じて岳飛に厳しい拷問を加え、さらに息子の岳雲と張憲をおびき寄せて捕える（第六〇回）。

第九本　中台

16父子対供、17東窗題詩、18黄柑入獄、19升風波亭、20打肘出監、21断橋斬子、22岳公昇天、23三晨按頭、24奏帝遣雷、25雷打万遂、26雷霆顕報

岳飛父子は、牢獄に押し込められる。張保が様子を探りに来て、岳飛に脱獄を勧めるが、岳飛は応じない。それを見て、張保は頭を柱に打ちつけて自害する。秦檜は、邪魔が入るのを恐れ、妻と東窓の下で計をめぐらし、蜜柑の中に密書を入れて獄吏に送り、人のいない一二月三〇日の夜に岳飛父子を暗殺するよう、指示する。岳雲と張憲は、脱獄する。岳飛は、追いかけて、断橋で追いつき、二人を斬首する。岳飛もまた風波亭で絞刑に処せられて殺される。玉帝は、報告を受けて、雷神を派遣し、万俟離を打ち殺させる（第六一回）。

第一〇本　午台

1拝賀元旦、2天門交代、3牛頭報信、4白河涌水、5精忠報国、6三畏報信、7岳雷逃府、8全家上肘、9拝府求執、10鬧府接旨、11現螺螄紋、12銀瓶墜井

岳飛父子が風波亭で殺害されたあと、職を辞して逃走した大理寺正公卿、周三畏は、道人に扮して岳飛の家に至り、一家の悲報を伝える。夫人は、岳雷に寧夏に逃げて岳家の血脈を守るように命じる。欽差、馮憲は、校尉を引き連れて岳飛の家に至り、一族全員数百人を連行して京に入る。秦檜は、偽詔を伝え、岳飛の家族を西郊で斬刑に処するよう指示する。幸い韓世忠と梁紅玉の上奏により、流刑に減刑されて雲南に追放され、庶民に落とされる。岳夫人は、夢に前兆を得て、西湖湖畔の螺螄の殻の堆積の中から、岳飛ら忠臣の遺骨を探しあて、祭壇を設け、葬礼を挙行する。娘の銀瓶は、井戸に身を投じて、父に殉じる（第六三回）。

第一〇本　中台

13報信思忠、14胡廸罵羅、15観詩拿魂、16一殿望郷、17二殿奈何、18三殿洋煙、19四殿刀山、20五殿油鍋、21六殿鏡台、22七殿腰鍘、23八殿抜舌、24九殿破肚、25十殿転輪、26李氏披軍、27関外大戦、28進関結拜

書生、胡迪は、岳飛が奸臣に殺害されたのに、天曹も地府も黙したまま、応報の兆しさえ示さないのに恨みを抱き、酒に酔った勢いで、岱山廟に押しかけ、詩を題して閻羅王を罵る。知らせを聞いた閻羅王は激怒し、鬼卒を遣わして胡迪を捕え、陰司に下して罪を問うたが、胡迪は、いささかも恐れの気配を見せず、閻魔の前で意見を開陳した。閻魔はひそかに喜び、崔判官に命じて胡迪を連れて地獄十殿をめぐらせ、善悪応報が健在であることを実見させたのち、胡迪を陽間に戻す（第七三回）。

第一一本　午台

1荷花満地、2群臣議事、3東窗修本、4岳公顕魂、5投寺題詩、6瘋僧掃秦、7冷泉拿魂、8竹橋行刺、9打海潮廟、10海神奏帝、11墳台接旨、12大鬧秦府

岳飛が無実の罪で死に、韓世忠らは憤懣やるかたなく、朝礼の機に一斉に秦檜を譴責した。秦檜は、これに恨みを抱き、深夜、東窓の下で上奏文を書き、岳飛の罪状を粉飾羅列したが、現れた岳飛の亡魂に脅されて逃げる。応報を免れようとして、夫婦で霊隠寺に至り、岳飛を超度しようとするが、地蔵王の化身である瘋癲の僧侶に罵られ辱めをうける。秦檜は、帰宅途上、竹橋でまた施全に刺殺されそうになり、恐怖がやまない。施全を斬刑に処した上、また、何立に命じ、手下を連れて瘋癲の僧を捕まえに行かせる（第七〇回）。岳飛父子の遺骨を埋葬した王能、李直の二宰相は、八月一八日に銭塘江の岸で海潮の遡行を見物する。海潮廟に行き、潮神の伍子胥に対し、岳飛の冤死に何らの復讐もされていないことを責め、神像を打ち砕く。また岳飛の墓に詣で、徹夜の慰霊に勤める。この時、潮神が天帝に上奏し、玉帝は、伍子胥に命じて岳飛の墓に聖旨を伝えさせる。それは、岳飛ら

の亡魂は、それぞれの敵を探して夢枕に立って復讐を予告せよ、秦檜ら奸臣の陽寿が尽きた時に、その罪をさらに追及する、という内容のものであった。これを受けて、岳飛らの亡霊は、秦家に押しかけて姿を顕し、家中を恐怖に陥れる（第六九回）。

第一一本　中台

13母子分監、14走向問卜、15真人指路、16引進鬼門、17見仏回話、18送返杭州、19引鬼入宅、20何立見主、21落店遇賢、22牛通鬧店、23韓府聚会、24大会英雄

何立は、命を奉じて瘋癲僧を追う。真人の神通力に導かれ、地獄に引き入れられて、地蔵王に会う。地蔵王は、秦檜がすでに地獄に拘引されていると告げる。何立は、主人に会いたいと頼み、秦檜に会う。秦檜は、何立に「東窓のことは、弁解の仕様がない」と陽間の妻王氏に伝えてほしい、という。地蔵菩薩は、何立の孝心が深いのを見て、陽間に戻してやる。何立が杭州に着くと、秦檜は、果たして死んでいた。王氏に地獄で見たことを伝えようとすると、詞を交わしている間に、王氏は、鬼卒に囲まれ地獄に引きずりこまれていった（第七四回）。岳雷は、寧夏に逃げてゆく途中、七宝鎮を過ぎる。ここで韓啓龍と知り合い、義兄弟となる。この時、牛通は、母から、「岳家に行き、岳雷を迎えに行く」ように命じられていたが、着いた時には、岳雷はすでに出奔したあとで、牛通は、岳雷の後を追い、七宝鎮で酒を飲み、暴れる。のちに呉雷と韓家で会う。

第一二本　午台

1富貴一品、2遺子探賢、3売武擺擂、4問卜見賢、5落店哭霊、6牛通鬧府、7張保顕魂、8墳頭遭険、9水淹馮孝、10賞礼救賢、11上太行山

岳雷、牛通、韓啓龍らは、岳飛らを祀りに臨安に行く。途中、打擂の会友となり、連れ立って都に入る。秦家では、兵丁を派遣し、墓地を守り、祀りに来るものを捕えようとする。牛通は、秦家に殴り込み、煙火を浴びて

両目が見えなくなり、路に迷うところを、張保の霊が顕れて救われる。仲間は、隙を見て、墓に詣でる。岳雷は、墓で昏睡しているところを馮孝に捕えられ、連行される途中、湖に飛び込むが、銀瓶の霊が顕れ、救われる。このとき馮孝を溺れ死にさせる。兄弟たちは、太行山に行き、牛皋に身を寄せる。

第一二本　中台

12兵反中原、13鍾方奉旨、14太行搬兵、15牛皋扯旨、16回旨薦賢、17少将英雄、18龍虎対嘆、19虎騎龍背、20閻羅辦非、21霊霄品論、22玉帝勅令、23三星帰位

金国の完顔兀朮は、五〇万の兵を率いて、再び中原を犯す。高宗は、報を聞いて驚き、病に倒れ、崩御する。孝宗、即位する。張信の言を容れ、岳王の墳墓を造営し、忠祠を建立する。秦檜ら奸党を処断し、李文昇（鍾方）を大行山に派遣して、牛皋を招くが、牛皋は、聖旨を破り捨てる。李文昇は、この旨を報告する。朝廷は、また、岳飛の子、岳雷を出征させ、岳夫人は、手紙を送って、牛皋に出兵を促す（第七四回）。岳雷は、元帥の印綬を領し、大軍を率いて、一路、敵を破り、金国に殺到して、牧羊城を囲む。金兀朮は、兵を率いて救援に来るが、牛皋に敗れる。牛皋は、金兀朮の体に馬乗りになり、兀朮は、窒息死する。牛皋は、快哉極まり、笑い死にする。金兀朮と牛皋の霊魂は、一緒に絡み合って幽冥界に入り、閻魔に是非の判定を請う（第七九回）。

これを見ると、四川本は、精忠岳伝をそのままの順序で演じているのではなく、適宜に取捨して、重要な部分を浮き上がらせるように演じていることがわかる。演出が加わっているということになる。亡霊が出る場面も多く、神秘的な演出であり、英雄鎮魂劇に相応しい。

二　比較

湖南本と四川本を比較してみる（表54）。

表54　前目連精忠伝齣目対照表

行	辰河腔連台本#413	湘劇高腔連台本#412	四川高腔連台本#414
		第一本	第一本
		1 玩賞岳和	1 茂林春景
		2 徽宗設朝	2 百姓告干
		3 天師接旨	3 若水回朝
5		4 午門設醮	
		5 玉皇登殿	
		6 火龍下凡	
		7 講経責鵬	
		8 鼉龍遊江	
10		9 二童弈棋	
		10 岳和求子	4 岳和求子
		11 陳摶指示	5 設朝諫本
	1 岳飛出世	12 姚氏産子	6 天師回朝
	2 周侗収子	13 三朝取名	7 船身斬龍
15	3 考試許婚	14 水淹湯陰	8 康王改表
	4 反武科	第二本	9 火龍繞殿
	5 斬善報恩	1 撈缸落荘	10 仏差天鵬
		2 周侗起程	11 天門打賭
		3 三子鬧学	12 墨龍鬧江
20		4 落荘会友	13 生子賀喜
		5 盤沙習字	14 水涌湯陰
		6 設館授徒	15 蒼帝斬龍
		7 題詩拝父	16 大遼兵変
		8 遊寺拾槍	17 龍牌当兵
25		9 周侗伝道	18 草地揚兵
		10 属冥屍解	19 平服大遼
		第三本	20 封王題詩
		1 掛墳会友	21 到反黄天
		2 崔従訓女	22 別院投軍
30		3 岳母刺字	23 進営受令
		4 商議打擄	24 大戦擒王
		5 仮扮劫搶	25 三叩轅門
		6 別母登程	26 回国議帥
		7 柴桂起馬	27 挙龍掛帥
35		8 幫昌受賄	第二本
		9 張氏前推	1 春光酌酒
		10 奪打鞦韆	2 群臣会議
		11 牛皐覓食	3 金国興師
		12 王貴報信	4 冰凍黄河
40		13 士林放告	5 万府投降
	6 潞安州	14 張氏後推	6 打潞安州
	7 両狼関	15 法場放飛	7 聞報定計
	8 冰凍黄河	第四本	8 四門遭険
	9 踩地分界	1 宜城三酔	9 両狼搬兵
45	10 泥馬渡江	2 脱罪謝恩	10 回書咔城
	11 劃地断義	3 楊天点将	11 水聞接須
	12 青龍八盤	4 祭旗登舟	12 敗兵尽忠
	13 張相害岳	5 水戦楊夭	13 姚母教子
	14 艾華山	6 牛皐打網	14 沙盤教子
50	15 破太湖	7 宗府謝恩	15 兵打両狼
	16 戦山収将	8 牛皐習礼	16 夫婦出征
	17 藕塘関	9 宗府飲宴	17 炮掃両狼

55 60 65 70 75 80

18金陵逃難
19救駕拝師
20高籠挑車
21牛皋救駕
22岳雲招親
23賜袍立功
24粘罕帯箭
25牛頭攻破
26黄天蕩
27金山釈放
28九龍山
29金蘭宴
30大戦蔵金窟

10牛皋擋煞
11花燭団円
12査点使臣
13雁嶺尽忠
14計略蓮姑
第五本
1韓府玩賞
2預借元宵
3金幫上寿
4挙龍紂王
5姐妹助兵
6一犯中原
7陸登聞報
8世忠修書
9徳勝遇害
10巡城割鼻
11大破潞安
12夫妻尽忠
第六本
1両狼大戦
2父子被困
3双報斉臨
4紅玉観鳳
5炮炸両狼
6中途摘印
7叔夜降金
8冰凍黄河
9灰渡黄河
10二姦定計
11君臣議和

18馬前分別
19敗兵逃走
20兵敗黄河
21忠良接駕
22故友重逢
第三本
1梅開嶺上
2李春上任
3闘館殴師
4周侗訪友
5文武調教
6見文誇才
7過継螟蛉
8見山求地
9瀝泉得槍
10改衣赴試
11許親賜馬
12墜馬得病
13問病帰陰
14牛皋訪師
15弟兄上墳
16打槍結拝
17薦書赴試
18別母起程
19落店参衙
20洪先阻考
21槍挑洪先
22回書完配
23遷徙原業
24過野苗村

85 90 95 100 105 110

12見金売国
13文武乱朝
14二聖被擒
15若水尽忠
16班師回国
第七本
1岳母上寿
2兵犯潼関
3宗府交印
4岳母反刺
5威鎮雁門
6大戦潼関
7湯懐修書
8到関問音
9飛鞭落馬
10夫妻商議
11王氏採桑
12青衣酌酒
13馬放放主
14泥馬渡江
第八本
1商議回南
2金刀盟誓
3康王落荘
4中途遇姦
5観玩龍舟
6君臣相会
7相府報信
8接駕封官
9修書接書

25火焚古廟
第四本
1春光明媚
2設朝還願
3報信現冊
4寿山敬香
5仮辦獅灯
6擄去三聖
7定計採桑
8馬上合歓
9若水趕駕
10黄河過渡
11青衣酌酒
12分戸尽忠
13雀孝望主
14坐井観天
15送膳修詔
16君臣宮会
17拝寿打鳥
18乗馬逃走
19追趕黄河
20泥馬渡江
21鑽刀盟誓
22宿廟驚夢
23令官接駕
24金陵立帝
第五本
1春為歳首
2蓋供回朝
3王善刀非

列	上段	下段
	10 遷都臨安	4 群臣会議
	11 兵困牛頭	5 落店参府
115	第九本	6 師父談兵
	1 岳府賞花	7 見宮思忠
	2 斗母賜錘	8 酒論英雄
	3 花園拾錘	9 較場聴書
	4 兀朮打寨	10 英雄聚会
120	5 岳飛点将	11 大設秋場
	6 演錘見嫂	12 槍扎梁王
	7 金定打囲	13 金殿貶職
	8 背母私逃	14 府門辞行
	9 被擄上寨	15 趕餞英雄
125	10 摘纓為聘	16 墜馬得病
	11 落江結拝	17 店房養疾
	12 康王遊柵	18 王善興兵
	13 岳爺観星	19 大戦敗兵
	14 岳雲上寨	20 店房報信
130	15 見駕賜袍	21 攔路救師
	第一〇本	22 黒地得功
	1 張憲上寨	23 去職埋名
	2 差将下書	第六本
	3 牛皋下書	1 陽春煙景
135	4 送親上寨	2 兵侵黄河
	5 岳飛斬子	3 画地断義
	6 藍王回寨	4 王佐聘賢
	7 操銭浮図	5 草堂刻字
	8 祭旗興師	6 指日高升
140	9 二比大戦	7 追過黄河
	10 牛皋捜寨	8 収女見美
	11 兀朮敗北	9 金殿議事

列	上段	下段
	12 双迎花燭	10 李綱薦将
	第一一本	11 張保入営
145	1 岳府玩賞	12 過国望主
	2 七犯中原	13 湯懐保駕
	3 聞報奏朝	14 箭穿賢臣
	4 操兵接旨	15 王横擺渡
	5 大堂分別	16 過渡認主
150	6 遊街闖道	17 馬前馬後
	7 王俊失機	18 回朝受害
	8 雲憲失機	19 李綱滾釘
	9 岳飛斬子	20 金殿辦非
	10 草地答話	21 聚衆救兄
155	11 威鎮朱仙	22 代兵収賢
	12 野人指示	23 保本就職
	13 王俊告状	第七本
	14 売丸進府	1 五路伐宋
		2 金殿伝旨
160		3 宮廷繍旗
		4 接旨起兵
		5 起楊面礼
		6 棋逢対敵
		7 岳雲湊陣
162		8 営口斬子
		9 主僕請罪
		10 驚夢伝槍
		11 収将殺宋〔金〕
		12 王氏造酒
170		13 牛皋損壇
		14 逐出宋営
	31 火牛陣	15 仙山学道

175 180 185 190 195 200

32 比錘降宋
33 破洞庭
34 朱仙陣
35 文武升
36 王佐断臂
37 草坪敗金

16 擺火牛陣
17 得宝下山
18 黒神取頭
19 牛皋回営
20 飛雲射道
21 招親洞房
22 拐帯投営
23 水擒楊么
第八本
1 一品富貴
2 兵援牛頭
3 聞報伝旨
4 別府起兵
5 大戦断糧
6 牛皋請糧
7 玄母賜鐘
8 進府刀非
9 打虎結拝
10 過山招親
11 乱営斬子
12 金殿押糧
13 少将対鐘
14 営中断糧
15 関荘借糧
16 康王游扎
17 牛皋救駕
18 封牛太歳
19 牛皋盗袍
20 仮投金営
21 敗兵打金

205 210 215 220 225 230

38 発牌調岳
39 風波亭
40 報冤亭
41 岳雷掛帥
42 虎騎龍背

15 大堂発牌
16 金牌上路
17 三招岳爺
18 金山問道
19 江辺鎖拿
第一二本
1 三畏勘問
2 三姦議刑
3 大審岳飛
4 雲憲接書
5 帰家省親
6 見父上刑
7 張保送飯
8 嘆功分監
9 東窗題詩
10 風波尽忠
11 遊魂飄蕩
12 東岳還頭
第一三本
1 天空交代

22 草兵貶金
23 鑽山破石
第九本
1 花前同楽
2 三反朱仙
3 訓子起兵
4 較場祭旗
5 押糧刀眼
6 三擒三放
7 修書求計
8 拆書造牌
9 金牌三詔
10 金山問卜
11 江辺上肘
12 大理勘審
13 臨安望母
14 張保望主
15 父子分監
16 父子対供
17 東窗題詩
18 黄柑入獄
19 昇風波亭
20 打肘出監
21 断橋斬子
22 岳公升天
23 三晨按頭

235　240　245　250　255　260

2 世忠玩賞
3 牛皋詳夢
4 空中顕聖
5 朱仙散営
6 張保送信
7 婆媳登舟
8 祭江投井
9 秦檜修本
10 仏差地蔵
11 勧世落庵
12 八犯中原
13 世忠聞報
14 兀朮会陣
15 打紫金山

24 奏帝遺雷
25 雷打万俟
26 雷霆顕報
第一〇本
1 拝賀元旦
2 天門交代
3 牛頭報信
4 白河涌水
5 精忠報国
6 三畏報信
7 岳雷逃府
8 全家上肘
9 拝府求孰
10 鬧府接旨
11 現螺螄紋
12 銀瓶墜井
13 報信思忠
14 胡廸罵羅
15 観詩拿魂
16 一殿望郷
17 二殿奈何
18 三殿洋煙
19 四殿刀山
20 五殿油鍋
21 六殿鏡台
22 七殿腰鍘
23 八殿抜舌
24 九殿破肚
25 十殿転輪
26 李氏披軍

265　270　275　280　285　290

第一四本
1 瘋僧掃秦
2 施金祭主
3 請僧赴斎
4 復差何立
5 秦檜帰陰
6 報信題詩
7 胡迪罵閻
8 遊観地府
9 何立問卜
10 真人指示
11 見仏賜餅
12 何立回話
13 報冤拷鬼

27 関外大戦
28 進関結拝
第一一本
1 荷花満地
2 群臣議事
3 東窗修本
4 岳公顕魂
5 投寺題詩
6 瘋僧掃秦
7 冷泉拿魂
8 竹橋行刺
9 打海潮廟
10 海神奏帝
11 墳台接旨
12 大鬧秦府
13 母子分監
14 走向問卜
15 真人指路
16 引進鬼門
17 見仏回話
18 送返杭州
19 引鬼入宅
20 何立見主
21 落店遇賢
22 牛通鬧店
23 韓府聚会
24 大会英雄
第一二本
1 富貴一品
2 遺子探賢

		3売武擺擂
		4問卜見賢
295		5落店哭霊
		6牛通鬧府
		7張保顕魂
		8墳頭遭険
		9水淹馮孝
300		10賞礼救賢
		11上太行山
		12兵反中原
		13鍾方奉旨
		14太行搬兵
305		15牛皋扯旨
		16回旨薦賢
		17少将英雄
	14闔家登仙	18龍虎対嘆
		19虎騎龍背
310		20閻羅辦非
		21霊霄品論
		22玉帝勅令
		23三星帰位

湖南辰河腔本は、大部分が失われているらしく、断片が残るに過ぎない。湘劇高腔本は、かなり詳細に演じる。四川本は、これを受けて増補したものと思われる。三本とも、岳飛が殺される風波亭の場面は、欠かしていない。四川本は、極めて詳細で、この物語が四川では非常に重要視されていたことがわかる。家庭劇としての目連本伝よりも、英雄伝説としての岳飛伝がこの地で重視されたのは、秘密結社、哥老会の影響が大きいように思われる。この点は、後述する。

第六節　封神伝

江西の東河戯目連戯、九江青陽腔目連戯、湖南の辰河腔目連戯、四川の高腔目連戯などは、目連本伝の前に殷周革命の戦闘を語る『封神演義』(『封神伝』)を演じる。この劇では、殷周両軍におびただしい戦死者が出る。シャーマンの役割を担う周軍の軍師、姜子牙が最後にこれらの戦死者を神に封じるが、その「封神」の意味は、戦死者に天界上の地位を与えて、その亡魂を鎮め、祟りをしないように封禁することである。それは、孤魂を超度する目連戯と目的を同じくしている。目連戯の前座として相応しい演目と言える。ここでは、最も詳しい四川連台本の齣目と梗概を示す。文中、括弧内に『封神演義』の該当回数を記す(10)。

一　梗概

第一本　午台

1陽春煙景、2大設朝正、3降香題詩、4掛招妖幡、5群妖聚会、6変化美女、7解供回朝、8拝寿生非、9午門題詩、10伝旨議事、11聞報対敵、12父子得勝、13敗兵扎営

殷の紂王は、荒淫無道、一日、女媧の廟に至り、淫詩を題写した。これが神霊の怒りを惹起し、神々は、ついに妖狐を降ろし、周を興し、殷を滅亡させることになった（第一回）。紂王は、蘇護の娘、妲己が天姿国色であるという噂を聞き、妾に入れたいと願う。蘇は、応諾せず、午門に反詩を題して、冀州に逃げ帰った。紂王は、崇侯虎に命じて討伐させる。侯虎の兵は、敗北する（第二回）。そこで、また、その弟の崇黒虎を動員して助勢させた（第三回）。

第一本　中台―『反冀州』

14朝州搬兵、15進営請令、16少将出陣、17遣鴉擒降、18鄭倫押糧、19生擒活捉、20松綁排宴、21回営釈放、22進府勧降、23解女進京、24館駅変化、25金殿観花

蘇護の子、全忠は、無理に令旗の授与を請い、出陣するが、黒虎の鴉兵につかまる。蘇護は、鄭倫をつかわして激将の法を使って出撃させ、黒虎を捕える。蘇は、捕えられている子が害されることを恐れ、みずから黒虎の縄目をゆるめ、酒食で歓待し、釈放して軍営に返す。崇黒虎は、約束に随い、蘇全忠を釈放する。侯虎も兵を引

く。西岐の散宜生が冀州に来て、蘇護に娘を進献して家を保ち、冀州が塗炭となるのを免れるように勧める（第三回）。蘇はこれに従い、みずから娘を京に送ってゆく。夜、恩州の駅舎に宿泊した時、九尾の狐が九天玄母の命を奉じて部屋に潜入し、妲己を食べてしまい、妲己に変身する。これにより、女色をもって紂の江山を敗ることになる。蘇は、妲己の性情が急変したのを見て、異常が起きたことに気づき、思わず天を仰いで嘆息した。紂王は、蘇妲己をみて、大喜びし、皇妃に冊立し、蘇護の罪を許した（第四回）。

第二本　午台—『炮烙柱』

1春色宜人、2金仙練剣、3入朝参相、4金殿献剣、5宮門斬妖、6火焚仙剣、7見本招誅、8梅伯進宮、9画炮造炮、10忠良受災、11火焚炮烙

紂王は、奸臣の費仲、龍渾を信用し、鹿台を造営して、民を労し財を傷う。妲己と朝晩、快楽にふけり、政務をおろそかにする。梅伯らが死を賭して諫めても、受け入れない。かえって、炮烙の酷刑を用いて梅伯を焼き殺す（第六回）。

第二本　中台

12君妃游楼、13剿骨験胎、14議事見本、15鬧宮生非、16大審姜妃、17棒頭点眼、18宮廷報信、19太子殺官、20金殿綁子、21殺場飛身

紂王は、妲己と毎日、台に登って宴会を楽しむ。人を解剖して骨髄を調べたり、嬰児の腹を剖いたり、あらゆる悪事を働く。紂王の正宮皇后、姜氏は、紂王の所業を憎み、その悪行が多く妲己の勧めによるものということを探知する。姜氏は、誕生祝いに来た妲己に大義を説いて、悪行を改めるよう切望する。妲己は、従う素ぶりをみせたが、皇后の追放をたくらみ、費仲に謀る。費仲は腹心の姜環に命じて紂王を襲わせ、捕えられたあと、皇后に頼まれたと自白させる。紂王は、姜氏の両目をくりぬき、冷宮に幽閉する。姜氏は、間もなく、死ぬ（第七

回）。太子、殷蛟は、噂を聞いて宮殿に入り、皇后を陥れた姜環を殺して母の仇を討つ。紂王は、太子を市の刑場で斬首しようとしたが、太子は一陣の風にさらわれて行方不明となる（第九回）。

第三本　午台

1春色満園、2議事献貢、3進宮別母、4餞別登程、5参府引見、6金殿撫琴、7妲己出宮、8楼台伝琴、9定計害賢、10現形斬考

西伯侯、姫昌は、紂王の無道に不服で、直接に諫言しようとして京に赴く。その時、紂王は、その入朝に気を使う（第一〇回）。姫昌は、面と向かって直諫するが、羑里に幽閉される（第一一回）。長子の伯、邑考は、三宝を献上し、父の罪を償おうとする。妲己は、琴を邑考に渡す時、誘惑しようとして拒絶され、逆に邑考を誣告する。紂王は、邑考を斬刑に処し、その肉で餅を作らせ、姫昌に食べさせる（第一九回）。姫昌は、食べざるをえず、それによって釈放され、文王の爵を得て、帰国する（第二〇回）。紂王は追っ手を差し向けるが、雷震子に背負われて逃げおおせる（第二一回）。

第三本　中台

11登殿送肉、12狠心吃子、13赦回西岐、14長亭送駕、15達奏追趕、16金仙教徒、17改容換面、18攔路救父、19文王吐子、20回国議事

（梗概、欠文）文王（姫昌）は、帰国して群臣に迎えられるが、重病となり、肉塊を吐く。肉塊は、手足を生じ、長い耳が伸びて兎の姿になり、西に向かって走り去る。前後、三匹の兎がこのように生まれ出て走り去る。邑考の霊魂と見られる（第二二回）。

第四本　午台

1春花富貴、2馬氏逼嫁、3橋頭売面、4無聊自縊、5妖精出洞、6進宮排宴、7百姓賀喜、8排朝試道、9闖

道引見、10見君談道、11火焼琵琶、12定計造楼、13逃回仙山

姜子牙は、朝歌に棚を設けて占いの商売をする。玉石の琵琶の精が若い婦女に化けて占いを求めに来る。子牙は、妖怪と見破り、硯石でこれを撃つ。内情を知らぬ目撃者が子牙を比干のところへ引っ張ってゆき、苦情を訴える。比干は、子牙を携えて入朝する。子牙は、火で玉石の琵琶の精を焼くが、なかなか死なない。後に神火を用いてこれを焼き殺す(第一六回)。

第四本　中台

14金殿回奏、15君臣游楼、16巧扮出宮、17群妖聚会、18焚香進宮、19比干排宴、20鹿台現形、21午門会議、23火焚軒轅

ある日、次席の宰相、比干が宴を設ける。妲己は、酒に酔って正体を現す。比干は、妲己が狐狸の精であることを見破り、火で軒轅の墓を焼き、一群の手下の狐狸を滅ぼした(第二五回)。

第五本　午台

1春光新景、2金殿現袭、3二妖自嘆、4定計仮病、5三詔比干、6金殿罵紂、7回府別妻、8家廟尽忠、9売無心菜、10哭戸尽節

妲己は、比干に正体を見破られたと知り、これを除こうとする。偽って心臓が痛いと言い立て、比干に腹を剖いて心臓を抉り出して見せるように強要する。比干は、殿中において紂王を罵り、家に帰り、妻に別れを告げ、家廟で自尽する(第二六―二七回)。

第五本　中台

11拝賀元旦、12花園失子、13玉亭排宴、14妲己現形、15妝台整容、16仮設元旦、17進宮見姑、18賈氏墜楼、19諸将拝府、20師府逼反、21午門大戦、22反出五関

紂王は、妲己の蠱惑を受けて、黄飛虎の妻賈氏に迫り、なびくように強要する。賈氏は、屈せず、楼から飛び降りて死ぬ。黄飛虎は、衆を率いて、反旗を翻し、朝歌を出て、五関を突破し、周に投ずる（第三〇回）。

第六本　午台—渭水河

1花前景楽、2三教議榜、3背榜下山、4攔路品道、5取頭還頭、6遣虎撲帳、7園兆起駕、8伍吉引見、9渭水訪賢、10君越臣車、11登台拝師

三教教主は、封神のことを協議し、姜子牙を派遣して封神榜を背負って下山し、周を興し紂王を滅ぼす文王の仕事を助けさせた（第一五回）。文王は、夜、熊が寝室に入ってくる夢をみた。夢占いののち、次の日に外出して賢者を尋ねた。伍吉の手引きで渭水のほとりで姜子牙に遇う。文王は、拝して丞相に迎え、ともに殷を討つ策を協議する（第二三—二四回）。

第六本　中台

12石機訓徒、13遊玩開弓、14発箭帯傷、15陳塘面礼、16回山求師、17火龍神照、18送酒鬧江、19報信生非、20天門阻擋、21剔骨還父、22剔肉還母、23蓮花化身

陳塘関の守将、李靖の子、哪托太子は、海で暴れ、多くの水族と龍王の三太子を打ち殺した（第一二回）。龍王は、陳塘を水浸しにし、天帝に訴えた。哪托は、肉を割いて母に還し、骨を剔って父に還して死ぬ。太乙真人は、蓮花を用いて化身させ、再生させる（第一四回）。

第七本　午台

1恵風和暢、2訓徒下山、3金殿掛帥、4兵出朝歌、5君臣探兵、6草場面礼、7蟬玉帯傷、8投営得勝、9小営療疾、10偸営被擒、11金仙進営、12収土行孫、13小営拐美、14変化成親

土行孫は、師命を奉じて下山し、周を助けに行く。途中、申公豹の言を妄信し、反って紂王に投じて周を討つ。

また殷の将、鄧九公の娘、禅玉と結婚する（第五五回）。

第七本　中台

15洪錦揚兵、16龍棚拝令、17羅宣下山、18疆場大戦、19投営押糧、20回営敗兵、21火焼連営、22収服羅宣、23女将投営、24行孫大戦、25打石擺陣、26小営報信、27敗兵被擒、28洞房花燭

のち、禅玉は、捕えられ、鄧氏父女ともに周に投じる。羅宣と洪錦が周を攻めるが敗北する（第五六回）。

第八本　午台

1春景同楽、2代兵出征、3面礼対敵、4遣将盗旗、5敗兵搬洞、6下山収虎、7進営打珠、8高吊黄龍、9落宝金銭、10海島求剪、11陸壓湊陣、12問病摩虎、13趙昂成聖

聞仲は、紂を助けて周の兵馬を阻む。しかし、兵は敗れ、勢いは衰えて、ついに羅浮洞に行き、道友の趙昂（公明）に下山して助勢してくれるように請う。燃灯仙は、趙公明と戦って勝てず、陸圧道人が献上してくれた釘頭七箭の天書を得て、台を築いて呪詛した。趙公明は、これにあてられ、ついに病臥して起てなくなる。やがて両眼も失明し、結局、病死する（第四八回）。

第八本　中台

14騎虎驚夢、15天顕威霊、16海島報信、17三霄下山、18追営哭霊、19擾営大戦、20各放仙宝、21敗兵擺陣、22金仙困陣、23教主観陣、24巻収三宝、25破陣収霄

趙昂（公明）が陸圧道人の呪詛によって殺害されたのち、その妹の雲霄、碧霄、瓊霄の三人は、兄の仇を討とうとして、黄河陣を展開し、諸仙人を苦しめた。李老君、元始天尊が下凡して陣を破り、三霄を捕える（第五〇回）。

第九本　午台

1梅占花魁、2金殿抓鬮、3代兵出征、4拝寿起兵、5将帥揚兵、6棋逢対手、7朝州搬兵、8太陽神鏡、9諸

将受災、10五嶽帰天、11攔路接旨

姜子牙、周兵を率いて紂を伐つ。一路、五関を破り、澠池県に至る。守将、張奎は、「独角烏煙獣」に乗り、行くこと飛雲掣電のごとく、その妻、高蘭英は、四九本の「太陽金針」を使う。両軍、対陣し、文聘、崇黒虎、黄飛虎の五将は、相次いで殺され、五岳は、戦死して天に帰った（第八六回）。

第九本　中台―封神演義八七―八八回

12接報奏朝、13兵臨澠池、14草場面礼、15敗兵回営、16押糧進営、17土内大戦、18頑石受災、19楊任進営、20四門観陣、21石急宝鏡、22活捉張奎

土行孫は、兵糧を運んで軍営に到着する。出陣して戦うことを志願する。張奎と土行孫は、みな遁地の術をもっていたが、地行速度では、張奎の方が勝っていた。二人の戦いは、地上から地下に至り、勝負はつかなかった。土行孫は、挟龍山に行って、師匠に会い、符を取って張を捕えようとしたが、反って張に図られて失敗し、その妻、鄧玉禅もまた出陣して高蘭英の手に掛かって死ぬ。その後、姜子牙は、計略によって澠池を陥落させ、張奎は遁走するが、楊任が神光を用いて追跡し、さらに、楊戩に合図し、黄河の岸で地を指してできた鋼符を用いてつかまえ、打って粉々にした（第八七―八八回）。

第一〇本　午台

1春為歳首、2兵発界牌、3面礼敗兵、4胡言湊陣、5三擒三斬、6擾魂下山、7進営面礼、8金仙護宝、9六戦使宝、10照現原形、11進宮請罪、12教主講経、13宮門阻擋、14多宝刀非

広成子は、子牙を救うために火霊聖母を打ち殺したあと、碧遊宮に入り、火霊聖母の師、通天教主に謝罪する。宮を出てから、教主の門徒から辱めを受け、また、誤って、亀霊聖母の正体を露出させてしまう（第七二回）。

第一〇本　中台

15遺徒擺陣、16大擺誅仙、17請師観陣、18印封陣頂、19楊戩進陣、20宮殿拝求、21教主下山、22三教品論、23気化三清、24二聖湊陣、25破誅仙陣、26代回西方

申公豹に唆された教主は、怒って門徒の衆を率い、界牌関に誅仙陣を展開する。姜子牙は、太上老君、元始天尊に請い、また、接引道人、準提道人の助けを得て、大いに誅仙陣を破る（第七八回）。

第一一本　午台

1白雪陽春、2訓徒下山、3攔路刀非、4将場大戦、5進営反道、6金仙設営、7師徒大戦、8仙宝倒打、9求宝収徒、10太極化橋、11仮現金殿、12化為飛灰

紂の王子、殷洪、師の赤精子の命を奉じて山を下り、周を助ける。途中、申公豹の蠱惑にかかり、反って周を伐つ。その師、赤精子が勧戒したが、聴きいれず、師と徒が反目する。赤精子は、大極図を用いて、殷洪を巻き殺す（第六一回）。

第一一本　中台

13返国驚夢、14朝歌鳴冤、15罵紂発兵、16面礼大戦、17金仙煉柱、18引上絶龍、19九龍烈火、20魂返朝歌、21夜夢魂顕、22園兆自嘆

殷の宰相、聞仲、軍を返して帰朝する。夜、紂王に殺された忠臣の冤魂が無実を訴える夢を見る。聞仲は、翌日、参内して紂王に諫言する。両者が争ううちに、西岐が討伐の兵を起こす。聞仲は命を受けて出征するが、燃灯道人によって姜子牙が布陣している絶龍嶺に引き入れられ、九龍神柱の烈焔に焼き殺される。殷軍は、覆滅する。聞太師の亡魂は、朝歌に帰り、夜、紂王の夢に現れて、奸を遠ざけ、賢を近づけるよう忠告する（第五二回）。

第一二本　午台

1花香鳥語、2兵近朝歌、3御駕親征、4鞭墜紂王、5三妖接駕、6別宮出征、7子牙観山、8遣降対敵、9乱宝斉発、10聖母収妖、11斬妖了帳、12殺場斬美

子牙の兵、朝歌を囲む。妲己は、雉鳩の精、玉石琵琶の精を招き、助勢させるが、最後は、女媧娘娘に法宝をもって捕えられる。子牙の門人、楊戩の手にかかり、飛剣で斬られる（第九七回）。

第一二本　中台

13兵臨城下、14諸侯会戦、15城楼観陣、16各路進兵、17楼台自焚、18馬氏顕魂、19群仙会議、20三報起兵、21下馬戦台、22子牙上台、23玉虚勅令、24登台封神、25各帰方位

武王、紂を伐つ。伯夷、叔斉、馬前で主君を討つことの非を説いて諫める。子牙は、人を遣って伯夷、叔斉をかかえて退去させる。武王は諸侯に三つのことを約する。紂王は兵を率いて、戦闘に赴く。陣前の兵は、みな矛をさかさまに向けて周に従った。紂王は大勢がすでに去ったのを見て、摘星楼に火をかけ、自ら焼死する。かくて紂王の殷は、滅亡する。姜子牙は、台に登り、玉虚宮（北帝）の勅令に従って、諸神を分封する（第九九回）。

ここでも、四川本は、『封神演義』をそのままの順序で演じているわけではなく、適宜に場面を切り取って、編成している。最後の場面で、姜子牙は、殷周両軍のおびただしい戦死者を鎮魂するシャーマンの役割を演じる。

二　比較

目連前伝として演じられた『封神伝』のテキストは、全く見ることができなかったが、齣目が判明している湖南辰河空連台本と四川高腔連台本を比較する（表55）。

表55 前目連封神齣目対照表

行	辰河腔連台本#413	四川高腔連台本#414
1		第一本
2		1陽春煙景
3		2大設朝正
4		3降香題詩
5		4掛招妖幡
6		5群妖聚会
7		6変化美女
8		7解供回朝
9		8拝寿生非
10		9午門題詩
11		10伝旨議事
12		11聞報対敵
13		12父子得勝
14		13敗兵扎営
15		14朝州搬兵
16		15進営請令
17		16少将出陣
18		17遣鴉擒降
19		18鄭倫押糧
20		19生擒活捉
21		20鬆綁排宴
22		21回営釈放
23		22進府勧降
24		23解女進京
25		24館駅変化
26		25金殿観花
27		第二本
28		1春色宜人
29		2金仙練剣
30		3入朝参相
31		4金殿献剣
32		5宮門斬妖
33		6火焚仙剣
34		7見本招誅
35		8梅伯進宮
36		9画炮造炮
37	1商容碰殿	10忠良受災
38		11火焚炮烙
39		12君妃游楼
40		13剮骨験胎
41		14議事見本
42		15鬧宮生非
43		16大審姜妃
44		17棒頭点眼
45		18宮廷報信
46		19太子殺官
47		20金殿綁子
48		21殺場飛身
49		第三本
50		1春色満園
51		2議事献貢
52		3進宮別母
53		4餞別登程
54		5参府引見
55		6金殿撫琴
56		7妲己出宮
57		8楼台伝琴

		60					65					70					75					80					85		
		2 文王収子	3 陳塘関	4 子牙下山	5 九龍橋	6 黄花山	7 十絶陣																						
9 定計害賢	10 現形斬考	11 登殿送肉	12 狠心吃子	13 赦回西岐	14 長亭送駕	15 達奏追趕	16 金仙教徒	17 改容換面	18 攔路救父	19 文王吐子	20 回国議事	第四本	1 春花富貴	2 馬氏逼嫁	3 橋頭売面	4 無聊自縊	5 妖精出洞	6 進宮排宴	7 百姓賀喜	8 排朝試道	9 闖道引見	10 見君談道	11 火焼琵琶	12 定計造楼	13 逃回仙山	14 金殿回奏	15 君臣游楼	16 巧扮出宮	17 群妖聚会

		90					95					100					105					110					115		
18 焚香進宮	19 比干排宴	20 鹿台現形	21 午門会議	22 火焚軒轅	第五本	1 春光新景	2 金殿現褒	3 二妖自嘆	4 定計仮病	5 三詔比干	6 金殿罵紂	7 回府別妻	8 家廟尽忠	9 売無心菜	10 哭尸尽節	11 拝賀元旦	12 花園失子	13 玉亭排宴	14 妲己現形	15 粧台整容	16 仮設元旦	17 進宮見姑	18 賈氏墜楼	19 諸将拝府	20 帥府逼反	21 午門大戦	22 反出五関	第六本	1 花前景楽

120 125 130 135 140 145

2 三教議榜
3 背榜下山
4 攔路品道
5 取頭還頭
6 遺虎撲帳
7 園兆起駕
8 伍吉引見
9 渭水訪賢
10 君越臣車
11 登台拝師
12 石機訓徒
13 遊玩開弓
14 発箭帯傷
15 陣塘面礼
16 回山求師
17 火龍神照
18 送酒鬧江
19 報信生非
20 天門阻擋
21 水淹陣塘
22 剐骨還父
23 剐肉還母
24 蓮花化身

第七本

1 恵風和暢
2 訓徒下山
3 金殿掛帥
4 兵出朝歌
5 君臣探兵
6 草場面礼

150 155 160 165 170 175

7 蟬玉帯傷
8 投営得勝
9 小営療疾
10 偸営被擒
11 金仙進営
12 収土行孫
13 小営拐美
14 変化成親
15 洪錦揚兵
16 龍棚拝令
17 羅宣下山
18 疆場大戦
19 投営押糧
20 回営敗兵
21 火焼連営
22 収服羅宣
23 女将投営
24 行孫大戦
25 打石擺陣
26 小営報信
27 敗兵被擒
28 洞房花燭

第八本

1 春景同楽
2 代兵出征
3 面礼対敵
4 遣将盗旗
5 敗兵搬洞
6 下山収虎
7 進営打珠

180　185　190　195　200　205

8 七箭書
9 黄河陣
10 絶龍陣
11 収鄧九公
12 火焚西岐
13 収洪錦
14 子牙拝帥
15 金鶏嶺
16 碧遊宮
17 青龍山
18 誅仙陣
19 瘟皇陣
20 万仙陣
21 遊魂関
22 澠池県
23 斬三妖

8 高吊黄龍
9 落宝金銭
10 海島求剪
11 陸壓湊陣
12 問病摩虎
13 趙昂成聖
14 騎虎驚夢
15 天顕威霊
16 海島報信
17 三霄下山
18 追営哭霊
19 擾営大戦
20 各放仙宝
21 敗兵擺陣
22 金仙困陣
23 教主観陣
24 巻収三宝
25 破陣収霄
第九本
1 梅占花魁
2 金殿抓閹
3 代兵出征
4 拝寿起兵
5 将帥揚兵
6 棋逢対手
7 朝州搬兵
8 太陽神鏡
9 諸将受災
10 五嶽帰天

210　215　220　225　230　235

11 攔路接旨
12 接報奏朝
13 兵臨澠池
14 草場面礼
15 敗兵回営
16 押糧進営
17 土内大戦
18 頑石受災
19 楊任進営
20 四門観陣
21 石急宝鏡
22 活捉張奎
第一〇本
1 春為歳首
2 兵発界牌
3 面礼敗兵
4 胡雷湊陣
5 三擒三斬
6 擾魂下山
7 進営面礼
8 金仙護宝
9 大戦使宝
10 照現原形
11 進宮請罪
12 教主講経
13 宮門阻擋
14 多宝刀非
15 遺徒擺陣
16 大擺誅仙
17 請師観陣

240 245 250 255 260 265

18 印封陣頂
19 楊戩進陣
20 宮殿拝求
21 教主下山
22 三教品論
23 気化三清
24 二聖湊陣
25 破誅仙陣
26 代回西方

第一一本

1 白雪陽春
2 訓徒下山
3 攔路刀非
4 将場大戦
5 進営反道
6 金仙設営
7 師徒大戦
8 仙宝倒打
9 求宝収徒
10 太極化橋
11 仮現金殿
12 化為飛灰
13 返国驚夢
14 朝歌鳴冤
15 罵紂発兵
16 面礼大戦
17 金仙煉柱
18 引上絶龍
19 九龍烈火
20 魂返朝歌

270 275 280 285 290

24 封神掛榜

21 夜夢魂顕
22 園兆自嘆

第一二本

1 花香鳥語
2 兵近朝歌
3 御駕親征
4 鞭墜紂王
5 三妖接駕
6 別宮出征
7 子牙観山
8 遺降対敵
9 乱宝斉発
10 聖母収妖
11 斬妖了帳
12 殺場斬美
13 兵臨城下
14 諸侯会戦
15 城楼観陣
16 各路進兵
17 楼台自焚
18 馬氏顕魂
19 群仙会議
20 三報起兵
21 下馬戦台
22 子牙上台
23 玉虚勅令
24 登台封神
25 各帰方位

湖南本は、断片的で、伝承が失われていると思われる。四川本は、極めて詳細である。封神伝は、残酷な話が多く、戦死者の数もおびただしい。戦乱のあとの多数の死者を弔う水陸道場に相応しい故事と言える。これが四川のような異国と境を接する辺境地域で盛行するのも、理由がある。この地の民間武装、哥老会もこのような殺伐とした劇を好む面があったのではないか、と想像する。

第七節　連台本の上演

一　四川連台本の上演慣行

この連台本目連戯は、膨大な費用がかかる。実際に、四八本が完全に上演されたのか否か、疑問が残るが、上演された、という記録も残っている。ただ、一部の上演にとどまったと見られる記録も存在する。以下、四川の場合について、関連記録を挙げてみる。

○清乾隆二年、酉陽龍潭禹王宮興建万年台落成、由当地紳商邀請辰河戯班前来踊台慶賀、演唱目連戯四十八本。[11]（『涪陵地区戯曲志』、涪陵地区文化局、一九九一年）

清、乾隆二（一七三七）年、酉陽の龍潭の禹王宮、万年台を興建して落成す、当地の紳商より辰河戯班を邀請し、前（すす）み来りて、台を踊（ふ）みて慶賀し、目連戯四八本を演唱せしむ。

○民国十四年、永川三教場演過四八本目連、演員有賀文彬、劉少成、蘇桂芳、（小花臉）等。[12]（『四川目連戯資料論文集』、重慶市川劇芸術研究所、一九九〇年）

民国一四（一九二五）年、永川の三教場にて四八本目連を演ぜり、演員に賀文彬、劉少成、蘇桂芳、牟得山（小花臉）等あり。

○民国二十七（一九三八）年、剣閣県建南科社在白龍唱戯、演目蓮伝時、迫於地方勢力壓抑、連演四〇多本、演員疲憊不堪、宋打鼓昏闕、従楼上跌下、摔傷致死。(13)（『広元戯曲志・大事記』、広元市文化局）

民国二七（一九三八）年、剣閣県の建南科社、白龍に在りて唱戯し、目蓮伝を演ぜる時、地方勢力の壓抑に迫られ、連演すること四〇多本なり、演員、疲憊に堪えず、宋打鼓、昏闕し、楼上より跌下し、摔傷して致死す。

○一九四二年冬、薛先生（艶秋）在文秋戯院演出、為了増加収入、特上演四八本大戯目連伝。薛劉氏四娘在会縁橋賞貧一段、表演反串張公背張婆的特技。外形雖是男女両人、内実一人塑造。主体是一白髪龍鍾的耳聾老人背負一中年瘋癱婦人、到会縁橋求済。表演時、用顫兢兢的老人身段台歩、伴以貧婦向老人耳語、嘱其留神以免摔倒、老人微覚後、慢点頭示意。演到快到橋頭時、突遇一群求済乞丐直指説、取笑其偌大年紀還難捨癱瘓老伴。老人醒悟後、用右手持竹竿向群丐打去。由於表演時、左手縮入胸前、掌握仮頭、仮左手掩其貧婦之臂部、此駆打群丐之動作、更是妙趣横生。(14)（『宜賓地区戯曲志』、宜賓地区文化局）

一九四二年冬、薛先生（艶秋）、文秋戯院にありて演出するに、収入の増加の為に、特に四八本大戯目連伝を上演す。薛は劉氏四娘に飾る。会縁橋賞貧一段にありて、反串の張公、張婆を背おうの特技を表演す。外形は、男女両人なりと雖も、内実は、一人にて塑造するなり。主体は一白髪龍鍾たる耳聾の老人、背に一中年瘋癱婦人を負いて、会縁橋に到りて済を求む。表演の時、顫兢兢たる老人の身段を用いて台歩す、伴える貧婦、老人に向いて耳語し、其の神を留めて以て摔倒を免れるを嘱す、老人微かに覚れる後、慢ろに点頭して意を示す。演じて、快ぐに橋頭に到らんとする時、突に一群の求済の乞丐に遇う。直指して説き、其の偌大なる年紀もて還た癱瘓老伴を捨て難きか、と取笑す。老人、醒悟せる後、右手にて竹竿を持ち、群丐に向かいて打ち去く。表演の時、左手の胸前に縮入し、仮頭を掌握せるに由り、左袖を仮りて、其の貧婦之臂部を掩う、此の群丐を駆打するの動作、更に是れ妙趣の横生するものなり。（これは「唖背瘋」の演技のことを述べている。）

○記得在陽県唱過三年城隍戯、其中有目連、一九五〇年、在李家巷（成都市内）還唱過四八本。[15]（『四川目連戯資料論文集』、重慶市川劇芸術研究所、一九九〇年）

記し得たるに、陽県にて、三年、城隍戯を唱襟、その中に目連あり。一九五〇年、李家巷（成都市）において四八本を唱えり。

乾隆二年の記録では、湖南の辰河腔目連戯班を招いて四八本を演じさせたとあるから、四川の四八本目連戯は、湖南から伝わったことは、明らかである。廟宇、市場、戯院、成都市内の街区などで上演されている。別に老芸人から聞き取った口碑資料にも、次のような証言がある。

○四八本目連中、有《東窗》一〇本、《仏児伝》七本、正目連三本、其他《西遊》等、湊夠四八本。我記得約六五年前（一九二五左右）、成都劉存厚将軍的父親死時、曾在家唱過四八本、中間有道場、雑耍。[16]（楽山川劇退休芸人、鄧東陽口述、一九九〇年、楽山鄧家採訪）

四八本目連の中、『東窗』一〇本、『仏児伝』七本、正目連三本、其他『西遊』等、湊夠して四八本なり。我、記し得たるに、約六五年前（一九二五左右）、成都の劉存厚将軍の父親死せる時、曾て家にありて四八本を唱えり、中間に道場、雑耍ありき。

○目連戯作系列演出時、必須做法事、誦《血盆経》、《地蔵経》、並供奉地蔵菩薩塑像或画像、集市設水陸大道場、随戯文演出齋醮七七四十九天、附加一天、湊満五十天、則演慶賀戯、結束。[17]（劉新堯『川北搬目連追憶』）

目連戯、系列を作して演出する時、必ず須らく法事を做し、『血盆経』、『地蔵経』を誦すべし。並びに地蔵菩薩の塑像、或いは画像を供奉す。集市にて水陸大道場を設け、戯文に随いて演出すること、斎醮の七七四十九天（にち）なり。附加すること一天にして、湊せて五十天に満たしめ、則ち慶賀戯を演じて、結束す。

このように、四川では、集市（市場地）において、富裕家族（多くは商人）により、中元節あるいは葬儀の時に、しばしば、四八本目連戯が行われていたことがわかる。

四八本が、実際にどのような順序で行われたかについては、地域によって異なる点があるが、上記の徐州宜賓県の目連戯の場合、劉樹培『敘府民国年間的一次搬目連始末』に詳細な説明がある。

> 目連戯有哪些内容、具体説来多少本、多少折？　大家莫衷一是。又説有《大目連》、《正目連》、《金目連》、《花目連》之分。可以包括《目連救母》、《仏児巻》、《観音得道》、《封神榜》、《西遊記》、《梁伝》、《唐王伝》、《岳伝》、甚至《黄巣出世》等等、名目多、涉及面広。至於如何搬演？　有的説《大目連》四八本、有的説《正目連》、《花目連》也可演四八本、有的説《岳伝》也有四八本、《封神榜》一説五八本、一説八五本、《観音得道》、《唐王伝》、《梁伝》、一説四本、一説一〇本、由於河道不同、説法不一、争論不休、説来説去、大都是条綱、腹本、拿得出本本的屈指可数。(17)

目連戯には、哪些なる内容ありや、具体(的)に説き来たらば、多少（いくばく）の本ありや、多少の折ありや？　大家（みな）、一の是に衷（あつ）まるなし。又、説く：『大目連』、『正目連』、『金目連』、『花目連』の分あり、以って『目連救母』、『仏児巻』、『観音得道』、『封神榜』、『西遊記』、『梁伝』、『唐王伝』、『岳伝』、甚だしくは『黄巣出世』に至る等等を包括すべし、と。名目は多く、涉及する面は広し。「如何にして搬演するや？」に至りては、有るひと説く：『大目連』は四八本なり、と。有るひと説く：『正目連』、『花目連』もまた四八本を演ずべし、と。有るひと説く：『岳伝』もまた四八本あり、と。『封神榜』は、一に五八本と説き、一に八五本と説く。『観音得道』、『唐王伝』、『梁伝』は、一に四本と説き、一に一〇本と説く。河道の同じからずに由り、説法は一ならず、争論は休まず。説き来り、説き去るも、大都（おおよそ）は是れ条綱、腹本にして、劇本を拿（と）り出し得るひとは、指を屈して数うる可きのみ。

これによると、どれが四八本なのかを特定するのが難しいほど、諸説が分かれていて、混乱を極めている、という。諸説を合計すると、一〇〇本を越えてしまう。ただ、上演に数か月を要したという記事もあり、実際には、四八本を越えることもあったらしい。四川高腔四八本目連戯（＃414）では、西遊記→観音→封神→東窗（岳伝）→台城（梁伝）→目連となっていて、西遊を冒頭に置いているが、これは、西遊を神話故事と見ているためか、と思われる。

宜賓一帯の軍権を握っていた川軍の第六混成旅団長、覃筱楼がこの地の商幇（商人ギルド）と秘密結社、哥老会の協力を得て、一九二八年から一九二九年にかけて、東門県の城隍廟で行った目連戯は、次のような順序で進行した。

> 一九二八年、正戯出台、従《封神榜》開端。《封神榜》根拠《封神演義》故事編写。先後演出了…碰天柱、紂王題詩……等。《封神榜》大約演了三個月、挿入了《観音得道》、大概演了一〇本、又接《仏児巻》四本、転接《唐王伝》。《唐王伝》根拠《説唐演義》故事編写、演了〈錯行雨数〉、〈魏徴斬龍〉、〈劉全進瓜〉、〈唐王遊地府〉等。接演《唐僧故事》、〈洪江渡〉、再接《西遊記》故事、演了〈沙橋餞別〉、〈収悟空〉等。接着演《瓦崗寨》。《瓦崗寨》根拠《隋唐演義》故事編写演了〈戦羅成〉等。(18)
>
> 一九二八年、正戯出台し、『封神榜』より端を開く。『封神榜』は、『封神演義』の故事を根拠に編写す。先後、碰天柱、紂王題詩……等を演出せり。『封神榜』は、大約、演ぜること三個月、『観音得道』を挿入し、大概、一〇本を演ぜり、また、『仏児巻』四本を接ぎ、転に『唐王伝』に接す。『唐王伝』は、『説唐演義』故事を根拠に編写す。「錯行雨数」、「魏徴斬龍」、「劉全進瓜」、「唐王遊地府」等を演ぜり。接して、『唐僧故事』を演ず、「洪江渡」など。再に接して『西遊記』故事の、「沙橋餞別」、「収悟空」等を演ず。接して『瓦崗寨』を演ず。『瓦崗寨』は、『隋唐演義』故事を根拠に編写す。「戦羅成」等を演ぜり。

『封神榜』だけで、三か月を要したと言うから、七月に始めて九月までかかる。そこから、続いて、『唐王伝』、『唐僧故事』、『西遊記』、『瓦崗寨』を演じれば、やはり三か月はかかるはずで、年末を越えて、次の年（一九二九年）に入ることになる。次のとおりである。

> 次年（一九二九年）演《水滸伝》、演了〈野豬林〉、〈武松殺嫂〉、〈時遷盗鶏〉等。接着演《岳伝》、根拠《説岳伝》故

事編写。演了〈岳母刺字〉、〈風波亭〉等。《岳伝》之後、接演《梁伝》、《梁伝》挪後演出、可能是与傅家有一線聯繫、便於接上《目連伝》。《梁伝》演了〈別宮出征〉、〈射箭馬踏〉、〈郗氏変蟒〉等。《目連伝》演了〈劉四娘出嫁〉、〈大開五葷〉、〈火焼葵花樹〉、〈六殿見母〉等。其中挿有打叉、遊叉、叫叉、破血河、擺焰口、化簍施孤、放灯河等、排場、法事。[20]

次年（一九二九年）『水滸伝』を演ず、「野豬林」、「武松殺嫂」、「時遷盗鶏」等を演ぜり。接して『岳伝』を演ず。『説岳伝』故事を根拠に編写す。「岳母刺字」、「風波亭」等を演ぜり。『岳伝』の後は、接して『梁伝』を演ず、『梁伝』を後に挪して演出するは、傅家と一線の聯繋ありて、『目連伝』と接上するに便なる可能性ならん。『梁伝』は、「別宮出征」、「射箭馬踏」、「郗氏変蟒」等を演ぜり。『目連伝』は、「劉四娘出嫁」、「大開五葷」、「火焼葵花樹」、「六殿見母」等を演ぜり。其中に挿みて打叉、遊叉、叫叉、破血河、擺焰口、化簍施孤、放灯河等の排場、法事あり。

時代順に、『封神榜』、『唐王伝』、『唐僧故事』、『西遊記』、『水滸伝』、『岳飛伝』と演じてきながら、『梁武帝』に戻るのは、逆行のように見えるが、梁伝は傅家前伝の意味で、目連本伝の前座としての意味があり、後ろにずらした、という説明である。首肯できる説明である。

二　民国初期四川連台本の上演

年代不明であるが、六月一九日から七月一六日までの四川目連戯の演目が残っている。[21] そこでは、仏児巻→観音得道→封神伝→岳飛伝となっていて、上の順序と合う。一か月に及ぶ長期上演で、五期にわけてみることができる。各日に二十八宿を配し、宿星を迎請して、舞台の邪気を祓う鎮台の儀礼を行っている。

(1)第一期…六月一九日、五猖伝

表56　民国初期四川連台本『五猖』演出齣目表（1）

日次	月日	演目	齣目 上本	齣目 下本	鎮台星辰（二十八宿）
一	六月一九日	降寒林	午前演出	午後演出	2魚星鎮台
			1三郎賞花	12蚩尤生反	
			2問報奏朝	13三郎掛帥	
			3番蠻敗寒	14張公求子	
			4百姓報官	15生子賀喜	
			5蚩尤□□	16投向軍門	
			6起□□□	17連化火坑	
			7餓□□□	18問報奏朝	
			8□□□□	19棋逢大敵	
			9有林問病	20三霄下山	
			10扯榜収邪	21訓徒伝道	
			11哭墳夜夢	22大戦蚩尤	
			12寒林成功	23遺放五猖	

表57　民国初期四川連台本『仏児巻』演出齣目表（2）

日次	月日	演目	齣目 上本	齣目 下本	鎮台星辰（二十八宿）
二	六月二二日	仏児巻	午前演出	午後演出	28吉（軫）星鎮台
			1燃灯講仏	13金殿辞父	
			2天王差使	14回宮勧化	
			3参相見君	15公主勧夫	
			4回宮商議	16僧道点化	
			5排朝保歳	17火焚玉楼	
			6番使迎接	18公主報信	
			7較場開弓	19指腹成胎	
			8擺宴招親	20隠帰雪山	
			9辞宮分別	21上殿回奏	
			10中途点化	22陳林一招	
			11回国見父	23王真追趕	
			12四門担経	24割頭成聖	

これは『五猖』とも『征蚩尤』とも言う。五猖の出生譚である。蚩尤は、異民族の首領で、軒轅氏一族を侵略し、妖術を使って濃霧を起こし、軒轅氏を包囲した。軒轅は、指南車を使って方向を識別し、かろうじて囲みを脱出した。やがて葛山剛（三郎）が軍を率いて蚩尤討伐に赴く。出征の時、妻は、臨月の身で、金色の光を放つ大きな肉の塊を産み落とす。妻は、驚き、不吉と感じるが、知らせを聞いてかけつけた葛山剛が、剣を抜いて肉塊を叩き斬ると、奇怪な姿をした五人の子供が生まれる。喜、馬、那、雅、撤と名乗り、万夫不当の勇を具えると言う。父は蚩尤討伐の先鋒を命じる。両軍対戦、蚩尤は、葛軍を馬坑に誘い込んだ上、濃霧を起こして、方向を迷わし、混乱に陥れた。兄弟は、すぐさま、霧を呑みこみ、妖気を振り払う。父の軍を救い、蚩尤を制圧して、大手柄を立てる。軒轅は、朝歌か

ら詔を下し、都に帰還させ、三軍をねぎらい、葛氏兄弟を五猖に封ずる。ある日、葛山剛が登庁すると、地方官からの急報が入り、旱魃が禍を起こし、雨が降らず、田にひびが入っている、その上、寒林も祟りをし、瘟疫が発生して、農民が路傍に斃れている、という。葛山剛は、怒り、五猖を放って旱魃と寒林を捕えるように命じた。目連戯を演じる時には、五猖を放って寒林を捕える儀式を行うが、その由来を説く意味がある（表56）。

(2)第二期…六月二二日、仏児伝

忍辱仙人は、燃灯古仏の誕生祝のため、呆優鉢羅花と娥雲仙女を下界に降ろし、結婚させようとする。燃灯仏は、これを知り、二人を下凡させ、天竺国の浄飯王の子、悉達太子と化外国の李天王の娘に生まれ変わる。悉達太子が七歳になった時、李天王が威嚇してきたので、国を去ろうとしたが、天地国王らの支援により、五年間、国を保ち、一二歳になった。その時、化外国に至り、五重の鉄鼓を射ぬき、一〇〇〇斤の老象を持ち上げ、化外国を威服した。李天王は、その英雄ぶりに心服し、娘婿とする。悉達太子は、帰国するが、途中で、燃灯古仏に教化される。城の四門を遊覧している時に、人生の生、老、死、苦の四相を目にし、人生を見限り、意を決して出家する。太子は、帰国して別れを告げる。公主は、必死で引き止めたが、太子が、公主の腹を指すと妊娠する（後に指天恨地仏となる）。

太子は、雪山で修業し、樹根が身体を貫き、烏雀が頭上に巣を作っても動じない境地に到達した。浄飯王は、部下を連れて雪山まで太子を追ってきたが、太子は、自刎して首を父に返し、最後に成仏して蓮台に登る。目連は、母の遺骨を西天に運ぶ旅の終わりに仏祖に会って地獄めぐりの手段を手に入れるが、その伏線としての意味がある（表57）。

(3)第三期…六月二三―二五日、観音伝

全三本、毎日各一本を午前と午後に分けて二十四齣ずつ上演した（表58）。

表58　民国初期四川連台本『観音伝』演出齣目表（3）

日次	月日	演目	齣目 上本	齣目 下本	鎮台星辰（二十八宿）
三	六月二三日	観音得道1　降慈航	午前演出 1三道品論 2謫貶冷宮 3三獣下山 4別母趕考 5長亭講書 6游園盟誓 7河東選材 8金殿招贅 9載元夜奔 10回宮議親 11貶入冷宮	午後演出 12載元起馬 13庄王勧女 14謫貶冷宮 15観音用計 16汲水応花 17顚倒陽春 18問報設朝 19別宮出征 20棋逢大敵 21冷宮訴苦 22火焼載元 23請降班師	1角星鎮台
四	六月二四日	観音得道2　火焼白雀寺	午前演出 1老龍勧善 2土地伝経 3鳳楼勧妹 4長亭餞別 5送帰白雀 6斎公起程 7珈藍掃殿 8判官打斎 9松華大会 10設朝伝詔 11妙善接旨	午後演出 12三里清泉 13五星黄茶 14白雀還願 15火焚衆僧 16伝詔監斬 17滎陽三絞 18達摩点化 19綾蓮殖生 20神虎銜尸 21鬼遍千層 22一殿控訴 23二殿望郷	2亢星鎮台

五	六月二五日	観音得道3　南海普陀成聖	午前演出 1仏遣桂枝 2三殿血河 3五殿対経 4大士返魂 5桂枝勧善 6大種菠蘿 7観音変僧 8請医療治 9回宮求引 10冷房煉丹 11捨手捨眼	午後演出 12大設朝政 13香山還願 14父女相会 15火焼成聖 16蓮台分発 17収伏四魔 18善化龍女 19悪収善才 20五龍講道 21鸚鵡伝経 22永占普陀 23南海成聖	3氏星鎮台

これは、王女、妙善が出家して観音となる話で、梗概は、おおむね前出のものと同じであるが、登場人物など、異なる点もある。以下、要約する。

第一本―降慈航

国王妙庄王は、三女の妙善を新状元と結婚させようとするが、妙善は応ぜず、父王は怒り、妙善を冷宮に落とし、冬十月に春の陽気を戻し、百花を開かせるように要求する。花神が妙善を助け、冬に陽春を転倒させて、百花を開かせる。この時、載元が反乱を起こし、父王は、自ら征討するが、苦戦する。冷宮の妙善は、仏に請い、王は天佑を得て、載元を焼き打ちにし、都に凱旋する。

第二本―火焼白雀寺

冷宮の妙善を老龍が激励し、土地神が木魚、数珠、経典を授与する。父王もあきらめて出家を許す。妙善は姉と母に別れて白雀寺に入る。仏殿の拭き掃除、灯明の世話など、すべて一人で行うように命じられるが、判官や小鬼がひそかに助ける。玄武廟の斎公、蕭徳全が焼け出されて一夜の宿を求める。妙善は一泊を許す。これを知った父王は、男女混雑を口実に白雀寺を焼打ちにし、尼僧五〇〇人を焼き殺す。妙善は、韋駄に救われるが、宮廷に送り返され、絞首刑に処せられる。しかし達磨が点化に現れ、神虎が遺骸を加えて去る。焼け死んだ尼僧は、閻王に訴え、尼僧たちは、地獄の一殿王、二殿王の審査を受ける。

第三本—南海普陀成聖

三殿では血の池地獄を見、五殿で蕭徳全と対決し、無実が晴れる。虎に連れ去られた妙善は、仏から派遣された桂枝菩薩の得度により凡身を脱して仏身となり、観音菩薩となる。父王は、閻王の罰をうけ、全身に菠蘿の腫瘍ができて、痒さに苦しむ。医師も手の施しようがなく、困り果てているところへ、達磨がやってきて、娘の手眼を煎じて飲むほかはないという。王は、長女、次女に頼むが断られて窮する。最後に妙善が手眼を提供し、ようやく窮地を脱する。王は深く妙善の徳に感じ、妻、娘二人と共に香山に赴いて、妙善に罪を謝する。妙善はすでに観音となり、龍女、善才を侍者に従え、普陀山に拠って、広く南海に慈悲を垂れる菩薩となる。

これは、前掲の連台本の観音伝に比べて、詳細に演じていることがわかる。王家の公主が出家するのは、さきの王家の太子が出家して仏祖となる話と対の関係にある。目連戯では、観音が重要な舞台回しの役を演じるので、その伏線としての意味がある。また、妙庄王が菠蘿の腫瘍に苦しむのは、梁武帝伝の郗氏が蛇に変身させられ、殺した五〇〇人の宮女が虫になって咬みつき、苦しむという筋立てと同じ趣向である。いずれも目連の劉氏が地獄で苦しむ話の伏線の意味をもっている。

(4) 第四期…六月二六日—七月一五日（一六日間）、封神伝

『封神演義』を演じる。周の軍師、姜子雅が諸神を動員して殷の暴君、紂王を滅ぼし、戦死者に封号を与えて鎮魂す

る話。殷軍と周軍の武将が戦うが、神仙もこれに参加し、元始天尊の率いる闡教派の神仙は、周軍に味方し、通天教主の率いる旁門左道の截教派の神仙は、殷軍に味方する。双方とも多数の戦死者を出す。戦死者の鎮魂という点で、孤魂鎮撫を目的とする目連戯と祭祀目的を同じくする。梗概は、前掲の連台本とほぼ同じであるが、この上演本の出目の方が『封神演義』を忠実に踏襲しており、内容も詳細である。以下、各本の齣目（表59）を表示したあと、筋を要約して示す。

表59 民国初期四川連台本『封神伝』演出齣目表（4）

日次	月日	演目	齣目		鎮台星辰（二十八宿）
			上本	下本	
六	六月二六日	封神1　女媧招妖	午前演出 1聖母起駕 2大設朝政 3錯題淫詩 4観詩悩怒 5童子懸旛 6狐狸朝神 7宮殿訓妖 8伝詔選美 9題写反詩 10接旨出征 11蘇護問報 12大戦偸営	午後演出 13修書搬兵 14進営出戦 15全忠被擒 16鄭倫押糧 17搶令出戦 18疆場擒虎 19擺宴迎接 20宜生投書 21放虎回営 22議親起程 23館駅撲身 24参府献美	4□（房）星鎮台
七	六月二七日	封神2　三教会議封神榜	午前演出 1三教合議 2子牙下山 3会友議親	午後演出 13宮廷排宴 14妲己用計 15費仲献策	5心星鎮台

			午前演出	午後演出	
			4雲中献刀	16姜環行刺	
			5遊園焚剣	17堪審姜后	
			6別家釣魚	18黄妃回旨	
			7水簇遊玩	19用計炮烙	
			8馬氏送膳	20二子回宮	
			9夫婦斗口	21刺殺姜環	
			10逼妻上吊	22蛋盆誅妻	
			11百姓見怪	23二子報仇	
			12五雷収妖	24追子吊侯	
八	六月二八日	封神3　大抱銅柱	1二子逃奔	13商容回朝	6尾星鎮台
			2殷姣落廟	14元銑迎接	
			3雷開夜趕	15上殿見君	
			4哭訴廟庭	16午門監斬	
			5殷洪進府	17梅伯哭尸	
			6商容接君	18罵君進忠	
			7破敗借宿	19回宮用計	
			8面見太子	20大造銅柱	
			9討論回朝	21金殿掛刑	
			10伝旨斬子	22宮廷擺宴	
			11君臣哭訴	23梅伯罵君	
			12真人打救	24大抱銅柱	
九	六月二九日	封神4　文王被囚、伝琴斬考	1定計伝詔	13朝房議事	7箕星鎮台
			2文王接旨	14邑考托政	
			3大設朝政	15回宮辞母	
			4托政嘱子	16長亭分別	
			5回宮辞母	17進府参相	
			6長亭餞別	18大設朝政	
			7送子収子	19宮廷拝師	

			午前演出	午後演出	
			8諸侯斉会	20楼台伝琴	
			9上殿罵君	21金殿斬考	
			10午門問斬	22宰為肉丸	
			11館駅卜卦	23館駅接詔	
			12謫貶羑里	24忍心吃子	
一〇	七月初二日	封神5　哪佗鬧海	1李靖賞花	13回関見父	8斗星鎮台
			2訓徒下山	14五龍問罪	
			3得兆生子	15剐肉剐骨	
			4剣破血胎	16哪佗遊魂	
			5出関洗澡	17回関托兆	
			6王宮拝寿	18監修行宮	
			7李良巡河	19李靖焚焼	
			8打死夜叉	20蓮花化身	
			9太子上岸	21金佗救父	
			10剝皮抽筋	22広法飛龍	
			11龍君進関	23父子交兵	
			12天門変化	24燃灯贈塔	
一一	七月初三日	封神6　火焼琵琶	1微子玩賞	13宣生献策	9□〔牛〕星鎮台
			2群妖排洞	14費尤行姦	
			3宮廷擺宴	15玩棋保本	
			4別宮回山	16金殿脱罪	
			5琵琶要路	17三日夸官	
			6設立卦棚	18私逃回国	
			7耆老問卜	19遺将追趕	
			8卦棚試道	20差徒救父	
			9攔馬扣闍	21失面吐子	
			10大設朝政	22風応造台	
			11火焼琵琶	23百姓染従	

			12逃隠渭水	24飛熊入夢	
一二	七月初四日	封神7　反五関	午前演出	午後演出	10女星鎮台
			1叩賀元旦	13伝令追趕	
			2遊園失子	14一関阻攔	
			3清理朝政	15二関大戦	
			4大賞功臣	16三関収将	
			5狐狸現形	17四関被擒	
			6整容用計	18五関騙父	
			7飛虎接旨	19父子同反	
			8進宮参見	20同進岐山	
			9淫戯全節	21姜尚迎接	
			10黄苑罵妖	22進府参相	
			11弟兄逼反	23大設朝政	
			12午関大戦	24封官龍子	
一三	七月初五日	封神8　姜尚登台拝将	午前演出	午後演出	11虚星鎮台
			1箕子賞花	13黒虎進宮	
			2応彭背反	14仮戦三合	
			3子啓問報	15修書搬兵	
			4紂王排朝	16夜宴捆綁	
			5伝詔加官	17大罵滅倫	
			6文王議相	18轅門梟首	
			7一上昆倉	19献頭得病	
			8試道砍頭	20夜夢不祥	
			9拝帥出師	21問病托孤	
			10棋逢大敵	22二賢推譲	
			11用計修書	23臨喪登殿	
			12接書起兵	24登台拝相	
一四	七月初六日	封神9　一出岐山	午前演出	午後演出	12危星鎮台
			1大設朝政	13蘇護掛帥	
			2一出岐山	14接詔出征	

			午前演出	午後演出	
			3費仲聞報 4奉詔出征 5聞仲掛帥 6観山対塁 7修書搬兵 8四将進宮 9真人訓徒 10天化見父 11棋逢大敵 12四将帰天	15精子訓徒 16下山滅紂 17公豹刀非 18殷洪反周 19精子下山 20進府参相 21用計被擒 22師徒会面 23彊場大戦 24太歳帰天	
一五	七月初八日	封神10　黄河陣、伏龍鎮	午前演出 1微子玩賞 2奉聖捧旨 3聞仲出師 4彊場面礼 5敗陣用計 6峨山搬兵 7下山収虎 8進営交戦 9三趕打珠 10陸壓投営 11回山借宝 12箭射告終	午後演出 13三霄排洞 14公明顕魂 15三霄下山 16霊堂哭訴 17彊場面礼 18黄河大陣 19困陣失印 20昆倉求師 21掌教下山 22天尊進営 23老子観陣 24収伏三霄	13室星鎮台
一六	七月一〇日	封神11　収殷郊、順天時	午前演出 1広成訓徒 2公豹説反 3殷姣進営 4彊場面礼 5大敗回営 6楊戩借宝	午後演出 13九公起兵 14惧留訓徒 15武王排朝 16子牙出師 17彊場大戦 18嬋玉帯傷	15奎星鎮台

			午前演出	午後演出	
			7 自嘆下山 8 二仙進営 9 疆場会徒 10 殷姣逼反 11 倒打師尊 12 太歳帰位	19 行孫進営 20 搶令交鋒 21 回営記功 22 小営療治 23 倶留収徒 24 夫妻成配	
一七	七月一一日	封神12　焚西岐	1 箕子賞花 2 殷洪回朝 3 楼台設宴 4 殷洪托夢 5 群臣奏本 6 洪錦出征 7 武王設朝 8 羅宣進営 9 疆場敗陣 10 火焚西岐 11 龍吉救火 12 大戦洪錦	13 登台拝師 14 懸牌十条 15 費仲祭旗 16 孔宣下山 17 投営観山 18 疆場大戦 19 五将試宝 20 回山搬師 21 金山観陣 22 失印失庄 23 準提投営 24 化樹収妖	16 婁星鎮台
一八	七月一二日	封神13　誅仙陣	1 接旨出兵 2 疆場大戦 3 金霊進営 4 軍師面礼 5 三趕現形 6 回営商議 7 玉亜見師 8 進宮三請 9 教主王射 10 門人阻当	12 大擺誅仙 13 営回観陣 14 広法請見 15 八景求師 16 教主面会 17 弟兄回営 18 老子観陣 19 広法跪請 20 二聖下山 21 進営面会	17 胄星鎮台

			11現形三笑	22同破誅仙 23三打教主	
一九	七月一三日	封神14　五瘟帰位	午前演出 1蘇護賞花 2大設朝政 3父子出征 4鄭倫阻擋 5疆場対塁 6全忠勧父 7呂岳排朝 8五道経営 9疆場面礼 10連擒三将 11大戦高懸 12大害瘟病	午後演出 13水井放薬 14官民同唖 15金仙敗陣 16楊任下山 17迎接解毒 18疆場面礼 19真人被擒 20楊任定計 21黒夜偸営 22大収五瘟 23解民回山 24五瘟帰天	18昂星鎮台
二〇	七月一四日	封神15　五岳図	午前演出 1魯仁賞玩 2子牙発兵 3魯仁問報 4大設朝政 5張奎接旨 6陳奇出戦 7敗陣回営 8鄭倫搶令 9軍陣斗法 10五嶽交戦 11升天帰位	午後演出 12子牙哭尸 13楊戩出戦 14被擒斬頭 15二擒斬獣 16三擒斬母 17夫妻哭尸 18行孫出戦 19蘭英取斬 20搶頭哭尸 21嬋玉報仇 22蘭英失宝 23二星帰位	19畢星鎮台
二一	七月一五日	封神16　封神台	午前演出 1賓栄賞玩	午後演出 13回営取斬	20嘴星鎮台

2 魚躍龍丹	14 刀不進身
3 諸公大会	15 女媧駕臨
4 分兵囲城	16 聖母賜剣
5 紂王擺宴	17 子牙登台
6 寳栄進宮	18 一罪三罪
7 城楼十罪	19 福剣斬妖
8 別宮出戦	20 三教回鑾
9 三妖出陣	21 子牙封神
10 大戦斗宝	22 諸神受封
11 紂王自焚	23 衆分三教
12 擒下三妖	24 大懸榜文

第一本―女媧招妖

女媧宮に詣でた紂王は、壁に淫詩を題する。怒った女媧は、彩雲童子に招妖旛を上げさせて狐狸精、雉鶏精、琵琶精の三妖を呼び寄せ、紂王の心を乱すように命ずる。紂王は、奸臣費仲の言に従い、絶世の美女という噂のある冀州侯、蘇護の娘、妲己を後宮に入れようとする（封神演義第一回）。召し出された蘇護は、紂王の要求を拒絶し、午門に反詩を題して帰国する。紂王は、北伯侯、崇侯虎に命じて蘇護を討たせる。蘇護の子、全忠は勇戦して侯虎を破るが、侯虎の弟、黒虎の妖術に屈して捕えられる。しかし、黒虎も道術を駆使する蘇軍の鄭倫に捕えられる。西伯侯、姫昌は、宜生を派遣して、侯虎、蘇護に説いて、両者を和解させ、さらに蘇護に娘を紂王に差し出すよう説得する。蘇護もこれに従い、自ら妲己を連れて都に登る（第二―三回）。途中、恩州の駅で宿泊中、妲己は、狐狸の精に魂をすり替えられる（第四回）。

第二本―三教会議封神榜

崑崙山の元始天尊は、姜子牙を下山させ、周を助けさせる。八〇歳の子牙は、旧友の宋異人の仲介で、六八歳になる馬洪の娘と結婚する（第一五回）。終南山の道人、雲中子は、妲己を除こうとして、紂王に魔除けの木剣を献じ、これを分宮楼の壁にかけさせる。すると妲己が顔色を失って気絶する。木剣の祟りと見た紂王は、木剣を燃やす（第五回）。馬氏を娶った子牙は、妻に勧められてザルを売って糊口をしのぐ（第一五回）。姜皇后に非難された妲己は、費仲にはかり、皇后の追放をたくらむ。費仲は腹心の姜環を使って、紂王暗殺未遂事件を起こさせ、罪を同族の皇后に負わせる。自白を迫られた皇后は目を刳り貫かれる。西宮皇后、黄妃は、これを見て悲嘆し、紂王に冤罪を訴えるが、妲己の意を受けた紂王は、さらに皇后の両手を炮烙で焼く。皇后は罪を認めずに惨死する。皇后の子、太子殷郊は、未遂事件の下手人、姜環を殺して出奔する（第八回）。妲己は、地下深く掘った穴に多数の蛇を入れて蚕盆と称し、ここに皇后に仕えていた宮人、七〇人を押し込んで、蛇の餌食にさせる（第一七回）。

第三本―大抱銅柱

太子殷郊、殷洪兄弟は、東宮楊皇后に身を寄せる。鎮殿大将軍、方弼、方相は、二人の太子を守って脱出する。紂王の命を受けた殷破敗と雷開は二人を追跡し、古廟で捕える。紂王は、処刑を命じるが、赤精子と広成子は、黄巾力士に救出を命じ、太子二人は、斬刑の寸前に一陣の風にさらわれて行方不明となる。丞相商容は、紂王を直諫するが、却って、斬刑を言い渡され、自ら石柱に頭をぶつけて死ぬ（第八―九回）。これより先、丞相、商容は上奏して紂王の非道を諫める。司天台の太師、杜元銑も、紂王が雲中子の木剣を焼いたことを批判する。紂王は、妲己の意見を入れて、杜元銑を斬刑に処する。刑場に向かう杜元銑に会った梅伯は、商容を伴って内殿に至り、紂王を諫めるが、紂王は、まず杜元銑を処刑したあと、高さ二丈の炮烙を作り、これに梅伯を追い立てて焼き殺す（第六回）。

第四本―文王被囚、伝琴斬考

紂王は、費仲の謀に従い、西伯侯、姫昌（文王）以下、四鎮の諸侯を都に召し出す。文王は、身に起こる災難を予測し、長子、邑考に後事を託して都に赴く。途中、幼児を拾うが、仙人雲中子が現れ、雷震子と命名し、預かって養育する。駅館に到着すると、駅卒が四諸侯が処刑されると予言する。果たして東伯姜桓楚（姜皇后の父）と南伯鄂崇虎は殺され、姫昌は、羑里に幽閉される（第一一回）。七年が過ぎ、邑考は、父に代わろうとして都に上る。妲己は、邑考を誘惑するが、拒絶され、反って誘惑されたと紂王に誣告する。紂王は怒り、処刑を命じる。妲己自ら手を下して、邑考を殺す（第一九回）。紂王は、邑考の遺骸を刻んで肉餅を作り、姫昌に食べるように強要する。姫昌は、食べなければ殺されると思い、無理にこれを飲み下す。紂王は、これを見て、帰郷を許す（第二〇回）。

第五本―哪侘鬧海

李靖は、道術修行ののち、紂王につかえて陳塘関の総兵となっていた。夫人、殷氏は、第三子を懐妊したが、通常の期限が来ても分娩せず、三年六か月に至ってようやく肉塊を産み落とす。李靖が剣で叩き割ると、右手に金鐲（乾坤圏）、腹に紅綾（混天綾）を巻いた幼児が跳び出す。この幼児は、姜子牙の先導、霊珠子の化身で、道人により哪侘と命名される。七歳の夏、涼をとるため、河で水浴びをしたところ、東海竜王敖光の水晶宮が震撼した。巡察中の夜叉、李艮が咎めると、哪侘は乾坤圏で打ち殺し、さらに復讐に来た竜王敖光の第三子も哪侘に龍筋を抜かれて、腰が立たなくなって死ぬ。李靖は、哪侘を連れて、敖光に謝りに行く。哪侘は、太乙真人から「隠身符」を授かり、敖光に克つ。陝塘関に帰った哪侘が、遊び半分に城楼から放った震天箭が石磯娘娘の侍者、碧雲童子に当たって、童子が死に、石磯娘娘に追いつめられるが、太乙真人に助けられて、娘娘も殺す。哪侘の乱暴に手を焼いて悩む李靖夫婦に、哪侘も不幸を恥じ、自ら父母から受けた骨肉を剔出して、命を絶つ（第一三回）。哪侘の遊魂は、母の夢枕に立ち、廟を建てて祀ってくれるように頼む。母、殷夫人はその願いを容れて、翠屏山に行宮を建てるが、父の李靖はこれを破壊する。哪侘が父の不当を太乙真人に訴えると、真人は、蓮花によって哪侘の身体を再生させる。生き返った哪侘は、李靖を追いつめるが、五龍山の広法天尊とその配下の金吒に阻止される。最後に燃灯道人が玲瓏塔で哪侘を押さえつけ、李靖を救う。父子は、姜子牙の下山、文王の七年幽閉を経ての帰郷を待って、周の挙兵の先鋒となる（第一四回）。

第六本―火焼琵琶

崑崙山の元始天尊は、八〇歳の高齢の弟子、姜子牙に山を下り、周を助けるように命ずる。都の朝歌では、宋異人が待ち受け、子牙を接待し、六八歳になる馬洪の娘を娶らせる。子牙は、ザルを売ったり、酒店を営んだりするがうまくゆかない（第一五回）。ある日、道術によって花園に徘徊する妖精を捕える。馬氏の伯母孫氏は、これを知り、家を貸して占いの商売をさせる。子牙の占いは、悉く的中し、都の評判となる。南門外の軒轅の墓に住む玉石琵琶の精は、妲己に会いに来たついでに、宮中で夜中に宮女を食い、花園の太湖石の下に白骨が露出する。琵琶の精はこれを見て宮殿を離れ、巣穴に還る。途中、女に化けて子牙の店を通りかかり、占いを頼む。子牙は一目で妖怪と見破り、その手を捉えて離さず、石硯で脳天を叩き割って殺す。群衆が殺人事件と騒いでいるところへ、丞相、比干が通りかかり、事情を聴いて、子牙を宮中に連れてゆく。子牙は、その間も女の手を離さず、紂王に面会し、薪を積み上げさせて女を焼く。焼くこと二刻、玉石の琵琶の正体が現れる。妲己は、身内が焼き殺されたことを嘆き、子牙に恨みを抱くが、紂王は、子牙を司天監に任命する（第一六―一七回）。妲己は、紂王に高さ四丈九尺に及ぶ鹿台を築くようにすすめ、子牙に工事の責に当たらせるよう進言する。子牙は、その設計図を見て、無意味な土木工事を企てる紂王を面罵し、水遁の術を使って池に飛び込み、宮殿を脱出する。家に戻ると、馬氏を離縁し、西伯の領地に逃れ、磻渓に身を隠す（第一八回）。西伯の上大夫、散宜生は、奸臣の費仲と尤渾に賄賂を送り、紂王に説いて羑里に幽閉されて七年になる文王、姫昌を釈放して故国に還らせるよう依頼する。策は功を奏し、紂王は、文王に官位を加増して帰国させる。文王は、三日間、町に出て官位加増を民衆に示す祝賀儀式を行うが、将軍黄飛虎の忠告を入れて、二日で切り上げ、急いで帰国の途に就く。紂王は、殷破敗、雷開に命じて追手をかける（第二〇回）。文王に危険が迫っていることを知った道人、雲中子は、文王の末子、雷震子に命じて、文王を背負って五関を脱出させ、故国に送らせる（第二一回）。帰国した文王は、長子を失った悲しみに沈み、肉塊を吐く。肉塊は、三匹の兎となって去る。文王は、南宮適、散宜生の進言を入れ、邑考のために霊台を築き、気象を観測して天災を防ぐ用にあてる。軍民は、喜んで労役に服し、旬月ならずして完工する（第二三回）。文王は、ある日、白額の猛虎が羽をはやして帳に飛び込んできた夢をみる。散宜生は、棟梁の臣を得る吉兆と判定する。果たして、渭水のほとりで釣りをしている姜子牙に会い、右霊台丞相に取り立てる（第二四回）。

第七本―反五関

黄飛虎の手で鹿台が完成すると、紂王は、妲己に神仙の到来を要求する。妲己は、軒轅の墓にいる仲間の狐狸を神仙に化けさせて鹿台に招き、丞相比干に酌をさせる。狐狸たちは酔って尻尾を出す。比干は、狐狸の巣を突き止め、入り口に薪を積み、火を放って焼き殺す。妲己は、比干を恨み、紂王に自らの病を癒やすのには、比干の心臓を薬にする必要があると訴える。紂王は、比干を殺して心臓を取り、妲己に献じる（第二六回）。紂王は、黄飛虎の妻、賈氏の容色に目をつけ、摘星楼に招いて戯れる。賈氏は、楼から飛び降りて節を守る。これにより黄飛虎とその義弟、黄明、盟友、周紀らは、人馬三〇〇〇を率いて、紂王に反旗を翻し、朝歌の宮殿の午門で紂王と戦ったあと、西伯侯に投じる。紂王は、北海から凱旋した聞仲に追撃を命じる。飛虎は、父の滾、子の天化、哪吒太子などに助けられながら、五関を突破し、岐山に到達する。周では、子牙が出迎え、飛虎は、鎮国武成王に封ぜられる（第三四回）。

第八本―姜尚登台拝将

これに先立ち、文王は、病にかかり、病勢は、日ごとに重くなる。子牙は、兵を率いて、紂王に味方する北鎮の将、崇侯虎、黒虎父子を伐ち、これに勝って父子を殺す（第二九回）。遠征から帰国した太師、聞仲は、紂王の命を受けて、周を伐つ。聞太師指揮下の将、張桂芳は、道術によって周軍を苦しめるが、哪吒太子の反撃に遭って、傷つき、両軍は持久戦となる（第三六回）。子牙は、いずれ、紂王の大軍が周を攻略に来ると予見し、その対策のために、かつて修行した崑崙山に行く。元始天尊の教えを乞い、南極仙翁から封神榜を授与されて武王の下に還る（第三七回）。重病の床にあった文王は、太子姫発を呼び、後事を託して没する。子牙は、太子、姫発を立てて武王とする（第二九回）。

第九本―一出岐山

子牙は、守勢から攻勢に転じ、大軍を率いて、根拠地の岐山を進発する。太師、聞仲は、急報を聞いて、迎撃に出る。黄虎山に登り、子牙軍の形成を観望し、これと対峙する。紂王側の霊霄殿四将、王魔、楊森、高乾、李覇の四人の道人は、子牙に投降を勧めるが、子牙は無視する。張桂芳は、道人を伴って攻勢に出て、子牙を殺して首を取るが、文殊広法天尊が生き返らせる。子牙は再び反撃し、配下の金吒、黄天祥が奮戦して、張桂芳及び道人、王魔、楊森、高乾の三人を打ち取る（第三九回）。冀州侯蘇護（妲己の父）は、紂王に恨みを抱いていたが、君臣の義に従って西伯を伐つ。黄飛虎は、蘇護と戦い、捕えられるが、周への帰順を説く。蘇護も心を動かすが、門官の鄭倫が反対するため、踏み切れない（第五七回）。妲己に母、姜皇后を殺され、宮殿を脱出した殷洪は、赤精子の弟子になり、道人となっていたが、申公豹に説得されて、紂王側につく。赤精子は、殷洪を説得して周につかせようとし、帰順してきた蘇護も説得するが、殷洪は、どうしても従わない。赤精子は、やむなく太極図を用いて、殷洪を巻き殺す（第六〇―六一回）。

第一〇本―黄河陣、伏龍鎖

聞太師は、西岐に十陣を張って、子牙の軍に対峙する。子牙は落魂陣によって、三魂七魄のうち、二魂六魄を奪われ、人事不省に陥るが、赤精子が駆けつけて蘇生する。子牙は、燃灯道人の法力を借りて、十陣のうち六陣を破る。聞太師は、挽回をはかり、峨嵋山に飛び、羅浮洞の趙公明に助けを求める。公明は、出陣するが、陸圧道人に七箭書を奪われ、子牙に射殺される（第四八―四九回）。公明の妹、三人、瓊霄、碧霄、雲霄は、兄の仇を報じようとして、黄河陣を張り、戮目珠によって子牙軍の諸将を苦しめる。子牙は、崑崙山に行き、元始天尊から授かった沈香輦により三人を服する。三人は老子の命に従い、子牙の配下に入る（第五〇―五一回）。

第一一本―収殷郊、順天時

殷洪の兄、殷郊は、周に就こうとしていたが、申公豹に説得されて紂王側に就く。弟の殷洪の仇を討とうとして子牙に戦を挑む。子牙は、黄飛虎、黄天化父子を差し向けるが二人とも、殷郊の将、張山に捕えられる。殷郊は、昔の恩を思い、二人を釈放する。殷郊は、さらに抵抗を続けるが、最後に燃灯道人に追われ、二つの山に挟まれ、進退窮まるところに、犂鋤で犂き殺される（第六五―六六回）。紂王の将、鄧昆（九公）は、南鎮の姜文煥と対峙していたが、姜の部下、土行孫の手引きで、周に帰順し、子牙の軍に参加する。土行孫は、九公の娘、嬋玉と結婚する。子牙軍は、五関を破り、澠池県に到達、守将、張奎と対戦する。土行孫は、張奎に討たれ、嬋玉は、張の妻、高蘭英に討たれる（第八五―八七回）。

第一二本―焚西岐

これより先、截教派の火龍島焰中仙、羅宣は、紂王側に就いた殷郊を助け、周の根拠地、西岐城に火箭を射込み、さらに万余の火鴉を放って、大火を起こす。軍民逃げまどい、滅亡の危機に瀕するところへ、龍吉公主が現れて、羅宣を駆逐し、大雨を降らせて、大火を消し止める（第六四回）。殷洪の亡魂は、紂王の夢枕に立ち、逸楽を改めて子牙に備えるよう進言するが、紂王は、意に介さない。子牙の軍が朝歌に迫っている、との知らせに、三山関総兵、洪錦に命じ、一〇万の兵を率いて西岐に向かわせる。子牙は、鄧九公、鄧嬋玉に防がせる。洪錦は、鄧嬋玉に五光石で顔を打たれて負傷するが、一晩で傷を治した洪錦は、再度、出陣する。瑶池金母の娘、龍吉公主がこれと対戦し、洪錦を捕える（第六六回）。子牙が洪錦を処刑しようとすると、月合仙翁が現れ、洪錦は、龍吉公主と夫妻の縁があると言い、二人を結婚させる（第六七回）。子牙は、金台に登って元帥の職を拝命し、軍律を定め、東征の軍を発する。紂王は、孔宣に命じてこれを防がせる。孔宣は、金鶏嶺に陣を敷き、周軍を防ぐ。この戦いで、黄天化が高継に殺される。子牙は、西岳（文聘）、中岳（崔英）、北岳（蔣雄）、東岳（黄飛虎）、南岳（崇黒虎）を動員して金鶏嶺の突破を図る（第六九回）。孔宣は、黄飛虎、洪錦、哪吒、雷震子、李靖、金吒、木吒を捕え、楊戩も敗退する。鄧嬋玉、龍吉公主が出て孔宣の顔と背中を傷つけるが、すぐに丹薬で傷を治して、子牙に挑戦する。武王は、兵を引くことを提言し、子牙も迷っているところへ、陸圧道人が駆けつけ、次いで燃灯道人が駆けつける。燃灯道人は、大鵬鵰を放ち、孔宣の正体を探らせるが、正体は不明、道人も困惑する。そこへ、準提道人が現れ、手にした七宝妙樹を揮って、孔宣を制圧する。孔宣の正体は、目細冠紅の孔雀であった。子牙は、囚われていた諸将を取り戻し、金鶏嶺を越えて、汜水関に兵を進める（第七〇—七一回）。龍吉公主と結婚した洪錦は、周軍に就き、子牙の命を受けて佳夢関を攻める。守将、胡昇に味方する火霊聖母は、三〇〇〇の火龍兵を洪錦の陣営に突っ込ませて火を放つ。妻の龍吉公主が火を消そうとするが及ばず、洪錦は敗走する。子牙も火霊聖母に斃されて首を取られそうになる所へ広成子が助けに来て、火霊聖母を殺す（第七二回）。

第一三本—誅仙陣

通天教主は、弟子の火霊聖母が広成子に殺されたことに怒り、子牙の東征を阻もうとして、「誅仙陣」を設ける。子牙は師の太乙真人に頼み、仙人たちの支援を得て、「誅仙陣」の突破をはかる。広成子、赤精子、文殊、雲中子、陸圧道人、燃灯道人など、子牙に味方する闡教系の仙人が集まる。一方、通天教主側には、多宝道人、金霊聖母、亀霊聖母、金光仙、霊牙仙など、截教系の仙人が付く。子牙に味方する元始天尊は、二教激突の帰趨をはかりかね、太上老君を訪ね、子牙への支援を依頼する。老君は、上清、玉清、太清の三清を招き、準提道人と謀り、三教の神仙を動員して、「誅仙陣」を破る。通天教主は、遁走し、六魂旛を建てて、接引道人、準提道人、老子、元始天尊、武王、子牙の六人の命を狙う（第七七—七八回）。

第一四本—五瘟帰位

子牙は、汜水関で、守将、韓栄と戦う。その子、韓升、韓変が子牙を攻めるが、鄭倫に捕えられ斬られる。城の上からこれを見た韓栄も城壁から飛び降りて死ぬ。誅仙陣を突破した子牙は、汜水関を後にして界牌関に向かう。守将、徐蓋は、王豹、彭遵に出陣を命じ、子牙は、魏賁を向かわせる。魏賁は、彭遵の妖術に討たれる。蘇護、蘇全忠父子は、王豹と戦って遁走させる。次いで子牙は、穿雲関を攻めるが、守将、徐芳の黄飛虎、洪錦が虜となる。また道人、呂岳が瘟皇陣を張って子牙を陥れる。道徳真人が現れ、楊任に五火焔扇を与える。楊任は、囚われて都に送られる途中の黄飛虎、洪錦を救い出し、さらに呂岳の使う瘟疫傘を粉砕する。子牙も意識を回復し、共に潼関を攻める。潼関は、守備、余化龍が五人の子と共に守る。ここで蘇護が戦死し、子の全忠が報復に出るが、落馬し、危ういところを雷震子に助けられる。ここで余化龍の子、余徳は、五方の雲に載せて、五斗の毒痘を四方八方にまき散らし、武王、子牙以下、周の三軍、六〇万は、痘疹にかかって発熱し、動けなくなる。玉鼎真人が駆けつけ、楊戩を伏義のもとに走らせ、神農から丹薬を授かって帰る。楊戩と哪佗は、丹薬を水に溶かし、楊枝を用いて四方に撒くと、痘疹の毒は、一挙に消滅して、全軍は、蘇生する（第八一回）。

第一五本—五岳図

話は、さかのぼって、子牙が兵を三路に分けて三関を攻めた時、黄飛虎と鄧九公は、青龍関攻撃の責を負う。青龍関の守将、丘引とその部下、陳奇が周軍と対戦する。陳奇は、道術によって、鄧九公を殺す。その娘、鄧嬋玉の夫、土行孫も陳奇の術で囚われるが、土遁の術で脱出する。督糧官、鄭倫が出て、陳奇と戦うが、勝負がつかない。土行孫、黄飛虎、哪侘も出て、丘引に迫る。丘引は、土遁の術を使って逃れ、周軍は、ようやく青龍関を奪取する（第七三―七四回）。子牙は、澠池県に進むが、ここを守る張奎とその妻、高蘭英は力戦して、文聘、崇黒虎、崔英、蔣雄、黄飛虎の五将（五岳）を倒す（第八六回）。ここで楊戩が立ちあがり、張奎と戦い、道術で相手の目をくらまし、その隙に張の乗馬、烏煙獣の首を切り落とし、さらに張の母を斬る（第八六回）。母を殺された張奎は、怒り狂い、地行の術を使って、地下から子牙を襲うが、楊任がこれを防ぐ。張奎は、一旦、自軍に戻ってから、翌日、再び挑戦し、楊戩と死闘を演じる。高蘭英も出て挑戦すると、鄧嬋玉が出て応戦する。張奎は、さらに土行孫と対戦し、これを殺す。夫を殺された鄧嬋玉も、高蘭英の四九本の太陽神針に両目を射られ、斬殺される（第八七回）。

第一六本―封神台

武王、子牙は、孟津に至り、黄河を舟で渡る。風浪に悩まされている最中、白魚が舟艙に飛び込む。子牙、吉兆として、これを煮て諸将に配る（第八八回）。東伯侯、姜文煥は、惨殺された姜皇后の仇を討つため、紂王に叛いて、遊魂関に迫る。守将の竇栄は、守りを固める。金吒、木吒は、道人に変装して竇栄をあざむき、城内にとどまって、姜文煥に内応する。姜文煥は、竇栄を斬って遊魂関を奪取する（第九三―九四回）。子牙が孟津に近づくと、梅山の七怪に阻まれるが、女媧の助けを得てこれを突破する。子牙は、朝歌に至り、紂王の一〇の罪状を記した告示を矢に結び付けて、宮城の四方から城内に向けて射る。城内の軍民は、城の四門を開き、周軍を迎え入れる（第九五回）。周軍に囲まれた紂王は、打って出て南伯侯、鄂順を殺すが、東伯侯、姜文煥に鞭で打たれ、逃げ帰る。妲己、胡喜媚、王貴人の寵姫三妖が武装して周軍の本営を襲う。楊戩、哪侘、雷震子、金吒、木吒に迎撃されて、逃げ戻るが、女媧に、逃げ道を塞がれて、捕えられる。子牙は、三妖の正体（狐狸、琵琶、雉鳩）を暴き、斬刑に処する。紂王は、摘星楼に登り、自焚する（第九七回）。子牙は、戦死した諸将の霊を祀り、それぞれ神に封じて、その冤みを鎮める（第九九回）。

以上、この封神伝は、小説の『封神演義』に見えるように、基本的には、子牙軍が朝歌に向かって進軍する順序に沿って展開しているように見えるが、時々、逆戻りして通り過ぎた過去の話をもち出して演じることがある。また、その内容も、時々、小説とは、異なっているのではないか、と想像せざるを得ない箇所がある。もちろん、小説にあって、この連台本で演じられていないものも少なくない。要するに、連台本は、小説、封神演義を、恣意的に切り取って、独自の排列によって演じているのである。それは、演出としては、当然であろう。

(5)第五期…七月一六日—二一、二二日（五日間）、東窗（精忠伝）

岳飛の物語、精忠伝を演じる。前掲のものに比べて、岳飛の出世伝の部分が大幅に省略され、代わって、岳飛の奮戦と惨死の場面に詳しい。まず、各本の齣目表（表60）を示したあと、各本の梗概を記す。

表60　民国初期四川連台本『精忠伝』演出齣目表（5）

日次	月日	演目	齣目 上本	齣目 下本	鎮台星辰（二十八宿）
二二	七月一六日	東窗1　降天鵬	午前演出 1李綱賞花 2百姓告旱 3県令申本 4大設朝政 5御苑禱告 6老龍繞殿 7仏降大鵬 8天門打賭 9墨龍涌水	午後演出 13沙盤教子 14周侗落庄 15較場操演 16瀝泉得槍 17僧人結拝 18童僕小考 19参拝許親 20周侗墜馬 21弟兄問病	21参星鎮台

			午前演出	午後演出	
			10岳和求嗣	22臨終托孤	
			11生子賀喜	23知県送親	
			12贈缸涌水	24拝完花燭	
二三	七月一七日	東窗2 平大遼	午前演出	午後演出	22井星鎮台
			1李綱賞玩	13兀朮生反	
			2大遼起兵	14李綱問報	
			3李綱問報	15奏聖出兵	
			4大設朝政	16疆場大敗	
			5邦昌出兵	17四路招兵	
			6疆場大敗	18江忠投営	
			7奏聖搬兵	19得勝封官	
			8金兵起駕	20用計擒金	
			9平伏大遼	21青衣酌酒	
			10大兵回朝	22割鼻取耳	
			11金殿封官	23回国斬子	
			12題写反詩	24較挙龍場	
二四	七月一八日	東窗3 潞安州	午前演出	午後演出	23鬼星鎮台
			1大設朝政	13起兵両狼	
			2金邦議事	14二子出征	
			3挙龍掛帥	15敗陣逃走	
			4飛渡黄河	16投降献関	
			5飛報出戦	17世忠接報	
			6用計探聴	18観陣出戦	
			7東関失敗	19二子敗陣	
			8南関力綱	20夫妻用計	
			9西関瓦缶	21炮打金兵	
			10北関挙柵	22敗陣回関	
			11夫人尽節	23炮打両狼	
			12失関尽忠	24馬前分別	
二五	七月二〇日	東窗4 二進中原	午前演出	午後演出	24柳星鎮台

			1秦檜別家 2二進中原 3試官考取 4点元参相 5栄帰用計 6王氏採桑 7眉須献美 8搶進金営 9秦檜献茶 10（欠） 11（欠） 12（欠）	13功臣大会 14単刀盟誓 15土地変鳥 16田猟三趕 17聖人賜馬 18泥馬渡江 19崔孝尽忠 20夜宿廟庭 21崔進見主 22（欠） 23（欠） 24（欠）	
二六	七月二□日	東窗5　金牌招	午前演出 1三犯朱仙 2訓子接詔 3侯□蓋糧 4祭旗点兵 5遣将対敵 6三擒三放 7回営定計 8相府投書 9仮造金牌 10三詔岳帥 11金山問卜 12江心失槍 13王横死義 14拿帰回朝 15大理勘問 16相府差高 17勘審換子	午後演出 21父子請供 22遣送黄柑 23夫妻用計 24暗害忠良 25損鎖出獄 26竹橋殺子 27解詩升天 28火焚風波 29三畏接旨 30倪完報信 31江辺祭奠 32忠孝節義	25魚星鎮台 以下欠 （26張星） （27翼星） （28軫星）

第一本―降大鵬

玉皇大帝は、宋徽宗の上奏文に瑕疵があるのをとがめ、罰として赤鬚龍を金国に降生させ、宋を侵略させる。老祖は、これを防ごうとして大鵬を派遣し、老龍を襲わせる。老龍は斃れるが、一霊滅びず、万俟卨に生まれ変わり、岳飛を冤罪で屈死させることになる。老祖は道人に変身して、相州湯陰県岳家荘に豪農の岳和を訪れ、喜捨を乞う。岳家では、ちょうど子供が生まれたところで、道人は、飛という名を授ける(第一回)。道人は、三日以内に天変地異が起こる故、その時は、母子二人、中庭の大花瓶に入っていれば、助かると予言して去る。果たして、岳家荘に大洪水が襲い、花瓶は、河北大名府黄県麒麟村に流される。土地の富農、王明に救われるが、母子は、貧しく暮らす(第二回)。母は、柳枝で砂に字を書いて岳飛に教える。のち、王明を訪ねてきた禁軍の武師、周侗について武術を習う(第三回)。周侗は、岳飛の才を見込み、養子とする。岳飛は、瀝泉洞で大蛇を退治し、その尾から金槍を得る。やがて同門の少年、王貴、湯顕と三人で、県の武挙を受けに行く。岳飛は、剛弓を引き、九本の矢を速射して悉く的に命中させる。県主李春は、感嘆し、娘を娶らせる。周侗は、乗馬疲れが元で、重病になり、弟子たちに見守られて逝去する(第六回)。

第二本―平大遼

遼軍が中原に侵入し、張邦昌が出兵するが、敗北する。金が遼を攻めて滅ぼす。金は、これにより強大になり、中原に侵入する。宋朝の重臣、李綱は、出兵するが、大敗し、四方の義勇の士をつのる。強人、江忠が応募し、岳飛も参戦する。金軍は、大兵を擁して南下する。岳飛は、寡兵をもってこれに当たる。山に陣取り、中腹に兵を伏せておき、自ら、瀝泉槍を揮って金軍に突入し、攪乱した後、引くと見せて敵を山中にいざない、伏兵の奇襲によってこれを破る。金軍は、大敗して退く。（『説岳全伝』になし。）

第三本—潞安州

金の四太子、兀朮は、山西省の潞安州を攻める。守将、陸登は、四門を固守する。兀朮は、哈迷蚩に城内を探らせたあと、四門を攻める。東西南北の関門は、次々に破られる。陸登と夫人は、自刎する。兀朮は、陸登の子を収めて養育する（第一六回）。潞安を落とした兀朮は、両狼関を攻める。守将、韓世忠、夫人梁紅玉は、寡兵を以て迎え撃つ。韓世忠と長子、韓尚徳は、敵中に駆け入り、奮戦するが、行方不明となる。梁夫人は、三山口に大砲を置き、金軍を撃つ計略を立てていたが、三山口に雷が落ちて、大砲は爆裂して、その砲弾は、味方の両狼関を破壊してしまう。金軍は、これに乗じて関を占領する。世忠、尚徳は、梁夫人と落合い、陝西に還る（第一七回）。

第四本—二進中原

兀朮は、八月に奇跡的に結氷した黄河を渡り、汴京に迫る。張邦昌は、礼物を献じて、和を請う。兀朮は、入城して、徽宗、欽宗、及び徽宗の第九子、康王を北辺に拉致する。かつて代州雁門関の総兵を務め、長く北番にとらわれていた崔孝は、二帝に請い、康王に中原に帰って即位するよう命ずる詔勅を血書してもらう。崔孝は、中元に兀朮が祖先を祀る宴席を開いている隙に康王を連れだして血詔を見せ、泥馬に載せて脱出する。追手がかかり、長江を前に、崔孝は自刎する。康王の泥馬は、江を渡り切り、王は、磁州豊邱県の崔府君廟に到達する。ここで張元帥に迎えられて金陵に至り、即位して高宗となる（第二一回）。

第五本—金牌招

兀朮は、大軍を率いて、三たび中原を犯し、朱仙鎮に迫る。岳飛は、宋軍を率いて、朱仙鎮に陣を敷き、勇戦して金軍を苦しめる。岳飛を恐れる兀朮は、奸臣秦檜に通じ、岳飛の前線から遠ざけようとする。秦檜は、岳飛の殺害をはかり、勅旨を偽造して、金牌を一二回も発して、岳飛を前線から召喚する。岳飛は、都への帰途、金山寺の道悦和尚に占いを乞うと、和尚は、江中の風波に気を付けるようにと忠告する（第五九回）。平江に至ると、錦衣衛指揮馬忠が校尉二〇名を率いて、岳飛を逮捕する。同行の王横は、これを阻止しようとするが、岳飛は、抵抗を許さず、王横はその場で自刎する。秦檜は、帰還した岳飛を、大理寺に送る。大理寺正卿の周三畏は、冤罪と知って、職を辞して郷里に帰る。秦檜は、腹心の万俟卨を大理寺に送り、岳飛に拷問を加える。岳飛は、供述書においても罪を認めず、秦檜は、岳飛の一族を逮捕する（第六〇回）。秦檜は、妻、王氏とはかり、黄柑の中身をくり抜いて中に処刑命令を書いた小票を入れ、勘官、万俟に送る。岳飛、岳雲の二人は、風波亭で絞殺される（第六一回）。大理寺の獄官、倪完は、朱仙鎮に行き、岳飛の盟友、施全、牛皋などの好漢に岳飛に托された手紙を渡す。好漢は、怒り、兵を率いて臨安に向かう。施全等七人は、三八〇〇人の長勝軍を率いて太行山に落草し、他日の再起を期する（第六三回）。

以上、この連台本も小説『説岳全伝』（精忠伝）の順序に沿って忠実に演じているわけではなく回数が逆順になったり、飛んだりしているから、上演環境に合わせて適宜に切り取って演じていることがわかる。以上、四川連台本の約一か月にわたる上演を通観すると、個々の演目に娯楽的要素が強くなっているものの、全体としては、二十八宿を基本として日程が組まれている。これに基づいて、毎日、鎮台（駆邪儀礼）が行われており、祭祀性がきわめて強い。この儀礼は、俳優ではなく巫師が担当していたに違いない。明末、山西楽戸の『迎神賽社礼節傳簿』も二十八宿を日程の基本に据えている。[22] 四川の連台本もその背景に楽戸或いは巫師の組織があった、と考える。目蓮戯は、市場での上演においても、祭祀から離れることはできないのである。

結節　連台本における英霊鎮魂の地位

前節の民国初期四川の連台本の六月から七月に及ぶ上演構成をみると、七月一五日の中元の正日には、封神伝が終演する日に当てられており、しかもこの日には、子牙が戦死した英雄たちを封神台で祀り、封神榜に明示して、鎮撫している。本来なら、ここでは、目連戯で劉氏が救済される盂蘭盆会が演じられるはずであるが、封神伝が演じられている。

四川では、それだけ鎮魂儀礼において封神伝が重視されていることになる。封神伝では、英雄豪傑たちが戦死すると、その魂は、岐山の封神台に行き、そこで封神名簿に登録されて、鎮められる。封神台に祀られた英霊は、三六五名であるが、その戦死の様子が語られているのは、主役格の三五人である。回次としては、一〇〇回中、二七回にわたって語られている。いずれも清福神が英霊を封神台に接引する（傍線個所）。

○子牙命将三人推来。武吉将魯雄、費仲、尤渾推至。子牙伝令、斬訖報来。霎時献三顆首級。……且説清福神将三魂引入封神台去了。

子牙は、三人を連行するよう命じた。武吉は、魯雄、費仲、尤渾を連行してきた。子牙は、斬刑が訖（おわ）ってから報告せよ、と命令した。霎時（すぐ）に三顆の首級が献じられた。……やがて、清福神が三人の魂を封神台に案内していった（第四〇回）。

○只聴得一声響、方弼四肢已為数段、跌倒在地、――一道霊魂往封神台、清福神柏鑑引進去了。

音がしたとたん、方弼の体は、バラバラになり、躓いて地上に倒れた。――その魂は、封神台に行き、清福神の柏鑑に案内されて中に入って行った（第四一回）。

○只見糸条道服麻鞋在、渾身皮肉化成膿、董全一道霊魂往封神台来、清福神柏鑑引進去了。
帯と道服と麻鞋が残っただけで、全身は崩れて膿になり、董全の魂は、封神台に行き、清福神柏鑑に案内され
て、中に入って行った（第四六回）。
○早被広成子復祭番天宝印打来、金光聖母躲不及、正中頂門、脳漿迸出、——一道霊魂早進封神台去了。
早くも広成子が呪文をとなえて番天宝印を打ちかけると、金光聖母は避けきれず、宝印は、脳天に命中し、脳
みそが飛び出した。——その魂は、はや封神台に入って行った（第四六回）。
○孫天君上台、将一片黒砂往下打来、正中喬坤、正是…砂沾袍服身為血、化作津津遍地紅、喬坤一道霊魂已進封神
台去了。
孫天君が台に上り、黒砂を投げ下ろすと、喬坤に命中し、砂が服にしみこむと、身体は血まみれになり、血が
流れて地上が朱に染まった。喬坤の魂は、早くも封神台に入って行った（第四六回）。
○陸壓在火内一躬、〝請宝貝転身〟、那宝物在白光頭上一転、白礼首級早已落下塵埃、——一道霊魂往封神台上去了。
陸壓が、火の中で身をこごめ、宝よ、回転せよ！　と叫ぶと、宝は、白光の頭上を旋回し、その瞬間、白礼の
首は塵の上に落ちていた。その魂は、封神台の方に去った（第四八回）。
○方相趕進〝落魂陣〟内、見姚天君已上板台、把黒砂一把灑将下来、可憐方相哪知其中奥妙、大叫一声、頃刻而絶。
——一道霊魂往封神台上去了。
方相が落魂陣の中に走り込むと、姚天君は、すでに板台に上っていて、黒砂をつかんでまき散らす。方相は、
訳が分からぬまま、大声で一声叫ぶと、間もなく絶命した。その魂は、封神台の方に向かって去った（第四八回）。
○姚天君大怒、復来戦鬥、赤精子対東崑崙打稽首、曰…〝弟子開了殺戒〟、提剣取了首級。——姚斌一道霊魂往封神
台上去了。

姚天君は、激怒し、また戦闘となった。赤精子は、東崑崙に会釈すると、殺生して申し訳ありません、と言い、剣を突き出して、その首を取った。姚斌の魂は、封神台の方に向かって去った（第四八回）。

○哪吒奮勇、一槍把姚少司刺死、楊戩把鄧九公脅下一槍。——二人霊魂倶往封神台上去了。

哪吒は、勇を鼓し、槍で一突き、姚少司を刺し殺した。楊戩も鄧九公の脇下を槍で突いた。——二人の魂は、ともに封神台の方に向かって去った（第四八回）。

○王天君上台、将一葫蘆水往下一摔、葫蘆振破、紅水平地湧来、一点粘身、四肢化為血水。曹宝被水粘身、可憐、只剰道服糸条在、四肢皮肉化為津、一道霊魂往封神台上去了。

王天君は台に上り、葫蘆の水を下に振ると、葫蘆は、破れ、赤い水が地から湧いてきた。これに一寸触れただけで、身体が血水に代わってしまうのである。曹宝は、水に触れ、道服と帯を残して、身体は、血水となり、その魂は、封神台の方に向かって去った（第四八回）。

○道徳真君把七禽扇照王変一扇、王変大叫一声、化一陣紅灰、径進封神台去了。

道徳真君が七禽扇をとって王変に向かって一扇ぎすると、王変は、大声であっと叫び、一陣の紅灰と化し、径ちに封神台に入って行った（第四九回）。

○瓊霄仗剣而来、元始命白鶴童子把三宝玉如意祭在空中、正中瓊霄頂上、打開天霊、——一道霊魂往封神台上去了。

瓊霄は、剣をかざして襲ってきた。元始天尊が、白鶴童子に命じ、呪文とともに三宝玉如意を空中に飛ばさせると、瓊霄の頭に命中し、脳天を叩き割った。——その魂は、封神台の方に向かって去った（第五一回）。

○元始袖中取一盒、揭開蓋、丟起空中、把碧霄連人帯鳥装在盒内、不一会化為血水。——一道霊魂往封神台上去了。

元始天尊は、袖の中から合せ箱を取り出し、蓋を開けて空中にほうり上げ、乗っている鳥もろとも碧霄を箱の中に閉じ込めた。するとやがて血水に変った。——その魂は、封神台の方に向かって去った（第五一回）。

○子牙忙祭起打神鞭、正中菡芝仙頂護、打得脳漿迸出、死了非命。——一道霊魂往封神台上去了。彩雲仙子聴得陣後有響声、回頭看時、早被哪吒一槍、刺中肩胛、倒翻在地、後加一槍、結果了性命。——也往封神台上去了。武成王大戦張節、黄飛虎槍法入神、大吼一声、把張節一槍刺于馬下。——一霊也往封神台上去了。

子牙が急いで呪文と共に打神鞭を振り上げると、菡芝仙の脳天にあたり、脳みそが流れ出して、不運の最後を遂げた。——その魂は、封神台の方に向かって去った。彩雲仙子が後ろで音がするのを聴いて、振り向いた途端、哪吒に槍で一突きされ、槍が背中に当たり、地上に仰向けに倒れたところへさらに一突きされて、絶命した。その魂も、封神台の方に向かって去った。武成王は、張節と戦い、その槍術は神業のごとく、大声で叫ぶや、張節を一槍で馬から突き落とした。——その魂も、封神台の方に向かって去った(第五一回)。

○哪吒抖擻神威、酣戦五将、大叫一声、把吉立刺于馬下。忙把風火輪登出陣来、取乾坤圏祭在空中、正中鄧忠肩胛、翻下鞍韂、被哪吒復一槍、結果了性命。——二道霊魂倶往封神台上去了。

哪吒は、ふるい立ち、五人の敵将と夢中で戦った。大声一呼、吉立を刺して落馬させる。急いで風火輪に乗って出陣、呪文と共に乾坤圏を空中に投げ上げると、鄧忠の背中にあたり、鞍から落ちるところを、哪吒に一突きされて絶命する。——二人の魂は、封神台の方に向かって去った(第五二回)。

○話説聞仲、黄天化交鋒、約有二三十合、有辛環気沖牛斗、余慶怒発沖冠、二将来助太師、黄天化見二将来助戦、把玉麒麟跳出陣外就走。余慶不知好歹、随後追来、黄天化掛下双錘、取火龍標回首一標、打下落馬而死。——一魂進封神台上去了。

聞仲と黄天化は矛を交えること、二三十合、辛環は、意気天を衝く勢い、余慶は怒髪、冠を突き破る勢いで、太師聞仲の加勢に駆けつける。黄天化は、二人の加勢を見るや、玉麒麟を駆って逃げ出す。何も知らない余慶は、後を追ってくる。黄天化は、二つの錘を火龍標にかけ、振り向きざま、これを投げつけると、余慶は、これに当たって落馬して死ぬ。——その魂は、封神台に入って行った（第五二回）。

○辛環肉翅飛起、来戦雷震子、不防楊戩暗祭哮天犬、一口把辛環的腿咬住了。雷震子一棍、正打着辛環頂門、死于非命。——也往封神台上去了。

辛環は、脇に生えた翼を使って飛んでゆき、雷震子と戦う。楊戩は、こっそり、呪文を唱えて哮天犬を放つと、ガブリと辛環の太腿にかみつく。雷震子が棍棒で一撃すると、辛環の脳天に命中、不運にも命を落とす。——その魂は、やはり封神台の方に立ち去った（第五二回）。

○聞太師捏定避火訣、往上一升、駕遁光欲走。不知雲中子預将燃灯道人紫金鉢盂磕住、渾如一蓋蓋定、聞太師哪裡得知、往上一沖、把九雲烈焔冠撞落塵埃、青糸髪倶披下。太師大叫一声、跌将下来。雲中子有外面発来雷、四処有霹靂之声。火勢兇猛。可憐、成湯首相、為国捐軀。——一道霊魂往封神台来、有清福神祇用百霊幡来引太師。太師忠心不滅、一点真霊借風遥至朝歌、来見紂王、申訴其情。諫曰…〝老臣奉勅西征、屢戦失利、枉労無功。今已絶于西土。願陛下謹修仁政、求賢輔国、毋肆荒淫、濁乱朝政。老臣欲再訴深情、恐難進封神台耳。臣去也！〟径往封神台来。——柏鑑引進其魂。安于台内。

聞太師は、指で避火訣を決め、空中に上り、遁光に駕して逃げようとした。不意に雲中子が燃灯道人の紫金鉢盂を使って、頭にかぶせて押さえつけ、しっかりはまった蓋のようになる。聞太師は、訳が分からず、上に向かって突き上げると、九雲烈焔の冠は、突き上げられて地上に塵埃に落ち、頭髪は、みな乱れてザンバラ髪になる。太師は、アッと叫ぶと、躓いて倒れる。雲中子は、外から雷を発し、四方に落雷の音が響く。火勢は、猛烈を極め、成湯の首相も、国のために命を落とす。——その魂は、封神台に向かってゆき、清福神祇が百霊幡をもって太師を接引する。太師の忠義の心は滅びず、その霊魂は、風に乗って朝歌に至り、紂王に謁見して、真心を訴えて、言う。「老臣、勅を奉じて西征し、屢々戦うも利を失い、枉しく労して功なし。今、已に西土に絶ゆ。願はくは、陛下謹しみて仁政を修め、賢を求めて国を輔けしめ、荒淫を肆にして朝政を濁乱するなかれ。老臣、再に深情を訴えんと欲するも、封神台に進りがたきを恐るるのみ。臣、去かんかな！」と。径ちに封神台にやって来る。——柏鑑、其の魂を引進して、台内に安んじた（第五二回）。

◯韋護、楊文輝軽移虎歩、大殺山前、只三五回合、韋護祭起降魔杵、楊文輝見此宝落将下来、方要脱身、怎免此厄、正中頂上、可憐打得脳漿迸出、——一道霊魂往封神台上去了。

韋護と楊文輝、軽く虎歩を移して、大いに山前で決闘を行った。ただ三五回、合わせただけで、韋護は、呪文と共に降魔杵を空中に放り上げた。楊文輝は、この宝が落ちてくるのを見て、避けようとした途端、禍の回避ならず、脳天に命中、あわれ、脳みそがほとばしり出て、——その霊魂は、封神台に向かって去って行った（第五九回）。

◯哪吒戦龐弘、忙祭祀起乾坤圏、一圏将龐弘打下馬去、復脅下一槍刺死。卻説楊戩戦畢環、未及数合、楊戩放出哮天犬、将畢環咬了一口、畢環負疼、把頭一縮、湊手不及、被楊戩復上一刀、可憐死于非命。——二人倶進封神台去了。

哪吒は、龐弘と戦った。急いで呪文を唱えて乾坤圏を取出し、一圏で龐弘を馬から打ち落とし、さらに脇の下に一槍して刺し殺した。楊戩の方は、畢環と戦った、数合ならずして、楊戩は出哮天犬を放ち、畢環に咬みつかせた。畢環は、疼痛を受け、頭を一縮したとたん、応戦の暇もなく、楊戩にさらに一刀を浴びせられ、あわれ、不運にも落命した。——二人とも封神台に入って行った（第六〇回）。

◯赤精子大叫、曰…〝殷洪、你看我是誰？〟、殷洪看見師父、泣而告曰…〝老師、弟子願保武王滅紂、望乞救命！〟赤精子曰…〝此時遅了。你已犯天条。〟含悲忍涙、只得将太極図一抖、巻在一処、令着半晌、復一抖、太極図開了、一陣風、殷洪連人帯馬、化作飛灰去。——一道霊魂進封神台来了。

赤精子は、大喝して「殷洪！　わしを誰だと思っているのか」、と怒鳴った。殷洪は、師を見るなり、泣いて言った。「先生、私も武王に付いて紂王を滅ぼしますから、命だけはお助けを」、と懇願した。赤精子は、「もう遅い、お前は、天の法を犯したのだ」と言いながら、涙をこらえて、太極図を振るい、一か所に巻きあげておいて、しばらく間を置いてから、再び揮うと、太極図が開いた。すると一陣の風が起こり、殷洪は、人馬もろとも灰となって飛び散った。――その魂は、封神台に入ってきた（第六一回）。

○鄧九公与劉甫大戦、劉甫非九公敵手、被九公一刀砍于馬下。南宮適戦苟章、展開刀法、苟章招架不住、撥馬就走、正遇黄天祥、不及提防、被黄天祥刺斜里一槍挑于馬下。――二将霊魂已往封神台上去了。

鄧九公と劉甫は、大いに戦ったが、劉甫は、九公の敵ではなく、九公に一刀のもとに馬から斬りおとされた。南宮適は、苟章と戦い、刀法を駆使した。苟章は、受け切れずに馬をせかせて逃げるところへ、黄天祥に遭遇した。応接の暇もなく、黄天祥に斜めから一突きされ、落馬して果てた。――二将の魂は、早くも封神台に向かって去って行った（第六一回）。

○李靖大戦羅宣、戟剣相交、猶如虎狼之状。李靖祭起按三十三天黄金宝塔、羅宣欲待脱身、怎脱此厄、黄金宝塔落将下来、正打在羅宣頂上、只打得脳漿迸流。――一霊已奔封神台来了。

李靖は、羅宣と大いに戦い、戟と剣が交錯し、虎狼の戦いのような景観を呈した。李靖は、呪文と共に三十三天黄金宝塔を空中に投げ上げ、羅宣は、かわし切れず、黄金宝塔が落ちてきて、羅宣の脳天に命中して、脳みそが流れ出した。――その魂は、封神台に走り込んできた（第六五回）。

○燃灯道人命広成子推犂上山、広成子一見殷郊這等如此、不覚落涙。只見武吉犂了殷郊。――殷郊一道霊魂往封神台来…清福神祇柏鑑用百霊旛来引殷郊。

燃灯道人は、広成子に命じ、殷郊を処刑するため、犂を山上に押上げさせた。広成子は、殷郊のこの様子を見るなり、思わず、落涙した。と見る間に武吉が犂を山上から落とし、殷郊を犂き殺した。——殷郊の霊魂は、封神台の方にやってきて、清福神祇の柏鑑が百霊旛を用いて殷郊を接引した（第六六回）。

○火霊聖母大怒、気呼呼的仗剣来砍、悪狠狠的火焔飛騰、復来戦広成子。広成子是犯戒之仙、将翻天印祭起在空中、落将下来、火霊聖母哪裡躲得及、正中頂門、可憐打得脳漿迸出。——一霊也往封神台去了。

　火霊聖母は、大いに怒り、息せき切って剣をかざして斬りかかり、また、憎しみすさまじく、火焔を空中に飛ばして、再び広成子に戦いを挑んできた。しかし、広成子は、戒律を犯したものを処断する役目の仙人で、少しも騒がず、翻天印を呪文と共に空中に投げ上げると、落ちてきた印を火霊聖母は、かわしきれず、真っ向正面から脳天に受けて、脳みそがほとばしり出る。——その魂も封神台に向かって去って行った（第七二回）。

○呂岳上了八卦台、将瘟皇傘撑起来、楊任把五火扇一扇、那傘化作灰燼、飄揚而去。当有瘟部神祇李平進陣来、指望勧解呂岳、不要与周兵作難、当被楊任一扇子扇来。李平誤被楊任一扇子扇成灰燼。陳庚大怒、挙兵刃飛取楊任。楊任把扇子数扇、莫説是陳庚一人、連地都扇紅了。呂岳見火勢愈熾、不能鎮壓、撤身往後便走。被楊任趕上前、連扇数扇、把八卦台与呂岳倶成灰燼。——三魂倶赴封神台去了。

　呂岳が八卦台に上り、瘟皇傘を広げる。楊任が五火扇を一扇すると、傘は、灰燼に帰し、ふわふわと飛んで行った。そこへ瘟部の神祇、李平が陣内に入ってきて、呂岳に周兵に敵対するのをやめるように忠告する。楊任が扇で一扇ぎすると、李平は、たちどころに灰燼に帰する。陳庚は、大いに怒り、刃を揮って楊任に襲い掛かる。楊任が扇で数回、扇ぐと、陳庚は、もちろんのこと、地面も一面、火で真っ赤になった。呂岳は、火の勢いがますます盛んになってきて、消すことができないのを見て、身を引いて背を向けて逃げるが、楊任に追いつかれ、扇で数回、続けて扇がれると、八卦台もろとも灰燼に帰する。——三人の魂は、一緒に封神台に向かって去って行った（第八一回）。

○張奎正行、方至黄河、只見四処如同鉄桶一般、半歩莫動。張奎正慌忙無措、楊任用手往下一指、半空中韋護把降魔杵往下打来、把張奎打成齏粉。一霊也往封神台去了。

張奎は、歩を進めて、ようやく黄河に達するが、四方を敵に囲まれ、鉄の桶に入ったよう、半歩も動けなくなる。張奎があわてて何もできないでいる時、楊任が下に向かって指差すと、空中にいた韋護が降魔杵を下に向かって打ち下ろし、張奎を粉々にする。――その霊魂も封神台に向かって去って行った（第八八回）。

これらの例においては、戦死した英雄たちの霊魂は、すぐに封神台に行き、そこで清福神祇の柏鑒に迎えられ、封神榜に名を記され、祀られる。中には、死にそうになって、魂が封神台に向かってさまよい出ながら、途中で、生き返り、封神台に入らずに陽界に戻ってしまう例もある。たとえば、第四四回、紂王陣営の元帥、聞太師の配下、姚天君の仕掛けた〝落魂陣〟に陥った子牙は、三魂七魄のうち、二魂六魄を吸い取られ、二〇日間、人事不省となるが、残りの一魂一魄で命をもちこたえる。この時、一魂一魄は、空中をさまよい、封神台に近付くが、中に入らずに陽界に戻り、命を取り留めたという。その描写は、次のとおりである。

○此時子牙被姚天君拝去了魂魄、心中模糊、陰陽差錯了。不覚又過了二十日、姚天君、把子牙二魂六魄倶已拝去了。止有得一魂一魄、其日竟拝出泥丸宮、子牙已死在相府。衆子弟与門下諸将官、連武王駕至相府、倶環立而泣。武王亦泣而言曰、〝相父為国勤労、不曾受享安康。一日至此、于心何忍。言之痛心！〟。衆将聴武王之言、不覚大痛、楊戩含涙、将子牙身上摸一摸、只見心口還熱、忙来啓武王、曰…〝不要忙、丞相胸前還熱、料不能就死、且停在臥榻〟。子牙一魂一魄、飄飄蕩蕩、杳杳冥冥、竟往封神台来。時有清福神柏鑒知道天意、忙将子牙魂魄軽軽的推出封神台来。

この時、子牙は、姚天君に魂魄を吸い取られ、心中はぼんやりし、夜昼、取り違えとなる。あっという間に、二〇日がすぎる。姚天君は、この間に子牙の二魂六魄を吸い取っていて、残りは一魂一魄になっていた。その日、ついに泥丸宮から子牙を外に出し、丞相府に運ぶと、このとき子牙は、すでに死亡していた。弟子たちや門下の諸将は、武王までが丞相府に足を運び、みな子牙を取り巻いて泣いた。武王は泣いて言う。「相父は国のために働きながら、一度も安楽を享受することなく、ここに至った。心中、忍び難く、言うにも心が痛む」と。諸将は、武王の言を聴き、思わず、悲嘆に沈んだ。楊戩が涙ながら、子牙の身体をなでると、心臓はまだぬくもりがあった。急いで武王に報告して言う：「しばらく！　丞相の胸のあたりはまだ温かい、おそらく死ぬことはあるまい。しばらくベッドに寝かせたままにしよう」と。この時、子牙の体に残っていた一魂一魄は、ふらふらと行くへ定まらず、また打ち沈んで生気もなく、封神台に向かってやってきた。清福神が迎えに出たが、子牙の魂魄とわかると、清福神柏鑑は、天意を悟り、子牙の魂魄を軽々と封神台から推し出して入れなかった。

これをみてもわかるように、封神台というのは、戦死した英霊が落ち着く先であり、そこで鎮魂の祭祀を受ける場所であった。紂王が自殺し、武王が殷に代わって権力の座につくと、子牙は、岐山に帰国し、戦死者を鎮撫する。柏鑑の先導を受けて、封神台に上り、戦死した両国の英霊を呼び出し、玉虚宮元始天尊の詔勅を宣読する。次のとおりである。

太上無極混元教主元始天尊勅曰……嗚呼！　仙凡路迥、非厚培根行豈能通…神鬼途分、豈諂媚奸邪所覬窃。縦服気煉形于島嶼、未曾斬卻三尸、終帰五百年後之劫。総抱真守一于玄関、若未超脱陽神、難赴三千瑶池之約。故爾等雖聞至道、未証菩提。有心曰修持、貪痴未脱…有身已入聖、嗔怒難除。須至往愆累積、劫運相尋。或脱凡軀而尽忠報国、或因嗔怒而自惹災尤。生死輪迴、循環無已。業冤相逐、転報無休。吾甚憫焉。憐爾等身従鋒刃、日沈淪于苦海。心雖忠尽、毎漂泊而無依。特命姜尚依劫運之軽重、循資品之高下、封爾等為八部正神、分掌各司、按布週天、糾察人間善悪、検挙三界功行。禍福自爾等施行、生死従今超脱。有功之日、循序而遷。爾等其恪守弘規、毋肆私妄、自惹愆尤、以貽伊戚。永膺宝籙、常握糸綸。故茲爾勅、爾其欽哉！

太上無極混元教主元始天尊、勅して曰く…嗚呼！　仙と凡は、路は迥かなり、厚く根行を培うにあらざれば、豈に能く通ぜんや…神と鬼とは、途は分れり、豈に諂媚奸邪の覬窃するところならんや。縦え島嶼に気を服し形を煉るとも、未だ曾て三尸を斬卻せざれば、終に五百年後の劫に帰せん。総え玄関に真を抱き一を守るも、若しいまだ陽神を超脱せざれば、三千瑶池の約に赴きがたし。故に爾等、至道を聞くといえども、いまだ菩提を証せず。心ありて修持せりと曰うも、貪痴はいまだ脱せず…身ありて已に聖に入るも、嗔怒は除きがたし。須らく往愆累積し、劫運相尋ぬるに至るべし。或は凡軀を脱して忠を尽して国に報い、或いは嗔怒に因りて自ら災尤に惹かる。生死は輪廻し、循環して已むなし。業冤は相逐い、転報は休むなし。吾れ甚だ憫れむ。憐れなり、爾等、身は鋒刃に従い、日々、苦海に沈淪す。心は忠を尽くすといえども、毎に漂泊して依るなし。特に姜尚に命じ、劫運の軽重に依り、資品の高下に循い、爾等を封じて八部正神となす、各司を分掌し、週天に按布し、人間善悪を糾察し、三界功行を検挙せしむ。禍福は、爾等より施行し、生死は、今より超脱せん。有功の日には、序に循いて遷らしむ。爾等、其れ弘規を恪守し、私妄を肆にし、自ら愆尤を惹き、以って伊戚を貽すなかれ。永く宝籙を膺け、常に糸綸を握れ。故に玆に爾に勅す、爾、其れ欽め！

読み終わると、詔勅を机上に置き、甲冑を身につけ、右手に杏黄旗、左手に打神鞭を持って、順次に三六五名の英霊を呼びだし、封号を授けて鎮撫する。順序は、次のとおりである。

(1)柏鑑一名
(2)黄天化一名
(3)五岳（崇黒虎、黄飛虎、聞聘、崔英、蔣雄）五名
(4)聞仲一名、雷部天君二四名、計二五名
(5)羅宣一名、火部天君五名（内四名は、二十八宿より転属）、計六名

⑹呂岳一名、瘟部正神六名、計七名

⑺金霊聖母一名、五斗群星二八名、計二九名

群星（紂后姜氏、洪錦、龍吉公主、紂王天子等）、計一一五名

⑻二十八宿二〇名（他に八名、火部に四名、水部に四名が転出）

⑼随斗部天罡星三六名（万仙陣で戦死）

⑽随斗部地煞星七二名（万仙陣で戦死）

⑾随斗部九曜星九名（倶亡万仙陣）

⑿北斗五気水徳星五名（内四名は、二十八宿より転属）

⒀殷郊、楊任、及び太歳部下日値衆星（年月日時の四名は万仙陣で戦死）、合計一二名

⒁王楊高李四元帥四名

⒂趙公明一名、及部下四名、合計五名

⒃魔家天王四名

⒄鄭倫、陳奇二名

⒅痘神五名

⒆三姑三名

⒇申公豹一名

(21)飛廉、悪来二名

このリストでは、合計が三六九名になる。本文では、三六五名を封じたと称しているが、数字が四名、合わない。いずれかの四名を数えない可能性がある。また、もし、上掲の⑾「随斗部九曜星九名」を下位に位置づけて、除外すれ

ば、三六〇名になる。三六五名にせよ、三六〇名にせよ、この数字は、『黄籙九幽醮』の三六〇分位の考え方から来ている、と思われる。『蔵外道書』所収、明代の道士、周思得（一三五九―一四五一）『霊宝済度大成金書』巻二四「明設醮謝恩」に次のような記載がある。

大醮之格、其品有三。一曰、上元金籙大醮、三千六百分、可以清寧両儀、参賛大化、祈天永命、致国休徴、衍百世之本支、培万年之社稷。隷天子為之奉、上命不可修崇。二曰、中元玉籙大醮、二千四百分。皇后貴妃諸王公侯為之。可以固守邦、藩屛王室…或大臣将相為之、可以斂福錫民、安鎮寰宇、或資以調和鼎鼎、或籍以燮理陰陽、非民庶所可為也。三曰、下元黄籙大醮、一千二百分。或修三百六十分。凡有星宿錯度、日月失昏、雨暘愆尤、寒□失序、兵戈不息、疫癘盛行、饑饉薦臻、死亡無告、一切事務、上至帝王、下及庶民、皆可修崇也。

大醮の格、其の品に三あり。一に曰く、上元金籙大醮、三千六百分なり、以って両儀を清寧ならしめ、大化に参賛し、天に永命を祈り、国をして徴を休むに致らしめ、百世これ本支を衍べ、万年の社稷を培う。天子これが奉を為すに隷す、上命も修崇すべからず。二に曰く、中元玉籙大醮、二千四百分なり。皇后、貴妃、諸王、公侯、これを為す。以って守邦を固め、王室に藩屛たるべし…或は大臣、将相、これを為す、以って福を斂め民に錫い、寰宇を安鎮すべし、或は資けて以って調和鼎鼎たらしめ、或は籍りて以って陰陽を燮理す、民庶の為すべきところにあらざるなり。三に曰く、下元黄籙大醮、一千二百分なり。或は修すること三百六十分なり。凡そ星宿錯度し、日月昏きに失われ、雨暘に愆尤あり、寒暖序を失い、兵戈息まず、疫癘盛行し、饑饉薦臻し、死亡して告ぐるなきことあれば、一切の事務、上は帝王に至り、下は庶民に及ぶ、皆な修崇すべきなり。

これによると、斎醮に三つのランクがあり、天子の行う金籙大醮は、三二〇〇分位、皇后、諸王、大臣、将相などの大官の行う玉籙大醮は、二四〇〇分位、庶民の行う黄籙大醮は、三六〇分位と定められていた。その目的は、神々を慶祝することではなくて、孤魂を鎮撫する点にあった。この記録より約五〇年早い記録であるが、金代の承安中（一一九六年）に進士になった文人官僚、李俊民の『荘靖先生遺集』巻九に載る「段正卿祭孤魂榜」は次のように記す。

易為遊魂遂著返終之説、伝因化魄乃明為癘之由。未有所依是誠可恤、雖卒帰於溟漠、猶不昧於英霊。勿仗道慈、曷超幽域、願殫款素、冀有感通。謹択某月某日、命前上清宮提点大師孫景玄、就某処設黄籙大醮三百六十分位、祭祀一切無主孤魂並各家投壇、追薦遠亡近化姻親、及収斂暴露骸骨。正月十一日、安葬裒集、誦念経文、来春正月一日、会疏将興法事、預戒前期因、豈無因有、似樹花之落、死猶不死、還随月魄而生、尚来同心、共成善果。

易は、遊魂の遂に著らかに終わりに返るの説を為す、伝は、化魄の乃ち明かに癘と為るの由に因る。いまだ依る所あらざれば、是れ誠に恤むべし、卒に溟漠に帰すると雖も、猶英霊を昧からしめず。道慈に仗らざれば、曷んぞ幽域を超えん、願わくは款素を殫し、冀わくは感通あらんことを。謹みて某月某日を択び、前上清宮提点大師孫景玄に命じ、某処に就きて黄籙大醮三百六十分位を設け、祭祀一切の無主の孤魂を祭り、並びに各家に壇を投じ、遠亡近化の姻親を追薦し、及び暴露せる骸骨を収斂す。正月十一日、裒集せるを安葬し、経文を誦念す、来春正月一日、会疏して将って法事を興さん、預め前に因を期するを戒む、豈に有に因るなからんや、樹花の落つるや、死して猶死せざるに似たり、還た月に随いて魄として生れん、尚わくは来りて心を同じくし、共に善果を成さん。

ここには、英霊を埋没させてはならない、とか、野ざらしになっている戦死者の遺骨を集めて葬る、とか、戦場の英霊にかかわる表現があると同時に、家庭内の遠近の親族姻族を追悼するという表現が併存している。三六〇分位の黄籙大醮という一つの法事が英霊鎮魂を主軸にしながら、広く一般の孤魂をも含む形で挙行されていることがわかる。(23)

『水滸伝』第一一九回にも、好漢の首領、宋公明が仲間の戦死者の鎮魂のために行った羅天大醮について、「修設超度九幽抜罪好事、做三百六十分羅天大醮、追薦前亡後化列位偏正将佐已了。（九幽を超度して罪より抜けしむる法事を修設し、三百六十分の羅天大醮を行い、前に亡じ後に化せる列位の偏正将佐を追薦しおわった。）」と述べていて、ここもやはり、三六〇位である。『封神演義』の三六五名は、この道教儀礼の三六〇分位の文学的表現であろう。

また、これらの三六五名のうち、注意をひくものは次のとおりである。

(1)万仙陣で戦死したものが、非常に多い。天罡星三六名、地煞星七二名、九曜星九名、太歳四名、合計一二一名にのぼる。第八二回［三教大会万仙陣］は、瘟神の余化龍の戦死を特筆するが、これほど大量の戦死者が出たことは、言及していない。

(2)封神台に集まるものは、戦死した英霊であるから、みなすでに死んでいる。しかし、最後に名を連ねる飛廉と悪来だけは、生きたままで封神台にやってきたため、子牙は、わざわざこの二人を斬刑に処してから、その霊魂を封神台に封じている。死ななければ、封神の礼を受ける資格がないという点は、徹底している。

(3)封神の礼を受ける資格は、戦死者であれば、周軍、殷軍ともに平等に認められており、敵味方を問わない。

(4)西方仏教に縁のある神仙は、封神の対象にはなっていない。道教系に限られている。たとえば、第六〇回に出る「骷髏山白骨洞一気仙馬元」は、子牙と戦い、斬られるところを、封神榜に登記されていないという理由で、準提道人に救われる。

日本内閣文庫蔵『封神演義』一九巻一〇〇回（明末刊本）の巻首には、各回の故事に対応する絵図一〇〇枚が載せられており、その中に子牙が封神台で封神儀礼を行う絵図が含まれている（図68）。台上中央に立つのは、子牙で、全身、甲冑で固め、右手に旗を持ち、左手に打神鞭を持つ。台の奥には、英霊の姓名を書いたおおきな榜布が壁面いっぱいにかかっている。その前には、儀卓が置かれ、上には香炉が置かれ、これを挟んで二本の燭台が立つ。台の下には、英霊を接引する柏鑑が武装して控え、手に小さな旛を持つ。台の右手には、最上部に男女二人（土行孫、鄧嬋玉夫妻か）、その右に四人（四聖か）、その下に七人（梅山七聖か）、最下部に五人（五岳か）、いずれも雲に乗った形で（死者を示す）、合計一八人の英霊が描かれている。一八という数字は、十八学士、十八羅漢など、多数の集団を代表する数である。こ

図 68　『封神演義』図

子牙，封神台上にて，英霊を鎮撫する．

写真 411　香港新界元朗大樹下天后廟英勇祠英雄神位

のほかに大勢の英霊が次々に柏鑑に引かれてこの台下に登場し、封を受けて退場する。この絵に見える、雲に乗った英霊たちは、元始天尊の詔勅に言うように、「苦海に沈淪し、漂泊している」のであり、それが柏鑑の接引を受けて封神台に案内され、子牙によって鎮魂の儀礼を受け、天界に配置されるのである。これは、羅天大醮、太平清醮と同じ構造であり、子牙は、高功道士の役割を演じている。

全体として、英霊鎮魂の大斎醮であり、この点において目連戯を中心に編成された中元建醮とつながる要素をもっていると言える。実際の郷村祭祀においても、封神榜の具体的実例を見ることができる。序章の写真4に示した香港八郷の英雄位牌はその典型であるが、もう一つの例を示しておこう。香港新界元朗地区の大樹下天后廟に付設された英勇祠に祀られている英雄神位がそれである。写真を示す（写真411）。

また、同じく香港新界の元朗大樹下天后廟にも、一八世紀にこの地区の一八郷聯合が錦田の大宗族鄧氏と戦ったときの戦死者を祀る英雄祠を付設している（図69）。

この榜は、大樹下天后廟を中心に組織された一八の郷村が、乾隆年間に、田租を計量する穀斗の大きさをめぐって、大地主の屏山鄧氏と械斗を行った時に出た戦死者を祀ったものである。中央に「列位衆姓英勇宿老之神位」と大書され、左右にそれぞれ、六列各一五名、計九〇名、総計一八〇名の姓名が刻されている。この械闘には、上村の八郷も一八郷側について参戦し、やはり戦死者を出しており、八郷古廟に付設された精忠祠に、英雄の神位が祀られている（序章写真4）。民国二七年の重修碑によると、この紛争は、訴訟にもち込まれ、一八郷側が勝訴したという。それ以来、三年に一度、俳優を招いて演劇を奉納したとも記されている。三年に一度というのは、孤魂を祀る太平清醮であり、その目的は、これらの英雄を鎮魂することにあったものと推定される(24)。英雄を榜に列記してまとめて祀るというのは、封神演義と同じ発想であり、それが四川や、広東のような治安の悪い地域では、元明以来、清代まで、綿々と伝承されてきたということになる。

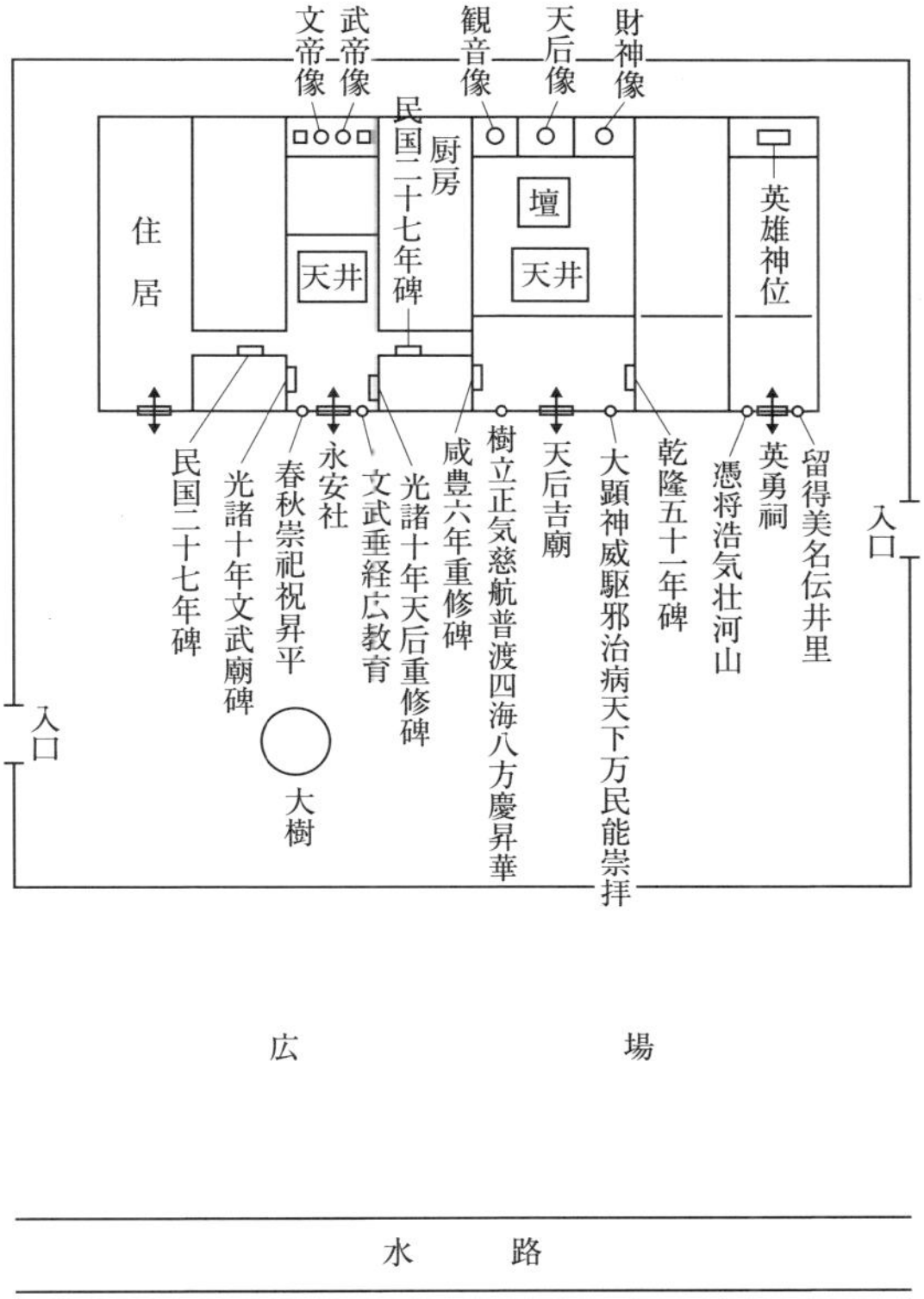

図69　大樹下天后廟付設英雄祠

なお、封神演義と並んで、岳飛の精忠伝が演じられるのも、忠臣の英霊を鎮魂するという意味がある。岳飛は、民間武装、強人集団の出身で、勇戦しても、朝廷の高官からは、疑いの目を以て見られがちであり、最後には、秦檜の姦計にかかって惨死する。上述した民国初期の岳飛精忠伝連台本の上演記録をみると、最終日の演目は、岳飛冤死の場面に集中している。この上演がここに重点を置いていたことがわかる。

このように、四川の連台本目連戯では、本来の目連救母の故事は、中元節には上演されず、後回しにされ、中元祭祀の中心は、封神伝と精忠伝になっている。これは、歴史的な視点で見れば、かつて孤魂祭祀の中心でありながら、宋代以降、久しく目連戯の陰に隠れて埋没していた英雄鎮魂劇が明代末期に至って復活してきたことを意味する。また、これを、地理的に見れば、安徽、江西などの江南宗族社会では、孤魂祭祀として、目連救母の物語が主流を占めていたが、湖南、四川などの小民雑居の辺境地帯では、孤魂祭祀として、英雄鎮魂劇が重視されたということを意味する。江南にも郷村の間に紛争があり、械闘が起きて若者が戦死し、英雄は発生する。しかし、大姓宗族は、自らの一族から戦闘員を出さず、支配下の佃戸や小民を戦闘員に駆り立てるから、一族からは戦死者を出さず、英雄祭祀の必要がない。辺境では、ほとんどの居民が小姓であり、平等に戦闘員を出すから、戦死者も平等の比率で出る。ここではすべての郷民にとって、英霊祭祀が重視されることになる。このように、社会環境の差に応じて、おなじ孤魂鎮撫の劇を上演するに際しても、英霊鎮魂劇と目連救母劇が使い分けられ、相互に補完し合っている、というのが中国全土を見渡した場合の構図といえるであろう。

(1)「川劇四十八本目連連台場次――李樹成抄本」(重慶市川劇研究所編『四川目連戯資料論文集』、重慶、重慶川劇研究所、一九九〇年、二四三―二六六頁、以下『連台場次』と略称)、及び、この各本ごとに、齣目に対応する故事の梗概を記した王躍『川劇的四十八本目連戯――『連台戯場次』的基本内容及初歩研究』(同書、一八―三七頁、以下、『王躍研究』と略称)。傅氏家伝については、『連台場次』目連三本一〇四齣、二六一―二六三頁、『王躍研究』三三―三五頁。

（2）この『劉氏出嫁』の劇本が『目連戯与巴蜀文化』（成都、四川省川劇芸術研究院、一九九三年）一一二頁に載る。次のとおりである。

〔劉家大院、設祖宗牌位、桌椅若干、鼓楽一班。花轎臨門、媒婆搶先走進劉家大院〕（媒婆白）（高声呼喊）花轎来了！〔二喜娘扶着穿嫁衣的劉氏従屋内走出向祖宗牌位行礼〕（伴女、喜娘合唱）堂屋中間栽了花、撇開紅花拝菩薩、拝完家神離娘去、還望菩薩保佑她。（二喜娘唱［端椅歌］）一把椅子三匹梁、新娘坐在椅子上、坐倒好像官家女、站倒好像秀才娘。（媒婆唱［誇新娘歌］）新娘好像一朶花、臉上顔色像桃花、桜桃小嘴会説話、彎彎眉毛豌豆花。（劉母唱［搭蓋頭歌］）手拿蓋頭四角方、娘又高興又悲傷、往日搭帕遮太陽、今日搭帕要離娘。（劉氏唱［哭嫁歌］）屋後糸瓜牽了藤、虧了我媽苦操心、三年哺乳把心尽、一尺五寸帯成人、白日同媽一根凳、晩来陪娘到五更、看来你児莫福分、眼看就要離親娘。（二喜娘唱［坐歌堂之一］）黄金台、紫金台、衆家姐妹請過来、扯個圏圏団団坐、陪她唱個哭嫁歌。（衆伴女唱［坐歌堂之二］）花花轎児到門前、衆家姐妹涙漣漣、心中有言難開口、越思越想越惨然妹妹到了別家去、姐妹分別不団円。（劉氏唱［添箱歌］）八月裡来桂花香、我請姨娘来添香。（姨娘唱［添箱歌］）太陽出来満山明、姨娘打傘要進城、請了銀匠請玉匠、侄女首飾打得成、一打鴛鴦戯春水、二打童子拝観音、三打状元端金盞、四打獅子配麒麟、五打魁星来点斗、六打天上文曲星、七打仙桃成双対、八打燕子含泥金、九打鳳凰来展翅、十打富貴万年春。（二喜娘唱［添箱歌］）手捧大紅灑金貼、送到堂前請舅爺。（劉氏唱［添箱歌］）一請舅爺来吃酒、二請舅爺来陪客、三請舅爺来添箱。（舅爺唱）舅爺送你銀二百、（媒婆白）哎！唱夠莫得？哭夠莫得？時辰到了、上得轎了！（劉氏唱［哭媒婆歌］）黒漆茶盤五朶花、背時媒婆嘴喳喳。（二喜娘唱［哭媒婆歌］）你管別人嫁不嫁、誰叫你走東去西家？（劉氏唱［哭媒婆歌］）説了仮話十二打。（衆唱［哭媒婆歌］）願你掉牙爛嘴巴！〔大院門口催轎鑼響〕（吹鼓手白）哎！――走得了。（衆唱）打鑼舅子不要忙、新娘還在別爹娘、（媒婆唱）劉家舅子要吃膀、快把新娘背出堂。（劉賈那一把筷子送到劉氏前面）（劉賈白）姐姐……（劉氏接筷子、唱［撒筷歌］）前撒筷子十二双、哥哥撿到買田荘、買到大山好放牛、買到大田好栽秧、兄弟撿到做文章、八篇文章名金榜、耀祖光宗顕四方。（筷子撒完）〔劉賈背劉氏出大院、劉氏上轎〕（送親客唱）叫声傳家抬轎人、慢慢走来慢慢行、花花轎児要抬穏、爬坡下坎路不平。（媒婆白）啓轎！〔鞭炮斉鳴、起花轎、鼓楽吹打、劉賈乗馬在轎側、送親客跟随花轎後〕〔花轎抬往傳家的途中、媒婆可与追看花轎的観衆、時断時続的対話、総的内容是談迎娶的事、要詼諧、要楽趣、目的在於吸引追趕花轎的観衆。飾演媒婆的演員、可根拠当時実情、進行即興表演。〕（媒婆白）（対追趕花轎的観衆）薦么爸児、周石匠、鉄公鶏、你們問啥子事這門熱鬧呀！我説你薦么爸児、一天只暁得捏泥巴、攆牛屁股、周石匠只暁得放炮開山打石頭！這門大的事情、你們都不暁得？ 要我給你們説呀！ 没得那門撇脱。弾琴費指甲、説話費精神！ 要我説、拿来——銭！ 問話銭！ 哎呀！ 鉄公鶏你莫躲嘛！ 我剛才是説来醒皮的。今天、不得要你拔毛！ 你們不要鬧、我辺走辺給你們説、今天是傳崇傅員外的兒子傅相接老婆的大喜日子！ 女家是誰呀？ 聴嘛！ 女家是射洪青堤渡劉宝欽劉員外的千金劉氏四娘。新娘長得如何？ 不是説的話硬是説的話、天上少有、地上没得！ 十人見了十人愛、就是七十歳的老漢児見了都要流口水！ 啥？ 狗娃子、你想接個劉四娘一樣漂亮的老婆呀？ 這事、我媒婆給你包了。不過、你娃娃要〝出点血〟！ 哎！ 火娃子、你在〝供〟啥？ 啊、你想看下新娘？ 可以！ 不過、你娃娃腿杆要跑快点、脚板要翻円点、到富楽堂門前去等倒！ 若要想看別個咋個拝堂、二天好照着来的話、掏点票子買張門票、若要想吃別個的喜酒、你娃娃這幾年総還是発了的、送個千元百元、人家傅員外也不会嫌你小気。哎！ 快去嘛！ 呦！ 要攏嘞！ 吹鼓手、把你們的鑼打響点、嗩吶吹響点！ 哎！ 抬花轎的、看熱鬧的、你們走快点……〔喜堂…喜楽声中、二賓相賛礼〕（二賓相念）東方一朶紫雲開、西方一朶紫雲来、両朶紫雲放異彩、華堂引出新人来。男出華堂、女踩花氈、奏楽！ 〔〝吹弾〟中、傅相、劉氏上、男站左、女站右。（二賓相念）珠聯合璧、挙案斉眉、交拝天地、福寿昌斉。拝天地！ （念）一根紅線撒江中、未釣鯉魚先釣龍、有縁千里来相会、無縁対面不相逢。拝祖宗！ （念）喜洋洋、笑洋洋、父母恩深不能忘、夫妻今日成婚配、新人転身拝高堂。拝父母！

（3）『連台場次』台城三本六五齣、一一六〇—一一六一頁、『王躍研究』三二一—三三三頁。

（4）湖南省懐化地区芸術館『辰河腔目連戯演出本』（懐化地区芸術館油印、一九八九年）上冊『回朝驚報』三二一—三三三頁の原文を引く。

〔丁娘娘引梁武帝円場〕（丁娘娘白）此是郗氏皇后霊位。（梁武帝白）爾等退下。（丁娘娘、正徳、惟莫下）（梁武帝白）郗氏、御妻呀！ 只想寡人回朝、龍飛鳳舞、豈料今日留有霊位不見妻、恩愛只剰満腔悲。（接唱）枯腸相思伴霊睡、（白）愛妃呀！ 御妻呀！ （接唱）惟望香魂夢裡帰、〔梁武帝睡介〕〔蟒舞過場〕（郗后、内唱［単斗子］）到宮院、（上）到宮院、（白）万歳王呀！ （唱［苦駐雲］）一見君王、痛心傷珠涙両行、万歳王呀！ 自従御駕親征往。無端禍起在宮牆、結下冤仇罪難当。（唱［尾犯序］）憶惜当初結良縁、只望諧和到百年、不幸半途遭狼狽、拆散君妃不団円、提起来肝腸割断、那日吾主去征番、一去多久不回還、只道你得勝早早転、君妃楽享太平年、妾妃好悔吓！ 悔不該祝寿起禍端、悔不該把苗宮人、割了舌頭挖了眼、悔不該弾打花心喪黄泉。好叫我追不及悔不転、追悔也是枉然、兀的不是痛吓！ 痛煞煞也涙漣、苗妃陰司去伸冤、拿妾魂魄即到案、十王殿前議下罪、偌大蟒蛇是妾変、頭大喉小扯半天、夜打八百容易過、難挨日間打三千。（白）万歳！ 閻羅将妾変為蟒蛇、頭大喉小、将我吊在半空、日打三千、夜打八百、求食無食、求宿無宿、望万歳与妾早作超度。到了明天午時、妾在午門顕身、万歳不要害怕。（唱）万歳王！　妾身作事悪多端、不該害宮女喪黄泉、到如今、跳不出、爬不転、虎穴、虎穴龍潭、跳不出、爬不転、虎穴・虎穴龍潭、真果是痛吓、痛煞煞眼涙漣、好叫我撒……〔桂枝羊〕尾完）撒不下恩情難断。〔更鼓、鶏鳴介、［山坡羊］合頭。〕（郗后白）万歳呀！　（下）〔起五更、天明、丁娘娘、蕭正徳、蕭惟莫上〕（梁武帝白）御妻在哪裡？　哎呀！　妻！　（唱［苦駐雲］）五鼓天明、夜夢御妻三魂臨、惨逼冤孽死、無計可超升、提起痛傷心。御妻吓！　可憐你受尽折磨、這苦難能忍？　朝朝暮暮受非刑、朝朝暮暮受非刑、（丁娘娘白）万歳！　（蕭正徳、蕭惟莫同白）父王、為何大驚小怪。（梁武帝白）為父昨晩打睡、児国母托夢于我、苗官人系她害死、陰司定罪将你国母変一大大蟒蛇、今日午時在午門現身、一家人不要害怕、要為父超度于他、叫御林軍伺候。（四軍上）擺駕午朝門外。〔空中出現蟒蛇〕（梁武帝白）哎呀！　御妻！　（丁娘娘白）娘娘、国母娘呀！　（梁武帝、丁娘娘合唱）形飄飄魂落何方、影渺渺魄散茫茫、国母娘吓、魂魄休得乱飄蕩、超度国母上天堂。（梁武帝白）御妻呀！　暫受一時之苦、孤王即請高僧高道、与你大大作個超済、（蟒蛇点頭三下退下）侍臣、命老宰爺去請法師父前来超度娘娘。擺駕還宮。［同下。］

（5）『連台場次』観音三本七四齣、二六〇―二六一頁、『王躍研究』二一一―二一二頁。

（6）湖南省懐化地区芸術館『辰河腔目連戯演出本』（懐化地区芸術館油印、一九八九年）上冊『火焼白雀』八四―八七頁の原文を引く。

〔妙善上、小尼上〕（妙善唱［駐馬聴］）香満金炉、坐擁団団一草蒲、念幾句阿弥陀仏、修利婆娑三味哆哪、〔胡霹靂帯兵過場〕（小尼白）稟大師兄、遠遠有一隊人馬来了。（妙善白）想是過路官員、休要管他。（小尼白）是。（妙善唱）木魚敲動万霊扶、真経念処群山護。〔胡霹靂帯兵過場〕（小尼白）稟大師兄、人馬往我山上来了。（妙善白）想是前来降香、準備茶水伺候。（小尼白）是。（妙善唱）災障消除、災障消除、出門便是菩提路。（小尼白）稟師兄、有聖旨下。（妙善白）呵！　有聖旨到了。（内聖旨下）（妙善白）有請。（三下引胡霹靂上）（胡霹靂白）聖旨下、鶯貞跪聴宣読。（妙善白）万万歳。（胡霹靂白）今有鶯貞白雀寺出家、男女混雑、命得胡霹靂火焚白雀寺。緊閉庵門。（手下封門点火）（衆尼驚介）（妙善唱「山坡羊」）痛殺殺、冤孽冤孽、難道是我等遭劫。師兄師弟們呀！　父王降下無情旨、五百尼僧尽皆絶。（衆尼唱）荘王罪過要遭天災。荘王罪過要遭天災。（満台煙火、妙善、衆尼逃場）（伽藍、判官、小鬼上）（伽藍白）判官！　（判官白）判官判官、焼去大半辺。（伽藍白）小鬼！　（小鬼白）小鬼小鬼、焼去一條腿、伽藍！　（伽藍白）伽藍伽藍、焼去大半辺、火来了都不把個信。（小鬼白）你大神都不知道、我小神怎麼焼得？　哎呀！　火！　火！　火！　火来了。（伽藍、判官、小鬼同下）（韋陀）（上、念）金盔金甲金鳳凰、北居瀘州是家郷、手執一降魔棒、永站山門不還郷。吾乃護法韋陀、妙善有難、吾神不救、待等誰来？　駕動祥光。（妙善）（内）哎呀！　菩薩呀！（上、唱「山坡羊」）望菩薩、大発慈悲、哎呀！　搭救這五百生命。（鑼鼓包打）（妙善昏倒）（韋陀引妙善入宝塔内）（胡霹靂及手下上）（手下白）禀将軍、七層宝塔之内有木魚之声。（胡霹靂白）呀！　来呀！　撥開火路、看是誰被救出来。（看介）哎呀！　公主呀！　公主醒來。（妙善唱「調子」）渺渺茫茫、料我一命見閻王、魂飄蕩、猛然睜開昏花眼、哎！　将軍呀！　未帰陰来還在陽。将軍、五百師兄弟呢？　（胡霹靂白）倶喪火内。（妙善白）哎呀！　師兄！　師弟！　五百師兄師弟倶喪火内、要我命則甚？　罷了、（碰入火内）（胡霹靂）（攔）（白）公主不必如此、来、看轎来、送公主回宮。（手下白）是呀！　（眾下）

（7）『連台場次』西遊四本九七齣、二四六―二四七頁、『王躍研究』二〇―二一頁。

（8）「唐太宗遊地府」「西遊」の実際の連台本の上演については、二〇〇二年十一月に泉州南安県の草亭寺において、泉州梨園戯本『目連全伝』（＃003）による三日三晩に及ぶ上演（泉州晋江陽春提線木偶劇団）を参観し得た。田仲一成『中国地方戯曲研究』（東京汲古書院、二〇〇六年）四四九―六八頁にその詳細を舞台写真と共に論述したので、本書では再論を避けた。

（9）『連台場次』東窗一二本二九三齣、二五四―二六〇頁、『王躍研究』二六―三一頁。

（10）『連台場次』封神一二本二八三齣、二四八―二五四頁、『王躍研究』二二―二六頁。

（11）重慶市川劇研究所編『四川目連戯資料論文集』（重慶、重慶川劇研究所、一九九〇年）一五八頁。

（12）同前書、一五九頁。

（13）同前書、一五九頁。

（14）同前書、一五九頁。

（15）同前書、一六〇頁。

（16）同前書、一八八頁。

（17）同前書、一九五頁。

（18）同前書、六三頁。

（19）同前書、六五頁。

（20）同前書、六五―六六頁。

（21）四川戯劇編輯部『目連戯与巴蜀文化』（四川戯劇増刊、一九九三年）一六四―一六七頁。

（22）『正統道蔵』には、宋元を通して、皇帝の発意により挙行された三六〇〇分位、二四〇〇分位、一二〇〇分位、三六〇分位など、各種の大醮が記録されている。このうち、三六〇分位の黄籙大醮は、北宋天聖三（一〇二五）年四月二三日、北宋政和二

（一一一二）年五月一七日、南宋嘉熙元（一二三七）年九月二六日、元至大三（一三一〇）年五月三日、延祐元（一三一四）年五月二六日、元天暦三（一三三〇）年正月九日、同四月二三日、などに記録されている。そのいわゆる三六〇分位は、天地水三界から招聘する神々の数を指しており孤魂は含まれていなかったものと解せられる。しかし民間では、三六〇分位の黄籙大醮は、災害の発生にあたって、死者の慰霊のために挙行されることが多く、そこで言う「三百六十分位」は、天地水三界の神祇ではなくて、孤魂英霊を主体としていたとみられる。本文で引いた「呉正卿祭孤魂榜」、及び『水滸伝』第一一九回の戦没好漢を祀る羅天大醮は、いずれもこの類に属する。水滸の英雄は、天罡地煞一〇八名であるが、その部下を含めて三六〇名を想定しているのであろう。封神演義では、天罡地煞一〇八名に加えて、群星一一五名など、多数の戦死した英霊を補充している。筆者の見聞した香港農村の太平清醮も、「幽魂のために三百六十分位を設ける」という発想に立っている。たとえば、一九八二年に行われた林村郷太平清醮の朝表は、次のごとく記す。

主科事、臣林道玄誠惶誠惶、百拝上言。……以今月初二日良辰、仗道来于本境、立壇啓建正一酬恩答聖功課、五昼連宵、設幽三百六十分位。（主科事、臣林道玄、誠惶誠惶して、百拝し上言す。……今月初二日の良辰を以て、道に仗りて本境に来らしめ、壇を立て、正一酬恩答聖功課を啓建す、五昼連宵なり、幽を三百六十分位に設く。）

明らかに三六〇分位を「幽魂」に属せしめている。さらに、太平清醮の締めくくりとなる「祭大幽」儀礼において、道士によって宣読される表奏文では、次のように言う。

以今、奉為修建太平清醮事、縁首某某人等投誠、今月初二日、修建正一酬恩太平清醮功徳、五昼連宵、超幽設筵三百六十分位。（以今、奉じて太平清醮を修建するの事たり、縁首某某人等、誠を投じ、今月初二日、正一酬恩太平清醮功徳を修建す、五昼連宵たり、幽を超するに筵を設くること、三百六十分位なり。）

ここでは、三六〇分位は、幽魂に供える宴席の数を指していることになる。幽魂三六〇人に冥界での地位を与えるという本義が狭く用いられていると言える。『封神演義』の封神儀礼は、太平清醮の大幽儀式に近い点があり、このような語義を導く契機になったと言えよう。またそれを通して、目連戯との結びつきが生じたということができる。

（23）田仲一成『中国演劇史』（東京大学出版会、一九九八年）二四〇—二四五頁。

（24）田仲一成『中国祭祀演劇研究』（東京大学出版会、一九八一年）六七一頁、六八三頁。

第一〇章　目連戯の伝播と劇場演出——折子戯

序　節　徽州商人による目連戯の伝播

一　徽商の交通ルートから見た目連戯の伝播

さきに徽州の地元郷村に伝わる土着テキストについて分析し、これらが鄭之珍本とは全く異なる明代以前のテキストであることを論じた。これを踏まえて考えれば、目連戯は、まず浙江省南部から福建省北部にかけての地域で、今日の原形になるテキストが形成され、それが江西を経て徽州に伝わったものと想定される。ただし、各地テキストの齣目の異同を追ってみると、この古い目連戯テキストは、徽州だけでなく、隣接の池州、寧国府、さらには蕪湖など、安徽省の長江南岸沿いに伝播した可能性が高い。本章では、さらに視野を広げて、徽州商人の活動区域との関連に目を向け、江南全域を視野に入れて、目連戯の伝播地域がいかなる背景のもとに形成されたかを検討する。

まず、安徽商人の活動ルートを、明末の商業類書、商賈便覧によって、地図上に表示してみよう。黄汴編『客商醒迷一覧天下水陸路程』(1)、憺漪子編『士商便覧』(2)に載る徽州を起点または終着点とする水陸のルートを表にして示す（表61）。

表61 徽州を起点・終点にした客商ルート

ルート番号	水陸路程	士商要覧
1		徽州より徐州を経て北京に至る。
2	黟県より南京に至る。	
3	休寧県より幾村を経て揚州に至る。	
4		徽州より厳州を経て杭州に至る。
5		徽州より景徳鎮を経て武当山に至る。
6	徽州より婺源に至る。	
7	徽州より湖広に至る。	湖広より安慶を経て徽州に至る。
8		徽州より青陽を経て池州に至る。
9		徽州より金華を経て温州に至る。
10		徽州より開化を経て常州に至る。
11	徽州より崇安に至る。	徽州より玉山を経て崇安に至る。
12		徽州より常山を経て建寧に至る。
13	杭州より休寧に至る。	
14		蘇州より四安を経て徽州に至る。
15		丹陽より梅渚を経て徽州に至る。
16	蕪湖より徽州に至る。	南京より撫湖を経て徽州に至る。
17		蕪湖より太平を経て徽州に至る。
18	儀真より寧国を経て徽州に至る。	
19	饒州より景徳鎮を経て休寧に至る。	饒州より楽平を経て徽州に至る。
20	弋陽より休寧に至る。	

これによって、地図を描くと次のようになる（図70）。地図内の番号は、上記の表のルート番号のものと同一である。一見して、徽州の歙県、休寧県、祁門県、黟県に周辺からのルートが集中していることがわかる。この地図は、安徽省長江以南における徽商の本拠地を示すとともにこの地域の目連戯の分布や伝播の地域をも表している。さきに第五章において、目連戯古本の流伝地域を徽州地区（A地区）、池州本のそれを池州地区（B地区）とし、全体

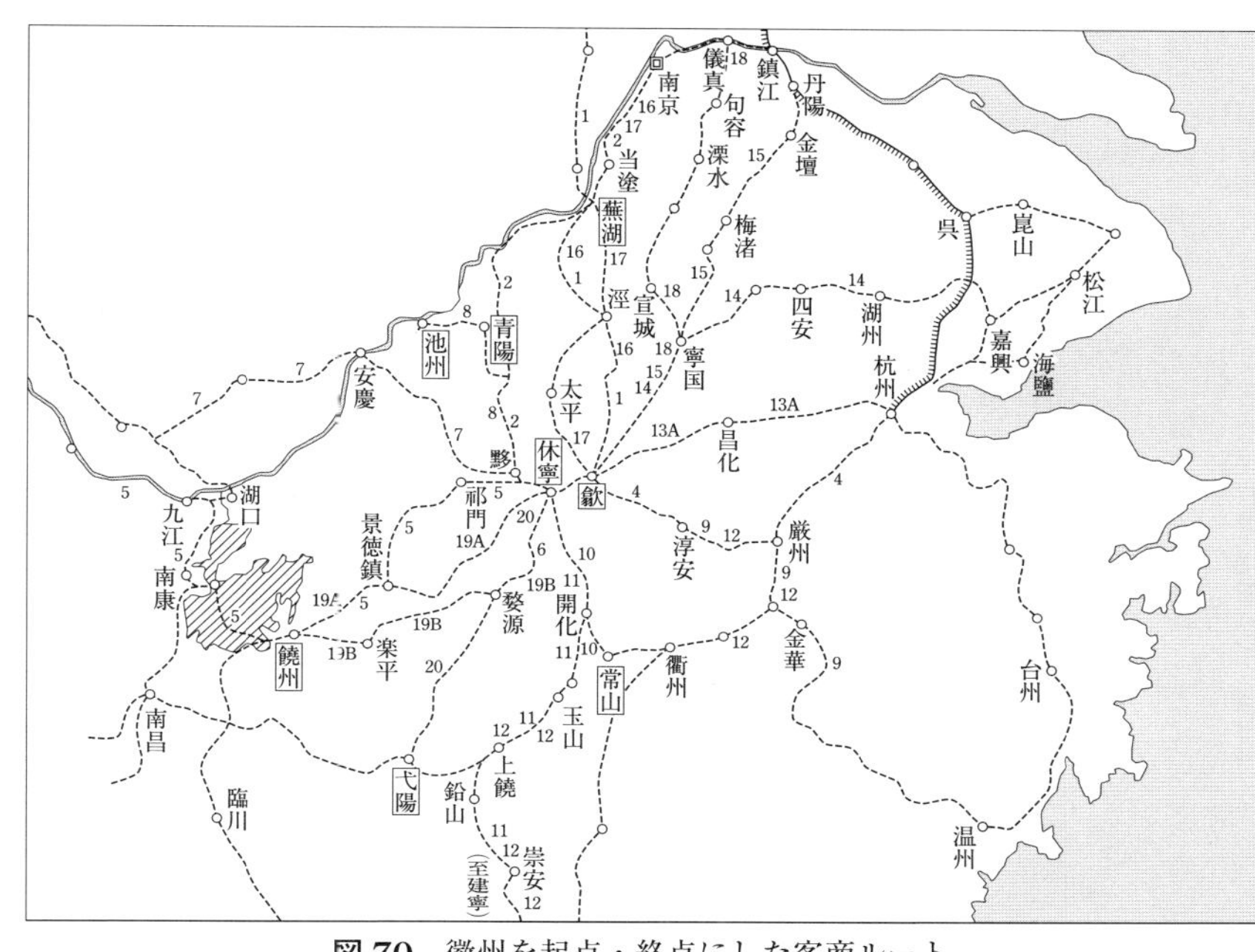

図 70　徽州を起点・終点にした客商ルート

として両者を包括する皖南地域を目連戯流伝範囲として地図に示したが、徽州商人の活動地域を勘案すると、その伝播地域は、この皖南地域を越えて、その東西に延伸し、西は江西地区、東は江蘇地区に拡大している。西南の江西では弋陽、饒州、東北の江蘇では、高淳などに目連戯の拠点がある。図67は、徽州商人の商業圏を示すとともに、江南における目連戯の分布を示しているといえる。以下この点を、さらに分析してみる。

二　徽商の遠隔交易圏

徽商の具体的な経済活動の範囲を示すものとして、明代中期の徽商が掌握していた米の流通市場を見てみよう。康熙二九年序刊『歙県志』巻一一に載せる、明末の人、呉霖の「救荒の議」に、当時の徽州に集まってくる米の流入ルートを記している。次のとおりである。

一、歙邑、市米巨賈、多自江楚。其運繇本地達鳩兹、出京口、歴銭江、過塘、従厳陵溯流。

与夫鳩茲所貯南北諸米、亦如是道以入。而浙之婺州、金華、蘭渓、産米之郷、則径従横港抵厳陵、至歙浦。其有鳩茲所貯、陸路負販、称〝過山米〟、則大半自太平、績渓両邑至。江南、饒州、楽平諸地繇河運。従陸路、則大半自祁門至。南中、如南陵、涇県、旌徳、則大率自績渓至。

歙県で米を扱う大商人は、多くは江(江西)と楚(湖南)から買っている。これらの江西、湖南の産米は、産地から蕪湖州の鳩茲港に運ばれ、京口に出てから、銭江(運河)を通って銭塘(杭州)に到着し、さらに厳陵から歙江の流れを遡って歙県に入る。別に鳩茲港には、南北各地から購入した米が貯えられているが、これも同じ道を通って歙県に入る。一方、浙江の婺州、金華県、蘭渓県などの産米は、直接、横港から厳陵に到着し、歙県の水域に入ってくる。また、蕪湖州の鳩茲港に貯えられている米の一部は、陸路、負販人の手で歙県に運ばれる。これは〝山越え米〟と呼ばれる。その大半は、太平県経由と績渓県経由の二つのルートから入る。次に江南の饒州や楽平県など各地の米は、河川の水運によって運ばれてくる。陸路から入るのは、大半が祁門県を経由して入る。安徽の中南部地区の南陵県、涇県、旌徳県の米は、おおむね、績渓県を通って入る。

一、市米、水運、冬深膠舟、不可得至。必須待儲以待春水。目前急済、唯祁、績二路、計二十余日、可以往返。

米を買って水路で運ぶ場合、冬が深くなると水量が落ち、舟が着底して動けなくなるので、どうしても春の増水期まで待たなくてはならない。火急の場合には、祁門県、績渓県の二つのルートにより、二〇日かけて往復することになる。

これを図で示すと、次のようになる(図71)。

この図を前図と比較してみると、徽商の活動圏としては、ほとんど一致していることがわかる。目連戯の分布範囲が、徽商の活動範囲とほぼ重なっていることになる。特に、祁門→休寧→歙→績渓→旌徳→涇→南陵→蕪湖→池州とつながるルートが長江を南下して潘陽湖を経て饒州に至り、楽平を経て再び祁門につながる円環地域が目連戯の徽州系古本・池州系準古本の流伝地域であることは、極めて示唆的である。これは、目連戯の古本系テキストが、徽商の活動ルートに沿って伝播したことを意味するものにほかならない。もう一つ、徽州に入る米が江西、湖南の穀倉地帯から長江を通って運ばれてくるという事実も重要である。徽州に品物が入ってくるルートは、同時に品物が徽州から出てゆくルートでもある。目連戯の鄭之珍本が湖南に伝わったのは、このルートに沿ったものであったに違いない。湖南まで伝わっていれば、あとは、江西商人が長江を遡って四川に伝えることは、容易であったろう。長江大動脈の徽商ルートが、目連戯を徽州から四川に運んだといえる。

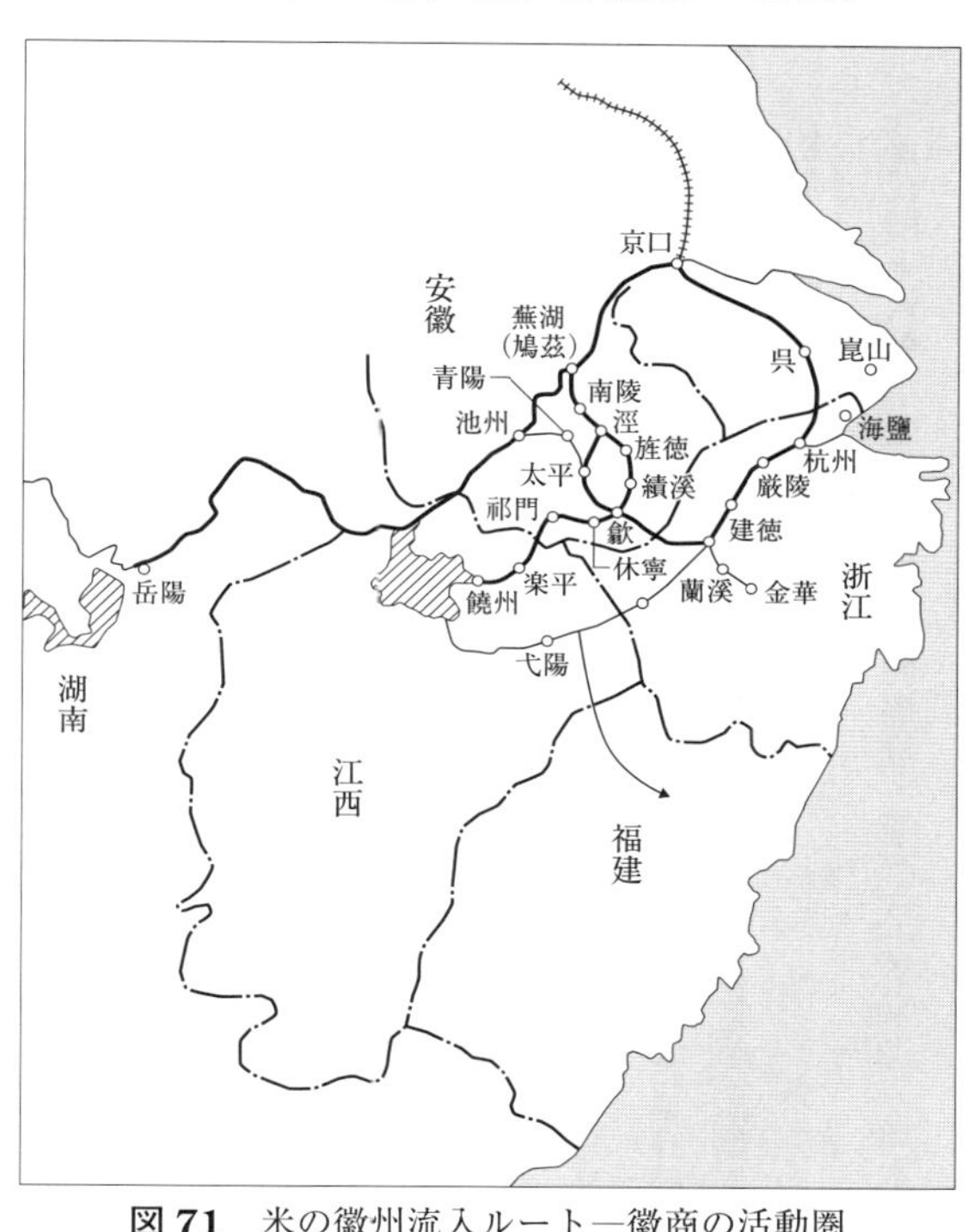

図 71　米の徽州流入ルート—徽商の活動圏

第一節　地方劇の徽州流入

一　徽州における外江班の上演記録

米の流入と同じように、徽州には、周辺各地から、多くの地方劇団が流入している。徽州の宗祠戯台の壁面には、招かれて戯台で演劇を演じた各地の戯班が出演記録を残している。以下これを示す(3)。

(1)目連班

(i)同治二十年、祁栗里班、到此一楽也。
（祁門県坑口村、会源堂戯台）

(ii)光緒二十六年、栗里復興班、又二十二

日、到此楽也。目連肆彩班□合旺新同興班。（祁門県珠林村余慶堂戯台）

(2) 徽班

(i) 咸豊三年四月二十二日、徳慶班、《大辞店》。四月二十八日、《遊姑娘看灯》、《二堂罰戯》、《蓮子売身》、《会兄》、《三家店》。（祁門県坑口村、会源堂戯台同）

(ii) 同治十二年九月十九日、彩慶班、到此。（祁門県坑口村、会源堂戯台）

(iii) 光緒五年五月十二日、四喜班進門、《紛河雁》、潜邑宋桂珍。（祁門県坑口村、会源堂戯台）

(iv) 光緒五年九月初二、長春班、到此一楽、開台、《天河配》、《戦馬超》、《尋□□》。（祁門県坑口村、会源堂戯台）

(v) 光緒六年九日、彩広班、到此……。（祁門県坑口村、会源堂戯台）

(vi) 光緒十年十月二十日、進門、楽也。新同広理。（祁門県珠林村余慶堂戯台）

(vii) 光緒二十九年□望月進門、《天仙配》。（祁門県珠林村余慶堂戯台）

(viii) 民国七年、合義班。（祁門県珠林村余慶堂戯台）

(ix) 民国十六年小陽月、秋浦鄭同福班、進門。《解宝》、《逼生》、《看女》、《十八扯》、夜《蘆口河》、《黄鶴楼》、《長河打刀》。十一日、《乾坤帯》。二十六日、《跑城》、《走広》、夜《青宮冊》、《章台》、《三司》、《開店》。（祁門県珠林村余慶堂戯台）

(x) 丙辰年二月二十一日、春一班。（祁門県坑口村、会源堂戯台）

(xi) 五月十二日、喜慶班到此、一楽、十二日夜、《珍珠塔》。十三日、《馬金記》、夜、《長□記》。十四日、《羅裙記》、《西廂記》。（祁門県坑口村、会源堂戯台）

(xii) 八十五年新正月二十六、安徽省望江県新壩四門業余黄梅戯団、在此演出。（祁門県珠林村余慶堂戯台）

(3) 江西班

(i)辛丑三年五月二十三日、潘邑、□□《天仙配》、《李広擢員》、《空城計》、《三大大審》、《太白風》、《□□□》、《逼生》。二十四日、《羅裙記》、《起舞》。二十五日、《文王上□》、《太白登仙》、《大戦長沙》、《魯綱奪母》、《莫台登墳》、《白玉台》、《蔵相王》、《火棍》、《打棍片箱》。二十六日、《夢裡□□》、《花園得子》、《和谷跑楼》、《九龍骨》、《李七管慶》、《轅門射戟》。（祁門県坑口村、会源堂戯台）

(ii)光緒二年閏五月初八日、潘邑老双紅班、至此楽也。進門…《天仙配》、《羅裙記》、《打蓮蓬》、《戦馬超》、《勧細姑》、《藍橋会》、《売長女》、《父子会》、《□□□》、《□□□》、《両□□》、《孝義坊》、《会□》、《辞店》、《装瘋》、《別妻》。（祁門県坑口村、会源堂戯台）

(iii)乙丑年杏月朔日、江西同楽班、到此一楽、主人江少賓。（祁門県坑口村、会源堂戯台）

(4)湖北班

(i)光緒廿五年九月初三日、楽也。黄邑同光斑、□□松箱、夜丑□本《趕子図》。（祁門県珠林村余慶堂戯台）

(ii)光緒廿五年九月十九日、老漢口、新同春班、老權邱永庭、謝煥、邱正保。（祁門県坑口村、会源堂戯台）

(5)川劇

洪家の祠堂、敦化堂の戯台の壁には、次のような文字が題されている。

建邑楽善堂、民国二十年十月初五日、到此亦楽也。

汪加士　箱主扎脚。

陳栄章　正生。

常玉章　小生。

汪焰寛　□□。

畢成桃　小丑。

江月明　正旦。
汪加文　花旦。
范五台　閨門。
祝四美　□□。
汪小老　管賬。
檀得安　鼓板。
小胡管　衣箱。
初五　日、川戯一本。夜、《告京臣》。
初六　日、《双合鏡》一部。夜、《白扇》上下本。
初七　日、《□□□》全本。《大辞店》。夜、川劇一本、《鬧花灯》。
初八　日、川戯一本。夜、《血□□》全本。（祁門県洪家家祠敦化堂戯台）

ここに見るように、祁門の会源堂、余慶堂と敦化堂の三つの戯台には、地元の祁門県栗木の目連班、安慶に本拠を置く徽班など安徽本地の戯班のほか、潘陽に本拠を置く江西班、漢口に本拠を置く湖北班、さらには遠く四川に本拠を置く四川班など、さきに述べた徽商の交易ルートに属する長江流域の各地から、戯班が流入していることがわかる。

以上の(1)から(4)までの会源堂戯台の題壁の写真を示す[4]（写真412）。

次に、敦化堂戯台の題壁の写真を示す[5]（写真413）。

ここには、川劇の上演が三回記録されている。この建邑楽善堂の建邑とはどこの県であろうか。四川綿陽地区には、建興という地名があるが、県城ではないから、建邑と称することはできない。福建の建陽県の可能性が高いが、福建の劇団が川劇を演じ得たか、否か、疑問がある。ただ四川と福建の目連戯とは関係がある。（例えば傅天斗など）。四川の劇団が福建に入り、さらに徽州に入ってきた可能性も否定できない。

これらのことを勘案すると、徽州の土着目連戯を母体として形成された鄭之珍本目連戯が遠く湖南や四川に伝播したことも不自然ではない。徽州と湖南、四川は、江西を媒介として徽商の交易圏に組み込まれていたのであり、目連戯もこのルートに乗って伝播したということであろう。

写真 412　会源堂戯台の題壁

写真 413　敦化堂戯台の題壁

二　同郷会館、同業会館のルート

安徽から江西、湖南、さらに四川に及ぶ交流、伝播のルートは、遠隔地商人の同郷会館、同業会館のルートに拠ったものである。たとえば、四川彭山県の場合、嘉慶一九年の『彭山県志』巻三、「賽会」の条に、次のように記す。


五月十三日、関聖大帝降誕、秦人会館工歌慶祝。

六月初六日、為鎮江神降誕、楚人会館演劇慶祝。凡舟楫販商者、多攢金祭祀賽。

八月初三日、為六祖会、粤省人演劇慶祝。

五月十三日は、関聖大帝の降誕なり、秦人会館は、工歌して慶祝す。

六月初六日は、鎮江神の降誕たり、楚人会館は、演劇して慶祝す。凡そ舟楫にて販商する者、多く金を攢めて祭賽す。

八月初三日は、六祖会たり、粤省の人、演劇して慶祝す。


ここに秦人会館とあるのは、山西、陝西省商人の会館であり、楚人会館とあるのは、江西商人、湖南商人の会館である。いずれも、祖師の誕生日を祝って、演劇を献じている。粤省（広東）人については、会館とは記していないので、宴席に戯班を招いて演じているものであろう。これらの場合、故郷から戯班を招いているケースが多い。

たとえば、同じく四川の漢州の場合、嘉慶『漢州全志』巻一五、「音楽」の条に、次のごとく記す。


報賽演劇、大約西人用秦腔、南人用崑腔、楚人、土著多曳声、曰高腔。

報賽の演劇、大約、西人は秦腔を用い、南人は、崑腔を用い、楚人、土著は、「曳声」多し、高腔と曰う。


これによると、西人、すなわち、山西、陝西の人は、秦腔（梆子腔）を用い、南人、つまり、江蘇、浙江の人は、昆曲を用い、楚人、つまり、江西・湖南人と土着の四川人は、高腔を用いると言うのである。四川には、会館の同郷人を通して、高腔が伝わったことがわかる。長江流域の目連戯は、すべてこの弋陽腔系の高腔である。そして四川の目連戯は、湖南から入ったことは、さきの四十八本目連戯が乾隆二年に湖南の辰河腔班によって伝えられたという記事からもうかがえる。その湖南の目連戯は、江西会館の江西商人、さらにさかのぼれば安徽商人によって、伝えられたのであって、すべては、徽州商人の活動に負っていると言ってよい。

三　徽州商人と安徽俳優

安徽商人は各地に拠点を展開した。安徽の俳優も同郷商人に招かれて全国に活躍の場を広げた。かれらの得意とする目連戯もこれに伴って全国に広まった。それは、当初は、安徽商人の祭祀の場で演じられたはずであるが、七月中元節などでは、戯園、つまり劇場でも演じる機会があり、たとえば、北京の劇場では、安徽俳優の三慶班、春台班などが目連戯を演じている。また清朝の宮廷においても安徽俳優が目連戯を演じている。このように、明清両代を通じて、全国に広まった目連戯は、ほとんどが安徽商人が推進したものと考えなくてはならない。

第二節　目連戯の劇場演劇化

以上、浙江、福建、江西、安徽、湖南、四川など、各地の郷村、または農村市場で行われてきた祭祀性の強い目連戯について述べてきた。それは、この種の祭祀を支える宗族社会の基礎の上に維持され、展開されてきたものであった。しかし、宗族の組織力が弱い北方中国や、城壁都市などにおいては、この目連戯を支える祭祀性が弱く、三日、五日、七日など、長期間に及ぶ大規模な目連戯を演じることは、組織的にも財政的にもできなかった。祭祀演劇としての長編目連戯を構成する一〇〇を超える齣目の中で、劇場の観客の鑑賞に適したもののみが抜き出され、上演されるという結果が生まれる。ここでは、せいぜい一時間か二時間、たとえば、目連戯の核心部分である劉氏の「滑油山越え」や目連の地獄めぐり、特に母親と巡り合う「六殿見母」などが、折子戯として演じられたにとどまる。「六殿」のほかには、尼僧が還俗する「思凡」の場、偽僧侶に化けた詐欺師が羅卜から大金を喜捨させる「定計化縁」の場、羅卜が松林の一軒家で美女の誘惑に遇う「試節」の場、など、総じて人間の欲望を話題とする場面が「折子戯」として切り取られ、商業劇場で演じられた。商人会館の戯台においても、七月一五日の中元節には、この種の「折子戯」が演じられた可能性がある。目連戯がもっていた祭祀性が喪失した結果、長編目連戯は、分解し、その断片が「折子戯」として生き残り、命脈を保ったということになる。以下、本節においては、郷村の祭祀演劇であった長編目連戯が、都市に入って、会館や戯園という環境の下で、折子戯目連という形態に収斂していった過程を追跡し、全体として中国演劇史における目連戯の位置を論じて、全編の結びとする。

一　華北における折子目連戯の盛行

一九八五年に山西省上党地区から明代の楽戸資料、『迎神賽社礼節伝簿』(万暦二年抄本)が発見された。この中には、目連戯の上演が記録されている。次のとおりである。

二十八宿値日

第二十八　軫。……

第一盞　《老人星歌》曲、補空、《金殿楽》。

第二盞　靠楽歌唱、補空、《大清歌、游淇》。

第三盞　万寿曲破、補空、《迓鼓令》。

第四盞　《八仙慶寿》、補空、《逼嫁王門》。

第五盞　《目連救母》、補空、《姑阻家(佳)期》。

第六盞　《秋胡過江》、補空、《斬韓信》。
第七盞　合唱《四朝元》、補空、《十棒頭》。
……

ここは、宿星の「軫」に対して、七回にわたり、食物を献じる場面で、各場面において、音楽を奏し、演劇を献上する。その五番目に『目連救母』劇が演じられる規則になっていたことがわかる。おそらく、クライマックスの「六殿見母」の場面を三〇分ぐらいで演じたのではないか、と推察する。ここにも「目連救母」の舞が記されている。次の別に、[楽舞、啞隊戯]と題して、多数の楽舞が列挙されている。ここにも「目連救母」の舞が記されている。次のごとくである。

《青鉄(提)劉氏遊地獄》一単、舞
千里眼、順風耳、牛頭、馬面、判官、善悪二簿、青衣童子(二個)、白魔太尉(四個)、把金橋大使者、青鉄(提)劉氏遊十八地獄、目連僧救母、十殿閻王、水童子、木叉行者、観音、上。

ここでは、この舞に出てくる登場人物を羅列している。城隍王の脇侍である千里眼と順風耳、閻王の従者で獄卒の牛頭、馬面、閻王の書記、判官、及び判官の掌る善悪を記した名簿、陽界の犯人を連行しに行く青(黒)衣童子(黒無常)、白魔太尉(白無常)、金橋を守る橋頭将軍(把金橋大使者)などは、十殿閻王の配下に属する。劉氏と目連は、主役である。水童子と木叉行者は、観音の配下であろう。観音が最終的に劉氏と目連を救済する役を果たすものとみられる。次に『唐楽星行早七晩八図巻』(明嘉靖元年□月□日重抄)にも同様の記載が見える。

[二十八宿朝玉皇]一単、舞
第一盞　……
第二盞　……

第三盞　……

第四盞　……

第五盞　……

第六盞　出戯、或是《姑阻嫁(佳)期》、《班超投筆》、《秋胡過関》。補空、或是《目連救母》、《小児難夫子》。一単、舞

[青鉄氏遊地獄] 千里眼、順風耳、牛頭、馬面、判官、青鉄(提)、童子二個、追魔太尉四個、把金橋、劉氏遊十八地獄、目連僧救母、十地(帝)閻王、浄瓶童子、木叉行者、観音、上。

ここの登場人物は、前掲のものと同じである。

山西、陝西、河南、河北、山東省芸術(戯劇)研究所合編『中国梆子戯劇目大辞典』(山西人民出版社、一九九一年)二五九頁に次の記載が見える(原文略)。

[目連僧救母](本戯)

傅羅卜(目連)の母、劉氏は、仏を崇め、斎食の戒律を守っていたが、兄の劉甲(賈)が飯の中に肉を混ぜ、茶の中に酒を混ぜて、斎戒を破らせてしまう。劉氏は死後、地獄に落ち、目連は母を救うために西天雷音寺に行き仏を拝する。途中で観音が化けた美女に誘惑されるが、動ぜず、ついに正覚に達し、仏に会うことができ母を救いに地獄に行く許可を得る。目連は、誤って九指連環の槊を振るって地獄の門を打ち壊したため、中の一〇万八〇〇〇の亡魂が飛び出したが、母子はともに天界に上ることができた。この劇は、別名、[目連僧出家]、[大仏山]、[拉劉甲(賈)]、などとも呼ばれる。山東梆子、東路梆子、河北梆子、豫劇などに同じ劇目がある。(6)

[遊六殿](小戯)

劉青提は、捕えられて地獄に到着する。閻王からの罰として地獄の苦しみを受ける。滑油山で滑って進めなくな

り、鬼に生前に使った葷（あぶら）のためだと言われる。劉氏は深く前非を悔いる。別名、［滑油山］とも言う。中路梆子、秦腔の劇目にある。(7)

これを見ると、［遊六殿］は、［滑油山］とともに折子戯であり、［目連僧救母］（本戯）も筋は極めて簡単で、一日もかからないで終わる規模である。南方中国の目連戯が最低、三日、長ければ七日を要するのに比べれば、事実上の折子戯といってよい。目連戯は北方に起こり、南方の宗族社会で長編化したが、北方では、短編にとどまっていたと見るべきであろう。

二　北京戯園の目連戯上演

清代末期から民国初期に至る五〇年間の北京の戯園の演目については、周明泰『五十年来北平戯劇史料』正編（北京、商務印書館、一九三二年）〔目と略称〕、『同』後編（一九三二年）〔後目と略称〕が詳細に記録している。今、それによって、目連戯の「折子戯」（端幕もの）がどの程度、上演されていたかについて表示してみると、次のとおりである（表62）。

表62　北京戯園目連戯（折子戯）上演表（一八八九—一九三二）〔目二七六／行四は、正編第二七六段第四行を示す〕

行	演目	上演年月	時	戯班名	演者名	劇場名	備考
1	思凡	光緒一五年		栄椿班			目二七六／行四
		光緒		安慶班			目八一〇／行五
		光緒		安慶班			目八一一／行四
		民国七年八月二三日	夜	翔文社	韓世昌	吉祥園	後目三〇一／行四
5		民国八年正月初九日	夜	喜羣社	梅蘭芳	新明戯院	後目三二二／行八
		民国八年六月一三日	日	栄慶班	韓世昌	天楽園	後目三六〇／行七
		民国九年四月初六日	夜	義務	程艶秋	吉祥園	後目四一六／行三
		民国九年九月初七日	夜	双慶社	尚小雲	三慶園	後目四三〇／行三

		民国九年一〇月二六日	日	喜群社	梅蘭芳	吉祥園	後目四四〇／行二
		民国九年一二月一四日	夜	双慶社	尚小雲	三慶園	後目四四七／行五
10		民国九年一二月一四日	夜	喜群社	梅蘭芳	新明戯院	後目四四八／行六
		民国一一年正月二二日	日	慶興社	程艶秋	華楽園	後目五四〇／行四
		民国一一年一〇月初七日	夜	慶興社	韓世昌	華楽園	後目五九四／行二
		民国一八年七月初六日	日	栄慶社	龐世奇	春慶戯院	後目一〇六一／行五
	定計化縁	光緒		普慶班			目一〇／行四
15		光緒		鴻慶班		景泰園	目二五／行五
		光緒		同春班			目一八一／行八
		光緒		三慶班			目二〇二／行九
		光緒		復出福寿班			目四九六／行四
		宣統元年五月一四日	夜	慶寿班		広徳楼	目六五三／行五
20		宣統二年三月初三日	夜	双慶社		広徳楼	目六六二／行四
		宣統		長春班			目七五九／行七
		宣統		同慶班			目九〇一／一二
		宣統		復慶班			目九一一／行一一
		宣統		承平班			目七八一？／行八
25		民国九年正月一五日	夜	中興社	李敬山	吉祥園	後目四〇四／行一
		民国一二年一二月初一日	夜	勝雲社	王長林	開明戯院	後目六七九／行一
		民国一三年正月一七日	夜	松慶社	王長林	華楽園	後目六九二／行三
		民国一五年正月初八日	日	又興社	王長林	明星戯院	後目八四八／行四
		民国一八年五月一三日	夜	協慶社	馬富禄	中和戯院	後目一〇五四／行三
30	四面観音	民国八年八月初六日	夜	義務	陳徳霖	第一舞台	後目三八一／行八
	滑油山	光緒		普慶班			目一四／行二
		光緒		天慶班			目三二／行三
		光緒		四喜班			目一〇二／行三
		光緒一六年		栄椿班			目二八九／行六
35		光緒		増桂班			目三一六／行四
		光緒二四年		福寿班			目三五一／行二
		光緒二四年		復出福寿班			目五三二／行四

	光緒		玉成班			目六二四／行九
	光緒		慶寿班			目六四二／行六
40	宣統二年七月		双慶社			目六七一／行八
	宣統		祥慶和班			目七一九／行四
	宣統		後出四喜班			目七四四／行一一
	宣統		福盛班			目七五五／行二
	宣統		福慶班			目七六四／行三
45	宣統		長春班			目七七〇／行五
	宣統		承平班			目七九〇／行二
	宣統		春慶班			目七九二／行一一
	宣統三年三月一七日		復出安慶班			目八三三／行五
	宣統		同慶班			目八八三／行四
50	宣統		復慶班			目九一六／行四
	宣統		宝勝和班			目一〇三八／行九
	民国元年七月二四日	夜	義務	龔雲甫	天楽園	後目一九／行七
	民国二年一二月二三日	日	鴻慶班	龔雲甫	広和楼	後目五四／行七作目連救母
	民国三年五月一六日	日	欠	龔雲甫	第一舞台	後目七四／行一〇作目連救母
55	民国四年八月一四日	夜	欠	龔雲甫	第一舞台	後目一二二／行六
	民国六年七月初七日	日	欠	文栄寿	中華舞台	後目二一五／行三
	民国六年七月二八日	日	双慶社	陳文啓	吉祥園	後目二一八／行四
	民国七年正月二七日	夜	桐馨社	龔雲甫	第一舞台	後目二五二／行五
	民国七年二月二六日	夜	桐馨社	龔雲甫	第一舞台	後目二五九／行五
60	民国七年六月一二日	日	福寿班	王玉山	丹桂園	後目二八七／行四
	民国九年九月初一日	夜	双慶社	陳文啓	三慶園	後目四二七／行二
	民国一〇年二月一四日	日	詠平社	陳文啓	華楽園	後目四六二／行四
	民国一四年一二月一七日	日	鳴和社	李多奎	華楽園	後目八四二／行二
	民国一八年一〇月一九日	夜	鳴和社	李多奎	華楽園	後目一〇八六／行二
65	民国一九年八月初七日	日	福慶班	李又芬	吉祥戯院	後目一一四七／行四
	民国一九年一一月初八日	日	慶盛社	李多奎	華楽園	後目一一六二／行一
	民国一九年一二月初八日	夜	鳴和社	李多奎	中和戯院	後目一一六八／行二

番号		年月日	昼夜	班社		劇場	
		民国二〇年五月初七日	夜	鳴和社	李多奎	中和戯院	後目一一九六／行三
		民国二一年三月二五日	日	慶盛社	李多奎	華楽園	後目一二六〇／行四
70	六殿	光緒		普慶班			目五／行三
		光緒		天慶班			目四五／行六
		光緒		四喜班			目一一三／行三
		光緒		三慶班			目一九二／行四
		光緒		同慶班			目二一五／行四
75		光緒二五年五月初九日		福寿班			目三六〇／行三
		光緒		復出福寿班			目四九七／行四
		光緒		慶寿班			目六四〇／行五
		光緒		玉成班			目六六三／行一〇
		光緒		双慶班			目六七二／行四
80		光緒三三年冬以降		長春班			目七七四／行九
		光緒		承平班			目七八〇／行四
		光緒		春慶班			目八〇一／行七
		光緒		後出同慶班			目八八六／行四
		光緒		復慶班			目九〇四／行六
85		光緒		宝勝班			目一〇二七／行二
		光緒		小吉祥班			目一一〇〇／行二
		光緒		鳴盛和班			目一一〇八／行六
		宣統三年一〇月一四日	日	双慶班	立彦芝	文明園	後目一四／行四
		民国元年三月一四日	日	三楽班	徐霖甫	広和楼	後目一六／行二
90		民国三年正月一七日	日	鴻慶社	龔雲甫	広和楼	後目五六／行六
		民国三年一二月二二日	夜	永慶社	謝賓雲	丹桂園	後目八四／行四
		民国四年五月一五日	日	天慶社	李貫卿	広和楼	後目一〇九／行三
		民国四年一一月二六日	日	翔文社	鄧麗峰	天楽園	後目一三八／行五
		民国五年七月初一日	日	正楽社	李菊儂	民楽園	後目一五七／行一
95		民国五年八月初八日	日	維徳社	陳嫭嫻	中和園	後目一六二／行一
		民国六年八月一九日	夜	桐馨社	陳文啓	第一舞台	後目二二四／行二
		民国八年八月三〇日	夜	喜春社	陳文啓	新明戯院	後目三八八／行一

		民国九年正月一五日	夜	喜春社	龔雲甫	新明戯院	後目四〇五／行四
		民国一一年閏五月一三日	日	崇雅社	郭瑞卿	城南遊園	後目五六四／行四
100		民国一二年四月初四日	日	和声社	文亮臣	華楽園	後目六三三／行一
		民国一三年一一月二五日	日	玉華社	李多奎	中和園	後目七五二／行五
		民国一四年閏四月一六日	日	玉華社	李多奎	中和園	後目七九二／行二
		民国一五年二月初八日	日	鳴和社	李多奎	華楽園	後目八五七／行二
		民国一五年一二月一二日	日	鳴和社	李多奎	華楽園	後目九〇五／行二
105		民国一六年正月一三日	日	鳴和社	李多奎	華楽園	後目九一一／行四
		民国一九年二月二三日	夜	永勝社	文亮臣	開明戯院	後目一一一三／行三
		民国一九年一一月一三日	日	慶盛社	李多奎	華楽園	後目一一六三／行二

上演頻度は、比較的高く、四〇年間で一〇七回を数える。演目は、［思凡］、［定計化緣］、［四面観音］、［滑油山］、［六殿］の五種にとどまるが、これは、さきに挙げた『俗文学叢刊』所収の、昆曲、京劇の「折子戯」テキストとよく合う。人気のある演目がテキストとしても抄本、刊本として伝わったということであろう。昆曲の［思凡］は、梅蘭芳、程艶秋、尚小雲など、旦脚の名優が演じて、人気があった。また、［過滑油山］と［六殿見母］は、この劇のクライマックスであり、特に上演頻度が高い。劇場演劇としての目連戯の見どころは、この程度であって、三日以上にわたる郷村や市場での「通し上演」の迫力には、到底及ばない。劇場の観客が垣間見ているのは、氷山の一角に過ぎないと言えよう。ただ、北方においても、三日にわたり長編目連戯が上演された例は存在する。序章表3河北戯台分布表、懐柔県祇園寺の次の記事がこれを示す。

寺前戯樓一座、毎歳中元盂蘭会、四方餐会、演戯三日。（康熙六十年序『懐柔県志』巻二）

ここに見える「演戯三日」とは、目連戯を指すに違いない。祇園寺は県城南門外にあり、四方の居民が集まったというから、一種の市場地の祭祀演劇と言える。北方でも市場地では三日上演の目連戯の通し上演が行なわれることがあったことに注意したい。

第三節　折子目連戯のテキスト

長江中流域の徽州、池州地区では、おそらく市場地を中心に、徽州の徽調や池州の池調、あるいはその系統を引く弋陽腔、青陽腔の折子戯が流行していたが、その端幕集（散齣集）テキストの中に、目連戯の散齣が見える。

(1)《詞林一枝》四巻、古臨黄文華郗綉同輯、万暦元（一五七三）年刊。〔尼姑下山〕巻四中層所録。

(2)《崑池新調八能奏錦》三巻、汝州黄文華輯、万暦元（一五七三）年刊。〔元旦祝寿〕巻一上層所録。〔尼姑下山〕（佚）。

(3)《梨園摘錦楽府菁華》六巻、予章劉君錫輯、万暦庚子歳二八（一六〇〇）年刊。〔尼姑下山〕〔僧尼調戯〕巻四上層所録。

(4)《瀼調玉谷新簧》五巻、吉州八景居士輯、万暦三八（一六一〇）年刊。〔尼姑下山〕巻一上層所録。

これを見ると、五種のうち、四種までが〔尼姑下山〕であり、淫戯の流行した市場演劇の気風が反映している。現存三種のうち、(3)のみが鄭本により、(1)、(4)が鄭本と異なる先行テキストを用いている。また(2)の〔元旦祝寿〕は、宗族の家演用折子戯であり、本文は鄭本と同系であるが、鄭本より古いテキストである（第二章注3参照）。明代を通じて、郷村のみならず、市場でも、鄭本の影が薄く、徽調、弋陽腔が優勢を占めていたと言える。

清代に入っても、前節で述べたように、北京戯園をはじめ、北方中国の各地には、目連戯が上演されている。ただ、南京、北京、蘇州などでは、北方目連戯ではなく、南方の目連戯テキストの「折子戯」が伝播している。たとえば、北京で流行した俗曲を集めた『車王府曲本』には、目連戯の「折子戯」テキストが多く収められているが、その多くは、昆曲である。次のとおりである（原文略）。

［羅卜路］全串貫（昆曲）

傅羅卜は、母の命を受けて、外商に出る。夏の日の明け方、僕人の益利と共にあわただしく旅の途に上る。心中、母のことが気にかかるが、益利がなぐさめる。(8)

［定計化縁］全串貫（昆曲）

盗みの常習犯、張焉有と段以仁は、仏衣道袍を借りて僧道に扮し、橋を架ける資金の募集と偽って、羅卜から一〇〇両の喜捨を受ける。その上、二錠の贋金を羅卜の銀と交換する。(9)

［勧善］全串貫（昆曲）

劉氏が開葷したあと、傅家の旧友、李厚徳が訪ねてきて劉氏に仏を崇めるように忠告する。劉氏は、仏など信じても無駄、生活を楽しむのが大事と言って、争い、決着がつかない。劉氏は、奴婢に命じて厚徳を門外に押し出させる。(10)

［回家］全串貫（昆曲）

羅卜は、外商から帰る途中、父の親友、李厚徳に会う。母が三官堂を壊したと聞き、気絶して地に倒れる。母が駆けつけ、厚徳を怒鳴りつけ、息子を蘇生させる。(11)

［打掃］全串貫（昆曲）

益利は、三官堂を掃除する。独り言で、劉氏が夫の死後、密かに開葷し、生き物を殺害して食べていることへの不満を漏らし、劉氏に聞きつけられる。劉氏は、羅卜に命じ、家法に従って、益利を打たせる。羅卜が再三、母をなだめたため、益利は、折檻を免れる。(12)

［魔障］全串貫（昆曲）

劉氏は、当初、赫赫相公の兄弟五人の神像を毀損したが、今、臨終に際して、赫赫相公の兄弟五人から折檻をう

ける。劉氏は、連日、苦しみの声をあげる。(13)

［盟誓］全串貫（昆曲）

劉氏が花園にやってくると、閻王の命を受けた四人の鬼が劉氏を捕えて地獄に連れてゆこうとする。槍で地面を突っつくと、火花が出て、樹木の下の地面が露出し、そこには、穴一杯に鶏・鴨・鵞などの骨が埋まっている。劉氏は、たまらず、もし子に叛いて開葷したというようなことがあれば、七穴から血が噴き出して即死してもよい、と誓う。その言葉の終わらぬうちに、死の苦しみが襲う。死ぬ前に羅卜に向かい、後悔の気持ちを漏らす。(14)

［望郷］全串貫（昆曲）

劉氏は、地獄に追い立てられて行く途中、鬼が望郷台に上って故郷を遠望することを許す。しかし、劉氏の悪行が多いために、深い霧が湧きおこり、視界を遮る。鬼は、劉氏を押し倒して、頭に傷がつく。劉氏は涙が止まらない。(15)

［六殿］京劇

目連は、閻王の留守に第六殿に至って母に会う。錫杖を振るって、枷と鎖を振り落とし、両目を洗って見えるようにし、飯食を食べさせる。鬼卒に命じて口の中の火を消させ、悲苦の情を訴える母の言葉を聞く。しかし閻王が帰還し、母は引き離される。(16)

［八殿］全串貫（昆曲）

八殿平等王に、劉氏は、地獄で受けた苦しみと後悔の念を訴える。王は、それを聞いて、刑を加えず、九殿に送る。(17)

［四面観音］全串貫（昆曲）

観音菩薩は、羅卜の道心を試すため、曠野の茅屋に住む美女に化け、夜、宿を求めてきた羅卜をさまざまに誘惑

する。羅卜は動ぜず、やがて茅屋も美女も消え、羅卜は、仏の指図を受けて、西方に向かう。(18)

江西弋陽腔本では「龍女試節」、鄭之珍本では、「才女試節」、池州本では「碧桃試道」と称するが、このテキストでは、『勧善金科』に拠り、観音菩薩が、錫福観音、送子観音、水月観音、如意観音の四通りに変身して現れることから、「四面観音」と称し、観音が主役の折子戯になっている。(19) このため、江南の市鎮では、観音崇拝の劇目として、劇場だけでなく、二月一九日の観音誕辰祭祀の野外舞台でも演じられることがあるという。

別に、台湾の中央研究院歴史語言研究所が刊行した『俗文学叢刊』にも、昆曲や京劇で使われた「目連戯折子戯」のテキストが多く収められている。次のとおりである。

(1)［思凡］（一）、抄本（第九一冊）
(2)［思凡］（二）、抄本（同上）
(3)［思凡］（三）、百本張抄本(20)（同上）
(4)［思凡］（四）、方記抄本（同上）
(5)［思凡］（五）、咸豊八年呉彩霞記抄本（同上）
(6)［思凡］（六）、抄本（同上）
(7)［思凡］（七）、抄本（同上）
(8)［思凡］（七）、抄本、北京国劇学会崑曲研究会、民国三〇年刊本（同上）
(9)［六殿］劉氏、抄本（第三〇七冊）
(10)［六殿］宣統元年愛新迪元抄本(21)（同上）
(11)［滑油山］抄本（同上）
(12)［滑油山］抄本(22)（同上）

⒀［滑油山］新出龔雲淮詞、打磨廠東口宝文堂刊本（同上）
⒁［趕妓、鴇母］抄本（同上）
⒂［定計化縁］抄本（第三四七冊）
⒃［四面観音公曲］抄本、（同上）
⒄［四面観音総綱］史語所拠車王府曲本抄、（同上）
⒅［目連救母］一本、六殿見母、玉樹閣刊本、（同上）
⒆［背出地府］一本、六殿見母、玉樹閣刊本、（同上）

これらの昆曲や京劇（徽劇）は、主に江南都市の劇場で上演されたらしい。侯碩平「晩清時期江南城市目連戯」〔『（民俗曲芸）目連戯専輯（下）』（台北施合鄭民俗文化基金会刊、一九九二年）〕によると、同治年間の上海の戯園では、昆班が［思凡］、［下山］、安徽班が［目連救母］、［滾紅灯］、山西梆子が［三上吊］、京劇班が［戯目連］、［定計化縁］、［滑油山］を演じたという。同治、光緒年間、上海戯園の「折子戯」の演目と俳優は、次のとおり。

［目連救母］

鄭之珍本、勧善金科本の縮小版。清末民国初年、上海坤班（京劇女優劇団）が目連戯を演じた。たとえば、一九一六年一月一〇日『申報』によると、女丹桂戯園では、小桃紅が目連に扮し、群仙戯園では、翁梅倩が目連に小蓮英が劉氏に扮したという。[23] 目連を美少年、劉氏を若い美女にすることで、男女の愛情劇のように仕立てたということであろう。この点は、前述第八章（下）の湖南祁陽の高腔祁劇目連戯の近代演出の先駆と言える。

［戯目連］（四面観音）

勧善金科本。北京の芸人、陳汪霖、曹心泉は、内廷に招かれて劇を演じる時は、常にこの劇を演じ、昆曲の名優、朱蓮芬のあたり芸であり、のち、王琴儂、美妙香に継承された、という。二月一九日、江南の観音誕辰祭祀では、この劇がよく演じられたが、そこでは、主役は、目連でなく、観音に移っている(24)。

［滑油山］

勧善金科本。北京の富連成科班の旦脚（おやま）演目。上海の何月山、富仙舫などが武生、武旦の技術で劉氏の地獄での惨状を演じた。トンボを切ったり、連続して転がるなどの武技が披露され、劉氏の悲哀と複雑な心理が表現された(25)。前述第八章（下）の祁陽の高腔祁劇目連戯の近代演出にその面影を見ることができる。

［定計化縁］

老徽班目連戯テキスト。道光年間、四喜班の第三花臉、余籽籽の得意芸。上海徽班の名優、周柗標、周来全、何金寿などが常時、演じた。北京の富連成科班の丑脚の伝統を継ぐ。諧謔演出に独自の風格を示す(26)。

［思凡］［下山］

鄭之珍本、勧善金科本。昆劇の伝統演目。四大徽班の旦脚の伝統演目。特に三慶班の得意演目。四喜班、春台班でも、沈芷秋、何来福、朱蓮芬、梅巧玲、朱露芬などの旦脚がこれを演じた。民国初年以後、南派京劇の旦脚がこれを演じたが、昆曲の原形を維持している(27)。

［王婆罵鶏］

同治初年、上海の一桂、同桂、宝興などの徽班戯園がときどき演じた、という(28)。

［啞子背瘋］同前。

このように、江南の劇場では、安慶の四大老徽班が目連戯を演じていた。そのテキストは、安慶に近い長江南岸沿いの池本系テキストに近い。池本系に近い浙江北部のテキストにも近い関係にある。四大徽班は、北京の宮廷にも出入りしていた関係で、宮廷目連戯テキスト、『勧善金科』も江南の劇場で部分的に上演されている。

結節　目連戯の芸術化

目連戯は、元来、野外の祭祀演劇であり、劇場での上演を予想していなかったものである。劇場で上演するとすれば、さわりの部分を抜き出して演じる折子戯のほかには、考えられなかった。しかし、近代社会は、祭祀演劇から、祭祀性を奪い、これを芸術に換骨奪胎させる方向に向かう。第二章で述べた、農村目連戯の祭祀性演出は、本章で述べた折子戯、圧縮戯においては、ほとんどその片鱗すらうかがえなくなっている。鄭本自体が、農村目連戯の祭祀性を勧善懲悪という形に昇華させることによって、劇場化への方向に掉さしていると言える。その後、この鄭本の成立した万歴一〇（一五八二）年からわずか五〇年を隔てた崇禎年間（一六三〇年）には、さきに述べた明末、張岱の『陶庵夢憶』の記事にみるように、徽州や旌陽の俳優が紹興に出てきて演じたような曲芸化した演出が現れており、目連戯の劇場化は、明末清初にかけて、さらに進んだとみるべきであろう。これを受ける形で、康熙二二年には、宮廷演出用に編纂された目連戯として『勧善金科』が成立している。その断片は、上述のとおり、各地の折子戯目連戯（多くは昆曲）としても上演されている。ただ、この宮廷用目連戯としての『勧善金科』は、長江中流域の農村目連戯の主流から完全に遊離した職業劇団の劇本であり、これを農村目連戯の範囲から逸脱した作品であるが、巨視的に見れば、これもまた劇場化の延長線上にあると見ることができよう。なお、その詳細については、本書の余論を参照されたい。

（1）黄汴『客商醒迷一覧天下水陸路程』、崇禎八（一六三五）年刊。

（2）憺□子『士商要覧』、清刊本。

(3)　陳琪、張小平、章望南同著『徽州戯台――花雨弥天妙歌舞』、瀋陽、遼寧人民出版社、二〇〇二年、一九一―一九四頁。
(4)　同前書一九五頁掲載。
(5)　同前書一九〇頁掲載。
(6)　目連之母劉氏吃斎敬仏、其兄劉甲于飯内惨肉、茶内惨酒、破其斎戒、劉氏死後入地獄、目連為救母、往西天雷音寺拝仏、中途遇観音幻化之美女挑逗、目連心堅、不為所動、卒成正果。得見如来仏、命其陰司救母、目連誤用九指連環槊、打開地府、放出十万八千鬼魂、母子均得超生。此劇又名『目連僧出家』、『拉劉甲』、『大仏山』。山東、東路、河北梆子、豫劇。
(7)　劉青提被捉至地府、閻王罰使受苦、行至滑油山、路滑難行、鬼乃告其因生前用葷所致、劉深悔前非、此劇又名『滑油山』、中路、秦腔劇目。
(8)　傅羅卜奉母命遠出経商、夏日清晨偕僕人益利匆匆上路。懸心眷念家中慈母、益利好言勧慰。
(9)　慣偸張焉有和段以仁借来仏衣道袍、喬装一僧一道、詭称化縁造橋、騙傅羅卜施贈百両銀子、張、段復以両錠假元宝向傅羅卜兌換銀子。
(10)　劉氏開食五葷、廃吃斎念仏之心。傅家好友李厚徳登門勧説劉氏敬斎事仏、劉氏謂仏不足信、享用為上、争論不休、劉氏名奴婢将厚徳推出門外。
(11)　傅羅卜経商回家、路遇其父生前好友李厚徳、李嘗与羅卜之母争執、其母毀棄三官堂、羅卜気絶于地。羅卜之母趕至、怒斥厚徳、喚醒嬌児。
(12)　傅羅卜家老僕益利打掃三官堂、自言自語抱怨劉氏夫人自傅員外死後即私下開葷、殺生害命、被劉氏聴到、劉氏命羅卜行家法責打益利、羅卜再三討饒、益利免打。
(13)　劉青提当初毀棄赫赫相公兄弟五人神像、如今性命垂終、赫赫相公聚集眾兄弟折磨劉氏、劉叫苦連天。
(14)　老夫人劉青提来到花園、四鬼奉閻王之命、欲拘留室帰陰、用槍刺地出火彩、在花樹下顕露満坑雞鴨鵝骨。劉氏至為難堪、発誓若背子開葷、則七竅出血而死。言畢果然応験、死前向羅卜道出悔意。
(15)　傅羅卜之母劉四貞在陽世不事斎戒、至陰司一路受苦。鬼使念羅卜父子均是行善之輩、允許劉氏上望郷台、遥望羅卜。因劉氏作悪過多、天起大霧、遮住家山。悪鬼推劉氏跌破頭顱、泣涕漣漣。
(16)　閻王赴天庭面見上帝、傅羅卜早已出家為僧、法号目連、来至地府六殿探望其母、羅卜念動真言、揮舞禅杖、為其母振落枷鎖、洗明雙眼、抱来飯食、命鬼卒取出其口中煙火。傾訴悲苦之情。忽報閻君将回、目連別母還陽。

(17) 冥府八殿平等王審訊七殿鬼犯劉氏、劉氏訴説在陰司飽受苦楚、後悔莫及。平等王聴罷、不予加刑、命鬼卒帯往九殿。

(18) 観音大士聞説傅羅卜尊母至孝、修真布道、有意試其虚実、採取道縁以便収度。観音大士化作曠野茅屋中少婦、羅卜夜扣荊扉借住、一任風流女子百般挑逗、不為動心、須臾茅舎女子倶隠、佛指引羅卜急奔西方前程。

(19) 『俗文学叢刊』第三四七冊、一七一―三三頁、[四面観音総講]原文。

(跳韋陀、韋護站両辺、十八羅漢擺対站門小吹打。上、四金剛、站門)(金童玉女引観音大士上)(唱[上板点降])度世凡塵、漂繞遥境、得接引入道、丹心方得西方進。(貼白)欲修欲浄法稟真、苦度群生玄妙分。歩彩雲迷心数準、須得去念棄紅塵。吾乃観音大士是也。親登彼岸、普度衆生。今因孝子傅羅卜広持修真、尊母慈訓、広外参真布道。恐他年貌玄心。今在中途、化現茅屋、便幻幻婦、探取道縁、以好収度。不免化身者。(下、化身旦、上白)護持們、両廂威儀者。(韋陀、韋護、十八羅漢、金剛、金童玉女同白)領法旨。(分下)(化身白)我以変化貧家婦女、必須化現茅屋一所、以好引誘傅羅卜来也。(唱)我身子女娃、符設蘆寡、(白)且喜茅屋以成宿店、等候傅羅卜来者。(唱)我美言感煽他。誘語妝点風流架。(下)。(傅羅卜挑担上、唱[一江風])敘程途一稟前、心尽志懐慈親訓。入山林歩彩雲踪、何時西方進。(白)卑人傅羅卜、奉母之命、各処名山、拝仏行了幾日。看前途荒涼清浅、樹木森森、天色以晩。不免尋找安身之処、便了。(唱)天晩路迷踪、天晩路迷踪、荒涼風塵重、須見四野茅屋影。(白)看此地到有茅屋。好似店房、不免在此借宿。明日再行。吓、裡面有主人麼?(化白)来了。(上)声声答応、誰叩門庭。是哪個?(傅白)原来是位娘子、是卑人。(化白)原来是位相公。做什麼。(傅白)卑人是遠方来的。相求借宿一晩。明日早行。有銀銭相謝。(化白)原来是投宿的。請進来。吓。(傅白)有労了。(化白)好一個後生。(傅放担介、白)卑人見礼了。(化白)還礼。相公請坐。(傅白)有坐。(化白)請問相公、姓甚名誰?往何方貿易公幹、還是往別処探親?(傅白)娘子聴稟。只愿慈母、吓。(唱[江児水])年邁身康、浄招暮体。延豊岩途、稟拝前程。共家庭豊、迎事和平。一家老幼、持斎奉休。建安寧称慶寿。延年豊以尽道。為子心稟正。(化白)原来是位孝子了。(唱[前腔])常言不孝有三、道、撫育恩難了。生前死後須当報、(傅白)娘子、言重了。請問娘子姓氏、丈夫何名。(化白)我夫家姓巫、母家姓祁、奴家喚巫祁氏。(傅白)原来是巫大娘子、失敬了。(化白)豈敢。(傅白)請問大官人那裡去了。(化白)出外借貸、未回。(傅白)且住。他家官人不回。此娘子孤身、有些不便。(化白)相公、為何沉音。(傅白)大官人不在、家中娘子設此店房、多有不便。(化白)這只是我們糊口之計呦。(唱)只為衣食、朝昏飢寒、料夫妻両口相依靠。(傅白)如此卑人失賠、多謝娘子。(化白)啊呀!相公吓。此去万松嶺、狼虎不少。況天又晩了。難道你不怕性命麼?(傅白)娘子言誰如此。只是卑人在此、娘子孤身、有許多不便。(化白)哎呀!相公吓、(唱)你休心口両道、若論孤女寡男、権可鳳鸞和調。(傅白)哎呀!娘子吓、我傅羅卜奉母之命、広種福田、若有差遅、輪迴之報也。（化白）哎！ 怎麼好吓。有了。哎呦呦！ （傅白）娘子為何這等模様。（化白）我的旧病発了。（傅白）吓、娘子、什麼旧病？ （化白）肚腹疼的旧病。哎呦了、怎麼好吓。（傅白）娘子既是旧病、必有旧方医治。（化白）我丈夫在家、脱了衣服、貼肉窩肚数摩。数摩。奴再要睡一回、就么好了吓。你可行個好、与我窩一窩罷。（傅白）哎！ 男女之別、如何使得。（化白）使不得、哎呀！ 丈夫吓。你快快回来。救我吓。（唱［玉川供］）空房冷落、盼金夫、怎不帰赴、（白）哎呦！ 痛死我了。相公救我吓。（傅白）我怎様救你。（化白）方才言過、貼肉窩肚、哎呦！ （唱）痛得我魂揺火焼、哎呦！ 渾身麻、痛疼難熬。（白）相公吓、自古救人一命、勝造七級浮屠也。（唱）你捨身仗義、須及早。（白）哎呦！ 来吓！ 哎呦！ 来吓！ 呵哎！ 痛死我也。（唱）登房窩肚、須及早。（白）哎呀！ 相公吓。你窩肚不肯、是大礼。難道你将双手満我数摩、数摩。也是不肯的。啊呀！ 你見死不救吓。（傅白）如此待卑人満数摩罷。皇天在上、弟子傅羅卜為救這女子、若有二意、（化白）啊呀！ 快快来吓。（傅白）老夫見之、有了。有観音紙像在此。待我扶紙数摩、便了。（化白）快些来吓。（傅白）来了。堂堂紙上観音像、南無大悲観世音。（化白）快来！ （傅白）来了。（火彩、化下）（房倒、随下）（跳山子鬼、下。化上）傅羅卜、随我来。（進帳下、傅上）吓！ 一時娘子不見、茅屋無存。定是神人了。（唱）高叫菩薩有霊。南無悲観世音。（開帳、見山、錫福観音站山）（唱［要孩児］）勧世人行方便、行方便。莫遅延。終須自有霊山見。世上人情虚共遣、時時有更変、是看人情、道理空用心田。（下）（傅白）哎！ 神人之言、真賽也。（唱）菩薩有霊、南無大悲観世音。（送子観音上、唱［前腔］）世上人情縁倫、千方百計、枉用心機縁。万般事業不周全。万事日夜不分、心血俱用尽。一望回顧、思念哪有一是真。（下）（傅招念）（水月観音上、唱［前腔］）棄紅塵、入道真。千行百歩片丹心。嬌妻幼子不須認、名利家国莫見真。棄卻功名奔、万緒皆空、入道芳心。（下）（如意観音、待招宣府、上唱［前腔］）転頭好、回顧妙。世事将来一筆消。紅産忙碌何時了。親戚朋友虚共邀。誰見年年好、勧你回頭是幸、免費唇労。（下）（上、接引仏）（白）呔！ 孝子傅羅卜、聴者。因你心存善門、学義驚人。今接你西方路上、不必疑遅、急奔前程去罷。（亠）（傅白）謝過神人、指引明見、你去也。（下。開山現、転山）（畳于幡一支）（完）。

（20）『俗文学叢刊』第九一冊、二七―三六頁［思凡］原文。

（旦上、唱［風入松］）昔日有個目連僧、救母親臨地獄門、借問霊山多少路、十万八千有余零、南無仏、阿弥陀仏、（白）削髪為尼寔可憐、禅灯一盞伴奴眠、光陰一過催人老、辜負青春美少年。（白）小尼趙氏、法名色空、自幼在鮮桃庵出家、只因奴命犯孤星、幼帰小寺、只是空門多少虧心事、短嘆長吁千万声、（唱［山坡羊］）小尼姑年方二八青春、正被師父削去了頭髪、毎日裡在仏殿上焼香換水。見幾個子弟們遊戯在山門下、他把眼児瞧着咱、咱把眼児覷着他、他与咱、咱共他、両下里都牽掛、冤家怎能夠成就了姻縁、就死在閻王殿前、由他把那碓来椿、鋸来解、磨来挨、放在油鍋裡去煠、由他自見那活人受罪、那曾見死鬼帯枷、由他火焼眉毛且顧眼下、火焼眉毛且顧眼下、(白)想我在此出家、原非本意。(唱[前腔])自因俺父好看経、俺娘親愛念仏、暮礼朝参、毎日里在仏殿上、焼香供仏、生下我来、疾病多、因此上把奴家捨在空門、為尼寄活。与人家追薦亡霊、不住口的念着弥陀。只聴得鐘声法号、不住手的撃磬揺鈴、擂鼓吹螺。平白地与地府陰司作功課。多心経都念過、孔雀経参不破、惟有蓮経七巻是最難学、咱師父在眠裡夢裡都教過、念幾声南無仏、哆呾哆、薩嚤呵的般若波囉、念幾句弥陀、吓!恨一声媒婆、念一声娑婆呵、吽吽一声、没奈何、念幾声哆呾哆、怎知我感嘆還多、(白)心中悶倦、不免已到繞回廊、散悶則個。(唱)繞回廊散悶則個。繞回廊散悶則個。(白)你看、両傍羅漢、塑得来好不威厳也。(唱)又則見那両傍羅漢、塑得来有些傻角、一個児抱膝舒懐、口児裡念着我、一個児手托香腮、心児裡想着我、一個児眼倦開朦朧的覰着我、惟有布袋羅漢笑呵呵、他笑我時光錯、光陰過、有誰人、有誰人、肯娶我這年老婆、降龍的悩着我、伏虎的恨着我、長眉大仙愁着我、愁我老来時、有什麼結果。仏前灯作不得洞房燭、香積厨作不得玳筵東閣、鐘鼓楼作不得望夫台、草蒲団作不得芙蓉軟褥。我本是女嬌娥、又不是男児漢、為何腰繋黄絛、身穿直裰、見人家夫妻們洒楽、一対対着錦穿羅、哎呀、天哪、不由人心熱如火、不由人心熱如火、(白)趁此師父不在、不免逃下山去、便了。有理呀、有理。(唱[浪裡来煞])奴把袈裟扯破、埋了蔵経、棄了木魚、丟了鐃鈸、学不得羅刹女去降魔、学不得南海水月観音座、夜深沉独自臥、起来時独自坐、有誰人孤凄似我。似這等削髪縁何、恨則恨説謊的僧和俗、那里有天下園林樹木仏、那里有枝枝葉葉光明仏、哪裡有江河両岸流沙仏、哪裡有八万四千弥陀仏、従今後、把鐘楼仏殿遠離卻、下山去、尋一個年少哥哥、憑他打我罵我、説我笑我、一心不願成仏、不念弥陀般若波囉。(白)好了、且喜被我逃下山来了。(唱[尾声])但願生下一個小孩児、卻不道是快活殺了我。(下)

(21)『俗文学叢刊』第三〇七冊、一三一―一四一頁。[六殿]原文。

(浄扮班頭上、唱[数板])閻君命我作班頭、居管牢中悪鬼囚、行善的略放手、做悪的打不休。(白)我乃六殿班頭是也。今乃四月初八日、閻君赴龍華大会去了。命我看守酆都地獄。呔!衆鬼卒。(内応介)(浄白)小心把守者。(内応介)(下場)(台口設地獄城)(浄坐介)(生扮目連僧、内白)南無阿弥陀仏。(上唱[慢板二簧])奉師命、離雷音禅声語、尽許見娘。只等待初八時辰、将身児来、至在陰曹地境、聴鬼哭一個個、好不慘情。(白)来此已是地府陰曹、看那重重閻羅殿、嚇嚇鬼門関。好凄涼也、(唱[快板])鉄壁墻牢拴住。悲声隠隠、一個個声叫苦。好不傷心。(白)此処是六殿了。待貧僧念起咒来、唵嘛呢吧咪吽!(浄白)哦!哪裡這様驚天動地的?待我看来。原来是位師父。請問、師父到此作甚?(生白)掌官、聴者。(唱[慢板])尊掌官、你不必将我細問、我就是雷音寺目連僧人、都只為老娘親陰曹受困、特地里到陰城、尋我娘親、(浄白)你母親叫什麼名字?(生白)我母親叫劉氏青提。煩労掌官与我査問査問。(浄白)待我与你問問、就是了。鬼卒!外面有一目連僧前来、尋找他的母親、裡面有児子的答話。（老旦内白）有哇、（唱［滾板二簧］）聽他言、不由我喜之不尽、忽然間有嬌児訪問娘親劉青提。這本是老身名姓、我孩児傅羅卜、不叫目連僧。望掌官再与我細細来問。我母子若相逢、感報大恩。（白）掌官吓。（浄白）待我与你問来。（生白）掌官、裡面可有麼？（浄白）啊！師父、裡面到有一劉氏青提。只是他児子不叫目連僧。（生白）叫什麼？（浄白）叫什麼。醤羅卜、醋羅卜。（生白）敢是傅羅卜。（浄白）正是傅羅卜。（生白）哎呀！娘吓！（唱［慢板］）羅卜本是我名姓、恩師相賜目連僧、掌官与我行方便。母子們相見感恩情。（白）啊！掌官、可将我母親帯上城楼、容我母子一見。（浄白）待我与你方便、方便。（生白）多謝掌官。（浄白）鬼卒。（内応介）嘔！（浄白）将劉氏青提口中煙火点起、用火杖杖上城頭、容他母子一会。（内応介）（老旦上站城上）（生白）哎呀！娘吓！（唱［快板］）一見娘親珠涙滾、鉄石人聞也傷心。口内生火将言禁、披枷帯鎖好驚人、（白）啊！掌官、再行個方便、将母親口内煙火掏去、容我母子講話。（浄白）待我与你再行上個方便。（生白）多謝掌官。（浄白）鬼卒！（内応介）嘔！（浄白）将劉氏口内煙火掏出、容他母子講話。（去口中火彩介）（老旦唱［倒板］）劉青提站城頭、悲声難禁。（白）羅卜！（生白）母親！（老旦白）我児！（生白）娘吓！（老旦白）哎呀！児吓！（生白）娘親哪。（老旦唱［慢板二簧］）猛然間小嬌児来尋母親、児本是陽世人、陰陽間隔定、卻原何来到這酆都幽冥、母子們重相見実為万幸。看不見児容顔、只聴音声、在陽間一家人、何等歓慶、毎日里母子們看仏念経、娘不該毀経文欺神滅聖、娘不該私自里開戒五葷、娘不該在花園白骨蔵隠、娘不該在神前把誓来盟。我指望信口言有何憑証。又誰知半空中、暗有神霊。到今日阿鼻獄受罪難忍。可憐我在陰曹受尽苦刑、悲切切与嬌児衷腸難尽、母子們重相会。好不傷心。這是娘自作孽、並無怨恨。我的児真孝意、来到幽冥。但願得児康健、無災無病、但愿得為娘的赦罪投生。母子們若能夠一同歓慶、那時節焚清香答報神霊。（白）児吓。難得你一点孝心来到地獄、尋見為娘。今乃四月初八日、閻君朝見上帝去了。你可哀求獄官、将娘放出獄外、母子相会。（生白）孩児遵命、啊！掌官、煩労你、将母親帯出城来、讓我母子也好敘話。（浄白）啊！師父！放出城来、倘若有差錯、這可使不得的。（生白）唵嘛呢吧嘥吽！啊！不要動這個傢伙。待我放出来、就是了。呔！鬼卒！（内応介）嘔！（浄白）将劉氏帯出来、容他母子相会、便了。（内応介）（頭本完）。（開城介、鬼押老旦出城介）（老旦白）羅卜！（生白）母親！（老旦白）我児！（生白）娘吓！（老旦哭白）哎呀！児吓！（生哭白）哎呀！親娘吓！（老旦唱［快板］）見嬌児、不由珠涙滾、好似鋼刀刺在心。当初言語娘不信、只落今朝禍臨身、（白）児吓！為娘身帯枷鎖、疼痛難忍、如何是好？（生白）母親、放心！孩児自有仏法。（唱）自従陽世別慈親、今日相逢在幽冥、禅杖一払山揺動、（生念咒、白）唵吧呢吧嘥吽！（唱）霎時枷鎖落埃塵。（老旦白）児吓！枷鎖除去、身子揺動多少、只是為娘的二目不明、看不見我児、如何是好？（生白）母親、孩児還有仏法。（唱）夜夜展顕神通、千変万化、使我心忙、将真言忙念動。（生念咒、白）唵嗎呢吧嘥吽！

（唱）留得清泉洗眼睛。（老旦白）我兒！（生白）母親！（老旦白）羅卜！（生白）娘親！（老旦白）哎呀！兒吓！（生哭白）哎呀！娘親哪！（老旦唱）数載未見嬌児面、母子們相逢涙不干。（白）哎呀！兒吓！為娘的二目雖明、只是腹中有些飢餓、如何是好？（生白）孩兒還有仏法。（唱）望求師父施惻隠、搭救弟子的老娘親、禅杖一払山環振。（念咒白）唵嘛呢吧㖿吽！（衆鬼上介）（生連着唱）眼前跪定衆鬼魂。（浄白）師父、将這些餓鬼超度、超度罷。（生白）看這些餓鬼、貪財不顧命、顧嘴不顧身、我不救你們、再等何時。（生念咒介）唵嘛呢吧㖿吽！（衆鬼搶食吃介）（老旦白）哎呀！兒吓！這些飯被這些餓鬼們都搶去了。為娘的還是没有吓。（生白）孩兒還有仏法。（唱）二次又把真言念。重化飯食敬娘親。（大鬼持牌上白）六殿班頭、聴者。閻君回殿、行至半路了。快排執事前去迎接。（大鬼下）（浄白）師傅閻君回殿来了。你宜回去罷。（老旦白）啊！閻君回来了。羅卜！（生白）母親！（老旦白）我兒！（生悲、白）娘親。（老旦哭白）哎呀！兒吓！（生哭白）哎呀！娘吓！（老旦唱）母子相逢寔万幸、傾刻分離裂砕心。還要我兒孝心尽、搭救為娘早超生。（生唱）兒本当与娘多孝敬。閻君傾刻回殿庭、兒哭娘来心悲痛。（老旦接着唱）娘哭兒来水成冰、母子們哭得咽喉腫、兒帰陽間母帰冥。（白）羅卜！（生白）母親！（老旦白）我兒。（生白）娘親！（老旦哭白）哎呀！兒吓！（生哭白）哎呀！娘吓！（鬼上、与老旦帯鎖介）（生老旦同哭介）（合下）（全完）。

（22）『俗文学叢刊』第三〇七冊、一五五—一六八頁、［滑油山］原文。

（浄白）哈、打着走吓。（鎖旦上、小鬼随上、旦唱）望地府、黒沉沉、程途迢遞（無常鬼随火彩時止）（旦唱）瞻天日冷颼颼、魂膽疑驚、愧生前甚差池、欺瞞天地、到陰司遭顚沛。少吉多兇、（白）老身年五十歳、（衆鬼白）吓。（旦唱）恨殺人、空生四十九載、到今日回首時、万事皆空。決不該聴信了劉賈言語、開葷酒、拆橋樑、罵道打僧、在陽間、図只図一時受用、哪知道墜落在地府幽冥、随公差行過了崎嶇険径。（浄白）走吓。（繞場介）（旦唱）見道旁陡起間一座山峰。（火彩）（旦唱）原来是堆如山紙銭灰冷、好銅銭、破銅銭、抛散零星。待告那陽世人焼銭化紙、必須要整整地用火焚烘、且莫用蘆棍児将灰撥弄挑砕了。地下人使用不能、枉費了陽世間一番孝敬、積累作破銭山、万畳千重、（浄白）走吓。（繞場众起嘆、雑扮幢幡、引中善、繞場下）（旦唱）遥望見蕩飄飄幢幡宝蓋、更有那、一対玉女金童、引領着衆善人、悠悠雅雅脚踏着平頂山、笑耍間行。（浄白）走吓。（繞介、雑扮牛頭馬面、趕衆餓鬼、下）（旦唱）又見那、悪狠狠牛頭馬面追的那作悪人、乱乱烘烘、可憐他一個個身無衣袂、都去在刀尖山、苦楚零丁、嚇得我寒毛乍、十分驚恐。（拝介。鬼打背介）（旦唱）告長官寬容我緩緩而行。（浄白）善悪分明路両条。（小鬼白）相差只在半分毫。（浄白）陰司法度無偏枉。（小鬼白）只爾陽間待若何。（浄白）你這悪婦陽世作悪多端、今到陰司、受此苦楚、休得埋怨。（旦白）長官、公門之下、正好修行、望長官将就、将就。（浄白）将就、将就。前生作者今生受、莫埋怨。忙進歩、過了五関時、還有十八重地獄咧。(旦白)請問長官、前面什麼所在。(浄望介、白)滑油山。(旦白)何為滑油山?(浄白)世上人奸猾油嘴、将清油自食、渾油点起仏前之灯、我仏不受、傾在此間、堆積如山。要作悪婦過咧。(旦白)只怕過不得。(浄白)過不得。跌下来、一身粉砕、又呼孽風一陣、追成活鬼、解往前途、墜入輪迴、以為悪人之戒、(旦白)只怕難過。(浄白)難過、難過。何不当初莫作。(旦白)吓。長官、你若肯放我還陽、情愿将清油点起仏前之灯。(浄白)縦然点起仏前之灯、滅不卻你那心頭火、也是枉然。(旦白)請問長官何為心頭火。(浄白)衆家兄弟。(小鬼白)嘔!(浄白)你看、這悪婦、不知心頭火、你們代好了。代俺説与他聴吓。(快唱)心頭之火焔騰騰、初生原是一星星、不顧君臣与父子、不顧手足与親朋、哪管他人心焦燥。只図自己称心胸。此火由来何処起、皆従悪婦歹心生。(白)哈、打着走吓。(繞場介、倒板)(旦唱)滑油山、展双眸遠観近看。(退歩望介、浄白)哈、走吓。(旦唱)無限的崎嶇路、脚歩難行。上無有可攀援枝葉牽引。下無有立脚跟沙石堪登。漫言是脚歩児十分蹭蹬、就便是遥望着也自心驚。没奈何、手掘衣、登高挙歩、(浄白)吓。(旦唱)嚇得我体篩糠、戦戦驚驚、好叫我、苦跋渉。進前無路。歩踉蹌、防摔到、退後無憑、光油油恁般滑、寔難扎掙、石挨挨恁般高、怎敢留停、都只為錯把那讒言聴信。頓改了善心腸、把悪念重萌、誰承望到陰司、賞善罰悪、悔当初決不該害命殺生、(浄白)悪婦、你那開斎呢、(旦唱)是了麼、公差呀、老身差錯。決不該開葷酒、任意胡行、到而今受報応。難逃難躲、方信道昭彰理、甚是分明。只落得難支持。一身酸痛都只為在陽間、不敬神霊、把清油澆肉鍋、自食自用、把渾油点仏灯。暗昧難明。忽然間、想起了員外在日、行方便、積陰騭、布施斎僧、到後来接引到西天去了。享逍遥、受自在快楽無窮、那知你苦命妻造下冤孽。到如今、滑油山、受尽逼凌這苦楚、你那裡怎知怎暁、総有憐憫心、隔断幽冥。又想起行孝人。孩児羅卜、他那裡持長斎、念仏看経。你縦然誦尽了。弥陀経巻、消我災解我難。万分不能想、孩児不由人肝腸痛砕、止不住昏花眼、珠涙飄零、走得我難扎掙。渾身無力。告公差行方便。容我款行。(旦唱)容他款行。(旦唱)款行時、歩難停。石滑如鏡。(浄白)仍是疾行、(旦唱)疾行時気難接。満眼金星、可憐我竟把這頭顱跌破、無気力軟如灘、臥倒身形。(旦臥、浄扯住介)(旦唱)他把那、鉄縄児連扯連掇、(小鬼擎ヨ、背介)(旦唱)他把那鉄棍児痛打無情、急得我、哭嚎淘滾滾珠涙、悲切切痛哀哀眼望倉窮。(浄白)叫天哪。(旦唱)我這裡叫着天天朧不応。(浄白)叫地吓。(旦唱)我這裡叫着地、地唖無声。没奈何、向公差連忙拝倒。憐念我哀老身寸歩難行。(臥介)(浄白)這悪婦走不動了。我在前面拉。(小鬼白)我在後面打。(浄白)打着走吓。(同下)(全完)。

(23)　民国五年一月上旬、上海女丹桂和群仙両家坤班戯園同時上演《目連救母》、拠那年一月十日《申報》載、女丹桂戯園由小桃紅主演目連、群仙戯園則由翁梅倩飾演目連、小蓮英飾演劉氏。

(24)　一名〈四面観音〉、出自《勧善金科》。此劇為京中前輩芸人陳汪霖、曹心泉承応内廷供奉時的常演劇目。亦是昆乱兼長的名旦朱蓮芬的代表作、後伝至王琴儂、姜妙香諸伶。昔時江南民間祭祀演劇中有〈観音度目連〉一劇（多在二、三月観音会中演出）、内容与此相仿、只是観音大士為劇中主人公。

(25) 出自《勧善金科》。京中富連成科班旦行劇目。表現目連之母劉青提在地府受苦。此劇南伝至上海後、何月山、富仙舫等芸人以武生和武旦的表現技法来顕示劉氏遊殿過程中種種惨苦情状。

(26) 道光年間四喜班中三花臉演員余籽籽即以長於此劇名噪一時。同治、光緒年間、上海的徽班名角周枱標、周来全、何金寿経常演出。此劇亦為京中富連成科丑行伝統戯、劇中有不少諧趣的科渾表演。

(27) 出自《目連救母勧善戯文》和《勧善金科》。四大徽班進京後、三慶班〈双下山〉為常演劇目・四喜、春台等班中、沈芷秋、何来福、朱蓮芬、梅巧玲、朱露芬等前輩旦角名家均扮演〈思凡〉〈下山〉。南派中、後起旦行上演〈思凡〉〈下山〉、依旧保留崑班演劇的原来形態。

(28) 同治初年在上海的一桂、同桂、宝興等徽班戯園時有演出、光緒年後、在京劇戯園上已不多見。

結章　中国鎮魂演劇の体系

以上、目連戯を中心に中国鎮魂演劇の発生、展開、伝播について検討した。これを通して、各地目連戯の伝承のあり方を分析し、これに伴う『封神演義』などの英霊鎮魂演劇についても言及した。しかし、巨視的にみると、中国鎮魂演劇は、英霊劇と目連戯に尽きるものではない。このほかに江南農村には、『孟姜女』『劉文龍』など、行方不明になった夫の霊魂を妻が鎮撫する儺戯があり、毎年旧暦正月、春節から元宵節にかけて、農民自身の手によって演じられ、併せて孤魂野鬼を祀る慣行があった。これらを含めて最後に中国鎮魂演劇を包括的に論じて、結びとする。

第一節　目連戯と英霊劇との相関関係

序章でのべたところであるが、鎮魂演劇の元祖は、戦死者の亡魂を鎮撫するための英雄劇であった。ところが、宗族制度の強い中国では、英雄劇の存在感は、次第に薄れ、替わって、女性の亡魂を救済するための女性鎮魂劇が強くなり、その結果が目連戯として収斂した感がある。これは、ギリシャや日本の演劇において、英雄劇が終始、主流の地位を保ったのにくらべて、中国の大きな特色といえる。

ところが、目連戯が家庭劇としての範囲、つまり傅家家伝の範囲に収まっているのは、長江中下流の安徽、江西、浙江ぐらいまでであって、これが長江上流域の湖南、四川に伝わると、情況は一変する。すなわち、ここでは、前目連として、観音得道、封神伝、岳飛伝、隋唐伝、水滸伝などが大幅に増補され、本伝の傅家家伝の部分は、これらの前目連の波にのまれて、すっかり影を薄くしてしまっている。四八本あるいは、それ以上の一〇〇本、五〇日から一〇〇日に及ぶ長期連続上演の中で、目連伝本体の占める日数は、一二日程度にとどまる。あとは、封神伝、岳飛伝を中心とする英雄もの、戦記ものが圧倒的比重を占める。鎮魂劇の主流は、家庭劇から、再び英雄劇に戻った感がある。特に封神伝の比重が大きく、さきの四川宜賓県の城隍廟の例では、この封神伝だけで、上演に三か月を要したという。ほとんどが戦闘場面で、多数の戦死者を出す殺伐とした血腥い物語で、これが「目連戯」という名目で行われている。

岳飛伝の比重も、封神伝に劣らず、大きい。たとえば、清趙申喬『趙恭毅公自治官書』巻五、「回奏宋学士参款」には、康熙四六年一一月、衡山県の東嶽廟の神像開光において、一か月以上にわたり、目連戯が演じられ、主催者の宋学士が処罰を受けた事例が記されている。その際、目連戯本伝は七日であったらしいが、その前に前目連が一か月以上あり、そこに岳飛伝が演じられていたことが記されている。以下、関連個所を引用する（傍線箇所に注意）。

宋某到嶽、諭執事官、於嶽廟二門前建台、演戯一月、派令衡州府経歴楊某、専理其事、自三月十五日開始、毎日演戯、宋某亦毎日登楼置酒、高坐臨観、乃於十八日、本戯演畢之後、忽雑劇一齣、観者無不驚駭、復於十九等日、接演目連全本、種種褻慢、公然無忌。臣拠署布政司事按察使郎某、准桂陽知州伍某等、長沙府知府崔某、衡州府知府常某、駅塩糧道成某、衡永郴道孫某等各詳移、転詳到臣、臣思：宋某唱戯祝聖、而於内殿建醮時、外台搬演目連全本、殊乖臣子愛敬之誼、応即拠実糾参。但以瑣屑之故、不敢軽瀆宸聡。是以於六月二十九日、会同督臣郭某、咨明吏部、請将管戯之楊某、立賜斥革、並移咨宋某在案。今宋某懼臣発覚其唱目連戯之罪、而反捏称：臣於嶽神開光、不允百姓唱戯、怒拆戯台、声言枷責。但宋某誣臣、絶無一証。而宋某之唱演目連、直至七日、則万目共睹、万民共駭。究其情罪、似属可悪。

宋某の嶽に到るや、執事官に諭し、嶽廟二門の前に於いて台を建て、演戯すること一月なり、派して衡州府経歴楊某に令して、専ら其の事を理めしむ。三月十五日自り開始して、毎日、演戯し、宋某も亦た毎日、登楼して置酒し、高く坐して臨観す、乃ち十八日に於いて、本戯、演じ畢れるの後、忽ち雑劇一齣あり、観る者、驚駭せざるなし、復た十九等の日に於いて、接して目連全本を演ず、種種、褻慢あり、公然として忌むなし。臣、署布政司事按察使郎某、准桂陽知州伍某等、長沙府知府崔某、衡州府知府常某、駅塩糧道成某、衡永郴道孫某等の各詳移の、転詳して臣に到れるに拠る、臣、思うに（中略）宋某、唱戯して聖を祝す、而して内殿に於いて建醮せる時、外台にて目連全本を搬演す、殊に臣子愛敬の誼に乖く、応に即ち実に拠りて糾参すべかりしに、但だ瑣屑の故を以て、敢えて軽々に宸聡を瀆せず。是を以って六月二十九日に於いて、督臣郭某と会同し、吏部に咨明して、管戯の楊某を将ちて、立ちどころに斥革を賜わらんことを請い、並びに咨を宋某に移して案を在らしむ。今、宋某、臣の其の目連戯を唱えるの罪を発覚するを懼れ、而して反って捏称す…臣、嶽神の開光に於いて、百姓の唱戯を允さず、怒りて戯台を拆き、声言して枷責せり、と。但だ、宋某、臣を誣うるも、絶えて一の証なし。而して宋某の目連を唱演せしこと、直ちに七日に至る、則ち万目は、共に睹て、万民は共に駭けり。其の情罪を究むるに、悪むべきに属するに似たり。

これを受けて一年半後の康熙四七年一〇月に督院が下した判決は、次のとおりである（同前書巻八）。

本督院、於本月初五日、在長沙拝送宋閣部、詢及此事、即云、並非雑劇一齣、乃是何栗回話一齣、系秦檜家婆被鬼捎去。夫閏三月十八、方且建醮恭祝、其可否扮演何立回話、雖不敢以鄙臆妄断、但宋閣部已明知為此齣、而尚云不知所扮何戯、則何以服該州県之心也。（中略）宋閣部咨称：目連戯、禁城亦会演唱、今臣民観看、何有褻慢、但宋閣部之蒞楚、為祝聖而来、非為唱戯而来、今以建醮祝聖之期、必唱目連不経之戯、此在綸扉重臣、必有確見。

本督院、於本月初五日に於いて、長沙に在りて、宋閣部を拝送し、詢して此事に及ぶ、即ち云う、並びに雑劇一齣に非ず、乃ち是れ何栗回話の一齣なり、秦檜の家婆、鬼に捎去せらるるに系る、と。夫れ、閏三月十八、方に且つ建醮して恭祝す、其れ何立回話を扮演しべきや否や、鄙臆を以て妄断せずと雖も、但だ宋閣部、已に明らかに此の齣たるを知れるに、而してなお扮する所、何の戯たるか、を知らざりき、と云う、則ち何を以て該州県の心を服せんや。……宋閣部、咨称す：目連戯、禁城も亦た演唱するあり、今、臣の民の観看するに、何の褻慢かあらん、と。但だ、宋閣部の楚に莅(いた)るは、祝聖の為に来れるにして、唱戯の為に来れるに非ず、今、建醮祝聖の期を以て、必ず目連不経の戯を唱するは、此れ綸扉重臣に在りて、必ず確見あらん。

これによると、目連戯の開始が三月一九日で、その前の一八日に、岳飛伝の終末にあたる〔何栗回話〕の段を演じたという。三月一五日から、一か月間も演劇が演じられたとすれば、終演は、四月一五日になる。目連伝は七日だというから、四月八日から一五日までとなる。すると、三月一九日から四月八日まで、二〇日間は、前目連の『岳飛伝』か、『封神伝』を演じたのではないか、と推定する。一か月の目連戯といっても、八割は英雄鎮魂劇ということになる。宋氏は、当時、都の北京でも目連戯は、上演を許されていた、と言っているが、弾劾官は、目連戯を「不経の戯」（儒教の正道を外れた異端の演劇）と見ていた。本伝の地獄めぐりなど、仏教に基づくからであろう。しかし、岳飛伝や封神伝まで「不経の戯」と見ていたか、明瞭でない。また、湖南で、岳飛伝が目連の前座として演じられていたことは、乾隆『清泉県志』巻二「風俗」の条の次の記事からもうかがえる。

七月十五日、中元節、自初十日起、至十四夜、十一日起、至十五夜、郷城倶祀先祖、為冥衣冠、布男女席香案、供酒饌茶果、日凡五献、男婦羅拝於前。如是五日、其夜、又特設饌以祭。祭畢、焚冥衣冠、楮銭於門前、又用浮屠、設盂蘭会、放焔口、点河灯。市人演目連、観音、岳王諸劇。

七月十五日、中元節、初十日より起りて、十四夜に至る、十一日に起りて、十五夜に至る、郷城、倶に先祖を祀る、冥衣冠を為り、男女席香案を布き、酒饌茶果を供え、日に凡そ五たび献ず、男婦、羅して前に拝す。是の如くすること五日、其の夜、又、特に饌を設けて以て祭る。祭り畢りて、冥衣冠、楮銭を門前に焚く、又、浮屠を用いて、盂蘭会を設く、焰口を放ち、河灯を点ず。市人、目連、観音、岳王諸劇を演ず。

ここでも、岳飛伝が演じられている。湖南のような江南から離れたところでは、鎮魂劇が家庭劇から英雄劇に回帰していると見ることができる。

第二節　鎮魂演劇としての目連戯

序章から第一〇章に至る、目連戯に関する個別的具体的な論述を、巨視的な視点に立って、共時論的、空間的角度からと、通時論的、歴史的角度からの双方の視点から総括してみる。

一　共時論的考察

以下、目連戯の空間的配置を図示してみる（図72）。

この図において、祭礼の祭祀性（呪術性）が薄れて鑑賞性（娯楽性）が強まる方向をX軸にとり、農村が都市化して農村性が薄れ市民社会の要素が強まる方向をY軸にとり、これを中心で直角に交差させて、祭祀空間を①②③④の四つの象限に区画している。それぞれの象限の特徴は、次のごとくである。

①第一象限…都市性が最も進み、娯楽性が最も強くなっている城壁都市の祭祀空間。
②第二象限…都市性がかなり進んで市民性が強まっているが、まだ祭祀性が色濃く残っている農村市場の祭祀空間。
③第三象限…農村性が最も強く、祭祀性もまた最も強い僻地農村の祭祀空間。
④第四象限…農村性がまだ強く残っているが、知識人の影響力が増し、祭祀性がかなり弱まっている都市周辺の宗族村落の祭祀空間。

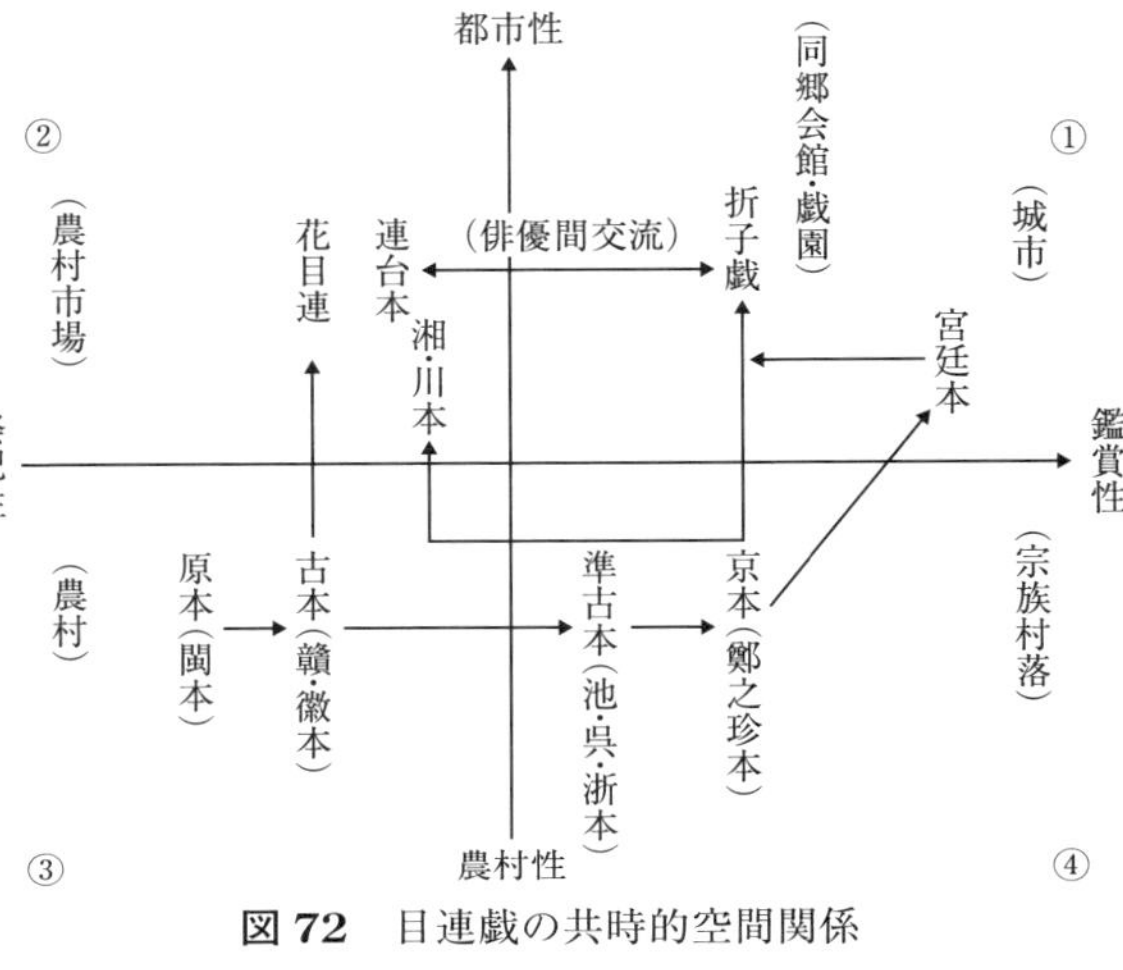

図 72　目連戯の共時的空間関係

目連戯は、③第三象限の農村の鎮魂祭祀から発生した。郷村原本から郷村古本は、この農村空間で成長した。この空間から、農村市場地が成長してゆく過程で、②第二象限の市場空間において、上演期間の延長に対応して、花目連や連台本など長編の市場テキストが生まれる。④第四象限の農村空間は、宗族の城居指向、商業指向の強くなった場所で、祭祀性が弱まり、古本を簡略化した準古本（池・呉・浙本）を経て、文人志向を強めた京本（鄭之珍本）が成立する。このテキストは、地元の徽州農村で上演されることはなかったが、文字として固定して安定していたため、それまで目連戯をもたなかった、湖南・四川など、遠隔市場地に伝播し、①第一象限では、同郷会館や戯園（商業劇場）で、折子戯として流行した。全体としてみると、上演に長期間を要する目連戯は、都市部（第一象限の城壁都市）では、ほとんど行われず、農村部、つまり第三象限の農村と第二象限の農村市場地で行われた。宗族上層部の知識人の影響の強い第四象限でも、期間は短縮されている。結局、鎮魂儀礼としての性格の強い目連戯は祭祀の場から離れては存在することはできなかった。そのため、その主流は、終始、第三象限、第二象限にとどまった。都市の折子戯は、農村の長編目連戯に比べれば、九牛の一毛をなぞっているに過ぎない。鄭之珍本もまた、極めて限定された都市空間で行われているにすぎず、喧伝されているほどの影響力はない。なお、清代に入って、宮廷のお抱え俳優により、宮廷上演用の目連戯劇本として、『勧善金科』と題する一〇日上演用のテキストが成立した。これは、目連戯の歴史から全く離れた孤立した創作であるが、都市部の折子戯には、多少の影響を与えた。これについては、本書の余論にその要点を述べる。
図72に示した各種目連戯の共時的併存関係は、新中国成立の前後まで、続いたのである。

二　通時論的考察

次に、通時的な変遷を図示する（図73）。

まず、宋元時代に東南沿海地域で成立した郷村原本は、長江中流域の江西、徽州に入り郷村古本に発展する。これは明代に入って、農村市場地において長編の市場本を生むとともに、宗族的な影響の強い都市部周辺では、断片化して折子戯となり、会館や戯園の同郷ギルドや、同業ギルドの聯誼会の場に通行する。この方向から鄭之珍本が生まれる。鄭之珍本は、読曲用の案頭本として刊行された。この本が成立する前から独自の演出本が盛行していた長江中流域では、郷村でこの本が使われることはなかったが、それまで目連戯をもたなかった長江上流域や蘇州、南京、北京などに伝播し、会館・戯園の折子戯としても用いられた。宮廷本にも部分的に採られている。しかし、全体として、この図が示すように、目連戯の主流は、原本→古本→市場本にあることは明らかであろう。

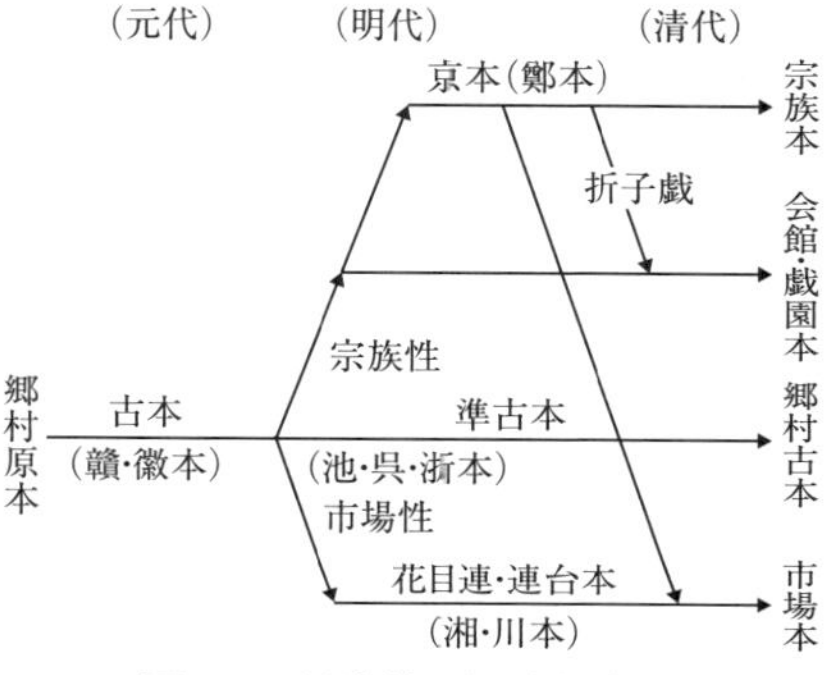

（元代）　（明代）　（清代）
京本（鄭本）→ 宗族本
折子戯
→ 会館・戯園本
宗族性
郷村原本 ― 古本（贛・徽本）― 準古本（池・呉・浙本）→ 郷村古本
市場性
花目連・連台本（湘・川本）→ 市場本

図73　目連戯の通時的変遷

第三節　儺戯による鎮魂演劇Ⅰ――安徽省貴池県の『孟姜女』『劉文龍』

目連戯は、上演にあたって膨大な費用がかかり、族人の人口が少ない小姓宗族やその村落では、災害が起こる都度、これを挙行することは難しかった。このため、すでに述べたように、安徽の池州や浙江の紹興、江蘇の高淳では、通常、三日かかる目連戯を一日に圧縮して行う穿会本と称する簡略演出も行われていた。しかし、これとは別に、災害の多発する秋七月、八月ではなく、むしろ災害がない農閑期の春節や正月に、長い間、官途や商機を求めて、故郷を離れたまま、帰郷せず、生死不明となった村の男の遊魂を、家に残って留守を守る妻が鎮撫するという内容の鎮魂演劇を行っているところも少なくない。安徽省池州府貴池県郊外の諸村落に伝わる『孟姜女』『劉文龍』などの儺戯、江西省広昌県に伝わる〝孟戯〟と呼ばれる『孟姜女』劇などがこれである。以下、これらについて、概観する。

まず、貴池県南部、約五〇キロ圏に広がる三九か村の農民が正月に行う儺戯の演目を列挙してみる（図74[1]、表63[2]）。これによると、最も多いのは、劉文龍で、三四個村、八七％を占める。次いで多いのは、『孟姜女』で、一四か村、六割を占める。この二つを双方とも演じるのは、二〇か村で、半分を超える。上演の方式としては、まず、『劉文龍』を演じてから、明け方になって、『孟姜女』を演じ、大団円を迎える。『劉文龍』では、文龍の妻、蕭氏が、生死不明の夫、文龍の霊魂を祀る。『孟姜女』では、孟氏が死んだ夫、范士郎の霊魂を祀る。明け方の『孟姜女』が終わった後、僧侶の仮面をかぶった儺人が誦経して『新年斎』[3]を行い、村人を従えて場内を巡る。これら一連の儀礼が鎮魂祭祀を形成している。この二種の儺戯は、最後の『新年斎』のために演じる予備行事に過ぎない。以下、この順に述べる。

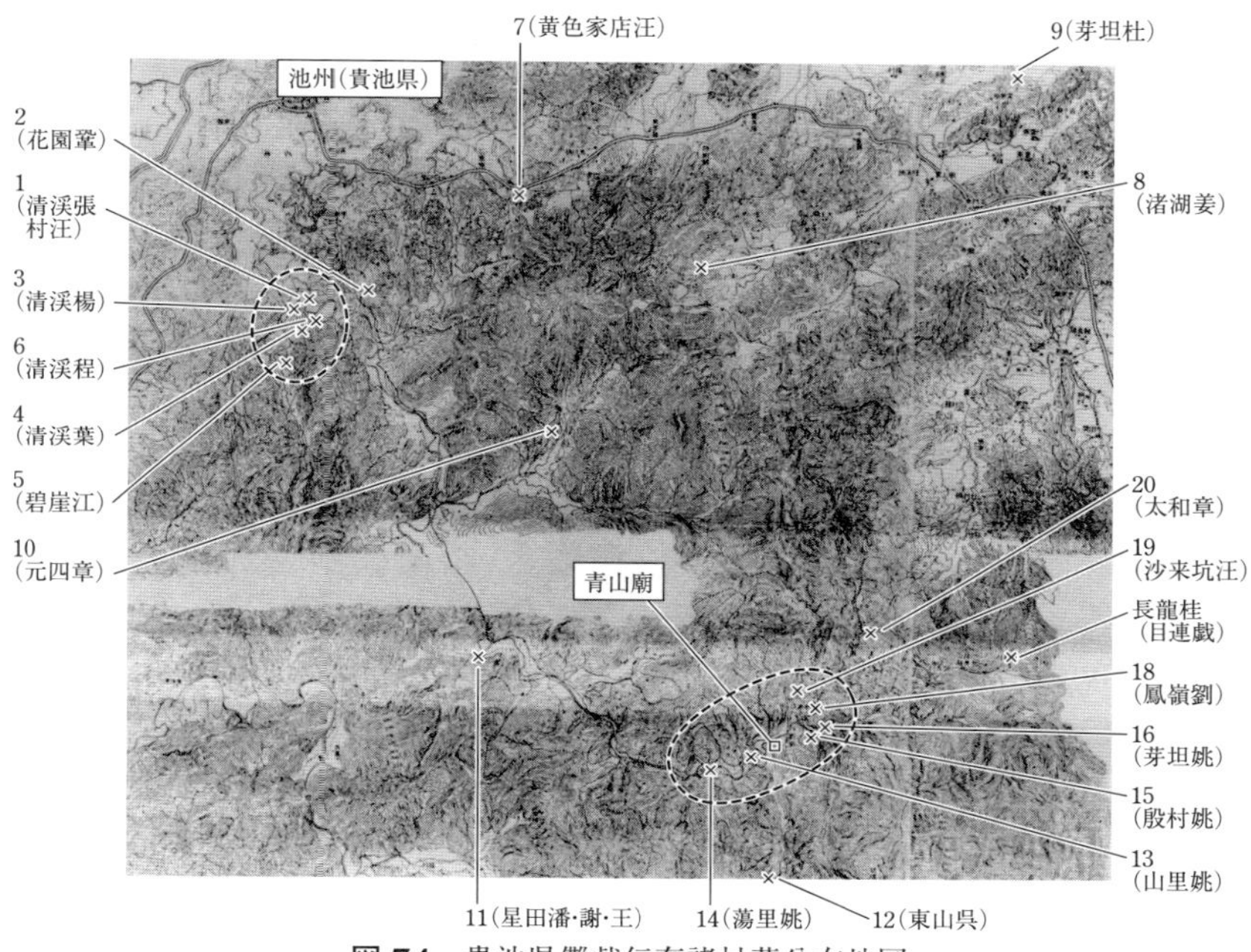

図 74　貴池県儺戯伝存諸村落分布地図

Ⅰ『劉文龍』

物語の梗概は、次のとおりである。

劉文龍は、父の命により、新婚早々の妻、蕭氏を残して科挙受験のために都に上り、状元に合格する。宰相から娘婿になるよう勧められるが、これを断る。このため、文龍は、外交使節として匈奴に派遣される。ここで匈奴に捕われ、その娘と結婚させられる。一八年の歳月が立ち、文龍は、匈奴の妻に事情を打ち明け、その協力によって匈奴を脱出し、故郷に帰る。故郷では、文龍の父母が生死不明の息子の帰還をあきらめ、かねてから蕭氏に思いを寄せていた宋中に蕭氏を再嫁させるようにたくらむ。蕭氏は、再婚を拒否するが、父母の強要に耐えきれず、文龍のために法事を行い、その幽魂を鎮撫することを条件に再婚を承諾する。法事が終わり、結納の品物が宋家から運び込まれる中、高官となった文龍が帰郷し、一家団円を得る。

ここでは、夫の死を覚悟した蕭氏が、法事を

表63 貴池県諸村落儺戯上演表 郷名欄の番号は図74に対応している。（　）は村落を構成する宗族を記す（殆どが単生村）。

郷名		村名	儺戯演目			
5	清渓郷	碧崖村（江姓）	孟姜女	劉文龍	章文選	
		棟樹村（鞏姓）				
		嶺上村（舒姓）				
3		楊家村（畈姓）	孟姜女			宋仁宗不認母
		水宕村（胡姓）				
		西湾村（舒姓）				
1		張村（汪姓）				薛仁貴征東
6		清渓村（程姓）	孟姜女	劉文龍	包公断	薛仁貴打虎
7	馬牙郷	汪家村（汪姓）			包文正犁田	
		茶山村（金姓）	孟姜女	劉文龍		
9	茅坦郷	茅坦村（杜姓）		劉文龍求子		趙相求子、王母祝寿
		北橋村（胡姓）				
2	里山郷	花園村（鞏姓）		劉文龍		郭子儀上寿
		河西村（畢姓）				鬧新年
		排湾村（徐姓）		劉文龍		花関索
		石頭村（徐姓）				
		隔裡村（虞姓）				
8	敦上郷	諸湖村（姜姓）				姜子牙釣魚
14		蕩裡村（姚姓）	孟姜女	劉文龍		宋仁宗不認母

	劉街郷	西華村（姚姓）	孟姜女	劉文龍		
		南辺村（姚姓）	孟姜女	劉文龍		陳州糶米
15		殷村（姚姓）	孟姜女	劉文龍	章文選	陳州放糧
		南山村（劉姓）	孟姜女	劉文龍		
		龍門村（劉姓）	孟姜女	劉文龍		
18		鳳嶺村（劉姓）	孟姜女	劉文龍		黄太尉（佚）
		茶渓村（汪姓）	孟姜女	劉文龍		
		双龍村（汪姓）	孟姜女	劉文龍	章文選	
20		太和村（章姓）		劉文龍		
	姚坡郷	縞渓村（曹姓）	孟姜女	劉文龍		
		縞渓村（金姓）	孟姜女	劉文龍		黄太尉（佚）
		徐村（柯姓）				
19		長壠村（汪姓）				
11		星田村（潘姓）	孟姜女	劉文龍		
11		星田村（謝姓）		劉文龍		陳州散糧、揺銭記
11		楊冲村（王姓）				
		邱村（柯姓）	孟姜女	劉文龍		
		峽川村（柯姓）				
10		元四村（章姓）	孟姜女			
12		東山村（呉姓）	孟姜女	劉文龍	章文選	
		東山村（韓姓）	孟姜女	劉文龍		

行って、その遊魂を鎮める場面が重要である。太和村章氏の上演では、僧侶と道士が壇上に立ち、白い喪服（孝衣）をまとった蕭氏が壇の隅にかがみ、夫の亡魂に祈りをささげる。第一八出「薦亡」の段は、蕭氏が亡夫の霊に三献の礼を捧げる場面を次のような科白と歌唱で演出している。まず、僧が初献を促す。

（僧白）一去一不見、二去二不回、若要重相会、除非夢裡来。孝婦虔誠、酒当初奠。

（僧）一たび去らば一たび見（まみ）えず、二たび去らば二たび回らず、若し重ねて相い会わんとせば、夢の裡に来たるにあらざるを除かば！（叶わざらん）。孝婦、虔誠もて、酒は、当に初奠たるべし。

ここで、僧は次の歌を唄う。

［浪淘沙］生我離娘胎、鉄樹花開、三年乳哺、乳哺在娘懐。不是神仙天保佑、怎得人間来？　海角与天涯、世事如麻、功名富貴、富貴総休誇、自古神仙能有幾？　浪裡淘沙、浪裡淘沙。

我を生みて娘胎より離れしむ、鉄樹に花開き、三年乳哺せり、乳哺されて娘の懐にあり。神仙の天より保佑せざれば、怎（い）かで人間に来たるを得んや？　海角と天涯と、世事は麻の如し、功名と富貴と、富貴は総べて誇るなし、古より神仙能く幾（いくばく）ありや？　浪裡に沙を淘（すく）う、浪裡に沙を淘う。

第二献を省略。第三献は、次のように歌唱する。

［浪淘沙］死去見閻君、苦楚難当、望郷台上、望郷台上望家郷、上告閻君慈悲我、放我還陽、一去永無踪、何日相逢？　除非紙上画真容、自古三王並五帝、難保始終。

焼紙化霊銭、滅罪消愆、蔡倫造紙、造紙打成銭、今日対霊焼在此、薦往西天。

死に去きて閻君に見（まみ）ゆ、苦楚は当り難し、望郷台上、望郷台上家郷を望む、上に閻君に告ぐ…我に慈悲たれ、我を放ちて陽に還らしめよ、一たび去らば永く踪なし、何れの日にか相い逢わん？　紙上に真容を画くにあらざるを除かば！　古より三王も並びに五帝も、始終を保ち難し。

焼紙を焼きて霊銭と化さば、罪を滅ぼし愆を消す、蔡倫は紙を造り、紙を造りて打ちて銭と成す、今日、霊に対して焼くこと此にあり、薦めて西天に往かしめん。

このように亡霊を慰める歌を唄い、天界に生まれ変わらせるのが「薦亡」の儀礼である。この場合、施主の蕭氏は、主薦の劉文龍に法事を捧げるほかに、ここには書いていないが、自分とは血縁のない孤魂野鬼にも献供を奉じる。そうしないと、主薦の文龍に献じた供物がかれらに横取りされるからである。さきに第六章の注1（四六三―四六五頁）に台湾苗栗県の葬礼（功徳法事）の儀礼順序を示したが、その中でも、「目連救母」のあとに「外場施食」あるいは「普度孤魂」の儀礼が行われている。法事においては、最も重要な主薦を中心に、次いで直系亡親、傍系亡親、遠祖亡親というふうに親疎の順位に応じて親族を祀るほかに、最後に祀られずに空中をさまよう孤魂野鬼にも供物をふるまってかれらの親族に対する侵害を防ぐ。この関係は、次の図のごとくである（図75）。

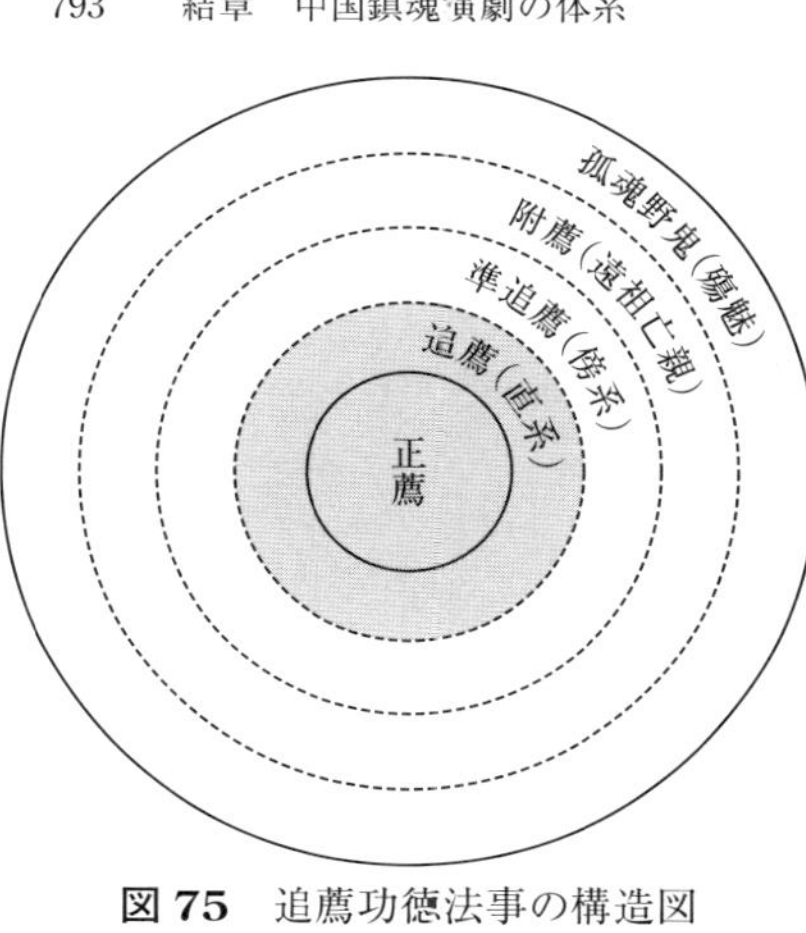

図 75　追薦功徳法事の構造図

この同心円の最も外側に位置するのが孤魂野鬼に対する施食儀礼であり、法事において必須の儀礼である。蕭氏の場合も、この場面で行ったはずであるが、テキストは省略しているにすぎない。

Ⅱ『孟姜女』

劉文龍が終わったあと、真夜中から『孟姜女』を演じ、明け方に大団円を迎えて終わる。貴池県劉街郷劉姓抄本『孟姜女尋夫記』（王兆乾『安徽貴池儺戯劇本選』、台北施合鄭民俗文化基金会、一九九五年）によると、物語は、概ね、次のように進行する。

秦王は将軍蒙恬に命じて長城を築かせる。三丁に一丁を徴発する命令を下し、范杞良が指名され、母、妹を残して長城に赴く。途中、脱走するが、追手がかかる。范は、人目を避けるため、夜、歩行して、昼間は、樹木の上に隠れる。樹木の下に池があり、孟姜女が沐浴に来る。水面に映る人影を見て、驚き、范杞良の身の上を聴き糺す。孟姜女は裸身を見られたことで、夫婦になる縁があるといい、范杞良もこれに従い、二人は結ばれる。しかし、范杞良は、ほどなく追手につかまり、長城に送られ、苦役に困憊して病死する。孟姜女は、秋になってから、夫に綿入れを届けに長城に赴く。途中、道に迷い、土地神や烏、さらに太白金星の道案内を受けて長城に到達する。しかし夫がすでに亡くなっていると知り、遺骸を求めて、長城に向かって慟哭する。天が同情し、陰兵、雷電を動員して長城を打ち壊させると、白骨が折り重なって現れる。孟姜女は、天に向かって誓いを立て、指を切って白骨に血をたらし、血が骨にしみこめば夫の骨、しみこまなければ、他人の骨と宣言し、数多くの白骨に一つ一つ血をたらして、夫の骨を探し当てる。孟姜女は、夫の骨を背負って帰郷しようとする。一方、蒙恬は、孟姜女の慟哭によって長城が崩壊したことを秦王に報告する。秦王は、驚き、その希有の貞節を見て、後宮に容れようとし追手をかける。孟姜女は、これを知って、夫の骨を背負い、湘江に身を投じて死ぬ。秦王は、蒙恬に命じて河に沈んだ遺骸を救い上げ、范杞良の枯骨と合葬し、廟を建てて顕彰する。土地神は、これを城隍に報告、城隍は、さらにこれを玉帝に報告する。玉帝は、非命に斃れた二人を憐れみ、天界に招いて団円させる。

このテキストで、城隍が玉帝に送った奏文は、次のごとく記す。

今有凡間范杞梁、遭秦王差去築城牆之苦、数月身亡、其妻孟姜女、千里送寒衣、衣到夫亡、哭倒城牆、尋取夫骨還郷、不意秦王聞之知、差人追趕入後宮、孟姜女又自赴喪湘江而亡。

今、凡間に范杞梁あり、秦王に差せられて去きて城牆を築くの苦に遭う、数月にして身亡ぶ、其の妻孟姜女、千里、寒衣を送る、衣到るも夫亡ず、哭きて城牆を倒し、夫の骨を尋ね取りて郷に還らんとす。意わざりき、秦王これを聞き知り、人を差して追趕せしめ、後宮に入れんとす、孟姜女、又、自ら湘江に赴きて喪せて亡ぜり。

ここで、孟姜女に求婚するのは、秦王ではなくて蒙恬とするテキストもある（貴池県劉街郷南山劉氏村劇本『尋夫記』）。ただ、このくだりは、著しく現実性を欠いている。孟姜女が玉の輿よりも范杞良との夫婦の縁を選んだことを誇張した無用の蛇足に過ぎない。玉帝による二人の昇天は、前日の『劉文龍』から続いて、徹夜で上演してきた『孟姜女』の劇のクライマックスにあたり、二つの演劇は、ここで一挙に鎮魂儀式に転換する。この後引き続いて、僧侶（仮面）による新年斎が挙行され、孤魂野鬼を鎮撫して、この鎮魂儀礼行事を締めくくる。この新年斎について、王兆乾氏は次のごとく説明している(4)。

新年斎は、仏教の法事を模したものである。儺戯の出演者ではない各戸の家長あるいはその代表者が共同して参加する。たとえば、茅坦村（姚姓）の場合、儺戯が上演されて夜中の一二時になった時、全員、夜食をとり、一時間ぐらい休憩してから、新年斎儀式を挙行する。二人の僧（仮面扮装）が斎儀を執行する。戯台の前方の正面中央に儀卓を置く。赤布で覆い、上に法鈴、驚堂木、如意（木彫、鍍金）浄水鉢（中に南天竹の細い枝を入れる）、朝笏板などの法器、燭台一対、香炉一個、素斎の供物、香菇、木耳、腐竹などの素菜、それに米粒、餅、豆腐などを置く。ほかに茶椀、急須、酒杯、酒壺なども備える。老和尚が若い和尚を率いて一列縦隊で登場する。後ろには、各戸の家長が香枝を手にささげて、仏号を唱えながら、城内をめぐる。唱え終わると、老和尚は、儀卓の前に至り、年少の僧たちはその後ろに侍立する。社戸たちは、年少の和尚の後ろに立つ。老和尚は、手に鈴を持って鳴らし、請神詞を唱える。亡霊を超度する儀礼である。桃波郷星田村（潘姓）では、新年斎の時に「散花」を唄う。

これが終わると、中断していた儺戯を引き続き上演して明け方の大団円クライマックスに到る。全体からみると、この孟姜女の昇天、鎮魂のために、前日から『劉文龍』、『孟姜女』の二つの劇をつないできたと言える。毎年、二〇—三〇か所に及ぶ多数の村々で、同時に同じことを繰り返すのは、毎年、村の平安を守るために冤魂を鎮撫する必要があるからであり、一連の行事の目的は、鎮魂儀礼にあって、演劇の娯楽性にはない。

ここでの演劇は、鎮魂儀礼の手段に過ぎない。この地域で、七月に目連戯を行うのは、長龍村だけであるから、この地域のほとんどすべての村において、孟姜女が目連戯の代わりを演じていると言えよう。目連戯は、数年に一度、長龍村を中心に挙行される。

第四節　儺戯による鎮魂演劇Ⅱ――江西省広昌県の『孟戯』

別に江西省広昌県甘竹鎮赤渓曾氏村においても、毎年、正月元宵に、儺戯に由来する『孟戯』と呼ばれる孟姜女劇が伝承されている。曾姓系と劉姓系の二つのグループがあるが、ともに孟姜女の悲劇を演じる。現在は、一部の儀礼演出を除き、演者が仮面を用いずに通常の扮装で演じるが、元来は、すべて農民が仮面を用いて上演していた。現在も登場人物のすべてについて仮面が残っていて、それらは、宗族祠堂では、神として奉祀されているほか、上演の際には、舞台正面に架設された祭壇に並べられ、神として孟戯の奉納を受ける。これらの仮面は、現在は、主神の三将軍を除き、実際の上演に用いられることはないが、かつては、すべての登場人物について仮面が用いられた可能性が大きい。演劇が発達するにつれて、仮面が退化したり、消滅したりするのは、演劇史の成り行きとして不可避な現象であるが、ここ赤渓村の場合は、儺戯時代の痕跡が明瞭に残っている点に大きな価値がある。

まず、祠堂内の祭壇の写真を示す（写真414・415）。

大将軍蒙恬（中央）、二将軍王翦（右）、三将軍白起（左）の巨大仮面がそれぞれ椅子の上に載せられて鎮座する。その前に美少年の戯神の清源妙道真君が祀られる。上部神龕の下段には、秦始皇帝と四元帥、上段には、玉皇と王母、太白金星など天界の神が鎮座する。三将軍の左右両側にも神龕があり、孟戯に登場する人物や神々の仮面が並べられている。正月元宵には、この祭壇に対面する位置にある戯台で、孟戯が上演される。その時の配置は図に示したとおり

写真 414　広昌孟戯祭壇Ⅰ〔毛礼鎂撮影〕
白起（左），蒙恬（中央），王翦（右）

写真 415　広昌孟戯祭壇Ⅱ〔毛礼鎂撮影〕
香焯（前），祭壇（奥）

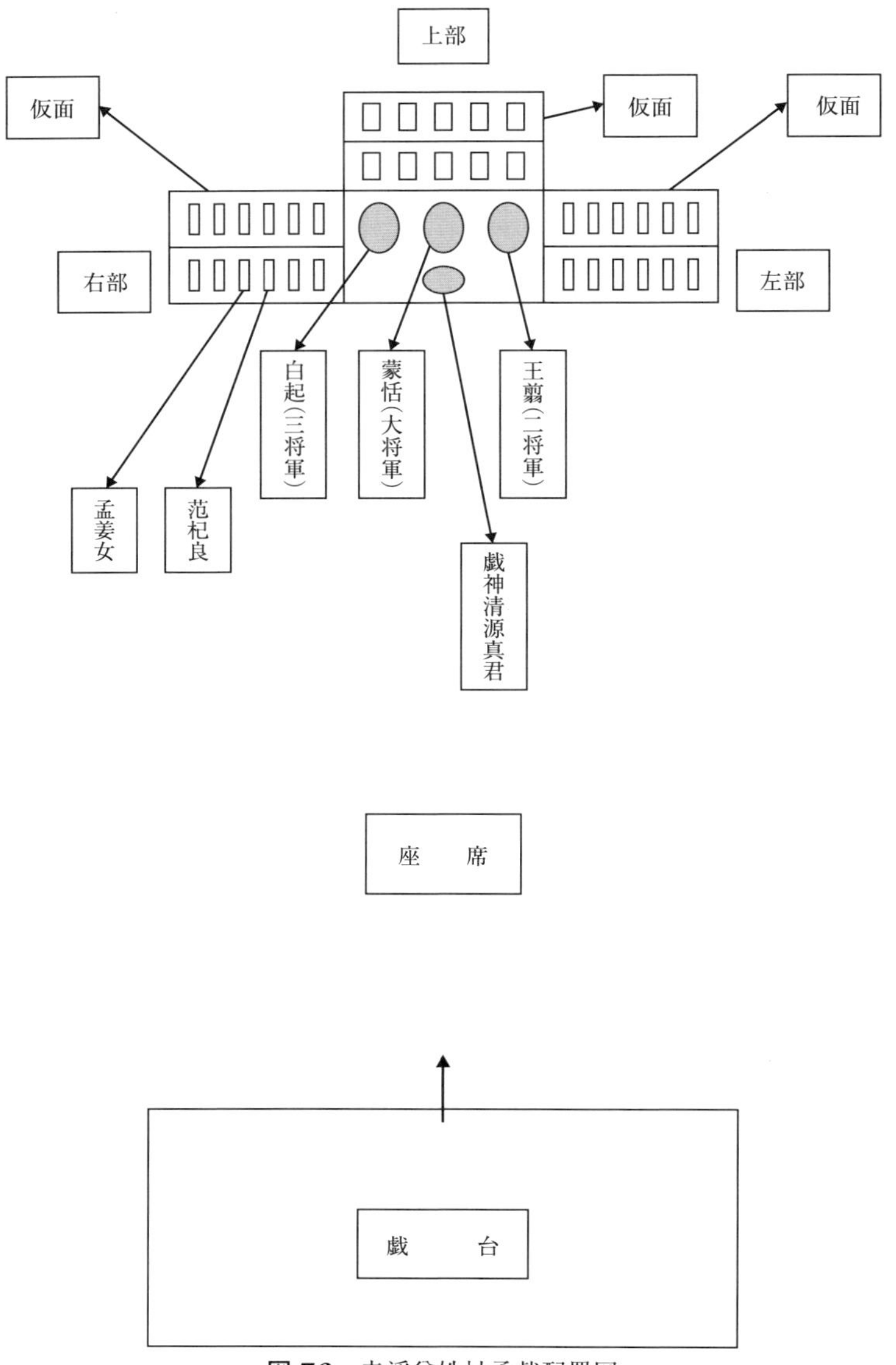

図 76　赤渓曾姓村孟戲配置図

である（図76）。

まず、上演の際の祭壇の状況をみてみる。

中央に三将軍、上部に二段一〇名、左右両部に各二段一二名、計二四名、合計で三六名の仮面を祀っている。その名称は次のとおりである。

(1)上部上段…左から、金童、太白金星、玉皇、王母、玉女

(2)上部下段…左から、王元帥、趙元帥、秦始皇、馬元帥、温元帥

(3)左部上段…右から、蒙恬、王翦、天曹、判鬼、李斯、田四郎

(4)左部下段…左から、何氏、李信、張元華、娥皇娘、地府、白起

(5)右部上段…右から、開山、許夫人、許員外、鄒道士、趙高、祝徳成

(6)右部下段…左から、雷神、梅香、孟姜女、范杞良、范夫人、范員外

劇中人物の仮面を祀る場合、貴池県各村の祭壇では、儺面を平面に並べて祀る。立体的に祀るのは、江西の特徴で、萍郷県、南豊県などにみられる。特に三将軍の巨大仮面を中央に並べて祀るのは、萍郷県の唐葛周三将軍の排列と同じ形である。(5) 将軍の名称は異なるが、発想は同じである。その巨大仮面は、古代の儺神、方相氏に由来するが、戦死した英霊の化身と考えられている可能性が高い。

このような環境で行われた孟戯が仮面による儺戯であったことは疑いない。現在の記録や口頭伝承では、明代初期の永楽年間から始まったとされているが、儺戯という古い形式から見て、宋元に遡る沿革を有するものと推定する。ただ、現在は、仮面演出は、退化し、わずかに開演前の［開山駆邪］と第Ⅰ場［三将軍議事］だけに仮面を用いる。これは、安徽省貴池県太和村（章氏）の『劉文龍』で、最初の［元旦祝寿］だけ、全員が仮面で演出するが、以下は、仮面をかぶらずに素面で演出するのと同じであり、仮面が退化してゆく過渡段階を示している。(6) 祭壇に祀ってある三将

軍の巨大仮面を父老が戯台まで捧げ持っていって、俳優に渡し、俳優はこれをかぶって演じる。次のとおりである（写真416・417）。

さて、ここでの孟戯は、孟姜女物語としては、潤色が著しい。その梗概は、次のとおり。

単于国が北辺を犯す。秦始皇帝は、丞相李斯の上奏を受けて、将軍蒙恬を派遣して平定させ、さらに長城を築かせる。蒙恬は、多数の労役が必要と見て、丁一人の場合も徴発した。王翦と白起は、単丁徴発に反対するが、蒙は押し切る。これにより、単丁家族の范杞良は、同窓の張元華と共に長城に送られる。秋、杞良は母を案じ、元華と共に脱走する。追手に追われ、昼間は身を隠し、夜に歩くうち、ある日、許家の花園に潜入し、柳樹に登って隠れる。許家の娘、孟姜が柳樹の下の池に沐浴に来て、水面に映る人影を見て、杞良を見つけ、裸身を見られたのを理由に夫婦となる。蒙恬は、李信に命じて、杞良、元華をつかまえ長城に送る。杞良は連行される途中、娥皇殿に祈り、孟姜女にあてて寒衣を届けてくれるようにという血書を残す。娥皇は、判鬼を雁に化身させ、これを孟姜女に届けさせる。孟姜女は、僕人の田四郎を連れて北地に向かう。一方、張元華は、落草して虎頭山の寨主となっていて、この山を通過しようとした孟姜女に金品を送って助ける。長城に送られた杞良は、蒙恬に斬殺され、さらし首にされる。孟姜女が長城に到達して、泣いていると、蒙恬に捕えられ、情交を強要されるが従わない。夫の遺骸を求めて長城で慟哭していると、太白金星がこれを玉皇に報告し、同情した玉皇は、雷神に命じて長城を破壊し、犠牲者の遺骸を露出させる。孟姜女は、指を切って血をたらし、血がしみ込んだ骨を杞良のものと認め、遺骸を突き止める（写真418）。田四郎と共に、帰郷の途に就いたが、蒙恬の部下、李信につかまり、送り返される。蒙恬は、孟姜女が長城を倒壊させたことを非難するが、孟姜女は、倒壊は、工事の杜撰が原因と反論する。怒った蒙恬は、孟姜女を天牢に幽閉する。兵部尚書の趙高と刑部尚書の楊啓が天牢にやってきて、事件を審理する。二人は孟姜女の言い分を秦王に上奏するとともに孟姜女の美貌を見て、皇后に推薦する。孟姜女は、蒙恬の非を秦王に訴え、秦王は、二人を対決させる。対決の場で、

写真 416　広昌孟戯―開山〔毛礼鎂撮影〕
開山神（左）

写真 417　広昌孟戯―三将軍議事〔毛礼鎂撮影〕
三将軍（中），侍衛（左右）

写真 418　広昌孟戯―孟姜女滴血尋夫〔毛礼鎂撮影〕
田四郎（左），孟姜女（右）

蒙恬は、激昂して孟姜女を斬ろうとし、殿中での抜刀をとがめられて天牢に入れられる。秦王は、孟姜女を皇后とするが、孟姜女は、法事を設けて杞良の幽魂を鎮めることを要求する。秦王は、僧侶道士一〇〇〇人を集め、金水河畔で超度を行い、文武朝臣に喪に服するよう命ずる。法事が済んだあと、孟姜女は、杞良の遺骨を背負って、河に跳びこみ、自尽する。これを止められなかった朝臣の一部は、秦王の酷刑を恐れて、河に跳びこんで自尽する。(7)

ここでは、孟姜女は、秦王の求婚に対して、范杞良の亡魂を鎮めるために法事を行うことを条件として要求する。この点は、貴池県の儺戯『劉文龍』で、劉文龍の蕭氏が再婚を迫る公婆（しゅうと、しゅうとめ）に対して、夫、文龍の遊魂を鎮める法事を行うことを再婚の条件として要求しているのと同じであるが[8]、この『孟戯』での法事は、僧侶一〇〇〇人を集め、朝廷の文武百官を参列させるなど、現実離れした大げさなものである。しかも、法事が終わったあと、孟姜女は河神を祀ると称して、参列する文武百官、僧侶道士を欺き、河に身を投げて死ぬ。すると文武百官も秦王の処罰を恐れて、河に身を投げて死ぬ。奇怪な話であるが、第三〇齣［河辺超度］の場では、この場面は、次のごとく記されている。

（衆僧白）請娘娘回宮。（孟姜女白）文武百官、軍民、僧道人等、悉皆聴旨。（衆白）娘娘有何旨意？（孟姜女白）你等倶要俯伏拝礼、待我拝謝河神、不許抬頭観望、如有望者、先斬後奏。（衆白）臣等領旨。（孟姜女唱）［駐雲飛］告拝無常、少刻煩你作主張、悩恨蒙恬将、拆散鴛鴦帳、千里送衣裳尋范郎、指望夫妻偕到老、拆散両分張、将神跳河見范郎。（孟姜女跳河介、由河神引下）（衆人白）你看、娘娘跳河如亡、我你衆人難以回旨、一定斬首、不免一斉跳河、以表姜女之名。（衆等白）閻王注定三更死、断不留人到五更。（衆人跳河介、下）

（衆僧）娘娘、宮殿にお帰りを！（孟姜女）文武百官、軍民、僧道人たち、みな、我が命を聴け！（衆）娘娘、何なる旨意ありや？（孟姜女）你等、倶に俯伏して拝礼するを要す、我が河神を拝謝するを待て！頭を抬げて観望するを許さず。如し望む者あらば、先に斬りて後に奏せん。（衆）臣等、旨を領せり。（孟姜女、唱う）［駐雲飛］告げて無常（鬼）を拝す、少刻、你の主張を作すを煩わさん、悩恨す、蒙恬なる将、鴛鴦帳を拆散せるを。千里、衣裳を送らんとして范郎を尋ねり、夫妻偕に老に到るを指望せるも、拆散せられて両つに分張せらる、身を河に躍らせて、河に跳びこみ、范郎に見えん。（孟姜女、河に跳ぶ、河神により引かれて下る）（衆人）你、看よ、娘娘は、河に跳びて亡ぜるがごとし、我と你と衆人、以て旨を回しがたし、一定に斬首せられん、一斉に河に跳びて、以て姜女の名を表すを免れざらん。（衆等）閻王三更の死を注定せば、断じて人を留むること五更に到らざらん。（衆人、河に跳び込む。退場。）

ここの孟姜女の歌唱に「告げて無常（鬼）を拝す、少刻（やがて）、你（なんじ）の主張を作すを煩わさん」とあるから、このときの孟姜女の目には、閻魔の使者の無常鬼が映っているはずである。閻魔は、無常鬼に対して、孟姜女一人だけでなく、秦王の臣下のうち、范杞良を死に追い込んだ犯人を道連れにして冥界に連行してくるように命じたものかもしれない。この法事の場にも孟姜女や杞良を死に追いやった人物は、少なからず、参列していたと思われる。趙高、楊啓、李信、それに蒙恬配下の酷吏たちなどが考えられる。『目連戯』においては、目連は、釈迦から地獄を巡る神通力を与えられてシャーマンの性格を帯びたが、『孟姜女』では、孟姜女は、冥界と交流する超能力、閻魔から悪人を地獄に拘引する神通力を与えられたように見える。亡者を地獄に送り、その理非曲直を判定する、シャーマンのような存在として意識されていたに違いない。常に太白金星の保護を得ている点も、終始、観音菩薩の保護を受けている目連と共通する点があると言える。多くの地域で、目連と並び、鎮魂儀礼の主催者となっているのもこれに基づくものであろう。

第五節　敦煌変文の中の『孟姜女』

さて、周知のごとく、孟姜女物語は、目連救母物語と共に、敦煌変文に登場する。その『孟姜女変文』を分析した呉真「招魂と施食――敦煌孟姜女物語における宗教救済」（『東洋文化研究所紀要』一六〇冊、二〇一一年）は、孟姜女が長城で夫を弔うために行う法事は、夫の范杞良だけでなく、共に長城で死んだ同僚の農夫たちの冤魂をも祀っており、一種の司祭者シャーマンとしての立場で描かれている、と指摘している。たとえば、孟姜女が法事において読む祭文は、次のとおりである。（〔　〕内は校訂字）

文祭曰…□年□月□日、(A)庶修〔羞〕之奠、敬祭(B)行、倶備文通七篇。昔存之日、名振饗〔響〕於家邦、上下無嫌、剛柔得所、起〔豈〕為差充兵卒、遠築長城、吃苦不襟〔禁〕、魂魄皈於蒿里。預〔喩〕若紅花標〔飄〕落、長無睹蕚之輝。延白雪以詞〔祠〕天、気有還雲之路。嗚呼、賤妾謹饌盃、疏蘭尊於玉席、増歆饗已〔以〕金盃。惟魂有神、応時接受。祭之已了、角束夫骨、自将背負。□□□□来。

文もて祭りていわく。□年□月□日、(A)は、庶修〔羞〕の奠もて、敬みて(B)の行に祭り、倶に文通を備えること七篇なり。昔、存せるの日、名は振いて家邦に響き、上下に嫌なく、剛柔は所を得たり。豈に差せられて兵卒に充てらるると為わんや。遠く長城を築くに、苦を吃するに禁えず、魂魄は嵩里に皈らん。喩うるに紅花の飄落するがごとし、長く蕚の輝を睹るなし。白雪を延べて以て天に祠るに、気に雲に還るの路あり。嗚呼、賤妾謹みて盃を饌む、蘭尊を玉席に疏べ、歆饗を増すに金盃を以う。惟わくは、魂に神あれば、時に応じて接受せよ。之を祭りて已に了り、角りて夫骨を束ね、自ら将た背に負わん。□□□□来たれ。

これを見ると、年月日が空欄になっており、法事を行う主催者である施主の姓名の欄(A)も空欄、法事を受ける亡霊の姓名の欄(B)も空欄になっており、随時に書き込めるようになっている。呉真氏は、これによって、孟姜女は、不特定の人の依頼を受けて随時に法事を行う司祭者、シャーマンとして機能していたことを推定できるとする。つまり、目連を司祭者とする鎮魂儀礼と孟姜女を司祭者とする鎮魂儀礼が唐末にほぼ同時に成立したことになる。目連儀礼は、子が亡母のために行う法事、孟姜女儀礼は、妻が亡夫のために行う法事というふうに住み分けていた。前者は「孝」、後者は「貞」の儀礼であり、相補って宗族の基幹道徳を形成する。官側も孝子と貞婦に対して、旌表や牌坊を建てて、顕彰した。鎮魂儀礼は、これら宗族や国家の体系的な組織に組み込まれて、存立し維持されたといえる。

結節総結

以上、本章においては、本書全体のまとめの意味で、目連戯のほかに、中国郷村社会が災害のもととなる孤魂を鎮撫するために、『目連戯』、『劉文龍』、『孟姜女』などの鎮魂演劇を毎年あるいは数年に一度、定期的に挙行し、そのための組織を維持してきたことについて、概観した。場所によっては、正月一五日元宵（上元）に『劉文龍』、『孟姜女』を演じ、七月一五日（中元）に目連戯を行うところもある。財力との関係で、上元、中元の双方でなく、どちらか一つというところもあり、あるいは毎年でなく数年に一度というところもある。(9)『目連戯』にせよ、『劉文龍』、『孟姜女』にせよ、その目的は、主人公の目連―劉氏、劉文龍―蕭氏、范杞良―孟姜女の救済にあったが、毎回繰り返されている間に、目連超薦や新年斎など、近時に発生した一般の孤魂をも併せて鎮魂する慣行が出来上がってくる。かれらこそ、村落の当面の災害の源と考えられていたからである。つまり「鎮魂演劇の対象の拡大または普遍化」という現象が不可避的に起こってくる。この状況において、目連と孟姜女に孤魂救済のシャーマンとしての性格も付加されてくることになる。

しかし、問題を中国全土に広げて考察すれば、江蘇、浙江、安徽、江西、湖南など、江南中心部と、四川、貴州、雲南、陝西、山西などの辺境地帯とでは、鎮魂演劇の力点に差が出てくることに注意しなければならない。村落の平安を維持するために犠牲となるのは、いつも若い世代である。近隣との紛争で戦死する男性、官途や商機を求めて外に出る男性、留守を守って子女の訓育に当たる女性、いずれも若い世代の男女が村の生活とその持続を支えている。ただここで、地域差が出る。江南は、宗族社会であって、大宗族が村落を支配し、宗族組織と村落組織とが一体化していることが多い（これは、しばしば、「郷族」と呼ばれる）。ここでは、近隣の村落との間で紛争が起こり、戦闘が発生しても、大宗族の族人は戦闘に参加せず、小作人その他、従属民が戦闘に駆り出され、戦死者を出す。大宗族は当然、戦死者の慰霊に力を注ぎ、英雄祠を立てて祭祀をささげるが、自族の成員ではないから、その祭祀は、時代を経るに従って次第に熱意を失ない、祭祀そのものもやがて衰退してゆく。村落の祭祀においても英霊祭祀は影が薄くなり、英雄悲劇が盛行することはない。ここで重視されるのは、戦死者ではなく、むしろ、平時に官途や商機を求めて故郷を離れ、旅先で死んだり、生死不明となったもの、及びその留守家族たる父母、妻などである。この場合、父系中心の宗族制度の在り方からして、犠牲は最も強く妻にのしかかる。ここから、『劉文龍』や『孟姜女』のような、妻を主人公とする鎮魂悲劇が盛行する結果になる。宗族の指導者にとっては、劉文龍の妻、蕭氏や、范杞良の妻、孟姜女は、理想の女性像であり、村の嫁や娘たちへの教訓として意味があった。また、夫の死後、その遺志にそむいて地獄の処罰を受ける劉氏の物語も、村の寡婦に対する教訓の意味があった。村の秩序を脅かす孤魂を鎮撫する祭祀の中で、村の女性たちを貞節に向かって教導することが大宗族の意図であったと考えられる。

これに対して、貴州、雲南、陝西、山西など、小姓雑居の辺境地帯では、事情が全く異なる。ここでは、外敵と境を接している環境から不断に戦闘があり、若い男性は、常に戦闘に駆り出される。当然、戦死者も多い。ここには江南のような大宗族はいない。したがって江南のような従属民が傭兵になることもない。村落の小姓宗族は、自ら武器を取って戦わなければならず、戦死者も各姓平等に出る。したがって、戦死者、英霊に対する敬意は、全村落、全宗族に共通する。ここでは、上元、中元の季節祭祀において、戦死者の鎮魂のために英霊劇、英雄劇が盛行する。逆に江南の宗族社会のような、女性の冤魂を鎮める家庭悲劇は、発生しない。小家族では、女性にかかる負担は、大家族ほどには大きくないからである。かくして、中国の鎮魂演劇を全国的にみると、江南地帯で目連戯、孟戯、辺境地帯で英雄戯という分化が生じる結果となった。[10] このような結果を生み出した社会的要因は、明代以来の江南の宗族社会の急激な発展がある、と思われる。その細部は、十分には明らかになっていない点もあるが、この問題は、歴史学専門家の解明に待つこととし、本研究は、これをもって、結びとする。

（1） この図は、旧日本陸軍参謀本部が撮影した航空写真を筆者が王兆乾氏に送り、儺戯が伝存する地点と地名を記入してもらったものを元に作成したものである。図の中央部にある帯状の空白は、雲のために撮影できなかった箇所である。

（2）王兆乾『安徽貴池儺戯劇本選』、台北施合鄭民俗文化基金会、一九九五年、六〇二―六〇四頁。

（3）田仲一成『中国巫系演劇研究』、東京大学出版会、一九九三年、六八一―六八八頁。

（4）新年斎則是模擬仏教的法事。這一法事是演出的一部份、並由非演員的各戸家長或其代表共同参与的。以姚姓為例、毎当儺戯演出至上半夜、衆人吃点心、休息約一個小時。隨即挙行新年斎儀式。由両個仮面僧做斎（各家族和尚多少不一）、戯台前部正中設一條案、鋪紅色卓围、案上置法鈴、驚堂木、如意（木雕、塗金漆、只見於姚村）、浄水鉢（鉢内置長青的南天竹細枝葉）、朝笏板等、並設燭台一対、香爐一個、以及素斎供品、考究者有香菇、木耳、腐竹等素菜、一般則為米粑、糍糕、豆腐。還有茶盞、茶壺、酒盅、酒壺。做斎時、由老和尚率小和尚魚貫上場、後跟各戸家長、均捧香、在仏声中繞台而行。唱完一段、老和尚至案前、小和尚侍立其後、衆社戸則立小和尚後、老和尚手揺鈴、唱請神詞。桃坡郷星田潘做斎時、還唱「散花」。

（5）蒙恬、王翦、白起を三元とし、大将軍、二将軍、三将軍として、巨大仮面の形で祀るのは、江西省西北部の萍郷県各村が唐葛周三将軍を祀る形と同じである。江西全体に、古代から、三元将軍、三将軍の伝説が流布していた可能性がある。万載県沙橋程氏村では、欧陽金甲大将軍の正副仮面を祀るが、上関、下関の二将軍を従えており、三将軍の変形であろう。

（6）田仲一成『中国巫系演劇研究』、東京大学出版会、一九九三年、七一三―七一四頁。

（7）この物語では、蒙恬の存在が大きな比重を占める。江西婺源県長径村（程姓）の儺戯でも、蒙恬、李斯、孟姜女、太白金星の四人が主役になって登場する。広昌孟戯と同じ系統に属するように思われる。またここの儺神として祀られる太子は、美少年の風貌から、清源真君と思われる。この点をみると、江西東部の儺戯は、孟姜女故事を超度儀式にする点で、共通の祭祀伝統に立っている可能性が強い。

（8）田仲前掲書七二六頁。太和章氏村の『劉文龍』で、蕭氏が公公に文龍の遊魂に対する超度を要求し、公公は、僧侶、道士を招いて、超度を挙行する。

（9）浙江省、金華府、永康県一帯には、「醒感戯」と称する鎮魂演劇が行われてきた。この「醒感戯」では、四日五夜にわたり、九場の演劇が行われるが、そのうち、夜の演劇に、孟姜女の『撼城殤』、目連救母の『断縁殤』が含まれる。毎年ではなく、三年に一回であるが、目連戯と孟姜女の双方が演じられる例として、注目に値する。田仲一成『中国地方戯曲研究』、東京汲古書院、二〇〇六年、六七―六八頁。

（10）香港新界の農村の事例を見ると、大姓宗族村落では、英霊祭祀が衰退し、英雄祠が荒廃しているのに対し、小姓雑居村落では、現在も英霊祭祀は、維持されている。たとえば、新界随一の大姓宗族である錦田の鄧氏村は、上村の八郷連合と小作料をめぐって紛争となり、両者武器を取って械闘を演じ、双方に多数の戦死者を出した。双方とも戦死者を義祠に祀ったが、錦田では、村の入り口に設けられた義祠は、廃墟になり、すでに香火を絶っている。これに対して、八郷連合の方は、この時の戦死者の英霊を八郷古廟（観音廟）に付設した義祠（精忠廟）に祀り、五年ごとに開く蓮花地の太平清醮には、英霊五六名の姓名を書いた合同位牌（榜）を神棚に運んで、三日間の祭祀を奉納している。また、大宗族の屏山鄧氏村は、小作料の斗をめぐって、大樹下十八郷連合と械闘を演じ、やはり双方とも戦死者を出した。大宗族の屏山鄧氏村は、義祠の達徳公所を建てて、この時の戦死者一〇〇名を祀っていたが、すでに香火を絶っている。これに対して、大樹下十八郷連合は、天后廟に付設して英雄祠を立て、ここに戦死者一〇〇名を祀ったが、現在も香火を絶やしていない。小姓雑居の村落の方が、英霊を尊崇していると言える。英霊鎮魂演劇が僻地にのみ伝承され、江南に伝承されない理由はここにある。十八郷連合の英霊祭祀については、田仲一成『中国祭祀演劇研究』（東京大学出版会、一九八一年）六七一頁、八郷連合の英霊祭祀については、田仲一成『中国演劇史』（東京大学出版会、一九九八年）参照。

余論　宮廷劇『勧善金科』

清康熙年間に宮廷上演用に編まれた目連戯脚本として、『勧善金科』と称する一〇〇巻二四〇齣に及ぶ長大なテキストがある。その上演は、一〇日または二〇日に及んだという記録がある。通常、三日あれば上演できる目連救母の物語であるが、上演日数を忌日の都合で七の倍数、たとえば、七日、一四日、四九日などに引き延ばす場合、本論で述べたように、本伝の中に本筋の傅家と関係のない物語を「花目連」として挿入するか、あるいは本伝の前に目連の祖先の物語である『傅家外伝』や、『梁武帝伝』『観音伝』『西遊記』『岳飛伝』『封神伝』など、多少とも幽霊亡魂、あるいは地獄めぐりにかかわる物語を「前目連」として上演するか、二つの方法がとられてきた。いずれの場合にも、梁武帝から始まる時代設定と傅家三代にわたる目連本伝の本体部分は、あまり手を加えないで温存する方針がとられてきた。ところが、『勧善金科』というテキストは、梁武帝時代に替えて中唐の朱泚、李季烈の叛乱とその鎮圧の故事を時代背景として設定し、南方中国に替えて北方中国を舞台として新たな登場人物を大幅に増やし、目連を中心とする傅家本伝をこの新しい文脈の中に組み込んだ。その結果、物語は、朱李叛乱の故事と目連救母の故事の二元構造となり、農村で祭祀演劇として成立した目連戯とは、全く趣を異にした長編歴史劇となった。全一〇本二四〇齣のうち、朱李故事八四齣と目連故事一五六齣という配分であり、目連故事からみると、全体に占める比率が65%に減少したことになる。農村目連戯から遊離した職業劇団による創作作品ということができる。したがって、農村を中心とした鎮魂祭祀演劇としての目連戯を検討の対象としてきた本書としては、とりあげる意味がないものであるが、本論で述べた鎮魂演劇が英雄鎮魂から発生したという視点から見れば、この作品は、南方宗族村落において長らく家庭劇に偏してきた目連戯を北方小姓雑居村落の英雄武劇に回帰させた点に特色があり、この点にその存在意義を認めることができる。以下では、先行研究（戴雲氏(1)、小松謙氏(2)）を踏まえて、この作品の特色を論じておく。全一〇本二四〇齣の編成である。さきの第九章（下）において、『封神演義』や『精忠伝』の連台本上演では、毎日、午前一一齣、午後一三齣、合計二四齣のペースで上演していたことを示しておいたが、ここでも毎日二四齣を演じて、一〇日間で二四〇齣を演じ切るという編成になっている。次表のとおりである（表64—66）。本来の目連故事に関連する齣目は、太字で示す。

次に、梗概を示す。ただ、前述したように、この作品は、朱李叛乱故事と、目連救母故事の二つの故事から成るが、朱李叛乱故事の部分は、この作品独自の設定であり、他のテキストと比較しようがないので、その梗概は後掲注に譲り(3)、ここでは、目連故事の部分のみを示す。しかし、ここでも新人物の登場、筋の潤色や変改など独自の創作がみられるので、枝葉末節を省いて摘録する。各節の末尾の［　］内に当該部分が表64—66の第何本第何齣に出ているか、を記す。ローマ数字は、本序を、アラビア数字は、齣序を示す。

○傅家の長者傅相は、善行を積む。［I—4、6、7］○汴梁の富豪、張捷は、米に泥を混ぜて売り、暴利をむさぼり、高利貸しによって人の土地財産、子女を奪う。書生の陳栄祖と妻張氏は、飢えに苦しみ、子の長寿を張捷に売ろうとして騙され、子を奪われる。張捷は、美貌の張氏をも奪おうと企み、陳栄祖が李季烈のスパイと誣告する。陳は捕えられ、投獄される。張捷は、獄吏に賄賂を使って陳を殺させる。姑を看病していた張氏のところに媒婆がきて張捷の妾になるよう勧めるが、拒絶する。姑は、悲嘆のあげく病死し、張氏は、井戸に身を投げようとするところを、傅相に救われる。傅相は、張捷に張氏に代わって借金を支払い、子供の長寿を取戻し、姑の棺を贈る。［I—8、9、10、11、12、13］○強人に迫られて軍師となった韓旻は、一味と共に尼寺で休息する。尼僧が傅家を襲う一味の話を聞いて、傅家に注進する。傅相は、家に金品を並べて退避する。強人がやってきて、金

表64　勧善金科齣目表（1）

第Ⅰ本	第Ⅱ本	第Ⅲ本	第Ⅳ本
〈巻上〉	〈巻上〉	〈巻上〉	〈巻上〉
1 楽春台開宗明義	1 霊霄殿群星奏事	1 遊戯神何曾遊戯	1 慧眼一双分善悪
2 勅天使問俗観風	2 **香茗筵大舅貸金**	2 経営客不為経営	2 **孝心再四卻婚姻**
3 **宴佳辰善門集慶**	3 姚令言乗機劫庫	3 奮軍威令言受縛	3 **真金銀早資仏力**
4 **会良友別室談心**	4 段秀実奮志誅姦	4 逢剣俠朱泚遭誅	4 **偽将相同耀軍威**
5 李希烈背恩叛国	5 **查寿算岳神迎使**	5 **傅羅卜月夜思親**	5 **姉弟同謀甘作孽**
6 **傅長者垂訓伝家**	6 **遇災荒傅相蠲租**	6 **鄭賡夫春朝侍宴**	6 **庄田奉命肆行兇**
7 **赴斎筵衆尼説法**	7 **金童玉女接升天**	7 **施毒計掇蜂殺子**	7 老忠臣捐軀賊境
8 **抬米価大戸欺貧**	8 **花榭月亭逢祝聖**	8 **遇良辰対燕思児**	8 衆仙侶把臂天庭
9 **憐貧困鬻子養母**	9 **傅相写遺囑逝世**	9 李聟間害命謀財	9 幸乗機朝紳出走
10 **恃富豪陥夫謀妻**	10 **悲哽噎羅卜哭父**	10 臧通判因事納賄	10 遭惨劫愛女分離
11 **賄獄卒孱儒損命**	11 孝子修斎建道場	11 **饞嫗垂涎動殺機**	11 全節操烈女含悲
12 **遺媒婆病母亡身**	12 **高僧施法度焔口**	12 讐人結果消寃忿	12 仮姻縁痴僧被誑
〈巻下〉	〈巻下〉	〈巻下〉	〈巻下〉
13 **傅相施恩済貧窮**	13 **証善果仙辞濁世**	13 **退善心先抛仏像**	13 **萍水交殷勤話別**
14 盧杞用計害忠良	14 **進巧言娣厭清斎**	14 **調美味大鬧厨人**	14 **煙花隊慷慨償金**
15 問吉凶飛籤儆賊	15 **饕餮母遣子経商**	15 **青松墳上列珍饈**	15 済難婦心切慈悲
16 考善悪駐節昭霊	16 採訪使勅龍拿賊	16 **白日堂中逞怪異**	16 **遇義士身離危険**
17 盧綱繆賢臣為国	17 朱泚落歯跌御座	17 **姑強媳淫図塞口**	17 **倚門閭心誠問卜**
18 **嘆淪落義士言懐**	18 渾瑊奮身戦渭橋	18 **鬼争人替待超生**	18 **深懺悔歩禱還家**
19 **先避賊老尼報信**	19 **済窮途壮士知恩**	19 陳氏女守節投環	19 **現普門列神引導**
20 **暗拯危大帝遣神**	20 **逞長技姦人設騙**	20 **傅相妻開葷背誓**	20 **争坐位衆匠回心**
21 **彰報応白馬能言**	21 **一奴随主喜同心**	21 **為勧修持尼受辱**	21 **傅羅卜行善周貧**
22 **感神明緑林向善**	22 **二拐賺金誇得計**	22 欲欺僧道犬遭烹	22 **朱紫貴鬻身遇旧**
23 **義韓旻還金伝宝**	23 **滅天裡逆子咆哮**	23 **念金蘭李公進諫**	23 二怨鬼痛抱沈寃
24 忠李晟奮勇王家	24 **快人心雷公霹靂**	24 **証慈祥大士談因**	24 **四正神明開覚路**

表65 勧善金科齣目表（2）

第Ⅴ本	第Ⅵ本	第Ⅶ本
〈巻上〉	〈巻上〉	〈巻上〉
1 顕威霊十殿親巡	1 呈法宝海蔵騰光	1 極楽国心堅可到
2 奉慈幃一堂称祝	2 覥亡霊酆都受譴	2 望郷台業重難登
3 留故友望門投止	3 顕慈悲旨伝救母	3 擎幡導仙与仙群
4 拝老師借逕賁縁	4 折姦佞身請勤王	4 倒戈迎賊応賊殺
5 忘大徳密締鸞交	5 遊地府法罹惨毒	5 踏青郊姦媒発覚
6 献名姝陡驚獅吼	6 盼慈幃路隔陰陽	6 拘黒獄怨鬼追尋
7 誤殺傷歓喜冤家	7 道場中虔修法事	7 消衆忿尽誅群盗
8 錯判断糊塗官府	8 賭局外甥遇冤鬼	8 抱孤懐堅卻一官
9 動凡心空門水月	9 貪權密計尋安楽	9 遊子赤縄空系足
10 墮戒行禅榻風流	10 罰悪同時証果因	10 家人緑酒正開懐
11 僧尼下山戯調情	11 升天界早逢接引	11 奉旌功匆匆就道
12 俾僕園中謀瘞骨	12 造業縁自画供招	12 臨絶命草草託孤
〈巻下〉	〈巻下〉	〈巻下〉
13 註死生難逃岱岳	13 返家庭一霊托夢	13 捜空篋弱息飄零
14 奏善悪不遠庖厨	14 遵法論二聖臨凡	14 飽老拳賢甥窘辱
15 冥司已発勾人票	15 筆底慈容和涙写	15 度危橋悪鬼駆行
16 愚婦猶慳供仏灯	16 花間詩句警心看	16 臨遠道義奴灑泣
17 好善奴掃地梵香	17 催租吏心欽感応	17 三杰神慧炬揚塵
18 作孽母指天誓日	18 破銭山路判険夷	18 万里程孝心問路
19 五瘟使咄咄斉来	19 長幡喜引三山近	19 響鋃鐺鬼門点解
20 一魂児悠悠欲去	20 滑嶺愁移寸歩難	20 明指引顚語説因
21 孝心切哀懇神明	21 李令公奇謀独運	21 陰司索債急投詞
22 悪貫盈悲含祖考	22 莫可交冤債相纏	22 悪孽纏身催対簿
23 黒黒冥途従此始	23 堆戦骨衆鬼哀号	23 消火焔地近清涼
24 昭昭天報自今明	24 鼓天兵崇朝決勝	24 結香雲峰開菡萏

表66 勧善金科齣目表（3）

第Ⅷ本	第Ⅸ本	第Ⅹ本
〈巻上〉	〈巻上〉	〈巻上〉
1 扶仏法巨霊奉勅	1 賞奇勲金階卸甲	1 沐天恩六道騰歓
2 顕神通猛獣潜踪	2 成善果玉闕開筵	2 聆帝旨一門寵賜
3 談経仏鳥悟因縁	3 定律法諸犯悔心	3 弾血涙重経故壟
4 截路妖魔現本相	4 対神明巨姦俯首	4 抜泥犁好覓新魂
5 梅蕊摘来将遠念	5 採訪使号簿詳査	5 浮大海法侶追随
6 浄衣穿罷認前身	6 幽冥主善縁普済	6 会中元煉師訂約
7 舎衛城拝受新名	7 守清規啞判行文	7 法筵笑解無窮結
8 孤凄埂相逢旧主	8 歴苦劫聖僧見母	8 幽壙驚看不壊身
9 思遣愛貧児知報	9 不恕饒縋城法重	9 迎天詔善気盈門
10 渉重泉力士護行	10 多方便贈尺情深	10 遊月宮祥光溢宇
11 界陰陽地官申送	11 被厳刑周曾断体	11 入辣幃才量玉尺
12 厳旌別案主分明	12 忘旧悪劉保霑恩	12 定蕊榜案立朱衣
〈巻下〉	〈巻下〉	〈巻下〉
13 重堪問業鏡高懸	13 釈迦仏動念垂慈	13 旧遊十地化天宮
14 乍遭逢春心頓起	14 夜魔城訴情免罪	14 新中孤児成父志
15 森羅殿積案推情	15 照徹神灯分般若	15 刀山剣樹現金蓮
16 鉄石腸空幃矢節	16 収回鬼魅仗鍾馗	16 苦海迷津登宝筏
17 守堅貞剪髪投庵	17 黒獄十重将遍歴	17 遊杏苑初会同年
18 巡辺徼鳴鏡振旅	18 赤心一片乍知非	18 拝宣堂重題昔日
19 枉安排段婿心顛	19 翻公案鉄面無情	19 帽簪花筵開東閣
20 喬妝扮張媒拳閧	20 赴輪迴驢頭有字	20 盤献果会赴西池
21 帰地府眼前報応	21 紫竹林妙闡宗風	21 遊海島恰遇献琛
22 聚禅林意外凄涼	22 清渓口哀尋変相	22 過田家尚思焚券
23 愛河沉溺浩無辺	23 度衆生形声幻化	23 観法会斉登宝地
24 剣樹峻嶒森有象	24 祝無量仙仏同参	24 勧善類永奉金科

品を白馬に載せて帰途に就くが、途中で馬が動かなくなる。馬は人語をしゃべり、前世の借金未払いの借りを返すために傅家の馬になったという。強人は恐れて、金品を返しに行く。［I—18、19、20、21］○韓旻が傅相に金品を返し、自分を盗賊として捕縛するよう求める。傅相は韓に朱泚を暗殺するように勧める。［I—23］○羅卜が両親を招き春の宴を張る。劉氏の弟、劉賈がやってきて傅相から三〇〇両を借りる。［II—2］○傅相は、貧民に穀物を振る舞い、貸付金の証文を焼いて、返済を免除する。人々は感謝する。傅相が花園で香を焼き祈っているところへ金童玉女の迎えが来る。傅相は、死期を悟り、劉氏、羅卜に崇仏を遺嘱して逝去する。［II—6］○羅卜は、亡父のために法事を行う。僧侶が瑜伽焔口を行って、孤魂を済度し、傅相の昇天を祈る。［II—7、8、9、10、11、12、13］○劉賈、金奴は、劉氏に開葷を勧め、劉氏もこれに傾き、羅卜を外商に出す。［II—14］○羅卜は、益利と共に外商に出、南京の旅店で困窮している張佑大に会い、旅費を贈る。張は、感謝して去る。［II—19］○詐欺師の張焉有が羅卜から一〇〇両をだまし取る。［II—22］○親不孝の張三は、父を殴って働かせている。羅卜が驚き、父子に銀を与えて、なだめるが、張三は、父が手にした銀を奪い、父を殴り倒して去る。［II—23］○九天大帝の命を受けた十雷公、十電母が張焉有、張三を撃ち殺す。［II—24］○羅卜は、蘇州にいて、朱泚、李希烈の叛乱で荒廃した河南の故郷をおもう。［III—5］○鄭尚義の継室、王氏は、連れ子の実子に鄭の財産を継がせようとして、先妻の子、賡夫を殺そうと企む。頭に蜜を塗って、賡夫を花園に誘き出す。蜂が王氏の頭にたかるのを、賡夫が払いのける。これを遠望した鄭尚義は、賡夫が王氏に戯れていると誤解し、賡夫を自殺に追い込む。［III—6、7］○傅家では、劉氏のもとに劉賈がまた大金を借りに訪れ、ついでに開葷を勧める。［III—8］○劉氏は、婢女の金奴にも開葷を勧められ、ついに開葷を決意、夫の建てた楽善堂、観音堂、三官堂を壊す。［III—11、13］○劉賈は、妾の沈氏を尋ね、媳婦の陳桂英に目をつける。陳氏の夫は、旅に出て留守。沈氏は、自身が年老いている引け目もあり、劉賈の意を迎えて、桂英を劉賈になびかせようとするが、桂英は、峻拒し、梁に懸かって死ぬ。［III—17］

○自縊鬼（部門金氏）、水死鬼（段有義）、薬死鬼（黄彦貴）、戮死鬼（耿氏）などが身代わりを求めて桂英の遺骸を奪い合い、金氏が獲得に成功して去る。〔Ⅲ―18〕○劉氏は、開葷、祝宴を開き、芸人を集めて楽しみ、老尼の忠言も聴かない。犬を殺し、その肉で作った饅頭を僧侶道士に与えるが、監斎使者の事前警告で、破戒を免れる。李厚徳が劉氏を訪れ、諫めるが、却って追い出される。〔Ⅲ―20、21、22、23〕○商品がさばききれずに蘇州にとどまっている羅卜を見て、観音が寒山拾得を遣わし、すべての商品をまとめて買い取らせる。〔Ⅳ―2、3〕○劉氏は、肉饅頭の失敗で僧侶道士から恥をかかされたことを恨み、劉賈に会縁橋とその周辺の僧道の宿舎を焼き払うように依頼する。劉賈は、配下の佃戸を動員し、橋を破壊し、宿舎に放火し、衣服、法器を略奪する。〔Ⅳ―4〕○妓女の賽芙蓉が妓院から逃げ出す。追ってきた鴇母に羅卜は金を払って、妓女を自由の身にする。鴇母は感動し、妓女とともに出家する。〔Ⅳ―14〕○羅卜と益利は、張佑大につかまる。張は二人を殺そうとし、羅卜を斬るが、雷が落ちて刀が折れる。そこで名を尋ね、恩人の羅卜とわかる。観音は、張に西天に赴くように命じ、羅卜には、劉氏の悪行を伝え、早く家に帰るようにと指示する。〔Ⅳ―16〕○羅卜は、三歩一拝の礼を取って帰郷すると、李厚徳から母の悪行を知らされ失神する。意識を取り戻し、母と金奴に迎えられて帰宅するが、会縁橋、僧道の宿房は、見えない。洪水と火事で亡失したという説明を受けて、再建を誓う〔Ⅳ―18〕○張佑大ら十友は、西天に向かう途上、多くの難所に遇う。しかし、観音が庇護者を派遣し、火焔山では、鉄扇公主が蛇精と、寒氷池では雲橋道人が魚精と、爛沙河では、猪八戒が牛精と戦って勝ち、無事通過する。〔Ⅳ―19〕○橋と宿坊の再建に集まった石匠、木匠、瓦匠が完成祝いの宴席の席次をめぐって争うが、益利が仲裁する。〔Ⅳ―20〕○足萎えの妻を背負った聾唖の夫など、さまざまな貧困者に羅卜は、施しを与える。〔Ⅳ―21〕○朱紫貴は、逃亡の途中、父を亡くし、葬儀の費用に窮して傅家に身売りを申し出る。羅卜は、さきに救った華素月の婚約者とわかり、金氏に引き合わせ、父の棺を故郷に運ばせる。〔Ⅳ―22〕○達磨、毘沙門天、韋駄天、王霊官の四神が陳桂英と鄭賡夫の二人の亡魂の訴えを聞き、悪女の王氏と沈氏を罰することを約する。［Ⅳ―24］○尼僧の静虚と僧の本無は、ともに修行を嫌って下山し、古廟で落ち合い駆け落ちの約束をする。人目を避け、昼間は別々に行動し、夜間に落ち合うことにし、本無が静虚を背負って川を渡ったあと、天に向かい、心変わりしないことを誓う。［Ⅴ―9、10、11］○劉氏は、食べた犠牲の骨を安童と金奴に命じて裏庭に埋めさせる。幽霊の声が聞こえてきて、金奴は怯える。金奴が土地神の前に埋めるのを恐れると、安童は、土地祠に祀ってあった土地神と判官と小鬼の像を池に放り込んで退場する。［Ⅴ―12］○灶君、社令、土地神は、協議して劉氏の悪行を許真君を通して玉帝に訴える。五殿閻王は、玉旨を受けて、鬼卒に劉氏の連行を命ずる。［Ⅴ―14］○劉氏は、灯明の油をもらいに来た益利に向かい、油のたくわえがないと言って、出し惜しみする。三官堂に戻る益利のあとをつけて、益利の言葉を盗み聞く。益利は、劉氏の慳貪を嘆き、その破戒を疑う。これを聞いた劉氏は、羅卜を呼び、裏庭の花園に行って羅卜と益利に向かって無実を述べ、向日葵に向かって訴える。向日葵が倒れて、犠牲の骨が顕れる。劉氏は、さらに天に向かい、無実を誓う。五差鬼が劉氏を鎖で縛り、劉氏は七穴から出血し、失神して倒れる。羅卜と益利は劉氏を介抱して帰宅する。［Ⅴ―16、17、18］○五人の瘟神が無常鬼、摸壁鬼とともに劉氏をさいなみにゆく。劉氏は、先日の失神に怯え、花園へ懺悔にゆく。神に許しを求めて祈ると、瘟神が襲ってきて、香火と灯明を吹き消す。さらに瘟神にさいなまれ、失神して倒れる。羅卜と益利が探しに来て、花園で倒れている劉氏を見つけて驚き、扶けて帰る。［Ⅴ―19、20］○五人の差鬼が劉氏を拘引に行く。正門から入るために、門神、灶君、祖先に対して拘引状のサインを求める。祖先の傅準は、子孫の不始末を嘆き、酌量を求めるが、許されず、やむなくサインする。［Ⅴ―22］○羅卜、益利は、医者の頗通医を招き、劉氏を診させるが、罪の報いによる病で、薬では治せないという。道士を呼んで憑き物を祓おうとすると、医者が自分も道術を兼ねているといって御祓いをするが、差鬼に打たれて逃げ帰る。五差鬼は金奴を捕え、劉氏を連行する。劉氏は、傅準からもらった紙銭をばらまき、五差鬼が拾っている隙に逃げ出して、東岳廟の裏にかくれる。しかし、土地神が五差鬼を案内し、劉氏は、鉄叉で引きずり出されて捕えられる。［V―23、24］〇下山して土地祠で暮らしていた尼僧の静虚と僧の本無も三差鬼に捕まる。五差鬼が劉氏、三差鬼が僧尼、二差鬼が李文道を拘引する。四人は、五長解鬼に引渡され、城隍廟に送られる。［VI―9、10］〇鄭賡夫、陳桂英などの善人は、金童玉女に導かれ、昇天する。［VI―11］〇劉氏は、城隍に回煞を許され、一時帰宅するが、表門では、門神に、裏門では、判官に止められて入れず、やむなく風に乗って上空から入り、羅卜に別れを告げて去る。［VI―13］〇三官堂にこもって母の冥福を祈る羅卜のところへ、深夜、観音の命を受けた善才が蓮花神女を遣わして誘惑するが、羅卜は、動じない。明け方、外に出ると、蓮花が一斉に咲いているのを見て驚き、観音の啓示であることを知って、観音堂に参詣する。［VI―14、15、16］〇里長が羅卜の善行と孝行を知り、孝廉方正科に推薦する。［VI―17］〇劉氏は、地獄に拘引される途中、破銭山、滑油山の難所に苦しむ。［VI―18］〇羅卜は里長の推薦を受け、知県の上奏を経て朝廷から官を授かる。知県みずから、官を授けに来るが、羅卜は、祖先の名誉と言って感謝しながら、喪中の身と言って辞退する。［VII―8］〇曹家から官位授与を祝う使者が媒婆を伴って傅家を訪れる。羅卜は、出家したいので、婚約を解消したいと言い、益利に命じて、庚帖を曹家に返しに行かせる。［VII―9］〇曹献忠は、先妻の息子、文兆（生員）、娘、賽英、後妻、張氏とともに元宵の宴を開く。［VII―10］〇明け方、朝廷に赴いた曹献忠に、李晟らの軍功を賞するために現地に赴くようにという勅旨が下る。献忠は、文兆を連れて出発する。［VII―11］〇劉賈の族兄、劉広淵は、死に臨んで、遺産の半分を劉賈に、半分を一人娘の巫雲に贈り、劉賈に巫雲の嫁入りの世話を頼む。しかし、劉賈は、全遺産を奪い、巫雲を家から追い出して裏庭のあばら家に住まわせ、嫁入り道具の化粧箱を狙う。［VII―12、13］〇三途の河の入り口に金橋、銀橋、奈何橋があり、善人の段秀実、鄭賡夫、陳桂英は金橋を、貞静らは銀橋を渡る。劉氏は、奈何橋を渡らされ、橋から落ちて銅蛇、鉄犬に食われて白骨になるが、風鬼の風に吹かれて蘇生して先へ進む。［VII―15］〇羅卜の恩を受けて生員となった朱紫貴は、劉賈の家に招かれ、息子の劉保の家庭教師になるが、できの悪い劉保が作る詩句は、乞食のことばかり、劉賈に文句をいわれ、家を出てゆく。すると、急に火事が起こり、劉賈の家財は丸焼けになる。劉保は、乞食に身を落とす、と言って家を去る。［Ⅶ—17］○天界と地獄の分かれ道にある鬼門関で、関主が劉氏を訊問し、劉氏は、金奴と劉賈に唆されたと言う。関主は、劉賈がまだ陽界で生きていると知り、すぐに差鬼を派遣して捕えさせる。戦死者の亡魂がやってくると、朝廷側の戦死者は天界へ、李希烈、朱泚側の戦死者は、地獄に仕分けられる。劉氏が不公平に抗議すると、関主は、忠義と反逆で対応が異なるという。［Ⅶ—19］○西天に向かう羅卜は火焔山の難所にぶつかる。観音の命を受けた鉄扇公主が配下の小妖を派遣する。小妖四人は、農夫に変身し、芭蕉扇を持って火焔を防ぎながら、羅卜を背負って、山を通過させる。［Ⅶ—23］○羅卜は、虎に襲われるが、木吒の扮した樵夫に救われる。［Ⅷ—2］○羅卜は、兎精、蛇精、猫精、狗精の四精に襲われ天秤を奪われるが、那吒太子に救われる。［Ⅷ—4］○百梅嶺に到達した羅卜は、母に供える梅を摘んでいると、突然現れた白猿に天秤を奪われる。絶望した羅卜は、谷底に投身して死ぬ。白猿は、羅卜の遺骸を背負って去る。［Ⅷ—5］○白猿が羅卜の遺骸を背負って地面に横たえる。善才と龍女が呼びかけると、仏身に再生した羅卜が登場、白猿は、遺骸を運び去る。羅卜は、菩薩から授与された法衣に着替え、恩を謝する。如来に拝謁し、大目犍連の法名を授かる。［Ⅷ—6、7］○劉氏は、孤凄埂に到着、風波に翻弄され、鳥に目をつつかれ、物乞いの亡鬼に打倒される。しかし、金奴の抗議で、亡鬼たちは、劉氏から施しを受けたことを知り、恩返しに頗通医を呼んできて、治してもらう。［Ⅷ—8、9］○目連は如来から九環錫杖と芒鞋を授かり、地獄に母を探しに行く。［Ⅷ—10］○迷魂地獄の女案主が、女鬼を裁く。劉氏は輪廻の報いがあると言って先送りにされる。［Ⅷ—12］○目連は、第一殿の「業鏡地獄」を尋ねる。ここでは、劉氏が業鏡に照らされ、僧侶道士を焼き殺そうとした罪を問われ、打たれる。張捷は、鏡で悪事を暴かれて驚くが、打ち殺されてすでに罰を受けているという理由で追加の罰を免れ、貧乏人に変身させられる。被害者の陳栄祖は、役人に生まれ変わる。［VIII―13］〇段公子は、曹賽英を見初め、媒婆の張氏に頼んで曹家に縁談をもち込む。曹献忠の留守を預かる後妻の張氏は、この縁談に乗り気で、賽英が不承知の場合でも、段公子に略奪させれば、言うことを聞くようになる、と考えて、媒婆と図って強引に縁談を進める。賽英は、段家から逃れるために髪を切る。乳母は、姉のいる静覚庵に頼み、尼僧の張錬師に受け入れてもらう。一方、段公子にせかされた媒婆は、公子に無理矢理さらってしまうことを提案、公子は、配下の下僕を集め、曹家に駕籠を差し向ける。しかし、賽英は、行方不明になっていて、曹家は、応対に窮する。裁判沙汰になって、責任を問われることを恐れた張媒婆は自ら花嫁衣裳を着、被り物をかぶって籠に乗り、段家に行く。公子は被り物をとって仰天し、結納をだまし取ったと言って媒婆を責めるが、媒婆は、公子が貞女を追い詰めて髪を切らせた罪を訴えると言って争う。儐相が仲裁に入り、物別れとなる。のち、曹献忠が任務を終え、文兆を連れて帰郷、娘の賽英が出家したことに驚き、尼庵を尋ねて、運命に悲嘆する。［VIII―14、16、17、18、19、20、22］〇十殿閻王が集まり、長年たまっていた事件を一括処理するため、東岳大帝のもとで合同審理をすることにする。盧杞、楊国忠、安禄山、朱泚、李希烈など、奸臣、叛臣をさばく。盧杞は胴斬りの刑、楊国忠は、刀山の刑、安禄山は、油鍋の刑、朱泚、李希烈は、地獄送りの刑を受ける。功臣の李勣も武則天擁立の罪を問われる。［VIII―15］〇目連は、第二殿、「碓磨地獄」を尋ねる。劉氏が登場、閻王の尋問に対し、人間が美味を食する権利があり、夫と息子は善行を積んでいる故、助けてほしいと訴える。目連が登場、錫杖をついて呪文を唱えると地獄が揺れる。劉氏が先に送られたと聞き、後を追う。［VIII―21］〇目連は、第三殿、「血湖地獄」に至る。ここで、劉氏は、血湖の中に入れられるが、出されて、十月懐胎の歌を歌う。三殿王は、血で汚れた衣服を着替えさせて四殿に送る。［VIII―23］〇目連は、第四殿に至る。ここでは、劉氏も刀山の刑にあうべきところ、先での重刑を考慮して、五殿に送られる。目連も、これを聞いて五殿に行く。［VIII―24］〇目連は第五殿「油鍋地獄」に行く。閻王は、本無と静虚について、戒律を守らなかった罪で、溶けた銅汁を喉に注ぐ刑を科した上、寒氷池に入れる。劉賈は、劉広淵の委託に叛いて娘の巫雲の財産を奪った罪で、同じく溶けた銅と鉄を喉に注ぐ刑に処せられ、寒氷池に入れられる。劉氏は、重罪のため処分保留で先に送られる。目連はここでも母に一歩遅れて、逢えない。［IX―3］〇東西南北、東南、西南、東北、西北の八方の城隍が登場し、それぞれ管轄する善人と悪人の処遇と処分を述べて、これまでの審判を総括する。［IX―5］〇目連は、幽冥教主の地蔵王菩薩に会い、母に会う方法を尋ねる。地蔵は、劉氏がすでに餓鬼道に落ちていることを告げ、二月一日に六殿「阿鼻地獄」で母に会えるかもしれない、と教える。目連は、第六殿「阿鼻地獄」に行く。閻王は外出していて留守、錫杖で地を震わすと、獄吏が出てくる。劉氏を探してくれるように頼むと、獄吏は、子のある女を呼び出す。劉氏は、自分の子は、目連でなく羅卜だと言う。これを伝え聞いた目連は、それこそわが母と言い、面会を求める。獄吏は、劉氏を城壁の上に立たせる。首枷を着け、口から炎を吐く母を見て、目連は、獄吏に口の炎を消してもらい、会話を交わせるようにしてもらってから、涙ながらに母と対面する。錫杖を地に立てて、枷と鎖を外し、食事を捧げる。しかし閻王が帰ってくるという声を聞いて、獄吏は、劉氏を再び地獄に連れ戻す。閻王は、劉氏を壁から落として七殿に連れてゆくように命ずる。獄吏は外で待っていた目連に母が七殿に送られたことを伝え、七殿の獄官、戈子虚を紹介してくれる。［IX―6、7、8、9、10］〇目連は七殿「割舌地獄」に行く。ここで、周曾、金奴、沈氏がそれぞれ、解体の刑、割舌の刑、割腹の刑に処せられる。目連は戈子虚から八殿の恐ろしい様子を聞き、再度、仏のもとに行き、劉氏救済の方法について、教示を請う。如来は、地獄を照らし破るための無尽灯を授ける。［IX―11］〇目連は、第八殿「寒氷地獄」へ行く。ここで閻王は、劉氏に自白を求め、劉氏が犯した罪をすべて自白すると、刑罰を加えず、九殿に送る。獄官、劉伝芳は、目連の地獄破りで逃げ出した八殿の餓鬼を回収してくれるよう、鍾馗に頼む。鍾馗は剣を振るい、呪文を唱えて鬼を回収するが、点呼してみると、まだ八〇〇万、足りないという。これは、「生まれ変わってしまったものたちで、つかまえられない、死んだときに回収するしかない」と言って立ち去る。［IX—14、15、16］○目連は、九殿「毒蛇地獄」に行く。ここでは、目連の法力を恐れ、劉氏たちを留めおかずにすべて十殿に送ってしまう。母の在処を尋ねる目連に判官は、もう十殿に送った、罪を受け終わったから、人間に生まれ変われるはずだと言う。目連は感謝して、十殿に赴く。［IX—17］○目連は、十殿「剝皮地獄」に到着。ここで、閻王は、劉氏を犬、劉賈を驢馬、金奴を豚に転生させる。その他、江充、董賢、董卓、李林甫なども行き出され、讒言の害をなした江充は、杜鵑に、阿諛追従の董賢は、猿に、利益のために手段を択ばなかった董卓は、灯火に群がる蛾に、酷薄の李林甫は、大蛇に転生させられる。目連は、母が犬に転生したと聞き、人間界に探しにゆく。［IX—19、20］○紫竹林にいる観音菩薩のところへ四掲諦に導かれて目連が登場、犬になった母の在処を問う。観音は、西平王の子、李公子宅におり、狩りに出るところを待っていれば会えるという。李公子は、三か月前に生まれた子犬を連れて狩に出る。虎と熊を捕え、一同退場した時に目連が登場、犬が尻尾を振って自分の方に来るのを見て、母と思い、連れて帰る。［IX—21、22］○恩赦令が下り、目連が逃がした八〇〇万の孤魂は、十悪を除いて、みな許され、太乙救苦天尊、玉虚神君（玄天上帝）に導かれて昇天する。また転生して禽獣になったものも、山林叢沢に安住するように慰撫する。［X—1］○恩赦を受けて、傅相が玉帝に直訴し、劉氏の救済を懇願する。三官大帝が劉氏の罪を許すように上奏する。玉帝はこれを受けて、救済の玉旨を下す。目連は、犬を引いて帰宅、出迎えた益利に向かい、盂蘭盆の日に法事を行えば、人間に戻れる、と告げる。［X—2、3］○目連は、盂蘭盆会を開く。張錬師が主催し、曹賽英が副となり、張佑大たち、十友が参加する。まず、劉氏の転身した犬を殺し、その肉で饅頭を作って祭壇に供え、往生呪を唱える。張錬師が饅頭を手に取り、呪文を唱えると、犬が飛び出してくる（犬は再生）。次いで劉氏の墓を開き、目連が神丹を飲ませると、蘇生する。かごに乗った劉氏と目連は、家に到着、そこへ傅相が登場、玉帝の玉旨を読み上げ、目連は菩薩、劉氏は、勧善夫人、曹賽英は、蕊珠宮円通淑貞人、益利は、仙宮掌門大使、張錬師は、瓊華宮慈済恵元貞人に封ぜられる。みな、連れ立って、嫦娥の案内で天界をめぐる。［X—7、8、9、10］

以上のごとく、物語の展開も登場人物も旧来の目連戯とは、かなり異なる。ほとんど創作と言ってよい。その細部を検討する価値もないが、以下では、①この作品の目連本伝の部分が、池州本の系統に入るということ、②したがって、この作品は、池州本のテキストを継承することによって作られた可能性が高い、ということ、この二点について補足しておきたい。

一　テキストの本文系統

この作品は本書で述べた各種の地方テキストのうち、どの系統のテキストを継承しているか、を考察すると、池本系目連戯に最も近いことがわかる。すなわち、安徽省の長江南岸沿いを東に延びる地域、池州から、銅陵、南陵、旌徳、さらに至る地域に流布していた池本系目連戯テキストに多くの類似点をもっている。(4) 以下、『勧善金科』に載る話と池本系目連戯齣目表第五章表34（三六四頁）、表35（三七四頁）、表36（三八六頁）の諸本に載る話とが一致しているケースを列挙する。

(1)盗賊の傅家押し入りと白馬人言のこと

『勧善金科』第一本第一八—二三齣で、山林の強人が尼寺で休息したあと、傅家に押しいり、奪った金銀を白馬に載せて帰る途中、馬が動かなくなり、前世の借りを今生で馬になって返していると語るのを聞いて、恐ろしくなり、金銀を返しにくる、という話が載っている。これは、池本（周）第一本八—九齣、池本（青）上巻五齣、池州徽劇本第一本五齣に載る話と同じである。尼が傅家に通報する点も同じ。ただ勧善金科には、傅相が古い帳簿を調べてこの馬の前身を調べ、債務を帳消しにすると、馬がすぐに死ぬ、という結末が記されていない。池州系の方が古いことがわかる。

(2)傅相の死後、傅家では、供養のために大法事を行うこと

『勧善金科』第二本第一一—一二齣で羅卜が亡父の供養のために僧侶を呼んで大法事を行い、あわせて孤魂救済のために瑜伽焔口の儀礼を行うことを記す。これは、池本(周)第一本第二三—二六齣、旌徳本第一本第二三—二四齣、池本(青)上巻第二一—二五齣の場面と一致している。

(3)張焉有と段以仁が羅卜から大金を騙し取ること

『勧善金科』第二本第二二齣に張焉有と段以仁が羅卜から大金を騙し取る話を載せる。これは、池本(青)第一本第三〇—三一、池本(周)第一本第三〇—三一齣、銅陵本第一本第二八—二九齣に一致する。張焉有と段以仁の姓名も一致する。

(4)息子の張三が父親を殴ること

『勧善金科』第二本第二三—二四齣に張三が父親の張老と口論の末、殴る話、のち雷に打ち殺される話が載る。これは、池本(青)上巻第三二齣、池本(周)第一本第三四—三五齣、旌徳口述本第一本第三〇齣、ただし、姓名は、趙甲になっている。

(5)若い尼と僧が仏道修行を捨てて駆け落ちすること

『勧善金科』第五本第九、一〇、一一齣に、若い尼と僧が仏道修行を捨てて下山し、川で落ち合い、僧は、靴を口に銜え、尼僧を背負って川を渡るという話が載る。これは、池本(青)中巻第六、七、八齣、池本(周)第二本第五、六、七齣、銅陵本第二本第五齣、旌徳口述本第二本第三一齣、の場面に合致する。特に最後に僧が靴を口に銜え、尼僧を背負って川を渡る場面は、江西弋陽腔本に遡る。勧善金科本が弋陽腔本のこの場面を池州系を媒介にして継承したものと考えられる。

(6)孤淒埂で下人が医者を呼び劉氏の目を治すこと

『勧善金科』第八本第八、九齣、劉氏から布施を受けた亡鬼たちが孤淒埂で難儀する劉氏に会い、鳥に突っつかれて失明した劉氏の目を、医者を呼んで治す。池本（青）、池本（周）第三本第八齣に馬郎医眼の場があり、長い科白の演出がある。勧善金科本は、これを継承したものとみられる。

(7)段公子が曹賽英を見初め、強引に娶ろうとするが曹氏は、拒否、剃髪して尼庵に逃げ込むこと

『勧善金科』第八本第一四、一六、一七、一八、一九、二〇齣にこの話の顛末が載る。追い詰められた賽英を乳母が助け、尼僧の張錬師に頼み、引き受けてもらう。この筋は、池本（青）下巻、池本（周）第三本第一〇―一八齣に対応する。乳母が助けること、庵主の名が張錬師であること、すべて一致する。銅陵本第三本第七―一三齣も同じ。この話は、多くのテキストに存在しているが、鄭之珍本では、地獄めぐりの間に一齣ずつ、挿入されるのに対し、古いテキストでは、細切れにせずに一括連続して演じられる。池本系もこの古い形である。『勧善金科』の筋の運び方は、完全にこの池本系に一致している。特に家の中で孤立して追い詰められた賽英の味方になって、張錬師と渡りをつけ、危機一髪の間に尼庵に脱出させた乳母の活躍が目立つ。庵主の名を張錬師とするのは、他のテキストには見えないもので、この名を共有する勧善金科本が池本の系統に属することは明らかである。

(8)六殿見母の場面で、獄吏が、目連に母を引き合わせるが、首枷を着けた劉氏を城壁の上に立たせ、口から火を吐かせて会話ができないようにする。口から炎を吐く母を見て、目連は、獄吏に懇願し、口の炎を消してもらい、会話を交わせるようにしてもらってから、涙ながらに母と対面する。これも池本（青）、池本（周）に見える。

(9)盂蘭盆の法会で、劉氏の変身である犬を殺して饅頭にすること

『勧善金科』第一〇本第七齣では、劉氏の変身した犬を縄で絞殺し、その肉で饅頭を作り、法会を主催する張錬師が饅頭を手に取り、往生呪を唱えると、犬が飛び出してくる、という奇怪な演出をする。かつて劉氏が殺して

饅頭にした犬がこれで再生し、劉氏の罪が消えると言う。ここで劉氏の化身である犬を殺す話は、池本（青）下巻、池本（周）第三本第三五齣「建盂蘭会」の段にある。そこでは、犬を水につけて殺し、一〇〇〇人分の饅頭を参会者に配る、これで劉氏は天界に上れる、と言う。勧善金科本がこれを継承したことがわかる。また、この盂蘭盆会を張錬師が主宰する点も、両者に共通する。

⑽地獄における劉氏の処罰があまり見られないこと

『勧善金科』では、地獄一殿から十殿に至る場面で、酷刑を受けるのは、朱李叛乱事件の悪人たちで、劉氏は、いつも刑の執行を留保され、次の殿に送られる。これは、池州穿会本で、劉氏の地獄の場面を演じない伝統に沿ったものと考えられる。

以上、『勧善金科』本が池州系諸本と共通する場面を挙げたが、さらに注意すべきは、これらの共通の場面の並び方が、両者において合致していることである。つまり、勧善金科本は、池州系の進行順序と同じ順序で、物語を展開している。間に多くの歴史故事がまじりあって複雑で長大な物語になっているが、その中に点綴される目連故事は、池本系のテキストの順序（上記の挙例では⑴→⑵→⑶→⑷→⑸→⑹→⑺→⑻→⑼の順）に沿って展開しており、話の順序が前後することはない。このことは、勧善金科本の作者が、池本系テキストを恣意的に切り取って順不同で摂取したのではなく、原典の順序を尊重し、それを下敷きにし、その上に中唐期の混乱した政治と軍事の歴史を埋め込んでいったという創作過程を想像せしめる。池本系テキストの目連物語は、必ずしも論理的に展開しているわけではないから、いくらでも順序を入れ替えることはできたはずであるが、それをしなかったのは、池本の原典を尊重していたことを物語る。ただ、『勧善金科』本は、部分的には、池本系テキストにある話を修正したり、別の系統の話をもって来たりすることもある。また同じ登場人物でも、その形象には、加工を施している点が少なくない。以下、登場人物の面から、この点を補足する。

(i)蜜蜂頭の王辛桂

『勸善金科』第三本第五—七齣の〔蜜蜂頭〕の王氏の話がある。この話は、元来、左伝、列国演義に出るが、鄭本巻下、五殿尋母の条に出ている。また、池本（青）の〔五殿尋母〕、池本（周）の〔五殿追尋〕にも出る。その物語は、第九章第二節、湖南辰河腔目連戯の条に詳記したとおりである。鄭賡夫は、鄭本、池本（青）、池本（周）では、五殿で無実が晴れるが、この『勸善金科』は、父親が鄭賡夫の冤を知らないままで話を打ち切っている。結末を付けていないのは、失態である。

(ii)陳桂英

『勸善金科』第三本第一七—一九齣、姑の沈氏に舅の劉賈と不倫関係を結ぶように強要され、梁に懸かって死ぬ。この話も鄭本巻下〔五殿尋母〕の条に陳癸英の名で出てくるが、内容は異なる。他人に通じていた姑の沈氏から却って姦通の濡れ衣を着せられ、自ら縊死したという話になっている。勧善本は、通常は、詐欺師に金釵をだまし取られ、夫に疑われて梁に懸かる吊死鬼の代わりに、陳癸英の話を姑に理不尽な虐待を受けて死ぬ話に替えている。改変というより創作である。

(iii)張捷

従来の目連戯では、貧民を不正な秤で搾取する富裕商人が存在する。傅家においても、傅相の父、傅崇や、祖父の傅天斗などは、この種の悪事を行っている。外戚の劉賈は、最も酷薄な悪徳商人である。傅相も当初、悪行を行っていたが、後悔して善行に転じたとするテキストもある。いずれにしても悪徳商人は、傅家から出ているのである。しかし、『勸善金科』は、傅家三代崇仏という建前からか、傅家またはその外戚以外に張捷なる人物を悪徳商人として登場させた。これによって、作品の性格が伝統的な目連戯の世界から離れる結果になった。全く耳慣れない悪徳商人張捷により観客は、従来とは異なった世界に引き込まれる。

(iv)傅準

第五本第二二―二四齣に出る、この名前も従来の目連戯テキストにおいて、登場したことのない、耳慣れない人物である。劉氏を拘引に行く差鬼が、劉氏の家に踏み込むためには、閻王から受け取った逮捕状に土地神や竈君からサインをもらうが、傅家の祖先からもサインをもらう必要があり、祠堂に行って、傅準なる人物にサインをもらう。また、劉氏の哀願に紙銭を与えて去る。準は、斗を寓意している可能性もあり、その場合は、傅相の祖父、傅天斗の名から、考え出したものかもしれない。

(v)劉賈

劉氏の弟、劉賈は、目連戯を通じて最大の悪役であるが、この作品では、傅家に来るたびに大金を貸すように強要し、さらに嫁の陳桂英を妾にしようとして自殺に追い込み、さらに一族の劉広淵の娘の遺産を横領する、など、悪逆の限りを尽くす。劉氏を地獄に落とした真犯人として描いている、と言える。

以上のごとく、『勧善金科』は、非常に創作性、恣意性の強い作品であり、歴史的な意義に欠ける。池州系テキストを土台としながら、人物を恣意的に作り出す一方、時間を引き延ばすために、たくさんの「埋め草」が必要であった。そのため、元人の雑劇や明人の伝奇から、故事や字句を借用している。この点については戴雲氏、及びそれを受けた小松謙氏の研究に詳しい。それによると、最も多いのは、屠隆の『曇花記』で、小松氏の指摘によると、別にさらに元明作品の流用があると言う。無名氏『包待制陳州糶米』、鄭廷玉『看銭奴買冤家債主』、孟漢卿『張孔目智勘魔合羅』、陸采『明珠記』、吾邱瑞『雲甓記』、無名氏『贈書記』などで、これらは、目連本伝以外に勧善金科の作者が増補した物語の部分で使われている、という。また、同じく小松氏の指摘によると、雑劇は『元曲選』本に、伝奇は『六十種曲』本に拠っているというから、すべて読曲用の案頭テキストを使っていることになる。つまり上演用の民間通行テキストを使っているわけではない。目連戯の流伝の歴史において、占めるべき位置をもたない、案頭テキストということになる。

二　テキスト継承の前後関係

すでに第五章で述べたように、池州の目連戯では、三層の高い台が用いられ、俳優は、この上で、さまざまな曲芸を演じたという。北京の宮廷で、三層戯台が作られたのは、目連戯上演のためであり、それは、おそらく池州俳優の演技に対応するためであったと推定される。この面からも、『勧善金科』の上演を担ったのは、池州俳優、あるいは同じ地域の安慶俳優であったと推定する。

ところで、ここに問題が一つある。それは、勧善金科が池本系目連戯の系統をひくと言う事実を踏まえた上で、どちらがどちらを継受したか、という問題である。つまり勧善金科が池本系テキストの故事や表現を真似たのか、逆に池本系目連戯の方が勧善金科のテキストを摂取し踏襲したのか、という問題である。現存テキストの成書時期から言えば、勧善金科は、康熙二〇年と見られており、池本系諸本は、清末、おそらく道光—同治間の抄本であるから、勧善金科の方が早い。しかし、だからと言って、池本系目連戯が勧善金科より成立が新しいということはできない。成書時期と成立時期はおのずから異なるからであり、成立時期の前後については、両テキストの特徴を比較衡量して、総合的に判断しなければならない。

まず、勧善金科は、蘇州や上海など、大都市の劇場で流行した目連戯の「折子戯」として上演されていた。そのほとんどは、昆曲である。その演目については、第一〇章で述べたとおり、四面観音、思凡、下山、滑油山などに限られている。郷村や市場地で流行した長編の土着目連戯では、勧善金科は、断片すら上演されておらず、テキストの上で、なんらの影響も与えていない。例えば、勧善金科の目連故事の部分には、通常登場する、傅相，劉氏、羅卜、益利、金奴、曹献忠、曹賽英、李厚徳、劉賈、劉龍保などのほかに、多数の新人物を登場させる。すなわち、悪徳富商の張捷、その書生、陳栄祖、妻張氏、強人の軍師、韓旻、親不孝の張三、劉賈の妾、沈氏、息子の嫁、陳桂英、傅相に救われる貧困者の朱紫貴、華素月、金氏、尼僧の静虚、僧の本無、傅準、傅相の祖先、傅準、劉賈の族兄、劉廣淵、その娘、巫雲、劉賈の子、劉保、藪医者の顛通医、段公子に曹賽英との結婚を依頼された張媒婆、劉氏が変身した狗の飼い主、李公子など、である。ところがこれらの新人物は、池本系目連戯に登場しないのみならず、本書で検討の対象とした古本（贛本、徽本）、準古本（池本、呉本、浙本）、京本（鄭本、湘本、川本）、市場本（花目連、連台本）のいずれにも登場しない。つまり、勧善金科は、康熙二十年以後、職業俳優劇団の間で流布したが、職業劇団の活動する大都市の劇場で断片的に上演されるのみで、郷村や市場など祭祀演劇としての目連戯上演には関与しなかったということになる。このことは、勧善金科が池本系と共有する故事についても、勧善金科の側が池本系からその故事を摂取したのであって、その逆、つまり、池本系目連戯の方が勧善金科の故事を摂取したのではない、ということになる。しかもこのことは、池本系目連戯が康熙二〇年以前から存在していたことを意味する。このことは目連戯の歴史において、極めて重要なことである。つまり、現存する目連戯の地方劇本は、すべて清末の成書に属するが、その来源は、おそくとも康熙二十年以前にさかのぼるということである。勧善金科は、鄭之珍本からも故事や表現を摂取しているが、その比率は、故事では六割（ただし、潤色が激しい）、文字では三割にとどまる、故事の四割、文字の七割は、池本系からきているのである。鄭本は、明末、万暦一〇年に成立しているが、池本系や、贛本、徽本は、鄭本の二倍から三倍の齣目数を要する長編である。この長編は、鄭本より来源が古く、おそらく元末明初に遡るものと見るべきであろう。このような目連戯の長い歴史から見れば、鄭本でさえ、それほど古いテキストではない。まして勧善金科本は、古本の痕跡を全く含まない新本、新作であり、歴史的な価値は、ほとんど認めることはできない。

（1）戴雲『述康熙旧本勧善金科残巻』、台北、施合鄭民俗文化基金会『目連戯曲珍本輯選』、二〇〇〇年。

（2）小松謙「『勧善金科』について――清朝宮廷の目連戯」、磯部彰編『清朝宮廷演劇文化の研究』、東京、勉誠社、二〇一四年。

（3）朱泚、李希烈の叛乱故事の梗概を簡単に述べておく。
○唐徳宗の建中三（七八二）年、平盧節度使の李希烈は天下兵馬都元帥と称し、朱泚と結んで汴梁に向かう。［Ⅰ—5］○奸臣盧杞は、忠臣顔真卿を李希烈のもとに派遣して殺させるように上奏する。［Ⅰ—14］○朱泚は、李希烈の誘いに乗り、朝廷に叛く。［Ⅰ—15］○朝臣、陸贄は、李希烈の叛乱に接して、姚令言に涇原の兵を率いて都を助けるように命じる。造反の意思のある姚令言を段秀実と共に説得するが、姚令言は倉庫を襲い、皇帝は脱出する。陸贄も脱出、段秀実だけ残り、朱泚の到着を待つ。［Ⅰ—16、17］○朝廷側では、李晟が李希烈、朱泚の叛乱軍鎮圧のため、諸将を率いて出陣する。［Ⅰ—24］○姚令言は、涇原の兵を率いて都の長安に入り、盧杞が兵糧を渡さないことに怒り、倉庫を襲い、兵に略奪を許す。そこへ朱泚が入場、高官源休は、朱泚に即位を勧め、段秀実を味方にするよう進言する。段は、源休が持っていた笏を取って、朱の顔を打ち、傷つける。朱は怒って、段を斬首する。［Ⅱ—3、4］○朱泚は、帝位に即こうとして、玉座に上るが、金龍神に突き落とされ、前歯を折る。李晟の軍が迫るのを知り、姚令言が迎撃に出る。李晟は、渾瑊と謀り、朱泚軍を誘い込んで伏兵により大勝、逃げた朱泚を渾瑊が追撃し、李晟は長安に入る。［Ⅱ—17、18］○渾瑊は、雪中に野営する姚令言の軍に甲冑を白色に変えて気づかれないように接近、急襲して、姚令言を捕える。［Ⅲ—3］○朱泚は、姚令言軍の敗北を知って失望し、李希烈のもとに投じようとするが、夜中に段秀実の亡霊に悩まされる。寝室から出てきた朱を、朱の配下として潜入していた剣侠、韓旻が襲って殺す。［Ⅲ—4］○李希烈は、汴梁を陥れて以来、帝位を狙っていたが、朱泚が長安に拠って協力しないため、単独で大楚皇帝と称し、中原の制圧に乗り出す。謀臣の鄭賁を丞相、周曾、李存誠を大将に任じ、各地攻略に出撃する。［Ⅳ—4］○李希烈、鄭賁は、盧杞から派遣されてきた顔真卿を味方につけようと説得するが、顔真卿は、拒絶、却って二人に改心を求め、従容として処刑される。［Ⅳ—7］○もと隴州司馬、朱紱は、故郷陳州に引退、息子朱紫貴は、華素月と婚約している。そこへ李希烈軍が攻めてきて四門は、その配下に抑えられ、脱出できないでいたが、東門を守る張佑大が出陣を迫られて、父子を見逃してくれ、二人は農村に逃げる。［Ⅳ—9］○華衡の未亡人金氏とその娘、華素月は、李希烈の武将、周曾の部下、伊官鍾に捕えられる。周曾が素月の美貌をみて妾にしようとし、金氏も脱出をあきらめるが、素月は、隙を見て髪を切り、顔を傷つける。そこへ現れた張佑大が李希烈から届いた出撃命令を伝える。周曾は母娘を張に托して去る［Ⅳ—11］。○鄜州都督の配下、董知白は、妾の李翠娥と二人暮らし、李希烈の叛乱に備えて防御施設の修理に責任を負う。旧友の莫可交に遇い、助手にして、大覚寺に住まわせる。やがて李翠娥と莫可交は通じる。［Ⅴ―3、5］○南陽府通判、臧霸は、李希烈から贈られた金銀を賄賂に使って鄜州刺史になり、さらに利権を求めて、鄜州都督の田希監に取り入る、田は、臧霸を通して李希烈との関係を付けようともくろむ。［Ⅴ―4］○臧霸は、田に財宝に加えて美女の鶯鴻を贈る。ところが田希監夫人は嫉妬深い女で、田が鶯鴻と言葉を交わしている現場に踏み込み、董知白に命じて、鶯鴻を遠い他国に売るように命じる。董は、鶯鴻を家に連れ帰り、李翠娥に預ける。李翠娥のもとに莫可交が忍んできて、董知白を殺して駆け落ちしようと言い、董知白の寝室を襲うが、誤って李翠娥を殺し、家に放火し、鶯鴻を翠娥と間違えて背負って逃げる。董知白は帰宅して李翠娥が殺されているのに驚き、隣人を集め、死体の始末をして、田希監の家に向かう。李莫交は、逃亡の最中に夜回りにつかまり、鶯鴻を殺して逃げる。そこを通りかかった董知白は、殺人犯とされて、田希監の家に連行される。［Ⅴ―6、7］○田希監は、李晟の指令で、城内の警戒にあたっていたが、董知白を殺人犯と認め、獄に下す。［Ⅴ―8］○唐朝では、陸贄、李泌、袁高、盧杞による朝議が開かれ、盧杞は、李希烈の罪を許すように主張するが、皇帝は、盧杞を左遷し、李泌に李希烈の討伐を命ずる。別に李希烈に殺された顔真卿に文忠の謚を賜う。［Ⅵ―4］○大楚の国号を立て、一〇万の兵を擁する李希烈は、部将の周曾、李克誠に命じて関中に侵入を図る。唐将、李晟は、渾瑊、韓遊環、范克孝、戴休顔、駱元光の諸将と謀り、各地の忠義の士を募り、東の呉、北の燕と結び、李希烈軍の撃滅を図る。朝廷から派遣された督戦、李泌も軍営に向かう。［Ⅵ―21］○李泌は、李晟の本営に向かう途中、李希烈の配下となっている莫可交を捕え、身につけていた密書から田希監、臧霸が李希烈と内通していることを知る。三人を朝廷に送って処分を請い、李晟にも知らせて内応者に注意するよう伝える。［Ⅵ―22］○李晟は、敵情偵察のため、変装して陣営を出る。李希烈、朱泚との戦いで戦死した禁軍の兵士の亡魂が顕れ、明日の戦いの勝利を予言する。李晟はかれらのために鎮魂の法事を行うことを約する。［Ⅵ―23］○両軍激突。李晟は、九宮八卦の陣を敷き、李泌と共に後方に陣取る。韓遊環が周曾を破り、范克孝が李克誠を破る。戴休顔、駱元光が周曾、李克誠と戦うところへ韓遊環、范克孝も駆けつけ、周曾、李克誠を捕える。李希烈は、血路を開いて脱出、渾瑊が跡を追う。李晟は、李泌とともに城内にはいり、民衆を安撫する。［Ⅵ―24］○李希烈は、亡霊にさいなまされて死ぬ。部下の鄭賁は、逆賊の首を差し出せば命は助かるという声に押されて、主人の首を取って去る。［Ⅶ―4］○臧霸と田希監は、郊外で宴を張る。そこへ錦衣衛官が二人の校尉を連れて宴席の場に踏み込み、二人を逮捕する。［Ⅶ―5］○董知白の亡魂が牢屋に忍び込み、牢屋に入れられていた田希監、臧賁をなぐると、二差鬼が田希監、臧賁の魂を捕えて連行する。二人は即座に死ぬ。牢番はなぜ死んだかわからないまま、翌日、報告に行く。［Ⅶ―6］○姚令言、源休、周曾、李克誠が十字路で処刑される。監斬官の御史が李希烈、朱泚の首を高竿に懸け、民衆の前で四人を処刑する。［Ⅶ—7］○明け方、朝廷に赴いた曹献忠に、李晟らの軍功を賞するために現地に赴くようにという勅旨が下る。献忠は、文兆を連れて出発する。［Ⅶ—11］○天界と地獄の分かれ道にある鬼門関で、関主が劉氏を訊問し、戦死者の亡魂がやがてくると、朝廷側の戦死者は天界へ、李希烈、朱泚側の戦死者は、地獄に仕分けられる。不公平に抗議されると、関主は、忠義と反逆で対応が異なるという。李希烈を面罵して殺された顔真卿は、敢司連苑（敢死諫言）宮大将に任じられ、大勢の従者を従えて天界に赴任する。［Ⅶ—19］○十殿閻王が集まり、長年たまっていた事件を一括処理するため、東岳大帝のもとで合同審理をすることにする。盧杞、楊国忠、安禄山、朱泚、李希烈など、奸臣、叛臣をさばく。盧杞は胴斬りの刑、楊国忠は、刀山の刑、安禄山は、油鍋の刑、朱泚、李希烈は、地獄送りの刑を受ける。朱・李二人に反抗した段秀実と顔真卿は王たちの称賛を受ける。功臣の李勣も武則天擁立の罪を問われる。［Ⅷ—15］○春望楼に李泌、曹献忠、韓旻らが凱旋した李晟を出迎える。渾瑊、韓遊環、范孝、戴休顔、駱元光の諸将も凱旋し、みな鎧を脱いで朝服に着替え、礼部に赴き太平の宴を開く。忠臣段秀実、孝子鄭賡夫、節婦陳桂英は、天堂に昇る［Ⅸ—1、2］○二十八宿、四天師、四天官、などに導かれて、玉皇大帝が登場、紫微、北斗、東嶽、梓潼が朝見する。一同、昇平をことほぎ、皇帝の万寿無窮を祝して退場する。［Ⅹ—24］

これは、『隋唐両朝史伝』第一一四回—第一一八回に見える話である。このとき宮廷俳優は一〇日の上演を命じられたと思われるが、故郷、安徽での伝統的な手法に従って、『封神演義』、『精忠伝』、『梁武帝伝』、『西遊記』などを連台本方式で演じて時間をかせごうとしても、これらはいずれも皇帝が出てくるので演じにくい。そこで臣下の叛乱と誅殺を主題にした『混唐演義』をもってくることにしたが、それも連台演出にすると、一〇日では消化しきれないとみて、無理に目連本伝との融合演出を試みたのであろう。しかし、『混唐演義』と目連本伝は、うまく融合できず、水と油の関係に終わった、というのが実情である。

（4）　鄭之珍本との関係については、小松氏は、故事内容（筋）で四二％、文字表現で二一％が、鄭本と一致すると言っている。全体の筋では、齣目のうち八四齣が朱李叛乱故事で、目連故事は、同じく一五六齣に過ぎないから、四二％という数字は、六四％に当る。また、故事の文字表現の二一％は、目連故事が全体の六五％しかないから、目連故事に関する限りでは、三二％まで鄭本と一致していることになる。しかしそれでも六八％は、鄭本以外のテキストから来ていることになる。その大部分は、池本系テキストであろうと推定できる。また、それだけ潤色が多いということも示している。全体的に見て、『勧善金科』における鄭之珍本の影はきわめて薄いと言わなくてはならない。

あとがき

筆者は、『中国祭祀演劇研究』(東京大学出版会、一九八一年)の公刊以来、『中国の宗族と演劇』(同、一九八五年)、『中国郷村祭祀研究』(同、一九八九年)、『中国巫系演劇研究』(同、一九九三年)など、比較的短期間に四冊の著書を連続して公刊し、一貫して中国の祭祀演劇の実態を追及してきたが、その後、資料の制約のために長期にわたる中断を余儀なくされた。このたび、二二年に及ぶ長い中断を経て、ようやく最終的な総括を目指した第五冊に当たる本書の公刊にこぎつけ、一連の研究をひとまず、完結させることができた。これらの研究は、すべて文献解読と野外調査の成果を相互に参照することによって遂行されたものである。今、稿を終えるに当たり、一九八一年以前に遡って、曲折の多かった研究過程をふりかえり、これらの著書を通底する筆者の「野外調査」の視点と範囲について、総括しておくことにする。

祭祀演劇は、劇場演劇が興行者と観客の一回限りの取引関係で完結するのに対して、主催者たる地域リーダーと居住者との間の継続的な関係の上に成り立っており、一つの組織を形成している。その組織は、つぎのような階層的な構造を持っている。

祭祀演劇は、第1層のエスニックグループ(以下、族群と称する)の基礎の上になり立っている。族群ごとに、異なった祭祀組織が形成される。族群の信仰対象によって第2層の祀神の種類が異なる。また、この神々の種類によって、第3層の父老組織、財政組織が決まる。この組織が決まれば、道教か、巫教か、仏教かなど、第4層の司祭系統がきまる。この司祭系統に対応して、第5層の住民が招く教団が決まる。神誕祭祀か季節祭祀(元宵節、中元節、太平清醮)

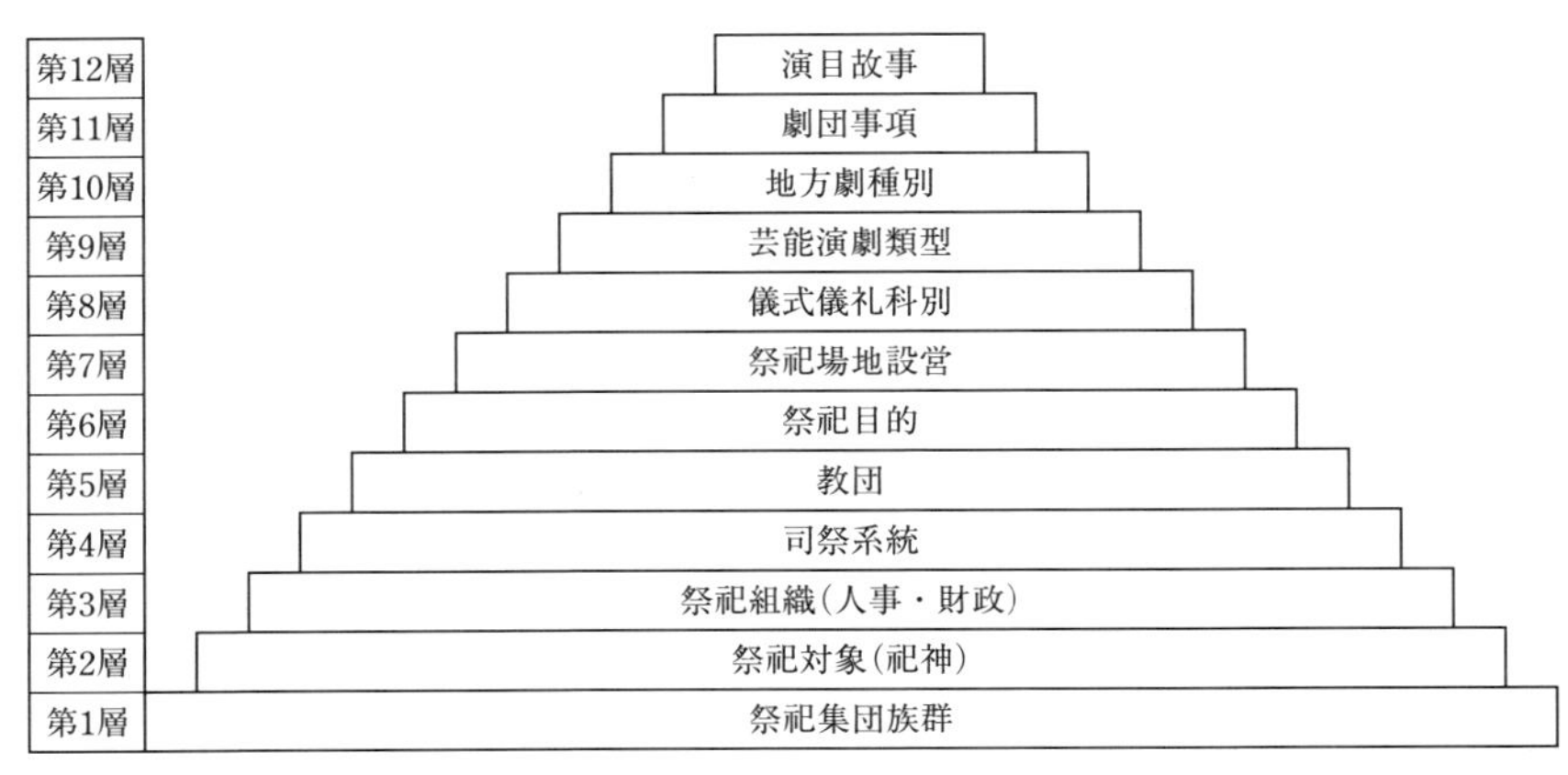

か、など第6層の祭祀目的に対応して、父老組織は、第7層の場地を選択し、住民と協力して各種の設備を設営する。またこれを前提として、教団は、第8層の祭祀儀礼を選択する。この儀礼に対応して、居民や俳優による第9層の芸能や演劇が分岐する。芸能や演劇は、第10層の地方劇種別を選択する。地方劇種別が決まれば、それに対応して第11層の劇団が選ばれる（日本のように農民みずからが演ずることは、稀である。これは日中民俗芸能の大きな相違点であり、今後の比較研究の課題となる）。劇団は、住民と協議して第12層の上演演目を択ぶ。祭祀から切り離された劇場演劇であれば、劇場または劇団が自らの裁量で演目を提供し、観客も自らの好みによって、入場券を買って演劇を見るだけのことで、その関係は、一回の観劇ごとに消失し、このような複雑な継続的な関係は存在しない。しかし、祭祀演劇の場合は、演劇が祭祀の一部であり、祭祀が社会集団の社会的機能を背負っているだけに、このような複雑な階層構造を備えた持続的な祭祀組織が要求されるのである。

上記五冊の著書は、ここに示した12層の視点による野外調査の成果によって、支えられている。ただし、そのすべての層について、必ずしも十分に調査ができたわけではない。香港やシンガポールの祭祀演劇（目連戯を含む）の調査については、任意の調査が可能であったため、数年かけて（一〇年に一回の祭祀については、三〇年かけて）できるだけ、同一地点の調査を三回以上、反復し、第1層から第12層までの各項目につき万遍なく情報を探索して、誤りなきを期したが、中国大陸での儺戯や目連戯の調査は、農村の治安上の理由からか、毎回、当局に調査を申請し、その許可を得ておこなう必要があった。そのため、同一地点の反復調査は、事実上不可能であり、すべて一回限りの調査で終わっている。その調査自体も、徹夜で祭祀が行われている農村に夜間、長時間とどまることを許されず、初期には、録画や写真の撮影が禁止されたことも稀ではなかった。特に族群や祭祀、儀礼など民族性や宗教性に関わる第1層から第8層に及ぶ深層部分の諸項目は、禁忌とされて、全く調査ができず、せいぜい第9層から第12層に及ぶ表層部分の演劇芸能に関わる事項しか調査できなかった（或いは、現在の中国においては、この基層部分そのものが消滅していて、現存しない、という事情も存在する、と思われる）。これでは、農村の社会関係を背景とする祭祀演劇の基層部分の情報が得られないことになり、事実上、都市の劇場演劇の鑑賞と変わらない結果になる。したがって得られた情報についても、質的量的に十分でないうえ、一回限りの調査に伴う多大の不安を残してきた。倉卒の間の調査に於いては、思わぬ事実誤認や、解釈の誤りが起こらないとは限らないからである。この不自由な環境は、調査から二〇年以上を経た現在でも変わりはない。目連戯は、再演不能であり、儺戯も職業劇団が介入して変形が著しい。本書に示した中国大陸における調査研究の成果に対する検証についても、すでに一九九〇年代から古老の逝去、伝承の途絶が進行している点にかんがみて、その可能性は、将来においても、あまり期待できそうもない。当時、中国の現地専門家が撮影した録画や写真も、その大部分が劣化したり、散逸したりしている、と聞いている。不完全を知りつつ、第五冊の公刊に踏み切った理由はここに在る。

振り返ってみると、祭祀演劇の研究に関しては、この三五年間、文献探索、野外調査の双方に於いて、試行錯誤、暗中模索の連続であった。特に、大陸資料に関しては、探索不足、参照不足など、多くの不十分な点を残している。しかし、このたび、これらの不備を改善する見通しが立たないまま、多分に推理に頼りすぎる面を含みながらも、第五冊（最終冊）の稿を終えることができた。現在、とにかく曲がりなりにもゴールにたどり着けたと言う事実をもって、満足しなければならない、と思っている。不備の点が多々あることについては、筆者自身が十分に承知しているが、もはや自力で補正する機会がない。ひとえに内外学界の専門家、及び現在・将来の読者諸賢の批正を請う次第である。

なお、この三五年間に野外調査の現場において撮影した写真は、約三万五〇〇〇枚に及ぶが（ほとんどがカラー）、上記五冊の著書に採録できたのは、約二〇〇〇枚に過ぎない（すべてモノクロ）。全五冊完成のこの機会に、これらのカラー写真をすべて収録したデータベースを作成し、東洋文庫のホームページから公開した。モノクロ写真に比べて臨場感が増すほか、拡大して細部を検証することも容易である。各写真には、メタデータとして上記12層に対応するキイワードを多数、付けてあるので、各方面から検索することが可能である（調査地点、日時、族群、祭祀目的、儀礼科別、演劇類型、地方劇種、劇団、演目故事、登場人物などの項目別に合計約八〇〇のキイワードを配置してある）。また各写真には、［参考］として、上記五冊の著書の参照頁をあげておいた（検索順序は次の通りである。東洋文庫 http://toyo-bunko.or.jp →蔵書・資料検索→画像→中国祭祀演劇関係写真資料）。

本書を含む五冊の著書の補完資料として、参照していただければ、幸いである。

二〇一六年一月

田仲一成

Table of Contents

索　引

凡　例

1. 本書中の主要件名を「四角号碼」(王雲五第二次改定方式)により排列して標出した.
2. 字体は，本書で用いた常用漢字，及び常用漢字外の繁体字に拠った.
3. 件名に続く括弧内に，関連する事項を略号で記した．略号は，次のとおりである.
   1) 省名
   晋＝山西，豫＝河南，呉＝江蘇，贛＝江西，浙＝浙江，閩＝福建，湘＝湖南，黔＝貴州，滇＝雲南，川＝四川，粵＝広東
   2) 州県名
   池＝池州，徽＝徽州，淳＝高淳県，祁＝祁門県，莆＝莆田県，鄞＝鄞県
   3) 村名
   前＝前良村，韶＝韶坑村，栗＝栗木村，胡＝胡卜村
   4) 腔調劇種名
   辰＝辰河腔，花＝花目連，贛＝贛劇
   5) 作品名
   目＝目連伝，梁＝梁武帝伝，観＝観音伝，観 2 ＝同異本，西＝西遊記，封＝封神伝，封 2 ＝同異本，精＝精忠伝，精 2 ＝同異本，三＝三国，猖＝五猖伝，勧＝勧善金科
4. 篇末に索引に標出した件名の第 1 字の漢字につき，音読みと四角号碼の対照表(検字表)を附した(同音字は筆画数順に排列した).

附録：検字表

読み	字	番号
ア	阿	7122_0
	啞	6101_7
アク	悪	1033_1
アン	安	3040_4
イ	囲	6055_0
	為	3402_7
	尉	7420_0
	韋	4050_6
イチ	一	1000_0
イン	陰	7823_1
	殷	2724_7
ウ	盂	1010_2
	烏	2732_7
ウン	雲	1073_1
エイ	永	3023_2
	英	4453_0
エキ	益	8010_7
エン	寃	3741_3
	閻	7777_7
	猿	4423_2
	鴛	2732_7
	轅	5403_2
オウ	王	1010_4
オク	憶	9003_3
オン	瘟	0011_7
カ	下	1023_0
	化	2421_0
	火	9080_0
	仮	2124_7
	伽	2620_0
	何	2122_0
	花	4421_4
	河	3112_0
	夏	1040_7
	家	3023_2
	掛	5300_0
	過	3730_2
	賈	1080_6
ガ	瓦	1071_7
	賀	4680_6
	餓	8375_0
	鵝	2752_7
カイ	会	8073_1
	回	6060_0
	拐	5602_7
	悔	9805_7
	海	3815_7
	開	7744_1
	解	2725_2
カク	郭	0742_7
	鑊	8414_7
ガク	岳	7277_2
	鄂	6722_7
カツ	活	3216_4
	瞎	6306_5
カン	甘	4477_0
	看	2060_4
	菡	4477_2
	乾	4841_7
	勧	8422_7
	趕	4680_4
	関	7743_0
	環	1613_2
	監	7810_7
	還	3630_3
	韓	4445_6
	観	8621_0
	贛	0748_6
キ	帰	2702_7
	起	4780_1
	郗	4722_7
	鬼	2621_3
	姫	4141_6
	亀	2771_6
	喜	4060_1
	貴	5080_6
	黄	4480_1
	跪	6711_2
	徽	2824_0
	麒	0428_1
ギ	装	2473_2
	戯	2325_0
	魏	2641_3
キチ	吉	4060_1
キャク	客	3060_4
キュウ	九	4001_7
	丘	7210_2
	求	4313_2
	救	4814_0
ギュウ	牛	2500_0
ギョ	御	2722_0
キョウ	匡	7171_1
	叫	6200_0
	京	0090_6
	姜	8040_4
	強	1323_6
	鞏	1750_6
	郷	2722_7
	橋	4292_7
ギョウ	行	2122_1
	業	3290_4
ギョク	玉	1010_3
キン	金	8010_9
	欽	8718_2
	筋	8822_7
	禁	4490_1
ギン	銀	8713_2
ク	駆	7131_4
クウ	空	3010_1
クン	訓	0260_0
グン	軍	3750_6
	群	1865_1
ケイ	兄	6021_0
	涇	3111_1
	経	2791_4
	景	6090_6
	瓊	1714_7
	慶	0024_7
ゲイ	倪	2721_7
ケツ	血	2710_0

読み	字	番号	読み	字	番号	読み	字	番号	読み	字	番号
	結	2496_1	ゴウ	合	8060_1		賜	6682_7		昇	6044_0
ゲツ	孽	4440_7		拷	5402_7	ジ	自	2600_0		章	0040_6
ケン	犬	4303_0		敖	5824_0		時	6404_1		荘	4421_4
	見	6021_0	コク	告	2460_1		辞	2064_1		商	0022_7
	建	1540_0		黒	6033_1		慈	8033_3		唱	6606_0
	軒	5104_0	コン	狠	4723_2	シチ	七	4071_0		紹	2796_2
	剣	8280_0		崑	2271_1	シャ	社	3421_0		焦	2033_1
	遣	3530_7	サ	叉	7740_0		射	2420_0		搶	5806_7
	献	4323_4		沙	3912_0		捨	5806_1		蔣	4424_2
	賢	7780_6		做	2824_0		赦	4834_0		韶	0766_2
ゲン	元	1021_1	ザ	坐	8810_4	シャク	借	2426_1		殤	1822_7
	現	1611_0		銼	8811_4	シュ	主	0010_4		蕭	4422_7
コ	古	4060_0	サイ	崔	2221_4		守	3034_2		鍾	8211_4
	虎	2121_7		彩	2292_2		朱	2590_0		澠	3711_7
	孤	1243_0		祭	2790_1	ジュ	受	2040_7	ジョウ	上	2110_0
	胡	4762_0		齋	0022_3		咒	6621_7		城	4315_0
ゴ	五	1010_7		濟	3012_3		壽(寿)	4064_1	ショク	嘱	6702_7
	午	8040_0	サク	作	2821_1		聚	1723_2	シン	申	5000_6
	伍	2121_7		錯	8416_1	シュウ	周	7722_0		辛	0040_1
	後	2224_7	サン	三	1010_1		修	2722_2		辰	7123_2
	誤	0668_1		産	0021_4		醜	1661_3		神	3520_6
コウ	公	8073_2		散	4824_0		收	2874_0		真	4080_1
	孔	1241_0		斬	5202_1	ジュウ	十	4000_0		秦	5090_4
	広	0023_2	ザン	残	1325_3		扭	5701_2		清	3512_7
	江	3110_0	シ	士	4010_0	シュク	叔	2794_0		新	0292_1
	劫	4472_7		司	1762_0		宿	3026_1		賑	6183_2
	孝	4440_7		四	6021_0	シュツ	出	2277_2	ジン	人	8000_0
	苟	4462_7		汜	3711_7	シュン	春	5060_3		陣	7520_6
	侯	2723_4		思	6033_0	ジュン	巡	3230_2	スイ	水	1223_0
	洪	3418_1		指	5106_1		準	3040_1	ズイ	隋	7422_7
	皇	2610_4		祠(祠)	3722_0	ショ	初	3722_0	スウ	崇	2290_1
	香	2060_9		蚩	2213_6		書	5060_1	セ	世	4471_7
	高	0022_7		師	2172_7	ジョ	女	4040_0		施	0821_2
	降	7725_4		梓	4094_1		徐	2829_4	セイ	正	1010_1
	耿	1918_0		詞	0762_0	ショウ	小	9000_0		西	1060_0
	康	0023_2		試	0364_0		抄	5902_0		青	5022_7
	硬	1164_6		詩	0464_1		松	4893_0		旌	0821_4

	聖	1610_4
	請	0562_7
	精	9592_7
	蜻	5512_7
	整	5810_1
セキ	石	1060_0
	赤	4033_1
セツ	浙	3212_1
	接	5004_4
	説	0861_6
	截	4325_0
	薛	4474_1
セン	千	2040_0
	仙	2227_0
	穿	3024_1
	戦	9350_0
	潜	3516_3
	薦	4422_7
	箭	8822_1
	闡	7750_6
ゼン	善	8060_1
ソ	祖	3721_0
	楚	4480_1
	蘇	4439_4
	竄	3071_7
ソウ	双	7744_0
	走	4080_1
	灶	9481_0
	争	2050_7
	相	4690_0
	草	4440_6
	送	3830_3
	曹	5560_6
	掃	5702_7
	僧	2826_6
	艄	2942_7
ゾウ	蔵	4425_3
ソク	捉	5608_1
ゾク	俗	2826_8
	賊	6385_0
ソン	孫	1249_3
タ	多	2720_7
ダ	打	5102_0
	駝	7331_1
タイ	太	4003_0
	岱	2377_2
	退	3730_3
	堆	4011_4
	替	5560_3
	戴	4385_0
ダイ	台	2360_0
	大	4003_0
タク	托	5201_4
	拆	5203_1
タツ	達	3430_4
ダツ	妲	4641_0
タン	探	5709_4
ダン	団	6034_0
	男	6042_7
	段	7744_7
	弾	1925_6
	談	0968_9
チ	地	4411_2
	池	3411_2
	雉	8041_4
	蜘	5610_0
チュウ	中	5000_6
	誅	0569_0
	籌	8864_1
チョ	豬	1426_0
チョウ	丁	1020_0
	吊	6022_7
	長	7173_2
	挑	5201_3
	張	1123_2
	超	4780_6
	跳	6211_3
	趙	4980_2
	調	0762_0
チン	珍	1812_2
	陳	7529_6
	鎮	8418_1
ツウ	通	3730_2
テイ	定	3080_1
	貞	2180_6
	程	2691_4
	鄭	8742_7
デイ	泥	3711_1
テキ	摘	5002_7
テツ	鉄	8513_0
テン	天	1043_0
	点	2133_6
	顛	4188_6
デン	田	6040_0
	伝	2524_3
ト	杜	4491_0
	都	4762_7
	登	1210_8
	賭	6486_0
ド	土	4010_0
	度	0024_7
トウ	刀	1722_0
	当	9017_4
	東	5090_6
	逃	3230_1
	討	0460_0
	倒	2220_0
	唐	0026_7
	陶	7722_0
	搭	5406_1
	湯	3212_7
	董	4410_4
	鄧	1712_7
	蹬	6211_8
	竇	3080_6
ドウ	道	3830_6
	潼	3011_4
	鬧	7722_7
トク	得	2624_1
	徳	2423_1
ナ	奈	4090_1
	哪	6702_7
ナン	南	4022_7
	軟	5708_2
ニ	二	1010_0
	尼	7721_1
ニク	肉	4022_7
ニュウ	入	8000_0
ネン	燃	9383_3
ハ	破	1464_7
バ	馬	7132_7
	罵	6032_7
ハイ	拝	2155_0
	背	1122_7
	敗	6884_0
	輩	1150_6
	擺	5601_1
バイ	売	4021_2
	梅	4895_7
	買	6080_6
ハク	白	2600_0
	伯	2620_0
	柏	4690_0
	博	4304_2
バク	莫	4443_0
	摸	5403_4
ハチ	八	8000_0
ハツ	発	1241_5

読み	字	番号
ハン	反	7124_7
	判	9250_0
	販	6184_7
	潘	3216_9
	攀	4450_2
ヒ	比	2171_0
	皮	4024_7
	飛	1241_3
	費	5580_6
ビ	琵	1171_1
ヒツ	畢	6050_4
	逼	3130_6
ヒョウ	馮	3112_7
ビョウ	描	5406_0
フ	不	1090_0
	夫	5003_0
	父	8040_0
	布	4022_7
	巫	1010_8
	浮	3214_7
	莆	4422_7
	符	8824_3
	傅	2324_2
	普	8060_1
	誣	0161_8
ブ	武	1314_0
	婺	1840_4
	舞	8025_1
フウ	封	4410_0
	風	7721_0
	瘋	0011_7
フク	伏	2323_4
	福	3126_6
ブツ	仏	2223_0
フン	紛	2892_7
	粉	9892_7
	焚	4480_9
ブン	分	8022_7
	文	0040_0
	聞	7740_1
ヘイ	平	1040_9
	兵	7280_1
ヘキ	碧	1660_1
ベツ	別	6240_0
ヘン	変	0040_7
ボ	母	7775_0
ホウ	方	0022_7
	放	0824_0
	宝	3010_3
	法	3413_1
	抛	5401_2
	炮	9781_2
	彭	4212_2
	報	4744_7
	跑	6711_2
	龐	0021_1
ボウ	望	0710_4
ホク	北	1111_0
ボク	牧	2854_0
ホン	本	5023_0
	翻	2762_0
マ	魔	0021_3
マン	万	1022_7
	満	3412_7
ミツ	蜜	3013_6
ミョウ	妙	4942_0
ミン	閩	7713_6
ム	無	8033_1
メイ	盟	6710_7
	鳴	6702_7
モウ	孟	1710_2
モク	木	4090_0
	目	6010_1
モン	門	7777_7
ヤ	夜	0024_7
	野	6712_2
ユ	兪	2822_1
	瑜	1812_1
ユウ	尤	4301_0
	邑	6071_7
	羑	8080_7
	遊	3830_4
ヨ	余	8090_4
	餘	8879_4
ヨウ	姚	4241_3
	陽	7622_7
	楊	4692_7
ヨク	弋	4300_0
ラ	羅	6091_4
	邏	3230_1
ライ	雷	1060_1
ラク	落	4416_4
ラン	藍	4410_7
リ	李	4040_7
	狸	4621_4
リク	陸	7421_4
リツ	栗	1090_4
リュウ	柳	4792_0
	流	3011_3
	劉	7210_0
	龍	0121_1
リョウ	良	3073_2
	両	1022_7
	梁	3390_4
	領	8128_6
リン	輪	5802_7
レイ	伶	2823_7
	霊	1010_8
レキ	歴	7121_1
	瀝	3111_1
レツ	列	1220_0
レン	連	3530_0
	蓮	4430_4
ロ	呂	6060_0
	路	6716_4
	魯	2760_3
	潞	3716_4
	蘆	4421_7
	驢	7131_7
ロウ	老	4471_1
	楼	4944_4
ロク	六	0080_0
ワ	和	2690_0

Printed in Japan
Published by University of Tokyo Press

Soul-Appeasing Drama in China

Issei Tanaka

著者略歴
1932 年　東京に生まれる
1955 年　東京大学法学部卒業
1962 年　東京大学大学院人文科学研究科博士課程修了
1981 年　東京大学東洋文化研究所教授
1983 年　文学博士(東京大学)
1993 年　東京大学名誉教授
2000 年　日本学士院会員
現　在　公益財団法人東洋文庫研究員　中国演劇史専攻

主要著書
『中国祭祀演劇研究』(東京大学出版会, 1981 年)
『中国の宗族と演劇』(東京大学出版会, 1985 年)
『中国郷村祭祀研究』(東京大学出版会, 1989 年)
『中国巫系演劇研究』(東京大学出版会, 1993 年)
『中国演劇史』(東京大学出版会, 1998 年)
『明清の戯曲』(創文社, 2000 年)
『中国地方戯曲研究』(汲古書院, 2006 年)
『古典南戯曲研究』[中文](中国社会科学出版社, 2012 年)

中国鎮魂演劇研究

2016 年 1 月 25 日　初　版

[検印廃止]

著　者　田仲一成(たなかいっせい)

発行所　一般財団法人　東京大学出版会
代表者　古田元夫
153-0041 東京都目黒区駒場 4-5-29
http://www.utp.or.jp/
電話 03-6407-1069　Fax 03-6407-1991
振替 00160-6-59964

印刷所　研究社印刷株式会社
製本所　誠製本株式会社

ISBN 978-4-13-086049-9　Printed in Japan